Höbelt

Miesau

W. O. von Horn

Der Rhein

seine Geschichte und seine Sagen

mit 38 Stahlstichansichten

RHEINGAUER VERLAGSGESELLSCHAFT
ELTVILLE AM RHEIN

Faksimile-Druck
der Originalausgabe von 1881

Rheingauer Verlagsgesellschaft, Eltville am Rhein, 1978

Einbandgestaltung: Guntram Müller-Schellenberg
Reproduktion und Druck: Oscar Brandstetter Druckerei KG, Wiesbaden
Bindearbeiten: Hunke & Schröder, Iserlohn

ISBN 3 88102 032 2

Vorwort.

Das Buch, welches ich hier den Freunden unseres schönen vaterländischen Stromes vorlege, bedarf einiger einleitenden Worte, zunächst über seinen Zweck und die Art der Behandlung des Stoffes.

Es unterliegt keinem Zweifel, daß die Reisehandbücher die Geschichte der Städte, Burgen, Abteien und Klöster des Rheines in der daran so reichen Ausdehnung des Stromgebietes zwischen den wichtigen Grenzpunkten Worms und Cöln für Viele zu kurz, zu fragmentarisch behandeln, und daß der reiche, herrliche Sagenschatz kaum berührt wird. Ich habe, seit nahezu einem halben Jahrhundert dem Rheinlande innerhalb der bezeichneten Grenzpunkte angehörend, diesen Mangel selbst oft empfunden und öfter ihn bedauernd aus dem Munde Anderer vernommen.

So erwachte der Gedanke und reifte zum Entschluß, diesem Mangel abzuhelfen. Zu dem Zwecke habe ich sorglich und gewissenhaft viele Jahre geforscht und das Material gesammelt, welches ich hier den Lesern in Begleitung von zahlreichen und schönen Abbildungen in einfacher und, wie ich zu hoffen wage, ansprechender Darstellung vorlege.

Indem ich gebildete Leser im Auge habe, insbesondere diejenigen, welche seit Jahren meine Schriften gerne lesen, habe ich's mir zur Aufgabe gemacht, die Ergebnisse ehrlicher und sorgfältiger Forschung ohne den sonst vielleicht wichtigen Citatenballast, in einer Weise, die dem Bedürfniß nach Unterhaltung genügt, zu verarbeiten und die örtlichen Sagen ebenso darzustellen.

Der Kenner der Geschichte wird die treue Quellenbenutzung anerkennen, ohne daß er in diesem Buche die namentliche Erwähnung derselben findet. Daß sich freilich viele Lücken zeigten, die auszufüllen mir ebenso unmöglich war als Andern vor mir, bedarf keiner Erwähnung. Wer die Schwierigkeiten kennt, die Geschichte eines kleinen Punktes durch lange Zeiträume zu verfolgen, wird ein mildes Urtheil fällen, — ist er jedoch glücklicher gewesen als ich, sind ihm Quellen bekannt, welche das nöthige Licht für solche dunkle Parthieen darbieten, oder vermag er da, wo ich menschlich geirrt, mich zu belehren, so bitte ich auf's Herzlichste, mir das Mangelnde darzureichen und aufgefundene Irrthümer freundlich zu berichtigen. Ich werde beides mit der größten Dankbarkeit aufnehmen und gewissenhaft benutzen.

Und so sei das Buch freundlicher Aufnahme und wohlwollender Beurtheilung empfohlen!

Wiesbaden im November 1866.

W. O. von Horn.
(W. Oertel.)

Worms.

Es ist ein ehrwürdiges Gebot: „Dem Alter die Ehre!" Diesem Gebot entsprechend, verweilen wir zuerst bei unsrer Rheinfahrt da, wo die uralte Sage, wo die wundersame deutsche Dichtung, wo die Geschichte einen Strahlenkranz um die Mauerkrone der uralten Stadt Worms windet.

Sehen wir hin auf die Stadt und ihren Dom, auf ihre Liebfrauenkirche draußen, dann treten uns eine Reihe von Bildern entgegen, die uns hineinleiten in weite Zeitenferne. Wir erblicken im Geiste die rosige Chriemhilde und den riesigen Siegfried, das Königspaar, an dessen Hofe sich eine dunkle Geschichte einfädelt; vor uns erscheint der Fiedler Volker und der finstre Hagen — in Summa das „Nibelungenlied" mit seinen Gestalten, mit seiner Liebe und seinem Leid, seinem Hasse und seiner Rache, seinen Kämpfen und Siegen; — eine alte, sagenreiche Vergangenheit reckt das bleiche Haupt empor und fragt: Wo ist die Heimath meiner Geschichten? Wer ist der Dichter, der mit so gewaltiger Kraft das Herz zu fassen weiß und seine rauhe, wilde Zeit, die doch wieder so zarte, sinnige Züge hat, vor uns hinstellt, daß sie Leib und Leben vor uns gewinnt, eben weil sie Leib und Leben hatte?

Wo ist des großartigen „Liedes" Heimath? Hier, antworte ich, hier in dem pfälzischen Lande; denn aus historischem Boden ist es erwachsen; kaum kann der, welcher den geschichtlichen Anhaltspunkten nachgegangen ist, sich die Gewißheit streitig machen lassen, daß in Worms der Dichter gelebt und Zeuge gewesen ist dessen, was hier spielt. Was das „Lied" sagt, wo willst du's suchen als da, wo es dir entgegentritt mit ernsten historischen Zügen?

Dort hinten, gegen die Mosel hin, wo des Hochwalds dunkle Forsten sich über Berge und Thäler ziehen, liegen die gewaltigen Trümmer der Burg Dronecken (Thronecken), wo die Wiege des tückischen Mörders, des „grimmen Hagen", stand, noch heute sich ankündigend als ein Burgbau, der tief, tief hinabreicht in der Zeiten Dunkel. Näher heran thürmt sich über dem Städtchen Ober=Moschel die gewaltige Ruine der Burg „Landsberg" auf, wo urkundlich ein Rittergeschlecht erscheint, das durch sechs Geschlechtsfolgen den Namen der „Nibelungen" trägt: Nibelungus der Erste, Zweite u. s. w. — Drunten am Niederrhein tritt Siegfried, der heimische Recke, auf; er badet sich im Blute des Drachen auf dem Siebengebirge und wird hörnen, unverwundbar bis auf die Eine unheilvolle Stelle, wohin der Hauch des Abendwindes das Lindenblättchen wehet und das härtende Drachenblut keine Stätte findet. Kennet ihr den „Drachenfels" nicht mit seiner Höhle, dahin die Sage den „Lindwurm" weist? Hier, im eisernen Lande, schmiedet Siegfried sich selbst sein Schwert und kommt dann gen Worms an Gunthers Hof.

Drüben, landeinwärts liegt „Alzeia", Alzei, die Heimath des „Fiedlers", und noch vor wenigen Jahren, vielleicht noch heute war im Schlußstein eines Thorbogens am alten Kaiserpalaste die „Fiedel" in uralter Form zu sehen. Jenseits des Rheins, Worms gegenüber, zieht sich der dunkle „Odinwald" hin, wo die „Recken" den Eber und Hirsch jagten. Noch heute zeigt das Volk einen im Waldesdunkel aus einem kleinen Felsenkessel aufsprudelnden klaren Quell und nennt ihn den „Siegfriedsbrunnen", weil hier der „grimme Hagen" Siegfried den tödtenden Jagdspieß in den Nacken stieß. Droben im Dahner Felsengebiete liegt die Ruine der Burg, die uns das Lied nennt, noch heute, weil urkundlich, den Namen tragend, den ihr des Liedes Dichter gibt, und nun Worms mit seinem Königshofe, mit seinem Dome, mit seinem dem Volke noch heute bekannten und genannten „Rosengarten"! — Da, nur da ist die Wiege des Heldenliedes, auf das wir stolz sein können, das aber dann hinaustritt vom geschichtlichen Boden in mythische Gebiete.

Aber ich frage: kann ein Thüringer, kann überhaupt ein hier nicht heimischer Dichter sein Lied in diese Oertlichkeiten hineinlegen, die nur ein Heimischer kennen, so genau kennen kann, wie sie in Einzelzügen uns im Gedichte entgegentreten? Mir zieht, ich will es offen bekennen, bei dieser Gedankenreihe, bei diesen erwiesenen Thatsachen ein Dichterwort durch die Seele, das: „Was im Gedichte lebt, ist dagewesen!" Mir will aus all' den kritischen Untersuchungen über das „Lied" und seinen Verfasser nur das Eine und dies Eine unumstößlich erscheinen: des Liedes Wiege ist Worms, und des Liedes Dichter, wie viel Mythisches auch in den nebelgrauen Norden hinaufweist, ist ein Kind dieses genau von ihm gekannten Landes, ist ein Pfälzer gewesen.

Ich weiß sehr wohl, wie diese kecke Behauptung angefochten werden wird; ich weiß sehr wohl, wie man vom hohen Dreifuß herab wegwerfend aburtheilen wird; aber auch das weiß ich, daß der nüchtern prüfende, klare Forscher es wohl der Mühe werth halten wird, den gegebenen Spuren sorglich nachzugehen. Ein kurz abweisendes, schneidendes Urtheil ist leicht gefällt, aber Thatsachen kann es nicht zu nichte machen! —

Mögen meine Leser mit mir übereinstimmen oder das anderswo zu finden glauben, was hier in einem Raume weniger Meilen, marksteinartig abgegrenzt, nahe bei einander liegt; das Nibelungenlied gibt unserm alten Worms eine Bedeutung, wie sie poetisch herrlicher kaum eine andere Stadt wird aufweisen können, und diese Bedeutung ist ächt deutsch und in ihrer Quelle unserm Volke ewig theuer.

Worms ist eine der ältesten Städte unsres rheinischen Landes. Denkt doch der Rabbi von Tudela der Stadt als einer uralten Wohnstätte ausgewanderter Israeliten, wenn auch vielleicht die alte Chronik der dortigen Synagoge nicht allzu genau in ihren Angaben sein dürfte, indem sie berichtet, daß zur Zeit der Zerstörung des ersten Tempels zu Jerusalem, etwa 588 Jahre vor der Geburt unsers Herrn, Juden hierher ausgewandert seien und eine Synagoge gegründet hätten. Ihre alten Thora's, das sicherste Kennzeichen des Alters einer Synagogengemeinde, weisen hinauf in das hohe Alterthum.

Auch Sagenhaftes knüpft sich an ihr Bestehen. Als sie in bessern Tagen in das theure Land der Verheißung heimgerufen und von dem Hohenpriester mit dem Fluch und Zorn Gottes bedroht wurden, wenn sie nicht die hochheiligen drei Feste begingen, da beharrten sie im schönen „Wunnegau", wie das Nibelungenlied das reichgesegnete Land am grünen Rheine nennt, und sagten als schlagende Antwort: „sie wohnten im gelobten Lande; Worms ist uns Jerusalem, unsre Synagoge ist uns der Tempel!" — Was sie in ihrer Auffassungsweise zu solcher Antwort berechtigte, war der Umstand, daß sie, als sie aus der heiligen Stadt gewiesen waren, Erde von der gottgeweiheten Stätte mit sich genommen und die Erde ihres Gottesackers, sowie diejenige, in welche sie die Fundamente ihrer Synagoge senkten, mit dieser heiligen Erde vermischt hatten. So war das Land der Verheißung hier, wo sie beteten und im Tode ruheten.

Wir wissen, daß das fanatische Mittelalter die Wormser Juden vielfach schonte, wenn sie anderweitig verfolgt wurden. Das hatte seinen Grund in einer List. Die Wormser Synagoge verbreitete das wenn auch noch so unglaubliche Gerücht, daß, als Christus, der Herr, habe gekreuzigt werden sollen und alle Gemeinden der Welt deshalb gefragt worden seien, die Wormser Synagoge allein nicht zugestimmt habe. Soviel steht fest: das Mittel half und trug gute Früchte. —

Von den Kaisern, dessen getreue Kammerknechte sie allzeit waren, wurden sie besonders begünstigt, und nicht unerhebliche Privilegien waren Zeugnisse besondern kaiserlichen Wohlwollens. Noch eine andere Sage berichtet von dem Ursprunge der Judengemeinde in Worms, die wir, wenn auch ihre Entstehungszeit später fällt, doch hier nicht übergehen wollen.

Es ist bekannt, daß alte Adelsgeschlechter ihren Ursprung bis zur Arche Noah's zurückdatirten und sich der engsten Blutsverwandtschaft mit der Jungfrau Maria rühmten, sogar in Bildern diesen Behauptungen Aus- und Nachdruck gaben.

Darunter gehört auch das ausgezeichnete alte Geschlecht derer von Dalberg, die uns als die „Kämmerer von Worms" urkundlich begegnen. Ihre Familienchronik sagt, ihr Ahnherr sei ein Vetter der heiligen Jungfrau gewesen und zugleich Centurio in der 22. römischen Legion. Er habe, sagt die Chronik, als diese Legion an den Rhein versetzt worden sei, Juden aus dem von Titus eroberten und zerstörten Jerusalem mit nach Worms gebracht, und zwar als seine Sklaven, habe ihnen aber in christlicher Großmuth und Liebe die Freiheit geschenkt, und diese hätten nun die Synagogengemeinde gegründet. — Damit würde nun freilich jenes „Weißbrennen" in Betreff der Kreuzigung des Herrn zusammenbrechen; aber das Volk glaubte wunderlicher Weise mehr den Juden als den „Vettern der heiligen Jungfrau", die streng genommen doch auch Juden gewesen wären. Ob die altadeligen Herren an diesen Stammesursprung dachten? —

Ein gallischer Volksstamm bewohnte das gesegnete Land des „Wunnegau's", und später finden wir den Volksstamm der „Vangionen" in ihren Sitzen unter römischer Schildherrschaft, und der Römer Klugheit gründete hier die Söldnerstation Borbetomagus, wo der Vangionen Hauptstadt war, um sich ihrer Treue zu versichern. So finden wir denn frühe römische Bildung und Sitte, römische Tempel und Bäder und alle die Spuren einer ansehnlichen Römerstadt, nebst denen eines Castells, einer Festung, mit römischer Besatzung. Worms wurde römische Municipalstadt mit allen Vorrechten einer solchen. Durch die Legion, welche hier ihre Stellung hatte, und die früher in Jerusalem gewesen, kam das Christenthum frühe nach Worms, und die christliche Gemeinde, deren Wachsthum wie überall im römischen Reiche, durch wiederholte blutige Verfolgungen nicht unterdrückt werden konnte, breitete den heiligen Christenglauben nach allen Richtungen hin aus.

In der Mitte des vierten Jahrhunderts erscheint ein Bischof Victor von Worms, und darin liegt wohl ein Zeichen von der Bedeutung der Gemeinde.

Von dieser Zeit an beginnen erschütternde Stürme. Die Streifzüge der Allemannen und ihrer Verbündeten, die Einfälle der Franken in Gallien berührten das schöne Land des „Wunnegau's" und erschütterten Worms auf's Heftigste. Die Züge der Vandalen, gegen die Römer am Rheinstrom und ihre blühenden Städte verderblich gerichtet, brachten Graus und Zerstörung auch für Worms, und erst als die Burgundionen sich dort niederließen, scheint eine bessere Zeit eingetreten zu sein. Worms ward ihre Hauptstadt; aber die Cultur konnte noch nicht tief bei ihnen Wurzel geschlagen haben, so wenig wie das Christenthum, als Attila's raub- und blutgierige Horden wie ein zerstörender, verheerender Waldstrom daherbrausten und Bildung und Wohlstand niedertraten. In den „Catalaunischen Feldern" brach Attila's Macht zusammen. Sein Volksheer floh zum Rheine und weiter zurück, und was sie beim Siegeszuge übrig gelassen, zerstörten sie auf der Flucht.

Ob auf diesem Rückzuge die Hunnen den Hinweg wieder fliehend einschlugen, ist ungewiß; aber das ist sicher, daß nach diesem Zurückfliehen allemannische Stämme diese Gegenden besetzten und bewohnten, die dann sich der Frankenherrschaft beugten. In dieser Zeit war Worms die Hauptstadt des nach ihm benannten Wormsgaues und dieser die schönste Perle des fränkischen Herzogthums am Rheine.

Als das fränkische Reich getheilt wurde, verlor zwar Worms an Bedeutung, aber der Umstand, daß eine „Pfalz", ein Königsbau, ganz nahe der Stadt sich erhob, brachte die Herrscher öfters hierher, und die weite Ebene bot Veranlassung, jene gewaltigen Volksversammlungen in der Nähe abzuhalten, die man „Maifelder" nannte.

Der Aufenthalt der Frankenkönige und Herzöge zeitweise, des Gaugrafen Sitz beständig, sowie der eines Bischofs, mußte auf das Aufblühen der Stadt um so mehr wirken, als Mainz sich nur schwer von den Verwüstungen der Vandalen und Hunnen zu erholen vermochte. Unter Dagoberts Regierung wurde die vor der Stadt gelegene Pfalz ein geistliches Stift, und in der Stadt erhob sich stolzer eine neue, ein Palast. Seitdem hielten sich die Könige öfter in dieser stattlichen „Pfalz" auf, und Worms hieß „die königliche Stadt", wurde mit Freiheiten begabt, die auch der große Karl stets mehrte. Worms ging in dieser Weise einer großen Zukunft entgegen, als mit einem Male alle die glänzenden Aussichten vernichtet wurden. Die Königspfalz brannte nieder.

Das war ein schlimmer Wendepunkt für die Zukunft der Stadt, die geworden wäre, was Frankfurt ist.

Frankfurt und Aachen gewannen den Vorzug, und wenn auch Worms nicht ganz vergessen wurde, so war doch seines Hauptes Krone für immer dahin. Vergessen wurde es, wie gesagt, nicht, wenn es auch keine kaiserliche Pfalz mehr besaß. Gar manche wichtige Angelegenheit führte die Frankenkaiser in die Mauern der alten Stadt, und gar manche bedeutende Regierungsmaßregel fand hier ihre Erledigung auf Reichstagen, aber es drohten ihr auch Gefahren, wie das Vordringen der Normannen bis zur Stadt, wo ihnen indessen das Ziel ihrer Räubereien gesteckt wurde.

Die späteren deutschen Kaiser weilten öfters hier in dem von Conrad, dem rheinfränkischen Herzoge, erbauten Palaste, und Worms sah eine glänzende Zeit, als Heinrich II im Jahre 1002 in seinen Mauern erwählt wurde.

In den Wirren zwischen Heinrich IV und dem Papste stand Worms „in rechten Treuen" zu dem Kaiser, der hier eine Zuflucht fand, als Alle von ihm abfielen. Gegen ihren Bischof blieben die Wormser des Kaisers treue Freunde. Von hier aus zog er gegen die Sachsen, hier ließ er von den versammelten Bischöfen den Papst Gregor VII absetzen; in Worms blieb er — bis zum schweren, heillosen Zuge nach Canossa; von hier aus bekriegte er seinen Gegenkönig, zog nach Rom; kurz alle die Ereignisse, die in jenen Tagen bedeutungsschwer waren, gingen von Worms aus, und immer waren die treuen Wormser um ihn und bei ihm, — bis sein Stern erlosch.

Sein unwürdiger Sohn zeigte sich — es war kein Wunder — den Wormsern abgeneigt, änderte aber seine Gesinnung aus Klugheit, hielt zahlreiche Reichstage daselbst und erhöhte ihre bevorrechtete Stellung; ja als er die einer Bischofseinsetzung widerstrebende Stadt belagerte und eroberte, kürzte er die ihr ertheilten und aus früheren Tagen stammenden Begünstigungen nicht.

Worms war groß, reich und mächtig geworden. Es vermochte durch eigne Kraft dem Landfriedensbrecher Hermann von Stahleck zu widerstehen, wie es andern Dynasten widerstand.

Die Hohenstaufen hielten Worms hoch, die Stadt aber auch das Panier der Hohenstaufen. Eine mächtige Bewegung erregten in Worms die feurigen Kreuzzugspredigten Bernhards. Viele Männer und eine Schaar blühender Jünglinge folgte Conrad in's Morgenland, aber das Andenken an sie machte heiße Thränen fließen; denn sie fanden ihr Grab in dem Lande der Verheißung, und dennoch folgten wieder Friedrich II vierhundert streitbare Wormser in's heilige Land, die gleiches Schicksal hatten. Tapfere Bürger waren sie immer, und so erscheinen sie auch in dem Kampfe Conrads gegen Heinrich Raspe zahlreich und tapfer; ebenso standen sie ihm zur Seite in der Fehde gegen den Eppsteiner Sifrid, der auf dem erzbischöflichen Stuhle zu Mainz saß. Das bekam ihnen freilich sehr übel, und es schien, als solle Worms herabfallen von jener stolzen Höhe; doch Conrad vergaß seiner treuen Wormser nicht. Er sandte Hülfe, die verbündeten Oppenheimer zogen zu, und Worms athmete wieder frei; aber der vertriebene Bischof schlich sich in die Stadt und suchte sich festzusetzen. Da standen die Bürger wie Ein Mann auf und verjagten den Verhaßten. Daraus entstanden neue Irrungen, neue Kämpfe, bis des Kampfes müde die Stadt sich zur Versöhnung neigte. Mit 2000 Bürgern stritt die Stadt für Conrad gegen Wilhelm von Holland.

In der Stadt selbst brachten die böschöflichen Streitigkeiten immer neue Verwirrung, und der erzbischöfliche Bann drückte sie, bis Kaiser Conrad seinem Vater wenige Jahre später im Tode folgte und Worms sich mit Wilhelm von Holland einigte. Allmählig kehrte wieder Friede in die Mauern der Stadt ein. Auch diese Ruhe währte indessen nicht lange. Ein wichtiges Glied im Städtebunde, mußte sie die Kämpfe mitstreiten. Dann einigte sich Worms mit Richard von Cornwallis, huldigte ihm und zog allerdings Vortheil davon; aber im Innern begannen nun die allgemeinen Kämpfe dieser Zeit; Zünfte erhoben sich gegen die übermüthigen Altbürgerfamilien, die herrschen wollten. Der Bischof schlichtet den Streit; doch der Funke glimmt fort unter der Asche. Dennoch erweitert und verschönert sich die Stadt, denn sie ist reich, ihr Handel blüht trotz der Rheinzölle und Raubritter; die Gewerbe entfalten sich; großartige Klöster und dem öffentlichen Wohl geweihte Bauten steigen empor; der Dom wird verschönert. Die zahlreichen hier abgehaltenen Reichstage bringen Geld in die Stadt, und überall erscheinen die Früchte davon in wachsender Bildung, aber auch in wachsender Ueppigkeit. Die Lombarden siedeln sich an; die Juden nehmen zu. Das Wachsen der Stadt geschieht mehr von außen her, weil des Handels Blüthe die Einwanderer lockt. Zum innern Segen gereichte das gerade nicht; denn Religion und Sitte wankt und sinkt in der Zeit, da im Reiche überall das Verderben wie Nesseln emporschießt.

Rudolph von Habsburg hob die Stadt ungemein dadurch, daß er den Raubadel bändigte; tüchtige Bischöfe am Ende des dreizehnten Jahrhunderts regierten heilbringend.

Kaisertreu stritten die tapfern Wormser für Adolph von Nassau, während im Innern der nur zeitweise schlummernde Kampf zwischen Zünften und Patriziern wieder entbrannte, zumal diese letztern gegen Kaiser Adolph waren.

Albrecht trug für Worms, das heißt für die Volkspartei keine Liebe, weil sie dem unterliegenden Adolph zugethan waren. Er verschaffte den Patriziern den Vortheil.

Eine streitige Bischofswahl veranlaßte, daß Balduin von Trier eine Zeit lang das Wormser Bisthum in seine Faust bekam, und diese Faust war eine kräftige, welche die Zügel stramm anzog und die Bürger bezwang. Der von ihm eingesetzte Bischof befolgte seine Grundsätze, es waren die eines eisernen Regimentes; aber für ein solches waren die Wormser nicht angethan, und diesmal standen selbst die klugen, reichen Juden mit den Bürgern gegen den Bischof. Der war schlau genug, einzusehen, was der Bürger Absicht war, nämlich die Juden in die Bürgerschaft aufzunehmen, — um — die Steuer, die sie dem Bischof zahlten, in die Stadtkasse zu leiten. Er kam den Städtern zuvor, gab den Juden eine Verfassung, die ihnen Vortheile gewährte, und — hatte sie gewonnen. Der Bürger Zorn war groß; aber die „Spänne" wurde wieder beigelegt, wenn auch der Aerger wegen der Ueberlistung den Bürgern blieb.

Ludwig der Baier hatte die Wormser für sich und gewährte ihnen große Vortheile; für ihre Treue gegen Ludwig traf aber der päpstliche Bann und das Interdict die Stadt. Es war eine schlimme Zeit damals. Nichts half gegen Raub und Fehde von außen, und Zwiespalt herrschte im Innern. Karls IV Bemühungen, den Landfrieden zu sichern, hielten nicht vor. Trotz der sehr zahlreichen Gunstbezeugungen des „faulen Wenzel" hatte die Stadt schlimme Zeiten; denn fort und fort dauerten die Fehden nach außen, fort und fort die Streitigkeiten im Innern, bald zwischen den Bischöfen und der Stadt, bald zwischen Zünften und Patriziat. Sie wurden freilich wieder geschlichtet, allein nicht immer zum Vortheil der Stadt. Klug war es, daß sie sich mit den Kaisern vertrugen und zu ihnen hielten. Dadurch sicherte sich die Stadt einen starken Rückhalt, wenn sie auch mit dem alten Titel „der frei gefürsteten Stadt" Anstoß gab.

Dennoch — und es ist wahrlich wunderbar — gedieh die Stadt auch während dieser Fehden, obgleich während dieser Zeit Feuersbrünste verheerender Art, Seuchen, ja selbst Hungersnoth über sie hereinbrachen. Ihre Befestigungen wurden vermehrt, und sie wuchs stattlich, wie in ihren Bauwerken, so an Seelenzahl. Im vierzehnten Jahrhundert, so wird berichtet, soll sie eine Kriegsmacht von 10,000 waffenfähigen Männern haben aufstellen können, natürlich mit ihrem Gelde geworben.

Besonderen Glanz verliehen die Reichstage, und lustiges Leben begleitete sie allerwege. Die strenge Sitte mußte indessen oft ihr Haupt verhüllen, und selbst in's bürgerliche Leben drang das Gift tief hinein. Die Chroniken wissen vom Constanzer Concil an Mären zu erzählen, die haarsträubend sind, und von ähnlichen Erscheinungen blieb Worms nicht frei in jenen Tagen loser Zucht und wilder Leidenschaften. Zog doch des Reiches und der Kirche Wohl bei Weitem nicht Alle zu den Reichstagen und Concilien! — —

Mit dem Reichstage von 1521 begann eine neue Zeit auch für diese Stadt. Luther, der welterschütternde Mönch von Wittenberg, erschien, von Hoch und Niedrig eingeholt, im Triumphe in Worms und vertheidigte mannhaft und glaubensmuthig die evangelische Wahrheit. Wer gedenkt nicht seines gewaltigen Wortes, das er dort sprach: „Hier stehe ich, ich kann nicht anders, Gott helfe mir, Amen!"

Diese Worte packten die Herren, daß Männer geweint haben, die kaum von Thränen etwas gewußt, und brachen dem Evangelium eine mächtige Bahn.

In diese Zeit fällt der Ursprung der schönen Sage von dem Lutherbaume bei Worms, einer Korkulme von wunderbarer Stärke, Höhe und Kraft, die Jahrhunderte lang die Blicke bewundernd auf sich zog. Die Sage lautet: Als Luther auf dem offenen Wägelein, begleitet von dem kaiserlichen Herolde, sich der Stadt näherte, zogen Fürsten, Grafen und Herren, umwogt von zahlloser Volksmenge, dem edeln Kämpfer für Licht und Wahrheit entgegen.

Unter den hohen Herren befand sich der tapfere, ritterliche kaiserliche Feldhauptmann von Frundsberg. Er ritt an der Seite des Wägeleins und redete viel mit dem Gefeierten. Da, als sie unfern der Thore der Stadt waren, richtete er sein großes, klares Auge auf Luther und sprach: „Mönchlein, glaubst Du fest, daß deine Lehre siegreich bestehen werde?" — Luther erhob den begeisterten Blick zu dem edeln Manne, deutete dann auf ein junges, schwankes Korkulmenreislein, das am Wege aufgesproßt war, und sagte voll Kraft und Freudigkeit der Ueberzeugung und des Gottvertrauens: „Ja, Herr, so wahr dies Reislein zu einem gewaltigen Baume werden und mit den Thürmen der Stadt an Höhe wetteifern wird!"

Und die mächtige, herrliche Korkulme, die Jahrhunderte überdauert hat, ist dies Reislein gewesen, ist der Lutherbaum bei Worms! —

Es war eine wunderbar bewegte Zeit, auch für Worms, die diesem weltgeschichtlichen Reichstage folgte, die im Bauernkriege der Stadt Gefahr drohte; denn bei dem nahen Pfeddersheim wurde ja jene blutige Schlacht geschlagen, die dem Bauernkriege in diesen Landen den Todesstoß gab. Wie wäre es der Stadt ergangen, wenn die Bauern gesiegt hätten?

Die Osterzeit des Jahres 1615 sah Worms in einer großen Aufregung. Sie galt den Juden, die vom Wucher ungeheuer reich geworden und den Handel, besonders in Wein und Früchten, ganz in ihrer Hand, daher das Mittel in ihrer Gewalt hatten, die Preise zu bestimmen. Die Bürgerschaft trieb sie zu den Thoren hinaus und zerstörte ihre uralte, ehrwürdige Synagoge; aber kein Blut floß, keine brutale Behandlung erfuhren sie. Solche Selbstherrlichkeit blieb nicht ohne ernste Folgen für die Stadt und die Rädelsführer insbesondere. Die Juden kehrten wieder. Die Bürger mußten ihren Grimm, wie das rheinische Volk sich ausdrückt, „hinunterwürgen".

Worms hatte übrigens seine Glanzeshöhe überschritten. Es ging mit Macht abwärts. Seltene Reichstage bewirkten arge Ausfälle in seinen Einnahmen, und die Macht des Bischofs stieg. Jene Händel zwischen Zünften und Altbürgern waren verschwunden; aber religiöse Kämpfe traten an ihre Stelle, da der Bischof die Protestanten bedrängte und die Jesuiten ihr Wesen treiben ließ.

So kam der dreißigjährige Krieg mit vielem Ach und Weh über die Stadt und drückte ihren Wohlstand noch tiefer herab. Brandschatzungen auf Brandschatzungen folgten sich, und Tilly, der von Onno Klopp Weißgebrannte, war unendlich hart gegen die Protestanten, deren Kirchen er schloß, und die er gewaltsam katholisch zu machen versuchte. Diese Quälereien mancherlei Art endigten erst mit dem Kommen der Schweden, die indessen auch keine Engel waren, begannen aber wieder, als nach der Schlacht bei Nördlingen die Schweden abzogen. Nun waren es wieder Kaiserliche, Baiern, Franzosen und Weimarer, welche Worms die letzten Blutstropfen auspreßten.

Schutzlos war die unglückliche Stadt dem Uebermuthe und der Rohheit Derer preisgegeben, die das Kriegsglück in ihre Nähe führte, und jede der Parteien arbeitete emsig an ihrem Ruin, bis endlich pestartige Seuchen und Hungersnoth selbst in diesem Garten Gottes die unglücklichen Bewohner heimsuchten und zahlreiche Todtenopfer forderten.

Wo so viele und tiefe Wunden klafften, war die Heilung schwer, auch wenn wacker daran gearbeitet wurde, und als endlich einige Hoffnung grünte, kam der heilloseste aller Kriege, die jemals diesen blutgedüngten Boden des reichen, schönen Landes verheerten, der sogenannte Orleans'sche.

Am 1. October 1688 begannen die Drangsale der Stadt. Halb gezwungen, halb überredet, öffneten die Bürger die Thore den Franzosen. Was sie gelobt, dachten diese niemals zu halten. — Was Rohheit und Wildheit erfinnen mag, mußte Worms erdulden. Und doch lag noch eine schreckliche Angst lähmend auf den Herzen, wenn sie auch jedes Opfer williglich darbrachten, und diese Angst war die um das Bestehen der Stadt. Es blieb nicht aus, was andere Städte erduldet. Im Februar 1689 fielen die Befestigungswerke, an denen Jahrhunderte lang gebaut worden war. Ja ein schwacher Hoffnungsstrahl der Hülfe, welcher der Stadt aufging, ließ die Feinde schnell an die Vollendung ihres teuflischen Werkes gehen.

Gegen Ende Mai begannen sie die heranreifende Ernte auf den Feldern zu zerstören; dann wurde mit gleißnerischer Theilnahme die Nothwendigkeit der Verbrennung der Stadt angekündigt und den Bürgern gestattet, ihr Bestes zu retten. Im Dome hatten sie Vieles untergebracht, weil er verschont bleiben sollte; allein auch dies Wort wurde zurückgenommen. Mit Trommelschlag ward der Brand angekündigt, damit fliehen könne, was fliehen wollte. Nun beginnt die Plünderung durch die Soldaten, und lange noch war dies edle Werk nicht vollendet, da donnert ein Kanonenschuß über die Stadt hin, und der mit Schwefel und Pulver vorbereitete Brand bricht los! —

An hundert Orten zugleich lodert die Flamme auf und zehrt gierig an dem, was sie erreicht. Es war eine schauderhafte Nacht! — Bis in weite Ferne leuchtet die Höllengluth hinaus in die Landschaft, und nah und fern vernimmt man das Jammern des unglücklichen Volkes, das die geheiligten Stätten seiner Heimath zusammenstürzen sieht! —

Die Stadt ist zu einem großen Schutthaufen geworden! Nur einzelne Bauwerke widerstanden einigermaßen, so auch der Dom. Ob es in der Absicht lag, ihn zu erhalten, muß — nach Allem, was geschah, bezweifelt werden.

Was der Brand übrig gelassen, zerstörten sechs Wochen lang die Franzosen, und selbst die Särge der Todten wurden nicht verschont!

Was sollten die armen Beraubten beginnen? Die, welche noch Vermögen gerettet hatten, zogen in die Ferne und suchten sich eine neue Heimath; Andre bauten sich Hütten auf der Maulbeerau, noch Andre richteten sich in den Kellern Wohnungen ein oder suchten eine Unterkunft auf den die Stadt umgebenden Dörfern näher oder entfernter von der Stätte des Jammers.

Allgemein in Deutschland fanden die Bewohner der zerstörten Stadt Mitleid.

Aus Holland und Deutschland flossen reichliche Gaben, besonders nahmen sich die Reichsstädte der unglücklichen Schwester an. Alles wetteiferte in Wohlthaten für die Unglücklichen, und ein wackerer Stadtrath that, was in seinen Kräften stand.

Auch der Dom und die alte Johanniskirche wurden hergestellt, daß der Betende wieder eine heilige Stätte hatte, wo er zum gnadenreichen Herrn flehen könne mit der Gemeinde. Wo sollten sie anders Trost und Hülfe finden als bei dem Herrn!

Zwanzig Jahre verstrichen, bis die Spuren einer ungeheuren Barbarei nothdürftig entfernt und 500 Häuser nebst den Gotteshäusern hergestellt waren. Selbst Mauern und Thürme erstanden wieder; aber die Stadt war verarmt; ihre Krone war gefallen und zertrümmert, ihre Lebensadern waren unterbunden.

Nur langsam erholte sie sich; aber die französische Revolution brachte ihr eine fatale Gabe; den französischen Adel. Unter den Flüchtigen war Condé, der den Bischofshof bewohnte, der später niedergebrannt wurde von den Revolutionshorden, weil — ihn Condé bewohnt hatte.

Geld hatten theilweise diese Emigranten, aber die Gabe, die sie reichlich mitbrachten, war eine bodenlose Entsittlichung, und ihr unseliger Einfluß blieb nicht ohne Folgen. —

Das Ueberfluthetwerden von den Revolutionsheeren, den sogenannten „Grundelchen", brachte wahrlich keinen Segen! Das deutsche Reich, das athemlos geworden war, verschied nach einem langen Todeskampfe an Altersschwäche und Auflösung.

Worms wurde dem Reiche Napoleons einverleibt, wie das linke Rheinufer überhaupt. Viele Seide wurde bekanntlich unter einer Regierung nicht gesponnen, welche die Blüthe der Bevölkerung auf die Schlachtfelder schleppte. Die Freiheitskriege änderten diese Verhältnisse, und Worms wurde zum Großherzogthum Hessen geschlagen, jetzt eine Landstadt, die schwermüthig auf vergangene bessere Tage hinblickt.

Die alten Wunden sind wohl ausgeheilt, aber die Tage des alten Glanzes kehren nicht wieder und können nicht wiederkehren. Dennoch hat sich die Stadt sehr gehoben in neuerer Zeit, und der Gewerbfleiß regt sich mit frischer Kraft, und Tage des Friedens sind dem geistigen und materiellen Fortschritt Tage des Segens und frischester Entfaltung. Ein Erinnerungszeichen an ihre größten Tage besitzt die Stadt jetzt in einem großartigen Lutherdenkmale, welches von der Meisterhand Rietschels entworfen und theilweise auch ausgeführt wurde. Der frühe Tod des Meisters († 21. Februar 1861) ließ ihn die Vollendung und Aufrichtung des Werkes nicht mehr sehen. Zwölf Jahre lang wurde an demselben gearbeitet und aus allen evangelischen Ländern zu demselben beigesteuert, bis am 25. Juni 1868 vor einer glänzenden Versammlung von Fürsten und einer zahllosen Menge von Gästen aus allen Ländern Europa's die feierliche Enthüllung stattfand.

Klimsch gez. Stahlstich v. Carl Mayer's K-A in Nürnberg

Oppenheim.

Verlag von Julius Niedner in Wiesbaden.

Oppenheim.

Könnten wir über ein Jahrtausend oder mehrere hinweg auf jene Stellen am Rheinufer hinblicken, wo jetzt sich die menschlichen Wohnungen enge an einander drängen und aus kleinem Anfang im Lauf der Zeiten durch Vermehrung der Bewohner und Zuzug von außen allmählig Städtchen oder Städte geworden sind, wir würden an mancher mit praktischem Blick und Verstand ausgewählten Stelle unter dem Laubdach eines oder mehrerer Bäume eine oder vielleicht auch, je nach der Sippe, mehrere Hütten entdecken, bei denen die trocknenden Netze auf die unerschöpfliche Nahrungsquelle hindeuteten, deren Quelle am Ufer plätschert.

Sonderlich gesellig sind unsere Alten nur dann gewesen, wenn die höchste Gefahr oder Noth sie einigte. C'est tout comme chez nous! (Grade, wie es bei uns auch geht). Erst wann die Sippe auseinanderging, gesellte sich Hütte zu Hütte, bis endlich gemeinsame hochwichtige Zwecke zur Vereinigung mit andern führten und der kleine Wohnort seine Glieder reckte.

Aber der Rhein beherbergte nicht blos in seinem Schooße den Fisch, auf der Landseite reichte auch der Hochwald bis an die Ufer herab, und in seinem Dunkel bewegte sich eine Welt von jagdbaren Thieren vom Ur bis zum Hasen und Eichhörnchen und vom Adler bis zur Drossel. Zwischen Wald und Fluß aber vermittelnd, baute an jeder günstigen Bachmündung oder Bucht der Biber seine Niederlassungen. Reiz und Nahrung, Kleidung und Betten gab die Jagd. Was verlangte der einfache Mensch mehr? — Gab ihm das entstaudete Uferland ein Gerstenfeld für sein Bier und ein Haferfeld zum Brot, so waren alle seine Wünsche erfüllt.

Hier und da fand, als der Römer bis zum Rheine vordrang, sein schlauberechnender Blick solch eine Stelle geeignet zu einer kriegerischen, Schutz bietenden Niederlassung. Dann erhob sich ein Wachtthurm mit einem Erdwall oder ein Castell oder Castrum; dann belehrte der schlaue Unterdrücker den Deutschen über den Bau der Rebe, den Anbau des Nuß- und süßen Kastanienbaumes. Aber bei Weitem nicht alle deutsche Niederlassungen waren auch zugleich römische, und wer mit großer Sicherheit die Schlüsse ziehen wollte, daß, weil an einem Uferorte Weinbau blühe, der Nuß- und Kastanienbaum gepflanzt werde, der Ort römischen Ursprungs sein müsse oder die Römer daselbst seßhaft gewesen seien, wäre sicher hundertfach in einer argen Täuschung befangen.

Wenn da die Steine nicht reden, so ist Alles vorüber.

Ein Ort, auf den das Gesagte Anwendung findet, ist Oppenheim. Weil die Nachweise der römischen Stationsorte auf den sogenannten „Itinerarien" zwischen Worms und Mainz eine Station legen, die den Namen: „Bauconica oder Bonconica" trägt, so sollte das Oppenheim sein, wenn auch durchaus kein Anklang in den beiden Namen zu finden, und wenn auch tausendmal nachgewiesen ist, daß die genaue Angabe der Entfernung dieser Station von Mainz herauf und von Worms herab nicht zutrifft, vielmehr stark abweicht; wenn auch Jeder es genau weiß, daß man nie in Oppenheim römische Bauwerke oder Alterthümer fand, und es durchaus unnachweisbar ist, daß die zwei in Oppenheim vorhandenen kleinen Römermünzen-Sammlungen in Oppenheim selber gefunden sind, was, wenn es auch wirklich der Fall wäre, doch noch immer keinen bindenden Beweis liefern würde.

Man sagt: der Votivstein, den man bei der von ihm her benannten Sironaquelle fand, ist ja Beweis genug; aber auch da übersieht man, daß die Quelle nach — Nierstein gehört.

Summa Summarum: Oppenheim ist nicht das Bauconica oder Bonconia der Itinerarien, es hat keinen römischen Ursprung!

Mögen auch manche Leute übel dazu sehen und der Localpatriotismus bittere Thränen vergießen, wenn er die Ruhmeskränze seiner Vaterstadt welken sieht, die er in Liebe gewunden, — es ist so!

Die Stadt muß sich begnügen, aus einem Fischerdorfe, aus einigen Fischer- und Jägerhütten, welche die ersten Ansiedler bauten, erwachsen zu sein. War es ja doch nur ein Dörflein, als seiner geschichtlich und urkundlich zuerst gedacht wird. Das ist immer schon frühe genug; denn der fromme Franke Folrad schenkte im Jahre 764 dem Kloster Lorsch einen Weinberg in der Gemarkung des Dorfes Oppenheim.

An diese erstbekannte Schenkung reihten sich andere und bedeutendere an in den folgenden Jahren, bis im Jahre 774 die größte erfolgte in dem „Dorfe Obbenheim" durch Karl den Großen. Die Vermuthung oder der Schluß, diese Schenkung umschließe das ganze Dorf mit Mann und Maus, ist aber wieder leichtfertig und falsch, wie oft sie auch ausgesprochen, das heißt „nachgeschrieben" worden ist.

Das Kloster war reich begütert in der Gemarkung Oppenheims durch Privatschenkungen und durch die kaiserliche. Auf seinen „Hufen" saßen seine Lehensleute, Pächter etwa, die unter des Klosters Verwaltung und wohl auch Gerichtsbarkeit standen, während die übrigen Bewohner des Dorfes, die auf ihrem eigenen Boden seßhaft waren, unter der Gerichtsbarkeit des

Gaugrafen standen. Die kirchlichen Verhältnisse betreffend, ist es gewiß zweifellos, daß das Kloster eine Capelle bei seinem „Saale" besaß und diese den Bewohnern des Dorfes für ihre religiösen Bedürfnisse diente und so lange dienen mußte, bis endlich eine größere Kirche erbaut werden konnte. Sie ging vom Kloster aus. Als Abt Thiodroch den Abtsstab und Inful empfing, nahm er sich des Dorfes an, das wahrscheinlich sich an Seelenzahl sehr vergrößert hatte; er begann um das Jahr 865 eine Kirche zu „Obbenheim" zu erbauen und ein Kloster dabei, und zwar auf dem sogenannten „Abrahamsberge". Dies war die Sanct Sebastianskirche, die nun also ihr Jahrtausend vollendet hat. Was der Abt für das geistige Wohl der Oppenheimer that, verdiente leiblichen Vortheil als Lohn. Die Klöster wußten das schon geltend und rund zu machen, und so ist es nicht mehr als billig gewesen, daß neue Vortheile dem Kloster zuflossen.

Der wesentlichste dieser Vortheile, der auch dem Orte ein solcher wurde, war die von Heinrich II im Jahre 1008 ertheilte Marktgerechtigkeit und die Erlaubniß für das Kloster, einen Zoll zu erheben. Das bereicherte das Kloster und auch den Markt Oppenheim; denn der Verkehr wuchs und ebenso seine Einwohnerzahl, und der Handel auf dem Rheine nahm sichtlich zu.

Eine wichtige Verkehrsvermehrung trat für den Ort ein, wenn drüben in dem alten Trebur Reichsversammlungen stattfanden. Da nahmen viele der Fürsten und Herren mit ihrem Gefolge ihr Quartier in Oppenheim, und es floß Geld in die „Säckel" der Bewohner, sowie auch der treffliche Wein ihrer Berge zu wohlverdienter Geltung kam, wenn so viele Menschen in der Nähe zusammenströmten.

Man hätte denken sollen, bei dem sehr großen Landbesitze hätte das Kloster Lorsch sich fortdauernd in einem blühenden Zustande erhalten müssen; aber es erlitt wohl Unfälle, und seine Verwaltung scheint auch eine sorglose gewesen zu sein; kurz es ging zu Zeiten des Kaisers Conrad des Dritten, wenn auch nicht „den Weg alles Fleisches", doch eigentlich im vollen Sinne des Wortes „den Weg aller Klöster", wenn es ihn auch früher ging, wie andre. Es verarmte und mußte daran denken, von seiner Güterfülle einen Theil zu veräußern, um nur bestehen zu können. Da dachte der Convent an Oppenheim und seine Güter dortselbst, wo es doch nicht zum Alleinbesitz gelangt war, und wo es wohl zwischen Klostervogt und Gaugraf nicht an unangenehmen Berührungen gefehlt haben mag, was dem Kloster nicht zum Vortheil gereicht haben kann. Der Kaiser kaufte die Güter, welche Karl der Große dem Kloster geschenkt hatte, um eine namhafte Summe zurück; dennoch aber war um das Jahr 1200 Oppenheim noch immer ein offenes Dorf, ohne jeglichen Schutz, wie ihn Thürme und Mauern gewähren. In kaiserlicher Gunst stand übrigens Oppenheim hoch angeschrieben. Es hatte zahlreicher Verleihungen von Freiheiten, Rechten und Gerechtsamen sich zu erfreuen, die offenbar den Weg zu städtischer Würde und Reichsfreiheit mit sicherer Hand ebneten. Zahlreicher Adel zog in den Ort; ebenso wanderten Gewerbtreibende ein, da die Märkte sehr anlockend waren. Aber auch viele „Unfreie" gingen ihren Leibherren durch und hielten sich zu Oppenheim, wo sie nicht nur Verdienst fanden, sondern auch der alte rheinische Spruch sich an ihnen bewährte: „Die Luft am Rhein macht frei", dessen sich aber besonders der Rheingau erfreute. Oppenheim war im Sonnenlichte kaiserlicher Gnaden durch seinen Handel, Verkehr und Weinbau, geordnetes inneres Wesen, treues Zusammenhalten, zahlreiche Bevölkerung eine Stadt geworden, ohne es noch dem Namen nach zu sein. Die Erhebung der Stadt konnte nicht lange mehr ausbleiben, wenn nicht gegen den Ort eine Ungerechtigkeit sollte begangen werden. Es waren aber auch Kräfte dafür in Bewegung, und so ertheilte denn Friedrich II dieses Recht und ließ viele Gnadenbezeugungen folgen, wie auch seine Nachfolger damit fortfuhren. Daher hatte der Kaiser auch an den Bürgern Anhänger mit Leib und Leben, in Noth und Tod, als welche sich dieselben in manchem blutigen Kampfe bewährten. Für tapfere Männer galten die Oppenheimer mit gutem Rechte.

Eine Stadt konnte nicht offen bleiben, wie ein Dorf. Sie bedurfte starker Mauern und Thürme zum Schutze ihrer Thore. Darauf drang besonders auch der seßhafte Adel, der in seinen „Freihöfen" wohnte, die schon einen burgartigen Charakter trugen, meist einen Thurm hatten und gewissermaßen auf eine Einzelvertheidigung eingerichtet waren. Was konnten sie im Falle eines wirklichen Kampfes aber helfen, wenn der Stadt die Mauer- und Gräbenschutzwehr fehlte, ja über der Stadt eine Burg, eine Akropolis als letzte Zuflucht? Und wie trefflich war da droben die weitausschauende, die Stadt beherrschende Stelle! Aber wann die Burg, die den Namen „Landskrone" wohlverdient empfing, erbaut wurde, ist nicht zu ermitteln, und dennoch ist sie ohne Zweifel eine Reichsburg gewesen und wohl von einem der Kaiser erbaut worden, um kühnen Städtemuth und Uebermuth gelegentlich zu dämpfen, wenn es etwa Noth thun möchte. Wo die bestimmten Angaben fehlen, lassen sich aus sorgfältig anderweit ermittelten Umständen Schlüsse ziehen, welche Handhaben darbieten, annähernd die Zeit zu bestimmen. Vor den Jahren 1244 und 1245 kommt urkundlich die lateinische Benennung: „Castellani" und „Castrenses" nicht vor. Man könnte beide kurzweg mit

„Burgmänner" übersetzen. Beide Bezeichnungen setzen also eine vorhandene „Burg", ein „Castellum" oder „Castrum" voraus. Es wird sich also der Schluß wohl rechtfertigen lassen, daß im Laufe dieser Jahre die Burg erbaut und ihre Bewachung und Vertheidigung den in der Stadt seßhaften, also mit ihren Interessen daran gebundenen Adeligen übertragen wurde und diese jene „Burgmänner" waren, wie es sich dann auch geschichtlich nachweisen läßt, da Vieler Namen in Urkunden genannt werden.

War der zahlreich in der Stadt seßhafte Adel schon von bedeutendem Einfluß auf das innere Wesen und Leben der Stadt, so konnte es nicht ausbleiben, daß dieser Einfluß jetzt noch wuchs, da mit der Burgmannschaft ohne Zweifel gewisse Befugnisse und Rechte verbunden waren. Wenn aber übermüthige Ein- und Uebergriffe in Oppenheim vielleicht um ein Bedeutendes weniger sich geltend machten als nachweisbar in andern, besonders rheinischen Städten, so möchte man sich bewogen finden, diese Erscheinung nicht in der weniger herrschsüchtigen Gesinnung des Adels, sondern in der Achtung gebietenden Gesinnung der tapfern Bürgerschaft zu suchen, die nicht geeigenschaftet erschien, sich willkürlich unterdrücken und beherrschen zu lassen. An Versuchen, sich herrschsüchtig geltend zu machen, hat es nirgends und auch hier nicht gefehlt, aber die tapferen und wackeren Bürger verstanden das, was man nennt: „auf die langen Finger klopfen". Und das wirkte schon bei den Herren.

Ehrenhaft und treu hielt es in den nachfolgenden Zeiten die Bürgerschaft mit Denen, welchen sie große Wohlthaten zu danken hatte, mit den Kaisern, namentlich Hohenstaufischen Geschlechts. Auf manchem Römerzuge waren sie dabei, und auch im Städtebunde zeigten sie sich als solche, die gern ihren Arm darliehen, wenn es galt, den Landfrieden und Handel und Wandel des freien Bürgerthums gegen Frevel zu schützen.

Oppenheim besaß durch Friedrichs II Gunst mit dem Städtchen Sobernheim an der Nahe ganz und gar dieselbe Urkunde und demnach dieselben Rechte und Freiheiten mit Frankfurt am Main. Aber welche Unterschiede in den Früchten, die daraus erwuchsen! Dort am Main steigender Glanz, wachsende Macht und Ehre, und die beiden armen Schwestern am Rheine und an der Nahe, wie kümmerlich war ihr Wachsthum gegen jene Süd und Nord vermittelnde Stadt! Dort Aufblühen und dauerndes Bestehen, hier ein hoffnungsvolles Anheben, aber ein Verwelken in der Knospe!

Wie auch scheinbar der Ritterstand auf der Landskrone und in der Stadt sich weniger schroff gegen die freien Bürger stellen mochte, es konnte doch nicht ausbleiben, daß es oft recht ernste Reibungen gab. Einmal ward es doch den Bürgern zu arg, und sie belagerten, stürmten und eroberten die

Burg, räumten mit den „Herren" auf und machten mit ihrem „Trutzoppenheim" kurzen Proceß, das heißt, sie zerstörten, nachdem sie den Rittern den Weg heimwärts gezeigt, die Burg von Grund aus, daß eben von „dem Reste des Uebermuths und unberechtigter Anmaßung" nichts übrig blieb als — Trümmer. Das war eine Folge des Städtebundes, wo der Einzelne sich fühlen lernte; ja als die Bürger Richard von Cornwallis als König anerkannten, machten sie die Bedingung, daß zu seinen — des Königs — Lebzeiten keine Burg bei der Stadt mehr dürfe erbaut werden. Damit stellten sie sich auf der einen Seite sicher, aber die sogenannten „Ritterbürtigen" besaßen noch ihre burgartigen Freihöfe in der Stadt, und auch hier mußte vorgebeugt werden. Dies geschah durch eine Vereinbarung mit ihnen, die sie nothgedrungen eingingen. Da aber von den „Ritterbürtigen" zu erwarten war, daß sie, wenn Zeit und Stunde günstig sein würden, jenen „Pergamentstreifen" als nicht bindend betrachten würden, so schloß die Stadt mit Worms und Mainz ein besonderes Bündniß zu gegenseitiger Hülfe, das, wie wir bei Worms gesehen, von den Oppenheimern treu gehalten wurde. Es war genug, die Ritter im Zaume zu halten.

König Richard hielt sich öfters in der Stadt auf, fühlte sich wohl im Kreise der biedern Bürgerschaft und legte mit großer Feierlichkeit anno 1262 den Grundstein zur Sanct Catharinenkirche, deren herrlicher Bau Zeugniß ablegt von dem Wohlstande und der Einigkeit, aber auch von dem frommen Sinne und der Opferwilligkeit der Oppenheimer. In diesem Zeitraume treten noch andere fromme Stiftungen auf, wie das Frauenkloster des Cisterzienser-Ordens und das Armenhospital, zwei Stiftungen, bei denen die „grauen Ordensbrüder von Eberbach", die schon lange her in Oppenheim begütert waren, sich besonders thätig und hilfreich erwiesen. Die heillose Zeit bis zu Rudolph von Habsburgs Kaiserwahl empfand auch Oppenheims Handel schmerzlich, und mit Freuden trat die Stadt in den erweiterten Bund der rheinischen Städte, und als dieser Männerbund unterhalb Bingen die ritterlichen Raubnester brach, da waren überall die bürgerlichen Streiter Oppenheims dabei, der Ordnung und dem Rechte freie Bahn machen zu helfen. Sie fehlten nirgends und nie; denn sie hatten in ihren eigenen Mauern erlebt, daß nichts helfen und sicher stellen könne als Zerstörung der Sitze dieser von den Bürgern gefürchteten, aber bei den Rittern so beliebten nobeln Passion!

Rudolph von Habsburgs Einschreiten gegen dieses Unwesen und Ausrotten des „Diebshandwerkes", wie er es selbst scharf, aber richtig bezeichnete, legte eigentlich den Städtebund lahm, denn wo vom Reiche Ordnung gehalten wurde, war die eigene Sonderhülfe überflüssig.

Wenn der Kaiser auch die Ritter, wie wir weiter unten bei Soneck und Reichenstein sehen werden, scharf züchtigte, so wollte er es doch mit ihnen nicht gänzlich verderben; er hielt auch die Städte scharf im Zaume, weil mit ihrem Reichthum ihre Macht und ihre Selbstherrlichkeit auch überhand nahm. Von ihnen errang — oder richtiger — erpreßte er Geld unter ernster Androhung ihrer Verpfändung. Außerdem hatten sich die Insassen der Reichsburgen wieder ansehnlicher Begünstigungen zu erfreuen.

Auch Landskron war wieder aufgebaut worden, wie es scheint, nicht lange nach dem Tode Richards, dessen Versprechen ja mit seinem Tode aufgehoben war. Die Bürgerschaft ließ es sich nicht so leicht aufdringen, dieses erfahrungsmäßig nicht leichte Joch, aber es scheint, daß sie es doch nicht hindern konnte. Als nun Rudolph am Mittelrheine thatkräftig drein fuhr, mochten die Oppenheimer darin eine Berechtigung erkennen, die neue Landskrone zu brechen. Das geschah denn auch mit allem Grimme, welchen die frühere Erinnerung weckte, aber nicht zu des Kaisers Wohlgefallen. Zwar strafte er nicht, aber er zwang die Stadt, ihre Zwingburg aus eigenen Mitteln wieder aufzubauen. Ob das keine Strafe war, möchte schwer zu behaupten sein, und man kann es begreifen, daß die Strafe empfindlich war.

Er selbst bestellte nun die „Burgmannschaft und that der Bürgerschaft dadurch ein Genüge, daß er der Stadt Bürgschaften gab gegen die Rückkehr jener Zustände, die als Schreckbilder vor den Seelen der Bürger standen und deren herbe Erfahrung in aller Andenken lebte.

Das hätte beruhigen können; aber die da droben in der Landskrone hatten viel von kaiserlichen Gnaden, die Bürgerschaft wenig von der großen Bürgerfreundlichkeit des Habsburgers zu rühmen, wodurch denn bei den Bürgern die Begeisterung für diesen etwas stark abgekühlt wurde und die Wachsamkeit sich nicht einlullen ließ.

Rudolph hatte durch seine Handlungsweise in der Bürgerschaft Argwohn und Mißliebigkeit hervorgerufen und in der Burgmannschaft argen Trotz und Uebermuth. Auf's Neue loderte der Hader zwischen Stadt und Burg in hellen Flammen auf, zumal Rudolph den Bürgern jedwede Theilnahme an dem Gericht zu entwinden gewußt hatte.

Bis zum Aeußersten scheint er es jedoch nicht haben wollen kommen zu lassen, denn sicher wäre die Burg noch einmal gebrochen worden. Er lenkte ein. Es erschienen bald wieder Bürger „den Ritterbürtigen" gegenüber im Gericht, und das drohende Unwetter ging ohne schwere Schläge vorüber; aber dennoch zeigte Rudolph den Oppenheimern im Ganzen wenig Liebe, und die Stadt verlor die ihrige zu ihm. Das erwies sich deutlich in der Abneigung der

Stadt gegen Albrecht und in ihrem festen Halten zu Adolph von Nassau, der sich oft in Oppenheim aufhielt, ohne daß aber die Stadt sich großer Begünstigungen von ihm zu rühmen gehabt hätte. Eins nur kam ihr recht zu gut, nämlich die Ermäßigung der Reichssteuer. Adolphs Lage gestaltete sich indessen immer bedenklicher, und seine Geldmittel wurden je länger, je kleiner. Er mußte endlich alle seine Einkünfte zu Oppenheim und der Umgegend verpfänden. Angenehm war das der Stadt gewiß nicht; dennoch aber stritt ein Fähnlein Oppenheimer bei Göllheim für Adolph gegen Albrecht. Dieser war klug genug, die Ungunst der Städte zu seinem Vortheile zu wenden dadurch, daß er mild und freundlich gegen sie handelte.

Die Zeiten, die nun kamen, waren der Stadt nicht ungünstig und gestalteten sich unter Ludwigs Regierung selbst recht erfreulich. Die Stadt ordnete ihr inneres Leben, und die Formen ihrer Verwaltung verhießen auch eine günstige Zukunft; aber es war die Zeit der unseligen Pfandschaften im Reiche, denen namentlich kleinere, aber auch ansehnliche Städte unterlagen, wenn die Majestät Mangel an gangbarer, landesüblicher Münze hatte, was bei dem römischen Kaiser deutscher Nation oft, ja bei Manchem dauernd der Fall war.

Oppenheim wurde vom Kaiser an Kurmainz verpfändet. Das Schlimmste bei solchen Pfändern war die Auslösung, just wie bei den Schulden das Bezahlen. Der Fall, die Lösung möglich zu machen, trat nicht immer ein, und dann blieb das Pfand, und veränderte Zeitverhältnisse machten es zum — Eigenthum. Oppenheim weiß davon zu reden.

Die Stadt kam darauf wieder 1399 als erbliches Pfand an Kurpfalz. Ohne daß sie es ahnte, war dies für die Stadt der Augenblick, wo ihre Freiheit, ihre Selbstständigkeit endete und für immer zu Grabe ging; denn fortab wurde sie nach und nach, trotz ihres Wehrens, eine kurpfälzische Stadt, und die Geschicke, welche in jenen bewegten Zeiten die Pfalz überhaupt erfuhr, theilte auch Oppenheim, gewiß nicht zu seinem Vortheil. Die Zeiten hatten sich geändert, völlig geändert, innerlich und äußerlich, und diese Veränderung mußte sich im Größten wie im Kleinsten ausprägen; aber das Schlimmste war, daß jene stolze Freiheit des Selbstherrschens für die Stadt dahin war und ein pfälzischer Amtmann ebensoviel despotisches Gelüste hegte, wie einer der „Ritterbürtigen" in Landskron es früher gehegt, wenn nicht noch etwas mehr.

In das geistige Regen und Bewegen jener Tage trat die Stadt wenig ein. Es scheint, als ob das Lahmlegen ihrer bürgerlichen, freien Regsamkeit auch geistig zurückgewirkt hätte.

Luther war persönlich in Oppenheim. Doch war seine Anwesenheit daselbst nicht von der Wirkung begleitet, welche bei der frischen und freien Richtung und Eigenthümlichkeit der Bürger hätte erwartet werden können und dürfen. Uebrigens darf die Macht und der Einfluß der Priesterschaft, die an Mönchen und Nonnen gute Helfer und Helferinnen hatte, so wenig unterschätzt werden als ihre rastlose und verdoppelte Thätigkeit, den Strom zu dämmen, der verheerend in das bisher so sorglich behütete Erntefeld der Kirche hereinzubrechen drohte. Die Abneigung gegen die Reformation ging sogar soweit, daß der Rath widerstrebte, als Kurfürst Otto Heinrich seine Kirchenordnung und die Reformation einführen wollte. Worauf er sich dabei stützte, war der Rechtsgrundsatz, daß das Pfandrecht über die Stadt nicht das kirchliche Reformationsrecht in sich schließe; denn der Grundsatz, daß die Religion des Landesherrn über die der Unterthanen entscheide, sei hier nicht anwendbar, da das Land nicht das „Eigenthum des Kurfürsten" sei, er es vielmehr nur als Sicherheit für Dargeliehenes in zeitweisem Besitze habe; daher und weil die Stadt eine „vom Reiche und kaiserlicher Majestät gefreiete" sei, gebühre lediglich ihr selbst das Recht, in Glaubenssachen Aenderungen vorzunehmen.

So sehr das auch an den Geist verflossener Tage erinnerte, so scheint doch der Rath es nicht mit dem Kurfürsten haben gründlich verderben zu wollen; denn wir finden in der Stadt, vom Rathe geduldet, „lutherische Prädikanten". Indeß ihr Erfolg scheint nicht durchgreifend gewesen zu sein, obgleich das mehr ruhige Hinnehmen reformatorischer Maßregeln Kurfürst Friedrichs III, und zwar nach reformirter Auffassung, den Beweis liefern könnte, daß eben nur unter der Asche der Funke fortglomm, aber dann auch fröhlich zur Flamme wurde, wenn ein weckender Hauch ihm Lebenskraft lieh.

Der öftere Bekenntnißwechsel in der Pfalz hatte für die armen Geistlichen die schlimmsten Folgen, weil ein Fortjagen und Wiedereinsetzen derselben sich öfters wiederholte. Mit dem Bekenntniß fielen seine amtlichen Träger ohne Erbarmen. Das wiederholte sich auch in Oppenheim, und je näher in der verhältnißmäßig kleinen Stadt diese Männer dem Einzelnen, wie den Familien standen, desto betrübender, aber auch aufregender wirkten die harten Maßregeln der eben grade herrschenden Richtung. Das Pfandrecht hatte keine Geltung mehr, die Stadt wurde als pfälzische Stadt angesehen, und pfälzische Beamte, die bekanntlich nach zwei Seiten hin ausgezeichnet waren, einmal durch die sorgsame Pflege ihres Leibes in Speise und Trank und dann durch die gewissenhafte Sorge für ihre Einnahmen, ließen es nicht fehlen, auf die Bürgerschaft zu drücken und ihre Willkür zum Gesetze zu machen, auch ihren standesüblichen Hochmuth zur Geltung zu bringen, wo und wie es die Gelegenheit mit sich brachte.

Ein großer Theil derselben hatte die kaiserlichen Finanzen, welche damals an chronischer Zehrung laborirten, damit unterstützt, daß sie von dem, was aus den Landeseinkünften in ihren Privatsäckel floß, den Adel sich kauften, und waren unerträglich dünkelhaft, wie das in der Natur der Sache lag. Daß es da an Reibungen mit dem Rathe nicht fehlte, der noch von Reichsfreiheit träumte und auf dem Pfandrechte ritt, was diese neugebackenen Junker mit Hohnlachen hinnahmen, war natürlich. Da folgte bei dem Kurfürsten Beschwerde auf Beschwerde, aber da die Stadt und ihr Rath nicht sonderlich angeschrieben standen, so folgte einfach, daß die Herren Amtleute Recht behielten, wenn sie es — nicht gar zu arg machten.

Kam so der Wohlstand der Stadt in's Sinken, so mußten die unglückseligen Folgen des „Winterkönigthums" Friedrichs V noch drückender darauf einwirken; denn die einrückenden Spanier und das „Heer der Mönche", welche an den Soldaten Bekehrungshelfer hatten, die den Lohn ihrer kirchlichen Thätigkeit aus den Säckeln der Bürger mit nicht milder und schonender Hand erhoben, waren auch ein nicht unwirksames Mittel, Land und Leute zu verarmen und innerlich furchtbar zu erbittern. Die Mönche nahmen die protestantische Kirche in Besitz, und dann folgte das Spinola-Cordova'sche Bekehrungsgeschäft, nämlich das heerdenweise in die Messe Treiben der Protestanten, wobei es an obligaten Kolbenstößen und dem Kitzeln mit der Säbelspitze nicht fehlte.

Der Rath versuchte bei der in Kreuznach seßhaften spanischen Regierung durch Proteste und Klagen Hülfe zu finden, aber die edlen Herrn in Kreuznach lachten dazu und ließen die Oppenheimer auf Abstellung — hoffen.

So ging es im Gebiete des Glaubens, und im Gebiete des Geldes hielt die sorgliche Behörde darauf, daß nichts durchging und nichts — blieb.

Aber ein Hoffnungsstern ging den Gedrückten auf, als nach der Schlacht bei Breitenfeld Gustav Adolph nahte; denn, sagte das Volk in der Pfalz, „Wir werden so allein die spanischen Molche los!" Der König von Schweden nahm schon um die Mitte December 1631 sein Quartier in Erfelden.

Wenn auch die Spanier alle Schiffe entfernt und meist in des Rheines Fluth versenkt hatten und damit sich eine sichere Schutzwehr bereitet zu haben glaubten, so blieb das eine Täuschung; denn die Schweden hatten, vom Volke begünstigt, Mittel und Wege gefunden, über den Rhein zu gehen, und in der Morgendämmerung des 17. Decembers — den Punkt des

Ueberganges bezeichnet heute noch die sogenannte „Schwedensäule" — sahen sich die Spanier unerwartet von den Schweden angegriffen. Die Sternschanze der Spanier, die Stadt und endlich auch Landskron fielen, wenn auch nach schwerem, blutigem Kampfe, in der Schweden Hände. Die Spanier, welche nicht nach Mainz flohen als Bringer der Schreckensbotschaft, fielen sämmtlich durch die Schärfe des Schwertes oder die Kugeln der Hackenbüchsen; denn der Kampf war sehr erbittert. Nach Jahren erst fanden die Reste der Gefallenen eine Ruhestätte, wo sie der Pflug des Ackerers nicht störte, in den Gewölben unter der Sanct Catharinenkirche, wo sie künstlich, wie feste Mauern, noch heute aufgeschichtet sind. Oppenheim hatte gelitten und mußte noch leiden; denn die Schweden waren auch wilde Gesellen, die nicht schonten. Der arme Kurfürst, schwer bereuend, daß er nach Böhmens trügerischer Krone gegriffen, kam, aber sein Land erhielt er nicht. Es war die letzte bittere Täuschung, und als er in Mainz starb, erhielt Oppenheim als die nächste „pfälzische Stadt" die traurige Ehre, sein vielgetäuschtes Herz und seine Eingeweide im westlichen Chore seiner schönen Catharinenkirche bestatten zu dürfen.

Die unglückliche Schlacht von Nördlingen führte die Schweden über Oppenheim nach der Rheingrafschaft an der oberen Nahe, wo sie ein Asyl fanden, aber sie bezeichneten ihren Weg so wenig, wie später ihre Nähe, durch Handlungen der Liebe, und als die Spanier wiederkamen, fanden sie nichts mehr, was des Nehmens werth gewesen. Die Zeit, welche nun kam und bis zum Westphälischen Frieden reichte, war eine schwere für Stadt und Land; denn ihr Besitz wechselte zwischen Spaniern, Baiern, Franzosen, Reichssoldaten (unstreitig die wenigst rühmenswerthen) u. s. w. — Daß die Stadt dabei nicht gewann, daß der Religionsdruck, unter jesuitischer Beihülfe, weder milde war, noch nachließ, das lag in den Verhältnissen und in der Zeit, aber die Dulder empfanden es bitter genug. Erst nach dem Westphälischen Frieden wurde es besser, obgleich noch bis 1680 nicht alle Wunden geheilt waren.

Die Catharinenkirche erhielten die Reformirten.

Die Stadt hatte endlich eingesehen, daß das alte Lied vom „Pfandrechte" am Ende war. Sie war klar erwacht aus ihren alten Träumen. Stille beugte sie sich unter die Friedenssatzung, die sie der Pfalz einverleibte. Leider fiel die Zeit dieses ernüchternden Erwachens grade in die Periode der begehrlichen Geltendmachung vermeintlicher Ansprüche des „Allerchristlichsten Königs von Frankreich" an die schöne Pfalz. Man ersieht, daß das „Annexionsgelüste" an der Seine nicht von gestern ist, und daß die schönen Ufer des Rheines Gegenstände einer alten Liebe sind, die, wie das Sprüchwort sagt, nicht rostet.

Schon 1688 kam es zum Kriege, und die Pfalz fiel in die Hände der

Horden Ludwigs des Vierzehnten, der ein wackeres Zugreifen für nützlicher hielt als ein langsames Unterhandeln.

Vor Oppenheim waren sie auch eingetroffen und verlangten Einlaß. Die Bürger zitterten, der wackere Commandant nicht. Die Bürger erkannten die unwiderstehliche Macht und übergaben die Stadt, der Commandant seine Landskrone nicht. Was half es dem ehrenwerthen Manne? Die Kugeln zerstörten die Mauern, die Veste fiel, und der Commandant sollte — so war es dictirt — gehängt werden. Dem pfälzischen Landschreiber gelang es jedoch, ihm das Leben zu retten. Waren die Bürger dem Schicksale der Beschießung und Eroberung entgangen, so brachte nun dem Heere des „Allerchristlichsten Königs" den höchsten Glanz der „Gloire", das Gebot: Oppenheim wie alle Orte der Pfalz niederzubrennen! — Es geschah im vollen und schrecklichen Sinne des Wortes, nachdem Mauern und Thürme gesprengt waren. — Die Franzosen bewachten sorgfältig die brennende Stadt, daß nicht die Bürger löschten. — Auf den Höhen umher und drüben am jenseitigen Ufer des Rheins standen die Jammernden und sahen ihre Stadt in Asche sinken. — Es war ein schreckliches Schicksal! — Das nackte Leben hatten sie gerettet, nichts weiter! — Von der Stadt war, wenn auch vielfach und schwer beschädigt, Einiges stehen geblieben, so die Kirchen.

Aber wie stand es um den Aufbau der Stadt? — In der Pfalz, wo Religionshaß und Druck, Aushungern durch Beamte, Willkür statt des Gesetzes an der Tagesordnung war, ging es, man kann es sich vorstellen, sehr langsam damit! Die Verarmung war vollendet.

Erst in den Zeiten Carl Theodors wurde wieder mehr Rücksicht auf die Hebung des Wohlstandes genommen. Kaum schien es, als wolle eine bessere Zukunft tagen, da kam die französische Revolution. Die Belagerung von Mainz und alle Folgen des Krieges, zuletzt die Besitznahme durch die Franzosen waren wieder das Erbe der Stadt.

Oppenheim hatte schwer gelitten, und seine Einbuße, besonders an Wald auf dem rechten Rheinufer, war ein letzter Stoß. Das Leben vergangener, freilich längst vergangener Tage kehrte für die französische Landschaft nicht wieder; aber dennoch wurde mit der Befreiung von der Fremdherrschaft eine bessere Zeit herbeigeführt, und die Großherzoglich Hessische Regierung thut gewissenhaft Alles, um den Wohlstand zu mehren und Intelligenz zu verbreiten.

Unter den Gebäuden Oppenheims nimmt die theilweise zwar zerrüttete Sanct Catharinenkirche den ersten Rang ein. Sie gehört zu den bedeutendsten Bauwerken früherer Jahrhunderte am Rhein, und bewundernd ruht der Blick auf den Resten, welche der „Franzosenbrand" gelassen.

Mainz.

Wie das Mittelalter seinen ausgezeichneten Kirchenlehrern bezeichnende Beinamen zu geben liebte, so that es dies auch bei den zwei Stapelplätzen des Rheinhandels, bei Cöln und Mainz. Cöln hieß: „die hillige (heilige) Stadt" und Mainz: „die goldene". Die Bezeichnung: „das goldene Mainz" hatte eine einfache Bedeutung. Sie wies hin auf den großen Reichthum der Handels- und Kur- und Erzbischofs-stadt. Bei der Bezeichnung für Cöln könnte man zu dem Irrthum verleitet werden, die Stadt habe sich seinerzeit durch ein besonders frommes, heiliges Leben ausgezeichnet. Damit aber würde man ihr zuviel nachsagen und etwas, worauf sie selbst wohl zu bescheiden ist, Anspruch zu machen; vielmehr bezog sich das „hillig" auf die örtlichen Heiligen, nämlich die zehntausend Jungfrauen, und auf die heiligen Reliquien der Stadt, unter denen die Leiber der heiligen drei Könige in erster Reihe genannt werden. Leider hat es mit den zehntausend heiligen Jungfrauen eben eine ganz eigenthümliche Bewandniß. Man fand nämlich einen Votivstein, auf dem eingegraben stand: „X. M. Virg.", was einfach heißen würde: „zehn jungfräuliche Märtyrerinnen", allein das M ist das römische Buchstabenzeichen für 1000, und da zehntausend Heilige mehr sind als einfache zehn, so war man in jenen Tagen damit sehr glücklich, und die Legende von 10,000 ertränkten Märtyrerinnen jungfräulichen Standes bildete sich. Wir verdanken dieser Legende das überaus herrliche, weltberühmte Dombild, dessen Schönheit jeder Cöln Besuchende im Dome bewundert, gemalt von der Meisterhand eines Cölners, der in der Kunstgeschichte eine verdiente hohe Stufe einnimmt, wenn auch sein Name noch angezweifelt wird. Und so hätte der kleine Multiplicationsirrthum doch eine köstliche Frucht getragen!

Lassen wir Cöln seine Glorie; das „goldene" Mainz macht auf eine solche keine Ansprüche; aber es hat eine andere, und die ist sein ehrwürdiges Alter, seine große Römerzeit und jene Krone, deren glänzendster Edelstein Gutenberg ist und seine „schwarze Kunst".

Ob an dieser Stelle, wo zwei Flüsse sich vereinigen, nicht eine alte deutsche Niederlassung sich befunden habe, ehe der Römer sicherer Kriegerblick die so äußerst günstige Lage erkannt, gegenüber den deutschen kriegerischen

Stämmen, möchte nicht wohl in Abrede zu stellen sein; aber geschichtlich tritt uns erst das alte Mainz unter der Römerherrschaft am Rheine entgegen.

Wie dort im alten Trier die bausbackige Inschrift am „Rothen Hause“ von fabelhafter Zeiten Ferne her uns das Bild der Stadt entgegentreten läßt, so hat auch der Mainzer Lokalpatriotismus Sagen geboren, die sich mit einem niederen Alter des Ursprungs der Stadt nicht begnügen. Wenn einmal die Sage ihre Siebenmeilenstiefeln, von weiland Fortunatus ererbt, anlegt, dann kommt's natürlich auf eine Handvoll Jahrhunderte oder gar Jahrtausende nicht an; dennoch aber war man in Mainz bescheidener als in Trier, dessen höheres Alter die Sage auf eine selbstverleugnende Weise respektirt.

Vierzehnhundert Jahre vor Christi Geburt, so weiß die Sage zu erzählen, war in Trier ein Zauberer, der Nequam hieß. Da er dort gar viele Malefizstreiche machte und alle Welt ärgerte, so wurden die Trierer falsch, jagten ihn zum Thore hinaus und hatten fortan Ruhe. Der Zauberer aber wandte sich um, als er fort mußte, und rief seinen Vertreibern zähneknirschend zu: Ich will euch ganz nahe eine Stadt bauen, die berühmter werden soll als Trier! — Als er nun an die Stelle kam, an welcher jetzt Mainz steht, gefiel es ihm allda, und er zauberte die Stadt herauf, und die Menschen kamen und wohnten darin, und des Nequam Wort wurde wahr in der Folge durch den Handel des goldenen Mainz.

Wahrscheinlich mochten es aber die Mainzer doch unangenehm empfunden haben, von einem Zauberer das Dasein ihrer soliden Stadt herleiten zu sollen. Daher rückten sie den Ursprung derselben an jene Tage hinan, da die lügnerischen Griechen das alte Troja zerstörten. Dieser Schauerthat entflohen viele Trojaner und machten sich weit weg aus dem Staube, damit ihnen das fatale Holzpferd nicht folgen konnte sammt seinen spitzbübischen Eingeweiden. So kam denn auch solch ein durchgebrannter trojanischer Held mit Namen Moguntius an den Rhein, und da er klug war, erkannte er, daß da gut sein wäre, und begann die Stadt zu bauen.

So kommt die Stadt besser weg als mit dem Windbeutel von Nequam und bekommt auch gleich vom Stifter ihren Namen, mit dessen — nämlich des Namens — Herkunft den Alterthumsforschern ohnehin eine harte Nuß zum Knacken geboten war.

Wir überlassen billig der guten alten Stadt die Wahl unter beiden Uranfängen und wenden uns der Römerzeit zu. Wasserleitungen, merkwürdige Monumente, wie der Eichelstein, zahlreiche Grabsteine und andere wichtige Alterthümer verkünden die einstige Römerstadt, die Festung, wo mehrere

Legionen ihr Standlager hatten, wo also der Verkehr sich nothwendig bildete. Unter dem Schutze des befestigten römischen Lagers siedelten sich, weil der Handel, besonders die Lieferungen für die Legionen lockten, bald Leute an, Eingeborne des rheinischen Landes und ohne Zweifel auch römische Veteranen. So erwuchs die Stadt am Rheinesufer, dehnte sich aus und wurde angesehen, mächtig und reich. Darauf, daß die Stadt sehr bevölkert war in jenen Tagen, weist besonders ein Umstand hin, der nämlich, daß im Jahre 35 nach Christi Geburt ein Curator civium romanorum mogunt. — vorkommt, der Cajus Sertorius hieß und Veteran der 16. Legion war. Ein Pfleger der römischen Bürger zu Mainz, der die Angelegenheiten der jungen Gemeinde zu besorgen hatte, mochte unter Umständen ein Mann von Wichtigkeit sein.

Wenn auch nicht ganze Legionen hier standen, so war Mainz wenigstens ihr Depot, ihre Hauptniederlage, ihr angewiesener Standort, von dem aus sie ihre Posten an die verschiedenen Stellen entsandten, wo sie ihre Wachezeit auszuhalten hatten, bis sie von andern, von Mainz herkommenden Abtheilungen abgelöst wurden. Ueberall, wo die rührigen Römer sich aufhielten, finden wir sie thätig für die Cultur des Landes. Tempel ihrer Gottheiten entstehen, Denkmale ihrer Helden, prachtvolle und dem allgemeinen Wohlsein dienende Bauwerke, wie Wasserleitungen, Brücken und dergleichen; wir finden ihre Steinmetzen thätig, die Stätte, wo ein Krieger ruht, mit einem Leichensteine zu bezeichnen; Landstraßen werden gebaut und mit bestimmten, die Maße der Entfernungen angebenden Meilensteinen bezeichnet: kurz sie bewähren sich überall nicht blos als ein eroberndes, sondern auch als ein cultivirendes Volk. Sie bebauen das Land, sie pflanzen und pflegen die Rebe; sie pflanzen ihre heimische süße Kastanie an und bereichern mit Kenntnissen den rauhen, kräftigen Deutschen; mit Ackerbau und Künsten des Gewerbfleißes machen sie ihn bekannt, wenn er sich an sie anschließt. Letzteres geschah im rheinischen Lande, besonders am linken Ufer des Stromes häufig, woher es denn auch kam, daß, wenn die jenseits des Rheines wohnenden deutschen Stämme römische Standquartiere überfielen, sie ihre Volksgenossen nicht von Römern unterschieden, sondern sie ihre Härte in eben dem Maße fühlen ließen wie die verhaßten Römer selbst.* So geschah's, als Rando mit seinen Schaaren Mainz überfiel, daß diese seine Bewohner mordeten und die Stadt niederbrannten, die ganze Christengemeinde mit ihrem Bischofe, am Osterfeste in der Kirche Loblieder singend, niedermetzelten, wie die Römer selbst, die des plötzlichen Ueberfalles sich nicht versahen.

Am längsten stand die 22. Legion in und um Mainz herum. Sie kehrte im Jahre 80 n. Chr. aus dem Morgenlande zurück, wo Jerusalem unter ihren Streichen gefallen war. Die Spuren ihres Daseins sind die häufigsten, aber eine ist herrlicher denn alle, welche wir aus dem Schutte graben, — sie brachte das Christenthum mit und gründete ihm in Mainz eine Stätte, von wo aus seine Lichtstrahlen sich verbreiteten.

Die Legende weiß von einem heiligen Crescentius zu erzählen, der ein Arzt und Schüler des Apostels Paulus gewesen sein soll, welcher der erste Bischof von Mainz wurde und daselbst den Blutzeugentod starb. Durch diese Legende gewann das christliche Mainz einen apostolischen Ursprung, der für sein späteres Ansehen in christlicher Zeit schwer in die Wagschale fiel, selbst Trier und Cöln gegenüber.

Von einem bedeutenden christlichen Bauwerke kann indessen in jener Zeit nicht die Rede sein. Es gab wohl erst eins jener Baptisterien, Taufkirchlein, wie sie selbst noch Erzbischof Willigis in einer viel späteren Zeit in dem Nahgaue erbaute, um die noch heidnischen Bewohner zu christlichem Glauben und Leben zu gewinnen und zu erziehen.

Drusus war es, welcher dem Castrum zu Mainz eine stärkere Befestigung verlieh, indem er die Werke auch jenseits des Rheines errichtete, aus denen das heutige Castell entstand. Eine steinerne Brücke erbaute er, um leichter seine Legionen hinüberführen zu können, wo in den Gebirgen des Taunus und des Vogelsbergs bis hinaus in's gebirgige Waldland die unbesiegten Stämme des deutschen Volkes mit Todeshaß im Herzen lauerten und sannen, wie sie die Unterdrücker vernichten könnten.

Drusus hatte sich große Verdienste um Mainz erworben, und seine Legionen trugen ihn auf den Händen. Groß war darum die Trauer, als er im blühendsten Alter in's Grab sank. Mainz bewahrt in seiner reichen Alterthümersammlung noch eine Gedenktafel auf ihn, und das noch in seinen Resten gewaltige Denkmal über der neuen Anlage, der sogenannte „Eichelstein", ist ohne Zweifel ein prachtvoller Bau gewesen, errichtet von seinen Legionen dem geliebten, tiefbetrauerten Heerführer und Helden. Bewundernswürdig ist die Festigkeit des Kerns dieses Denkmals, dem die überwältigenden Deutschen wohl die schöne Bekleidung, die Zierrathe der Kunst nahmen, ihn selbst aber nicht zu zerstören vermochten. Nur die Höllenerfindung des Freiburger Mönches vermöchte diese felsenfeste Masse des römischen Gußwerkes zu zerstören, und ihr selbst würde es große Kraftentwickelung und Anstrengung kosten. Dies einst kolossale und prachtvolle Denkmal setzte ihm die Liebe der unter

Klimsch gez.

Stahlstich v. Carl Mayer's K-A. in Nürnberg.

Mainz.

Verlag von Julius Niedner in Wiesbaden.

seinem Befehle Stehenden; die Wasserleitung, deren Bogenpfeiler noch heute mit Bewunderung erfüllen, war ein Denkmal, das er sich selber setzte.

Das Aufblühen von Mainz erhielt manche stürmische Störungen. Bald hier, bald da brachen die erbitterten Deutschen aus ihren Waldungen und Bergen hervor und zerstörten Alles, was an die Fremdherrschaft mahnte.

Mainz erlitt auch manche Drangsale in dem ersten Jahrhundert christlicher Zeitrechnung. Trat doch da zuerst der sogenannte batavische Kampf es nieder, als es in des Civilis Gewalt gerieth. Plünderung und Zerstörung, Mord und alle Gräuel eines furchtbar wilden Krieges trafen die Stadt, die mit jugendlicher Frische und Lebenskraft sich immer wieder erhob, um — auf's Neue Aehnliches, wenn nicht Gleiches zu erdulden. Von dem Ueberfall Rando's am Osterfeste ist schon geredet worden, und er war nicht der einzige, scheint sich auch nicht auf Mainz allein beschränkt zu haben. Die wüthenden Zerstörungen, welche die römischen Stätten im Nahethale erlitten, wo sie mit dem Castelle Bingium begannen, sich in dem Castrum in Creuznach, den Resten einer Station am Fuße des Disibodenbergs, dem Castelle bei Sobernheim, der Niederlassung in der Nähe der Frauenburg im obern Nahethale fortsetzten, sind nicht ein Werk der Hunnen, sie sind deutscher Kraft zuzuschreiben, ohne daß wir freilich Zeit und nähere Umstände anzugeben vermöchten.

Mainz war wieder aufgebaut, als die Hunnen, dann 406 mit dem Sylvestertage die Vandalen und die mit ihnen verbundenen Stämme gleich einem Wettersturme daherbrausten, mordend, verheerend und zerstörend, bis nichts mehr zu vernichten war. Als sich diese Völkerfluthwelle weiter ergoß, war Mainz nur noch eine rauchende Trümmermasse, unter welcher seine Bewohner in der großen Mehrheit begraben lagen. —

Es ist eben wunderbar und zeugt dafür, wie vortheilhaft man die örtliche Lage schätzte, daß, wenn auch erst manches Decennium hinrinnen mußte in den Strom der Zeit, die Stadt sich dennoch wieder erhob wie ein Phönix aus der Asche.

In der Frankenzeit wurde die Stadt der Sitz des ostfränkischen Herzogthums. Um Mittelpunkt dieses großen Gebietes zu werden, stand damals Worms im Wege, das besser in dem Wellenschlage der Völkerwanderung und der Hunnenzüge weggekommen und vorzugsweise der Bischofssitz des Herzogthums war. Dorthin zog sich das Leben und Weben des Staates und der Kirche mehr, als Mainz zu einem Trümmerhaufen wurde; indessen war doch das eigentlich nur ein vorübergehender Zustand. Wie hätte sich

Worms in seiner Lage mit Mainz messen können, dem die Natur Alles verliehen, was zu einer großen Handelsstadt erforderlich war?

Als daher schrittweise die Stadt aus ihren Trümmern sich erhob und der Gräuel der Verwüstung mehr und mehr verschwand, trat jene von der Natur gebotene Aenderung ganz entschieden ein, und Mainz nahm stillschweigend und ohne Kampf, was Worms bisher besessen, und am Ende des siebenten und im achten Jahrhundert wurde es eine vollendete Thatsache; aber die Herrlichkeit von Mainz datirt erst von jenen Tagen an, da der Apostel der Deutschen, der heilige Bonifacius, als Erzbischof den Mainzer Stuhl bestieg und Karl der Große seine lebenweckende und lebengebende Thätigkeit vom nahen Ingelheim aus entwickelte.

Durch die verehrte Persönlichkeit des Erzbischofs Bonifacius gewann das Erzbisthum Mainz eine hervorragende Stellung durch ganz Deutschland. Zwar dachte man noch nicht daran, einem kirchlichen Beamten von Mainz auch eine weltliche Macht zu verleihen, das heißt ihn mit der Regierung eines gehorchenden Landes zu bedenken. Es konnte indessen kaum ausbleiben, als die geistlichen Würdenträger auf Reichstagen und Volkstagen das Gewicht ihres Einflusses in die Wagschale legten, noch schwerer gemacht durch die höhere Geistesbildung und Weltklugheit. Mit ihrem Einflusse stieg ihre Macht, mit ihrer Macht ihr Anspruch auf höhere Würdigung und größeren Einfluß. Da war der Schritt von dem „armen Knecht der Kirche“ zum reichen Herrn und Landesgebieter durchaus nicht so groß. — Die Mainzer Erzbischöfe wurden die bevorzugten Rathgeber der Kaiser, dann ihre Kanzler, und mit dieser Würde war Allem Thor und Thür geöffnet, was der Ehrgeiz heischen mag, und — allemal ist die Habsucht nicht weit, wo der Ehrgeiz seine Wohnung hat.

Die Erzbischöfe legten einen hohen Werth auf die Blüthe und das Emporkommen ihrer Stadt; aber man meint, sie hätten prophetisch eine Zeit vorausgesehen, wo sie zur Bezähmung mündig gewordener Bürger eines zahlreichen ergebenen Hülfsheeres bedurften; denn sie stifteten und veranlaßten die Stiftung zahlreicher Klöster in ihrer Hauptstadt, und die Mönche, selbst unter Umständen die Nonnen, verdienten den von dem Geschichtschreiber Spittler beliebten Namen der „Milizen der Erzbischöfe“, mit deren — zwar Waffen von Stahl verschmähender, aber mit der Waffe der Rede desto mächtigerer unsichtbarer Wirksamkeit mehr auszurichten war als mit den sogenannten „fleischlichen Waffen“. Bonifacius hatte begonnen, die Späteren setzten das Werk unermüdet fort.

Allein mit den Klöstern erhoben sich auch die Kirchen, die dem Bedürfnisse einer außerordentlich zunehmenden Bevölkerung dienten.

Allmählig sah man ein, daß die Stadt nicht ihre rechte Lage dort oben habe, wo einst die römischen Befestigungen, welche Schutz gewährten, ihre Lage gebieterisch erheischt hatten zu einer Zeit, wo Verderben drohend noch die Einfälle kattischer und suevischer Stämme zu befürchten waren. Das hatte sich gründlich geändert. Wo die Kirchen und die Klöster standen, wo der Handel seine Niederlagen, die Schiffe ihren Ankerplatz hatten, da war die Stelle, wo die Stadt liegen mußte, wo sie ihre Glieder recken, ihre Betriebsamkeit entwickeln konnte.

Solche Lebensbedingungen konnten nicht übersehen werden, und so erscheint es selbstverständlich als eine nothwendig gewordene neue Stufe der Entwickelung, daß Mainz die schroffen, jähen Höhen verließ und sich herabzog zu den Fluthen des Stromes, der auf seinem breiten Rücken das herantrug und fortbrachte, was einer wachsenden Bevölkerung Leben und Thätigkeit verlieh.

Mit dem räumlichen Wachsen der Stadt trat auch das Bedürfniß des engeren Zusammenschließens, der Bildung einer geschlossenen Gemeinschaft ein. Schon die Römer hatten der Stadt die Rechte ihrer Municipalverfassung gegeben, und die Cives, Bürger, mit ihrem „Pfleger" bedienten sich ihrer mit in die Augen springendem Vortheil. Nun traten die fränkischen Sitten und Ordnungen, Gesetze und Statuten begünstigend hinzu, und jene grundlegenden Ursachen einer künftigen, sich selbst regierenden freien Stadt waren schon früh gegeben, wurden anfänglich von den Kirchenbeamten nicht beengt oder beschränkt, und als diese durch der Kaiser allzu große Freigebigkeit Landesherren geworden waren und der langgepflegten Freiheit Fesseln anzulegen versuchten, entwickelte sich eine Reihe von Zuständen, die leider weder geistlich noch geistig heilsam waren, indem mehr und mehr der geistliche Stand sich seinem Berufe entfremdete und verweltlichte.

Von der Zeit an, da Bonifacius — nicht in allen Beziehungen der Wohlthäter Deutschlands! — auf den durch seines Vorgängers Entsetzung erledigten Erzbischofsstuhl sich setzte, wird die Geschichte von Mainz eigentlich eine Geschichte seiner Erzbischöfe und ihrer wachsenden Macht.

Bonifacius hatte durch seine Unterwerfung unter des Papstes Gewalt einen Rückhalt gewonnen, dem er selbst stets festeren Bestand zu geben wußte, und seine Nachfolger, besonders Hatto I, der am Schlusse des neunten Jahrhunderts den Krummstab ergriff, begriffen ihre Stellung im Staate wie in der Kirche und wußten sie auszunutzen. Nicht umsonst wurde Hatto „das

Herz des Königs" genannt. Er arbeitete ihm in die Hände, wenn auch nicht immer auf die edelste Art und Weise, und — eine Hand wäscht die andere! Daß übrigens die Kaiser nicht angethan waren, mit sich spielen zu lassen, erfuhr Erzbischof Friedrich durch den großen Otto. — Von diesem Kaiser wurde Hatto II auf den erzbischöflichen Stuhl erhoben, der Mann, dem die Sage den Tod durch die Mäuse auf dem Mausthurm bei Bingen zutheilt, von dem die Mönchswelt schauderhafte Gräuel in die Nachwelt hineinschrieb. Grund zu den schauderhaften Erdichtungen gab die Strenge, womit der tüchtige Hatto die Ausschweifungen der Mönche bestrafte, und das feste Anziehen des Zaumes der Ordensregeln, der ihrer Zuchtlosigkeit ein Ende machte. Man erkennt daraus, wie unaustilgbar solcher Haß ist, und zu welcher Rache er antreibt.

Unter den folgenden Erzbischöfen nahm Willigis mit Recht eine hervorragende Stelle ein.

Selbst bescheiden und anspruchlos, lebte und wirkte er nur für seinen Beruf, für die Belebung des Christenthums, für das Wohl des Landes. Er tritt zuerst als Kurfürst auf. Ordnung und Zucht durch weise Gesetze und ihre Handhabung war sein Hauptziel. Ihm verdankt der Dom sein Entstehen. Die einst herrliche Liebfrauenkirche erbauten unter seiner Regierung und Mithülfe die Mainzer Bürger. Die ehernen Thorflügel, welche jetzt den Eingang des Domes zieren, und in welche die Privilegien eingegraben sind, welche die Stadt von dem Erzbischofe Adalbert empfing, schenkte er der Liebfrauenkirche. Er richtete das Archidiakonat des Erzstiftes ein und setzte die Vicedomini zu des Gebietes weltlicher Verwaltung ein. Nicht blos Mainz verdankt ihm unendlich viel; auch auf die entfernten Grenzen seines Sprengels erstreckte sich seine väterliche Sorgfalt. Dem Kloster Disibodenberg im Nahethale half er wieder auf und erbaute für die dort einsam Wohnenden kleine Kirchen, Baptisterien, besonders am Saume des großen Waldes, der sich auf der nördlichen Gebirgsscheide zwischen dem Nahethal und Hunsrücken hinzieht. Ihrer sieben entstanden in kurzer Zeit. Die Mönche des Disibodenberges wurden verpflichtet, diese Kirchen zu bedienen und Seelsorge zu üben. Er war einer der Wenigen, welche die Liebe und Verehrung der Mainzer Bürger besessen, weil er deren Rechte nicht zu schmälern bestrebt war. Denn nur Wenige gab es, die nicht dem Bürgerthum und seinem erwachenden Kraftgefühle entgegentraten.

Es war eine natürliche Wirkung des erzbischöflichen Druckes, daß die Bürger sich auflehnten. Hatto I hatte die Folgen seines Verfahrens zu büßen. Er mußte fliehen. Freilich zwang sie Kaiser Arnulph, ihn wieder aufzunehmen, aber das wahre Band fehlte, die Liebe, welche Willigis sich so reichlich erwarb.

Die Bürger waren durch reiche Erfahrungen klug gemacht und errichteten später selbst Verträge mit den Erzbischöfen, weil sie das Sprüchwort Lügen strafen mußten, „daß es unter dem Krummstabe gut leben sei".

Schon Willigis' Nachfolger bildete den Gegensatz zu ihm. Hader zwischen ihm und den Bürgern kennzeichnete seine Regierung.

Es war ein tiefbetrübendes Ereigniß, daß der schöne Dom am Tage seiner feierlichen Einweihung in Brand aufging. Erst im zwölften Jahrhundert wurde er wieder aufgebaut und seiner heiligen Bestimmung übergeben.

Die Stadt hatte sich in diesem Jahrhundert gar sehr durch ihren Handel gehoben; aber er lag meist in den Händen der Juden, die als „kaiserliche Kammerknechte" sich besonderen Schutzes erfreuten und zu einem fabelhaften Reichthume gelangten. An ihrer Seite hatten sich Italiener, meist aus Piemont und der Lombardei, daher auch schlechtweg Lombarden genannt, des Haupthandels bemächtigt.

Die Pfandleihhäuser, welche sie anlegten, haben ihr Andenken bis auf unsere Tage erhalten, da sie an vielen Orten noch den Namen „Lombard" tragen. Das Volk nannte sie „Gewärtschen", „Cawertschen", eine Bezeichnung, die sie ursprünglich in Frankreich erhielten (dort hießen sie Caorsini oder Caursini), die aber nicht von der französischen Stadt Cahors, noch von dem florentinischen Bankhause Corsini, sondern von der piemontesischen Stadt Cavours (Cavors, Caorsa) abzuleiten ist. Die Produkte venetianischen Kunstfleißes und die Geldgeschäfte jener Tage theilten sich wie die der „Darlehen" zwischen Juden und ihnen. Sie saßen indessen nicht blos in Mainz, sondern auch und hauptsächlich in Bingen, wo ihre Geschäfte, weil sie Alleinherren des Handels waren, noch blühender waren. Mit Recht nannte ein Geschichtschreiber die dort seßhaften Lombardenfamilien „die Rothschilde des Mittelalters", bei denen Kaiser und Kurfürsten ihre leeren Kassen füllten. Bingen wurde darum für sie so wichtig, weil der Handel nach Lothringen und Frankreich damals seinen Zug durch das Nahethal hatte und Bingen der eigentliche Stapelplatz desselben war.

Die Zeiten Heinrichs IV waren den Bürgern günstig, deren Privilegien er erhöhte, daher er von dem Erzbischofe nicht sehr große Liebe erntete.

Erzbischof Ruthard, wahrscheinlich aus der Familie der Rheingrafen stammend, war sein Gegner und Feind. Unter seiner Regierung kam die furchtbare Niedermetzelung der Juden in Mainz vor, an der sich auch der Rheingraf, ein Schwager Ruthards, betheiligte. Ruthard hielt seine Hände nicht rein von der Beute der unglücklichen Juden, und so traf ihn des Kaisers Zorn schwer. Sieben Jahre lebte er in einem Kloster in Thüringen, und erst Heinrichs IV unnatürlicher Sohn, nachdem er des Vaters Krone geraubt, rief ihn zurück. Seine Buße für den schrecklichen Judenmord und Judenraub bestand im Aufbau des großen Domes auf dem Disibodenberg im Nahthale, und — das Gewissen war zur Ruhe gebracht! —

Adalbert, Ruthards Nachfolger, wechselte blos die Rolle in der Person. Wie Ruthard undankbar gegen Heinrich IV war, der ihn auf den erzbischöflichen Stuhl erhoben hatte, so dieser gegen Heinrich V. Seine tückischen Streiche trugen ihm drei Jahre Haft auf dem Trifels ein. Die Bürger von Mainz standen später für ihn ein, und als er im Kampfe gegen seine Gegner und des Kaisers Freunde erlag, zahlten die Mainzer, wie man zu sagen pflegt, die Zeche. Er lohnte ihnen für ihre Anhänglichkeit mit reichen Freiheiten und Gerechtsamen, wodurch der Geist der Unabhängigkeit und Selbstherrlichkeit nicht wenig Nahrung empfing.

Erzbischof Arnold empfing, freilich nicht ohne eigene Schuld, die Früchte dieses freien Sinnes der Bürger. Es kam zum offenen Bruche, und die Bürger stürmten den Bischofshof und thaten Arnolds Anhängern Gewalt. Er selbst war glücklich genug, entfliehen zu können.

Nun legte sich der Kaiser in's Mittel, aber Arnold war so klug, zur Milde zu rathen, obwohl die Rädelsführer verbannt wurden. Arnold wagte es anfänglich nicht, nach Mainz zurückzukehren, und als er es that, brach die helle Flamme des Aufruhrs aus, und er wurde vom wüthenden Volke, das er „Hunde“ genannt, erschlagen und noch sein Leichnam schauerlich mißhandelt.

Jetzt folgte dem Zornausbruch die Reue und die Furcht vor den Folgen. Sie suchten durch eine — ihren Vorstellungen nach — gute Wahl eines Erzbischofs dem drohenden Wetterstrahl zuvorzukommen; sie vergoldeten des Blitzableiters Spitze; aber alle diese Berechnungen waren falsch, und selbst das Gold verfing nicht, dessen Kraft doch sonst Klüfte ausfüllte und Berge von Hindernissen abtrug. Der Papst verwarf die Wahl, obgleich der Erwählte sein eifriger Anhänger war, und Kaiser Friedrich I ergriff freudig die Gelegenheit, den Anhänger des Papstes zu vertreiben; ja der Kaiser wußte es zu machen, daß sein Kanzler Erzbischof wurde, Christian von Buche. Nun aber kam auch das Urtheil, und es lautete schrecklich! Da von den Hauptanstiftern die Meisten entflohen waren, so fiel nur Einer in die Hände der Richter, der den Tod erlitt; aber Mainz, die aufrührerische Stadt, wurde schrecklich gezüchtigt. Ihre Mauern und Thürme wurden niedergerissen, —

sie war ein großes, offenes Dorf geworden, ihre Kraft gebrochen, ihr Muth gelähmt, aber die Rache, der bitterste Haß und Zorn blieb zurück, noch gesteigert dadurch, daß der Kaiser, wie zum Hohne, einen Reichstag nach Mainz berief, der in den prachtvollsten Gezelten vor dem Gauthore abgehalten wurde, weil in der Stadt nicht Raum dazu sein sollte. —

Es wurde todtstille in den Gassen des „goldenen Mainz"; denn der Handel lag danieder, wo der Hof des Erzbischofs fehlte, der in Italien weilte. Der so tief gedemüthigten Stadt blieb nur Schmerz, unterdrückter Zorn und — Elend, wozu sich noch erbitterter Parteihaß im Innern gesellte. Erzbischof Christian starb in Italien.

Sein Nachfolger, der ihm den Bischofsitz hatte einräumen müssen, Conrad von Wittelsbach, versuchte es zwar, nach Kräften für seine Stadt zu sorgen, aber unglückselige Ereignisse zerstörten das Begonnene, und es blieb dabei. Da gedachten die Bürger an das Sprüchwort: Hilf dir selbst, so hilft dir Gott. Die Zeitumstände waren zerfahren, und Niemand kümmerte sich viel um Mainz. Man begann die Mauern und Thürme auf's Neue zu bauen, und die ehernen Domthüren verkündigten nicht umsonst ihre Freiheiten und Rechte. Sie wurden übermüthig, die so tief gedemüthigten Bürger. Eine streitige Bischofswahl entzweite vollends die Parteien, und die Stadt stellte auf Jahre hinaus das Bild innerer Zerrüttung dar. Es drohte die Reichsacht wegen der Ermordung kaiserlicher Beamten völliges Verderben. Mit schwerem Gelde wurde sie abgewendet. Die traurigen Zeitumstände ließen eine friedliche Entwickelung inneren Wohlstandes nicht zu. Rohheit, Sittenlosigkeit und Gewaltthat siegten über das Bessere. Fehden und Händel folgten sich. Die Kreuzzüge trugen indessen nicht die Früchte der Zerstörung für Mainz, vielmehr hob sich der Handel und der Wohlstand der Stadt; denn der Handel war nicht mehr allein in den Händen der Juden und Lombarden. Dennoch war die Sittenlosigkeit und Rohheit zu einer schrecklichen Höhe sowohl bei der Geistlichkeit wie im Bürgerstande gestiegen, und Erzbischof Siegfried III suchte vergeblich diesem Uebel zu steuern.

Es war trotz einer Belagerung, welche die Stadt ertrug, ein heilloses Leben und Treiben in ihren Mauern, und die Bürger überfielen Nachbarstädte und Orte und raubten sie aus, plünderten die Wohnungen der Domherren, und was der Gräuel mehr waren.

Erzbischof Siegfried III mußte seinen eigenen Bischofsitz mit dem Banne belegen. Das erzeugte weiter nichts als Erbitterung gegen den Erzbischof, da der päpstliche Legat den Bann aufhob.

Noch ärger kam es, als Kaiser Friedrich II die Treue der Mainzer gegen ihn reich belohnte und sie anstiftete, ihrem Erzbischof den Gehorsam zu versagen.

Jetzt erfolgte die Vertreibung des Erzbischofs. Die Stadt erklärte sich völlig unabhängig von seiner Macht und Gewalt. —

Dazu konnte Erzbischof Siegfried nicht schweigen. Wieder that er die Stadt in den Bann, sammelte ein stattliches Heer und belagerte sie. Nun kam die Noth, da alle Zufuhr fehlte und die Bürger sich nicht vorgesehen hatten. Es blieb keine Wahl. Der wildeste Grimm mußte in die Brust hinabgedrängt werden, und die Thore wurden geöffnet. Leider war Siegfrieds Art und Weise nicht dazu angethan, die Erbitterten zu versöhnen, und als er einst im Schlosse zu Eltville Herbstfreuden genoß, zogen die Mainzer auf Kähnen in stiller Nacht heran und nahmen Eltville und das Schloß sammt dem Erzbischof und seinem Hofe. Da blieb ihm nichts übrig, sollte nicht wieder ein Mord dem Treiben der Empörer die Krone aufsetzen, als sich einen Freiheitsbrief abtrotzen zu lassen, der mehr gewährte als der in die Domthüren eingegrabene Adalberts.

Solche Zustände waren keine dauernde Grundlage für den Frieden der beiden streitenden Parteien.

Die Stunde kam, welche das beweisen sollte.

Als Conrad, der Sohn Friedrichs II, bei Höchst von dem Gegenkaiser geschlagen worden war und Siegfried sich zu dem Sieger neigte, verwüsteten die Geschlagenen das Gebiet des Erzstiftes, und die Mainzer hielten es mit ihnen. Sie wandten sich gegen den Erzbischof und die Geistlichkeit. Plünderung und selbst Mord blieben nicht aus. Sie versagten ihren Herren den Gehorsam. Er durfte die Stadt nicht mehr betreten. Als Friedrich starb, erkannte Mainz Wilhelm von Holland an, wie auch Worms, das mit Mainz verbunden war. Nun kam es zur Fehde mit Siegfried, welcher erst dessen Tod ein Ende machte. Die Selbstherrlichkeit der Mainzer stand in vollster Blüthe. Sie waren ihre eigenen Herren für's Erste. Sie fühlten ihre Kraft, und der Städtebund stand ihnen zur Seite. Gerade die Erfolge des Städtebundes dienten so recht zur Grundlage dieser Selbstherrlichkeit und des aus ihr sich entwickelnden Uebermuthes und des Hasses gegen jede Herrschaft. Eben aus diesem Grunde erwuchs nun eine neue, unselige Spaltung, die nämlich zwischen den Patriziern und dem Volke. Galt es doch auch hier die bevorzugte Stellung und Macht. Diese Kämpfe wurden mit großer Erbitterung geführt, bis Auswärtige sich in's Mittel legten und eine Versöhnung zu Stande brachten.

Mit dem Hader zwischen den „Geschlechtern" und niederer Bürgerschaft zog Hand in Hand der mit der Geistlichkeit, weil diese sich auf die Seite der Ersteren neigte, und Mainz kam wieder in den Bann. Dieses Bändigungsmittel war indessen abgenutzt. Die Bürger achteten den Bann nicht und trieben die Geistlichkeit zur Stadt hinaus.

Die Größe des Verfalles der Religion in Mainz zeigt sich darin, daß mehrere Jahre kein Gottesdienst in der Stadt gehalten wurde, ohne daß man es sonderlich empfand! —

Diese Umstände mußten wohlverdientes Aufsehen erregen. Das Concilium von Constanz brachte 1435 endlich eine Einigung zu Stande, und es that wahrlich Noth, daß es geschah!

Bei der unruhigen, unbotmäßigen und verwilderten Art der Mainzer konnte es nicht ausbleiben, daß, nachdem man bei der Plünderung der Wohnungen der Geistlichkeit und benachbarter Städte, wie z. B. Bingens, den allerleichtesten Erwerb, nämlich den der gewaltsamen Beraubung, kennen gelernt, auch die Lust verspürte, einmal wieder die Juden zu brandschatzen. In den Jahren 1348 und 1349 trat eine blutige Verfolgung ein; aber immer erholte sich das bedauernswürdige Volk wieder, und 1439 that Erzbischof Conrad III in seinem ganzen Lande, was früher das Volk in Mainz gethan. Man sieht, daß Beispiele selten ohne Nachahmung bleiben! —

Wie es um die Sitten der Geistlichkeit stand, beweist der einzige Umstand hinlänglich, daß in dem ersten Viertel des vierzehnten Jahrhunderts Erzbischof Matthias der bürgerlichen Macht in der Stadt das Recht verlieh, alle Geistliche, welche zur Nachtzeit bewaffnet in den Straßen sich umhertrieben, sofort festzunehmen; sobald aber der Tag angebrochen war, mußten sie die zu dieser Zeit Aufgegriffenen an das geistliche Gericht abliefern zu gehöriger Bestrafung.

Matthias war allgemein und auch von der Bürgerschaft geliebt und geehrt, starb aber bald unter Umständen, welche auf Gift gedeutet wurden. Bei solchen Zuständen war ein solcher Tod des wackern Erzbischofs nicht zu verwundern.

Er gehörte zu den Wenigen unter den Erzbischöfen, welche nicht lieber das Schwert in der Hand hielten als die Monstranz, welche der Sittenlosigkeit der Geistlichen wie des Volkes entgegenzutreten den sittlichen Muth hatten; aber es ging ihm, wie früher und später — seinen Strebensgenossen.

In alle die staatlichen Händel jener trüben Zeit mischten sich die Erzbischöfe, Partei nehmend und für die Partei kämpfend, sich fernhaltend von ihrem Bischofssitze und ohne sich um die Heerde zu kümmern, die ihnen vertraut war. Krieg war das Handwerk, das sie am liebsten, indessen mit wechselndem Erfolge trieben. Was daraus entsprang, zeigen uns die erzählten Zustände, die in's Einzelne zu verfolgen hier nicht thunlich, aber auch wahrlich nicht erfreulich wäre, es sei denn, daß es beitrüge, unsere vielgeschmähte Zeit zu segnen. — Wenden wir uns lieber andern Erscheinungen zu, die uns als freundliche Sterne entgegenleuchten. — Es sind zwei Namen, die wir hier aus dem 14. und 15. Jahrhundert nennen müssen: Frauenlob und Gutenberg.

Frauenlob war des Dichters und Minnesängers eigentlicher Name nicht. Das, was seiner Lieder zarter Inhalt war, brachte ihm diesen neuen, der Jahrhunderte überdauerte. Vom Preise der vollendeten Weiblichkeit, der Jungfrau Maria, bis zum Preise der schönen Mainzerinnen erstreckte sich seiner Lieder schöner Inhalt. Das erwarb ihm Ruhm und Verehrung, besonders bei den schönen Frauen, die, als er starb, sich um die Ehre stritten, ihn zu Grabe tragen zu dürfen. Sein Grab wurde von schönen Händen bekränzt, und die dankbaren Herzen setzten ihm ein Denkmal. Ein erneuertes steht im Dome. Solche Blüthen trieben jene Tage, die ein verwildertes Männergeschlecht aufweisen, gegenüber zarter Weiblichkeit, Reinheit und edler Sitte; freilich zeigte auch sehr häufig das zarte Geschlecht arge Entartung, und zwar nicht nur und allein in tiefern Schichten des Volkes. Wie konnte es anders sein?

Johannes von Sorgenloch, genannt Gensfleisch zum Gutenberg, der Mann, der dem geistigen Lichte freie Bahn machte, der dem Erkennen die vorleuchtende Fackel trug, der Erfinder der Buchdruckerkunst, ist der zweite Mann.

Bis dahin wurden die Quellen des Wissens und Erkennens nur durch kunstvolles, mühsames, kostspieliges Abschreiben in enger Benediktinerzelle vermehrt. Kein Wunder, daß die Sonne der Erkenntniß nur schwer durch das dichte Gewölk der Unwissenheit und Rohheit dringen konnte. Wie Viele waren denn im Stande, sich die geschriebenen Pergamente kaufen zu können? Wie Wenige kannten jene seltene Kunst, diese prachtvoll geschriebenen, kunstverzierten Handschriften überhaupt zu lesen!

Gutenberg war eine jener denkenden, grübelnden, forschenden und mit großem Talente begabten Naturen, welche zu allen Zeiten nicht häufig erscheinen. Sein Weg zu dem ewig hochzupreisenden Ziele seines Strebens war ein weiter, nicht einmal frühe zum klaren Bewußtsein gekommener. Goldschmied nach der Zunft, warf er sich blindlings der Goldmacherei und dem eiteln Streben in die Arme, den „Stein der Weisen" zu suchen, den beiden die besten Köpfe der Zeit beherrschenden, trügerischen Vorstellungen. Es waren Beschäftigungen, welche große Mittel verschlangen, ohne irgend eine Entschädigung zu bieten.

Gutenberg, obgleich einer angesehenen Patrizierfamilie angehörend, mochte in diesen alchymistischen Thätigkeiten bald seine Mittel erschöpft sehen und mußte zu einer mehr praktischen Richtung sich hinneigen. Er wurde Holzschneider. Es ist schwer zu begreifen, wie bei dem Einschneiden von Namen und Sprüchen unter die Bilder, namentlich Heiligenbilder darstellenden Holztafeln, man nicht schon früher auf den Gedanken kam, die einzelnen Buchstaben in einzelne Holztäfelchen zu schneiden und diese zusammenzustellen. Es lag unglaublich nahe, und es konnte nicht lange unentdeckt bleiben. So ist es auch gekommen, daß gleichzeitig mehrere mit Gutenberg, aber ohne mit ihm bekannt zu sein, dieselbe Art der Vervielfältigung der durch Buchstaben längst ausgedrückten Gedanken erdachten; denn nur so löst sich der Streit zwischen Amsterdam und Mainz, Gutenberg und Koster. Gutenbergs erste Drucke (Psalmen) zeigen die Kunst noch in der Wiege. Die Buchstaben sind massig, unschön, ungleich; aber die Kunst war gefunden, und ihre Vervollkommnung war unendlich leichter, und eine Verbesserung mußte der Schönheitssinn schon von selbst herbeiführen.

Eine Zeit von zehn Jahren war Gutenberg in Straßburg, stets mit Verbesserung seiner Kunst beschäftigt. Dort wurden Mehrere mit seiner Erfindung bekannt, die sonsthin geheim gehalten wurde, und als dort Mäntelin mit dem Buchdruck hervortrat, schien es, als habe er selbstständig die Erfindung gemacht, und Straßburg gründete darauf Ansprüche an die Erfindung in seinen Mauern, die jedoch als unbegründet sich erweisen mußten.

Gutenberg, der noch weit vom Ziele entfernt war, mußte das Verstehen seiner Kunst den Straßburger Gehülfen überlassen, soweit er selbst darin vorgeschritten war, und nach Mainz zurückkehren. Armuth drückte ihn nieder. Faust, ein Mainzer „Geldmann", öffnete nun seine Truhen, um ihm die Mittel zu leihen, mit dem an's Licht zu treten, was er gefunden; aber Fausts großer Vorschuß ging auf, ehe er das mit glühendem Verlangen, tiefsinnigem Grübeln und hingebender Ausdauer Gesuchte erreicht, — und der unglückliche, strebsame Mann mußte seine Vorrichtungen seinem harten Gläubiger überlassen, welcher, wohl erwägend, welchen Schatz der Trostlose ihm überliefert, einen gelehrten Gernsheimer, Peter Schöffer, als Gehülfen annahm, der sich nun, klaren Geistes, der Sache widmete und mit voller Kraft darauf warf. Es gelang ihm, so weit vorzuschreiten, daß 1451 das erste Buch nach Gutenbergs Erfindung, also mit beweglichen, zu versetzenden Buchstaben gedruckt, an's Licht trat. Gutenberg hatte, wie schon bemerkt, schon früher eine Auswahl der Psalmen gedruckt. Er suchte nun neue Verbindungen, da ihm alle Geldmittel abgingen, und fuhr, wenn auch gebeugt, fort, an seinem Werke zu arbeiten.

Wie wenig man noch die Kunst begriff, ja ahnen mochte, geht daraus hervor, daß Faust, oder Fust, in Paris seine gedruckten lateinischen Bibeln für geschriebene ausgab und um hohe Preise verkaufte. Dies machte ein ungemessenes Aufsehen, und die Zunft der in dem Verdienste des langsamen, theuern Abschreibens verkürzten Mönche, welche die Ergebnisse sahen, ohne den Weg ihrer Darstellung zu begreifen, griffen zu einem je und dann nicht ohne Erfolg angewendeten Kunststücklein aus ihrer reichen Vorrathskammer, sie erklärten Faust für einen „der schwarzen Kunst" Beflissenen, einen Hexenmeister. Wollte er wohl oder übel, — er mußte fliehen, um nicht am Ende einen Scheiterhaufen zu zieren. Mit knapper Noth und großen Aengsten kam er davon. Mehr verdiente er nicht. Hatte er doch den armen Gutenberg um sein theures Geheimniß betrogen und seine erpreßten Einrichtungen zu seinem eigenen Vortheil ausgebeutet, während der Arme darbte und mit Schmerz und Noth rang! —

Jetzt kamen Zeiten, wie sie Mainz nie erlebt, und diese Zeiten waren für Gutenberg sehr schlimm. Wir werden sehen, wie seine bisher geheimgehaltene Kunst hinausgetragen und der Preis ihm entrungen wurde. In den blutigen Streitigkeiten zwischen Diether von Isenburg und Adolph von Nassau um den Bischofssitz unterlag Mainz. Der Nassauer blieb Sieger, und seine losen Horden verwüsteten Mainz. Adolph verbrannte die Freibriefe der Stadt und vertrieb die meisten Bürger aus derselben. Damit war es denn auch um das Geheimniß geschehen. Jetzt entstanden in Elfeld, in Oberursel und anderswo Druckereien, und was man die „schwarze Kunst" genannt, lag vor Aller Augen — der Menschheit zum Heile, dem unglücklichen Gutenberg zum Unheile.

Sein Mißgeschick hing mit dem der Stadt zusammen, um deren Freiheiten und Rechte es für immer geschehen war.

Wenn auch der Krieg zwischen dem vertriebenen, vom Papste gebannten Diether von Isenburg und Adolph von Nassau, welcher das Erzbisthum sich erobert hatte, durch Verrath und Ueberfall noch fortdauerte, so konnte diese zerrüttende, das Land verwüstende Kriegsführung doch auf die Dauer nicht so fortgehen, und es gelang endlich, einen Frieden und ein Abkommen zwischen Beiden herzustellen.

Adolph starb. 1475 kamen neue Wirren, in denen die Stadt den Kürzeren zog, da Diether im Siege blieb und auf der Martinsburg sich eine sichere Stätte erbaute, nachdem sie einmal niedergebrannt war. Die

Freiheiten der Stadt aber waren dahin, weil der kriegerische Geist der Bürger entflohen war.

Diether war nun Herr der Stadt, unumschränkter Herr. Sie war herabgesunken zur kurfürstlichen Hauptstadt.

Was Diethers Namen einigermaßen berühmt machte, war die von ihm gestiftete Universität, die in dem Zeitalter der Revolution zu Grunde ging, in der französischen Periode noch in dem Schatten einer jener seltsamen Anstalten fortlebte, wie sie Napoleon in den größern Städten seines Reiches einrichtete, und endlich mit dessen Sturz ihr Ende fand.

Die Reformation konnte an Mainz nicht spurlos vorübergehen; sie fand viele Anhänger; aber die kluge Clerisei wußte so sicher das wankende Schifflein zu steuern, das keine evangelische Gemeinde aufkam.

Als der Markgraf Albrecht von Brandenburg 1552 von Frankfurt über die geplünderten Städte Speier, Worms und Oppenheim sich Mainz näherte, — Erzbischof Sebastian war kein Held — floh dieser mit seiner Clerisei; der Adel und Viele der Reichen folgten ihrem Beispiele, und Mainz fiel in des Mannes Hände, dem es auf Blut und Brand nicht ankam.

Mit ihm kamen protestantische Geistliche, hielten Gottesdienst im Dome und feierten das heilige Abendmahl in protestantischer Weise; aber die Erscheinung war nur eine vorübergehende; denn als die Waffengewalt gegen ihn anzog, verwüstete er die geistlichen Stifter, brannte sie nieder und ließ endlich die durch Brand, Raub und Mißhandlung zerrüttete Stadt hinter sich, um seinen Raubzug weiter fortzusetzen. Zu nehmen war nichts mehr! —

Unter den folgenden Erzbischöfen geschah Vieles, der Stadt wieder aufzuhelfen; aber ihre Krone war ihr entrissen, das Gericht der Zeit war über sie ergangen. Sie kam nicht mehr zu lebensfähigem Aufschwung. Nur Eins ist hervorzuheben, das nämlich, daß der Charakter, welcher der Stadt bis heute geblieben ist, der nämlich einer Festung, in dem siebenzehnten Jahrhundert ihr durch den Kurfürsten und Erzbischof Schweikhard von Kronberg aufgedrückt wurde, — gewiß nicht zu ihrem Glück. Der dreißigjährige Krieg fand sie so gerüstet; aber der Festungsgürtel half nicht viel. Als 1631 die Schweden naheten, folgte Alles, was die Stadt verlassen konnte, dem Hasenpanier, das die Geistlichkeit vortrug. Die Besatzung, aus Spaniern und Niederländern bestehend, mißhandelte, plünderte und raubte schlimmer, als es ein erbitterter Feind gekonnt, und als die Schweden kräftig angriffen, stellte sie sich auch unter jenes schlimme Panier. Sie capitulirte, zog mit ihrem Raube von dannen, und die Schweden zogen ein.

Gustav Adolph bezog die Martinsburg, die der Markgraf von

Brandenburg verschont hatte. Die Offiziere bezogen die Häuser des entflohenen Adels und der zahlreichen Geistlichkeit, und die Soldaten hatten es gut bei den Bürgern; aber schlimmer stand es um die Klöster. Obgleich die Stadt der Plünderung entging, mußte sie doch eine hohe Brandschatzung zahlen; die Geistlichen — denn nur die hohe Geistlichkeit war entflohen — mußten eine noch etwas höhere entrichten, und die Judenschaft kam leichten Kaufes auch nicht davon. Als die angesetzte Summe zur festgesetzten Zeit nicht einging, wurden die Häuser der nicht Zahlenden ausgeleert und selbst niedergerissen. Ebenso ging es den Häusern der Entflohenen. Alles Gefundene wurde verkauft.

Wer aber kaufte und konnte in Mainz kaufen? Allerdings wäre dies bei denen, die noch Mittel hatten, höchst unklug gewesen, und die Uebrigen hatten — nichts. Nun, die Frankfurter und wohl auch die Hanauer waren damals schon speculative Kaufleute! Und es waren die Käufer beschnittene und unbeschnittene Juden!

Die Jesuiten, auf die der König Gustav Adolph einen Blick der Liebe geworfen, kamen schlimm weg. Sie sollten die Hälfte der der Geistlichkeit auferlegten Summe zahlen. Da das nicht geschah, wurde ihr Eigenthum eingezogen und sie selbst verjagt.

Mainz blieb fortab ein Stützpunkt der schwedischen Unternehmungen, und Gustav Adolph hielt glänzend Hof in seiner Martinsburg. Die Festungswerke wurden hergestellt, die „Gustavsburg" erbaut, und alle Kirchen sollten niedergerissen und ihr Material dazu verwendet werden. Das geschah jedoch in der ganzen Ausdehnung des Vorsatzes nicht, obgleich manches geistliche Bauwerk fiel oder doch seiner heiligen Bestimmung entfremdet wurde.

Der sittliche Zustand der Stadt war ein höchst trauriger; nicht einmal persönliche Sicherheit war auf den Gassen der Stadt. Handel und Gewerbe lagen heillos darnieder. Die Bürger hatten viel zu dulden und zu tragen, und schwere Zeiten folgten während der Dauer des das Vaterland zerrüttenden Krieges, namentlich als Gallas die Stadt belagerte und Hungersnoth in ihren Mauern wüthete, bis sie endlich in seine Hände fiel. Als der entflohene Kurfürst wiederkehrte, tagten bessere Zeiten für die schwergeprüften Bürger, die indessen nicht lange andauerten, da die Kaiserlichen nicht besser mit den Bürgern verfuhren als die Schweden, und als Franzosen nun die Stadt besetzten, hatten blos die Gäste gewechselt, nicht das Betragen, nicht die Behandlung der ausgesogenen Bürgerschaft, nicht der Druck der Verhältnisse und die Noth. Erst 1649 verließen die Franzosen die Stadt, um sie 1688 wieder zu besetzen.

Im Jahre 1689 nahmen Deutsche die Stadt wieder; aber der Kurfürst blieb und starb außerhalb der Stadt. Das vortheilhafte Wirken des Kurfürsten Friedrich Karl von Erthal reichte bis — zur französischen Revolution, wo sein Hof die Hege der französischen Emigranten wurde, und vergeblich versuchte er es, den raschfluthenden Strom zu dämmen. Das Jahr 1792 überlieferte Mainz den Franzosen. Ihre Ideen hatten Wurzel geschlagen, und Viele begrüßten sie als die Bringer des Heils, als die Sendboten des goldenen Zeitalters, das — nicht kam.

Kaum war ein volles Jahr in's Land gegangen, da zog über die vielgeprüfte Stadt ein neues Wetter. Sie wurde von deutschen Truppen belagert und nach hartnäckigem Kampfe den Franzosen entrissen, um — 1797 ganz französisch zu werden und zu bleiben, bis das Gebäude Napoleons zusammenbrach.

In der Zeit der Fremdherrschaft wurde Mainz zu einer sehr starken Festung gemacht, noch einmal von den verbündeten Mächten belagert, um dann Bundesfestung zu werden, während die Stadt zum Großherzogthum Hessen geschlagen wurde, bis auch der Bundestag 1866 seinem Schicksale, wohlverdient, erlag. Nun ist sie eine Festung des deutschen Reiches unter der kaiserlichen Führung Preußens. — Es ist eine Reihe schwerer Geschicke, die am Geiste vorübergehen; aber die Wunden der Vergangenheit hat ein dauernder Friede geheilt. Mainz hat sich durch Handel und Gewerbfleiß, sowie durch die Verbindungsmittel der Neuzeit wieder zu frischer Blüthe erhoben.

Zwar ist seine Universität im Sturme der Zeit untergegangen; aber gute Unterrichtsanstalten hat es gewonnen, und seine glückliche Lage wird Mainz, wenn der Engel des Friedens seine Palme schützend über der Stadt hält, zu immer frischerer Blüthe erheben.

Das Werk des edlen Willigis, der 978 begonnene Dom, der in der letzten Belagerung viel gelitten, wird jetzt wiederhergestellt. Sechsmal hat das Feuer an ihm gezehrt, aber das edle Bauwerk erstand immer wieder aus seiner Asche. So kommt es, daß drei Jahrhunderte, das 13., 14. und 15., sich daran ausprägen. Die Belagerungen der Stadt entzogen das ehrwürdige Gebäude wiederholt seiner ursprünglichen Bestimmung. Die letzte Unbill der Franzosen empfing der Dom 1813. Es lagerten nach der Hanauer Schlacht 6000 Mann darin. Ueber den Zustand dieser Unglücklichen mag die eine Thatsache Licht verbreiten: Zehn Tage nach der Hanauer Schlacht erschien ein Divisionsgeneral in meinem elterlichen Hause und zeigte meinem Vater seine Truppe von circa 124 bis 130 Mann, indem er sagte:

Voilà ma division! Sein eigner Adjutant sei am Arme verwundet und — noch nicht verbunden seit der Schlacht.

Das 1627 erbaute Schloß trat an die Stelle der alten, nun gänzlich vom Erdboden verschwundenen Martinsburg und enthält jetzt die reichen Schätze des Alterthums und der Kunst, die man in und um Mainz gesammelt.

Daß eine Stadt, die wir als die Wiege derjenigen Kunst, die des Geistes „rechte Hand" und Trägerin ist, erkennen müssen, ihres Gutenberg nicht vergessen, zeigt Gutenbergs ehernes Standbild, welches Thorwaldsens Meisterhand gebildet hat.

Wie ganz anders erscheint der Straßburger Gutenberg in seinem Winkel, der gerade so aussieht, als wolle er einen „Tanz riskiren" gegen die ernste, würdige Gestalt, die ihn hier in seiner Vaterstadt feiert!

Es ließe sich Manches sagen über die Aufstellung und den Fuß der Statue, über die lateinische Aufschrift am Unterbau des Standbildes des deutschen Meisters, aber das „Zu spät", welches in der Geschichte, wie im Privatleben, einen so verhängnißvollen Einfluß übte und übt, mahnt uns auch hier und weiset uns auf Anderes hin, namentlich auf die Sage, welche eine so alte Stadt an ihrem Herzen gehegt hat.

Was die Sehenswürdigkeiten betrifft, so gibt sie jedes Reisehandbuch näher und genauer an, als es hier thunlich ist, wie darin denn auch die düstere Geschichte der Pulverexplosion im Kästrich erzählt ist, deren hier nur als einer entsetzlichen Begebenheit und — als einer That ruchloser Rache gedacht werden soll.

Die Sagenreihe beginnt mit dem Eichelstein und mit dem Teufel, wie denn fast überall der „Böse" seine unselige Hand im Spiele haben muß, wo es das Gute zu hemmen gilt, aber als „dummer Teufel", wie billig, geprellt wird.

Als des „Drusus christliche Cohorten sich eine Capelle auf der Höhe der römischen Befestigungen und ihres hochgelegenen Lagers" erbauten, ärgerte das den Teufel baß, und er dachte dem Herrn einen Streich zu spielen, indem er dem Heidenthum, das ja noch stark in jenen Cohorten vertreten war, einen gewaltigen Halt und Hort gäbe.

Darauf ließ er die mächtige, unzerstörbare Masse des Eichelsteins in einer Nacht aus der Erde herauswachsen, und darauf sollte ein heidnisches Götzenbild stehen, weitaus schauend auf des Stromes schöne Ufer und in's gesegnete Land, jenes arme Taufkirchlein siegreich überragend; aber der Engel der Morgenröthe, der segnend mit erfrischendem Thaue über die

Erde flog, sah und erkannte, was Satanas wollte. Rasch flog der Engel wieder gen Himmel mit der greulichen Botschaft, und der Herr befahl den himmlischen Heerschaaren, das Teufelswerk zu zerstören, ehe das Licht des jungen Tages seine Strahlen darauf senke. Als nun der Teufel der Engel Heer anschaute, ergriff ihn ein Zittern und Zagen, und — er machte sich aus dem Staube, ehe das Götzenbild noch auf der Spitze des mächtigen Thurmbaues stand, und der Engel Macht erlag das Werk des Fürsten der Finsterniß bis auf den Kern, der heute noch dasteht. Das Kirchlein drüben auf dem hohen Kästrich stand und sammelte seine Gemeinde, bis es zu klein wurde und drunten am Rheinesufer andre Gotteshäuser erstanden, deren Krone der Dom wurde.

Die Nachwelt nannte das unförmliche Mauerwerk ein Denkmal des Römerfeldherrn, der auf deutscher Erde seinen frühen Tod fand, und diese Nachwelt that das offenbar darum, weil sie von dem Werke des Teufels nichts wußte oder wissen wollte.

In den Dom des frommen Willigis führt uns dann die Sage.

Nahe am Eingang befindet sich eine Marmortafel mit der Jahreszahl 794. Es zeigt uns diese Tafel, die wohl einst der Grabes- oder Sarkophag-Deckel war, unter dem Karls des Großen schöne und heißgeliebte Gemahlin Fastrada ruhte, eine Inschrift, die uns sagt, daß hier (unter dem Deckel) die Leiche der in der Blüthe ihrer Jahre verstorbenen Fürstin, fürstlichen Stammes, des größten Herrschers Gemahlin ruhe, und mit dem Wunsche schließt, daß dem trauernden Kaiser ein längeres Leben möge gegönnt sein, als ihr verliehen gewesen. Daran hält sich die Sage. Karls des Großen Liebe zu der wunderholden Gemahlin war eine so innige, daß er sich nie von ihr trennen konnte, selbst nicht von ihrem Leichnam, als schon die Zerstörung ihres schönen Leibes furchtbare Fortschritte zu machen begann.

Diese unbezwingliche, aber unnatürliche Anhänglichkeit, die selbst das Walten der Verwesung nicht überwand, mußte Allen und Jedem als eine Zauberei erscheinen, und je mehr man zurückschauderte, desto weniger war der Kaiser zu vermögen, sich von den Resten der Geliebten zu trennen, und doch war selbst des Kaisers Leben in Gefahr. —

Da fand es sich, daß Fastrada einen kostbaren Ring am Finger trug, der den Zauber übte, und dies entdeckte der fromme Erzbischof. Er zog ihr, allen Widerwillen überwindend, den Fingerreif ab und steckte ihn zu sich. Jetzt verließ Karl, selbst schaudernd, die theure Leiche, führte sie in feierlichem Zuge nach dem Sanct Albansstifte und ließ dort über ihrer Gruft ein herrliches Denkmal aufrichten.

Nun aber zeigte sich des Ringes Zauberkraft; denn der Kaiser überhäufte den Erzbischof mit Liebesgaben und Huld, und nachgerade wurden diese Beweise von Zuneigung immer stärker, also daß der Erzbischof den Kaiser nicht eine Stunde verlassen durfte.

Da wurde es dem heiligen Manne unheimlich im Besitze dieses unseligen Kleinods, und da er den Kaiser nach Aachen begleiten mußte, warf er es in den Wassergraben, der die kaiserliche Pfalz umgab. Zwar war nun der Erzbischof des Zaubers baar, allein er wirkte fort, und von Aachen konnte sich der Kaiser nicht mehr trennen, wie lieb ihm auch sein Ingelheim gewesen war, und wieviel tausend Erinnerungen an das glückliche Zusammenleben mit der theuren Fastrada sich an die Pfalz daselbst knüpften. Er verließ Aachen nicht mehr, bis ihn der Tod mit seiner Fastrada vereinte, und erst da erlosch der verhängnißvolle Zauber, von dem selbst der Kaiser nichts ahnte.

Vom alten Münsterkloster erzählt die Sage: Bilhildis, die Wohlthäterin der Kirche und der Armen, war einem hohen Dynastenhause entsprossen, welches in allen seinen Gliedern noch dem starren Götzendienste anhing, als tief in ihre Seele schon der belebende und wärmende Strahl des göttlichen Lichtes von Christo gedrungen war. Tief beugte sich der wilde Sinn ihres Gemahls, der Heide war und Heide blieb, wie liebreich sie ihn auch zu gewinnen suchte. Sie erntete Spott und Hohn als Frucht ihres Bemühens. Als ihr Gemahl starb, widmete sie alle ihre Schätze heiligen Stiftungen und gründete das Altmünsterkloster, um als Aebtissin darin ihr Leben zu beschließen und für den Gatten zu beten, der in seiner Geistesblindheit und in seinen Sünden dahingefahren war. Für ihre Stiftung fürchtete sie sehr, als ihrem Geiste klar wurde, welche sturm- und drangvolle Zeiten aus dem Schooße der Zukunft hervorgehen würden. Daher sprach sie feierlich einen dreifachen Fluch über den aus, der in der Zeitenfolge seine frevlerische Hand daran legen würde. — Das Kloster blühte, und der Fluch lag bei Bilhilden im Grabe; denn keine frevle Hand erhob sich, die heilige Stätte zu zerstören, bis es ein Erzbischof that, der letzte Kurfürst von Mainz; aber an ihm erfüllte sich auch der furchtbare Fluch der Stifterin Bilhilde, weil er das Kloster ihrer Stiftung aufhob und seine reichen Güter der Universität überwies. Dafür verlor er sein Land, seine Würde, seinen schönen Wohnsitz; die grimmige Revolution reckte ihre blutige Hand nach ihm und eine innere schwere Krankheit, die eine Folge des Giftes war, das man ihm einst, ohne aber das erstrebte Ziel zu erreichen, beigebracht hatte. Gebeugt, geknickt an Leib und Seele, starb er endlich in Aschaffenburg. Das war des Bilhildenfluches Erfüllung.

Ueber das Rad im Mainzer Wappen berichtet die Sage: Willigis, der ebenso milde als treue, ebenso wohlthätige als demüthige Erzbischof von Mainz, stammte nicht von adeligem Geschlechte, sondern sein Vater war ein Wagner seines Zeichens. Um sich in seiner hohen Würde und Stellung nicht zu überheben, setzte Willigis das Rad in des Erzstiftes Wappen und die Schrift darum:

„Willigis, Willigis,
„Nit vergiß,
„Daz din Vater ein Wagner is!"

Er vergaß es nie, ob aber Rad und Spruch auch seinen Nachfolgern ein sichrer Wegweiser blieb? — Allen nicht! —

Obgleich Rudolph der Habsburger den ersten Thron der christlichen Welt inne hatte, so war er doch in Sitte und Kleidung, im Wesen und Gehaben einfach, bescheiden, demüthig, hielt sich zu dem Volke und ging gerne mit ihm um. So trug er denn einst, als er in einem Feldlager bei Mainz sich befand, Lust, im Gewande eines einfachen Kriegsknechtes durch die Straßen der Stadt unerkannt und allein zu wandern. Ist er daher in solcher Kleidung nach der Stadt aufgebrochen, und ahnte es keine Seele, daß er der Kaiser sei.

Es war kalt, und der „Wisperwind" pfiff stark zu Berge, das heißt den Rhein herauf. Der Kaiser fror tüchtig, und um sich zu erwärmen, trat er in die offene Thür eines Bäckerhauses und gerade vor den warmen Ofen, wo ihn eine behagliche Wärme durchströmte. Daß er das ungefragt gethan, ärgerte die behäbige Bäckersfrau, die ohnehin „Herr im Hause" war. In ihrem Zorn über den kecken Kriegsknecht „belferte" sie baß und wollte ihn mit sich steigernden Hohnworten vom Ofen wegtreiben; als er aber über die ungewöhnlich redefertige Mainzer Zunge und den sprudelnden Quell Mainzerischer Schimpfworte lachte und stehen blieb, wo er stand, da loderte des Weibes Zorn in lichter Lohe auf ob des spottenden Lachens des vermeintlichen Kriegsknechtes. Sie faßte ihn am Wamms und wollte ihn wegzerren, allein auch das gelang ihr nicht. Er behauptete seine Stellung unter fortwährend wachsendem Gelächter. —

Jetzt war des Weibes Zorntopf am Ueberfließen. Sie rannte wüthend in die Ecke, ergriff einen Eimer Wasser, und ehe es sich der Kaiser versah, goß sie ihm denselben über den Kopf, also daß er bis auf die Haut am ganzen Leibe durchnäßt wurde. Obgleich nichts weniger als zornig, fand es doch der Kaiser nothwendig, nach seinem Hoflager zu eilen, wo er mit hart- und festgefrorenen Kleidern anlangte und seinem Leibdiener befahl, daß sechs Schüsseln der kostbarsten Speisen sogleich zu der Bäckersfrau getragen würden mit einem Gruße von dem Kriegsknechte, dem sie so übel aufgespielt.

Wie erschrak das noch immer über den frechen Kriegsknecht belfernde Weib, als sie vernahm, daß es der Kaiser gewesen, den sie so ungastlich tractirt! — Kurz besonnen, von Reue und Angst erfüllt, eilte sie in das Hoflager, um fußfällig des Kaisers Gnade zu erflehen. Der Kaiser hob sie lachend auf und sagte: Laß es gut sein, Weib; Du warst in Deinem Rechte, als Du den frechen Eindringling vertriebst; aber sei gegen frierende Kriegsknechte nicht so außerordentlich grob; denn nicht Jeder möchte es so lustig hinnehmen, wie ich, der ich Dir blos die Strafe dictire, Allen, welche an meinem Hoflager sich befinden, den Hergang zu erzählen. Auf einen Wink des Kaisers ergriffen vier starke Arme die Frau und hoben sie auf den Tisch.

Was war da zu machen? Sie war verständig genug, sich zu fügen und die Geschichte auf eine so launige Weise zu erzählen, daß Alle in ein helles Lachen ausbrachen, in welches der Kaiser herzlichst einstimmte. Darauf beschenkte er sie zum Andenken mit einem werthvollen Ringe, und so oft er noch später nach Mainz kam und an dem Bäckerhause vorüberritt, grüßte er freundlich die Bewohner und schüttelte sich, als ob ihm abermals ein Eimer kalten Wassers über den Kopf gegossen worden wäre. Und zum Zeichen, daß er sich jener argen Taufe noch erinnere, aber nicht im Entferntesten zürne, lachte er dabei herzlich und erzählte seinem Gefolge die Begebenheit.

Schloss Biebrich.

Zu den schönsten Fürstensitzen Deutschlands gehört unbestritten das Schloß Biebrich bei dem Städtchen gleichen Namens am schönen Rheine.

Nur eine Stunde von Mainz entfernt, am breiten Strome gelegen, den hier die frischen, prächtigen Inseln schmücken, umgeben von den geschmackvollsten, leider jetzt vernachlässigten Gartenanlagen und einem Parke, der an Baumwuchs seines Gleichen sucht und kaum findet, zum Theil angelegt von der Meisterhand eines Künstlers, des mit Recht berühmten Gartendirectors Thelemann, bietet das geräumige, stattliche Schloß einen Aufenthalt, wie er kaum lieblicher und anziehender gedacht werden kann.

Wohin auch das Auge aus seinen Fenstern, von seinen Balkonen schweift, die herrlichste Fernsicht bietet sich ihm überall dar. Dort oben liegt das alte, thurmreiche Mainz, von Höhenzügen eingerahmt und bespült von der glänzenden Rheinfluth. Links geht der Odenwald in den Taunus über, als sei es eine dunkelbewaldete Gebirgskette, über die der Herrscher des Odenwaldes, der Melibocus dort, hier der vortretende Altkönig des Taunus herabschauen in die fruchtreiche Landschaft, vom Maine, dem alten Obringa, und dem grünen Sohne der Alpen durchfluthet, der schleichende Segelschiffe und rasch dahineilende Dampfschiffe der alten Handelsstadt zuführt.

Links zieht sich der Taunus mit seinen schön geformten Bergen herab, so daß infolge kunstreicher Anlagen, von des Schlosses Gartenseite aus gesehen, die Gartenanlagen bis zu den Höhen sich hinzuziehen scheinen, eine überaus liebliche Täuschung.

Rechts gehen die Höhen des Rheingebirges rheinabwärts an dem Strome hin, und wie auf dem rechten Ufer der Johannisberg von seiner rebenumrankten Höhe herüberschaut und zu seinen Füßen die zahlreichen schönen und blühenden Wohnstätten im Rebengrün und im spiegelglänzenden Rheine die prächtigen Eilande, so winkt von drüben das uralte Ingelheim, wo der große Frankenkaiser hauste und den Gedanken nachhing, wie er die rebellischen Sachsen und die unbändigen Longobarden bändige, und wieder, wie er durch Cultur des schönen Landes Wohlstand mehre. Tief unten schließen endlich die wilden Höhen des Rheines, der Hochforst des Soon die Rundschau ab, als sei der Rhein ein langhin sich ziehender See, und Bingen, die Rochuscapelle, die schönen Landsitze, der alte Mausthurm, Ehrenfels und das burgenreiche Rüdesheim ruhen friedlich im Schooße der Berge und auf ihren felsigen Kuppen.

Wo wäre reicher an Schönheit die Landschaft, wo könnte sie dem sinnenden Geiste geschichtlich Bedeutsameres zuführen als hier in dem verhältnißmäßig engen Rahmen, wo das Drama der Weltgeschichte seine folgenschwersten Akte abspielte und der reichlich mit Blut gedüngte Boden die edelsten Weine hervorbringt und die früheste Cultur in noch „redenden Steinen" sich vernehmlich macht? —

Ehe wir das Ohr dem öffnen, was uns die Geschichte von der Stätte berichtet, darauf das Fürstenschloß steht, und von diesem selbst, müssen wir einige Augenblicke bei dem Namen weilen.

Es ist bedeutsam und weist in eine längst begrabene Vergangenheit zurück, daß am Rhein und in seinem Gebiete und ebenso an andern deutschen Flüssen, Flüßchen und starken Bächen die Ortsnamen so vielfach an ein fast vertilgtes Thiergeschlecht erinnern, an den Biber. Bibern, Biberthal, Bibernheim, Bieber, Biebrich mögen nur, weil so zu sagen bei der Hand, als Beispiele angeführt werden, deren aber eine weit größere Zahl beizubringen wäre.

Man werfe nicht ein, Bibrich oder Bieberich komme von dem Namen des alten Biburc, Bieburg! Klingt ja doch der Name des ausgerotteten Thiergeschlechts auch darin nach! Und blicken wir auf die Lage Biebrichs und der ihm gegenüber liegenden großen Insel, so dünkt uns im Hinblick auf die wunderbaren Baue und Colonien des Thieres kaum eine Stelle geeigneter für das Thier, zu wohnen und zu leben, und der Name „Bieb-rich" = Biber-reich erscheint nichts weniger als willkürlich. Ja, wenn eine leider schmachvolle Handlung dem Humor auch nur Eine Seite darböte, so möchte man dafür halten, daß die „bundestreue Nachbarschaft", die einst mittels Einschüttung und Versenkung vieler Steine durch eine wahre Rheinflotte in nächtlicher Stille den beabsichtigten Hafenbau in Biebrich vernichten wollte, nichts weiter habe im Auge gehabt, als durch Anlage eines Stillwassers (Waag nennt es der Rheinländer) der Wiederkehr des vertriebenen „Nagers" Gelegenheit darzubieten durch einen wohlwollend errichteten Damm! In diesem häufigen Wiederkehren des Namens an Stätten, wo jetzt der Mensch allein Herr ist, liegt der Beweis, wie zahlreich das Bibergeschlecht am Rheine war, auch wenn wir nicht die geschichtliche Kunde davon hätten, auch wenn nicht die Baggerschippe bei den Pfahlbauten aus einer dunkeln Vorzeit die Knochen dieses Thiergeschlechts am Bodensee und weit hinein in den deutschen Norden zugleich mit den Steinwaffen und Steingeräthen des alten Volkes aus der Tiefe hervorhübe unter den zerrütteten Hütten dieses Volkes, die auf den eingerammten Pfählen in Fluß und See einst ihm das Obdach liehen. Es sollte Einen Wunder nehmen, wenn nicht vielleicht auch noch, bei genauerer Erforschung des Rheinbettes, sich Spuren, wie jenes Volkes, so dieses Thiergeschlechtes fänden.

Pelz, Fleisch und Knochenröhren des Thiers waren Veranlassung eifriger Nachstellung, als die Uferbewohner sich mehrten, und je mehr die Anlage der Wohnstätten am Ufer zunahm, je weiter der Land- und Weinbau den Wald von den Ufern hinweg zu den Gipfeln der Berge zurückdrängte und somit die Bedingungen des Daseins ihm entzogen wurden, desto mehr verschwand der Biber, wie er in den Flüssen Nordamerika's durch der Pelzjäger unerbittliche Verfolgung verschwindet. In Bezug auf das Zurückdrängen der Wälder diene nur eine historische Thatsache als Beweis. Im Jahre 820 betrug der vom Kaiser Ludwig dem Frommen der Kirche zu Sanct Goar geschenkte Forst an Umfang acht Stunden und hatte in seinem Beringe nur ein Dörfchen mit — vierzehn Bewohnern (und wären es auch Familien gewesen), und jetzt? Einige zwanzig blühende Dorfschaften nehmen jenen Raum ein, und der Wald ist immer noch, nach unsern Vorstellungen, bedeutend! — Noch im Anfang des vorigen Jahrhunderts kam der Biber vereinzelt am Rheine vor. Er war 1720 im Norden schon so im Hinschwinden, daß Friedrich Wilhelm I von Preußen durch die strengsten Verfügungen ihn hegte. Im Lippischen fanden sich noch Biber im Jahre 1804. In der Nähe der Stadt Beleke traf man sie noch so häufig, daß der von Nugel'sche Jäger erweislich in dem Zeitraume von 8 Jahren für 900 Thaler Biberfelle verkaufte und aus Bibergail 136 Thaler erlöste. Noch heute findet sich, wenn auch selten, der Biber in der Elbe, der Weichsel und andern Flüssen, und in der Oberförsterei Lödderitz bei Aken im Regierungsbezirke Magdeburg hat er, geschützt und sorglich gehegt, noch eine Stätte des Friedens. Ob die Volkssage begründet und wahr ist, daß man bei der Anlage des Schlosses und Parkes in Biebrich Ueberreste von Bibern gefunden, muß ich dahingestellt sein lassen. Erzählt wurde es mir. —

Kehren wir von dieser Abschweifung zu Biebrich und seiner Geschichte zurück.

In dem herrlichen Parke des Schlosses liegt eine geschmackvoll erneuerte Ruine aus grauer Vorzeit, in der vor einigen Jahren der Bildhauer Hopfgarten seine beneidenswerthe Werkstätte hatte, als er das Grabdenkmal der früh verblühten russischen Czarentochter, der Herzogin Elisabeth, arbeitete, das jetzt in der „Griechischen Capelle" auf dem Neroberge bei Wiesbaden sich befindet.

Die Substructionen des erneuerten Bauwerkes sind die Reste jenes altersgrauen Biburc, Biburg, welches dem dort entstandenen Dorfe Biebrich (wie die heutige Schreibart ist) Namen und Dasein gegeben haben soll, wie denn dieser Name auch auf das herzogliche Schloß übergegangen ist.

Die Ruinen, aus welchen die Burg im Parke erstand, bildeten unter den Karolingern eine kaiserliche Burg, um die sich die kaiserliche Villa ansetzte und nach und nach erweiterte. Die Zeit ihrer Entstehung fällt vielleicht in die Tage, wo der große Carl von Ingelheim aus sein Adlerauge über das schöne Land am jenseitigen Ufer schweifen ließ, prüfend, wie es zu verwenden und zu verbessern wäre. Denn schon im Jahre 874 kommt es in den Fulder Annalen vor, und in diesem Jahre bewohnte Ludwig der Deutsche eine Zeit lang die Burg, die also jedenfalls nicht unbedeutend war und geräumig genug, ein so hohes Haupt zu herbergen. Ludwig liebte die Jagd überaus, und vielleicht trug ihn sein Leibroß von hier aus in des Taunus dunkle Forsten, dort Hirsch und Eber zu jagen. Von hier aus bestieg er das Schiff, das ihn weiter trug, vielleicht an derselben Stelle, wo die Fürsten Nassauischen Geschlechts in späteren Tagen ihre schöne Jacht bestiegen, wenn sie auf dem Rhein eine Lustfahrt machen oder eine Reise antreten wollten.

Ueber die Geschichte der Burg sind wir im Dunkeln. Außer dem Aufenthalte Kaiser Ludwigs ist wenig aus ihrer Vergangenheit zu uns herübergelangt; das nur steht fest, daß die Burg im Jahre 992 noch als eine wehrhafte Burg, Castellum, bestand. Ob kriegerische Ereignisse sie brachen oder ein langsames Verfallen ihr Loos gewesen, ist bis jetzt in Frage, doch ist das Erstere wohl sicherer anzunehmen. Kaiser Otto III schenkte damals, nämlich 992, das ganze große kaiserliche Landgut, das heißt die Villa Biburc, also auch die Burg, dem Kloster Selz im Elsaß und dazu alles „salisch freie Land" umher, sammt Moskebach, wie es bisher zur „Burg" gehörte, einschließlich des Gerichtsbannes und der Leibeigenen, die ohne Zweifel in Moskebach, Mosbach, wohnten. Zu Vögten erkor sich das Kloster die Ritter von Bolanden, die ja auch Vicedomini des Erzbischofs von Mainz im Rheingau waren, und die gewiß die Burg bewohnten, wenn sie das Centgericht unter freiem Himmel hegten und zugleich im „Frohnhofe" das Frohngericht, das „Gedinge", hielten, wie es urkundlich 1279 gehegt wurde. Von da an verschwindet die Burg aus den geschichtlichen Zeugnissen, und wenn sie auch noch Sitz der zeitweise anwesenden Vögte, oder von schützenden Dienstmannen bewohnt, der Villa, dem Dorfe Biburg und Moskebach zum Horte diente, so mag ihre in der Niederung blos durch Wassergräben, durch ihre Thürme und Mauern geschützte Lage den Inhabern der „Vogtei" die Ueberzeugung beigebracht haben, ihr fehle in fehdereicher Zeit jene trotzig herausfordernde Sicherheit, welche die auf zackigen, unzugänglichen Felsen ruhenden Adlerhorste der Burgen besaßen, die am Rhein hinab sich dem Auge darstellen, und gerade darin scheint der Grund ihrer Vernachlässigung gelegen zu haben.

Daß ihrer schwindenden Reste dennoch eine „Urständ" warte, das lag, wie verschieden sie auch von ihrer ursprünglichen Bestimmung erscheint, gewiß außerhalb der Erwartungen derer, welche Zeugen ihres einstigen

Klimsch gez. Stahlstich v. Carl Mayer's K.A. in Nürnberg.

Schloss Biebrich.

Verlag von Julius Niedner in Wiesbaden.

Zerfalles waren. Wurden doch in ihren Räumen Denksteine des Nassauischen Fürstengeschlechtes aufbewahrt, welche meist aus der Abtei Eberbach stammen, und Reste früherer kriegerischer Tage, die man in ihren Mauerresten fand; am wenigsten aber war es vorauszusehen, daß einst auf ihrem Boden ein Bildhauer aus carrarischem Marmor das Grabdenkmal einer vielgeliebten, viel betrauerten Fürstin meiseln würde, deren Wiege unter dem Schmucke einer russischen Kaiserkrone an den Ufern der Newa gestanden, und die hier am schönen Rheine, eine frischerblühte Rose, verwelken mußte. —

Der Ursprung Bibrichs oder Biebrichs, des Ortes nämlich, liegt offenbar nicht ferne von dem des „Frohnhofes", aber schon des Verkehrs wegen rückten seine Häuser näher dem Rheinufer zu. Es bildete mit Mosbach eine „Heimgereide", obgleich beide, wenn auch nicht weit, doch von einander getrennt waren. Erst in den letzten Jahren hat Wohlstand und Baulust, letztere hervorgerufen durch die anwachsende Bevölkerung, die Lücke zwischen beiden ausgefüllt, so daß sie einen Ort, ein Städtchen Biebrich-Mosbach genannt, bilden.

Biburcs, als Ortschaft, wird schon im neunten Jahrhundert Erwähnung gethan. Ein Graf in der „Königshundred" schenkte damals Güter und Leibeigene in Biburc dem Kloster Bleidenstadt. Eben dasselbe Kloster hatte einen Rechtshandel wegen eines ihm widerrechtlich entzogenen Hofes in Mossebach, und das Gericht des Grafen Drutwin I erkannte ihm durch rechtlichen Spruch im Jahre 1028 diesen Hof wieder zu. Dieser Graf Drutwin I war ohne Zweifel ein Graf von Nassau. In der Landestheilung zwischen den Grafen Otto und Walram von Nassau, welche am 17. December 1255 geschah, fiel Biebrich in den Antheil des Grafen Walram.

Früher, und zwar, wie oben bemerkt, 992, hatte Kaiser Otto III dem Kloster Selz im Elsaß aus besonderer Vergunst das ganze kaiserliche Landgut und alles „salisch freie Land", welches zur Burg gehörte, nämlich die „Villa Biburc mit Mossebach" mit allen Leibeigenen geschenkt.

Es bleiben in der Geschichte viele Lücken und Räthsel, und zu diesen mag es auch zu rechnen sein, daß Werner von Bolanden, den doch das Kloster nur zum Vogte angenommen und bestellt hatte, im Jahre 1279 den „Frohnhof zu Biburc" mit allen „Schöffen, Huben und Gütern" an das Kloster Eberbach verkaufte, während dieses so sehr erwerbsame Kloster schon früher von einem andern Gliede der Familie Bolanden, Philipp von Falkenstein, ein Gut hier erworben hatte. Das Kloster Eberbach, das nun einen sehr bedeutenden, wie es scheint den ganzen Besitz des Klosters Selz sein nannte, bestellte 1287 den Marschall Philipp von

Frauenstein zu seinem Vogte über Mosbach und Biebrich. Und dennoch — verkaufte 1296 wieder das Kloster Selz alle seine Besitzungen dem König Adolf von Nassau, der sie zu seiner neuen Klosterstiftung in Clarenthal bei Wiesbaden schlug. Er hob die Vogtei sofort auf. Wie diese Widersprüche zu lösen, ist eine schwierige Sache, und es scheint, als seien die Ausdrücke der Urkunden ungenau.

Es müssen übrigens auch andere Adelige in der nächsten Umgebung Lehen oder Allodien besessen haben; denn das Kloster Eberbach hatte schon 1260 durch die Erwerbung eines Gutes des Ritters Sifrid von Frauenstein und seiner Gemahlin Gertrude sich hier festgesetzt und erweiterte dann seinen Besitz von 1279 durch ein 1314 von Werner Schenk von Sterrenberg und seiner Gattin Paza empfangenes Geschenk.

Im Jahre 1420 erscheint Biebrich als ein Pfand in den Händen des Erzbisthums Mainz. Die Mutter des Grafen Johannes (von Nassau) löste es in diesem Jahre durch Rückzahlung des Pfandschillings ein. Solche Pfandlöschungen waren den „geistlichen Herren" übrigens niemals angenehm; denn der Krummstab hatte oben einen Haken, der manches Pfand, wenn die Verpfänder, wie es häufig bei ihrem losen Haushalt vorkam, unfähig wurden, es wieder einzulösen, als erworbenes Eigenthum zu angeln verstand, daß es in Eigenthum überging.

Auch die reichen und mächtigen Grafen von Sponheim im Nahethale besaßen Güter in Biebrich, womit sie die „Kämmerer von Worms", als sie durch Erbschaften in die Lehen des Ritters Johann von Hattenheim eintraten, belehnten. Ob sie aus dem Besitze der „Bolanden" an Sponheim gelangt waren, bleibt eine offene Frage, wie so viele aus dieser Zeit.

In „Biburg" erscheint schon im Jahre 1005 eine Capelle, mit Land und Leuten begabt, wobei natürlich die Zehnten nicht fehlen durften. Graf Dudo, Nassauischen Stammes, gab sie an das Kloster Bleidenstadt. Auch in dem Orte Muschebach (Mosbach) befand sich eine Kirche, die der Erzbischof Eberhard von Trier dem Sanct Simeonsstifte in Trier schenkte sammt dem ihr gehörigen Zehnten.

Erzbischof Engelbert von Trier entzog sie dem Stifte St. Simeon und belehnte damit einen Ritter Berwich; allein das Stift ließ sich das nicht gefallen und gelangte 1085 wieder in den Besitz. Bei dieser Kirche war ein gewisser Dietrich, Capellan von Luxemburg und Domherr in Trier, Pfarrer, eine Anzeige, daß die Pfründe nicht übel war. Ob der Pfarrer selbst zu „Muschebach" wohnte, ist zweifelhaft, und es steht zu vermuthen, daß er sich, wie die geistlichen Herren der englischen Hochkirche noch heute, durch einen Capellan oder Vicar vertreten ließ; freilich mußte er eine gewisse Zeit im Jahre an Ort und Stelle sein, was mit „Präsenz" bezeichnet wurde. Der Pfarrer Dietrich mußte 1188 auf die Stelle zu Gunsten des Simeonsstiftes Verzicht leisten, welches 1397 bestimmte, daß künftig ein Drittheil des Zehntens der ganzen Pfarrei an den dienstthuenden Geistlichen, Plebanus, (Leutpriester) zu seiner „Lebsucht" abgegeben werden mußte. Der Papst Bonifacius bestätigte diese Stiftung etwas spät, 1398. Im Jahre 1472 schenkte das Simeonsstift die Kirche dem Kloster Eberbach, jedoch — die Zehnten nicht. Diese mußte das reiche Kloster mit 3000 Goldgulden bezahlen. Diese Summe deutet es an, wie das Dorf Mosbach sich mußte gehoben haben. Auch dieser Kauf- und Schenkact wurde von Papst Sixtus IV bestätigt und dem vielbegünstigten Kloster gestattet, daß einer seiner Mönche die Pfarrobliegenheiten versah, wodurch das Kloster jenes Zehntdrittheils Abgabe ersparte. Das Kloster Eberbach blieb im Besitze der Pfarrei und des Präsentationsrechtes bis zu seiner Aufhebung.

Nach diesen im Ganzen unerquicklichen, weil fragmentarischen historischen Erhebungen wenden wir uns dem schönen Fürstensitze zu, um zu seinen Anfängen zurückzugehen, die uns nur bis in das Jahr 1699 zurückführen.

Um diese Zeit wurde der Gedanke, an dieser überaus schönen Stelle ein Schloß zu erbauen, mag er auch länger schon gehegt worden sein, durch Ebenen und Reinigen des Platzes seiner Ausführung näher gebracht, und von da an wurde gebaut und eingerichtet bis zum Jahre 1721. Da erst war das Werk vollendet und das Schloß bewohnbar.

Die Stelle, wo jetzt das Schloß steht, war damals, als mit dem Bau begonnen wurde, von Häusern, Scheunen, Ställen, Gärten und Obstbaumfeldern nach dörflicher Weise bedeckt. Alles war Privateigenthum und mußte rechtlich erworben werden. Man kaufte baar und ließ den Eigenthümern das noch brauchbare Material, um desto schneller wieder ein Obdach zu finden. Die Bauplätze, Gärten und Obstfelder wurden gegen herrschaftliches, nahegelegenes Land, Domanialgut, in einer freigebigen Weise ausgetauscht, so daß keine Unzufriedenheit, kein Murren wegen etwaiger Uebervortheilung oder Vergewaltigung entstehen konnte; so wollte es ausdrücklich der Erbauer. Dasjenige Land aber, welches nicht durch Austausch erlangt wurde, gewann man käuflich, und zwar zu dem für jene Tage unerhörten Preise von 14 bis 15 Gulden die Ruthe. Jeder Fruchtbaum auf den Feldern wurde abgeschätzt, und es ist durch die Rechnungen, welche vorhanden sind, erwiesen, daß einmal 14 Bäume mit 160 fl. bezahlt wurden. Ehre dem Fürsten, der in jenen Tagen so edel dachte!

Um die Leute, welche die Plätze ihrer bisherigen Wohnungen abgegeben hatten, nicht zu drücken, übernahm die fürstliche Kammer das Abbrechen und Wiederaufschlagen und Herstellen der Wohnungen. In den Rechnungen erscheint dieser Kostenpunkt im Betrage von 8000 Gulden.

Alle diese Arbeiten und Anordnungen forderten geraume Zeit, so daß erst 1701 die Fundamentirungen begonnen werden konnten. Die Bausteine wurden alle aus Bodenheim gebracht.

Wie viele Hände auch in Thätigkeit waren, der ausgedehnte Bau konnte nur langsam fortschreiten. Fürst Georg August Samuel von Nassau-Idstein, der Erbauer des Schlosses, kam oft und mit geringem Gefolge, das Wachsthum seines Schlosses zu beaugenscheinigen. Er dachte nicht, daß er die Vollendung seines Werkes kaum erleben würde. Als im Jahre 1721 von dem Generalsuperintendenten Dr. Lange die Capelle des Schlosses geweiht worden war, ging kaum ein halbes Jahr in's Land, da stand der Katafalk in dem geweihten heiligen Raume, der des Fürsten Leichnam trug. Er war der damals noch nicht durch Impfung bewältigten Blatternepidemie erlegen. Sein Andenken, als eines durchaus rechtlichen und edeln Herrn, blieb in Segen.

Wie die Landerwerbung bei dem Schloßraume mit aller Schonung und Milde geschehen war, so auch der Erwerb des Feldes für Garten und Park. Da galt es, den Raum von 180 Morgen zu erlangen. Dies ward erst 1708 und 1709 vollends bewerkstelligt, und länger denn ein Jahr arbeiteten zahlreiche Hände nicht nur an der Einfriedigungsmauer, sondern an dem Ebenen, Bearbeiten und Bepflanzen des angeschwemmten Rheinbodens, in welchem indessen das Eingepflanzte üppig wuchs und gedieh. Noch mancher Greis des Pflanzenreichs aus den Tagen des Werdens dieser schönen, grünen Schattengänge und Gruppen ist ein Zeuge jener Thätigkeit für die Anlage im ächt französischen Geschmacke; aber um ihn herum ist es anders geworden, und der geläuterte Geschmack unsrer Tage, welcher der Natur ihre schönsten Bildungen ablauscht, hat die Spuren jener steifen Formen vertilgt. — Der Zopf schnurgrader, geschnittener, rasirter Wände von Laubholz gehörte dazu.

Während hier die schaffende Hand der Gärtner pflanzte, ordnete und begoß, waren viele, viele Hände an und in dem Schlosse in rastloser Thätigkeit, aber auch in der Ferne. Die Marmorsäulen des runden Saales wurden in Schuppach, die von schwarzem Bruche in Diez und Muttershausen hergestellt. Die Eisenhütte zu Michelbach war in den Tagen des Schloßbaues fast nur für diesen in Thätigkeit.

Es war unstreitig eine recht praktische Einrichtung, daß der Bauherr eine eigene Glashütte in der Nähe von Biebrich erbauen ließ, um das Glas für 1500 Gemächer herzurichten.

Als es dann an die Herstellung des Schmuckes der wohnlichen Räume ging, da begann der Maler Albrecht von Mainz mit seinen Gehülfen sein Werk, während das Deckengemälde im großen runden Saale der Maler Colomba von Stuttgart malte.

Um nichts zu vergessen, sei bemerkt, daß das Ausstatten der Gemächer mit Geräthen 30,000 Gulden und endlich Schloß und Garten und Park, mit Einschluß dieser 30,000 Gulden, 228,418 Gulden in Allem kostete. Die schöne Freitreppe ist erst im ersten Viertel unseres Jahrhunderts erbaut worden.

Die Ruine der alten Kaiserburg Biburc ließ Herzog Friedrich August herstellen zu dem, was sie heute ist. Erst im Jahre 1744 verlegte der Fürst Karl seine Residenz von Usingen nach Biebrich als Erbe des Erbauers, und als der Schall des Krieges verhallt war, im Jahre 1816, wurde die Herzogliche Residenz von Weilburg hierher verlegt, doch seit das Schloß in Wiesbaden erbaut war, nur für die schöne Jahreszeit.

Nach der Einverleibung des Herzogthums Nassau in den preußischen Staat im Jahre 1866 ist das Schloß mit Park im Besitz der herzoglichen Familie geblieben.

Ingelheim.

Fast dem Johannisberge gegenüber liegt auf einer Anhöhe des linken Rheinufers lang gestreckt ein Städtchen und zur Rechten, von Rebenhöhen fast verdeckt und nur durch seinen hohen Kirchthurm bemerklich, ein anderes. Beide sind uralte, geschichtlich vielfach bedeutsame Orte, die Schwesterorte Ober- und Niederingelheim.

Bei dem Namen dieses letzteren tritt dem Kenner der Geschichte ein hohes Heldenbild vor die Seele, der große Karl, der Kaiser, dem die Cultur ebenso am Herzen lag wie die Ausbreitung seines gewaltigen Reiches, groß im Kampfe wie in der Pflege der Wissenschaften und Künste, sein Volk und seine Zeit überragend. Ob er hier in Niederingelheim geboren oder drunten in Aachen, mag eine offene Frage bleiben; Ingelheim bedarf es nicht zum größeren Ruhme, sein Geburtsort zu sein.

Unter den Namen: „Englilonheim“, „Hingilenheim“, „Ingulunheim“, am häufigsten unter dem: „Ingilenheim“ kommt der Ort sehr frühe vor, und

Karl der Große fand hier eine alte Niederlassung und wurde durch die wunderschöne und fruchtbare Lage derselben und die köstlichste Aussicht auf Strom und Gebirge jenseits und hinab und hinauf am Strome veranlaßt, sich hier seinen weltberühmten Palast zu erbauen, da zu leben und von da aus die Geschicke seines weiten Reiches zu leiten und seinen großen Zielen zuzuführen.

Ein Chronist, der unter Ludwig dem Frommen lebte und den Bau noch in seiner ungeschmälerten Herrlichkeit sah, hat ihn weitläufig beschrieben. Er war aus regelmäßig behauenen Steinquadern erbaut, hatte einen sehr ausgedehnten Umfang und umschloß im Viereck einen weiten Hof. Hallen und Säle von einer außerordentlichen Größe und Weite und zahlreiche Gemächer befanden sich innerhalb seiner mächtigen Mauern. In seinem größten Saale fanden Reichsversammlungen statt, so die von 774, welche Karl der Große selbst abhielt, und die von 826.

Der Prachtbau ruhte auf hundert Marmor- und Granitsäulen, welche ihm großentheils der Papst Hadrian I aus dem berühmten Palaste zu Ravenna zugesandt hatte, dazu herrliche Mosaikfußböden und marmorne Kunstgebilde zum innern Ausschmuck.

Hier weilte Karl gerne und zog von Ingelheim aus zur Jagd in die Wälder am Taunus, in die Berge des Odenwaldes und in die schier undurchdringlichen Forsten des Spessart.

Die vielbesungene, von der Sage ausgeschmückte Geschichte Eginhards und der Kaisertochter Emma trug sich in den Räumen dieses Palastes zu, wenigstens in ihren Anfängen. Vernehmen wir sie, wie sie uns überliefert ist.

Wenn Karl der Große in Ingelheim von den vielen Sorgen der Regierung, von den Beschwerden seiner Kriege, Züge und Reichshandlungen ruhen wollte, so trat sein Geheimschreiber Eginhard zu ihm und las ihm die sorglich gesammelten Heldenlieder und Geschichten vor, die er in einem kostbaren Buche zusammengetragen, und um ihn saßen seine Gattin und seine blühenden Töchter und Söhne und lauschten der wohlklingenden Stimme des Vorlesers, der bald grauenhafte, dann wieder wunderbar lautende und mild und sanft das Herz rührende Mähren vortrug, welche ebensowohl Gottes Wunderthaten als die Kriege und Siege und der Liebe sanfte und bewegende Freuden und Leiden schilderten.

Eginhard, noch in blühender Jugend und doch reich an Geist, Kunst und Wissen, war des großen Kaisers vertrautester Geheimschreiber, des Kaisers Liebling, treu wie Gold und ihm ergeben mit ganzer Seele. Er verstand die wunderbare Kunst des Schreibens, wie sonst Keiner.

War es ein Wunder, daß er nicht blos des Kaisers, sondern der ganzen Kaiserfamilie in ihren männlichen und weiblichen Gliedern Liebling wurde? Und ist nicht auch einer Kaisertochter Herz ein liebebedürftiges Mädchenherz? — Und nimmt nicht auch dieses jugendlich pochende Herz eines Mannes schönes Bild in seinen innersten, geheimsten Schrein auf? Und hat die Liebe je gefragt nach dem, was in der Welt und ihren künstlichen Abständen die Herzen scheiden will, wie es die Stände scheidet? — Die Antwort, wurzelnd im Boden der Erfahrung, ist entschieden eine verneinende.

Am Kaiserhofe blühte Karls schönste, reinste Blume, seine Emma, das Kind, welches ihm noch keine trübe Stunde bereitet, das seinem Herzen von allen am theuersten war, die jüngste seiner Töchter.

Gerade dieses noch so kindlich sich hingebende Mädchenherz trug Eginhards männlich schönes Bild in seinem tiefsten Grunde und umfaßte es mit der ganzen Kraft seiner Liebe, sich selbst noch unbewußt.

Konnte das aber dem Jünglinge verborgen bleiben, wenn er die Mähren vorlas, in denen die Liebe zwei Menschenherzen verband, und er — an seine tiefinnige Liebe zur schönsten Kaisertochter dachte; wenn der Ausdruck seiner Stimme von dem Kunde gab, was seine Seele erfüllte, und sein Blick der Kaiserjungfrau sagte: Du, nur Du bist es, an die ich denke, die ich liebe, für die ich mein Leben hinzugeben bereit bin? —

Da fliegt in's Herz der zündende Funke, und das Verständniß tritt ungesucht hinzu, und das „Sichfinden“ drückt dem Bunde das Siegel auf.

So regte sich's in den beiden jugendlichen Herzen, und sie fanden sich, verstanden sich, und im heimlichen Kosen bestand ihr unsägliches Glück. Da ist nur ein Wachsen möglich, und der Zauber des Geheimnisses fördert dies Wachsen.

Sie sahen sich, und das arglose, von heißer Liebe erfüllte Mädchen vergaß der Sitte streng gezogene, eiserne, aber auch heilige Schranke, vergaß gleich Eginhard die Kluft, die die Kaisertochter vom Bediensteten, wenn auch Freien, schied; sie vergaß des Vaters Strenge und seines Zornes verzehrende Macht, und Eginhard war blind genug, in der Ferne des kaiserlichen Vaters Zustimmung zu sehen, weil er sie hoffte und begehrte.

So blühte ihre Liebe heimlich im süßesten Glücke, wie das wunderbar duftende Veilchen im Schatten der Sträucher, und Niemand ahnte sie, kein Auge sah's, und keine Verrätherzunge trug das Geheimniß zu des strengen Vaters Ohr.

Aber es sollte dennoch dem Kaiser kund werden!

Wie die Liebe wuchs, schwand die Vorsicht, schwand die heilige Scheu vor der Sitte des Frankenvolkes, die des Jünglings Fuß ferne hält von der Schwelle der Geliebten, wenn nicht der Eltern Auge die Hut hält über das liebende Paar oder der gesellige Kreis.

Jede Nacht, wenn der dunkle Schleier die Berge, den Strom, der drunten rauschte, und den Palast umgab, dessen Bewohner im Schlafe Erquickung fanden, schlich Eginhard hinüber zum Frauenhause, dessen Schwelle zu solcher Stunde nur der Vater oder der Gatte überschreiten durfte, ohne der Strafe des Todes gewärtig zu sein, und wenn der Morgen graute, schied er von der Geliebten. Und lange, gar lange schon bestand solches Kommen und Gehen, und Niemand wußte drum als die Zweie in ihrem verborgenen Glücke.

Da kam einst frühe der Herbst. Die Traube an Ingelheims Höhen war gereift und gepreßt; das Laub gilbte an den Rüstern, die auf dem Walle enggedrängt den Schutzhag bildeten, und der Sturm fuhr durch die ächzenden Aeste. Dunkle Wolken lagen wie Berge gethürmt am Himmel und wehrten den Sternlein, herabzublicken auf die liebe Erde, die sie so gerne beschauen und mit ihrem Liebesblicke erhellen, und die Wolken dachten daran, in ihr schneeweißes wärmendes Vließ die Erde zu hüllen, daß der Keim des Lebens erhalten bliebe zum künftigen Lenzschmuck.

Kein Licht der Ampel leuchtete mehr an den Fenstern des Palasthofes, und selbst in des großen Karls Gemache, wo er noch spät mit dem Kanzler verkehrt hatte, war es erloschen.

Nur das Auge der Liebe wachte drüben im Frauenhause und hüben in Eginhards Kammer. — Und die Pforte that sich auf, — leise und lautlos hüben und drüben, und schloß sich wieder ebenso stille, und mit dem Mantel verhüllt schlich eines Mannes Gestalt an den Mauern vorüber, und eine kleine, schneeweiße Hand öffnete drüben und schloß. —

Der Wind rauschte nicht mehr in den Rüstern. Es war todtstille; aber die Wolken deckten liebend die Lebenskeime in der hartgefrorenen Erde mit ihren schneeweißen, schützenden, wolligen Flocken immer dichter und dichter, und die Schläfer so wenig, wie die etwa in Liebe, Leid oder Weh Wachenden dachten an das stille Liebeswerk, das die treusorgenden Wolken vollbracht.

Drüben in Ingelheim krähten zum ersten Male die Hähne dem kommenden Tage ihren Gruß zu. —

Des großen Karls Herz trug schwere Sorge; denn dort an der fernen Elbe Strand stieg allnächtlich ein besiegtes Volk zu den Altären seiner

Götzen, und doch war es getauft auf den Namen Jesu mit dem durch Segen, Wort und Gebet geweiheten Wasser der Elbe; dort rüttelte dies Volk an den — Banden, in die es der große Kaiser gelegt. Krieg, Blutvergießen stehet wieder in Aussicht; denn gütlich werden sich die Sachsen nicht beugen.

Er hatte gewacht und berathen mit seinem Kanzler, sich dann zur Ruhe gelegt, — um keine zu finden. So kommt die Zeit des bald anbrechenden Tages nach qualvoll durchwachter Nacht. — Ihn brennt das Auge, — die Morgenluft kühlt es. — Er kleidet sich an und tritt an das offene Fenster und schaut hinaus in den Kampf zwischen Finsterniß und Licht, darinnen sich das abspiegelt, was in Sachsen vorgeht. Wird dort das Licht siegen, wie in diesem Kampfe? — Ein Leichentuch liegt über der Erde! Deutet's hin auf das Leichenfeld, das an der Elbe die Frucht des Mähens mit dem Schwerte ist? — Das sind die Kaisergedanken, aber freundlich sind sie nicht, erquickend nicht. Schwerer legt sich Unmuth und Schmerz auf seine Seele. —

Horch! War das nicht das leise Knarren der Pforte am Frauenhause? —

Karl blickt dahin. Er sieht zwei Gestalten, eine zierliche Frauengestalt, eine männliche dabei, die um die schlanke Hüfte traulich den Arm legt. — Schärfer, weil innerlich erregt, schaut er hin; aber noch stehen Beide im Schatten der Pforte. — Er hört ein, wie es scheint, beklommenes Flüstern. — Aber dann! — Was stellt sich ihm dar? — Eine schlanke Jungfrau trägt den Mann ihrer Liebe hinüber zu Eginhards Thüre; dann noch eine Umarmung, ein Kuß, und leise, wie ein Schatten, huscht die weibliche Gestalt wieder herüber und verschwindet in der Thüre des Frauenhauses. —

Aber eine solche Gestalt, eine solche Fülle wallender, blonder Haare besitzt nur eine, so schwebend ist nur einer Einzigen Gang. — Emma, dein Kind, die Jungfrau, kaum erblüht, die Kaisertochter im Bunde verrätherischer Buhlschaft mit dem — Diener!

Wild braust des Mächtigen gewaltiger Zorn auf. Zum Schwerte greift er, mit Blut zu sühnen die Schuld zertretener Unschuld und Sitte am Kinde wie am verbrecherischen Diener! — Schon stürmt er zur Pforte des Gemaches, das Zuchtgericht schrecklich zu halten, — — da ist es, als ob eine unsichtbare Hand ihn erfaßte und zurückrisse. Emma! ruft's laut in seinem Herzen. Emma, dein Liebling, das holde Ebenbild ihrer schönen Mutter! Und Eginhard, der Treueste deiner Treuen, der Tüchtigste deiner Tüchtigen! Eginhard, der dir Dienste geleistet wie Keiner, den Keiner dir ersetzen kann!

Er sinkt in den Sessel, der ihm schon so oft der Sitz der Sorge gewesen, wo mancher milde, aber auch strenge Entschluß die Reife gewonnen. Er bedeckt seine Augen mit den Händen, und — als er sie wegthut, leuchtet mild die Sonne über das schneebedeckte Land. —

Ein Engel des Erbarmens hat unsichtbar sein Herz mit einem Palmenzweige berührt. Er aber will nicht entscheiden über die Schuldigen, sein enger Vertrauensrath, die gewiegten Männer des Glaubens, des Rechtes und der Staatsklugheit, sollen das strenge Sittengericht halten! —

Sie erscheinen auf seinen Ruf schon frühe am Morgen. Sie erschrecken über des Kaisers bleiches, kummervolles Antlitz, über den tiefernsten, drohenden Ausdruck seiner Blicke. — Dort sitzt Eginhard, der Geheimschreiber, und es zieht ein unbestimmtes, banges Ahnen, ein Beben durch Seele und Leib. —

Da spricht der Kaiser mit hohler Stimme: Saget an, Ihr meine Räthe, Ihr Wächter des Heiligthums, der Sitte, des Rechtes, welche Strafe soll den treffen, der das unbewachte Herz des Kaiserkindes verführt hat? —

Die greisen Räthe sehen erschreckend den mächtigen Kaiser und Vater an, der das eigene Kind und einen ungenannten Frevler so schwer beschuldigt. Sie schweigen betroffen; — aber kalt bis in's Herz, todeskalt und die Hände gefaltet sitzt der da, von dem des Kaisers Mund, nur ihm verständlich, geredet! —

Noch einmal und schärfer fragt mit denselben Worten der Kaiser.

Ueberwältigt von dem Gewichte der Thatsache, daß es ein Urtheil über des Kaisers Kind gelte, erheben sich die Räthe, und wie aus Aller Herzen und Munde spricht der Kanzler: „Der Kaiser, der Vater allein, ist der Richter!“

Der Kaiser senkt das Haupt. Er steht lange so da, und in seiner Brust ist ein schrecklicher Kampf. —

Da hebt er das Haupt. Sein durchdringender Blick ruht auf Eginhard.

Du, Eginhard, sollst mir antworten, welche Strafe den Verbrecher treffen soll.

Eginhard, den Kopf zur Brust gesenkt, erhebt sich. Er tritt wankenden Schrittes in die Mitte des Kreises, beugt sein Kniee zur Erde, faltet seine Hände vor der kaum noch athmenden Brust, und langsam, aber bestimmt spricht er: „Der Tod!“ — Und er bleibt in seiner Stellung, die Bestätigung, vielleicht den Vollzug seines Urtheils erwartend.

Karls starke Brust arbeitet sichtbar, mächtig, — aber die strengen Züge mildern sich, ein unverkennbarer Zug einer gewaltigen Rührung wird auf den

Zügen sichtbar. — Was da drinnen in dieser starken Mannesbrust vorgeht, wer weiß es? —

Nach einem minutenlangen Schweigen entläßt der Kaiser seinen Rath, und zu Eginhard spricht er: Folge mir! —

Emma, von Schuldbewußtsein und Angst gefoltert, war frühe erwacht, war vom Lager aufgesprungen und an das Fenster geeilt, und ihr forschendes Auge hatte die Spur ihres kleinen Fußes im verrätherischen Schnee gesucht mit bebendem Herzen. Aber wie wurde ihr so leicht! Neuer Schnee war zur Erde gefallen und hatte ihre Spur verdeckt, völlig vertilgt. Sie sank mit gefaltenen Händen auf die Kniee, voll Reue, voll Schmerz, voll Dank, und gelobte Besserung, gelobte schwere Buße!

Da öffnete sich plötzlich mit schwerem Drucke die Thüre, und sie erblickte, zum Tode erbleichend, zitternd wie der Pappel Laub im Winde, — den strengen, bleichen Vater und — hinter ihm den vom Gewichte seiner Schuld gebeugten Eginhard. —

Statt aufzuspringen zum kindlichen Gruße, — sinkt ihr schönes Haupt in die gefalteten Hände tief herab zum Boden, und ein lautes, erschütterndes Schluchzen ist das einzige Zeichen, daß Leben in der schönen Gestalt ist.

Erschütternd war ihr Schmerzenszeichen, ihr Schluchzen —, erschütternd war der Ausdruck der Scham, die nicht in das Vaterauge zu blicken wagte, für das schon so tief bewegte Vaterherz! —

Es mußte ringen mit dem überwältigenden Gefühle, ehe der Kaiser Worte finden konnte. Als er sie endlich fand, fielen sie wie zermalmende Hammerschläge auf die Schuldigen; dann aber wurden sie milder und milder und endlich weich und voll Wehmuth, weil besiegt von der Vaterliebe und der tiefsten Beugung der Schuldigen.

Mit solchem Ausdruck sprach er es aus, daß nicht die Strafe des richtenden Schwertes sie treffen solle, daß aber ihres Weilens nicht mehr am Kaiserhofe sei. Er werde sie mit den nöthigen Mitteln versorgen, noch diese Nacht von seinem Capellane trauen lassen in der Palastkapelle, dann aber müßten sie augenblicklich Ingelheim verlassen. Irgendwo, möglichst ferne, sollten sie sich eine neue Heimath suchen. Betend wolle er ihrer gedenken, aber nie sie wiedersehen! —

Er wandte sich und schritt von dannen. —

Ueber dem weiten Palaste lag ein düsteres, unheimliches Wesen, eine ängstigende Stille, und doch wußten nur die Wenigsten um die Ursache.

Zwei Rosse und zwei schwerbeladene Saumrosse, von Eginhards Diener gehalten, harrten, als die Dämmerung sich herabsenkte, an dem Thore des Palastes. —

In der Kapelle war es taghelle. — Bald wankten zwei Gestalten heraus, bestiegen weinend die Rosse, dann der Diener das seinige; er erfaßte die Zäume der Saumrosse, und in der tiefer herabsinkenden Finsterniß verschwand der Trauerzug, denn das war er im vollen Sinne des Wortes.

Rheinaufwärts nahm er seine Richtung, setzte dann über den Strom und folgte dem Maine lange Zeit bis zu einer schönen Stelle, wo der mächtige Wald bis an's Ufer heranreichte. Dort baute Eginhard mit dem treuen Knechte in der stillen Waldeinsamkeit von gefällten Stämmen ein Haus, verwahrte es gegen Kälte und Sturm, und — die Vergessenheit legte ihren Alles verhüllenden Mantel über das büßende, verstoßene Paar, bei dem erst spät der Friede wieder einkehrte.

Im Kaiserpalaste war die Freude verstummt, von des Kaisers Antlitz die Heiterkeit verschwunden. — Ereignisse auf Ereignisse drängten sich; Regentensorgen, Kriegsvorbereitungen folgten einander, und im Frühling zog Karl zur Elbe, wo die Kriegsfackel wild aufloderte. —

Gebeugt war er weggezogen von Ingelheim, nach Aachen kehrte er, wenn auch sieggekrönt, innerlich gebeugt zurück.

Seine Perle fehlte, seine Emma. Ihr Name, der Name Eginhard wurde nicht mehr genannt.

Jahre kamen und gingen. Die Zeit milderte des Kaisers Weh. Gehört hatte er nichts von dem Paare. Als todt, wenigstens todt für ihn, hatte er sie betrauert, und allmählig sich wieder erhebend, gab er sich seinen Reichsgeschäften hin, nur je und dann in der Jagd eine Erholung suchend.

Er hatte Jahre lang Ingelheim nicht mehr gesehen, weil er den Schmerz der Erinnerung nicht wieder erwecken wollte.

Endlich zog es ihn wieder an die sonnigen Ufer des Rheines. Er kam zurück nach Ingelheim.

Freilich wurde da das kaum Ueberwundene wieder lebendig, aber leichter fand sich der Greis in die Umstände, die unabänderlich waren.

Und wieder einmal kam der Herbst mit seiner Farbenpracht in Berg und Thal, mit welcher die Natur noch einmal des Menschen Auge und Herz erfreuen will, ehe sie bannt in die Räume, wo das Feuer erwärmen muß, weil die Sonne den Dienst der Liebe für Alles, was lebt, versagt. —

Das Hifthorn erschallte, die Hunde bellten, die Rosse wieherten; der Jagdzug ging in die Forste des Odenwaldes, dort oben wo er dem Spessart die Nachbarhand reicht.

Dort war der Kaiser seit vielen, vielen Jahren nicht gewesen; dort verhieß die Jagd reiche Beute und Lust.

Tage und Wochen hatte der Kaiser das Wild verfolgt und erlegt, die Jagd hatte die Gegenden des Neckars verlassen und war in die Nähe des Maines gekommen. Dort verirrte sich im dichten Walde der Kaiser im leidenschaftlichen Verfolgen eines schneeweißen Hirsches, wie ihn nie sein Auge erblickt. Immer weiter verfolgte er das fliehende Thier. Wo sein Gefolge geblieben, wußte er nicht. Da erreicht er den Main, der seine hochgehende Fluth dem Rheine zuwälzt. Hier, meint er, sei er seinem Ziele nahe, weil der Fluß des edlen, seltenen Thieres Flucht hemme; aber es war eine Täuschung. In die Fluth stürzt sich das verfolgte Thier. Schwimmend erreicht es das jenseitige Ufer, als der hohe Jäger das diesseitige gewinnt; er hält sein schaumbedecktes Roß an und sieht jenseits im Hochwalde seine Beute verschwinden. —

Unmuthig blickte er sich um. Ueberall um ihn die Stille des Waldes und vor ihm der schäumende Fluß. Kein Schall der etwa nachfolgenden Jagd, kein Ton der jagenden Meute, keine menschliche Wohnstätte ringsum, und die Sonne neigt sich ihrer Rüste zu. Er wendet sein müdes Roß, um sein Gefolge, wenn möglich, zu suchen. —

Wie er auch im Walde vordringt, er findet Niemanden; wie er auch horcht, kein Ton berührt sein Ohr, als etwa die Stimme eines Raubvogels, der zu seinem Horste zurückkehrt.

Er wendet sich wieder dem Flusse zu, weil er da eher eine menschliche Wohnstätte zu finden hofft.

Der Mond war schon über dem endlosen Walde aufgegangen, und der Kaiser hatte sich bereits mit dem Gedanken vertraut gemacht, unter dem fast laublosen Geäste eines Baumes sein luftiges Nachtlager halten zu müssen, als er eine Lichtung in der Nähe des Flusses erreicht und einige rohe Gebäude vor sich sieht und durch ein kleines Fenster schimmernd ein Licht.

Er reitet zu dem Gehöfte, und im Zwielichte tritt ihm ein stattlicher Mann entgegen, dem er den Gruß entbietet und um eine Erquickung und ein Nachtlager bittet. Das wird ihm mit Freuden gewährt. Während der Kaiser noch vor der Thüre des Hauses weilt, um zu sehen, wohin der Mann sein Roß bringe, erblickt den vom Mondscheine Beleuchteten das junge Weib, das als Hausfrau in dem Hause waltet, und schier wäre sie mit dem Ausruf unaussprechlicher Freude zusammengebrochen; aber zum Glück tritt ihr Gatte durch eine Hinterthüre in die Küche, flüstert ihr ein paar Worte zu und eilt dann, seinen Gast in das Gemach zu führen, wo der Mond sein täuschendes Licht verbreitet, aber keine Ampel angezündet wird. Hier wechselten sie einige Worte, und dem Kaiser dünket's, er vernehme den Laut einer bekannten Stimme; aber er weiß doch sich nicht damit zurechtzufinden.

Nach einiger Zeit bringt ein liebliches Kind Licht und rüstet zum Mahle den Tisch. Ihm muß der alte Kaiser seine Blicke zuwenden; denn aus diesem blühenden Gesichte, so will es ihm scheinen, blickten ihn die lieblichen Züge seiner Emma an, und das in reicher Fülle sie umlockende blonde Haupthaar — nur Emma hatte es so! —

Der Hauswirth aber sitzt still in einer Ecke, wo der Ampel Schatten auf ihn fällt, und der Kaiser versinkt in ein träumerisches Sinnen. —

Da geht die Thüre auf, und Emma, das vollendet schöne junge Weib, tritt herein und setzt den Rehbraten auf den Tisch, aber sie vermag es kaum. Sie sinkt zu des Vaters Füßen, und neben ihr knieet alsbald Eginhard und das holdselige Kind.

Vater! Emma! erklingt's, und an seinem Herzen ruht das theure Kind, an seiner Schulter lehnt Eginhard, und seine Kniee umfaßt die blühende Enkelin! —

Das war zuviel für den so starken Mann. Thränen traten in seine Augen, und als er sie an das Herz gedrückt, rief er aus:

Selig sei die Stadt,
Wo der Kaiser sein Kind wiedergefunden hat!

Und er beschenkte seine Kinder mit reichem Gebiete um die Stelle am Main, wo ihre Wohnung stand, und hier bildete sich der Ort „Seligenstadt".

Lange noch wohnten hier die Glücklichen, und oft war der Kaiser bei ihnen, die nicht mehr nach dem Kaiserhofe verlangten. — Doch wann ist ein Erdenglück ganz und vollständig? Das Abbild der schönen Mutter, die kleine Emma, starb dahin, und das brach das Mutterherz. Wo sie ruhte, gründete Eginhard ein Kloster, in dessen Kirche er ihr ein herrliches Denkmal weihte und auch sich, dem nun so Einsamen, die Ruhestatt bereitete. Auch er folgte der Geliebten bald, und seine Gebeine senkte man neben Emma und ihrem Kinde ein.

Emma's und ihres schönen Kindes Tod nagte an Karls Herzen. Er sah seitdem weder Ingelheim mehr, noch die grünen Hallen des Odenwaldes.

Die Grafen von Erbach im Odenwalde leiten ihr Geschlecht von einem Zweige aus Eginhards Stamme ab. Daher schenkte der Großherzog von Hessen in neuerer Zeit dem jetzigen Grafen Erbach, der eine werthvolle Sammlnng historisch beglaubigter mittelalterlicher Waffen, Rüstungen und Alterthümer in seinem Schlosse zu Erbach besitzt, den Sarg, der Eginhards und Emma's Gebeine umschließt und einst in der Gruft der Kirche zu Seligenstadt stand, jetzt aber in jener Sammlung bewahrt wird.

Auch das Kloster Lorsch wurde von Eginhard mit der Herrschaft Michelbach im Odenwalde beschenkt, wie denn die Jahrbücher der Klöster Seligenstadt und Lorsch die erzählten Begebenheiten ausdrücklich mittheilen.

Von Ingelheim aus leitete Karl der Große Segensströme der Bildung in sein Volk und sein Land, und der früher blühende Weinbau des Rheingau's, der Obstbau des gesegneten Rheinlandes überhaupt, der auf einem tüchtigen Landbau und Handel ruhende Wohlstand ist ihm zu verdanken. Diesen aufblühenden Land-, Wein- und Obstbau förderten seine Frohn-, Saal- und Freihöfe, die er überall an geeigneten Stätten des Rheinlandes anlegte und mit tüchtigen Ministerialien besetzte. Wichtige Reichsbegebenheiten knüpfen sich an diesen Ort, an den zerstörten Kaiserhof und Palast.

Hier wurde 788 der Herzog Thassilo von Baiern seiner Herzogswürde entsetzt, weil er des Kaisers Majestät gekränkt und entwürdigt hatte. Wohl wird auch der Reichstag, auf welchem diese Entsetzung Thassilo's geschah, nach Ingelheim verlegt.

Auch unter Karls Nachfolgern trugen sich im Kaiserpalaste große Ereignisse zu. Ludwig der Fromme empfing hier den König Harald von Dänemark im Jahre 826 sammt seiner Gemahlin und seiner Familie und vierhundert edeln Dänen, als er vor Göttricks Söhnen fliehen mußte, und ließ ihm seinen Schutz und Beistand angedeihen. Harald ließ sich taufen, und zu Sanct Alban bei Mainz wurde die heilige Handlung an den Dänen vollzogen.

Im Jahre 817 schon hatte eben dieser Kaiser die glänzende Gesandtschaft des byzantinischen Kaisers Leo empfangen und dann wieder die noch glänzendere des Kaisers Theophilus aus Constantinopel.

Denkt man sich, daß die glänzendsten Feste solchen Gesandtschaften zu Ehren veranstaltet wurden, daß sie die reichsten Geschenke brachten, aber auch genug werthvolle wieder zurücknahmen, und daß mit diesem Geben und Nehmen der reichen Geschenke und Gegengeschenke jedesmal wieder hohe Feste verbunden waren, so entfaltet sich ein großartiges Bild von Pracht, welches in solchen Tagen der Palast in Ingelheim darbot.

Der Klang des Namens Karls des Großen blieb sich gleich an Bedeutung, und der Ort, wo er gelebt und gewaltet, war für alle seine Nachfolger bis zu Ludwig IV, dem Kinde, ein wahrhaft geheiligter. Alle hielten sich gern hier auf, und nicht weniger Bedeutung hatte Ingelheim und sein Kaiserpalast in den Augen der Ottonen und der salischen Kaiser.

Großes sahen diese Hallen beginnen und reifen zu des Reiches Glanz. Noch einmal fiel ein helles, freundliches Licht auf den Palast, als Heinrich III hier seine Hochzeit mit der schönen Tochter Wilhelms von Poitou feierte; dann fällt ein tiefer, dunkler Schatten darauf. — Die Wirren zwischen Heinrich IV und dem Papste, sein Bann, die Auflehnung seines Sohnes Heinrich (V) gegen ihn und Alles, was damit in Verbindung steht, ist ein erschütterndes, furchtbares Trauerspiel. In Ingelheim hatte der Sohn den dem alten Kaiser so feindlichen Reichstag versammelt, als er ihn am Ufer von Bingen verrieth und in Klopp gefangen nahm. Von hier aus eilte der haßerfüllte Markgraf Egbert zu dem Kaiser, ihn zur Abdankung zu bereden, und ließ sich zu unverantwortlichen, ruchlosen Handlungen gegen die Majestät hinreißen. Von hier aus eilten die geistlichen Kurfürsten nach Bingen und entrissen dem Kaiser die Reichskleinodien, die Wahrzeichen seiner geheiligten Majestät. Hier wurde seine Entsetzung ausgesprochen, hier der treulose Sohn als Kaiser gewählt. Und als der Beraubte und Mißhandelte den Bischof von Speier um ein Obdach und — Nahrung anflehte, ein Kaiser, ein Wohlthäter dieses Bischofs, — da versagte dieser es ihm! — Wenden wir uns ab von diesen Greueln entarteter Menschenherzen!

Um das Jahr 1154 befand sich der Kaiserpalast in einem Zustande, der, sollte der Palast nicht für immer verschwinden, einen Aufbau erheischte.

Friedrich I hatte zuviel Pietät für diese bedeutungsvolle Stätte, als daß er ihren Zerfall hätte dulden können. Er erstand wieder, der ruhmreiche Palast so vieler Kaiser, der Zeuge großer Begebenheiten, und Kaiser Friedrich I wählte ihn mit Vorliebe zu seinem Aufenthaltsorte, wenn er ihn wohl auch je und dann mit Gelnhausen und Kaiserslautern einmal vertauschte.

In jenen Tagen traurigen Andenkens, aus denen die Namen Wilhelms von Holland und Richards von Cornwallis zu uns herüberklingen, wurde der altehrwürdige Kaiserpalast sammt Ingelheim erobert und verwüstet, und es war, als solle das Schicksal ihm erspart werden, Zeuge düsterer Zeiten des Reiches zu sein.

Noch einmal baute ihn 1354 Karl IV auf, — aber, wie es schien, nur, um ihn und die Orte Ober- und Niederingelheim an den Kurfürsten

Klimsch gez.

Stahlstich v. Carl Mayer's K.-A. in Nürnberg

Scharfenstein.

Verlag von Julius Niedner in Wiesbaden.

von Mainz zu — verpfänden. Ruprecht fühlte die Schmach und löste das Pfand ein.

Abermals traf den Palast das Schicksal der Verwüstung, als Friedrich I mit dem Erzbischof Adolph von Mainz in der Fehde lag. Im dreißigjährigen Kriege fanden Spanier und Schweden nicht viel mehr zu zerstören. Die öden Mauern äscherten — es galt ja einen Punkt deutscher Ehre — die Franzosen, die das Volk die „Pfalzvergifter“ nennt, 1689 ein, so daß nur noch Mauerreste und der Stumpf einer weißen Marmorsäule übrig blieben, an die man eine Inschrift anmeiselte, welche sie als Rest des Kaiserpalastes dokumentirte. Auch sie ist verschwunden und mit ihr der letzte Rest des einstigen Glanzes Ingelheims.

Soll man nach solchen Begebenheiten noch andre Dinge erzählen, etwa von dem Weinbau des hessischen Städtchens, der vielleicht noch eine Pflanzung Karls des Großen ist, oder daß die beiden Ingelheim den Reichsadler im Wappen führten, daß beide ein gemeinschaftliches Obergericht gehabt und Reichsschultheißen, oder — und das ist in der That wichtiger — daß Sebastian Münster, der große und gelehrte Professor der hebräischen Sprache in Heidelberg, der erste Kosmograph, dessen großes Werk heute noch eine Quellenschrift ist und hohe Bedeutung hat, hier geboren ist, oder endlich, daß Glöckle von hier stammte und hier starb, der einst in Rom an der vatikanischen Bibliothek arbeitete und Wilken behilflich war, als er nach dem Pariser Frieden die von Tilly geraubten Heidelberger Bibliothek-Schätze, soweit er sie erhielt, — wieder gen Heidelberg brachte, der endlich leider statt der Lacrymä Christi und des Falerners und Montefiasconers in Rom zu viel Ingelheimer „Rothen“ trank? Mag dies sein, wie es will, auch wohl Diesem oder Jenem interessant, es fällt so wenig in's Gewicht nach solchen Vorgängen, wie wir sie kennen lernten, als der mittelalterliche Reitersattel, den man auf dem Rathhause zu Oberingelheim als den Satte Karls des Großen vorzeigt. —

Die Burg Scharfenstein bei Kidrich.

Wenn der hoch und schön gelegene Johannisberg schon hinter uns ist und das Dampfboot am oberen Rheingau vorüberrauscht, oder die Locomotive mit ihrem langen Zuge vorüberkeucht, so begegnet der auf dem immer noch schönen Lande des rechten Rheinufers ruhende Blick einer Burgruine, welche ziemlich weit hinten am Gebirge auf einer stattlichen Höhe erscheint und sich deutlich auf dem dunkeln Hintergrunde bewaldeter Berge abhebt.

Es ist ihr mächtiges Frit oder Hauptthurm, der den Blick fesselt, während das ihn umgebende Gemäuer sich kaum ansehnlich erhebt, und doch ruht der Blick auf den mächtigen, umfangreichen Ruinen.

Fragt man nach dem Namen der Burg, von der vielleicht das Reisehandbuch nicht einmal etwas mehr zu erzählen weiß, als daß sie einst eine stattliche Burg war und nun zerstört daliegt, so ist er Vielen unbekannt, und doch war diese Mainzer Landburg einst sehr berühmt, dem Rheingau ein Schutz, den Erzbischöfen werth und von einer ungewöhnlichen Bedeutung und großem Ansehen.

Ihr Name ist Scharfenstein.

Wandert etwa der Reisende von Hattenheim oder Erbach aus nach dem heimlichen Plätzchen des Klosters Eberbach und wendet sich dann rechts, unter den köstlich gelegenen, aber das Gemüth so tief erschütternden Gebäuden des Irrenhauses Eichberg vorüber, um den Berg herum, darauf sie liegen, so erreicht er nach einer lohnenden, nicht eben langen oder beschwerlichen Wanderung das Dorf Kidrich und erblickt dann in einiger Entfernung gegen das ansteigende Waldgebirge hin die Ruinen von Scharfenstein vor sich, die recht großartig erscheinen und den Wanderer erst recht reizen, nach ihren Geschicken zu fragen.

Tritt dann der Wanderer auf den Gottesacker bei der Kirche des Dorfes und wählt seinen Standpunkt zwischen der Pfarrkirche zum heiligen Valentin links und der niedlichen, allerliebsten Kapelle zum heiligen Erzengel Michael rechts, so hat er die Ruine gerade vor sich; aber ich glaube, sie wird seinem Blicke zunächst entrückt, und dieser wird durch die beiden kirchlichen Bauwerke zu seinen beiden Seiten völlig und bis zum augenblicklichen Vergessen der Burg gefesselt. Es ist kaum anders möglich; denn Kirche wie Kapelle sind von einer so ausgeprägten Schönheit des Stils, daß sie Jeden fesseln müssen.

Darf ich von mir auf Andere schließen, so wendet er sich zuerst rechts, nämlich zur Michaeliskapelle, die einst, wahrscheinlich behufs der Seelenmessen, über dem Beinhause des Gottesackers erbaut worden ist, wie man das auch wohl anderwärts und fast als frommen Brauch findet.

Beklagenswerth ist es, daß wir die Namen der Künstler nur in den allerseltensten Fällen überhaupt und hier gar nicht kennen, welche diese so wunderschönen gothischen Bauwerke am Rheine aufgeführt, und ebenso wenig die Namen derer wissen, welche sie gegründet haben. Einmal kommt eine historische Andeutung vor, als habe das Kloster Eberbach in Kidrich eine Kapelle erbaut, allein es ist sehr zweifelhaft, ob es diese ist, wenigstens ist es nicht erweisbar.

Bedenken wir indessen, wie sehr oft — von den Erzbischöfen Sifrid, dem Ersten und Zweiten dieses Namens, Gerhard I und Wernher ist es urkundlich bekannt — die Erzbischöfe von Mainz auf ihrer Landburg Scharfenstein geweilt zu Zeiten, wo sie dort Schutz zu finden wußten, mehr aber noch, wenn die Zeit der herbstlichen Jagden in den dunkeln und wildreichen Forsten des Gebirges zum edlen Waidwerke einlud, oder die Reize einer gesegneten Weinlese lockten, so kann es uns kaum zweifelhaft sein, wer diese schönen Gotteshäuser erbaut. War es denn nicht ein Bedürfniß für die geistlichen Fürsten, ein Gotteshaus nahe bei der Burg zu haben, wo sie ihrer Pflicht genügen konnten? Und war es nicht Ehrensache — von allen andern edleren Beweggründen abgesehen, — daß die Erzbischöfe würdige Gotteshäuser zu ihrer Andacht besaßen, und noch einmal Pflicht und Ehrensache, sie im edelsten Stile zu erbauen?

Der Pfarrkirche zum heiligen Valentin wird schon 1275 gedacht, während die St. Michaeliskapelle erst im Jahre 1427 erwähnt wird und wahrscheinlich nicht lange vorher erbaut worden ist.

Wenn man letztere „eine Perle der gothischen Baukunst und ihres Stiles" nennt, so hat man damit unbedingt eine volle Wahrheit ausgesprochen, an Zierlichkeit ist sie im Rheingau ohne ihres Gleichen und dürfte auch in weiteren Kreisen den Vergleich nicht zu scheuen haben.

Wie schön ist ihr Thürmchen, wie schön ihr Portal! Merkwürdig ist ihre Chornische, die — gewiß sehr selten an Bauwerken dieses Stiles — ein unten sich zuspitzender Erker ist. Zur Seite gegen die Sanct Valentins-Kirche hat sie einen überdeckten, nach Innen gehenden Balkon von schöner Steinmetz-Arbeit und mit einem alten, neuerdings aufgefrischten Wandgemälde geziert, dessen offenbarer Zweck es war, von dort herab Reden an die auf dem Kirchhofe versammelten Gläubigen zu halten, vielleicht die Leichensermone.

Die St. Michaeliskapelle ist vollkommen in ihrem ursprünglichen, ureigenen Stile hergestellt, im Aeußeren, wie im Inneren, und der, welcher sich dieses Verdienst erworben, ist ein Engländer Namens Soutton, der hier, wie man erzählt, zur katholischen Kirche übergetreten ist und nun sein Vermögen dazu verwendete, beide Bauwerke, auch die St. Valentins-Pfarrkirche, wieder in ihrer ursprünglichen Eigenthümlichkeit herzustellen. Auch diese letztere ist gothischen Stils und ein schönes Bauwerk. Vorzugsweise verdient das schöne Chor Beachtung. Von Scharfenstein aus gesehen, machen beide kirchliche Gebäude einen sehr anziehenden Eindruck, ob dieser gleich, so wenig wie der hehre Ruf ihrer Glocken, auf die wilden Scharfensteiner seinerzeit irgend eine gute Wirkung hervorbrachte.

Doch — kehren wir zunächst zu dem Dorfe Kidrich zurück, dessen wir als Vordergrund der Burg nicht entbehren können. Es ist alt, älter als die Burg, hing aber seit der Burg Erbauung mit ihr enge zusammen, ihre Geschicke in Freud' und Leid theilend, jedoch mit dem Löwenantheil am Leide.

Verfolgt man die Geschichte der meisten rheingauischen Orte, so ist ihre Entstehung fast immer das äußere Ansetzen an einen Kern und dadurch ein Wachsen von Außen her, was zwar auch sonst überall stattfand, und dieser innere Ansatz-Kern war in der Regel der Sitz eines Mainzer Dienstmanns oder Ministerialen des Erzstifts, wie man sie nannte, oder die Wohnung irgend eines Freien, — in Summa ein sogenannter Freihof. Daß dazu wie anderwärts auch die Tausend und Ein — menschliche Beweggründe mitgewirkt, besonders das Schutzverhältniß, versteht sich einfach von selbst; allein fast überall begegnen wir auch solchen „Höfen" und „Burghäusern" im Orte selbst. So war es auch in Kidrich. Hier besaß ein Ministeriale Egilbert einen Freihof, den er 1018 an das Kloster Bleidenstadt verpachtet (?). Erzbischof Adalbert I von Mainz verschenkte 1118 einen andern Freihof mit allen seinen Bewohnern, welche natürlich Leibeigene des früheren Besitzers, des erzbischöflichen Ministerialen Wulferich, waren, und die sich von Kidrich nennende Familie saß ebenfalls auf einem solchen, wenn nicht die kleine Burg „Nuwenhus" ihr Wohnort gewesen ist, was jedoch, wie sich später zeigen wird, zweifelhaft ist.

Es weisen also die Anfänge des Dorfes gewiß in das zehnte Jahrhundert, wenn auch vielleicht an das Ende desselben.

In Bezug auf die Ortsnamen überhaupt hat der Name des Orts das Schicksal aller übrigen mittelalterlichen Ortsnamen, daß ihnen nämlich in der Rechtschreibung von den Chronikschreibern oder mönchischen Urkundenverfassern übel mitgespielt wird. Da heißt der Ort bald Ketercho, bald Chetercho, Cheterícho — und der liebe Gott weiß, wie sonst noch. Es war im zehnten Jahrhundert ein kirchliches Filiale oder eine Tochtergemeinde von Eltville, die theils von dorther, theils auch vom Kloster Eberbach, vielleicht aber nur zeitweise, seelsorglich und gottesdienstlich bedient wurde.

Die Kirche zum heiligen Valentin stand sicherlich noch nicht in dieser Zeit, sondern gewißlich, wie sonstwo auch, ein aus Holz gezimmertes Kirchlein oder Capellchen, welches von der neuen Kirche verschlungen, das heißt in ihren Bau aufgenommen wurde, die ihre Pfarrer und Altaristen erhielt. Es läßt dieses Verhältniß auch den Schluß zu, daß damals nur wenige Häuser das Dorf ausmachten. Es verdankt seinen damaligen Ruf im Lande ohne Zweifel zweien Umständen. Der eine ist religiösen Ursprungs, nämlich die Wunder, welche der heilige Valentin als Patron an Kranken und Preßhaften that, und die davon herzuleitenden Wallfahrten, welche einst sehr zahlreich waren und selbst in unsern Tagen, wo der Glaube den Menschen mehr und mehr abhanden kommt und weggetaschenspielert wird, noch nicht aufgehört haben. Ein solcher Zusammenfluß von Menschen brachte Geld ein, erheischte aber auch Erweiterung dessen, was die Bedürfnisse der Leute forderten, um eben nur leben zu können. Die sogenannte Speculation konnte da so wenig ausbleiben, als auf der andern Seite der fromme Sinn zurückbleiben konnte, wo es galt, an armen Wallfahrern Samariterdienste im Leben und im Tode zu üben. Starkes Licht, aber auch tiefdunkle Schatten zeigt uns das vorurtheilslos und nüchtern aufgefaßte Bild des Mittelalters überall.

So entstand im Dorfe ein Hospital für kranke oder erkrankende Wallfahrer und eine fromme Bruderschaft, welche es als ihre Gelöbnißaufgabe ansah, Verstorbenen von diesen Fremdlingen eine christliche Leichenfeier zu bereiten. Die Brüder gruben die Gräber, besorgten die Särge, ordneten die Leichenbegleitung an und ließen aus ihren Mitteln die Seelenmessen lesen. Daß solche Anstalten die Wallfahrer zahlreicher herbeizogen und eben dadurch der Ort wie an Umfang, so an Wohlstand wuchs, ist selbstredend. Vielleicht verdankt dieser Bruderschaft und den Gaben der Wallfahrer das Kirchlein über dem Beinhause sein Dasein. Die Seelenmessen über den Gebeinen der Vollendeten hatten viel Erhebendes, und man hielt sie — hergeleitet von den Gottesdiensten und Taufen über den Gräbern der heiligen Blutzeugen — für besonders wirksam.

Ein zweiter Grund war der köstliche Wein, den Kidrich erzeugte. Zwar hatten die besten Lagen die Edeln und später die Klöster in Besitz; allein es mögen doch auch die freien Leute an diesem damals doppelt wichtigen, weil noch selteneren Baue Antheil genommen haben. Der Gräfenberg ist eine mit Recht berühmte Weinberglage, die sich dem kundigen Blicke zu diesem Anbau empfehlen mußte; darum wurde sie auch frühe schon zu diesem Zwecke verwendet und ist heute noch ihres alten Ruhmes theilhaftig,

Ueber den Namen: Grafen- oder Gräfenberg bestehen zwei verschiedene Ansichten. Ein Theil der Geschichtschreiber will ihn von den Rheingrafen ableiten, die allerdings Theilhaber am Gräfenberge waren; Andre leiten ihn von den ebenfalls stark betheiligten Grafen von Nassau ab. Vielleicht und sogar sehr wahrscheinlich haben beide Grafengeschlechter dem Berge den Namen im Munde des Volkes gegeben, da Beider Besitz ein sehr bedeutender war, und so hat er sich bis in unsere Tage erhalten.

Ueber den Weinbergbesitz der Nassauer Grafen ist kein Zweifel. Sie hatten mit ihren Weinbergen die Ritter von Dersdorf, von Cube (Caub) und von Heppenheft beliehen, welche sie wieder, mit besonderer Einwilligung des Grafen Walram II von Nassau, dem Kloster Eberbach überließen.

Dieses Kloster besaß schon früher Weinberge in dieser Lage, welche ihm ein Ritter Ruprecht von Buches und seine Hausfrau Guda 1359 zur Stiftung eines neuen Altars in der dortigen Klosterkirche schenkten. Diese und andere Güter in Kidrich, welche die „Beede“ an das Dorf zu zahlen hatten, verwickelten das Kloster, welches die Abgabe verweigerte, in einen schweren Rechtsstreit. Es, das Kloster nämlich, war offenbar im Unrecht, da die Last auf den Gütern lag, als die Mönche solche empfingen und eine besondre Befreiung weder stattgefunden hatte, noch eine Ablösung. So kam es denn, daß das Austragsgericht gegen das Kloster entschied und selbst der Erzbischof gegen den so sehr von ihm begünstigten Convent entscheiden mußte.

Das Kloster war übrigens so von Zöllen und Abgaben gefreiet, daß es leicht wähnen konnte, es sei ein für allemal frei.

Daß das Dorf dem Erzstift gehörte, geht daraus hervor, daß das Erzstift es um das Jahr 1200 an den Rheingrafen verpfändet hatte. Dies schließt jedoch keineswegs aus, daß freie Leute dort wohnten.

Der Standpunkt auf der Kirchhofsmauer zwischen den kirchlichen Bauwerken zu Kidrich läßt die dem Gebirge näher liegende Burg in ihrer Größe und Ausdehnung recht hervortreten, und besonders großartig erscheint der hohe Thurm, das „Frit“, das als Zeuge einer großen Vergangenheit sich stolz erhebt, indeß das übrige Gemäuer sehr unscheinbar geworden ist. Daher kommt es dann auch, daß sich der eigentliche Bauplan der Burg kaum mehr auffinden läßt. Nur aus der allen diesen Ritterburgen gemeinschaftlichen Einrichtung geht hervor, daß die eigentlichen Hauptwohngebäude in der Nähe dieses Hauptthurmes sich befanden, weil er in Zeiten der Gefahr die letzte, feuerfeste und leicht zu vertheidigende Zuflucht der Bewohner gewesen ist, darum auch durchweg der Haupteingang zu ihm in einer beträchtlichen Höhe vom Boden sich befand und dieser Eingang durch eine Fallbrücke, welche, wenn aufgezogen, jede Verbindung mit den andern Gebäuden aufhob, den dorthin Zurückgewichenen ziemliche Sicherheit bot.

Die Fehden des rauflustigen Adels des Mittelalters sind allbekannt und mit Recht berüchtigt. Da waren sie am häufigsten, wo der Adel zahlreiche Sitze hatte. Das war im Rheingau in reichem Maße der Fall. Solcher Fehden unausweisliche Folgen waren die Zerrüttung des Landes, die Plünderung der Wohnstätten der Hörigen oder Freien. Im Rheingau, wo ein unruhig und fehdelustig Geschlecht wohnte, erzogen diese Fehden ein kampffähiges und tapferes Volk, das wohl auch einmal seine Waffen gegen den Landesherrn in eben dem Maße, wie gegen äußere oder innere Feinde, erhob.

Das mochte der Adel zeitig erkannt haben, daher er denn auch bedacht war, mit dem Volke zu gehen. Unverkennbar stellte der Rheingau eine große, natürliche Festung dar. Von der einen Seite war ihm der Rhein eine Schutzwehr, die nur weniger Nachhülfe bedurfte, um das Land in jenen Tagen unangreifbar zu machen, und diese Nachhülfe leistete der Wehrbann der tapferen Söhne des Landes mit Pfeil und Bogen, Morgenstern und Keule, Schleuder und Spieß. Eine andre Seite der Tapferkeit bewies der wackere Rheingauer hinter seinem Humpen, darinnen seiner Berge flüssiges Gold perlte. Was er auf beiden Gebieten leistete, war anerkennenswerth, und gar manche tapfere That auf den Schlachtfeldern, wie — bei dem großen Fasse von Eberbach könnte die Geschichte erzählen. Die erstere, die Tapferkeit im Kampfe, ist es indessen, die uns hier nahe gelegt ist.

Wie der Rhein gegen Westen, so war das Gebirge gegen Osten eine natürliche Schutzwehr, freilich schwerer zu vertheidigen als das Rheinufer.

So war ebenfalls die nördliche Grenze beim Niederthal, der Insel bei Bacharach gegenüber, von der Natur durch steile Berge und jähen Thaleinschnitt befestigt, nur die südliche Seite allein war weniger geschützt. Bedenken wir, daß in der damaligen Kriegsführung die „Berittenen", die „Ritter", die Hauptaufgabe zu lösen hatten, so erscheinen diese natürlichen Landesgrenzen in einer noch höheren Bedeutung.

Gab auch diese natürliche Befestigung dem Lande Sicherheit, so genügte sie doch den wackern Rheingauern nicht. Sie fügten ein künstliches Befestigungswerk hinzu, das Gebücke. Es bestand in einem 50 und mehr

Schritte breiten Verhaue, der von Niederwalluf aus im weiten Bogen über das Waldgebirge bis Lorch hinablief.

Ueber die Art der Anlage des „Gebückes“ gibt P. Hermann Bär in den Beiträgen zur Mainzer Geschichte diese Nachweise: „Man warf die in „diesem Bezirke stehenden Bäume in verschiedener Höhe ab, ließ solche neuer-„dings ausschlagen und bog die hervorgeschossenen Zweige zur Erde nieder. „Diese wuchsen in der ihnen gegebenen Richtung fort, flochten sich dicht in „einander und brachten in der Folge eine so dicke und verwickelte Wildniß „hervor, die Menschen und Pferden undurchdringlich war. Die Aufsicht und „Unterhaltung lag jenen Ortschaften auf, durch deren Waldmarken sich das „Gebück erstreckte. Man zog junge Sträucher nach, um den allmähligen Ab-„gang der alten zu ersetzen und keine zweckwidrige Lücke offen zu lassen.“

Aehnlich war der „Limes“, welcher sich — ein Werk der Römer — von der Moselmündung über das Rheingebirge des linken Rheinufers heraufzog, nur mit dem Unterschied, daß man hier Erd- und Steinaufwürfe innerhalb der gestutzten Bäume machte und die gefährlichsten Stellen mit Thürmen und Wachthäusern versah.

Auch in dieser Beziehung beobachteten die Rheingauer die gebotene Vorsicht. Der nothwendige Verkehr zwang sie, gewisse Päße zu diesem Zwecke offen zu lassen. Um aber dem Feinde den Eingang zu wehren, legte man Schanzen an, baute Thürme, grub tiefe Gräben und bot Alles auf, feindliche Einfälle zu verhüten,

Vor dem Gebücke lief der sogenannte Landgraben hin, der an und für sich den Zugang zum Gebücke erschwerte, und den man, je nachdem Bäche es zuließen, mit Wasser füllte oder doch seinen Boden in der Tiefe versumpfte.

Eins der Hauptbollwerke war der sogenannte Backofen bei Niederwalluf, der zur sichern Aufnahme einer bedeutenden Besatzung eingerichtet war und eine für jene Zeit ausnehmende Befestigung besaß. In mehreren Rheingauer Fehden erwies sich das Gebücke als sehr schutzreich.

Man erweiterte, verstärkte diese „Landwehr“ immer da, wo sich die Gefahr des Durchbrechens gezeigt hatte, und da es eine Landeswehr war, so mußten alle Bürger und Insassen frohnden, und die reichen Klöster mußten Geld dazu hergeben, was sie klug genug waren, unweigerlich zu thun, um sich in der Gunst des Volkes zu erhalten.

Besonders verdient es in's Auge gefaßt zu werden, daß auch der Erzbischof mehrere Landburgen im Rheingau besaß. Auf den ersten Blick zeigen sich uns diese Burgen wohl vertheilt. Vautzberg, jetzt Rheinstein, sicherte die linke Seite des beginnenden Rheingau's, und Klopp bei Bingen reichte dieser die Hand. Auf der rechten Rheinseite begann die Reihe mit Ehrenfels und dem Mausthurm im Rheine, setzte sich durch die Burg in Eltville fort und schloß mit Scharfenstein ab. Um aber auch den untern Theil des Rheingaues nicht ohne Schutz zu lassen, so stand bei Lorch die Landburg Rheinberg als bedeutende Veste.

Eines andern Gedankens kann man sich indessen hier kaum entschlagen, dieses nämlich, daß die Politik der Erzbischöfe auch noch ein Anderes dabei im Auge hatte, als sie mit schweren Kosten die Landburgen bauten.

Die wehrhaften Rheingauer hatten gelegentlich auch den Erzbischöfen die Zähne gewiesen, und das Gehaben der Binger gegen Cuno von Falkenstein stand nicht in dem Grade vereinzelt, daß die Erzbischöfe nicht auch dem Hintergedanken hätten Raum geben sollen, sich selbst eine Sicherheit ihres Einflusses zu schaffen den unruhigen Bürgern gegenüber. Das hatte Cuno von Falkenstein bei Klopp und Ehrenfels erfahren.

An dem Landadel, dem sie an diesen Burgen Ganerbenrechte für Vertheidigungspflichten verliehen, hatten sie unstreitig eine sichrere Stütze als an dem seiner Kraft sich bewußt gewordenen freien Bürger.

So dienten diese Burgen doppeltem Zwecke, deren einer freilich politisch klug verschwiegen gehalten wurde.

Scharfenstein war eine der ältesten dieser Landburgen, freilich die älteste nicht; denn diese war fast unzweifelhaft Klopp bei Bingen, welches schon die Kaiser, ehe der Rheingau an den Kurstuhl von Mainz kam, als römisches starkes Bollwerk vorfanden und leicht und ohne Aufwand außerordentlicher Kosten in eine gewaltige Burg umändern konnten, als welche sie mit dem Rheingau an Mainz kam, jedoch, wie es scheint, nicht ganz ohne daß die Kaiser sich Rechte daran vorbehalten hätten.

Scharfenstein (auch Scarpinstein und Scharphenstein geschrieben) liegt frei auf seiner Höhe. Gräben und Mauern von bedeutender Dicke und entsprechender Höhe verliehen ihr eine fast an Uneinnehmbarkeit grenzende Sicherheit.

Die Aussicht von ihrer Höhe ist eine ziemlich weite und schöne; die gegen Kidrich hin hat viel Liebliches, während die in das Seitenthal und auf die Waldgebirge eine wilde Eigenthümlichkeit besitzt.

Die Burg war ungewöhnlich umfangreich, mußte es aber auch sein, wenn man an die große Zahl der auf ihr Burgsitze inne habenden Ritterfamilien — das heißt an die weitverzweigte sogenannte Ganerbschaft — denkt, die alle Ein Familienband, das Eine, gemeinsame, nur nach Aesten und Zweigen modificirte Wappen der Scharfensteiner, umschloß.

Die Familie besaß viele und reiche Lehensgüter, eine bedeutende Zahl Burgen und Burgbaue, sogenannte Freihöfe und auswärtige Burggemeinschaften.

Die Erzbischöfe von Mainz begünstigten sie sehr und schenkten ihren Rittern großes Vertrauen. Nicht nur finden wir sie stark vertreten in den Würden des Erzstifts, in der Reihe der Domherren, sondern auch in den entfernten Landestheilen in angesehener weltlicher Stellung. Solange das Erzstift durch die in der Familie der Grafen von Sponheim theilungshalber entstandene Entzweiung im Besitze des Amtes Böckelnheim (nicht so benannt von dem Dorfe dieses Namens, sondern von der Reichsburg Böckelnheim im Nahthale) war, erschienen besonders die Crazze von Scharfenstein im Besitze sehr ansehnlicher Lehen im Nahthale und eines Freihofes in Sobernheim, sowie auch als Burggrafen in der nahe der Matthiaskirche dieses Ortes und mit der Ringmauer der alten (gleiche Stadtrechte mit Frankfurt am Main besitzenden) freien Stadt verbundenen Burg Block oder Bloch, deren letzte Spuren die Eisenbahn tilgte, also auch kraft dieser Stellung als Obmänner im Ritter- und Bürgerrathe derselben Stadt.

Die Dienste müssen groß gewesen sein, welche die Scharfensteiner dem Erzstift geleistet, und ihre Treue muß sich in schweren Tagen als fest erprobt haben. Ebenmäßig zeigt sich aber auch darin die Macht, welche diese Ritter in die Wagschale des Erzstifts zu legen vermochten, weil sonst die Erzbischöfe sie nicht in dem hohen Grade würden ausgezeichnet haben, was sie sicher nicht immer verdienten.

Ihr plötzliches Auftreten mit der Burg Scharfenstein würde sich nicht deuten lassen, wenn nicht Spuren vorhanden wären, welche ihren Ursprung in einer ganz besonderen Wurzel finden ließen.

Im Jahre 1165 begegnen wir urkundlich in den Personen des Ritters Eckehardus de Ketercho und seines Sohnes Henricus einer Familie, die sich von Kidrich benannte. Im Dorfe ist keine Spur einer Ritterburg vorhanden, auch nicht einmal eine Tradition oder Ueberlieferung im Munde des Volkes, daß je eine solche bestand. Es muß daher angenommen werden, daß diese adelige Familie entweder einen Freihof bei dem Dorfe bewohnte oder den Burgbau in der Nähe von Scharfenstein, der „Nuwenhus", Neuenhaus, benannt wurde. Da dieses Neuenhaus im Besitze der Scharfensteiner war, so lichtet sich das Dunkel etwas;

aber es hellet sich nicht ganz auf, und es scheint, daß ihr Burgbau zwischen Kidrich und Scharfenstein gelegen hat.

Der Name de Ketercho verschwindet, und fast gleichzeitig wird die Landburg Scharfenstein von den Mainzer Erzbischöfen erbaut. Auf dieser einen Burg aber erscheinen nun urplötzlich die Ritter von Scharfenstein, welche die eigenthümlichen Besitzungen der de Keterchoinne haben und behalten.

So ist es denn kaum zu bezweifeln, daß die Erzbischöfe diesen Rittern de Keterchodie Burggraf- oder Burgmannschaft auf Scharfenstein eingeräumt und zugleich gestattet haben, daß sie den Namen von Scharfenstein sich und ihrem Geschlechte beilegten.

Dies Sichnennen von den ihnen zum Schutze übertragenen Burgen erscheint übrigens auch anderwärts ohne besondere urkundliche Berechtigung. Man scheint es von Seiten der Lehensherrschaften in jenen Tagen damit überhaupt so genau nicht genommen zu haben, während erst in späteren Zeiten sich die Bedeutung klar erwies.

Um diesen Vorgang historisch zu belegen, dürfen wir nur an die alten Gaugrafen des Nahethales erinnern, die durch eine länger denn Jahrhunderte währende Frist uns nur unter ihrem Taufnamen als Embricho oder Emicho der Erste, Zweite und so weiter erscheinen. Ihr gemeinschaftlicher Ursitz scheint entweder die Burg Alten-Baumberg im Alsenzthale oder die Burg Sponheim gewesen zu sein. Als die Familie sich verzweigte, erscheinen sie als die Rheingrafen vom Steine (Rheingrafenstein nach der Schlacht von Sprendlingen genannt), als die Raugrafen zu Alten-Baumberg, als die Wildgrafen von Dhaun und Schmidburg im Hahnenbacher Thale, oberhalb Kirn, als die Grafen von Sponheim, und doch ist es, wie verschieden sie sich nun nach ihren Wohnsitzen bezeichnen, dieselbe Familie, welche so auseinandergegangen ist.

Die ältesten urkundlichen Zeugnisse für die Ritter von Scharfenstein reichen bis in das dreizehnte Jahrhundert, wo sie häufig als Zeugen in Erzstift-Mainzischen Urkunden auftreten.

Allerdings stellten alte Genealogen, wie Humbracht und Rüxner (in seinem Turnierbuche, welches, so viel mir bekannt, das einzige aus einer Druckerei in Simmern auf dem Hunsrücken hervorgegangene bekannte Buch ist), bis in's zehnte Jahrhundert hinab Scharfensteiner auf; allein es ist sehr zweifelhaft, ob die von ihnen aufgeführten Ritter auch unter diesem Namen — im jüngsten Gerichte ihr Urtheil empfangen werden! —

Das Geschlecht war ein ebenso tapferes als dem Erzstifte ergebenes und zugleich an Nachwuchs gesegnetes.

Viele Freihöfe und Burgsitze in den Rheingauischen Dörfern und Städten besaß es, wie denn sich in Erbach, Hattenheim, Neudorf, Mainz und anderwärts solche nachweisen lassen. Es ist schon bemerkt, daß Nuwenhus ihm gehörte; aber auch die kleine Burg Himmelberg und andere gehörten dem Geschlechte zu.

Wie ein kräftig wurzelnder Baum ging das Geschlecht aus einander. Verheirathungen der Töchter brachten der Familie neuen Zuwachs, und so wurde es eins der verzweigtesten Ganerbenhäuser im Rheingau, und die Söhne des Hauses, vielleicht auch die Schwiegersöhne, die den Namen von Scharfenstein annahmen, bildeten neue Aeste des alten Stammes und legten sich nun, zur Unterscheidung der Geschlechter, besondere Bezeichnungen bei, und diese rührten meist von der Farbe des im silbernen Felde des Wappenschildes sich quer legenden Balkens oder besonderer Zuthaten her, wie sich das im Folgenden herausstellen wird. Daß sie zugleich mit Sitzen in der Burg belehnt und bei ihrer Vertheidigung zur Hülfe verpflichtet waren, versteht sich einfach. Wie es aber um solche Burglehensantheile stand, erweist sich anderwärts. Es begegnet uns auf einer kleinen Burg Sonneck oder Soneck am Rheine, wo ebenfalls eine außerordentlich große Ganerbschaft sich findet, ein Burglehen „am Burgthor zu Soneck", und es ist in den verhältnißmäßig räumlich ungemein beschränkten Burgen oft nur ein kümmerlich Stüblein und Kämmerlein, was dem Ganerben zu Theil ward, das aber noch andere daran sich knüpfende Vortheile hatte, was in jenen Tagen, wo man von dem sogenannten „Comfort" des Lebens beschränktere und einfachere Vorstellungen und Ansprüche daran hatte, immerhin eine hohe Bedeutung gewann, und die engverbundene Ganerbschaft gewährte außerdem Ansehen und Sicherheit.

In der ritterlichen Sippe von Scharfenstein treten uns die Grünen von Scharfenstein, die Schwarzen, die Braunen, die mit den Steinen, die Gennen, die Eselwecke, die Crazze von Scharfenstein entgegen, und immer noch stehen in langer Zeiten Folge die ursprünglichen, sich schlechthin von Scharfenstein nennenden Glieder dieses Hauses neben ihnen da.

Dieser ursprüngliche Stamm der Scharfensteiner, in welchem sich die Familie de Ketercho oder von Kidrich zu verlaufen scheint, hebt urkundlich 1195 an, und zwar mit einem Ritter Walterus de Scarfenstein.

War er der Letzte, welcher aus dem Hause de Ketercho, und der Erste, welcher als Dienstmann des Erzstifts auf Scharfenstein wohnte und diesen Namen also mit Aufgebung seines bisherigen annahm und seinen Nachkommen vererbte, oder ist die Urkunde von 1195 nur die erste, darin Einer dieses Geschlechts als Zeuge auftritt? — Wer könnte noch heute den Schleier lüften, der die Familien deckt, die kaum noch einen Geschlechtsnamen führen?

Betrachten wir uns die zusammengehörigen, — weil sie ein gemeinsames Wappen haben — dennoch unterschiedenen Familien-Aeste, — weil die Schildfarben oder die Farben des einen oder auch der zwei Balken des silbernen Schildes verschieden sind — so treten uns die

Grünen von Scharfenstein entgegen, darum also unterschieden, weil der gedachte Querbalken in ihrem Scharfensteinischen Wappen grün war.

Diese Grünen von Scharfenstein dürften, wie Bodmann vermuthet, von einem Ritter Megingaudo von Scharfenstein abstammen. In seinem Wappen erscheint der Querbalken zuerst von grüner Farbe. Dieser Ast muß zahlreiche Zweige getrieben haben; denn es kommen von ihrem Geschlechte nicht Wenige als Domherren von Mainz und als solche in besondern Capitularwürden vor. Das Geschlecht blühte bis zum Jahr 1517, erlosch also in einem Jahre, dessen kirchliche Bedeutung für Deutschland von einem unermeßlichen Gewicht war. Der Ast — vielleicht auch nur ein Zweig desselben — bewohnte den Burgsitz oder Freihof in Hattenheim, und der Letzte desselben, Johann, der jüngere Grün von Scharfenstein, fand in der dortigen Kirche seine Ruhestätte.

Die Schwarzen von Scharfenstein, deren Wappenschild den Querbalken schwarz im silbernen Felde führte, treten, soviel bekannt, um das Jahr 1268 zuerst auf. Auch dieser Ast lieferte dem Domstift in Mainz manchen Domherrn und besondere Würdenträger. Er blühte länger als der der Grünen und erlosch erst um ein volles Jahrhundert später.

Die mit den Steinen von Scharfenstein sind ohne Zweifel aus den „Schwarzen" hervorgegangen; denn der Querbalken ihres Wappenschildes ist schwarz, aber die Schildflächen über und unter demselben sind mit viereckigen erhabenen Steinen besetzt, welche ebenfalls die schwarze Farbe tragen.

Ihr Geschlecht erlosch in den dem Rheingau so schweren Tagen, als die Schweden im Erzstifte hauseten, und es liegt die Vermuthung gar nicht fern, daß dieser Ast mit dem Falle der Stammburg zu Grunde ging, und vielleicht der Letzte, welcher dieses Wappenschild führte, im Kampfe um die alte, theure Stätte, wo die Familie ihren Sitz hatte, seinen Rittertod fand; geschichtlich ist jedoch über diesen Einzelumstand nichts nachweisbar.

Die „Gennen von Scharfenstein“ bildeten einen neuen Ast des Geschlechtes der mit den Steinen. Sie hatten nur eine engbegrenzte Zeit des Grünens und Blühens; denn nicht einmal ein Jahrhundert dauerte ihre Zeit. Die Letzten dieses Geschlechtes schlafen den langen Schlaf in den geheiligten Räumen der Abtei Eberbach.

Die Braunen von Scharfenstein, auch von der Farbe des Querbalkens im silbernen Schildfelde also zubenannt, scheinen ebenfalls aus dem Geschlechte der Schwarzen hervorgegangen zu sein.

Wie schon ein Ast des vielverzweigten Geschlechtes, ohne daß er, wenigstens mit unumstößlicher Gewißheit, näher bezeichnet werden könnte, die kleine, der Familie zustehende Burg auf dem „Himmelberge“ zwischen Kidrich und Rauenthal (welche im fünfzehnten Jahrhundert zerstört wurde, ohne daß wir die Umstände, unter denen sie unterging, kennen) bewohnte, welche dem Volke unter dem Namen der alten Burg bekannt ist, so war der Wohnsitz der Braunen oder Brunen von Scharfenstein auf dem zwischen Kidrich und der Burg Scharfenstein etwas tiefer als diese am Berge gelegenen Burghause, welches ohne Zweifel das uralte Stammhaus — weil derer von Ketercho — des ganzen Geschlechts gewesen ist. Als der Ast dieser Braunen dörrte, ging der Besitz dieses Bauwerkes als Erbe an die Crazze von Scharfenstein über, die, das ist kaum anders denkbar, aus dem Aste der „Braunen“ sich müssen abgezweigt haben, und vererbte dann, wahrscheinlich durch eine Heirath, an die von Solms. Diese verkauften das Burghaus später, wodurch es seinen adeligen Besitzern entfremdet wurde und in bürgerliche Hände überging. In diesen wurde es zur Ruine, ob auf friedlichem Wege der Selbstauflösung oder auf dem gewaltsamen des Krieges, ist dunkel. Es läßt sich aber die Vermuthung rechtfertigen, daß, als die Schweden Scharfenstein eroberten und zerstörten, sie auch diesem Bauwerk, als zur Burg gehörig, keine zarte Schonung werden erwiesen haben.

Die Crazze von Scharfenstein traten 1390 mit Heinrich Crazz von Scharfenstein geschichtlich auf. Sein Geschlecht ist von allen Aesten des Urstammes das verzweigteste und an Ehren reichste. Ihm wurde auch allein die Ehre zu Theil, in den Grafenstand des heiligen römischen Reiches deutscher Nation erhoben zu werden.

Johann Philipp von Crazz, Graf von Scharfenstein, war kaiserlicher General. Sein Sohn Johann Anton trat in die Dienste des Kurfürsten von Trier. Sein Enkel, Hugo Ernst, war kurtrierischer Geheimrath und Oberamtmann zu Boppard. Er hinterließ nur eine Tochter, welche im Jahre 1653 an einen Grafen von Solms-Rödelheim vermählt war. Diese Crazze von Scharfenstein treten im Nahthale, wie oben schon bemerkt worden ist, in bedeutenden Stellungen und Lehensgütern auf. Jedoch verschwinden sie gegen das Ende des fünfzehnten Jahrhunderts aus dieser Gegend, und wir finden die Boose von Waldeck in ihrem Besitz als Erben. Das Wie? der Erbfolge ist unbekannt.

Nicht von minderer Bedeutung ist eine andere Abzweigung des Scharfensteinischen Geschlechtes, die Eselwecke von Scharfenstein. Das bedeutende Geschlecht war ursprünglich ein Stadt-Mainzisches. Wahrscheinlich heirathete ein „Eselweck" eine Scharfensteinische Erbtochter und nahm, des Erbes seiner Gemahlin und der Burggemeinschaft wegen, den Namen von Scharfenstein zu dem seinigen an.

Die zahlreichen Burgen des Rheingau's waren entweder Burgen, welche das Erzstift erbaut hatte zum Schutze des Landes, oder solche, welche die Rittergeschlechter sich erbaut hatten. Die Erzbischöfe sahen bei einzelnen der von ihnen erbauten Burgen darauf, Zufluchtstätten in dunkeln Tagen zu haben, und dazu erschien Scharfenstein recht geeignet. Es war sehr fest für die damalige Art der Kriegsführung, ehe das Schießpulver die Verhältnisse völlig umgestaltete, und es galt in jener Zeit für eine völlig uneinnehmbare Burg, und zwar um so mehr, da es mehrere schwere Belagerungen erduldet hatte, ohne eingenommen worden zu sein, wie mächtig auch die Feinde waren.

Innerhalb ihrer gut bewährten Ringmauern, welche ein Graben schützte, lagen zahlreiche Bauwerke. Wo hätten auch sonst die zahlreichen Ganerben, denen die Vertheidigung oblag, mit ihren „Mannen" wohnen sollen?

Im Jahre 1191 wird der Burg zuerst urkundlich gedacht. Es ist also ihre Erbauung wohl unbedenklich in die zweite Hälfte des zwölften Jahrhunderts zu setzen, und sie gehört zu den älteren, wenn nicht ältesten nachweisbaren Schutzburgen im Rheingau. Sie war umfangreicher, sicherer als Ehrenfels und konnte in dieser Hinsicht schon den Vergleich mit der Landburg Klopp über Bingen aushalten, hatte aber vor dieser den entschiedenen Vorzug, näher bei Mainz zu liegen, was den Erzbischöfen von Bedeutung war, wenn es galt, in sturmbewegter Zeit eine sichere Zufluchtstätte bald zu erreichen.

Die große Zahl ihrer Vertheidiger und deren Zusammengehörigkeit lag im Vortheil der Erzbischöfe, und darum begünstigten sie die Erweiterung der Ganerbschaft auf der Burg und deren Vorbaue oder Vorburgen.

Sie war zu Zeiten ein Lieblingsaufenthalt der Erzbischöfe, zu Zeiten ihre Zuflucht. Wir finden auf ihr die Erzbischöfe Sigfrid I und Sigfrid II und Andere mit ihrer Hofhaltung, und zwar nicht vorübergehend. Jagden, Feste folgten sich, und der rheingauische Adel sammelte sich um sie. Da war trotz der geistlichen Würde ein lustiges Leben auf der Burg, und es blieb Jedem überlassen, nach seinem besten Ermessen dieses lustige Leben auf die Rechnung des Kurfürsten oder des Erzbischofs zu setzen. Es that keinem von Beiden Eintrag, denn an Mitteln fehlte es den geistlichen Herren selten, und der Säckel der Gläubigen sorgte oder mußte in eben dem Grade mithelfen, wie das reiche Einkommen an Zehnten u. a.

Die Ritter waren dem Erzstifte treu und hold; das hinderte sie aber ganz und gar nicht, die reichen und feisten Mönche zu schröpfen und ihrem Ueberfluß einen Abfluß zu bereiten zum Besten der Ritter, die so wenig das Haushalten verstanden als die Mönchsorden, mit Ausnahme der Cisterzienser. Diese Ergebenheit an das Erzstift hinderte aber auch ebenso wenig an Fehden gegen andere Ritter und Burgen und auch nicht daran, gelegentlich ein Weniges im „Stegreif“ zu arbeiten und auf Landstraßen die Waaren der „Lombarden“ wegzuschnappen, woher der Name „Schnapphähne“ kommt. Es lag eben dieses Raubwesen im Geiste der Zeit, und es schien keinem Ritter unehrenhaft, weil man es als zum Kriegshandwerke gehörig ansah.

Was die Scharfensteiner thaten, waren hier und da kühne Griffe in die fetten Heerden auf den Eberbacher Klosterhöfen und in die Reihe der Fuhrwerke, welche den Wein aus dem Steinberge und Gräfenberge nach dem Kloster brachten. Sie wiesen ihnen ja nur den Weg nach Scharfenstein an.

Zeitweise, wenn es noth war, erwiesen sie sich auch wieder großmüthig gegen die Klöster, — besonders wenn es galt, solche „kühne Griffe“ zu sühnen, — und dann war doch in der Regel solche Sühnengabe eigentlich ein Darlehen; denn kam es, daß auf Scharfenstein Ueberfluß an Mangel war, dann dachte man an eine Rückgabe, ob frei- oder unfreiwillig, das kam so wenig in Rechnung, wie auch der Umstand, ob die Rückgabe in Wein, Schlachtvieh oder Früchten bestand. Die Ritter waren immer in dieser Hinsicht nobel und sehr weitherzig, wobei sie jederzeit freiwilligen Abstand davon nahmen, mit dem Klosterconvente vorher zu verhandeln. Es war auch eine Zeit, in der „vollendete Thatsachen" ihre Bedeutung hatten, wie in der unsrigen, und das „Annectiren" verstand man ebenso gut, wie man es heute versteht, nur mit dem Unterschied, daß das, was annectirt wurde, nicht in Länderstrecken, sondern in beweglichen Gütern bestand. —

Eine der glänzendsten Zeiten für Scharfenstein waren jene Tage, wo der Erzbischof den König Wilhelm von Deutschland auf Scharfenstein zum Gaste hatte. Da fehlte gewiß kein „Ganerbe" an der — Tafel, und mochte auch der Erzbischof säuerlich dazu sehen, er konnte es nicht hindern. Sie hatten einen Rechtsgrund, da zu sein; denn sie hatten ihr Burglehen und einen scheinbaren Grund obendrein, für den am Ende der Erzbischof noch dankbar sein mußte, den nämlich, seinen (des Erzbischofs) Hofhalt recht glänzend zu gestalten.

Was bei solchen Festen aufging, wußten am besten die Köche und Kellermeister; denn unsre ritterlichen Vorfahren hatten eine heroische Verdauungskraft, und ihre Gurgeln hatten zwei Eigenthümlichkeiten, welche als bezeichnend anerkannt werden müssen, nämlich daß sie sehr weit und beständig trocken waren. Damit soll aber der Prälatur nicht nachgesagt werden, daß sie in beiden Stücken zurückgestanden. Das würde ja schon darum unrichtig sein, weil die Prälaten ohne Ausnahme ritterlichen Ursprungs und Namens waren, auch wenn die tägliche Uebung in ihrem Einfluß auf Talententwickelung ganz außer Rechnung bliebe.

Mit dem Schalle der heiteren Gelage wechselte indessen zu anderer Zeit auch ernsterer Klang, nämlich der Klang der Waffen. Wie sie tapfer hinter leckeren Schüsseln und mit flüssigem Golde der Rheingauer Reben gefüllten Humpen waren, so erschienen die Scharfensteiner auch in den Schlachten, und wenn es galt, die anstürmenden Belagerer mit dem Schwerte in der Hand und mit den Steinkugeln der Wurfgeschosse abzuwehren. Auch solche Veranlassungen fehlten nicht in früherer und späterer Zeit.

Es war im Jahre 1301, als Albrecht von Oesterreich, der mit seinem Einen Auge mehr und schärfer sah als Mancher seiner Zeitgenossen mit zweien, dennoch aber, wie das düstere Ende seiner Tage beweist, übersah, wohin höhnische Abfertigung und Zurückhalten eines rechtmäßigen Erbes einen feurigen, erbitterten jungen Mann zu führen vermag, — vor der Burg erschien, um sie zu erobern.

Die Scharfensteiner in der Burg erzitterten nicht; denn sie kannten die festen Mauern, die sie umgaben, und die Schärfe der Schwerter, die sie in kräftiger Faust zu führen verstanden, wohl aber ging ein Zittern durch die Klöster Eberbach und Johannisberg, die Klosterhöfe von Eberbach und die Dörfer. Die „Buben" des Kaisers, womit man die zu Fuße Kämpfenden im Gegensatz zu den Rittern bezeichnete, hatten einen Ruf, der vor ihnen herging, welcher Schrecken und Entsetzen erweckte. Sie waren tapfer im Kampfe, aber wenn es an das Nehmen und Rauben, an Schwelgen in fremdem Gute und an das Trinken ging, so waren sie unerreichbar. Hätte der Kaiser Zeit gehabt, länger Scharfenstein zu belagern, sie hätten den „Stab Wehe" über dem gottgesegneten Lande geschwungen, daß es nur in einer langen Zeit des Friedens sich hätte wieder erholen können, und die Klosterbrüder hätten verhungern müssen.

Sturm auf Sturm folgte bei der Burg; aber die Belagerten schlugen heldenmäßig jeden Sturm ab. Die Gräben füllten sich schier mit den Streitern des Kaisers, und dennoch war keine Aussicht, die Burg zu nehmen.

Drei Tage war ein Sturm dem andern gefolgt. Da erkannte der Kaiser an den Leichenhaufen seiner Streiter, daß diese Burg eine gefährliche Stätte für ihn sei.

Wenn auch mit Zorn im Herzen, zog er doch freiwillig ab, weil Zeit und Menschenleben hier vergeudet wurden. Da jubelten die Scharfensteiner voll Siegeslust; allein sie sollten dennoch des Kaisers Zorn erfahren, wenn auch nur als Ueberlieferte, nicht als Ueberwundene! —

Erzbischof Gerhard, der sein schönes Land verwüsten sah und erkennen mochte, daß es klüger sei, des Feindes Zorn zu versöhnen, als ihn fort und fort durch Widerstand zu reizen, neigte sich zum Frieden; aber der war so leichten Kaufs nicht zu erlangen. Gar manche feste Landburg mußte er dem Kaiser einräumen und sich so recht eigentlich in seine Hand geben. Die Zeit, „wo die Kaiser aus der Tasche des Erzbischofs von Mainz heraussprangen", war vorüber! —

Die Scharfensteiner sahen sauer dazu, allein sie mußten sich fügen, daß der Kaiser die Schlüssel ihrer Burg empfing und sie eine schöne Reihe von Jahren besetzt hielt.

Es ist nicht eben zu glauben, daß in jenen Tagen die Scharfensteiner viel Seide spannen; in ihrem Kalender mag mancher Bußtag gestanden haben, der nicht roth gedruckt und nicht von der Kirche ausgegangen war. —

Bei der wenn auch nur dreitägigen, aber ungewöhnlich heftigen Belagerung hatte die Burg dennoch viel gelitten. Der Kaiser war weit entfernt, sein Pfand herzustellen, und so nagten der Zahn der Zeit und seine Gehülfen, Wind und Wetter, in einem Grade an ihr, daß ihr Zustand sehr ernstliche Bedenken erregte, als sie endlich wieder an das Erzstift zurückgelangte, und als die Scharfensteiner, die sich wohlweislich auf ihre andern Burgen, Burgsitze und Freihöfe zurückgezogen hatten, zurückkehrten, da zeigte es sich, daß es hohe Zeit war, die Burg wieder herzustellen, wenn es nicht zu spät sein sollte. —

Das kostete Geld, und der Erzbischof scheint wenig von der landesüblichen Münze besessen zu haben; auch scheint es ihm nicht Ernst gewesen zu sein, die Burg schnell herzustellen. Ein Zwischenfall läßt die Vermuthung zu, daß selbst die Scharfensteiner einige Bedenken trugen, sich den Besitz der Burg zu sichern.

Dieser Zwischenfall war eigenthümlicher Art.

Als diejenigen, welche sich im Namen des Kaisers auf der Burg befunden hatten, sie auf Befehl ihres Herrn verließen, da erschienen wunderlicher Weise Andre, welche Ansprüche auf die Burg erhoben, weil sie denken mochten, im Trüben sei gut fischen.

Es waren die Ritter von Kindhausen, welche sich der Burg bemächtigten und behaupteten, der Erzbischof Gerhard II habe die Burg ihnen als Lehen übergeben. Sie waren bereit, ihre Rechtsansprüche mit dem Schwerte zu vertheidigen, wenn's nöthig sein sollte. —

Die Frage drängt sich auf: wo war die tapfere Sippe der Scharfensteiner zu dieser Zeit? Handelte es sich nicht um ihren Stammsitz? Waren nicht ihre Lehensbriefe älter, falls die Kindhäuser überhaupt welche hatten?

Auf alle diese Fragen bleibt die Geschichte die Antwort schuldig; wir begegnen vielmehr einem Austragsgerichte in Eltville, welches das Erzstift zusammenberief, um diesen seltsamen Knoten zu lösen. Ob die von Kindhausen sich drein ergaben, daß sie, weil ihnen die Lehensurkunde fehlte, mit Sack und Pack abziehen mußten, auch das ist dunkel. —

Das Gericht in Eltville sprach dem Erzstift die Burg als unbestreitbares Eigenthum zu, und nun erst erscheinen auch die Scharfensteiner wieder in ihrem uralten Stammsitz.

Das Erzstift mußte bluten, aber auch die Scharfensteiner müssen sich durch Zuschüsse Rechte an die Burg erworben haben, die den Grund gelegt haben zu der späteren Erscheinung, daß die Burg ihnen zu eigen wurde.

Der Ausbau oder die Wiederherstellung muß ungemein thatkräftig und rasch betrieben worden sein; denn das Jahr 1318 findet sie in „reisigem“ Stande.

Dieses Jahr brachte neue Kriegsstürme für die Burg. Kaiser Ludwig und seine Helfer rückten in's Erzstift feindlich ein und nahten sich der Burg mit Wehr und Waffen*).

Unter Ludwigs Helfern befand sich „der Löwe von Luxemburg, Erzbischof Balduin von Trier“. Von ihm sagte seine Zeit: „er haue lieber mit dem Schwerte drein, als daß er mit dem Kreuze segne;“ — aber auch das andre Wort war gäng und gäbe von ihm: „was ihm widerstehen wolle, müsse eiserne Mauern haben“.

Das waren schlimme Aussichten für Scharfenstein.

Balduin scheute vor keinem Mittel zurück. Ließ er doch, um die Burg Sponheim im Dhauner Kriege zu bezwingen, die Berge rings um die Burg entholzen und Nachts mit Herbeitreibung aller Bauern auf zwei bis drei Stunden in die Runde das Reisig und das Holz um die Mauern der Burg anzünden, um die zu braten, die tapfer sich vertheidigten. Die Höllengluth um die Burg war so groß, daß die Steine in den Mauern der Burg „verglaseten“; aber dennoch erreichte er sein Ziel nicht; denn in den Felsenkellern fanden die tapferen Sponheimer eine Zuflucht. Konnten sie auch die gluthigen Mauern nicht vertheidigen, so konnte sie natürlich aus gleicher Ursache Balduin nicht berennen, und — es blieb nichts übrig, als zähneknirschend abzuziehen.

Solch ein Feind vor der Burg konnte auch einem tapferen Häuflein Vertheidiger bange machen. — Indessen scheint es nicht, als ob die Scharfensteiner ihr Herz in den Schuhen hätten suchen müssen.

Balduin, der die Belagerung Scharfensteins leitete, ließ nichts unversucht, die berühmte Burg, die Albrecht so tapfer widerstanden hatte, zu überwältigen; allein die Vertheidiger mochten wohl wissen, wem sie im Falle des Unterliegens in die Hände fielen; sie mochten ahnen, daß in Scharfenstein kein Stein auf dem andern bleiben würde, und so wehrten sie sich gegen die gewaltigen Anläufe mit dem Muthe der Verzweiflung. Was der Feind auch versuchte, es blieb erfolglos; denn die Belagerten waren

*) Nach neuern Forschungen beruht die im Folgenden geschilderte Belagerung Scharfensteins auf einem Irrthum der Hirschauer Chronik, die Scharfenstein (Scarpinstein) mit Schierstein (Scherfsteyn) verwechselt. Ludwig kann schon darum die Mainzische Landburg Scharfenstein nicht belagert haben, weil Kurfürst Peter von Mainz zugleich mit Balduin sein eifrigster Anhänger gegen Friedrich von Oesterreich war.

Tag und Nacht auf ihrer Hut und warfen die Andringenden ebenso zurück, wie früher Albrechts „lothringische Buben“. Da blieb denn nichts weiter zu thun übrig, als was Kaiser Albrecht auch gethan, — nämlich mit Gram im Herzen die Belagerung aufzuheben.

Balduins Vasallen waren förmlich kopfscheu geworden. Sie verließen das Heer und zogen heim.

Zwei Kaiser vor der Burg, und sie dennoch unerobert! Das war ein Ruhmeskranz für Scharfenstein und seine Ritterschaft, dem kaum ein anderer gleich kam.

Konnte der tapferste und „reisigste“ Fürst seiner Zeit, den man „den Löwen von Luxemburg oder auch von Trier“ nannte, konnten die Heere zweier Kaiser nichts erzielen, so mag es uns nicht Wunder nehmen, daß zwei Kriegsstürme, die mehr das Land, seine Klöster, Städte, Flecken und Dörfer verwüstend überbrauseten, dem „jungfräulichen“ Scharfenstein keine großen Gefahren zu bereiten im Stande waren, nämlich der Verwüstungszug Albrechts von Brandenburg durch das schöne Rheingauer Land und der Bauernkrieg, der in seinen eigenen Eingeweiden und gegen sie wüthete.

Albrecht der Brandenburger gab die Belagerung, die er kaum mit rechter Thatkraft begonnen, schnell auf, und die Rheingauer Vertreter des „Bundschuhs“ wagten es kaum, die trotzige Stirne der mächtigen Burg zu zeigen, so groß war der Respekt vor ihren Mauern.

Das arme Kidrich kam in allen bisher berichteten Kämpfen am schlimmsten weg. Solange des Brandenburgers Werbevölker vor der Burg lagen, war Kidrich, und als dieses „geleert“ war und die armen Bewohner sich in die Wälder flüchteten, das Kloster Eberbach der Ort, wo sie Hunger und Durst stillten.

Wie es da zuging, wo ihnen wehrlose Mönche preisgegeben waren, ist leicht zu errathen. Von den Bauern wissen wir, daß sie, als sie auf dem Hofe Wachholder ihr Feldlager aufgeschlagen hatten, das große Faß, gefüllt mit edelstem Steinberger, leerten, dessen Maß den Maßstab zur Beurtheilung eines Rheingauer Durstes abgibt. Daß aber auch die Speisevorräthe des Klosters nicht besser wegkamen, läßt sich kühnlich annehmen, ohne daß man zu befürchten hätte, der Wahrheit Eintrag zu thun.

Wie hoch die Scharfensteiner seit diesen Erfolgen das Haupt trugen, läßt sich denken. Ob dadurch das Band mit dem Erzstifte gelockert wurde? — Vielleicht; aber wir finden mehr und mehr die Scharfensteiner in selbstständigem, eigenherrlichem Handeln. Hatten sie schon bei Wiederherstellung der Burg nach Kaiser Albrechts Berennung derselben sich Anrechte umfangreicherer Art erworben, weil dem Erzstifte die Mittel mangelten, die Herstellung allein zu bestreiten, so mußte dieser Fall auf's Neue eintreten, als Kaiser Ludwig und Balduin von Trier von der Burg abgezogen waren.

Jetzt wie damals war durch die Verwüstung des Rheingau's des Zehntens Ertrag geschwunden, aber auch für die Landesinsassen die Möglichkeit, andere Steuern zu bezahlen. So war das Erzstift sammt dem Erzbischof Peter ohne Mittel. Sie sahen sich gezwungen, den Scharfensteinern neue Rechte einzuräumen, wenn sie es übernahmen, die Burg aus eigenen Mitteln herzustellen und zu halten, und diese Rechte mochten nicht weit entfernt sein vom Alleinbesitz und Eigenthum. Und wenn sie es sich anmaßten völlig und in allen Beziehungen, so war das Erzstift außer Stande, es zu wehren. Es mußte froh sein, wenn die Burg ihm ein „offenes Hus" blieb oder, vielleicht mit andern Worten, eine Zufluchtsstätte in den eisernen Zeiten der Noth. So erscheinen denn auch die Scharfensteiner in allerfreiester Bewegung. Sie kümmern sich um den Lehensherren nicht mehr, ja sie treten ihm bisweilen keck und übermüthig in den Weg, wie wir bald bei Nuwenhus sehen werden.

Die Burg hatten indessen die „Gemeinherren" oder, wie es in Urkunden abgekürzt heißt, die „Gemeinern", welche Bezeichnung an die Stelle des Wortes „Ganerben" getreten zu sein scheint, in einen vertheidigungsfähigen Zustand gesetzt —, aber nicht für die Feuerwaffen, welche die Kriegsführung, aber besonders die Verhältnisse der „Burgen" völlig änderten. Sie waren das nun nicht mehr, was man mit dem Worte „Veste" bezeichnete, an dessen Stelle unser Wort „Festung", wenn auch in einem unendlich erweiterten Sinne, getreten ist. Sie vermochten den Kugeln der „Feldschlangen" nicht mehr zu widerstehen und verloren durch die Unmöglichkeit des Widerstandes gänzlich ihre Bedeutung.

Das bezeugte das Geschick Scharfensteins im dreißigjährigen Kriege.

Kaum begann das schwedische Beschießen, als die Mauern niederstürzten und, von Schrecken gelähmt, die Besatzung mit den Belagerern zu unterhandeln begann und die Burg übergab.

Scharfenstein war nicht völlig zur Ruine geworden. Die Scharfensteiner hatten, während die Schweden die Burg besaßen, sie verlassen. Als der Feind das Erzstift geräumt hatte, in dem er nach allen

Seiten wacker aufgeräumt und nur noch eine Wüstenei übrig gelassen, deren gründliche Vollendung dann der Pest anheimfiel, die wie der Würgengel, der auf der Tenne Arafna stand, das Volk verschlang, stellten die Scharfensteiner die Burg her, aber nur nothdürftig, wie von dem Bewußtsein niedergedrückt, ihre Zeit sei vorüber und das arme Flickwerk werde nur kümmerlich zu halten sein.

Sie bewohnten sie wohl noch, namentlich die Nachkommen der Crazze von Scharfenstein, aber aus Westen nahte ein Feind, der nur Ruinen im Rheinlande schuf und zurückließ, als er geschieden.

Der Orleans'sche Krieg mit seinen von Melac, Montal und la Goupillière angeführten Mordbrennerhorden nahte dem Rheine.

Drüben loderte in lichten Flammen die schöne unglückliche Pfalz auf. Es sollte dem Deutschen am Rheine keine wehrhafte Stätte bleiben, damit das Land offen wäre, wenn Frankreichs allerchristlichster König Lust trüge, auch nach und nach das übrige Deutschland zu beglücken, wie er die Pfalz beglückt. So mußten denn vorerst alle Burgen ausgebrannt, gesprengt und zerstört werden in der Art, daß eine Wiederherstellung einem Neubau gleichkäme, in Summa unmöglich sei.

Als man nun mit der Brandfackel aus den eingeäscherten rheinischen Städten am Ufer des Rheines herabkam und drüben das in der Ferne noch stattlich aussehende Scharfenstein erblickte, da gebot Melac einer Abtheilung seiner Leute, welche diesseits des Rheins weniger Arbeit haben mochten, hinüber zu ziehen über den Rhein. So thaten sie, und bald sanken die Mauern nieder, und die Flamme brannte die Räume aus, daß der Graus der Zerstörung schauerlich aus den leeren Augenhöhlen der Fensterlöcher schaute; allein auch das war noch zu viel, was noch stand. Pulverminen wurden gelegt und hoben die Mauern aus ihren Fundamenten oder erschütterten sie dergestalt, daß sie borsten und umsanken. Nur am „Fritz" versagte die Zerstörungskunst und des Pulvers Macht. Um letzteres zu schonen, ließen die Franzosen nach und zogen abwärts, während die noch übrigen Scharfensteiner wehmüthig auf die Ruinen einer Burg blickten, für die an keine Auferstehung zu denken war, und die doch einst im Leben mächtig und ruhmbekränzt dagestanden hatte durch ein halbes Jahrtausend.

Die Crazze von Scharfenstein waren allein übrig vom weitverzweigten Stamme, und ihnen hatte die Burg gehört, theilweise noch als Wohnstätte gedient; als aber auch sie in ihren letzten Gliedern zu Grabe gegangen war, und zwar im Jahre 1721, vererbte die Burg an die Familie von Bassenheim und blieb natürlich eine Ruine, wie sie noch heute unsre Blicke auf sich zieht. Wir ahnen auf ihren Ruinen, was sie einst war, und denken wir ihrer Geschicke, des Emporblühens und Verwelkens der sie einst bewohnenden, oder genauer, ihr angehörigen Geschlechter, dann zieht, abgesehen von Scharfenstein und seinen Familiengräbern in Eberbach und Gott weiß wo sonst noch, ein wehmüthiges Gefühl und ein erschütternder Gedanke durch die Seele, und aus den wenigen Resten von „Nuwenhus" erschallt der Ruf: memento mori, d. h. „Gedenke des Sterbens!"

Aber warum hört die Seele grade diesen Ruf aus Nuwenhus? Ist es nicht das einzige Wort, welches die Karthäuser-Mönche sprechen durften? Und grade darum! erwiedre ich Dir, lieber Leser; denn was wirst Du sagen, wenn Du hörst, daß in diesem Burghause hinter Scharfenstein der Erzbischof, wenn ich nicht irre, Peter, eine Colonie von Karthäusermönchen gründete? —

Dachte der Erzbischof, den wilden, ausgelassenen, nicht den feinsten Sitten huldigenden Scharfensteinern in dem eisigkalten, fröstelnden memento mori eine Warnung zu geben, sie im Gegensatze der strengsten Enthaltsamkeit ihre Schwelgerei erkennen zu lassen und ihnen ein Vorbild der den Todesgedanken stets zugewendeten Buße vorzuhalten, damit die „stumme Predigt" mehr wirke als etwa eine beredte Bußpredigt? Wer weiß es? Doch ich bin hinweggegangen über Geschichtliches und muß es nachholen.

Nuwenhus, Neuhaus — schon der Name sagt, daß es jünger als Scharfenstein ist, eine kleine Burg, welche hinter Scharfenstein lag und ebenfalls dem Erzstifte eigen war — scheint von Erzbischof Sifrid II erbaut worden zu sein. Solche kleinere Burgen, die man Vor- und Nebenburgen nannte, waren in jenen Tagen von erheblichem Vortheil, indem sie die Kraft der Belagerer zu theilen nöthigten und Ausfälle im Rücken bei Stürmen gegen die Hauptburg sehr gefürchtet wurden, weil sie den Sturm lähmten.

Die Glieder des Hauses der Scharfensteiner waren, wie in dem alten Stammhause, dem Burghause de Ketercho vor Scharfenstein, die Bewohner der kleinen Veste. Vielleicht und nicht ohne Wahrscheinlichkeit bewohnten die „Aeste" des mächtigen Stammes diese kleinen Vorburgen.

Nuwenhus' Erbauungszeit ist nicht ganz genau zu bestimmen, weil auch in Erzbischof Sifrid II ihr Erbauer nicht mit unumstößlicher Gewißheit nachzuweisen ist. Im Jahre 1299 war sie ein „vestes Hus".

Im Jahre 1320 kam, unbekannt warum und wie, Erzbischof Peter zu dem Entschluß, aus der kleinen Burg eine Mönchsklause zu machen und sie mit dem strengsten der Orden, mit Karthäusern zu besetzen.

Daß er das so kurzweg konnte, erklärt sich kaum anders als so, daß der die Burg bewohnende Ast der Scharfensteiner grade damals ausstarb und das Mannеslehen heimfiel.

Ob den lustigen Scharfensteinern die trübselige Nachbarschaft gefiel und sie mit der Stiftung zufrieden waren, möchte ich schon darum bezweifeln, weil der schroffe Gegensatz gegen ihr Leben denn doch zu nahe unter die Augen gestellt war; allein auch dadurch wird diese Annahme bestärkt, daß von Schenkungsurkunden an die neue Karthäuser Klause keine Rede ist, und endlich drückt das Necken, Quälen, Aergern auf alle erdenkliche Weise, welches die Ritter gegen die Mönche ausübten, das Siegel drauf.

Der Erzbischof nannte seine neue Stiftung nach seinem Taufnamen Petersthal, woraus sich zugleich die Lage des Orts als eine, gegen Scharfenstein gehalten, tiefere ergibt.

Es schien, als wollten die Ritter die lästigen Nachbarn Kuttenträger durch unaufhörliches Necken, Spotten, Höhnen und Stören in ihren Andachten so lange quälen und ihnen das Leben sauer machen, bis sie es müde würden und abzögen.

Dieser eigenthümlich ersonnene Krieg gegen die Büßer war von einer entschiedenen und erfolgreichen Wirkung. Sie führten oft und viele Beschwerden, und wenn der Erzbischof dringend mahnte, wenn er strafte mit des Wortes Macht, lachten die Ritter in die Faust und erklärten: sie wären nicht auf die Karthäuserregel verpflichtet und hätten auch nach dem Ordensgelöbniß kein Verlangen, — und es blieb beim Alten oder wurde, wo möglich, ärger. Da war's denn endlich bis zur unerträglichen Höhe gestiegen, und es blieb dem Erzbischof keine andre Wahl, als die Mönche auf den St. Michaelsberg bei Mainz zu verpflanzen.

Die Ritter lachten über den lustig und listig errungenen Sieg; das in „Petersthal" umgetaufte Nuwenhus aber zerfiel, und es scheint, als hätten die Ritter dem Verfalle nachgeholfen, um sich eine ähnliche Nachbarschaft vom Halse zu halten.

Aber ist es nicht, wenn man unter den Ruinen Scharfensteins steht, als klänge aus Petersthals Resten ein leises memento mori herauf?

Die Abtei Eberbach.

Etwa eine Wegstunde thaleinwärts vom Rhein und von Erbach aus liegt die alte und berühmte Abtei Eberbach, eine Tochter des weltberühmten Clairvaux, da der heilige Bernhard die gesegnete Stätte seines Wirkens hatte.

Von walddunkeln Höhen rings umschlossen und nur dahin frei, von woher mildere Lüfte und wärmerer, belebender Sonnenschein kommt, ruht sie friedlich und heimlich im frischgrünen Wiesenthal. Aeltere und neuere Bauwerke, darunter die im Jahre 1186 geweihte schöne Kirche mit ihren Grabdenkmalen und die merkwürdige gemeinsame Schlafstätte der „grauen Mönche", geben Zeugniß von der Bedeutung dieser frommen Friedensstätte, von der Ströme des Segens und der Bildung in das nahe Land und in immer sich erweiternden Kreisen auch in die Ferne ausgingen.

Auch über dieser ehrwürdigen Stätte hat die Zeit zu Gericht gesessen mit unerbittlicher Strenge. Jetzt birgt sie in der Tiefe ihrer Keller die Perlen des Rheinweins und in ihren Gebäuden eine Besserungsanstalt gerichteter Sträflinge. Noch vor nicht langer Zeit war sie der Aufenthalt der Unglücklichsten unter den Insassen des Landes, der Geisteskranken, für die wegen Mangels an Raum seither auf dem nahen Eichberg eine Wohnstätte gegründet ist, deren Rundschau zu den schönsten gehört, welche das paradiesische Land bietet.

Ihren Namen gab der Abtei der ihr das Wasser zuführende Eberbach. Er entspringt oben im Gebirge aus dem sogenannten Petersbörnchen, durchfließt, von andern Quellenzuflüssen gespeist, den Abteibering und mischt sein krystallenes Wasser bei Erbach mit der grünlichen Fluth des stolzen Alpensohnes, der des Rheingau's Gestade küßt.

Die Sage weiß von des Namens Ursprung Anderes zu erzählen. Als Erzbischof Adalbert I seinen Freund, den heiligen Abt Bernhard von Clairvaux, hierher geleitete, um die Stätte zu wählen, wo das Ordenshaus sollte gegründet werden, und sie in Waldesschatten dahin wandelten, blieb Bernhard beim Anblick des heimlichen Thalgrundes sinnend stehen. In seiner Seele sprach eine Stimme: Hier soll es sein! Aber noch ehe sein Mund dem Erzbischof Solches kundthat, trug sich vor ihren Blicken ein wunderbares Ereigniß zu. Aus dem Dunkel des Waldes hinter ihnen brach schnaubend ein riesiger Eber hervor, wie ihre Augen nie einen größeren gesehen hatten.

Scheu wichen die beiden Männer des Friedens zur Seite; aber das greuliche Thier kümmerte sich nicht um sie, sondern schoß in jähem Laufe durch den Bach zum jenseitigen Ufer und begann mit seinen mächtigen Hauern den Boden in fortlaufender Linie aufzuwühlen, gleich als schneide eine scharfe Pflugschar ihn auf. Und fort und fort that er auf seinem Wege gleich also, wendete sich dann, durchschritt noch einmal den Bach und kehrte sich, einen weiten Kreis beschreibend, wieder zu der Stelle zurück, wo die Würdenträger der Kirche standen. Und als er den länglichen Ring vollendet, verschwand er spurlos wieder im Dunkel des Waldes.

Voll Schrecken und Staunen über das, was sich vor ihren Blicken zugetragen, standen die frommen Männer lange schweigend da, bis endlich der heilige Bernhard das Schweigen brach und, auf seine Kniee sinkend, ausrief: Herr, Dein heiliger Name sei gelobt, Du hast uns die Stätte gezeigt, wo Dein heiliger Name gepriesen, Deine Ehre verkündet werden soll! Hier ist die geheiligte Stätte des Klosters!

Und als er sich mit verklärtem Angesicht erhob, sprach er, auf die Furche deutend, die des Ebers Hauer gegraben: Siehe, des Herrn Finger hat dem Thiere Ort und Maß für die Stiftung gezeigt! Hier soll Kloster und Gotteshaus erstehen, und sein Name sei „Eberbach", darum, weil zweimal der Eber des Baches Fluth durchschritten und des Klosters Bereich uns bezeichnet hat!

Deß freute sich der fromme Adalbert, und so blieb es denn auch nach dem Winke des Herrn; die Abtei erstand an der Stelle. So war die Wahl entschieden, und des Heiligen Mund hatte die Taufe des Klosters vollzogen.

Wie die Sage hier die Uranfänge des Klosters und seine Namensgebung wunderbar erzählt, so tritt sie uns wieder bei dem Baue der Klosterkirche entgegen. Ursprünglich sollte sie, verkündet die Sage, auf der kleinen Anhöhe erbaut werden, welche der „Büchel" heißt. Hierhin hatten die Bewohner des Landes schon große Haufen von Bausteinen zum Dienste des Heiligthums angefahren, und in diesen Tagen wollten die Mönche Hand anlegen, die Tiefen der Grundmauern auszugraben, daß sich das wild umhergehäufte Gestein ordne unter kundigen Händen zum heiligen Baue; aber in der Nacht vor dem Beginne der Arbeit wurde ihnen eine unverkennbare Weisung des Himmels zu Theil, daß dies nicht der erwählte Ort sei, wo das Haus der Ehre Gottes stehen sollte, sondern am Ufer des Baches ein anderer. In selbiger Nacht nämlich erschienen die Engel des Himmels bei der Stätte, wo die Steine lagen, und wieder brach der riesige Eber aus des Waldes Dunkel hervor, den Engeln zum Dienste. Sie wiesen ihm die Stelle an, wohin er die r ächtigen Fundamentsteine wälzen solle. Und der Eber gehorchte dem Lefehl und wälzte die Fundamentsteine, die gleich Felsgestein waren, hinab zum Bachesufer, und die heiligen Engel trugen mit ihren Händen das kleinere Mauergestein dahin und setzten es auf um das längliche Viereck, welches die Kirche einnehmen sollte.

Ruhig schliefen, weil arbeitsmüde, die Mönche, und kein Ohr vernahm irgend ein Geräusch, wie es bei einem solchen Werk unvermeidlich ist, wenn es die Menschenhand vollbringt.

Um so größer war das Erstaunen der Mönche, als sie am andern Morgen die Bausteine, die gestern noch auf dem „Büchel“ gelegen, in regelmäßiger Ordnung und Aufschichtung, zu einem länglichen Viereck geordnet, den Raum umgeben sahen, der zu einer Kirche nothwendig erschien, wie sie sie zu bauen beabsichtigten.

Sie erkannten dankend und preisend den Fingerzeig des Herrn und begannen alsogleich die Ausgrabung der Grundlagen des Gebäudes, und als das Werk beendet war, begann der Bau des Gotteshauses. Die Schnelligkeit aber, womit das Gebäude emporstieg, war wunderbar, und nicht ohne heilige Schauer erkannte die Brüderfamilie, daß über Nacht die Mauern wuchsen, und sie ahneten lobpreisend, daß die Hände, welche die Steine hierhergetragen, an dem heiligen Werke in stiller Nacht fortarbeiteten. So breitet die Volkssage eine wunderbare Glorie um die Stätte, die das Volk mit Liebe begrüßte, und die eine Quelle reichen Segens für das Land wurde.

Kehren wir aus den Kreisen, wo das dichtende Volk eine himmlische Verklärung über Eberbachs Werden verbreitet, in die der einfachen Wirklichkeit und der geschichtlich begründeten Thatsachen zurück, so erkennen wir, daß die Sage unbedenklich über lange Zeiträume hinwegeilt und, völlig der Wahrheit historischer Forschung entgegen, den Ursprung Eberbachs in jene Tage legt, da der heilige Bernhard mit dem Erzbischof Adalbert I über die Besetzung des bereits länger vorhandenen, nun aber leerstehenden Klosters berieth.

Adalbert oder Adelbert I, Kaiser Heinrichs V Hofkanzler, seit 1111 den Krummstab von Mainz führend, war der Stifter Eberbachs, wenn auch in früheren Tagen, und zwar nach langen Drangsalen und schweren Leiden, die er erduldet, weil er der Kirche als ihr Diener mehr zugethan war als dem Kaiser.

Die Gründung des Klosters lag ihm von frühe her sehr am Herzen, und es scheint fast, als habe er damit frühere Schritte, die er zum Vortheil des Kaisers gethan, und die mit seiner jetzigen Stellung als eines der ersten Würdenträger der Kirche nicht in Einklang zu bringen waren, sühnen wollen.

Die uranfängliche Gründung fällt höchst wahrscheinlich in oder um das Jahr 1116, und als das Kloster, freilich in sehr unscheinbaren Anfängen, vollendet war, rief er regulirte Chorherren des Augustinerordens in seine Mauern. Allerdings mochten es der Mönche nicht viele sein; denn dafür wären einestheils der Raum, anderntheils die Mittel des Bestehens unzureichend gewesen, welche jetzt noch zur Verfügung standen.

Leider erlebte der fromme Stifter an den Chorherren die Freude nicht, welche ein gesegnetes Wirken derselben nach seinem Plane ihm würde bereitet haben. Sie waren nachlässig in der Erfüllung ihrer religiösen Ordensverpflichtungen, zuchtlos in ihren Sitten und in ihrem Wandel, unzugänglich allen Mahnungen zu treuerer Pflichterfüllung und gottesfürchtigem Leben, an denen es der fromme Stifter und wohlwollende Pfleger nicht fehlen ließ, sodaß diesem zuletzt nichts übrig blieb, als sie aus den Räumen zu verweisen, die unter ihrer Verwaltung statt ein Segen, ein Fluch für die Kirche und das Land zu werden drohten.

Adalbert hatte bittere Erfahrungen gemacht mit seinen Pfleglingen. Kein Wunder, daß er sich nach bewährten Ordensleuten umsah, die ihre Nachfolger werden sollten. Und solche zu finden, war ihm sehr erleichtert. Stand doch auf eines nahen Berges Spitze das Benedictinerkloster Johannisberg, berühmt durch seiner Mönche fromme Zucht, religiöse Treue, ernste Bestrebungen, gesegnetes Wirken und hohe Gelehrsamkeit.

Um aber den noch im Lande herumschweifenden Chorherren auch den letzten Schimmer der Hoffnung zur Rückkehr zu nehmen, war er selbst thätig, daß sie im Kloster Gottesthal eine Zufluchtsstätte fanden, die aber auch nicht von langer Dauer war, und gab den Gedanken einer selbstständigen Stellung Eberbachs entschieden dadurch auf, daß er die bisherige Abtei Eberbach der Benedictinerabtei Johannisberg übergab, um sie mit ihren Brüdern zu besetzen, als Priorat des Ordens für alle Folgezeit.

Die Gebäulichkeiten scheinen nicht die besten gewesen zu sein, und die geringen Mittel des Bestehens scheinen ebenso wenig die Abtei Johannisberg bewogen zu haben, mit der Besetzung zu eilen, ja es ist selbst zweifelhaft, ob die Johannisberger Brüder mehr gethan, als den Gottesdienst in der Eberbacher Klosterkirche zu verrichten, ohne sich dort häuslich niederzulassen. Dies war vielleicht in Adalberts Seele der Grund, an eine anderweitige Verfügung über Eberbach zu denken, welcher Gedanke durch eine amtliche Anwesenheit in Vorderfrankreich und eine eigene

Anschauung der musterhaften Klosterverhältnisse zu Clairvaux Gestalt und Wesen gewann.

Keine der ihm bekannten Ordensstiftungen reichte an die des heiligen Bernhard zu Clairvaux hinan, von welcher Seite man auch ihre Einrichtungen und Leistungen mit prüfendem Auge betrachten mochte.

Begeistert von dem, was er in Clairvaux gesehen, erfüllte jetzt seine Seele nur der Eine Gedanke, diesen Orden in seinen Mainzer Amtsbezirk zu verpflanzen; ja er legte vor Gott, vielleicht auch vor dem heiligen Bernhard selbst das Gelübde ab, auf seinem eigenen Grund und Boden eine Cisterzienser-Abtei zu gründen, ohne daß er sich vielleicht selbst noch klar gewesen wäre, wo er diese neue Stiftung in's Leben rufen sollte.

Wie auch seines heiligen Berufes verzweigte Geschäfte und die damalige Lage des Reichs den Erzbischof nach seiner Rückkehr nach Mainz in Anspruch nehmen mochten, der Gedanke an die neue Stiftung verließ ihn nicht mehr; aber wohin er seine Blicke wenden mochte, um den geeigneten stillen, dem Weltverkehr entzogenen, friedlichen Ort zu finden, immer kehrten seine Gedanken an die Stelle seiner ersten Stiftung im Wald- und Wiesenthale von Eberbach zurück, bis sich endlich dieser Ort vor allen ihm empfahl. War doch da schon eine Unterkunft für die Mönche, stand doch da schon eine, wenn auch kleine Kirche, und selbst die Unzulänglichkeit des Wohnraumes bereitete keine Schwierigkeiten, da es der Cisterzienser Abteien unabänderliche Regel war, bei neuen Zweigstiftungen ihres Ordens mehr nicht als nach dem Vorbilde des Herrn und seiner Apostel zwölf Mönche mit ihrem Haupte und Abte auszusenden, um die neue Wohnstätte einzunehmen.

Die Schenkung an die Abtei Johannisberg zurückzukaufen und Eberbach durch neue Schenkungen sicherer zu stellen, war eine stillschweigende Bedingung, über welche der Erzbischof mit sich selbst im Klaren war. Nur Eins lag noch im Zweifel, ob nämlich die Stelle Bernhards Beifall finden werde. Ohne diesen zerfiel Adalberts Plan.

Darüber zur Gewißheit zu kommen, war eine Angelegenheit, die ihn veranlaßte, den heiligen Abt von Clairvaux zu bitten, selbst zu kommen und sich den Ort anzusehen, wo seiner Jünger Wirksamkeit beginnen sollte.

Bernhard kam gen Mainz, und Adalbert eilte, ihn zu dem verwaisten Klösterlein im Wald- und Wiesenthale zu geleiten. Er hatte die Genugthuung, daß der heilige Mann Gefallen fand an dem schönen Plätzlein und seinen Plan billigte.

Wohl mögen Beide Alles erwogen und berathen haben, was zu Eberbachs Gedeihen erspriesslich sein konnte; wohl mag des Abtes kundiges Auge des schönen Landes fruchtbaren Boden geprüft haben, ehe er zusagte, seine Jünger in Bälde zu senden.

So zauderte denn auch der Erzbischof nicht länger, über den Rückkauf seiner Schenkung an Johannisberg zu unterhandeln, und als er den Kaufpreis mit 50 Pfund Silbers erlegt hatte, war seine Seele froh in dem Herrn, denn sein Gelübde war erfüllt; er konnte eine Cisterzienser-Abtei auf seinem eigenen Grund und Boden errichten.

Wie eifrig Adalbert und Bernhard die Sache betrieben, geht daraus hervor, daß das Jahr 1131 noch lange nicht zu seinem Ende sich geneigt hatte, als schon die zwölf Cisterzienser von Clairvaux mit ihrem Abte Ruthard in das verlassene Eberbach einzogen und dort ihre rege Wirksamkeit begannen.

Erzbischof Adalbert führte sie selbst dort ein, fügte ein bedeutendes Ackergut der Stiftung zu und erhob Eberbach urkundlich zu einer freien, selbstständigen Abtei des Cisterzienser-Ordens, die von Niemanden abhängig sein sollte als von den Oberen des Mutterhauses zu Clairvaux.

Mit dieser letzten Wandlung in jenen Tagen des Werdens der Abtei fiel ein warmer Morgenstrahl in das stille Thal von Eberbach, der einen gesegneten Tag verhieß. Diese Verheißung täuschte nicht, weder den vielgeprüften Stifter, noch die „grauen Mönche“ selbst, die mit bescheidenen Ansprüchen und Hoffnungen, aber mit dem festen Willen hierher kamen, das „Bet' und arbeit'“ als ihres Ordens Grundlage stets im Auge zu behalten und unwandelbar zu vertrauen dem Schlußverslein: „Gott hilft allzeit“.

Den dürftigen Wohnraum fanden die Brüder auf dem linken Ufer des Baches und auch das Kirchlein, welches dem heiligen Thomas geweiht war.

Für jetzt und selbst noch für eine geraume Zeit weiter reichte beides, nachdem sie sogleich Hand angelegt, die Wohnungsräume auszubessern, für der Brüder Zwecke hin.

Die Augen der Hohen und Niedern des Landes waren auf die Mönche in den grauen Kutten gerichtet. Sie waren dem Volke noch völlig fremd; aber eine nicht lange Zeit reichte hin, beide, Volk und Mönche, zu befreunden. Mit Freude und hoher Achtung gewahrte man die Sittenstrenge des Ordens, seine Weltentsagung und Mäßigkeit, seine Treue im Erfüllen der Anbetung und seine unermüdliche, rastlose Arbeitsamkeit. Mit diesem

Erkennen und Liebgewinnen der stillen Mönche gingen nun auch Schenkungen an das Kloster Hand in Hand. Auch in einer andern Weise offenbarten sich die günstigen Ansichten und Beurtheilungen der Mönche zu Eberbach, nämlich an dem Andrange derer, welche entweder Ordens- oder auch nur Laienbrüder zu Eberbach werden wollten. Letztere, welche man im Orden mit dem Namen „Conversen" bezeichnete, nahmen an allen Pflichten und Obliegenheiten der Mönche Theil, unterwarfen sich der strengen Zucht und der Enthaltsamkeit, ohne aber selbst die Gelübde des Ordens abgelegt zu haben und also durch das Ordensgelübde gebunden zu sein.

So kam es denn, daß die Ordensgemeinschaft in einer nicht allzufernen Zeit an eine Erweiterung der klösterlichen Räume denken mußte, besonders da es Ordensgesetz war, daß wo möglich alle Brüder, Mönche wie Conversen, in einem gemeinsamen Raume schliefen, in dem sogenannten Dormitorium oder dem gemeinsamen Schlafsaal, bei dem in gleichem Maße auf Gesundheit, wie auf Licht und Raum gesehen wurde.

Das Sprüchwort: „Hilf dir selbst, so hilft dir Gott" war ein durchschlagender Grundsatz bei den Cisterziensern, und an ihn schloß sich der andere, ebenso sprüchwörtliche: „Selbstgethan ist wohlgethan"; denn zur Arbeit war ja nicht blos der „Converse" bestimmt, sondern jeder Mönch mußte wie jener sein Brot im Schweiße seines Angesichtes essen, da ja auch ihm „Dornen und Disteln der Acker trug".

Es ist ein unwiderstehlicher Zug in der Menschennatur, dem zu helfen, den wir in treuem Fleiße ringen sehen, und zwar je mehr wir selbst unter Umständen der Hülfe bedürfen oder Hülfe erfahren haben, also ihren Werth anzuschlagen im Stande sind, desto größer ist unsere Bereitwilligkeit zu jeglichem Beistande. Darin liegt der Grund, warum vorzugsweise der Landmann hülfreich ist, und daraus erklärt es sich, daß, als die Eberbacher die Steine zu brechen begannen, das umwohnende Volk hingebend zu ihrem Beistande bereit war und nicht minder bei den schweren Arbeiten des Schaffens der Steine zur Baustelle und allen spätern, bis der Bau zu seiner Vollendung reifte. Die aber, welche nicht durch Handarbeit den nothwendigen Bau der Mönche fördern konnten, griffen durch Schenkungen und reiche Gaben nicht minder wirksam ein.

War es nicht ein schöner, stiller Dank, daß die Mönche das bisher als Wohnraum dienende Gebäude zu einem Hospitale, zu einem Pflegehause für Arme, Alte, Leidende stifteten? Mußte nicht eine solche Gabe an die „Preßhaften" neue Liebe den verehrten Mönchen zuwenden? So war Liebe im

Klimsch gez. — Stahlstich v. Carl Mayer's K.-A. in Nürnberg

Eberbach.

Verlag von Julius Niedner in Wiesbaden.

Geben und Nehmen das Band, welches Eberbachs Bewohner mit dem Volke verknüpfte, in dessen Reihen sie sich stellten in anerkannter Demuth.

Hätte nicht schon die Frömmigkeit, das strenge, höchst einfache Leben und ihre stetige, unermüdliche Arbeitsamkeit, sowie ihr liebreiches, aber ungesuchtes Begegnen dem gutmüthigen Rheingauer die „grauen Mönche“ lieb und werth gemacht, die sich vor allen ihm bekannten „Klosterbrüdern“ auszeichneten, die Samariterliebe, welche sich in der Stiftung des Hospitals kund gab, wenn es auch nicht ausschließlich Krankenhaus war, hätte ihnen die Herzen zuwenden müssen.

Uebrigens wußte das Volk auch recht gut, was es ihnen schon ganz allein in dem erfolgreichen Betriebe des Landbaues zu danken hatte; es wußte, wie bereitwillig man im Kloster ihm mit Rath und That an die Hand ging, und wie es von ihnen das „Haushalten“ lernen konnte. Selbst der Ritterstand, der von dieser Kunst ebenso wenig verstand als die Mehrzahl der Glieder der sogenannten „bessern Stände“ unsrer Tage, und der sich nach einem zeitgemäßen Ausdruck nicht selten nach üppigem Schwelgen „krumm legen mußte“, suchte bei den Cisterziensern Trost und Hülfe, und mancher „graue Mönch“ saß als wahres Heinzelmännchen in der Burg und ordnete mit Treue, Fleiß und Uneigennützigkeit den zerrütteten Haushalt, bis Alles wieder in geregelter Ordnung war. Schade, daß heutzutage die „grauen Mönche“ fehlen, nach denen vielleicht Manche und Mancher sehnsüchtig und mit tiefen Seufzern ausschauen würde! Daß diese Helfer in der Hausnoth es nicht blos beim Rechnen, Ordnen und Einrichten bewenden ließen, sondern auch das Nothwendigste hinzufügten, nämlich das Strafen, Mahnen zur Besserung und Anweisen für die künftigen Tage, — ist selbstredend. Ob es genau beachtet wurde, stand allerdings in Frage; die Mönche aber hatten das Ihre gethan nach Pflicht und Gewissen! — Sie waren ein wesentliches Glied im Volkshaushalt, kann man in Wahrheit sagen, aber auch im Haushalt der — Klöster. Wo der klösterliche Vermögenszustand durch Ueppigkeit und schlechten Haushalt zerrüttet war, da entfernten die Bischöfe und Erzbischöfe die schlechten Haushalter und führten Cisterzienser in die entleerten Räume, die dann aber auch allemal den bessern Zustand wieder herbeiführten. Dafür legte das Kloster Disibodenberg im Nahethale einen deutlichen Beweis ab. Auch dort halfen sie — und es waren Eberbacher — dem zerrütteten Vermögensstande wieder auf und retteten dieses Kloster vom Untergang.

Die stets sich erweiternde landbauliche Thätigkeit der Mönche und „Conversen“ von Eberbach zeigte sich am erfolgreichsten in der Anlage und Pflege von Höfen und Hofgütern, welche sie stets zusammenlegten, dann zu vergrößern und durch musterhaften Feldbau in ihrem Ertrage zu erhöhen suchten. Kamen dabei auch ansehnliche Schenkungen begüterter Leute zu Hülfe, so ist es doch erwiesen, daß die Mönche das Meiste ihres Besitzes nach dieser Seite hin durch Kauf und Austausch an sich brachten. Da entging ihnen keine vortheilverheißende Gelegenheit, und es währte nicht lange, so hatte das Kloster nach allen Seiten diesseits und jenseits des Rheines eine schöne Anzahl güterreicher Höfe, die, verwaltet von Klosterleuten, Mönchen und „Conversen", nicht nur Muster und Vorbilder wurden für den gesegneten Betrieb der Landwirthschaft des Volkes, sondern auch reichliche Zuflüsse der Klosterkasse bereiteten. Und dennoch wich man in jenen Tagen jugendlicher und jugendfrischer Entwickelung auch keinen Finger breit ab von der strengen Lebensweise der klösterlichen Regel von Clairvaux, das übrigens auch mit Eberbach in enger Verbindung blieb.

Wie strenge diese Lebensordnung war, zeigte das Mitleid, welches das Volk mit den Brüdern hatte, die sich des Fleisches enthielten, mit Pflanzennahrung sich begnügten, und zwar mit einem kleinen Maße, und doch die anstrengendsten Arbeiten in stetigem Anhalten verrichteten. Die Reichen machten dem Kloster Stiftungen und Vermächtnisse mit dem ausgesprochenen Zwecke, die Kost der Brüder durch irgend eine Zuthat aus den Zinsen zu verbessern. Diese Schenkungen vermehrten sich sehr und legten, wenn auch im besten Wohlmeinen gemacht, doch den Grund zu einer Ueppigkeit, der die Pforten Eberbachs sich in spätern Zeiten nicht mehr verschließen konnten. Fischteiche wurden angelegt und sorglich gepflegt, und der nahe Rhein, besonders das dem Kloster gehörende Reichartshausen, lieferte auch manchen Leckerbissen.

In den letzten Jahren des Bestehens wurde das Umgehen der Klosterregel eigens betrieben, um die Genüsse der Tafel zu erhöhen. Möge eine verbürgte Thatsache hier eine Stelle finden.

Ein nahezu achtzigjähriger Greis, der einer der letzten Novizen Eberbachs gewesen, aber als solcher ausgetreten war, als das Kloster aufgehoben wurde, und sich dann dem Studium der Rechtsgelahrtheit gewidmet hatte und Richter in der preußischen Rheinprovinz gewesen war, erzählte, er habe mit dem Pater Küchenmeister jeden Donnerstag Abend Schinken, Kinnbacken, Schwartenmagen, auch Hammels- und Wildbretkeulen an Stricken befestigt in den Fischteich oder Bach versenken helfen, die man dann früh am Freitagmorgen als Fische hervorgezogen und fröhlichen Muthes und gesunden Appetits als Fische verspeist habe. Daß das keine Aufschneiderei war, dafür bürgt der Charakter und die Denkungsart des mit Recht hochgeachteten Mannes, den der Erzähler noch kannte.

Man sieht eben auch hier, welche Folgen kleine Anfänge haben.

Das Kloster gedieh in früherer Zeit außerordentlich, begünstigt von dem päpstlichen Stuhle in Rom und seinem Stifter und Gönner in Mainz, dessen Nachfolgern und dem Adel des Landes in weiteren Kreisen.

Der Mönche Thun und Lassen, das vor Aller Augen da lag, trug damals wesentlich dazu bei, sie in der Liebe des Volkes zu erhalten. Wenn ein bewährter Geschichtschreiber in den nachfolgenden Zügen ein treues Bild von Clairvaux uns zeichnet, so ist Eberbach das Spiegelbild desselben. „Es war," sagt er, „ein öder Platz zwischen finstern Wäldern, von Bergen „eingeschlossen; wer von den Bergen herabkam, hörte in jenem Thale „voller Menschen, wo keiner müßig sein durfte, jeder mit dem über„tragenen Werke beschäftigt war, mitten am Tage die Stille der Nacht, „nur unterbrochen durch das Geräusch der Arbeitenden und die Lobgesänge „auf die Gottheit. Diese Stille erregte eine solche Ehrfurcht bei den „vorübergehenden Laien, daß sie sich scheuten, Anderes als heilige Dinge „hier zu reden." Der Abstand zwischen dem zuchtlosen Leben der früheren Bewohner des Klosters, der Chorherrn nämlich, und dieser frommen, der Welt entsagenden Thätigkeit lag so nahe, daß er sich dem unbestochenen Urtheile des Volkes aller Stände aufdringen und von ihm gewürdigt werden mußte.

Ein recht klares und bestimmt ausgesprochenes Urtheil über die Eberbacher war es, daß die Erzbischöfe es veranlaßten, daß, als ihr Convent die höchste Zahl eines Stammhauses erreicht hatte, von Eberbach neue Klosterfamilien entsendet werden konnten, und zwar diesseits und jenseits des Rheines in neu errichtete oder ihnen eingeräumte Klöster, die mit Eberbach, wie dieses mit Clairvaux, in der engsten Familienverbindung blieben, so in Otterberg und Schönau.

Der mächtige Anwuchs der Mönchszahl und der „Conversen" nöthigte das Kloster, an seine Erweiterung bei Zeiten zu denken, aber auch an den Bau einer neuen, großen, würdigen Kirche innerhalb der Umfassungsmauer des Klosters, „wie der Eber mit seinen Hauern einst das alte Maß vorgezeichnet hatte".

Das Kloster war reich geworden durch seinen strengen geregelten Haushalt und konnte diese nicht unbedeutenden Ausgaben wohl erschwingen; allein es lag im Geiste der Zeit, daß Adel und Volk nach Maßgabe ihres frommen Sinnes und ihrer Kräfte dazu beitrugen, daß zu Gottes Ehren ein recht ansehnlicher Bau erstehe, in dem auch von außen her die frommen Beter ihre Kniee beugen könnten. Dennoch wies das Kloster entschieden das Ansinnen und die Lockung einer ständigen Wallfahrt ab und leitete sie der Kirche des nahen Kidrich zu, wo sie zu Ehren des heiligen Valentin fort und fort blühte.

Der Andrang der Novizen oder neu eintretenden Mönche und noch mehr der Laienbrüder oder „Conversen" wurde mit der Zeit so groß, daß es nicht nur geboten war, ihm Einhalt zu thun, sondern eine unangenehme Erfahrung zwang selbst das Kloster, sich der Ueberzahl der „Conversen" zu entledigen. Diese Veranlassung war eine Empörung der „Conversen" gegen den Abt und Mönchsconvent.

Die Ursache dieser auffallenden Erscheinung ist nicht ganz klar. Außer der von der Fußbekleidung hergenommenen dürfte dieselbe nicht ohne Grund tiefer wohl darin gesucht werden, daß die sich vermehrenden Spenden zu einem besseren Mittags- und Abendtische der Mönche den „Conversen" weniger zu gute kamen als dem engeren Convent der Mönche. Daraus mußten Neid und Mißgunst, Beschwerden über Bevorzugung bei gleicher leiblicher Arbeit entstehen. Lange genährt, brach endlich das heimlich eingefädelte Complott aus. Die „Conversen", auf deren Seite die überwiegende Mehrheit sich geltend machte, wählten sich einen eigenen Abt und traten in einen schroffen Gegensatz, ja in förmliche Auflehnung gegen die über ihnen stehenden Mönche. Diese Umstände bedrohten das Kloster in seinem Bestehen, und mit vieler Mühe und erzbischöflicher Hülfe gelang es, den Sturm noch rechtzeitig abzuwenden. Die unruhigen Köpfe wurden entfernt, und diese gebotene Säuberung des Klosters von dem unreinen Stoffe, verbunden mit der ebenso nothwendigen Verminderung der Zahl der „Conversen", stellte das richtige Gleichgewicht der beiden Theile der klösterlichen Gemeinschaft wieder her. Die Ordnung im Innern wurde wieder geregelt und so der Friede in die stillen Räume, welche so betrübende Störungen ihrer Ruhe erfahren hatten, zurückgeführt.

Es ist schon im Laufe der Erzählung der Klostergeschichte gesagt worden, wie es auch urkundlich erwiesen ist, daß bei Weitem nicht alle die reichen und zahlreichen Güter und Höfe des Klosters Geschenke der Wohlthäter desselben waren. Durch vortheilhaften Austausch und wirklichen Ankauf vermehrte es dieselben reichlich, und nicht nur durch den verbesserten Acker- und Obstbau trug dasselbe wesentlich zur Verbesserung der äußern Volkswohlfahrt bei, sondern auch hauptsächlich durch den vorzüglich betriebenen Weinbau, der dem Volke Muster wurde.

In Kidrich besaß das Kloster schon früher ansehnliche Weingüter und auch in anderen Orten des gesegneten Rheingaues. Ein ansehnlicher Theil des trefflichen Markobrunners lagerte und klärte sich in des Klosters Kellern.

Wie konnte indessen dem sichern Blicke der betriebsamen Mönche, die von ihrem naheliegenden Klosterhofe, dem „Neuhofe“ aus, ihn überblickten, die köstliche Lage des „Steinbergs“, zum Weinbaue die verheißungsvollste, entgehen?

Mit dem Johannisberge wetteifernd, den besten Wein des Landes zu gewinnen, lag ihnen der Gedanke, dieses weite, trefflich gelegene Oedland zu diesem ersprießlichen Zwecke zu erwerben und anzuroden, viel zu nahe, als daß sie nicht hätten zu diesem weitaussehenden Plane alle geeigneten Vorkehrungen treffen sollen.

Nicht weniger klug und schlau berechnend, als entschieden thätig, gelang ihnen, was sie in dieser Hinsicht anstrebten, und schon im Jahre 1232 gehörte das ganze Gebiet des Steinbergs dem Kloster Eberbach.

Bei der musterhaften Anlage des Weinbergs waren es die Mönche und die „Conversen“, welche selbst den mit Niederholz und Dorngestrüppe überwucherten Steinberg klärten und anbauten. Das edle Gewächs dieses Berges übertraf den Wein, welchen Kidrichs Gräfenberg lieferte, und rang um die Palme mit seinen Nachbarn Markobrunn und Johannisberg, während der Ertrag das weitberühmte „große Faß im Eberbacher Klosterkeller“ nicht nur füllte, sondern noch andere, und doch hielt das große Faß mehr denn vierhundert Ohm (Ama) oder 74 Zulaste (Zuglaste, Carrata).

Bei dem bedeutenden Weingewinn des Klosters errichtete es einen „Weinmarkt“, der schon 1248 in Blüthe war und dem Convent eine für jene Zeit sehr erhebliche Einnahme zuführte.

Das Kloster wollte sich der Ordnung des Weinmarktes in Bacharach nicht fügen und auch den Gefahren des Bingerloches ausweichen, daher legte es selbst diese Märkte bei dem Kloster an und lockte einestheils durch die herrlichen Produkte seiner Reben, anderntheils durch seine gastfreie und gastfreundliche Aufnahme allerdings auch Manchen herbei, der nicht kaufen, sondern eben nur — schmausen und trinken wollte. Indessen muß doch die Spekulation der Mönche mit diesen Weinmärkten bei oder in dem Kloster nicht die Erfolge gehabt haben, die sie sich davon versprachen; denn ihre Weine erscheinen wieder, trotz der Gefahren des Bingerloches, auf den Weinmärkten in Bacharach, und das eigene Haus in Cöln, welches das Kloster besaß, war ebenfalls ein Lagerhaus zum Absatz ihrer Weine. Die Industrie und der Handelsgeist der „grauen Mönche“ war so hervorstechend, daß man glauben möchte, sie wären bei den Lombarden jener Tage oder bei denen, die jenen den „Gegenpart“ hielten, in die Schule gegangen, nämlich bei den Juden.

Wie auch der Wechsel der Zeiten von der größten Bedeutung ist, so bringt doch unsere Zeit Eberbach jene Weinmärkte, wenn auch in anderer Form, wieder. Wer wüßte nicht, daß in den Klosterkellern, namentlich in dem „Kabinete“ der vormals herzoglichen Domäne edelste Weinperlen lagern, vorzugsweise das edle „Tröpflein“ des Steinbergs, welcher in seiner ganzen Ausdehnung ein beneidenswerthes Besitzthum des Landesherrn war? Wer dächte nicht bei Eberbachs Kloster-Weinmärkten an die Weinversteigerungen der Domäne im Kloster Eberbach, in denen sich die „Gabelungen“ jener Tage mit moderner Prägung wiederholten?

Da stellten frohen Sinnes sich Viele zum „Probiren“ aus goldschillernden Römern ein, die an's Kaufen so wenig als damals dachten, wo der „Humpen“ einen ganz anderen „Probirzug“ gestattete als heute der Römer. — Nichts Neues unter der Sonne! wird man versucht, mit dem alten Weisen auszurufen.

Für die Versendung des „Eberbacher Kellersegens“ besaß das Kloster in dem Hofe Reichartshausen nicht nur seinen Stapelplatz, sondern auch das Lagerhaus für seine auswärts wachsenden Weine und Früchte.

Der bedeutend angewachsene Reichthum des Klosters, der mit dem Betriebskapitale sich noch täglich mehrte, beschwor aber auch unausbleiblich feindselige Gewalten herauf, und unter ihnen war die Mißgunst und der Neid des Volkes an die frühere Stelle der Liebe, der Dankbarkeit und der Lust des Schenkens getreten. Man hätte nun lieber mit dem Kloster brüderlich oder unbrüderlich getheilt, als ihm gegeben.

Der Geist der Zeit war ein anderer geworden. Man sah hin und wieder, mißvergnügt mit Zügel und Zaum, die Klöster als Blutegel der menschlichen Gesellschaft an, welche des Landes Reichthum in sich gesogen; man murrte darüber, daß die Klöster mit eiskalter, starrer „Todtenhand“ festhielten, was sie einmal besaßen, und darüber, daß diese werthvollsten aller Güter des Landes nicht mehr mit ihrem Segen dem Bürger und Landmann zu gute kämen, und war darin schnell einig, wo man könne, die Adern der geistlichen Stifter, Abteien und Klöster mit nerviger Hand zu unterbinden.

Darin ist ohne Zweifel der Grund zu suchen, daß die Rheingauer dem Kloster das Beholzungs- und andere damit verwachsene Rechte in den gemeinschaftlichen Markwaldungen streitig machten und entziehen wollten. So hatte sich nach mehr denn einem ganzen Jahrhundert die Gesinnung gegen das

Kloster geändert. Eben dieselben Rheingauer hatten den Standort des Klosters gegeben, hatten die Stätte vergrößert, als die Cisterzienser das Kloster bezogen, und ihm erweiterte Gerechtsame ertheilt, und nun traten sie feindlich gegen das Kloster auf! Eberbach hatte nach der Markverfassung die gleichen Rechte wie jede Gemeinde; darum mußten auch die Rheingauer unterliegen in diesem Streit, und als die Wälder zum Theil unter die Gemeinden vertheilt wurden, rechnete man Eberbach zu Hattenheim, und letzteres machte wiederum dem Kloster seine wohlbegründeten Rechte streitig; allein durch Vermittelung des Erzbischofs wurde Eberbach sein zuständiges Recht, das nun die klugen Mönche niet- und nagelfest machen ließen.

Es waren Störungen des Friedens, die kaum mehr das alte Band der Liebe aufkommen ließen.

Auch die Kriegsstürme ergriffen den stillen Friedensort nicht ohne üble Folgen, und darunter muß Eines gedacht werden, der ihm herbe Wunden schlug.

Als im Beginne des vierzehnten Jahrhunderts Kaiser Albrecht den Rheingau mit seinen Kriegsvölkern überzog, waren die „Buben" in seinem Heere und unter ihnen vorzugsweise die Elsasser und Lothringer die wildesten, die am schonungslosesten mit den Einwohnern des Landes umgingen und selbst mit dem besten Willen vom Kaiser nicht zu zügeln waren.

Scharfenstein war eine erzbischöfliche Burg, die Albrecht belagerte. Wenn auch die Belagerung nicht lange währte, so reichte die Zeit doch hin, daß das zügellose Kriegsvolk in das Kloster brach, an dem köstlichen Weine sich übernahm und nun alle Zügel wegschleuderte und sich vollständig als Herr im Kloster betrachtete. Die Mönche mußten in die nahen Wälder flüchten, und was nicht geraubt wurde, das wurde zerstört und vergeudet. Manches Faß edelsten Weines lief aus, und der Kellerboden sog es auf.

Als die Mönche in das Kloster zurückkehren konnten, fanden sie einen Greuel der Verwüstung vor, und es erforderte ein langes, sorgliches Haushalten, um das Verlorene wieder beizubringen.

Auch andere Fehden der Erzbischöfe berührten nicht selten das Kloster. Wenn auch nicht immer solche tiefe Wunden auszuheilen waren, es waren eben doch jene Zeiten eines jugendlichen Aufwachsens des Wohlstandes, gegen frühere Tage gehalten, vorüber.

Vorzüglich aber war es 1525 der Bauernkrieg, der seine Wellenkreise bis in den schönen Rheingau ausdehnte und hier die Köpfe ebenso toll machte, wie drüben in der Pfalz.

Wie dort, so nahm diese Erhebung der Rheingauer ein düsteres Ende; allein während der Aufstand blühte, stand es um die Stifter und Abteien schlimm genug, und das seines Reichthums wegen berühmte Eberbach durfte nicht hoffen, davon zu kommen, ohne daß es Schläge empfangen, und sein vortrefflicher Weinwachs, noch mehr die goldene Fluth, welche mächtige Fässer bargen, war eine Lockung, welcher die allezeit trockenen Kehlen der Rheingauer keinen Widerstand leisten konnten, wenn sie etwa es auch gewollt hätten, was billig zu bezweifeln ist.

Unter den großen Fässern in jenen Kellern war der schon erwähnte Riese, dahinein der edle Steinberger gegossen zu werden pflegte, so weit der Ertrag der hundert Morgen, die des Steinbergs Mauern umschließen, darin Raum fand. —

Dieses Faß hatte der Abt Johannes von Eberbach, aus dem Geschlechte der Bode von Boppard, anfertigen lassen. Es wurde aber erst unter seinem Nachfolger vollendet, im Keller festgelegt und mit dem Weine des Jubeljahres zum ersten Male gefüllt, nämlich dem vom Jahre 1500.

Die Rheingauer mochten recht gut aus Erfahrung die Wahrheit des Sprüchleins kennen: „Je größer der Pfuhl, desto besser der Wein", und so gelüstete es ihnen, dieses Fäßlein seines goldenen Inhalts zu entledigen. Wäre es möglich gewesen, was der echte Rheingauer Humor vorgeschlagen, das Faß wäre sammt seinem Inhalt in das Lager auf dem „Wachholder" geschleppt worden; da dies aber als unmöglich erkannt wurde, so nahm man zum Abzapfen in kleinere „Gebinde" seine Zuflucht und sorgte dafür, daß auch auf diesem, freilich dem „Utze" weniger huldigenden Wege der Steinberger in möglichst kurzer Zeit vertilgt wurde. Daß kein Kopf klar blieb, kann man mit gutem Gewissen weiter sagen.

Als nun die Strafgerichte über die Aufwiegler hereinbrachen, traf das Sprüchwort auch bei ihnen ein: „Wer den Schaden hat, braucht für den Spott nicht zu sorgen"; denn eins der auf uns gekommenen Lieder aus jener Zeit ist ein Spottlied auf dieses Gelage, welches das große Eberbacher Faß leerte bis auf die letzte Thräne. In der derben Weise jener Tage sagt es:

„Als ich auf dem Wachholder saß,"
„Da trank man aus dem großen Faß."
„Wie bekam uns das? —"
„Wie dem Hunde das Gras! —"
„Der Teufel gesegnet uns das!"

Gleichzeitige Nachrichten theilen mit, daß seit dieser gewaltsamen Leerung des Fasses kein Wein mehr hineingekommen sei neunzehn volle

Jahre, bis es der Abt Andreas anno 1543 habe reinigen und wiederherstellen lassen.

Dieser Verlust an edlem Steinberger war allerdings bedeutend, aber die Bauern ließen es bei diesem Raube nicht bewenden. Sie suchten das Kloster in dem Grade heim, daß es am Rande des Abgrundes stand, und nur durch seine strenge Ordnung und den Fleiß der Brüderschaft gelang die Rettung vom Verderben.

Indessen schien es, als sollten die alten Wunden bald genug wieder aufgerissen werden; denn Albrecht von Brandenburg ließ das unglückliche Kloster fühlen, was überhaupt Drangsale des Krieges sind, als er 1552 den Rheingau mit seinen Kriegsvölkern heimsuchte. Dies Mißgeschick warf das Kloster wieder weit zurück, und es mußte neue, große Anstrengungen machen, die Wunden auszuheilen, die es empfangen.

Noch schwerer waren die Geschicke des dreißigjährigen Krieges. Schweden und Hessen übten ihren Muthwillen am Kloster und an den Mönchen, bis diese, um dem greulichen „Schwedentrunke“ zu entgehen, nach Cöln flohen, ihr theures Eberbach dem wilden Kriegsgesindel überlassend. Obgleich Oxenstierna eine eigene Verwaltung für die Abtei anordnete, so konnte er doch nicht verhindern, daß dem Kloster großer Schaden zugefügt wurde, der um so größer war, als Jeder that, was ihm wohlgefiel. Unschätzbar ist besonders auch der Verlust der Klosterbibliothek in dieser Zeit, welche manches Kleinod mochte enthalten haben; denn Eberbachs Conventualen standen im Rufe großer Gelehrsamkeit, und nicht ohne guten Grund, wenn auch bei Weitem nicht alle, so doch einige, die der leiblichen Arbeit nicht gewachsen waren, dafür Bücher abschrieben und studirten.

War der Ruf der Gastfreundschaft des Klosters zu allen Zeiten groß und noch größer der Ruf seiner Wohlthätigkeit gegen Arme und Nothleidende gewesen, so mußte es den Mönchen unendlich schmerzlich sein, daß ihr Kloster gründlich geleert war, als sie im Jahre 1635 von Cöln zurückkehrten. Wenn auch die Mainzer Erzbischöfe immer für Eberbach ein warmes Herz und eine offene Hand hatten, so war doch die Lage des Augenblicks nicht dazu angethan, große Opfer der herabgekommenen Abtei zu bringen, auch bei dem besten Willen.

Da war keine andere Auskunft als die, das alte Werk des treuen Arbeitens und des entsagungsvollen Sparens von Neuem zu beginnen. Auf eine Hülfe durch milde Gaben und Schenkungen war nicht mehr zu hoffen. Die Zeiten der ersten Liebe waren vorüber; aber wären sie auch nicht zu Grabe gegangen gewesen, die Zeiten der Wohlthätigkeit gegen fromme Stiftungen, woher hätten die Gaben kommen sollen, da das Land ausgesogen war, das Elend eine erschreckende Größe angenommen hatte und herrschende Krankheiten, eine der Folgen des Krieges, allerwärts die Gemüther drückten und verdüsterten? —

Aus einem steten Ringen kam das Kloster fast nicht mehr heraus. So schleppte es sich hin, zum Sterben noch zu kräftig, aber doch zu einem frischen, kräftigen Leben zu schwach, innerlich nicht mehr recht tugend und äußerlich ein hinsiechendes Dasein fristend, bis endlich 1803 seine Aufhebung stattfand und die Güter desselben zu den Domänen geschlagen wurden, unter denen der Steinberg ohne allen Zweifel die edelste Perle ist.

Die Gebäude des Klosters hatten seitdem eine andere Bestimmung, aber gewiß eine dem Lande wohlthätige erhalten. Lange Jahre befand sich darin die Irrenanstalt für das Herzogthum und eine Besserungsanstalt für Solche, welche noch Hoffnung gaben, dem Besseren gewonnen werden zu können, zugleich aber auch eine Strafanstalt. Für beide Anstalten war jedoch nicht Raum. Daher wurde, wie schon früher erwähnt, auf dem nahen Eichberg, einem der schönsten und aussichtreichsten Punkte des Landes umher, ein großartiger Bau für heilbare und unheilbare Irren errichtet und die Straf- und Correctionsanstalt blieb bis vor Kurzem in Eberbach. Die Kirche des Klosters war hergestellt worden zum gottesdienstlichen Gebrauche für die Anstalt.

Zur Weingewinnung aus den edlen Trauben des Steinbergs und anderer Domanial-Weinberge in der Nähe besteht ein großartiges Kelterhaus, und in den Kellern lagern des Rheingaues edelste Weine. Der berühmte Johannisberger übertrifft den nahe dem Kloster wachsenden kaum, da dem Baue des Steinbergs eine große Aufmerksamkeit und Sorgfalt zugewendet wird.

Der Johannisberg.

„Benedicts Söhne, sie lieben sonnige Höhen", sagt der lateinische Vers eines Dichters, während er den andern bedeutenden Orden der Mönche je nach Art und Ordenszwecken die Lage ihrer Klöster in scharfer Prägung nachweist.

Es ist wahr; wenn Du auf aussichtreichen, sonnenbeleuchteten Höhen ein klosterartiges älteres oder neueres Gebäude erblickst, umgeben von fruchtbarem Gelände, es ist entweder ein Benedictinerkloster gewesen oder ist es noch. Ein geläuterter Geschmack, ein tiefwurzelnder Schönheitssinn ist's, der den gelehrten Orden, dem die Wissenschaft und Bildung so unendlich viel verdankt, solche schönen Plätzlein wählen lehrte, und es scheint hinwiederum ein traditionelles Erbe des Ordens zu sein, da man's eben überall seit seinem Beginn bis auf unsre Tage findet, vom Monte Cassino*) bis zur herrlich gelegenen Abtei Mölk (deren Reichthum allein Oesterreichs Geldnoth heilen könnte!) an der Donau, und vom schönen, noch blühenden Mölk bis zum sehr weltlich gewordenen Johannisberg, wo nur noch die alte Kirche, an die sich das moderne Schloß anlehnt, von vergangener Zeit und einstiger Bestimmung redet, — doch nur demüthig und bescheiden neben der prunkenden Weltlichkeit.

Ein Bedenken ist's aber, das die Seele beschleicht bei so herrlicher Klosterlage, das nämlich, ob sie günstiger gewesen tiefernstem Studium oder heiterem Lebensgenusse? — Und wenn das Auge auf dem Weinberg am Fuße des Berges bis herauf zur Terrasse des jetzigen Schlosses weilt und an das flüssige Gold, die süßduftende Würze, die Seele erinnert wird, an den Wein, der heutzutage nur Fürstengaumen wohlthut, dann — ja dann möchte man denken, jeder Mönch im alten Kloster sei ein Dichter gewesen oder geworden, und — der schwarzblütige Trübsinn habe nie hier oben Wurzel geschlagen, und die heimliche, aufzehrende Sehnsucht nach der Welt, die draußen lag in der sonnigen; blühenden Verklärung, habe hier nie eine Stätte gefunden. Doch — das sind Vorstellungen, die nicht Raum greifen dürfen in unsrer Seele, wenn wir hier oben stehen, ja es kaum können, und mit Göthe's Schäfer sprechen wir: „Vorüber, ihr Schafe, vorüber!" —

Woher Du auch kommen magst, herab vom alten „goldenen" Mainz oder herauf vom kirchreichen und darum „hilligen" Cöln, oder drüben herüber von den Ausläufern der Vogesen, — ob getragen vom schaufelnden Dampfer oder hindurchrasend mit der schnaubenden Locomotive durch Deutschlands Eden, den Rheingau, oder nach alter, allein poetischer Weise den Wanderstab in der Hand daherwandernd, — schon aus weiter Ferne ruht Dein Blick auf der vom Sonnengolde umflossenen Höhe, wo ein prunkendes Wappenschild strahlt, und aus Deiner Seele löst sich leise der Ausruf, den einst der Herzog von Valmy, der Marschall Kellermann, ebenfalls laut werden ließ, als er den Johannisberg sah: „Wie schön!" Freilich Du bist nicht so glücklich, daß solch

*) Nicht ohne einen scharfen Seitenblick ist dieser Name die Wurzel der Benennung unsrer geselligen plaudernden, lesenden, trinkenden und spielenden Männervereine mit selbstständiger Verwaltung. Der, welcher zuerst solche Vereine Casino's nannte, war — mindestens ein Schalk!

ein Ausruf das Ohr eines Gewaltigen berührt, der Königreiche verschenkte und Kronen hinwarf in den Schoß der Begnadigten, als seien es Bonbons, und der dann rasch sich zu Dir wendete und spräche: „Willst Du es? Nun es sei Dein!" wie er es damals gethan, als Kellermanns bewundernder Ausruf sein Ohr berührte. Nun es ist gut, daß die Bäume nicht in den Himmel wachsen; denn es gibt — Gottlob — nicht viele solcher Kronenvertheiler und nicht viele Johannisberge! Noch einmal werde ich aber hierbei an Göthe's Schäfer erinnert. —

Wenn Du aber einmal so glücklich warst, hier oben Dich an die Balustrade der Terrasse zu lehnen, und Dein Auge schweifen ließest über den Aussichtskreis vom alten goldenen Mainz zur Linken bis zum langgestreckten, dunkelbewaldeten Vorwächter der Vogesen, dem Donnersberge, und weiterhin über das bergige, waldreiche Land, aus dem hoch oben, wo der „Hochwald" seine Glieder weit ausreckt, die Wildenburg auf schier dreitausendfüßiger Kuppe Dich grüßte, und hinüberblicktest, wo im blauen Nebel die Umrisse der Eifel-Pyramiden sich nur halb verhüllen, dann, vom Idar geleitet, Dein Auge auf Koppenstein weilte und sich, dem dunkeln Höhenzuge des Soon folgend, rechts wieder dem nähern Umkreise zuwendete, wo Bingen ruht, wo der alte Mausthurm unten in der brandenden Fluth, Ehrenfels oben am Berge Wache hält, die Rochuskapelle drüben einsam auf kahler Höhe steht, wie — die echte Herzensfrömmigkeit im Leben dieser Zeit; wenn Du, sage ich, dem Silberstrome und seinen smaragdgrünen Inseln, mit vollem, uraltsprachlichem Rechte — „Auen" genannt, folgtest, hüben das paradiesische Land überschautest, wo die goldene Rebe wächst, wo das Leben heiter dahinrauscht, wo die blühenden Städtchen und Dörfer am grünen Ufer sich wohlig lagern, und dann sinnend auf Ingelheim drüben den Blick ausruhen ließest, wo Karl der Große geweilt und gewaltet, so mußt Du sagen, daß Gottes schöne, weite Welt nicht Vieles dem Menschenauge biete, das schöner wäre als diese Perle Deutschlands.

Und reißest Du endlich Deine Seele heraus aus dem Zauberkreise, in den sie sich gebannt fühlt, und Du gedenkst der Stelle zunächst, auf der Dein Fuß steht, und Du kennst nur obenhin die Geschicke dieses Fleckchens der schönen Erde, dann wirst Du zugestehen, daß dies Fleckchen Erde, abgesehen von dem flüssigen Golde, das da unten in den sehenswerthen Gewölben, von eisernen Treuringen umschlossen, ruht, eine große Bedeutung habe; denn hier, hier auf dieses Berges Scheitel wurden zu seiner Zeit die Geschicke der Länder und Völker Europa's erwogen, vielleicht entschieden oder doch ihrer endgiltigen Entscheidung näher zugeführt.

Ich setze voraus, lieber Leser, daß Du einer von den Glücklichen bist, die schon einmal hier oben geweilt, und bitte Dich dann, Dich zu mir zu setzen und Dein Ohr mir zu leihen, daß ich Dir in gedrängter Kürze von den Begebenheiten Bericht erstatte, welche im Laufe langer Jahrhunderte sich an den Johannisberg knüpften oder ihn berührten, soweit geschichtliche Kunde es gestattet. —

Weilen wir zuerst bei dem Namen; denn die Taufe ist ja beim beginnenden Erdenlaufe eine hochwichtige Begebenheit. Leider hat sie beim Johannisberg nicht die zweifellose Gewißheit wie die Deine, die Dir in Deinem Geschlechte durch den bezeichnenden Namen, den Du bei der Taufe empfingst, die nicht zu raubende Stelle anweist.

Wenn ich mir denke, daß Karl der Große da drüben in seinem Palaste zu Ingelheim saß und die Sonne schier vom Aufgang an bis zum Hinabsinken hinter den waldigen Höhen an der westlichen Grenze des Gesichtskreises diesen Berg vergoldete; wenn ich mir denke, wie der große Kaiser die Pflanzung der edlen Rebe begünstigte, so ist es mir, als müßte er zu seinem Hausmeier im Ingelheimer Palaste gesagt haben: „Pflanze mir Reben da drüben! Die Sonne stellt dem Berge die Urkunde aus, daß er der Rebe edelstes Gewächs hervorbringe. Solche Verheißung haben wenige diesseits der Alpen!“

Wie gesagt, es ist mir, als hörte ich den gewaltigen Kaiser so reden, dem die Bodencultur seines Reiches so sehr am Herzen lag; es ist mir so, als könne es nicht anders sein, wenn ich an die Rebenanlage in Ingelheim denke, die weniger begünstigt erscheint als die des Johannisbergs; aber man wird mir antworten: Bilder der Einbildungskraft sind keine pergamentene Urkunden, und ich muß es zugeben.

Daß aber frühe, gewiß eben so frühe und wohl auch früher noch als anderwärts im Rheingau hier Reben grünten, gediehen und Frucht trugen, ist sicher; ob aber, wie drüben auf Ingelheims sanften Abhängen, „fränkische“ oder „hunnische“ Trauben sich hier von der Sonne reifen ließen, wer weiß es? — wer könnte es endgiltig entscheiden? —

Der Name des Berges, — er tritt zuerst mit dem Namen „Bischofsberg“ auf und führt ihn, bis er die Wiedertaufe erhielt, ohne jedoch mit „Wiedertäufern“ in Berührung zu kommen — der Name scheint mir von Wichtigkeit für seinen Anbau mit Reben. —

Die erste christliche Zeit — und wir wissen, daß sie sich nahe an die sinkende Römerherrschaft am Rheine anlehnt — bedurfte des Weines zu der heiligsten, bedeutsamsten, tiefinnerlichsten Feier des christlichen Glaubens und Lebens. Fand sie ihm nicht vor am Rhein, so mußte sie ihn aus weiter

Ferne, vielleicht aus Gallien oder über die Alpen herüber beziehen, — eine schwierige, theure Bezugsquelle ohne Zweifel!

Wein und Kastanien waren der sich schnell heimisch machenden Römer erste Anpflanzungen da, wo sie festen Boden zum „Bleiben" gewonnen hatten oder doch zu haben glaubten. Kastanien und Reben sind römische Urkunden.

Sollten sie es nicht hier, im sonnigen, wonnigen Rheingau versucht haben, wo die Gunst der Lage fast unwiderstehlich dazu einlud, und wo die sichere Wehr des nicht fernen Schutzwalles vor deutscher Barbaren Einfällen sicherte, also die Pflanzung eine Zukunftshoffnung bot?

Das sind Fragen, die sich Dem aufdrängen, der jener Zeiten und ihrer Erscheinungen nicht unkundig ist. Fand aber der Mainzer Erzbischof Rhabanus, als er von Fulda herüberkam, um den „Krummstab" von Mainz in seine Hand zu nehmen, hier der Reben Pflanzung vor, — oder — pflanzte er sie an, da nach andern Nachrichten ihm der Berg schon gehörte, als er noch Abt in Fulda war? Hatte er von dort aus hier schon gepflanzt oder geerntet? — im Ganzen ist es ziemlich gleich; — so viel aber ist begreiflich, daß er, nun näher, den Weinstock mehr hegte und pflegte und der Name Bischofsberg etwa so viel bedeutete als des Bischofs Weinberg. Ich wiederhole mit besonderem Nachdruck: das kirchliche, das religiöse Bedürfniß verlieh solcher Pflanzung Werth und Bedeutung, und ein Anderes kann für's Erste nicht als maßgebend gelten.

Rhabanus' frommer, christlicher Sinn drückte auch sehr bald seinem Berge ein heiliges kirchliches Siegel auf. Wie er die schönen Höhen um Fulda herum mit Capellen geschmückt und den frommen und bedrängten Menschenherzen heilige Stätten gegründet hatte, wo sie betend sich über das niedere Treiben der Erde erheben und des Himmels Trost und Frieden in die sturmbewegte Brust herabrufen konnten, so sollte auch dieser Berg weithin verkünden, nicht dem Lebensgenusse diene die Pflanzung der Rebe an seinem Fuße und seiner Brust, sondern dem heiligsten Bedürfnisse der Kirche und — des Menschenherzens. Es wurde ein Kirchlein, eine Capelle, auf seiner Spitze erbaut, und in der Folge erscheint Berg und Capelle als des Erzstifts werthvolles Besitzthum.

Das Erzstift, wie es nun von Rhabanus damit begabt wurde, hegte und pflegte die Reben mit großer Sorgfalt weiter.

Unter Rhabans Herrschaft hieß der Berg, wie schon bemerkt, Bischofsberg, und die Capelle war dem heiligen Nicolaus geweiht. Daher kommt es wohl auch, daß später, nachdem die Wiedertaufe schon geschehen war, die Mönche des neuerstandenen Klosters doch noch „Brüder vom heiligen Nicolaus" genannt wurden.

Die Neu- oder Wiedertaufe des Berges um das Jahr 1130 fesselt unsre Aufmerksamkeit zunächst und erheischt eine Umschau in Gebiete, welche zunächst dem Leser weitab zu liegen scheinen dürften, uns aber doch an der Hand der Geschichte sicher zu dem Berge zurückleiten, auf dem unsre Blicke ruhen, und der unsre Theilnahme sich erworben.

Es gehört unstreitig zu den räthselhaftesten Erscheinungen in unsrer rheinischen Geschichte und zu den Punkten, die der Forscher Fleiß und Sorgfalt vorzugsweise in Anspruch nehmen, daß schon in frühester Zeit die Juden in großer Zahl am Rheine erscheinen, seßhaft sind, Synagogen haben und Synagogengemeinden bilden.

Führt doch die israelitische Gemeinde von Worms ihren Ursprung zurück auf die erste Zeit nach der römischen Zerstörung Jerusalems, und — das sichere Kennzeichen hohen Gemeindealters — ihre uralten, ehrwürdigen Gesetzes-Rollen — geben dafür ein historisch nicht verwerfliches Zeugniß.

Der „Rabbi von Tudela", dessen Reisebeschreibung in der neuesten Zeit erst wieder als reiche Quelle geschichtlich-geographischer Kunde anerkannt worden ist, zählt eine ansehnliche Reihe rheinischer Städte auf, in denen bedeutende Judengemeinden sich befanden. Die den Städten beigelegten hebräischen Namen, deren Wurzeldeutung so unendlich schwierig, zugleich historisch unsrer Kenntniß entrückt ist, bereiten zwar selbst dem rabbinisch gebildeten Israeliten kaum überwindliche Schwierigkeiten; aber dennoch ist die historische Treue des Rabbi nicht anzufechten. Er schildert diese Judengemeinden als „uralte", aber frisch und lebendig blühende zur Zeit seiner Anwesenheit an den Gestaden des Rheines.

Es ist kaum eine Landschaft, „soweit die deutsche Zunge klingt", deren heimischer Dialekt reicher an hebräischen und hebraisirenden Worten und Redensarten ist als der in den rheinischen Landen; ja nicht leicht dürfte sich eine Landschaft in Deutschland finden, wo sich jüdische Einflüsse auf die Lebensweise und die Volksgebräuche so zahlreich nachweisen ließen als gerade hier, an diesen gesegneten Uferstrichen.

Anlehnend an diese Thatsachen möchte man fragen, ob nicht Rom, das damals noch heidnische Rom, das nach Jerusalems Zerstörung überallhin sich zerstreuende jüdische Volk gerade hierher, an die äußersten Grenzen seiner Herrschaft wies, um durch dessen Beschützung sich eine befreundete Bevölkerung zu schaffen und zugleich den rauhen Ripuariern (Uferbewohnern) und Ubiern andere Bildungsstoffe zuzuführen? Und weiter vorschreitend im Laufe der Zeit, weisen uns nicht die „salische Erde", die zahlreichen Kaiserburgen auf den rheinischen Höhen, die Kaiserhöfe und Palatien in den Städten, verbunden mit der „Präsenz der Kaiser", welche durch das ganze Mittelalter hindurch die hohen christlichen Feste in einer der rheinischen Bischofsstädte feiern, darauf hin, daß das Rheinland — selbst die Schenkungen der Ottonen sprachen dafür — Kaiserdotation war, und daß daher der Juden so zahlreiche Ansiedelung auch noch in der mittelalterlichen Zeit abzuleiten sein möchte? Waren sie doch den Kaisern allein zinsbar, „kaiserliche Kammerknechte!"

Dieser Name und diese Stellung reichten freilich nicht immer hin, dem unglücklichen, aus der geheiligten Heimath verpflanzten Volke Frieden und Sicherheit zu geben. Der stille, verborgene, und doch Denen, die ihr Gold brauchten und suchten, bekannte Reichthum der Juden, die kostbaren Pfänder, die sie besaßen, und die nicht selten von Denen, welche sie versetzt, ihnen zum Eigenthum überlassen wurden, leichtfertig oder gezwungen, — weil sie nicht an die Auslösung durch Erlegung der Schuld dachten oder denken konnten; in Summa ihr Besitz, den die Einbildungskraft noch um Vieles über die Grenzen der Wirklichkeit hinaussteigerte, das Alles machte die „Herren" weltlichen und geistlichen Standes so gut wie das Volk lüstern nach des rührigen und doch so sparsamen Volkes — Beerbung, die aber allemal ein vorheriges Sterben erheischt. Daher die blutigen Verfolgungen im Mittelalter oder, um es genauer und mit dem rechten Namen zu bezeichnen, der Meuchelmord und das schauderhafte gemeinschaftliche Abschlachten der bedauernswürdigen Juden. Nur so schwiegen die Kläger; nur so war die Beerbung sicher; denn wollte auch der Kaiser strafen und das Gut zurückfordern, wer nannte ihm die Mörder und ihren Gewinn?

Als der fanatische Pfälzer Mönch Gottschalk als ein zweiter Peter von Amiens den Kreuzzug im Elsaß und am Oberrhein zu predigen begann, hatten seine Predigten einen außerordentlichen Erfolg. Menschen aller Stände, aller Altersstufen ließen sich das rothe Kreuz auf die linke Achsel heften, und auf allen Wegen und Stegen begegnete man Haufen, bewaffnet auf die verschiedenartigste Weise, die zu den Sammelplätzen eilten. Es waren Menschen, auf's Aeußerste aufgeregt, wild, fanatisch, die nur eben eiligst fortwollten, um ihren Muth im Blute der Sarazenen zu kühlen. An ihre Spitze stellte sich Emicho, Graf von Leiningen, ein Sprößling jenes Gaugrafengeschlechtes im Nahegau, das wir unter dem Namen der Emichonen kennen in langer Geschlechtsfolge.

Klimsch gez.

Stahlstich v. Carl Mayer's K.A. in Nürnberg.

Schloss Johannisberg.

Verlag von Julius Niedner in Wiesbaden.

Auf ihrem Zuge rheinabwärts nahten sie sich den Städten, wo vorzugsweise die reichen Juden saßen, und es bedurfte nur eines Funkens, um ihrem Glaubenseifer die Richtung gegen Diejenigen zu geben, denen eine in ihren Augen unauslöschliche Schuld daraus erwuchs, daß ihre Vorfahren einst den Herrn gekreuzigt hatten, und daß sie selbst ihn fortwährend verschmähten.

Woher der zündende Funke kam, ob von Gottschalk, das ist schwer nachzuweisen, aber er sprühte auf und — zündete, und der zerschmetternde Schlag traf das unglückliche Volk.

Mit einer Wuth, die nach Blut und — Gold lechzte, fielen die wilden und zuchtlosen Horden über die armen Juden her. Ströme Blutes flossen, wohin sie kamen. Für die Führer wäre es vergebliche Mühe, selbst Gefahr gewesen, den entfesselten Leidenschaften Zügel anzulegen, selbst wenn sie es ernstlich gewollt hätten, und so blieb ihnen nur die Wahl, entweder unbetheiligt zu bleiben bei der reichen Beute, oder sich den Löwenantheil zu sichern. Sie wählten das Letztere, weil Einträglichste. So wälzte sich, einer wachsenden Lawine gleich, das blutbefleckte Heer gegen Mainz. Dort grade waren die Juden ihres Wuchers wegen verhaßt, dort ihres Reichthums wegen berufen. Wie konnten die Kreuzfahrer zögern?

Der Erzbischof Ruthard und der in Lorch sitzende Rheingraf Richolf waren verschwägert und Beide dem das Kreuzheer führenden Emicho von Leiningen verwandt; der Reichthum, den Emicho bereits gesammelt, mochte seine lockende Macht ausüben, — oder Emicho mochte sie zur leichten Erwerbung aufstacheln, kurz: der Erzbischof, der Rheingraf und Emicho von Leiningen schlossen den Dreimännerbund, den Judenmord im Erzbisthum und in der Rheingrafschaft zu leiten und zu ihrem Vortheil auszubeuten. Es geschah, und ungeheure Reichthümer flossen in ihre Säckel.

Ob man sich damit tröstete, die ganze Wucht der Schuld auf die wilden Horden des Kreuzzuges werfen zu dürfen, die Niemand habe bändigen können? Oder ob man glaubte, die Lage des Kaisers lasse keine ernste Bestrafung zu? Wer kann es sagen? Das aber ist sicher, daß die Bestrafung der Greuel nicht ausblieb.

An Emicho von Leiningen und seinen Horden übernahm Der die Strafe, der da spricht: „Ich will vergelten! Mein ist die Rache.“ — Ihr Untergang ist bekannt. Die Umstände, unter denen er erfolgte, waren schrecklich und schauderhaft.

Emicho entging der Rache des Kaisers, nicht aber Ruthard und Richolf. Auf ihre Häupter mußte die ganze Wucht kaiserlichen Zornes fallen, da ihre Schuld erwiesen, allgemein anerkannt war; nur das ist nicht ganz klar, ob sie von selbst flohen und sich in Thüringens Wäldern in irgend einem Kloster verbargen, oder ob der Kaiser sie dorthin verwies. Dort verschwanden sie, und sieben Jahre lang lag ein Dunkel auf ihrem Verweilen. Erst dann kehrten sie wieder, als auf Klopp bei Bingen (nie und nimmermehr auf der Reichsburg Böckelnheim im Nahthale) der ruchlose Sohn den Vater betrogen und ihn entthront hatte. Heinrich IV war mit gebrochenem Herzen rheinabwärts geflohen, um endlich trostlos seinen irren Lauf zu enden und — doch kein christlich Grab zu finden, und nun, wo der entartete Sohn nach Stützen sich umsah und so ein „Bißchen Judenmord" nichts auf sich hatte, kehrten Beide zurück, und zwar in ihre frühere Stellung, ohne weitere Gefährde.

Ob in der stillen Einsamkeit des Klosters in Thüringen, welches wahrscheinlich ihr Zufluchts- oder Verbannungsort gewesen war, die Reue über die begünstigten Greuelthaten die Thüre zum Innersten des Herzens gefunden? Wir wollen es gerne glauben!

Bußwerke hatten sie gelobt, (ob sie ihnen der neue Kaiser auferlegt? Es möchte zweifelhaft erscheinen!) und sie auszuführen, war nun ihre erste Sorge.

Und welche waren es? Kirchen und Klöster erbauen und dotiren, das heißt mit Gütern und Einnahmen begaben, war ein lösendes, tilgendes Bußwerk jener Tage. Es erinnert freilich an den heil. Crispinus!

Da erblicken wir denn bald den Erzbischof Ruthard im Nahethale, da, wo auf der Höhe, an deren Fuß Nahe und Glan sich verbinden, in sonnigster Lage das Benedictinerkloster Disibodenberg steht, das einst der fromme Bischof Disibod gründete, der seinen bischöflichen Stuhl in Irland verließ, um den Heiden in Aquitanien, Gallien und Deutschland das Heil in Christo Jesu zu verkündigen, diese Länder durchwanderte und hier sein Ruheziel fand.

Dort auf der sonnigen Höhe wimmelt's von thätigen Menschen; da gräbt man die tiefen Fundamente zu dem gewaltigen Dome, den Ruthard erbauen will; dort meiseln die Steinmetzen an den seltsam gewundenen Säulen, und die Maurer fügen die Bausteine, die der fromme Sinn der Umwohnenden herbeischafft. Von Hunderten von Händen gefördert, erhebt sich bald ein Gotteshaus, dem an Schönheit und Erhabenheit weit und breit keins gleichkommt, und dann, als es fertig von ihm geweiht wird, und unter dessen Haupt- und Hochaltar in silbernem Schrein des heiligen Disibod moderndes Gebein gebettet wird.

Das ist die Sühnekirche, deren Ueberreste noch heute über die Erde ragen, deren Steinmetzarbeiten wir bewundern, und deren von einem längst schon geschiedenen Protestanten mit liebender Sorgfalt aufgedeckte Grundlagen uns ihre Größe erkennen lassen.

Fast gleichzeitig finden wir den Rheingrafen Richolf und den Erzbischof Ruthard beschäftigt, auf dem „Bischofsberge" im Rheingau ein Kloster, wenn auch nicht von außerordentlicher Ausdehnung, zu erbauen, das sie zu einem Benedictiner-Kloster bestimmen, und zwar wohl aus Dankbarkeit, weil sie in einem Kloster dieses Ordens die sieben Jahre der Entfernung verlebt hatten. Sie weihen es dem Täufer Johannes, und zwar am 24. Juni als dem Gedächtnißtage des grauenhaften Judenmordes in Mainz, und taufen das Kloster „Johannisberg". Das ist die Wiedertaufe und ihr Grund.

Ob solche Stiftung die Schuld sühnte, welche sie drückte? — Sie glaubten es gewiß! — Wir gönnen ihnen den gewonnenen Frieden, — wenn sie ihn gewannen! —

Und was that Richolf für sich allein? fragen meine Leser. Er war ja gleicher Schuld theilhaftig! Die Geschichte erzählt uns, daß er an der gemeinsamen Stiftung auf dem Bischofsberge sehr eingreifenden Antheil genommen, daß er aber auch eine eigene Stiftung hinzugefügt, und zwar an der Westseite des Berges, nämlich eine Frauenklause und Kirche zur Ehre des heil. Ritters Georg. Der Zweck derselben war, daß darin unter der Aufsicht des Propstes von Johannisberg Jungfrauen adeligen Geschlechtes zu frommer Zucht und Sitte angeleitet werden sollten. Er begabte diese Klause reichlich; aber damit war sein Werk noch nicht zu Ende; er stiftete auch dabei ein „Siechenhaus" und schenkte ihm die Mittel zu seinem Bestehen; er baute ferner am Fuße des Berges eine Kirche, die er dem heiligen Bartholomäus weihte, und beschenkte auch sie reichlich. Sie lag bei Klingelmünde, unweit Winkel.

Es wird hinzugefügt, daß seine blühende Tochter den Schleier in der Klause genommen habe, und sein Sohn sei Mönch im Kloster Johannisberg geworden. Das geschah jedoch nicht alsbald, sondern erst später. Er selbst aber und seine Gemahlin Dankmud nahmen in späteren Jahren ebenfalls Kutte und Schleier, ersterer im Kloster Johannisberg, letztere in der Klause. Da indessen sein Sohn vor ihm noch Mönch geworden war, so wurde, als er endlich starb, der Schild mit seinem Wappen auf seinem Grabe zerbrochen, zum Zeichen, daß sein Stamm mit ihm für die Welt erloschen sei.

Das Kloster und ihre Klause bestanden neben einander; allein es trat später eine Zeit ein, wo diese gefährliche Nachbarschaft, grade wie auf dem Disibodenberge und anderwärts, aufgehoben und die Frauenklause entfernt werden mußte, weil das sittliche Gefühl es gebot.

Erzbischof Ruthard dachte nicht daran, in's Kloster sich zurückzuziehen. Er blieb auf dem erzbischöflichen Stuhle von Mainz. Hatte er doch mit den Bauten sein Gewissen entlastet! Mochten Andre sehen, wie sie thaten!

Das Kloster Johannisberg aber stellte er als eine Propstei unter den Abt von Sanct Alban bei Mainz und dachte damit recht gut für sein Pflegekind zu sorgen.

Zu allen diesen Stiftungen kam von Ruthards Hand noch eine, die einen zweideutigen Werth für das Kloster hatte, für's Erste aber ihm große Vortheile verhieß. Er verordnete, daß die Kaufleute von Mainz und anderswoher am Tage Johannis-Sonnenwende, also wieder am Gedenktage des Mainzer Judenmordes, bei dem Kloster und seiner Kirche einen großen Jahrmarkt, eine „Messe", halten sollten. Die Abgaben der Kaufleute für das Meßhalten flossen in das Kloster.

Ruthard konnte nun seine Stiftung gutes Muthes ihrem Entwicklungsgang überlassen. Hatte er sie ja doch selbst nicht nur unter seinen Augen, sondern auch den Abt von Sanct Alban zum Wächter über sie bestellt.

Es war aber noch eine andere Seite, die überall unter gleichen Umständen sich bewährt hatte. Ich meine die frische Jugendkraft der Anstalt, die Zeit ihrer frischen Begeisterung, ihrer schaffenden Lebenskraft. Noch waltete nicht in ihr das lässige Behagen, welches das Bewußtsein des sicher gegründeten Bestehens hervorbringt; noch machte sich nicht jene Ueppigkeit geltend, die aus Reichthum und Ueberfluß hervorbricht, und die alle reichen Klöster jener Tage zur Schau stellten. Es galt eben noch ein Ringen und Werben um das Dasein, welches alle inneren und äußeren Kräfte anstrengt und erfrischt. Und dieser warme Hauch eines frommen Lebens, dieser altverbreitete Ruf einer unablässigen segensreichen Thätigkeit besonders in den Wissenschaften erwarb dem Kloster allgemeine Achtung und Liebe. Es lag im Geiste jener Tage, daß der begüterte Adel solchen Stiftungen helfend mit seinem Ueberfluß unter die Arme griff. Wenn auf der einen Seite wirklich frommer Sinn die Gebenden leitete bei ihren Stiftungen, so ist auf der andern nicht zu verkennen, daß eben jene Ueberzeugung in ihnen sich geltend machte, welche Ruthards Stiftungen zu Grunde lag, daß nämlich solche Liebeswerke gegen

Kirchen und Klöster — der Sünden Menge zudeckten. Ueberdies aber sorgten sie damit für ihre nachgeborenen Söhne, die ihr Schild und Wappen leichter zur Abtswürde hob, als zu ihr auf der Stufenleiter wahrer Verdienste und sittlicher, sowie gelehrter Auszeichnung zu gelangen war.

Wie dem sein mochte, dem Kloster flossen reiche Schenkungen von allen Seiten zu.

Zu der Bevorzugung des Klosters trug aber noch ein Anderes bei, nämlich das Siechenhaus, Krankenhaus, Pflegehaus schwer Leidender. Es war eins der ersten dieser Art in Deutschland und eine um so mehr in die Augen fallende Wohlthat, als die Kreuzzüge ein Erbübel des Morgenlandes in die deutsche Heimath gebracht hatten, nämlich morgenländischen Aussatz. — Das war eine schreckliche, außerordentlich ansteckende, langsam und quälend dem Tode zuführende Krankheit, da von ihr keine Heilung und Rettung war.

Schon die heilige Schrift führt uns im tiefsten Alterthum diese unheilbare Krankheit bei dem jüdischen Volke vor. Eben weil sie so ansteckend und völlig unheilbar war, zeigt uns das alte wie das neue Testament als das einzige Mittel, der Verbreitung der schreckenvollen Krankheit vorzubeugen, das völlige Ausschließen der Aussätzigen von der menschlichen Gesellschaft. Die Anzahl der Aussätzigen war im dreizehnten und selbst noch im vierzehnten Jahrhundert in Deutschland und besonders in den rheinischen Landen sehr groß. Erwägt man die Rohheit der Zeit, so läßt sich schließen, daß für diese Unglückseligsten nicht zum Besten gesorgt war. Wie mag es um sie gestanden haben, namentlich in winterlicher Jahreszeit in unserem rauheren Klima?

In dem Begriff eines Siechenhauses in jenen Tagen lag es aber, daß es für die Aussätzigen besonders bestimmt war; denn sie wurden vorzugsweise die „Siechen“ genannt. So mußte diese Anstalt als eine unsägliche Wohlthat anerkannt werden. Dem Orden aber, der sich der „Siechen“ helfend und pflegend annahm, mußten sich die Herzen der Zeitgenossen vorzugsweise zuwenden, und es lag in dieser Stiftung ein mächtiger Beweggrund zu reichlicher Unterstützung der Anstalt, die mit dem Kloster verbunden war, bei Vornehm und Gering.

Wenn ich oben die „Messe“ oder den großen Jahrmarkt auf dem Johannisberg ein zweideutiges Geschenk Ruthards an das Kloster nannte, so hat das seinen zureichenden Grund in dem, was uns aus jenen rohen Tagen von dieser Volksherrlichkeit überliefert ist; denn die Jahrmärkte bei Wallfahrtskirchen, wie z. B. bei der Klause am Karwendel im baierischen Hochgebirge, bei der großen Wallfahrt in Waldüren zeigen uns ein Treiben, das alle Eindrücke des Heiligen vernichtet, und zwar noch in unsern Tagen.

Und dennoch war es eine Quelle der Bereicherung des Klosters, aus welchem Gesichtspunkt ohne Zweifel Ruthard diese Einrichtung allein ansah. Der Jahrmarkt begann mit einer heiligen Messe. Die Menge der herbeigeströmten Menschen war zum Opfern gestimmt, und es ging eine solche Festlichkeit nicht ohne reiche Gaben ab; allein auch das Meß- oder Standrecht forderte eine ansehnliche Abgabe an das Kloster, das auch den Gottesfrieden lieh. —

Kein Wunder also, wenn das Alles zusammenwirkte, die Propstei Johannisberg über die Maßen reich zu machen und dadurch ihr Ansehen zu heben.

Bald genug zeigte sich in diesem Reichthum und in ihrer Abhängigkeit von Sanct Alban ein Widerspruch, wie er kaum größer in jenen Tagen erscheinen konnte. Daher lag es in den Wünschen des Convents, befreit zu werden von den Fesseln der Abhängigkeit, und Adalbert I war ein viel zu großer Freund klösterlicher Stiftungen, als daß er hätte gegen dieses Abhängigkeitsverhältniß und die Wünsche der Mönche von Johannisberg sich gleichgültig verhalten können. In der Zeit, als Adalbert die mißglückte Stiftung von Eberbach dem Johannisberg schenkte, scheint er ein besonderer Gönner Johannisbergs gewesen zu sein. Er war es, der das Band löste, welches dieses Kloster mit Sanct Alban verband. Es gelang ihm indessen nicht so ganz leicht, den Johannisberg zu einer freien Abtei des Benedictiner-Ordens zu erheben. Doch er brachte es zu Stande. Jetzt konnte sich die Abtei stolz bewegen, ihren eignen Abt wählen, ihre Angelegenheiten ordnen und tausend Vortheile genießen, welche früher von der Gutheißung Sanct Albans abhängig gewesen waren. Die Aufsicht war auch anderweitig lästig gewesen.

In der Mönchsgemeinde war große Freude; denn das Aufsichtsrecht war in der Zeit so auffallend wachsenden Reichthums des Johannisbergs strenger von Sanct Alban geübt worden, als es gefiel, und als nun Adalbert auch sich herbeiließ, dem Kloster das Recht, zu taufen und zu beerdigen, zu ertheilen, und damit stillschweigend das Dörflein Johannisberg dem Kloster pfarramtlich anheimfiel, konnten die Mönche schon guter Dinge sein auf ihrer schönen Höhe. Ihre Dankbarkeit gegen den Erzbischof Adalbert erwies sich glänzend, als sie ihm das ihnen geschenkte, von ihm geschenkte Eberbach für ein Sümmchen wieder abtraten, dessen anständige Höhe den Werth des damals nicht eben sehr locken- den Eberbach um ein Bedeutendes überragte.

Wenn Adalbert seine ganze Liebe Eberbach zuwandte, so brauchte man kaum zu fragen, woher das gekommen! Sah ja doch ohnehin die reiche Abtei auf der Höhe stolz herab auf die arbeitenden grauen Brüder im Thale da unten und schien zeitweise kaum sie zu beachten, obgleich ihr Beistand heilsam gewesen wäre, dem bald sinkenden Wohlstand aufzuhelfen.

Es muß ein Wohlleben in der Abtei geherrscht haben, wie es kaum höher irgendwo sonst vorkam, und die Grenzen, welche die Regel des Ordens setzte, müssen arg übertreten worden sein, daß ein so gewaltiger Reichthum so schnell zerrinnen konnte. Hätte die stolze Abtei Johannisberg den prüfenden Blick hinabgeworfen auf die „bescheidene, demüthig dienende Magd" da unten im Wald- und Wiesenthale, sie hätten etwas von ihr lernen können, das ihr heilsamer gewesen wäre als ein — dem Finden der heil. Lanze abgelerntes Stücklein, das nicht einmal in dem Rheingau verfangen wollte, dessen scharfe Augen die Voranzeigen der Witterung den ziehenden Wolken des Himmels abgelauscht und dadurch wetterkundig geworden waren.

Es ging noch Manches dem raschen Verfalle voran, das den Abzugs- kanal ihm graben half.

Kaiser Conrad III hatte Johannisberg sonderlich bevorzugt, ihm Fischerei- recht am Rhein und Jagd in den Wäldern gegeben, es mit Freiheiten und Gnaden reichlich bedacht und dadurch Andern den Weg gebahnt, seinem leuch- tenden Vorbilde zu folgen, bis die „Mitra" als erzbischöfliches Ge- schenk, die Auszeichnung der Prälatur nach oben hin den Würdenabschluß machte. Mußte nicht Johannisberg stolz herabsehen auf das stille, be- triebsame Eberbach, wo Bauern, Winzer, Maurer, Zimmerleute, Architekten, spekulirende Kaufleute, Summa Summarum — alles Mögliche mit und bei den Mönchen in der grauen Kutte steckte? Dort oben ein Abt mit der Mitra, nur Gelehrsamkeit, aber besseres Essen und Trinken; hier unten — damals wenigstens noch — Ar- beiten und im Schweiße des Angesichts das Brot essen und magere Genüsse! — das waren schroffe und unvereinbare Gegensätze!

Trotzdem wurden beide reich: Johannisberg sich sonnend in hoher Gunst, Eberbach sich plagend in eifriger Betriebsamkeit; — dort „faule Bäuche", hier fleißige Arbeiter. Wohin mußte die Gunst sich wenden?

Aber auf Johannisberg war kein rechter Haushalt. Man aß gut und trank gut; man sah oft hohen Besuch und war auf eine noble Gast- freundschaft eingerichtet. Die Schenkungen kamen nicht mehr haufenweise, und es nahte die Stunde, wo Abt und Convent mit Schrecken sahen, daß, wenn es so fortgehe, der völlige Ruin der Abtei mit Riesenschritten nahe.

Statt nach Eberbachs Weise hauszuhalten, sich zu beschränken und besonders dem Wohlleben ein Ziel zu setzen, griff man zu einem Mittel, das anderwärts helfen mochte, das auch wohl schon vielfach erprobt, aber — möglicherweise abgenutzt, jedenfalls zweifelhaft war, das aber besonders im Rheingau auf ersprießliche Folgen kaum rechnen durfte. Es war dieses Mittelchen verwandt mit der Kunst, uralte Dompläne auf verhältnißmäßig neuen Gasthofspeichern zu finden. Auf dem Johannisberg versprach man sich mehr davon als von den Bemühungen des Erzbischofs Peter, die Schulden der Abtei in ehrlicher und rechtlicher Weise zu tilgen. In jenen Tagen einer wachsenden Noth und abnehmenden Barmherzigkeit gegen das Kloster Johannisberg fand — wer denkt nicht an den Fund der heiligen Lanze? — ein alter Mönch in einer Ecke, wo sonst keine Menschenseele etwas gesehen, urplötzlich eine „uralte Kiste". Diese Ecke war — und das war eben noch wunderbarer — in der nicht eben großen, täglich betretenen Sakristei. Der Finder ahnte ein Wunder und eilte zum Abte Hermann, ihm seinen Fund zu melden. Der Abt eilt klopfenden Herzens zur Sakristei und sieht nun auch die nie gesehene Kiste in der Ecke. Die Mönche des Convents waren natürlich nachgeströmt, das Wunder zu sehen. Die Kiste wurde geöffnet, und — Geld enthielt sie nicht, wohl aber eine große Zahl von Reliquien von unbekannten Heiligen. Glückte es, so war das ein Capital, das reiche Zinsen trug. Die wonnetrunkenen Mönche trugen den kostbaren Schatz in die Kirche und stellten die Truhe auf dem Altare nieder, wo eine Menge Kerzen drum herumgestellt wurden und die betenden Mönche Wache hielten.

Wie ein Lauffeuer durchlief die Kunde den Rheingau und gelangte gen Mainz. Der Erzbischof eilte herbei, die Mähr zu untersuchen, und als er sich von dem Wunder überzeugt, ertheilte er Allen, die zum Ornate des Heiligthums Schenkungen machen würden, einen Ablaß und Antheilnahme an dem Verdienste aller guten Werke der Johannisberger Mönche.

Der letzte Punkt mochte den klarsehenden Rheingauern Bedenken verursacht haben, da sie gar häufig und hinlänglich Zeugen dieser guten Werke waren und ihr Verdienst zu würdigen verstanden. Jeder kannte den Grund des Herabgekommenseins eines der reichsten Klöster. Kurz, es gab wohl noch Leichtgläubige, die nach dem Johannisberge zogen und Gaben spendeten, aber ihre Zahl war nicht groß, ihre Gaben halfen nicht über die Gefahren hinaus, und besonders hielt die Gabenzeit nicht lange vor. Das

Kloster stand bald wieder da, wo es sich befunden, als der wunderbare, aber im Volke sehr angezweifelte Fund ihm aus der Noth helfen sollte.

Die Mönche sahen mit Schrecken die sieben mageren Jahre Egyptens nahen; aber das Beispiel Eberbachs, sich durch Sparsamkeit und tüchtigen Haushalt zu helfen, blieb ohne Nachahmung. Im Jahre 1383 stand Johannisberg da, wo der Kaufmann von „Zahlungseinstellung“, das Volk von Bankerutte zu reden anfängt.

Jetzt war die Noth und Verlegenheit groß. Als auf dem Disibodenberg im Nahethale der schlechte Haushalt die Benedictiner ebenso weit gebracht hatte wie ihre Ordensbrüder auf dem Johannisberge, da rief der Mainzer Erzbischof die grauen Mönche von Eberbach zur Rettung herbei, und ihnen gelang es, des Klosters Nothstände zu heben und den Haushalt in ein erfreuliches Geleise zu rücken. Warum geschah das hier nicht, wo man die Hülfe so nahe hatte, und wo es sogar hätte ohne ein großes Aufsehen vor der Welt geschehen können?

Wer könnte es in Abrede stellen, daß die stolzen Johannisberger es nicht über sich gewinnen mochten, von den „Bauernmönchen“ sich helfen zu lassen, wie man in früheren Tagen die Eberbacher genannt? War doch je und je eine große Scheidewand zwischen den so nahe sich liegenden Klöstern gewesen; wie sollte sie jetzt niedergerissen werden, wo es unter so demüthigenden Umständen hätte geschehen müssen? Mochte auch vielleicht Erzbischof Adolph I daran gedacht haben, so ist es gewiß, daß man von Seiten der Johannisberger sich mit aller Macht dagegen sträubte. Es blieb also dem Erzbischof keine andere Wahl, wollte er das Kloster retten, als die Verwaltung des Klosters in seine Hand zu nehmen, beziehungsweise den Vicedom im Rheingau, Ulrich von Cronberg, damit zu beauftragen und ihm den erfahrenen Unter-Vicedom Hermann Hebel zur Seite zu stellen.

Da gab es indessen auch harte Nüsse zu krachen, wie das Volk sagt, und der arme Hebel mußte manchen Kampf mit den Mönchen bestehen, die aus „Rand und Band“ gegangen waren und eine Verkürzung ihrer reichbesetzten Tafeln und vollen Humpen sich nicht wollten gefallen lassen. Das aber, was hier als Haupthinderniß entgegenstand, war das zucht- und sittenlose Verhältniß zur Frauenklause.

Der Vicedominus und sein Gehülfe richteten nichts aus und scheinen muthlos geworden zu sein, und da mittlerweile der Inhaber des erzbischöflichen Stuhles gewechselt hatte, so wurde nun mit größerem Nachdruck eingeschritten.

Erzbischof Dietrich betraute den Dombechanten von Worms, Rudolph von Rüdesheim, und den Prior von Sanct Jacob in Mainz mit einer gründlichen Visitation, deren Ergebniß die Grundschäden aufdeckte.

Da brach das Gericht herein über das entartete Kloster und die entsittlichte Klause. Der erzürnte Erzbischof ernannte eine Commission, welche aus dem Abte Lubert vom Sanct Jacobsberge, dem Dombechanten von Worms, Rudolph von Rüdesheim, dem Scholaster des Stiftes „Unsrer lieben Frauen" zu Mainz, Hermann Rosenberg, und dem Sigillifer Menzer zu Dorla bestand, und diesen Männern trug er auf, die Klause abzuschaffen und ihre Güter und Einkünfte zu denen des Mönchsklosters zu schlagen, auch noch einmal und urgründlich dieses Kloster zu visitiren, die jetzt darin lebenden Mönche fortzuschaffen und an ihre Stelle zwölf Mönche aus dem Convent von Sanct Jacob in das Kloster zu setzen und das also erneuerte Kloster 1452 der Bursfelder Reformation zu unterstellen. Um aber dem nun zu hoffenden neuen Leben in der Abtei Johannisberg Dauer und Bestand zu verleihen, stellte er sie unwiderruflich und für aller Zeiten Folge unter die Oberaufsicht des jeweiligen Abtes auf dem Sanct Jacobsberg.

Es war nicht nothwendig, die Mönche fortzuweisen. Als sie die veränderten Umstände erwogen, welche mit ihren bisherigen Gewohnheiten nicht mehr im Einklang standen, verließen sie freiwillig den Schauplatz ihrer Verdienste und suchten sich Unterkunft, wo sie sie fanden; eine kleine Zahl war widerspenstig, und gegen sie mußte nothwendig ein summarisches Verfahren befolgt werden. Dennoch blieb eine Anzahl alter Insassen zurück, die heuchlerisch Buße gelobten. Die Ordner vertrauten ihnen zu viel und legten dadurch, daß sie sich täuschen ließen, den Grund zu vielseitiger Zwietracht und später hervortretenden Zerwürfnissen und Uebelständen zwischen diesen Verbliebenen und den neuen Ankömmlingen vom St. Jacobsberg.

Das Jahr 1525, welches der Abtei Eberbach durch seinen Bauernaufstand so tiefe Wunden schlug, konnte an Johannisberg ebensowenig spurlos vorübergehen. Wie hätten die Rheingauer, die auf dem „Wachholder-Hofe" sich ein so großes Bene am edlen Steinberger angethan, nicht Lust tragen sollen, sich des Johannisbergers zu erfreuen und der vollen Speisekammer? War auch das Kloster heruntergekommen, so konnte doch immer eine Brandschatzung desselben mehr abwerfen als das Ersteigen einer Ritterburg. Da war des lockenden Gutes immer noch genug, und der Ueberfall der Abtei erwies sich in dem Grade vortheilhaft für die

Aufständischen, als er lebensgefährlich für die Abtei wurde. Sie konnte sich nach diesem unwillkommnen Besuche nicht mehr anders retten, als daß sie einen beträchtlichen Theil ihrer Güter verkaufte.

Welch ein Wechsel der Zeit und der Verhältnisse! — Wie mußte der Heiligenschein erloschen sein, der früher diese „Hallen der Frömmigkeit, heiligen Sinnes und Wandels" schmückte? Und wer trug die Schuld an solchen veränderten Zuständen?

Die Zeit des Wachsens an Ansehen und Reichthum war vorüber, die Zeit des Umschlags war da, und auf der schiefen Ebene, darauf man gekommen, war nun kein Aufhaltens mehr. Siebenundzwanzig Jahre waren der kränkelnden Abtei gegönnt, wenn es möglich, die Schäden des Bauernkrieges auszuheilen, da zog ein neuer Sturm heran. Albrecht von Brandenburg, der wilde Markgraf, nahte mit seinen wilden Horden dem Kloster. Der Soldat und der Mönch waren viel zu grelle Gegensätze, als daß da, wo sie aufeinanderplatzten, der Letztere ohne Beweise der Abneigung des Erstern hätte bleiben können. Die „fetten Bäuche", wie man die Mönche in jenen Tagen gewöhnlich nannte, konnten von ihrem Ueberflusse abgeben, und die Sehnsucht nach den „Fleischtöpfen Egyptens" war bei dem Kriegsvolk zu groß, als daß es sich nicht hätte nach Befriedigung sehnen sollen, auch wenn eine kräftige Mannszucht es besser hätte in den Schranken gehalten, als bei geworbenem Gesindel möglich war. Da wurden denn zuerst die Mönche mit Hohn, Spott und Mißhandlung weggejagt, und dann ging es an ein Schwelgen, Prassen, Rauben, dem auch das Heiligste nicht mehr heilig war. Wäre es noch dabei geblieben! Aber Johannisbergs Gebäude gingen in Feuer auf, und als die Flammensäule weithin von dem ruchlosen Treiben auf dem schönen Berge die Kunde trug, da zogen die Brandstifter triumphirend ab, und Johannisbergs Sterbeglocke hallte hinaus in den schönen Gau.

Wenn auch die nicht weniger schwer heimgesuchten Bewohner des Dörfleins Johannisberg oder die Bewohner des umliegenden Landes hätten „in alten Treuen" löschen wollen, es fehlte auf des Berges Höhe an Wasser. Nur der umspringende Wind bewahrte die Kirche und einen Theil der Gebäude vor dem Untergang, und diese gewährten den Mönchen die Möglichkeit der Rückkehr in leere Räume und in eine ausgeraubte und verwüstete Kirche.

Von diesem Wetterschlage konnte sich die Abtei nicht mehr erholen. Aber es wäre doch noch Manches zu retten gewesen; denn die dem Kloster zustehenden, von dem Verkaufe vor 27 Jahren noch übrig gebliebenen Güter hätten immer noch einen Halt gegeben, wenn nur der Abt der rechte Mann gewesen wäre. Unglücklicherweise war Valentin Horn, ein Alzeier und früher schon in Würden zu Sanct Jacob, ein träger, sorgloser und leichtfertiger Mann. Die nach uns kommen, mögen zusehen, wie sie durchkommen, dachte er und ließ sich und seinem wohl ohne Zweifel mit ihm gleichdenkenden Convente nichts abgehen. Um dies aber zu erzielen, verpfändete und verkaufte er Güter und Gefälle, wo und wie sich dazu eine günstige Gelegenheit darbot.

Von dieser losen Wirthschaft mußte sich indessen doch die Kunde verbreitet haben; denn nicht blos der Abt von Sanct Jacob in Mainz, der den rechten Beruf dazu hatte, sondern auch der Abt des Klosters Laach drunten, wo die Eifelberge ihre Basaltkuppen zu erheben anfangen, schritten mit Ermahnungen und Warnungen ein, aber die glitten ab an dem gemüthlich sich pflegenden Pfälzer, und es ging immer mehr abwärts.

Da fanden es die in Werthen versammelten Benedictiner Aebte unausweichlich, einen entscheidenden Schritt zu thun, und dieser bestand in nichts Geringerem als in der Amtsentsetzung des Abtes, der so gewissenlos an dem ohnehin siechenden Ordenshause handelte. Das mochte Valentin nicht erwartet haben; er mochte auch auf Mittel denken, dem drohenden Wetterstrahle zu entgehen, aber eine feste Faust hatte die von den Aebten dargebotenen Zügel gefaßt, der Erzbischof Daniel von Mainz. Abt Valentin mußte als einfacher Mönch in das Sanct Jacobskloster in Mainz zurückwandern, wo er einst Prior des Conventes gewesen war. Das geschah etwa 1555, und das Leid nagte von da an in dem Grade an ihm, daß er kaum nach Ablauf zweier Jahre starb; unbetrauert schied er aus der Reihe der Lebenden, und kein Denkmal zeigte, wo seine Gebeine ruhten.

Die Mönche, welche nun eine Zeit kommen sahen, die ihnen statt des behaglichen Lebens mit dem Abte Valentin strenge Zucht und magere Kost zu bringen verhieß, mochten von solchen Bußtagen durch's ganze Jahr nichts wissen und — liefen davon, der Eine hier-, der Andre dorthin. So stand das Kloster bis auf wenige alte gichtbrüchige Leute leer. War es ja doch ohnehin seit dem Brande ein halber Schutthaufen, in dem vollends nun nicht mehr gut sein war. Man dachte im Rheingau, man werde es dem Verfalle überlassen; allein das ließ Erzbischof Daniel doch nicht zu. Er ernannte einen Verwalter und ließ es auf Rechnung des Erzstiftes sorglich verwalten. Das erschien als der einzige Weg, das Letzte noch zu retten und zu erhalten. Leider aber zehrte die Verwaltung die Einkünfte bis auf ein so geringes Maß auf, daß es nur noch der Schweden bedurfte, um ein Ende zu machen mit dem Kloster. Vier Jahre hatten die

Schweden im Erzstifte ihre Wirthschaft gehabt und das Land, namentlich auch die Klöster in außerordentlichem Grade ausgesogen, so daß nun allenthalben aufgeräumt und gespart werden mußte, um nur ein dürftiges Dasein zu fristen. Was sollte man mit einem Schutthaufen anfangen, für den nur immer tieferer Verfall in Aussicht stand?

Man mußte daran denken, das Kloster und seine noch übrigen Güter zur Nutzung zu verpfänden, und sah sich nach einem Manne um, der sich dazu willig fände; allein der war schwer in dieser Zeit allgemeinen Verfalls und Elends aufzutreiben.

Hubert von Bleymann, des Reiches Ober-Pfännigmeister, ließ sich endlich willig dazu finden. Man machte es ihm so leicht als möglich. Gegen einen einmaligen Pfandschilling von dreißigtausend Gulden übergab ihm das Erzstift 1641 alle Güter und Gefälle des Klosters, die er nutzen und eintreiben durfte, ohne irgend Jemanden Rechenschaft davon zu geben. Das Inventarium wies immer noch eine schöne Morgenzahl an Gütern nach, darunter 40 Morgen Weinberge; auch die Renten, Zinsen rc. ergaben noch eine schöne Summe, die freilich nicht mehr zur Erhaltung eines Mönchconventes ausreichen konnte, wohl aber eines solchen Pfandschillings reichlich werth war.

Bleymann hatte kein übles Geschäft gemacht. Dennoch klagten, als er gestorben war, seine Erben, daß sie schweren Verlust litten, und kündigten den Pfandschilling auf. Diese Kündigung kam von zwei Seiten der kurfürstlichen Hofkammer in Mainz äußerst ungelegen; denn erstlich fehlte es an landesüblicher Münze, und zweitens entstand die höchst unliebsame Frage, was man mit dem Kloster und was drum und dran hing anfangen solle?

Es wurde nun nach allen Seiten hin ausgeboten, ohne daß Jemand Lust zeigte, in den entwertheten Besitz einzutreten. Da gedachte die Abtei Fulda der einstigen geistigen Verbrüderung mit Johannisberg und enthob die Hofkammer zu Mainz der schweren Sorge der Zahlung des Pfandschillings, wozu sie die Mittel noch immer nicht hatte erschwingen können. Freudig trat die Hofkammer in die Verhandlungen mit Fulda ein, und man einigte sich dahin, daß der Abtei nach Abtragung des Pfandschillings und noch einer geringeren Summe das Kloster und seine Güter für immer als Eigenthum bleiben sollten.

Dieser Handel wurde 1716 abgeschlossen.

Trotz dem, daß ein geistliches Stift wieder in den Besitz trat, erlebte das Kloster als Kloster keinen Auferstehungsmorgen mehr, sondern es entstand aus den Trümmern des Klosters ein vom Fürstabt Adelbert von Walderdorf errichtetes Schloß, das sich an die alte, noch erhaltene Kirche anlehnte.

So schwand ein Kloster, das zu den reichsten in Deutschland gehört hatte. Der Rheingau legte keinen Trauerflor an, als die letzten Reste seiner Gebäude fielen, um auf ihrer Stätte ein weltliches Schloß erstehen zu sehen. Nie hatte es einen bedeutenden Einfluß auf die Cultur des Landes geübt, wenigstens niemals so, wie es von Eberbach aus geschah. Obgleich seine Mönche Benedictiner waren, so lag ihnen die Pflege der Wissenschaften doch nicht sehr nahe am Herzen, wenigstens weiß die Geschichte davon nichts zu erzählen, was erheblich wäre. Es scheint, daß das „lustige Leben am Rhein" dazu wenig Zeit ließ, und das üppige Leben im Kloster dem Gegensatze des geistlichen Lebens mehr Vorschub leistete.

Für die herrliche Lage des Weinbergs war der Wechsel der Dinge sehr ersprießlich; denn jetzt erst wurde er zu dem, was er hätte sein können, und wurde der Grund gelegt zu dem, was er ist.

Bis zum Jahre 1802 besaß den Johannisberg die Abtei Fulda; dann ging er an Oranien-Fulda über und blieb in diesem Besitze bis 1805. Da gefiel es Napoleon, ihn an sich zu ziehen und ihn dem Marschall Kellermann, Herzog von Valmy, zu schenken, der das schöne Besitzthum bis 1813 behielt. Es fiel, als der französische Herzog nichts mehr am Rheine zu suchen hatte, einstweilen als eingeschlossenes Gebiet an Nassau. 1815 nahm Oesterreich es in Besitz. Kaiser Franz verlieh den Johannisberg 1816 dem Fürsten Metternich als Manneslehen.

Man erzählt, daß einst, als unter den drei verbündeten Monarchen von dem Johannisberge die Rede gewesen und der Kaiser Alexander gesagt habe: Ich dächte, wir geben das schöne Besitzthum unserm wackern Stein, der „biderbe Ritter", heftig ausrufend, vorgetreten sei: Majestät, ich mag den Johannisberg nicht; denn ein deutsches Sprüchwort sagt: „Der Hehler ist so gut wie der Stehler!"

Das Gut, bestehend in 55 Morgen des herrlichsten Weinbergs, 70 Morgen Wiesen, 450 Morgen Ackerland und 400 Morgen Wald, ist ein Lehen der fürstlichen Familie von Metternich. Der verstorbene Fürst, Staatskanzler von Metternich, hat das schöne Schloß erbaut, welches jetzt den Gipfel des Berges beherrscht. Höchst sehenswerth sind die schönen Keller, worin die großen Fässer liegen, in denen einer der edelsten Weine Deutschlands ruht, und dieser köstliche Wein reift an dem Berge, auf dem das Schloß steht, welches die Blicke aller Reisenden fesselt und die reiche Aussicht beherrscht, deren Eingangs gedacht wurde.

Burg Vollraths

bei Oestrich im Rheingau.

Der Name dieser wohl weiter, als man im Allgemeinen annimmt, in die Vorzeit hinabreichenden Burg erscheint in verschiedener Schreibart: bald Volratz, zum Folrats, bald wieder Volrades, zum Volrads, Volraids, allein am häufigsten in späteren Zeiten tritt sie unter dem Namen der Burg Vollraths auf. Ihr Ursprung ist dunkel. Die Stelle, auf welcher die Burg erbaut wurde, soll einem freien Geschlechte zu Winkel gehört haben, das sich Vollrad nannte, ein Name, der übrigens als Taufname im Mittelalter am Rheine sehr häufig vorkommt und so wohl auch Geschlechtsname geworden sein kann. So erscheint ein Volradus de Winkela, miles im Jahre 1218 urkundlich, ein Anderer 1242 unter demselben Namen und weiter ein Conradus Volrades, armiger 1268 und 1298 ein Henricus desselben Geschlechts, miles. Mit dem ritterlichen Geschlechte von Greifencla oder Greifenclau, welches zu Winkel seßhaft und ohne Zweifel bedeutend war, scheinen diese Volrade durch Vermählung frühe verbunden gewesen und in sie aufgegangen zu sein, und zwar um 1341, weil in diesem Jahre der Ritter Friedrich zum Volrades durch sein der Urkunde angehängtes Siegel als ein Greifenclau sich erweist. Bis über die erste Hälfte des vierzehnten Jahrhunderts hinaus erscheinen die Glieder dieses Geschlechtes unter der urkundlichen Bezeichnung der Greifenclae oder Greifenclaue zu Volrades. Ebenso erscheinen sie schlechthin „von Volrats" genannt, aber dann auch wieder „zum Volraids", genannt Gryffencla. Das uralte Geschlecht „de Winkela" scheint übrigens — die Nachrichten sind sehr dunkel und spärlich — in dem „von Greifenclau" aufgegangen aber, wie die obige Bezeichnung „Volradus de Winkela" zu vermuthen veranlassen könnte, auch mit den „Volraden" verbunden gewesen zu sein, da die Bezeichnung: „de Winkela" schwerlich auf den Ort Winkela zu beziehen sein dürfte. Zu verwundern ist es, wie die Burg Vollraths alle die Fehdenstürme des Mittelalters so ritterlich überstanden hat, daß ihr altes Antlitz noch, wenn auch nur theilweise, in unsre Neuzeit herausschaut. Aber auch das Geschlecht der „Greifenclaue von Vollraths" gehört zu den wenigen uralten Geschlechtern des Rheingaues, die, reich an Ehren und Würden und reich an würdigen Ehrenmännern, den Wechsel der Zeiten und Verhältnisse überdauert haben, also daß es vor wenigen Jahren noch grünte und blühte. Die alte Burg, mit neuen Gebäuden verbunden, gehört jetzt der Gräfin Matuschka, die sie ererbte.

Die Städtchen und Dörfer des Rheingau's

in der Nähe des rechten Ufers, zwischen Biebrich und Rüdesheim.

1. Schierstein.

Um die schönste und reichste der Landschaften Deutschlands mit dem vollen Genusse zu überblicken — von Biebrichs herrlichem altem Fürstensitze an bis hinab zu den altersgrauen Burgen Rüdesheims — ist kein Standpunkt günstiger als der, welchen Karl der Große wählte, und wo er seinen Lieblingspalast baute, — die Höhe von Ingelheim. Entzückt ruht hier der Blick auf der „edelsten Perle des Kurhutes von Mainz", dem eigentlichen Rheingau. Folgen wir der Reihe der schönen Orte am rechten Ufer, die sich wie eine Perlenschnur an einander schließen, die einst ein in sich abgeschlossenes, von dem mächtigen Verhaue oder vielmehr Baumgeflechte und Walle, dem Gebücke, umfangenes, politisch eng verbundenes, freies Ganze darstellten, so ist es, als sei es eine Stadt, verbunden durch Landsitze und Schlösser reicher Besitzer, von prachtvollen Gärten, köstlichen Weinbergen und Fruchtländereien umgeben, sich spiegelnd in der klaren, grünlichen Rheinfluth, in der die frischen Inseln schwimmen, in die mächtige Burgen und stattliche Klöster herabschauen von den bewaldeten Berghöhen, welche Schutz und Segen boten. Bewohnt von einem frischen, fröhlichen Menschenstamme, der noch das uralte Bewußtsein in seiner Brust trägt, welches das bekannte Sprüchlein ausdrückt: „Rheingauer Luft macht frei", ist es unstreitig eine der glücklichsten Landschaften Deutschlands. Weinbau, reichlohnend durch den edelsten Saft der Traube, blüht hier überall seit uralter Zeit, und die Rebe umgrünt jede Höhe, die der Sonne sich zuwendet. Der Handel mit dem Erzeugniß dieser Berge bringt Leben und Bewegung in das reiche, schöne Land, und die bewaldeten Hochgipfel halten die schädlichen Lüfte ab.

Lassen wir diese Uferorte an unserm Blicke vorübergehen, so liegt die Frage, wie es in früheren Tagen um sie stand, was uns Chroniken und Urkunden von ihren Anfängen und Geschicken erzählen, so nahe, daß wir sie nicht umgehen können, sie auch nicht zur Seite liegen lassen mögen. — Die Orte zwischen Biebrich und Rüdesheim überblickend, weilen wir bei ihnen in kürzeren und längeren Darstellungen, je nach ihrer Bedeutung in alter und neuer Zeit, und zunächst bei dem Biebrich zunächst liegenden Schierstein.

Wie alle Orte des Rheingau's, so ist auch Schierstein alt. Es begann wie viele des Landes, aus einem oder einzelnen Höfen zu seiner jetzigen Gestalt zu erwachsen. Der oder die Höfe, noch im 11. Jahrhundert eine kaiserliche „Villa", aber keine in dem Sinne unsrer Tage, wurde von Kaiser Heinrich II im Jahre 1015 dem Sanct Michaelskloster in Bamberg geschenkt. Heinrich III bestätigte 1040 diese Schenkung. In besonderer Beziehung muß indessen ein Graf Ulrich, vielleicht von Kostheim, zu Screstein, wie es hieß, (auch Scerbistein) gestanden haben, weil er sich der Schenkung widersetzte, die er als einen unbefugten Gewalteingriff in seine Rechte ansah. Das zog lange Händel nach sich, weil Ulrich es nicht dabei bewenden zu lassen Lust trug, und es kam, wahrscheinlich weil sich der Graf mit Waffengewalt widersetzte, dahin, daß die Reichsacht über ihn ausgesprochen wurde. Wollte er dieser empfindlichen Strafe entgehen, so mußte er urkundlich seine Einwilligung zu der vorhin gedachten Schenkung geben; denn — „die Kirche giebt kein Opfer wieder". Und doch konnte der Graf das ihm zugefügte Unrecht nicht verwinden. Er griff noch einmal 1057 zu den Waffen, um sich sein Eigenthum zu schützen, zog aber den Kürzern, und — weil er Schierstein verwüstet hatte, mußte er den Werth des Gutes dem Kloster dreifach ersetzen und — verlor es doch! Daß sich das Dorf, die Villa, von der Zerstörung erholte, geht daraus hervor, daß eine adelige Familie von Schierstein sich nannte, welche die Vogtei über das Gut und über das dabei entstandene Dörfchen erhalten hatte, das gegen das Ende des zwölften Jahrhunderts genannt wird. Um das Jahr 1200 erscheint Schierstein als Pfand in den Händen des Gaugrafen Wolfram, der zu der Familie vom Steine bei Münster, oberhalb Kreuznach, gehörte und zeitweise auf der Burg zu Stromberg saß. Dieser gab es als Lehen einem Ritter Bodo von Wiesbaden. In späterer Zeit bildete das Dorf einen Bestandtheil der „Herrschaft Wiesbaden".

Wie die Güter des Klosters St. Michael in Bamberg an die in mehrere Aeste — als die Riesen- und Bitze — auseinander gegangene Familie von Schierstein und an die ohne Zweifel ihnen angehörenden von Frauenstein kamen, ist dunkel; am wahrscheinlichsten geschah es durch Kauf; denn das Kloster lag weit weg, und seine Gefälle mögen wohl größtentheils in die Säckel der Vögte gewandert sein, die „flüssigen" den Weg durch ihre durstigen Kehlen gefunden haben.

Das Dorf scheint trotz all' der Ungunst jener Zeitverhältnisse sehr gewachsen zu sein; denn 1275 erscheint neben dem Vogteigerichte auch ein Centgericht in Schierstein.

Schon um das Jahr 1275 hatte der Ort eine Kapelle oder Pfarrkirche; denn in diesem Jahre wird namentlich ein „Weltpriester“ Gerhard in Schierstein namhaft gemacht. Philipp Marschall von Frauenstein, dessen Burg unfern von Schierstein liegt, und seine Ehefrau Benigna schenkten um diese Zeit ein Freigut zu Schierstein an das Kloster Eberbach und 1315 eine ohne Zweifel ihnen verwandte Beguine mit Namen Metza von Pomerio alle ihre Güter, Höfe u. s. w. demselben Kloster.

Die Fehde Ludwigs des Bayern mit dem Grafen Gerlach von Nassau brachte Schierstein schwere Tage. Als der dem Erzstift zunächst gelegene nassauische Ort war es zuerst den feindlichen Angriffen ausgesetzt. Im Spätherbst des Jahres 1318 zog Ludwig mit seinen Bundesgenossen, den Erzbischöfen Peter Aichspalter von Mainz und Balduin von Trier, gegen das Dorf heran und schloß es ein. Ueber fünf Wochen hatte es alle Schrecken einer harten Belagerung zu erdulden. Allein an seinen festen Mauern und der Entschlossenheit seiner Vertheidiger brach sich der Muth der Belagerer, und unverrichteter Sache mußten diese abziehen.

Der Adel des Landes und die Klöster müssen schier allen Grundbesitz in Schierstein in ihren Händen gehabt haben. Auch die von Scharfenstein besaßen einen Hof, der später im Besitze der Ritter von Allendorf war und bis über die Hälfte des sechzehnten Jahrhunderts blieb. Auch die von Staffel hatten Zehnteinkommen daselbst, und das Kloster Bleidenstadt, welchem das Patronat der Kirche zustand, hatte die daher abfallenden Zehnten bis 1705, in welchem Jahre Nassau in den Besitz trat. Aus allen diesen verschlungenen und dunkeln Rechtsverhältnissen ergiebt sich nur das Eine mit Gewißheit, daß es schlimm stand um den „armen Mann“, wie sich das Volk nannte und sich bisweilen heute noch nennt. Kein Wunder, wenn die Schiersteiner im „Bauernauflauf“, der dem Kloster Eberbach so übel bekam wie den Bauern selbst, auf dem „Wachholder“ aus dem großen Faß von Eberbach wacker zechen halfen. Auch in den Kriegen späterer Zeiten, deren bei den Burgen und Klöstern des Rheingau's Erwähnung geschieht, und die besonders im Mainzischen Rheingau loderten, kam Schierstein nicht glimpflich weg. Und jetzt? Wie dankbar sollte das Volk auf seine Verhältnisse blicken, wenn es der schrecklichen Zeiten und der drückenden Lage gedenkt, welche in jenen Tagen sein Loos waren! Zum eigentlichen Rheingau gehörte Schierstein damals nicht, woher dann auch das hier erwähnte drückende Verhältniß gekommen sein mag; denn die „frei machende Luft des Rheingau's“ athmeten, wie es scheint, die Schiersteiner in jener trüben Vergangenheit nicht. Der Rheingau begann erst mit

2. Walluf

oder Niederwalluf, im Gegensatze gegen das Kirchdorf Oberwalluf so genannt.

Den Namen dankt der Ort der Waldaffa, dem Bache, der es bespült. Walluf lag in früheren Tagen jenseits des Baches um die Ruinen der Sanct Johanniskirche, zu welcher Walluf und Neudorf gepfarrt waren. Sie stand auf dem Boden des Lindauer Gerichts und war die Pfarr- und Mutterkirche, aber es scheint, daß Streitigkeiten mit den Herren von Lindau, welche Patrone waren, die beiden Dörfer veranlaßten, sich eigene Kirchen zu erbauen und weidlich die Mutterkirche niederzureißen, worüber sich die Patrone im Jahre 1506 beschweren. Von da an kam letztere mehr und mehr außer Gebrauch und wurde zuletzt ganz zur Ruine, als welche sie noch heute am Felde vor Walluf steht.

Die Abtei Corneli-Münster bei Inden in der Nähe von Aachen, die jenseits des Rheines, am nördlichen Ausgange des Rheingau's reich bedacht war, besaß in Walluf, wahrscheinlich durch dieselbe königliche Schenkung wie dort, eine Hufe, die eine eigne Vogtei hatte und vom Gaugerichte frei war. Der Landbesitz war bedeutend, die Abtei hatte dies Gebiet an den Rheingrafen Wolfram vom Steine (später nach der Unglücksschlacht bei Sprendlingen die Zuflucht dieser aus dem Rheingau und ihrem Amte verjagten Familie Rheingrafenstein genannt) verpfändet, und als im vierzehnten Jahrhundert, vielleicht schon früher die Burgmänner auf ihren jenseitigen Burgen Heimbach, Soneck und Reichenstein durch Straßenraub ihr so vieles Leid und Ungemach verursachten, verkauften sie alle diese Besitzungen an Mainz, und es scheint, als habe dieses den Besitz in Walluf an die Familie von Wiesbaden verliehen oder verkauft. Die von Lindau gelangten dann in den Besitz, von welchen sie die von der Leyen erkauften, aber als Lehen von Mainz, woran übrigens auch Nassau betheiligt war. Ob dies Gebiet Walluf mit umschloß, bleibt in Frage. Wallufs wird zuerst 770 gedacht bei Gelegenheit einer Schenkung an das Kloster Lorsch.

In den Jahren 835 und 840 erscheint es, wohl noch als kleines Dorf, wieder bei einer Gabe des Kaisers Ludwig an einen Ministerialen Adalbert, der sein Gut reichlich vermehrte. Dann tritt die Abtei Fulda als Besitzerin auf. Die Uebertragung an Adalbert war Lehen; denn als Walluf an Fulda kam, war es noch kaiserliches Eigenthum und vielleicht heimgefallenes Lehen.

Auch die Abtei Bleidenstadt besaß einen Hubhof in Walluf, der später in den Händen der Familie von Bickenbach war und an einen Ritter Cuno von Falkenstein, nicht zu verwechseln mit dem berühmten Domprobst, überging. Das heimgefallene Lehen zog Kurmainz ein, und es blieb in dessen Besitz, bis es an Nassau kam.

Trotz der kriegerischen Stürme, die wahrlich in jenen Tagen die Bewohner der einzelnen Orte nicht schonten, erholten sich dieselben schnell durch ihre günstige Lage und ihre Betriebsamkeit, wobei immer der Weinbau eine Hauptrolle spielte, und der Wohlstand wuchs wieder fröhlich, zumal sich durch die Freiheit, welche der Rheingau jedem seiner Ansiedler gewährte, die Bevölkerung immer wieder schnell mehrte, wenn auch Kriegsstürme, die über den Gau hereinbrachen, oder Kämpfe der Herrschaft, in denen die Rheingauer treu zu ihrem Erzbischof standen, ihre Reihen gelichtet hatten.

3. Elfeld, Eltville.

Dem alten Namen Alta Villa nachklingend, zeigt schon durch seine Thürme, seine uralte Kirche und seine räumliche Ausdehnung der Ort, daß er einst von ungewöhnlicher Bedeutung gewesen ist.

Ob aber der römisch klingende Name auf einen römischen Ursprung schließen läßt, ob Drusus eins seiner Castelle hier erbaut? das sind Fragen, die, wenn nicht die Steine reden, in sich zerfallen. Und die Steine reden nicht. Es fehlt gänzlich an Spuren, daß die Römer am Orte gewesen, und wenn in den „namenlosen" Briefen eines preußischen Offiziers eines römischen Steines (ob Meilenstein, Votivstein: wird nicht gesagt) gedacht wird, so ist das ein Mährlein, welches dem Manne aufgebunden wurde. Niemand am Orte weiß etwas davon. —

Einer der gründlichsten Forscher und Kenner der alten Landesgeschichte, Bodmann, leitet den Namen von „Alter Weiler" ab, und das beruht nach ihm nur auf einem Mißverständniß, daß das „alta" mit „Alt" vertauscht wurde, während „Villa" dem „Weiler" entspricht. Er wird so lange Recht behalten müssen, bis etwa aus der Tiefe römisches Bauwerk hervortritt. Zur Anlegung eines römischen Castells wußte aber Drusus strategisch wichtigere, augenfällig dienlichere Orte zu finden. Ueber den Namen „Altwick", der eine Lokalbezeichnung gewesen zu sein scheint, läßt sich nichts sagen. Er kommt auch an andern Orten vor; aber das steht fest, daß man im Mittelalter wohl öfter deutsche Namen latinisirte, besonders in lateinischen Urkunden.

Sei es mit dem Namen, wie es wolle, so viel bleibt unverrückbar feststehen, daß Eltville ein uralter Ort ist, wenn er auch vorläufig auf römischen Ursprung verzichten muß.

Tief hinab in die dunkeln Zeiten des Mittelalters reicht der Ort mit seinen Anfängen sicherlich. Vielleicht stehen diese, so klein sie auch gewesen sein mögen, noch vor der Frankenzeit; denn in dieser und namentlich seit der große Karl drüben in Ingelheim saß, waren schon andere Zeiten gekommen, und Eltville hatte seinen „Oberhof", der einen ansehnlichen Bezirk herrschend umschloß und den Grund dazu legte, daß es Mittelpunkt anderer bürgerlicher und Heerbannkreise wurde.

Kaiser Otto I schenkte Eltville sammt dem oberen Rheingaue der Kirche von Mainz. Das änderte indessen vorerst nichts in Eltville's Stellung unter den übrigen Orten des Gaues. Es blieb im Besitze des Saal- oder Dinghofs, gewann aber dazu eine andere Bedeutung, die nämlich, daß es Hauptort des Mainzischen Rheingaues wurde, beliebter Aufenthaltsort der geistlichen Herrscher und durch die von ihnen erbaute Burg zugleich Befestigung mit Mauern und Thürmen erhielt. Das lockte in jenen Tagen zu zahlreicherer Ansiedelung, weil Sicherheit des Lebens und Eigenthums geboten war, und hob natürlich den Verkehr und dadurch den Wohlstand des Ortes.

Jener Sitz des Oberhofs führte dann das Landgericht herbei für einen ansehnlichen Bering; die Erbauung der Kirche brachte den Sitz des rheingauischen Erzpriesters, und als sich die Burg erhob und die Erzbischöfe mit Vorliebe oft und lange hier wohnten, blühte der Ort auf, und Ludwig IV säumte nicht, ihm die Landstadtrechte zu verleihen.

Dies schloß das Recht ein, sich wehrhaft zu machen gegen auswärtiger Feinde Bedrängung. Dem wilden, kriegerischen Balduin von Luxemburg, der nur zu bald mit den Freiheit liebenden, sich selbst und ihre Macht fühlenden Mainzer Bürgern in unliebsame Berührung kam, leuchtete es klar ein, wie wichtig ihm Eltville werden konnte, um den feindseligen Mainzern und ihrer Widersetzlichkeit das untere Rheinland abzuschließen. Durch ihn erhob sich 1330 die Burg, und der Ort erlangte größere Befestigung, damit er dem durch und durch kriegerischen Priester als ein „Trutzmainz" dienen könne. Er wußte es darum auch zu Wege zu bringen, daß der Kaiser Ludwig 1332 der Stadt das Recht verlieh, sich ummauern und umthürmen zu dürfen, wie es ihr, resp. Balduin, beliebe, der ja seine Pläne damit hatte, und sich der Freiheiten der Stadt Frankfurt bedienen zu dürfen.

Das waren Riesenschritte vorwärts. Ihnen folgte das Münzrecht und Anderes, was die rasche Entwickelung der Städte förderte; mehr aber als Alles trug dazu die zeitweise, oft langandauernde Anwesenheit der Erzbischöfe bei, die, wenn es in Mainz nicht geheuer wurde, hierher eilten. Die Mainzer Bürger waren unruhige Gesellen, die den geistlichen Oberherren gar oft die trotzige Stirne wiesen und dabei keine Faust im Sacke zu machen pflegten. Mancher reiche Patrizier, der seine Haut nicht gerne zu Markte tragen, aber auch sein erworbenes Gut wahren wollte, folgte den hohen Herren nach Eltville und sah es gerne, wenn ihm dieses aus den allerselbstsüchtigsten Wurzeln erwachsende Folgen als persönliche Anhänglichkeit in Rechnung gesetzt wurde.

Der unglückliche Günther von Schwarzburg, an des empfangenen Giftes schrecklichen Wirkungen leidend, schloß hier 1349 den Frieden mit seinem Gegner Karl IV, um bald zu einem besseren Frieden einzugehen.

Der Wohlstand Eltville's mußte sich mit seinem Ansehen als zeitweilige Residenz der Erzbischöfe und mit ihrer thätigen Fürsorge ungemein mehren, und die Pest, welche 1519 herrschte, trieb die ganze Klerisei und viele vornehme Mainzer, die sich nicht einmal in der „goldenen Luft" sicher dünkten, hierher, wo die frische „Wisperluft" wehte und Unreines wegfegte, und wo der Erzbischof mit seinem Hofe Schutz fand vor Mainzer „Meutereien". Viele bauten sich eigne Häuser und blieben da, um aus dem unfreundlichen Mainz wegzukommen.

Als die Mainzer Zustände auch die edelste aller Künste, die Buchdruckerkunst, in ihrem stillen, gesegneten Thun und Treiben tödtlich bedrohten, wanderte auch sie aus und trug nach Eltville ihren Ruhm. Daß gerade von hier aus besonders die Drucke verbreitet werden konnten, lag nicht blos an der großen Verkehrspulsader des Rheines, welche die Stadt mit Mainz ja gemein hatte, sondern noch an einem andern Umstand, der nicht nur auf das geistige Leben, sondern auch auf den materiellen Wohlstand der Stadt einen ungemessenen Einfluß übte.

Es gab wunderthätige Bilder und Reliquien genug, welche Ströme von andächtigen Wallfahrern anzogen, selbst im Rheingau, wie in „Nothgottes"; aber über ihnen mußte mit unabweisbarer Nothwendigkeit eine „wunderthätige Hostie" stehen, schon um der kirchlichen Lehre willen. Erzbischof Johannes II befahl darum im Jahre 1402, die Wunder wirkende Hostie, die bisher in Gladbach bewahrt worden war, in die Kirche in Eltville zu übertragen. Das geschah nicht ohne große Feierlichkeit. Als sich das „Heilthum" in Eltville befand, zog es eine große und stets wachsende Zahl der „Bußwanderer" herbei, deren „Processionen" oft so zahlreich waren, daß die Stadt sie nicht alle beherbergen konnte, und die Dörfer und Höfe der Nachbarschaft Obdach bieten mußten.

Wer das „Bußwandern" jener Tage kennt, wie es sich noch, wenn auch als mattes Abbild, bis in unsere Tage erhalten hat in den Wallfahrten nach Trier, Cöln, Aachen, Kevelaar und Walddüren zur Zeit der öffentlichen Ausstellung ihrer Reliquienschätze, der begreift, wie großartig die Menge gewesen, die damals gen Eltville zog, und findet es unzweifelhaft, daß nicht blos die Kirche, die das „Heiligthum" barg, sondern Stadt und Land, Gewerbe und Kunst dadurch eine großartige Ernte gewann, und daß sich Verkehrs- und Betriebswege eröffneten, die nicht in der Nähe verliefen.

Es erscheint darum nicht lediglich als eine That der Noth, wenn Heinrich Bechtermünze (auch Bechtelmünze, Bechtermünsse), patrizischen Geschlechts, seine Kunstwerkstätte, die er in Mainz nicht mehr sicher wußte, nach Eltville verlegte. Er war nicht allein die treibende Kraft dieser Anstalt, obwohl er Schüler und Gehülfe „Henchin Gensfleischs, genannt Gudenberg" gewesen, sondern sein Bruder Nicolaus Bechtermünze und Wigand Spieß von Ortenberg waren mit ihm zum Betriebe verbunden. Die Bechtermünze waren Anverwandte „Gudenbergs". Diese Buchdruckerei wurde noch zu Lebzeiten des Erfinders errichtet mit seinem Einverständniß und wahrscheinlich unter seiner Mitwirkung; denn Bechtermünze benutzte „Gudenbergs" Werkzeuge und Buchstaben. Als Heinrich Bechtermünze starb, führte sein Bruder Nicolaus die Geschäfte fort unter Mitwirkung von Wigand Spieß. Bedeutende Werke gingen aus dieser Druckerei hervor. Ein Nachkomme, Hans Bechtermünz, setzte später das Werk der Väter fort. Nach seinem Tode verkauften die Erben die Werkzeuge und Typen der Druckerei an die „Kogelherren" zu Marienthal, die indessen nicht viel leisten mochten und das Geschäft bald wieder aufgaben. Es wurde von ihnen an Friedrich Hauman von Norembergk, den „Buchdrucker im Kirschgarten zu Mainz", verkauft. Ob dieser das Geschäft wieder in Flor brachte, ist zweifelhaft, und so scheint es verkommen und verschollen zu sein im Sturme der Zeit.

Eltville war durch die im Vorhergehenden angegebenen, seine Erhebung nach allen Seiten begünstigenden Umstände zur Hauptstadt des Rheingau's geworden und behauptete diese würdige und ehrende Stellung unter ihren Schwestern lange Zeiträume hindurch.

Im Bauernaufstande spielte Eltville und sein Schloß eine düstere Rolle.

Auf dem Wachholder, einer Haide unfern der Abtei Eberbach, hatten die Bauern des Rheingau's ihr Lager aus Laubhütten und Zelten aufgeschlagen, es roh verschanzt und mit einigen Geschützen gewappnet. Dort lagerten sie in großer Zahl vier Wochen lang, und das Kloster Eberbach nebst anderen nahen Klöstern und Klosterhöfen bildeten ihre Vorrathskammern, so lange etwas zu holen war. Hier setzten sie ihre 29 Artikel fest. Die Sache war drohend genug, und das Mainzer Domkapitel verhieß Abhülfe der Beschwerden, stellte überdies eine Urkunde aus, die Vieles bewilligte. Es schien Alles lustig für die Anführer sich zu gestalten. Da änderten sich die Umstände. Anderwärts unterlagen die Bauern. Bei Pfeddersheim erlebten sie ein schauriges Blutbad, und der „schwäbische Bund" drohete den Rheingauern ernstlich.

Sie rüsteten sich zwar bei Walluf an ihrem Grenzgraben, aber ihr Muth war gebrochen, und der ausgesprochene Gedanke an einen Vergleich schlug überraschend schnell Wurzeln. — Sie unterwarfen sich auf Gnade und Ungnade und ließen ihre Vorrechte fahren, lieferten ihr Kriegsmaterial aus nach Eltville auf die Burg und huldigten dem Kurfürsten auf's Neue. — Die Urkunden, die man ihnen ausgestellt, wurden durchstochen und für ungiltig erklärt, weil sie ertrotzt worden seien und nicht auf rechtlichem Wege vereinbart, und das Ende vom Liede war, daß sie es sich ruhig gefallen ließen, als man ihre Anführer ergriff und sie nach dem Schlosse zu Eltville brachte, wo man am 14. Juli 1525 die neun Heftigsten enthauptete. — Als Dank für die „gnädige Strafe" mußte der Rheingau 15,000 Gulden bezahlen. Viele waren entflohen, Andere wurden des Landes verwiesen und die Güter derselben eingezogen.

Das war des Schwindels Ende! — Das war der Lohn für die oft bewiesene Treue der Rheingauer, der Lohn für ihr für die Kurfürsten vergossenes Blut. — Das Grab ihrer Freiheit mußten sie begießen, daß es grüne!

Kurfürst Albrecht gab ihnen 1527 die neue Landesordnung, das volle Gegentheil ihrer bisherigen Verfassung, eine bis in's Familienleben eingehende Beschränkung und Knechtung, und jenes tief bedeutsame Wort: „die Luft im Rheingau macht frei" war zu nichte geworden.

Damit waren die Leiden noch nicht zu Ende, die den Rheingau trafen, wenn auch nicht vom Landesherrn, sondern von den Zeitereignissen ausgehend.

Aber wenn auch das alte Recht zertreten und die Freiheit zertrümmert war; wenn auch des Krieges breiter Fuß das Land verwüstete, der unerschöpfliche Reichthum seines Bodens, die goldene Fluth seiner Weine heilte die Wunden, und die „fröhlichen Herzen" erhoben sich wieder.

Eltville mußte seine Krone fallen sehen, aber auch seine Burg fiel und seine Mauern, und die jetzt wohlstehende Landstadt hat sich getröstet über das entrissene Glück, Hauptstadt des Rheingau's gewesen zu sein.

4. Erbach

reiht sich an Eltville rheinabwärts an; denn reizend gelegene Landhäuser vermitteln den Zusammenhang beider Orte.

Es ist ein seltsames Bestreben alter Lokalgeschichtsschreiber, die Anfänge der von ihnen beleuchteten Orte möglichst hoch in das Alterthum hinaufzuschieben. In der Regel aber fehlen die historischen Grundlagen, die dies Verfahren rechtfertigen könnten.

Wie man Eltville einen römischen Ursprung zu geben versucht hat, weil sein urkundlicher Name in „alta villa“ übersetzt wurde, während für das „alta“ nicht einmal eine hohe Lage des Ortes geltend zu machen ist, so hat man es versucht, die Anfänge des Fleckens Erbach, vordem Eberbach geheißen, in die Merovingische Zeit hinaufzurücken, weil doch einmal alle und jede Handhabe fehlte, es für römisch zu erklären.

Alle Versuche scheitern indessen, und es bleibt eben nur eine spätere, immerhin frühe Zeit für sein erstes geschichtliches Genannt- und Bekanntwerden übrig.

Man sagt, es sei schon 954 zu Eltville gepfarrt gewesen; bald hatte es aber seine eigene Pfarrkirche, über deren Ursprung jedoch nichts Genaueres beizubringen ist.

Im Jahre 1173 nennt die Gemeinde in einer Waldschenkungsurkunde an das Kloster Eberbach sich selbst „alt“ und gebrauchte ihren alten Namen Eberbach. Im Jahre 995 bestand in der Ortskirche schon eigner selbstständiger Gottesdienst.

Wie in allen Orten des Rheingau's, finden wir in Eberbach eine große Zahl klösterlicher Besitzungen, und es dürfte kein Unrecht sein, dem Weine den Grund davon beizumessen. Wir wollen dies aber nur im besten Sinne thun und annehmen, daß es den geistlichen Stiftungen blos darum zu thun war, den eignen Wein zum Gottesdienste zu haben. Und wo hätten sie ihn besser haben können als hier?

Steinberg und Marcobrunn sind zwei Namen, die einen weithin hallenden, goldhellen Klang haben, und die mit Erbach unzertrennlich verbunden bleiben werden. Wir finden das Stift St. Victor, das von St. Moritz, das zu „Unsrer lieben Frauen“, die Propstei Ilmstadt, das Hochstift Hildesheim und die Abtei Bleidenstadt, vor Allem aber die Abtei Eberbach und diese durch eigenen Fleiß unter den mit Weinbergen in Erbach Begabten. Auch ein Rittergeschlecht von Eberbach blühte und erlosch hier. Ihm folgte das von Allendorf, vielleicht als Erbe jenes schon wahrscheinlich um das Jahr 1275 erloschenen.

Die Allendorfe hatten einen Burgsitz oder Freihof in Erbach und in der Ortskirche ihr Erbbegräbniß. Sie starben 1568 aus.

Den Kirchensatz hatte der Erzbischof von Mainz, übertrug aber dieses Recht mit seinen nicht unerheblichen Pflichten, freilich auch vortheilhaften Rechten, dem Petersstifte.

Die Erbach nach dem Rheine hin verdeckende Insel oder „Au", wie der Rheingauer auf altdeutscher Grundlage die Rheininseln nennt, gehört dem Grafen von Westphalen, dessen großes, schönes Landhaus sich ebenfalls hier befindet. Beides ist neuestens in den Besitz der Prinzessin Marianne aus den Niederlanden übergegangen.

Unterhalb des Fleckens und zu ihm zählend liegt das Schloß Reinhardshausen, der schöne Besitz der Prinzessin Marianne. Der lebendige Kunstsinn der hohen Besitzerin hat in demselben eine reiche Sammlung von Kunstgegenständen alter und neuer Zeit vereint, besonders Broncen von hohem Alterthum und seltener Schönheit, Marmorbildwerke der berühmtesten Meister und eine reiche Münzsammlung, aber alles dies überragend eine Gemäldesammlung, welche Perlen der schönen Kunst von alten Italiern, Niederländern und deutschen Künstlern in sich schließt, Perlen, wie man sie selten von solcher Schönheit und solchem Kunstwerthe vereint findet. Die hohe Besitzerin hat diese eine Reihe von Sälen füllende Sammlung mit höchst dankenswerther Liberalität den kunstsinnigen Besuchern an gewissen in den öffentlichen Blättern bekannt gemachten Tagen geöffnet. Daß die hohe Frau vor Erbach, am Wege aus dem Thale, ein großes Gebiet kaufte und darauf eine herrlich zum Rheine hinschauende schöne Kirche für die evangelische Gottesverehrung erbaute, ein Pfarr-, Schul- und Küsterhaus nebst prächtigem Garten dazu fügte und freigebig dotirte, soll noch hier als ein schönes Zeichen ihrer Gesinnung erwähnt werden.

5. Hattenheim,

auch unter dem Namen: Hatherheim vorkommend, wird als „Villula", „Dörflein", um das Jahr 954 genannt, welches im Pfarrverbande mit Eltville bis 1069 stand. Von einem „Hatto" rührt der Name her, indessen von keinem der Mainzer Erzbischöfe dieses Namens, vielleicht von einem der Grafen der „Kunigeshundred", die ihn wiederholt führten. Die Ritter von Hattenheim besaßen eine Burg im Orte, welche den Namen Kapelhof trug, ohne Zweifel weil sie die Kapelle umschloß, welche dem heiligen Nicolaus geweiht war, die von Eltville aus kirchlich bedient wurde. Im dreizehnten Jahrhundert erlosch dies Geschlecht mit dem kinderlosen oder ledigen Standes verstorbenen Sifrid von Hattenheim. Die Erben waren Giselbert von Rüdesheim und seine Gattin Elisabeth, ohne Zweifel eine Schwester oder Erbverwandte jenes Sifrid. Beide schenkten im Jahre 1292 den „Kapelhof“ mit der Kapelle der Abtei Eberbach.

Aus dieser Kapelle wurde die Pfarrkirche des Ortes bedient durch einen „Leutpriester“, Frühmesser und Altaristen. Die vom Hunsrücken stammende Ritterfamilie der Langwerthe von Simmern, reichbegütert im Rheingau, erwarb sich große Verdienste um die Kirche, die anfänglich, wie es scheint, von Holz aufgeführt war. Die Langwerthe erbauten nämlich im Jahre 1239 das Schiff derselben aus Stein. Sie erhielten durch diese Sorgfalt für die Kirche das Patronat mit dem Pfarrsatze bei derselben.

Auch hier, wo der Marcobrunn eigentlich hingehört, finden wir Rittergeschlechter und Klöster berechtigt mit Weinbergen, besonders des Stralenbergs wegen, zu dem der Marcobrunner gehört. Seiner wird schon namentlich 1104 gedacht, ein Zeichen, wie man schon in jenen Tagen die Perlen des Rheingau's würdigte. Damals griff die „Kunst“ noch nicht der Natur unter die Arme, wie heute, wo mancher Weinhändler das so meisterhaft versteht. —

Tief am Rheinesufer, aber ungemein schön und von den lieblichsten Anlagen umgeben, liegt

6. Reichartshausen.

Es ist jetzt nur ein Einzelgebäude, dem Grafen von Schönborn gehörig. In den Jahren 1123 und 1152 war es ein kleines Dörfchen, dessen Hütten weit aus einander lagen. Das kleine Dörfchen, zwischen zwei schon angewachsenen Orten liegend, hatte keine Zukunft.

Zwei Brüder, beide Mönche in der Abtei Eberbach, hatten ihre liegenden Gründe, eine Hube von dreißig Morgen, der Abtei bei ihrem Eintritt in den Convent zugebracht. Sie waren aus Reichartshausen, wo auch die Hube oder Hufe lag.

Um daraus ein Klostergut mit einem neuen Hofe zu machen, war die Liegenschaft zu klein. Die klugen Mönche, so recht eigentlich groß in dem später so bedeutsamen Annectiren, ließen den Punkt als Ausgangspunkt nicht aus dem Auge; denn die Lage von Reichartshausen war ihrem Wein- und Fruchthandel als Lager- und Verschiffungsort nach dem Niederrheine, wo in Bacharach der Weinhandel seinen Hauptstapelplatz hatte, und nach Cöln, wo sie ein eigenes Haus und sogar eine Rheinpforte der Gunst des Erzbischofs und des Rathes der Stadt zu danken hatten, viel zu wichtig, als daß sie ihre polypenartigen Bestrebungen nicht hätten darauf richten sollen.

Um zum Ziele zu gelangen, kauften sie ein Gut in Winkel oder — was sie lieber thaten — tauschten es gegen andere Güter ein. Nun besaß ein Ritter Dudo, ein Ministeriale von Mainz, in Reichartshausen ein Mainzisches Lehensgut, das auch eine Hube maß.

Abt Ruthard besaß ein anerkennenswerthes diplomatisches Talent. Er nahm wohlberechnend, wie mächtig der materielle Vortheil in die Wagschale des Eigennutzes fällt, die Sache in seine Hand und schlug, der Einstimmung des Lehensherrn in Mainz im Voraus gewiß, Ritter Dudo einen Tausch mit dem Winkeler Gute vor, welches ansehnlich größeren Maßes war als das in Reichartshausen, und es gelang ihm, den Tausch zu verwirklichen. Jetzt besaß das Kloster schon 60 Morgen, und es stand in Aussicht, dies Besitzthum Schritt vor Schritt zu vergrößern.

Schon im Jahre 1162 hatten die Brüder von Eberbach einen stattlichen Hof erbaut, dessen Keller eine namhafte Zahl Fässer voll des edeln Steinbergers, Gräfenbergers und Marcobrunners aufnehmen konnte, und dessen Lagerräume und Speicher den übrigen Zwecken der Abtei zu dienen fähig waren.

Was sie bauten, war tüchtig, und was sie thaten, thaten sie ganz. Was die guten Haushalter und schlauen Kaufleute in der Kutte von Eberbach vorausgesehen, geschah. Das Dörfchen ging ein, und wenn es auch erst nach und nach geschehen konnte, die Abtei erwarb sämmtliches Grundeigenthum durch Kauf und Tausch. Ihr schönes Hofgut wuchs nicht nur durch sorgfältige Bewirthschaftung, sondern wurde auch durch seine Lagerräume der Landungs- und Niederlageplatz für die Erzeugnisse ihrer überrheinischen und entfernteren Güter und der eigene, unbeschränkte Stapelplatz ihres Weinhandels auf dem Rheine.

Die Güter des Klosters um den nunmehrigen Reichartshäuser Hof mehrten sich ungemein durch einen Tausch mit dem Schultheißen Sibold zu Winkel, durch die Rechtserlangung der bei Hattenheim liegenden fruchtbaren Rhein-Aue oder Insel und durch einen Ankauf von dem Edelknechte Markolf von Nesen. So war das Kloster im Jahre 1388 zu einem in sich abgerundeten, herrlichen Hofgute gekommen, dessen Werth auf dem bezeichneten Wege mehr als um das Doppelte gestiegen war, und der durch die kundige und sorgliche Bewirthschaftung der Brüder fort und fort zunahm. Bis zu seiner Aufhebung blieb das Kloster im Besitze, und erst dann ging das schöne Gut in andere Hände über.

Graf Schönborn hatte in seinem Landhaus eine ebenso reiche als werthvolle Sammlung von Kunstwerken neuerer vorzüglicher Meister in Sculptur und Malerei angelegt und sie seiner Zeit den Freunden der Kunst freigebig geöffnet. Leider machte ein Gelehrter aus Mainz einen sehr indiscreten Gebrauch von dieser Gestattung. Graf Schönborn empörte dies Verfahren so sehr, daß von dieser Stunde an die Sammlung für Alle und Jeden verschlossen blieb.

Diese reiche und werthvolle Sammlung ist in neuerer Zeit in andere Hände übergegangen und ausgewandert, wie so mancher Schatz der Kunst in unserm schönen rheinischen Lande, und zwar nach England um den Preis von zwei Millionen Gulden.

7. Oestrich.

Wie keine andere Niederlassung des Rheingaues, hatte das alte Winkel sich am Ufer ausgedehnt. Langen=Winkel nennt es heute noch das Volk. Damals schloß es das heutige Oestrich und Mittelheim in seinen geistlichen oder kirchlichen und seinen bürgerlichen Bereich. Sehr würden wir uns indessen irren, wenn wir annähmen, daß diese weitgedehnte Häusermasse so enge an einander gereiht gestanden habe, wie dies eine spätere, wenn auch keine bessere Zeit nothwendig gemacht und es in dieser Weise der unsrigen vererbt hat.

Weder die Menschen noch die Zahl der Wohnungen machte ein solches schutzsuchendes und schutzgewährendes Zusammenschließen wünschenswerth. Um jede Hütte (denn Haus im Sinne einer späteren Zeit sind wir noch nicht berechtigt, zu sagen) lag das bebaute Land, das zu ihr gehörte, und so dehnte sich, besonders rheinaufwärts, das Dorf in einer damals unerhörten Länge aus, welcher die Breite schon darum nicht entsprach, weil der Rebe ihr Recht nicht verkümmert werden durfte.

Die uralte Kirche des langgestreckten Winkel lag in dem Theile, welcher zu dem abgesonderten Oestrich geworden ist. Erzbischof Willigis von Mainz soll den Pfarrsatz dem Stifte St. Victor verliehen haben.

Die Lostrennung in drei Dörfer ist nicht ganz genau nach der Zeit zu bestimmen, da sichere Nachweise urkundlich fehlen, allein sie wurde ohne Zweifel am Schlusse des zwölften Jahrhunderts vollzogen, ohne daß aber vorerst alle althergebrachten Bande mit einem Rucke völlig hätten zerschnitten werden können, was bei solcher Nähe nicht einmal nothwendig erschien.

Die alte Kirche Oesterichs oder Oestrichs, die, wie gesagt, den drei vereinten Orten unter dem Namen Winkel gemeinsam war, ist die älteste des Gaues, die Mutterkirche gewesen, von der alle andern als Töchter ausgingen, war aber auch wohl kaum etwas Anderes als ein Taufkirchlein, wie es gleichzeitig jenseits des Rheines auf dem Feldberge bei Sponheim stand und später in den Bauring der größeren Kirche aufgenommen wurde. Um „Pfarrkirche" zu werden, war ein großer Umfang des Baues noch lange nicht Haupterforderniß. Dennoch muß Oestrich bei Zeiten eine größere Kirche gewonnen haben; denn die zwei „Erzpriester" des Rheingaues hatten dabei ihren Sitz, also eine Art „Landeskathedrale".

Gerade Oestrich gewann eine große, gewiß die größte Bedeutung von allen drei einst vereinten Orten; denn in seiner Nähe lag die „Lützelaue", die Haupt-Malstätte des Rheingaues, die wohl auch Grafenau genannt wurde, weil der Gaugraf dort zu Gericht saß. Sie war, das sagt schon ihr Name, nicht groß und scheint eine Felsengrundlage nicht gehabt zu haben. Ein schwerer Eisgang und eine arge Fluth drückten und schwemmten das historisch bedeutsame kleine Eiland so gründlich weg, daß seine Stätte nicht mehr bezeichnet werden kann. Jedenfalls lag sie dem Ufer nahe. Als dieser Schauplatz alter, volksthümlicher Berathungen weggespült war, wurden diese hochwichtigen Volksversammlungen zwischen Oestrich und dem eingegangenen Dörflein Klingelmünde, aber in Oestricher Marke, gehalten. Es war die Stätte der Huldigungen, wenn der neuerwählte Erzbischof von Mainz herabkam mit allen Zeichen seiner hohen Würde und allem kirchenfürstlichen Glanze. Es wurde nach der Huldigung unter Gottes freiem Himmel von ihm des Landes Recht und Freiheit bestätigt.

„Prälat und Ritterschaft und Bauer
„Umstand den Herrn als eine eh'rne Mauer."

Es tagte hier die Landschaft noch im siebenzehnten Jahrhundert, wenn des Landes Weh und Wohl es heischte, Streitigkeiten zu schlichten waren und der „Heerbann" aufzustehen hatte für Mainz oder den Gau selbst.

Daß solche Bevorzugungen dem Dorfe förderlich waren, liegt auf der Hand, und daß es der Sitz des „Ruralcapitels der rheingauischen Priesterschaft" durch die lange Zeit mittelalterlicher Zustände hindurch war und blieb, trug gewiß nicht wenig zu seiner Blüthe bei.

Ihm schien eine glänzende Zukunft bevorzustehen, vielleicht der Vorrang vor Eltville; aber es ist eben eine eigene Erscheinung, daß oft solch' glänzendes

Morgenroth erlischt, ohne daß ihm der folgende Tag und Abend entspricht. Rüdesheim, Eltville und Lorch hoben sich empor, und die Wagschale Oestrichs sank, um nie wieder in dem Grade zu steigen, als es den so sicher verheißenden Anstrich hatte. —

Um den Anfang des elften Jahrhunderts hieß der Ort Hostrich; so in den Urkunden, in denen das St. Albansstift in Mainz einen kleinen Hof hier erwarb und noch 1123, als Meingoz, der Sohn des Mainzer Kämmerers Embricho, bei seinem Aufbruch zum Kreuzzug all sein Gut in „Hostriche und Richartushusen" dem Kloster Altenmünster in Mainz schenkte, was nachher durch Kauf an das bereits hier begüterte Kloster Eberbach kam. Auch andere Klöster und Stifter sorgten für liegende Gründe am Orte, und selbst Frankfurter Patrizier waren hier begütert, wie denn einer aus den „Geschlechtern" zum Jungen eine Burg auf seinem Grund und Boden hatte und eine Capelle dabei. Beides gelangte später an das Domcapitel in Mainz.

Mehr wie alle andern Orte des Rheingau's, die freilich auch nicht viel von Schonung und Milde zu rühmen hatten, litt Oestrich in den verheerenden Kriegen, deren Schauplatz der blühende Gau war; so unter Karl IV, bei dem räuberischen und mörderischen Zuge des Markgrafen Albrecht von Brandenburg, im dreißigjährigen Kriege durch die Schweden, die es ohne Erbarmen in einen Aschen- und Trümmerhaufen verwandelten. Das waldreiche Land förderte schnelles Wiederaufbauen; allein die Baiern verbrannten es wieder, und 1688 loderte der kaum erstandene Ort unter der Brandfackel der Franzosen von Neuem auf. Dennoch blieb des reichen Landes Rebensegen nicht aus und wurde die Quelle eines neuen Erstehens, eines wachsenden Wohlstandes, und die Segnungen eines langen Friedens haben in der jüngsten Zeit dem Orte wohlgethan, der sich sehr vergrößert hat. Daß er einst mit

8. Mittelheim

zusammenhing und lange Zeit in diesem Verbande lebte, macht selbst nur ein flüchtiges Ansehen der Nähe beider Orte begreiflich. Wie es kaum anders sein konnte, so wurde selbst nach der politischen Trennung Mittelheim wie Oestrich bis gegen das Ende des zwölften Jahrhunderts mitbegriffen, wenn irgendwo und wie „Winkelo" genannt wurde. Amtlich macht sich bekanntlich eine solche Abtrennung um Vieles leichter als im Gebrauche des täglichen Lebens, wo das Herkommen noch lange hin seine siegende Macht äußert. Selbst die Feldmark beider Orte hatte vor dem Jahre 1386 noch keine feste Grenze.

Wenn auch in diesem Jahre die „Markgrenze" festgestellt wurde, so hörte doch zwischen Oestrich und Mittelheim der Gerichtsverband noch nicht auf und bestand noch urkundlich im Jahr 1396.

Der Name Mittelheim hat manche Deutung in Anspruch genommen. Der Historiker Pater Bär leitet den Namen Oestrich und Mittelheim aus ihrer Verbindung mit Winkel von „Ost-, Mittel- und Nieder-Winkel" ab, ohne aber mehr dafür geltend machen zu können als — seinen Scharfsinn. Andere leiteten den Namen von dem alten Worte: „Metil", klein, unbedeutend, wie etwa „Lützel" ab und machten dafür geltend, daß es von den dreien das kleinste gewesen.

Bodmann findet in der Gewohnheit, die Ortsnamen von Bächen abzuleiten, des Namens Grund; denn das bei Mittelheim in den Rhein fallende Bächlein hieß „Mittilaha" (das mittlere Wasser zwischen dem Elzbach bei Oestrich und dem namenlosen Winkler Bache) und konnte naturgemäßer den Namen dem Orte geben, zumal uralter Volksgebrauch dafür spricht.

Erzbischof Adolph vollzog urkundlich die Trennung Oestrichs und Mittelheims am Allerheiligentage 1386 in der Burg zu Eltville.

Wie in allen Rheingauer Orten warer hier Stifter und Klöster begütert. Es werden namentlich genannt: die Kirche St. Johannis des Täufers, die Propstei Ravengiersburg bei Simmern auf dem Hunsrücken, die jedoch einen Tausch mit dem Rheingrafen einging und Güter in dem ihr näher und bequemer gelegenen Boppard empfing. Dieser Tausch fand unter dem Propste Stephan und dem Rheingrafen Sifrid statt. Qualitativ zog die Propstei allerdings den Kürzeren, aber bei der Ausgleichung durch Geld kam sie schwerlich übel weg.

Was die Schicksale des Ortes betrifft, so erlitt es ganz dieselben kriegerischen Drangsale, wie sie der Nachbar- und Schwesterort Oestrich zu erdulden hatte, und gleiche Ursachen wie dort hoben ihn wieder aus Asche und Trümmern empor.

Winkel.

Obgleich der Name Winkel an sich ein ehrlicher deutscher ist, welcher im Niederdeutschen einen Kaufladen bezeichnet, freilich aber durch die örtlichen Verhältnisse und die Lage des jetzt noch langgestreckten Ortes keineswegs in seiner gewöhnlichen Bedeutung gerechtfertigt ist, wird er von namhaften Historikern und von Alters her als römisch bezeichnet, und „Vinicella", Weinkeller, Weinlager, soll seine ursprüngliche Bedeutung sein.

Steine reden hier nicht; zwar „liebt Bacchus diese Höhen“, aber damit ist noch nicht Vieles bewiesen, vielleicht nichts.

Lokale Namen und Feldstrichbezeichnungen lassen „Heiden“ nachklingen; ob indessen damit „Römer“ sicher bezeichnet sind, ist eine offene Frage. Ich will den Ort nicht eines solchen Ruhmes (wenn es einer ist?) berauben, aber wo doch eigentlich alle Spuren fehlen und nur Vermuthungen und Namensdeutungen als entscheidend auftreten wollen, bleibt mir die Sache zweifelhaft.

Wohl haben die deutschen Stämme in ihrem glühenden Hasse mit barbarischer Vertilgungswuth die Römerniederlassungen und die niemals fehlenden Vertheidigungswerke zerstört, aber immer nur über der Erde, und da nicht einmal gänzlich, sodaß man sie noch leicht überall finden kann; hier aber fehlt jede Spur, jeder Rest, selbst in der Erde, — und so muß es der individuellen Beurtheilung anheimgegeben werden, ob man Winkel für von Römern gegründet annehmen will oder nicht.

Wenn man ein römisches Weinlager hier, auf dem rechten Ufer des Stromes, wo die Gefahr um ein Ansehnliches näher war als jenseits, etwa zu Bretzenheim bei Mainz mit seinem „Heidenkeller“ und zu „Heidesheim“, erhärten will und dafür den Verkehr mit dem jenseitigen Weinheim anführt, so tritt der mittelalterliche Name des Ortes „Wigenheim“ dem entgegen und der nicht zu vergessende Umstand, daß das jenseitige Weinheim noch nicht vorhanden war, als Winkel sich schon einer gewissen Blüthe erfreute. Künstlich suchen, wo Nächstliegendes mangelt, ist immer ein Wagniß, und Unterstellungen und noch so schöne Hypothesen sind — leichte Waare!

Der gelehrte und hochgeschätzte Erzbischof Rhabanus Maurus soll das römische Weinlager im neunten Jahrhundert wieder hergestellt haben. Wäre nur das „soll“ nicht! Daß sich der ausgezeichnete Mann hier oft und lange aufgehalten, auch eine Capelle erbaut habe nahe bei seiner Wohnung, ist unzweifelhaft; daß er sich auch einen „Weinkeller“ hergerichtet, ist ebenso glaublich; aber ein „Lagerhaus“, wie jenes für die in Deutschland vorrückenden Legionen der Römer gewesen sein soll, — das heißt doch wohl etwas zu viel behaupten. Rhabanus war kein Weinhändler! Sein Aufenthalt hat unstreitig für Winkels Aufblühen und Wachsen einen sehr bedeutenden Vorschub gegeben und mächtigen Einfluß ausgeübt; warum aber über 800 Jahre eine fabelhafte Anknüpfung an einen mehr als zweifelhaften Faden suchen, wo jede Handhabe fehlt, blos um eine Romanisirung des erdichteten Namens zu sichern? —

Winkel ist stolz darauf und hat Grund dazu, daß der berühmteste aller Mainzer Kirchenfürsten oft und lange hier gelebt hat. Auch Wunder soll er verrichtet haben, ja sogar der Boden seines Gebäudes soll, wenn man ihn streute, die Ratten und Mäuse vertilgt haben. Bodmann macht dazu eine Bemerkung, die hier ihre Stelle finden mag. Er sagt im Hinblick auf diese Wunderwirkung und die Sage vom Mäusethurm im Rheine: „Hatto that sehr übel daran, sich nicht eine Portion Erde und Bauspeiß von daher nach dem Mausthurm bringen zu lassen!“ —

Das Leben in Winkel muß in früheren Tagen schon ein sehr belebtes gewesen sein; denn zahlreiche Adelsfamilien wohnten daselbst in ihren „Freihöfen“ und Burghäusern.

So finden wir hier einen Ast der ältesten Rheingrafen, der sich von seinem Wohnorte „de Winkela“ nannte, und auch unter andern Geschlechtern eine Ritterfamilie, die sich de Winkela hieß, aus welcher das Geschlecht der Greifenklau hervorging, das im Rheingau großes Ansehen genoß und später die Burg Vollraths bewohnte.

Willigis, den man wohl den „frommen Kirchengründer“ benennen könnte, erbaute hier im elften Jahrhundert eine Pfarrkirche, deren Patronat das Victorsstift erhielt, da es den Bau mit reichen Mitteln unterstützte. Der vorgedachte berühmte Erzbischof Rhaban fand in Winkel, wahrscheinlich in der vorher gedachten Capelle, sein Grab im Jahre 856, betrauert von den Gläubigen, besonders den Armen, deren Wohlthäter er während seines ganzen Lebens in hohem Grade gewesen war.

Die Abtei Bleidenstadt besaß durch erzbischöfliche Gunst bedeutende Weingüter in der Ortsmark, und zwar schon im neunten Jahrhundert; 1078 gewann sie noch weitere, wie denn auch Hemma, die Schwester des Rheingrafen Ludwig, ihr einen Hof daselbst geschenkt hatte. Dieser aber waren vorhergegangen, und ihr folgten durch die Reihe der Jahre die zahlreichsten und bedeutendsten Schenkungen an andere Klöster und Stiftungen mit hiesigen Weinbergen und Gütern durch Erzbischöfe, Fürsten und Herren. Grade aus diesen Schenkungen folgt klar, wie man Seitens der Dynasten und des Adels überhaupt darauf bedacht war, sich ein edles Tröpflein im Rheingaue zu sichern.

Von Winkel kann nur mit Oestrich und Mittelheim gemeinsam die Rede sein. Wenn daher dort von dem Schrecken der Zerstörung die Rede ist, welche in verschiedenen, den Rheingau verheerenden Kriegen über die Orte hereinbrachen, und von den Leiden, welche sie über die unglücklichen Bewohner brachten, so gilt ja das von allen drei genannten, wie überhaupt von allen Orten des Rheingau's.

10. Geisenheim.

So recht im schönsten Theile des Gottesgartens des Rheingaues liegt Geisenheim, Gisenheim, Gysinheim und noch anders im Alterthume genannt. — Finden wir, wenn wir nach dem Ursprung des Namens fragen, sonst selten eine völlig befriedigende Antwort, so ist das doch hier nicht der Fall. Das Wort „Giesen" begegnet uns nämlich öfters, immer in fast gleicher Bedeutung, nämlich von „stärkeren Strömen". So heißt die Universitätsstadt Gießen also von drei Bächen, die dort strömten und diesen Namen führten; so heißt der Ausladungsort bei Laufenburg oberhalb des Rheinfalls wegen der schon stärkeren Strömung Giesen; auch die kleine, mitten in der Strömung Hagenau gegenüberliegende Insel Giesenheim oder Geisenheim, und unserm Rheingau-Geisenheim liegen im Rheine zwei Inseln gegenüber, deren eine „die große", die andere „die kleine Giese" heißt, wohl auch aus keinem andern Grunde, als weil dort die Strömung eine stärkere ist. So lag des Ortes Name sehr nahe.

Der Pater Bär, ein eifriger, treuer Forscher, dem der schöne Rheingau am Herzen lag, konnte erst im zwölften Jahrhundert urkundliche Nachrichten von Geisenheim finden und setzte daher, wohl selbst nicht sicher, des Ortes Alter verhältnißmäßig höher hinauf, als es gegenüber den anderen Orten des Rheingaues glaublich und erklärlich erscheint.

Indessen lag das in den beschränkten Mitteln des fleißigen Mannes. Er kannte die Urkunden nicht, welche schon im Jahre 788 Geisenheim namhaft machen, in welchem ein Graf Manto und sein Bruder Megingoz, wohl Beide dem „östlichen Grabfelde" angehörend, der Abtei Fulda Güter schenkten. Dasselbe geschah im Jahre 874 durch eine Gräfin Cunihilde, während der „Graf des Grabfeldes", Christian, „Herr von Geisenheim" heißt, Gebieter daselbst. Auch in den Jahren 846, 1019 und 1126 erscheinen Schenkungen an die Abtei Bleidenstadt von Seiten des Erzbischofs Otgar, des Grafen Drutwin von Nassau und der Rheingräfin Ludgarde; ja 954 kaufte der Bischof von Hildesheim einen Hof, versteht sich mit Weinbergen, um seinem Domcapitel edlen Rheinwein zu verschaffen.

Auch ein Zoll, von Rheinschiffen zu erheben, bestand am Orte, und zwar ein Pfefferzoll. Grade in den frühesten Zeiten des Rheinhandels ist der von Holland heraufkommende Pfeffer ein hochwichtiger, vielgesuchter Handelsgegenstand. Die Rheingrafen waren die Reichslehenträger dieses Pfefferzolles.

Daß Geisenheim im Mittelalter von erheblicher Bedeutung war, beweist der Umstand, daß es im dreizehnten Jahrhundert ein Centgericht mit sieben Schöffen hatte.

Die kriegerischen, unsicheren Zeiten erheischten bei rüstiger Zunahme des bisher offenen Ortes nachhaltigen Schutz und Sicherheit. Der Erzbischof Gerlach erlaubte daher den Geisenheimern, ihren Ort mit Mauern, Thürmen und Gräben zu versehen, um vor ritterlich-räuberischen Ueberfällen gesichert zu sein, wie sie in jenen Tagen je nach Bedürfniß oder Launen der „Herren" vorzukommen pflegten, oder auch in gegenseitigen Fehden, wo allemal das friedliche Bürgerthum, wie man sagt, die Zeche zu bezahlen hatte. Damit war der Ort um eine bedeutende Stufe über das sogenannte „platte Land" emporgehoben, zeigte aber auch, daß es ihm an Mitteln nicht fehlte, so bedeutende Ausgaben zu bestreiten, und auch nicht an Muth und Kraft bei seinen Bürgern, denen doch nun die Vertheidigung der Thürme und Mauern oblag. Freilich dachte der Erzbischof nicht daran, Geisenheim städtische Freiheiten zu verleihen, indem er an diese Errichtung der Schutzwehr die Bedingung knüpfte, daß die Erbauung der Mauern und Thürme der Aufsicht seines Vicedominus, des Schultheißen von Eltville, unterstellt sein sollte. Diese Schutzwehr kam dem Orte in den Kriegen, die später den Rheingau trafen, weidlich zu Statten, ob sie ihn gleich keineswegs vor aller Unbill sicher stellen konnte.

Um die Zeit von 1146 bestand schon eine Pfarrkirche im Orte, deren Bedeutung dadurch erwiesen wird, daß ein Pfarrer, ein Frühmesser und vier Altaristen bei ihr angestellt waren. Wann und von wem sie erbaut wurde, ist unbekannt, jedoch muß der Erzbischof dabei in dem Grade betheiligt gewesen sein, daß er den der Kirche gehörigen Zehnten in dem gedachten Jahre dem Domcapitel sammt dem Patronate übergeben konnte.

Auch ein Rittergeschlecht von Geisenheim blühte hier, und besonders sind es zwei ledige Frauen dieses Geschlechts, die sich bemerklich machten durch eine Stiftung in Mainz, welche ein Lichtpunkt in jenem finstern Zeitalter war. Sie scheinen die Letzten ihres Hauses gewesen zu sein, das 1391 in männlichen Sprossen erlosch und durch ihre Stiftung, welche sich ihres in jenen Tagen wilder Gewalt vielfach vernachlässigten Geschlechtes annahm, sich einen Namen machte.

Sie gründeten nämlich um eben jene Zeit in einem von ihrem väterlichen Erbe erkauften Hofe in der „Gräfengasse" zu Mainz eine weibliche Erziehungs- und Unterrichtsanstalt, also neben der klösterlichen, wie sie bisher üblich war, eine weltliche Anstalt, was als eine ungewöhnliche Erscheinung in jenen Tagen dasteht. Sie bestand lange nach ihrem Tode in blühendem Zustande fort und wurde in Mainzer Urkunden vielfach erwähnt. Erst in späteren Zeiten wurde der Freihof seiner ursprünglich edeln Bestimmung entfremdet, ohne daß Grund und Ursache davon ermittelt werden könnte. —

Bingen und Rüdesheim,

die Rochuscapelle, Klopp, Rupertsberg, der Mäusethurm und Ehrenfels mit ihrem Sagenkreise.

Woher man auch kommen mag, ob rheinaufwärts oder den schönen Rhein herab, es bietet sich dem Auge, wenn man Bingen sich nähert, ein Bild von überraschender Schönheit dar, — eins der schönsten am schönen Strome. Vergangenheit und Gegenwart, Geschichte und Sage reichen sich hier die Hand zu einem Bunde, bei dem die Seele gerne weilt und der Kunde horcht, die beide geben.

Beginnen wir unsere Rundschau mit der Rochuscapelle, die dort oben auf kahler Höhe einsam steht, ein Mahnzeichen nach oben für jedes sinnige Gemüth. Einmal im Jahre, am Tage des Rochusfestes, wenn die erste Traube reift, die dann den Altar des Heiligen schmückt, welchen das Volk als Schutzheiligen der Rebe verehrt, gewinnt die kahle, düstere Höhe ein anderes Ansehen. Eine Stadt von Zelten entsteht, die für das Leibesbedürfniß reiche Erquickungen darbietet, und die gewerbliche Thätigkeit entfaltet sich schon mehrere Tage vorher, Alles zu ordnen und zu bereiten, was dem müden Wallfahrer Labe gewähren kann. Endlich bricht der Morgen des Festes an. Das harmonische Geläute von Bingen und allen nahe liegenden Orten des Rheingaues grüßt ihn, und der köstliche Resonanzboden des Rheines trägt die ergreifenden, wundersamen Töne herauf zu der steilen Höhe, das Gemüth dessen ergreifend und erhebend, der hier steht, um die Festzüge und Prozessionen zu schauen, die mit wehenden Fahnen und Standarten, mit Musik und festlichen Lobgesängen sich der Capelle nahen, welche auf des Berges Höhe ihre Thore öffnet.

Der Dunstschleier, welcher um diese Zeit schon auf des Rheines breitem Strome ruht, verschwindet schnell, und das Auge genießt einen Rundblick, wie er schöner sich kaum irgendwo darbieten mag.

Dort liegt der blühende Rheingau mit seinen fast nur Eine langgestreckte Stadt bildenden Orten, seinen kostbaren Weinbergen und waldgekrönten Höhen. Einzelne Burgen, Schlösser, Landhäuser ragen aus dem üppigsten, saftigsten Baumgrün hervor. Dort thront stolz das Fürstenschloß Johannisberg, mit seinem Rebenruhme bekränzt. Weiter herab ruht der Blick auf der uralten Abtei Eberbach.

Hinter Winkel, das schon im Laufe des sechsten Jahrhunderts rühmlich genannt wird, weil es den sogenannten „hunnischen“ Wein zog, (man nannte mit diesem Namen den weißen Wein, während man unter dem fränkischen Weine den Rothwein verstand) und seiner mit ihm fast verbundenen Schwester Mittelheim tritt das alte Schloß Vollraths hervor.

Ueber das blühende, schöne Geisenheim, das am meisten in seiner heiteren Erscheinung den Charakter der Gegenwart trägt, würde der Blick schneller weggleiten, wenn nicht die altehrwürdige Kirche aus seinen Häusern hervorragte und hinwiese in eine Vergangenheit, reich an großen Ereignissen.

Folgt der Blick dem waldbekränzten Höhenzuge, so ruht er auf einem Tempel hoch oben am Saume des Waldes aus. Es ist die vielgepriesene Stelle des „Niederwaldes“, wohin so Viele ziehen, wo so Viele ruhen, um einer der herrlichsten Aussichten sich zu erfreuen, die jedoch mit der der Rochuscapelle keinen Vergleich an Reichthum und Umfang aushalten kann, und wohin in wenigen Jahren noch Viele wandern werden zu der Stelle, von wo aus auf einem großartigen Siegesdenkmal die Germania hinüberschaut in's überwundene Frankenland. Der Niederwald mit seinen prachtvollen Laubgängen, Aussichten und Ruhepunkten, unter denen das Schlößchen und die „Rossel“, jenes wegen des Blickes in das Felsenthal von Bacharach und Lorch, diese wegen der Fernsicht in das schöne Nahethal genannt zu werden verdienen, gehörte früher dem Grafen von Bassenheim, ist aber in jüngster Zeit in den Besitz der königlichen Domaine übergegangen, in welchem es sicher ruht und denen, die seiner in Liebe gedenken, die Bürgschaft gewährt, daß seine Wälder nicht unter der Axt niedriger Speculation fallen, seine Anlagen aber erhalten werden.

Senkt sich von hier aus der Blick zu dem finsteren Felsenthale, das den Rhein zu einem See abzuschließen scheint, so begegnet er der Burg Ehrenfels und unten in der Fluth dem Mäusethurm. Wir werden auf beide besonders zurückkommen und verweilen lieber auf dem schmalen Streifen der Häuser des Dorfes Eibingen und dem ehemaligen Klosterbaue. Dieser einstigen Stätte des Friedens verdankte das Dorf seinen Ursprung. Warum sollte der Mensch, der in den bedrängnißreichen Zeiten des Mittelalters Schutz suchte unter den Burgen fehdelustiger Ritter, nicht viel lieber an eine Stätte des Friedens seine Hütte angelehnt haben? Bürgte doch der „Gottesfrieden“

so gut für die Sicherheit, als die wehrhaften Mauern einer Ritterburg, und oft noch viel mehr.

Eibingen war ein Frauenkloster. In seinen Zellen fanden besonders die Töchter der Ritter und Grafengeschlechter des Landes eine Zufluchtstätte, wenn Noth und Gram, Weltüberdruß oder fromme Innerlichkeit sie veranlaßten, den eiteln Weltverkehr zu verlassen. Hier fanden die Nonnen vom gegenüberliegenden Rupertsberg eine Zuflucht, als 1632 die Brandfackel und Rohheit der Schweden sie aus den entweihten Hallen der heiligen Hildegard scheuchten. Hierhin retteten sie den Ring der gottgeweihten Jungfrau, der die merkwürdige Inschrift trug: „Ich leide gern". Auch befanden sich, von den flüchtenden Nonnen gerettet, in diesen Hallen mehrere Handschriften der frommen Seherin, die leider alle untergegangen sind bis auf eine, welche die Landesbibliothek in Wiesbaden bewahrt. Man erzählte wohl hin und wieder, die heilige Hildegard selbst habe zur Erweiterung ihres Nonnenconventes Eibingen erbaut, allein es ist dies völlig grundlos. Eine edle Rüdesheimerin Namens Marca legte fast gleichzeitig, als Hildegard Rupertsberg gründete, den Grundstein von Eibingen. Vielleicht daß die Nähe von Rupertsberg, die gleiche Bestimmung, die gleiche Ordensregel und die stetige Verbindung zwischen beiden Klöstern Veranlassung zu jener irrigen Annahme gaben. Rupertsbergs Gebäude äscherten die Schweden ein. Eibingens Mauern verschonte zwar der Brand, aber die Pflichtvergessenheit und Weltlust der Nonnen leerte seine Zellen, erschöpfte seine Hülfsquellen, und der Wechsel der Besitznahme im dreißigjährigen Kriege vollendete die Zerstörung der inneren Räume. Die Mauern blieben.

Wohin aber könnte sich das Auge lieber wenden als auf das schöne Rüdesheim mit seinen Burgen, die am Fuße der köstlichsten Rebenberge einst goldene Tage denen bereiteten, die hier sich des Lebens gefreut? Da weilt der Blick zunächst auf dem wundersamen Baue am nördlichen Ende des Ortes, der wie ein ungelöstes Räthsel dasteht, weil er eine so ungewöhnliche Form hat, so ganz abweicht von dem meist übereinstimmenden Plane, der bei der Erbauung mittelalterlicher Burgen befolgt wurde. Alle Nachweise über die Zeit seiner Erbauung, über die Erbauer selbst fehlen, und somit öffnet sich ein weites Thor für — Vermuthungen.

Man hat behauptet, die Römer wären des Baues Gründer gewesen, alemannische Scharen, die Mainz verwüstet, hätten auch dies Römerkastell wie das bei Kreuznach zerstört, aber Karl der Große habe es wieder aufbauen lassen, als er in seinem Palaste zu Ingelheim darüber sann, wie an diesen Bergen die Rebe zu pflanzen sein möchte. Vielleicht ist dem so;

das aber steht fest, daß ein „Hausmeier" Karls des Großen in der Burg, die nur ein kaiserlicher Hof war, wohnte, und daß seitdem Rüdesheims Weinbau begann und fort und fort ruhmreich blühte.

Nachdem der Rheingau eine Schenkung an den Erzbischof von Mainz geworden war, erscheint der Bau als Ritterburg, und die Familie von Rüdesheim besaß sie, ob durch Kauf? — wer wüßte das, da die Urkunden fehlen. Sie wurde ein sehr angesehenes Familien- oder „Ganerbenhaus". Ritter dieser Familie stritten mit den Sponheimer Grafen anno 1279 bei Sprendlingen gegen ihren Landesherrn, den Erzbischof von Mainz, und Landesverweisung war ihre Strafe. Dies läßt eher vermuthen, daß die Ritter von Rüdesheim die Burg als Lehen besaßen; denn der Erzbischof zog dieselbe wieder an sich. Erst nachdem Kaiser Rudolph die Sühne zwischen Kurmainz und Sponheim zu Aschaffenburg zu Stande brachte (1281), erhielt die Familie die Burg als Lehen von Mainz zurück. In späteren Zeiten erbte das Lehen auf einen Zweig der Familie, die Brömser von Rüdesheim, und daher ihr Name Brömserburg. In der Neuzeit richtete die Grafenfamilie, welche die Burg ererbte, sie innerlich schön und wohnlich ein und machte oben eine kleine Anlage. Die „Brömser" wohnten auf ihrer Burg bei Presberg im Wisperthale bei Lorch, verheiratheten sich aber mit denen von Rüdesheim und wurden ihre Erben, bis das Geschlecht 1668 erlosch. Sie bekleideten die hohe Würde der Erb-, Land- und Hof-Untertruchsessen des Erzstifts Mainz. Ehe die Brömser Lehenserben wurden und die Burg ihren Namen annahm, hieß sie von ihrer tiefen Lage am Rheine die „Niederburg". Albrecht von Brandenburg brach ihre Mauern bis zu dem Zustande, in dem sie äußerlich noch heute stehen. Die Gräfin von Ingelheim schmückte die Burg oben mit Rosen und blühenden Gewächsen, erinnernd an das Dichterwort: „Und neues Leben sproßt aus den Ruinen".

Die Thürme der „Boosenburg" ragen, näher dem Berge, noch heute stolz empor. Sie ist ebenfalls alt, aber nicht so alt als die Nieder- oder Brömserburg, und war ebenfalls ein Bau, den die reiche, mächtige Familie derer von Rüdesheim errichtet hatte. Die Familie theilte sich, da ihr Mannesstamm wahrscheinlich erloschen war, in die Zweige der Brömser von Rüdesheim und der „Fuchse von Rüdesheim". Während Ersteren die Niederburg zufiel, erhielten diese die obere Burg, die später als Boosenburg auftritt, weil nach Erlöschen der „Füchse", und zwar im Jahre 1474, Johann Boos von Waldeck die Burg durch eine Erbtochter an sich brachte, und zwar seltsamer Weise als Lehen der Grafen von Zweibrücken, die ein Pfandrecht auf die Burg hatten. Sie blieb bei dem Geschlechte der Boose.

Auch der Saalhof, schon dem Namen nach ein karolingisches Palatium oder Kaiserhof, war ein uraltes Gebäude in dem Orte. Rüdesheim hatte viele Drangsale in jenen und spätern Tagen zu erdulden; dennoch stellte der kostbare Weinbau den zerrütteten Wohlstand schnell wieder her, und jetzt liegt es da, in seinem Wohlstand und Frieden eine Augenweide, hineingezogen in den Weltverkehr durch die Schiffahrt und die Eisenbahn auf dem rechten und linken Rheinufer.

Kehren wir nach einem nochmaligen Blick über den herrlichen Rheingau, den man mit Recht „die schönste und edelste Perle am Kurhute von Mainz" nannte, zu unserm Standpunkte bei der Rochuscapelle zurück und wenden uns südlich, so verdeckt zwar die Höhe die Thürme des „goldenen Mainz", aber voll und ungehindert fällt der Blick auf die Höhen von Ingelheim.

Ueber ein gesegnetes, frucht-, aber auch waldreiches Land schweift gegen Westen das Auge bis stellenweise zu den Höhen des „Hochwaldes", wo die Wildenburg auf ihrer stolzen Höhe thront, und würde, träte nicht neidisch der Lemberg in den Weg, bis hoch hinauf in's Nahethal dringen. Gen Westen ist der Gesichtskreis von waldigen Höhen begrenzt, und gegen Norden schließt ihn das Waldgebirge, welches den ohne Zweifel keltischen Namen des „Soon" heute noch trägt, und dessen östliche Grenze die Burg Soneck, unterhalb Rheinstein, bewacht.

Kehren wir denn zu unserm Ausgangspunkte zurück!

Der Nebelschleier ist von den Strahlen der Augustsonne besiegt. In ihrem Goldglanze ziehen des Rheines Wogen hinab, und in seiner schimmernden Fluth schwimmen die schönen, grünen Inseln. Jetzt sehen wir majengeschmückte Schiffe hier und dort von dem Ufer stoßen voller Wallfahrer, die zur Rochuscapelle eilen. Ihre Gesänge trägt die Luft dem Ohre zu. Es sind heilige Klänge von ergreifender Wirkung. Sie landen in Kempten; sie ordnen sich in zwei Reihen, die Geistlichen im reichen Ornate unter dem Baldachin voraus, dann die Reihen der Gläubigen, zwischen denen die Fahnenträger schreiten. Ihre frommen Gesänge kommen näher und näher, bis ihre zahlreichen Scharen des Berges Scheitel, wo die Capelle steht, erreichen. Die Müden lagern sich.

Jetzt verkündet der Glocken Hall den Ausgang der großen Binger Festprozession aus dem schönen Gotteshause am rechten Ufer der Nahe. Die Gesänge hallen von ferne herauf. Sie ist die zahlreichste und die Hauptprozession.

Es währt lange, bis sie unter heiligen Liedern und Glockengeläute die steile Höhe erklommen hat. Jetzt naht sie, reich geschmückt. Böllerschüsse und Musik verkünden ihr Kommen. Die Pforte der Capelle öffnet sich; die fremde Geistlichkeit schließt sich an, und was in die Capelle kommen kann, drängt und zwängt sich hinein, — aber Hunderte knieen betend draußen im weitesten Kreise um die Capelle herum, bis die Feier vollendet und die Predigt gehalten ist.

Die Sonne ist zu ihrer Mittagshöhe gelangt. Sengend fallen ihre Strahlen nieder. Nun die Seele ihr Theil empfangen hat, verlangt der Leib gebieterisch auch das Seine, und es wird ihm reichlich. Die Zelte füllen sich bis zum Auseinanderdrücken ihrer luftigen Wände; aber sie vermögen die Menge des Volkes nicht zu fassen. Viele wandern hinab nach Kempten und füllen dort die Wirthshäuser; Andere lagern sich im Schatten der Capelle und der Zelte und lüpfen die Deckel ihrer Körbe, darinnen die vorsorgende Hausfrau und Mutter Kuchen oder Fleisch und Brot, Butter und Faustkäse mitgebracht hat. Die Metzger braten Rippchen und Würste am lodernden Feuer; die Obstverkäuferinnen, die in guten Jahren schon reife Trauben ausbieten, enthüllen ihre lockenden Früchte, und — was nun folgt, oft bis spät in die sternenhelle oder mondburchglänzte Nacht, das ist der weltliche Theil des Festes, und es sind ihrer Viele, die nicht recht wissen, wie sie heimgekommen, Viele, die in den seltsamsten Wellenlinien sich den Berg wieder hinabarbeiten, vielleicht nicht ohne den Boden verschiedene Male geküßt zu haben. Das Alles kommt aber lediglich daher, daß der Rochusberg ein Nachbar des Scharlachberges ist, mit dem er ja doch gute Nachbarschaft halten muß, und umgekehrt dieser mit ihm.

Göthe, das berühmte „Weltkind in der Mitte", hat der Capelle ein sehr schönes Altarblatt geschenkt, das dieselbe noch heute schmückt. Die Rochuscapelle wurde im Jahre 1666 zum dankenden Andenken an das Aufhören der in Bingen furchtbar wüthenden Pest von der Stadt Bingen erbaut, und das Fest fällt in die Zeit, da die schreckliche Seuche zu wüthen aufgehört hatte.

Wandern wir über die steile Höhe hinab gen Bingen, so liegt zur Rechten, fast an die Rochuscapelle reichend, ein waldiges Berggelände, welches ein Privatmann erworben und echt mittelalterlich mit einer Mauer umfriedigt hat, welche einzelne Thürme zieren. Oben, wo sich das Besitzthum zuspitzt, befindet sich ein stattlicher Thurm mit einem Gemache, aus dem die Aussicht auf den Rhein, den Rheingau, besonders Rüdesheim, Ehrenfels und Mäusethurm und theilweise Bingen ausgezeichnet schön sein muß. Unten, wo sich dies Besitzthum ausdehnt, steht das stattliche Wohnhaus und befindet sich ein schöner Garten.

Ferner fesselt hier den Beschauer die neue zierliche evangelische Kirche, ein Werk des Gustav=Adolph=Vereins. Vor der Stadt vorüber zieht sich der Schienenweg der Eisenbahn, deren Bahnhofgebäude mit den verschlungenen Schienensträngen unterhalb des Rupertsberges auf dem linken Naheufer liegen, mit dem eine stattliche Brücke, über welche der Schienenweg führt, das rechte Ufer verbindet. Der Bahnhof liegt für Bingens Verkehr nicht vortheilhaft, und wird, begünstigt vom dauernden Frieden, der Plan ausgeführt, den sehr seichten Rheinarm von der linken Spitze der Nahemündung bis zu dem Felseneilande, darauf der Mausthurm steht, abzudämmen, die ganze Wassermasse aber dem Bingerloche zuzuweisen und das durch den Damm gewonnene Land trocken zu legen, so dürfte auf dem sogenannten „Binger Grün" mit der Zeit ein neues Bingen entstehen, indeß der Handelsverkehr der alten Stadt schwindet.

Bingen ist eine uralte Stadt. Die Römer nannten ihre dortige Niederlassung Bingium. Wo dies Bingium gelegen, auf dem rechten oder linken Naheufer, das war für die Alterthumsforscher immer ein dunkler Punkt, der gar manche Vermuthung hervorrief, selbst die, daß der Lauf der Nahe zur Römerzeit ein anderer und ihre Mündung bei Kempten am Fuße der Rochuscapelle gewesen sei.

Die außerordentlich zahlreichen Funde römischer Alterthümer sowohl beim Baue des ehemaligen Zollhauses auf der Höhe des Rupertsberges als bei Anlage der Eisenbahn scheinen aber unzweifelhaft zu beweisen, daß das Bingium der Römer auf dem linken Naheufer seine Stelle hatte. Wann das jenseitige Bingen entstanden, ist schwer zu sagen. Wäre indessen zu erweisen, daß auch die nachmalige Burg Klopp ursprünglich ein römischer Wachtthurm war, so würde jeder Zweifel gehoben sein. Beide Ufer der Nahe wären dann durch römische Festungsbauten gedeckt und der Fluß der Mühe überhoben gewesen, einst ansteigend seine Mündung bei Kempten suchen zu müssen. —

Die Lage der Stadt Bingen ist herrlich. Auf zwei Seiten von Wasser umgeben, an den Scharlachberg gelehnt, dessen Wein zu den besten zählt, steigen seine Häuser mälig am Berge empor. Vom Rheine aus gesehen, bietet es einen prächtigen Anblick, der etwas Südliches an sich trägt, zumal von dieser Seite die Gebäude meist durch das saftige Grün der Berggärten unterbrochen sind.

Daß Drusus der Gründer des alten Bingen war, ist um so weniger zu bezweifeln, als gerade sein Name in der Drususbrücke, dem Drusus-thor, Drususbrunnen noch im Munde des Volkes lebt und solche alte Ueberlieferungen selten einer festen geschichtlichen Grundlage entbehren, besonders wenn man erwägt, welche furchtbaren Stürme die Stadt zu überdauern hatte.

Bingen war schon unter den Frankenkönigen bedeutend, wenn es auch fraglich bleibt, ob es schon damals die Größe einer Stadt errungen hatte und mit Mauern umgeben wurde, die es mit dem auf römischen Fundamenten aufgebauten Klopp verbanden. Es fehlen überall die sicheren Beweise für solche Angaben.

Bingen gehörte dem untern Rheingau an und kam durch die Schenkung Kaiser Otto's an das Erzstift von Mainz, auf dessen Stuhle damals der demüthige und fromme Willigis saß. Ueberall war derselbe bedacht, Kirchen zu bauen, und so entstand unter seiner Regierung die schöne Martinskirche an der Nahe, an welcher der Brand im Orleans'schen Kriege ohne Schaden vorüberging, also daß sie wahrscheinlich noch in ihrer altehrwürdigen Gestalt vor unsern Augen steht. An ihr wirkte einst in späteren Zeiten der Mann, welcher dem landflüchtigen Stuart die merkwürdige prophetische Warnung gab, die in seinem Tode eine so auffallende Bestätigung fand. Er hieß Bartholomäus Holzhäuser und wurde hochverehrt von den Bewohnern Bingens und in weiteren Kreisen.

Bingen hatte schwere Schläge zu ertragen gehabt im Laufe der Zeiten von jener Schlacht an, welche im Jahre 70 unter der Regierung des römischen Kaisers Vespasian die empörten Trevirer gegen die Legionen des Cerealis schlugen, bis zur Zeit, als die Revolutionsheere über die Grenzen des alten Frankreich hervorbrachen.

Heben wir einzelne Momente hervor, so verdient jene Belagerung der Stadt durch Albrecht von Oesterreich während der Zollfehde 1301 besondere Beachtung, weil eine seltsame Erinnerung noch im Munde des Volkes in weiten Kreisen lebt. Die Rheinchronik Ottocars von Horneck äußert sich also darüber:

„Zehn Wochen und pas (mehr)
„der Kunig vor Pinge (Bingen) saß
„mit einem achtparen Her (Heer),
„des er mit reicher Zehr (Zehrung)
„phlage hart schon.
„der Reyn und die Non (Nahe)
„trugen in (ihm) spät und fru
„soviel Choft (Lebensmittel) zu,
„daz in maniger Stund
„nicht erfahren chund (konnte)
„ain Her mit so vollem Rat,
„als der Chunig (König) vor Pingen hat."

Bingen litt in dieser Zeit die furchtbarste Noth von zwei Seiten her, allein auch im Lager Albrechts regte sich Ungeduld und Unwille über die lange vergebliche Belagerung und Berennung, und es that noth, daß endlich eine Entscheidung herbeigeführt wurde. In Albrechts Heer waren „die Buben", wie man damals die zu Fuße streitenden Soldaten nannte, meist hergelaufenes Volk, das nur nach Kriegsbeute und Plünderung begierig war, kaum mehr zu beschwichtigen; denn Bingen bot durch seine reichen Handelsherren und seinen Reichthum überhaupt die glänzendste Aussicht auf Beute. So wurde denn endlich der Hauptsturm beschlossen und Alles aufgeboten, um die Belagerten zu täuschen, was auch so vollständig gelang, daß man, da zwischen Klopp und Bingen Hader war, an nichts weniger dachte als an einen Ueberfall. In der tiefdunkeln Nacht begann plötzlich wie mit einem Zauberschlage der Sturm und mit so günstigem Erfolge, daß nach kurzer Gegenwehr die Stadt in den Händen der Belagerer sich befand. Alles, was rohe, sittenlose und grausame Plünderung in sich schließt, wurde an der unglücklichen Stadt verübt, in deren Straßen Ströme Blutes flossen, und in deren Gebäude zum Schlusse der wildesten Ausschweifungen noch Feuer gelegt wurde, dem Niemand wehrte, und das erst dann erlosch, als es keine Nahrung mehr fand. Albrecht hatte die Stadt erobert, aber er war nur Herr eines Trümmerhaufens, der zahllose Leichen deckte und mit ihnen die Schauer ruchloser Rohheit.

Diese Gräuelnacht mit ihren Ereignissen hat sich so tief in das Gedächtniß des Volkes eingegraben, daß man heute noch, wenn man Gräßliches, Schauerliches, Verabscheuungswürdiges im höchsten Grade bezeichnen will, zu sagen pflegt: „Das ist wüste, wie die Nacht von Bingen."

Am schwersten waren die „Gewärtschen" oder „Lombarden" in Bingen betroffen, jene aus den piemontesischen Städten Cavors, Asti und ihrer nächsten Umgebung, auch wohl aus der Lombardei stammenden italienischen Kaufleute und Handelsherren, die sich, nachdem sie lange Zeit handelnd umhergezogen waren, endlich in den rheinischen Städten seßhaft gemacht und den Handel und mit ihm unermeßliche Reichthümer an sich gerissen hatten. Es wurde ihrer schon droben unter dem Abschnitte „Mainz" Erwähnung gethan. Sie waren, wie unter einander verheirathet, so auch eng verbunden. Bingen hatte bei seiner günstigen Handelslage ihrem Scharfblicke nicht entgehen können; denn der rheinaufwärts betriebene Handel mit ausländischen Gütern hatte hier seinen Stapelplatz auf dem Wege nach dem Elsaß, Lothringen und Frankreich. Von Bingen aus wurden die Güter auf Wagen und Saumthieren über Kreuznach und Sobernheim gefördert. Bei Sobernheim führte die Handelsstraße über die Nahe und dann über den „Schwarzenberg“ hinter dem Dorfe Meddersheim auf das Gebirge, wo noch die Römerstraße nach Tholei sich hinzog, und von da weiter nach Frankreich.

Der ganze, äußerst bedeutende und wichtige Handel lag in der Hand der reichen Lombarden in Bingen, die aus den Familien Ottini, Montesia, Broglio, Montemagno und Pomaria bestanden. Albrecht von Oesterreich trug ihnen einen tiefen Haß, weil sie mit ihrem Gelde seinen Todfeind Adolph von Nassau, den er bei Göllheim gefällt, unterstützt hatten, und diesen Haß büßten sie jetzt schwer bei dieser Eroberung. Nur langsam erholten sie sich von diesem schweren Schlage; aber es gelang dennoch ihrer außerordentlichen Betriebsamkeit, sich wieder empor zu arbeiten. Auch wurden sie von allen Seiten wirksam unterstützt.

Ein die Stadt selbst schwer treffender Schlag wurde von Seiten seiner Verwaltung, das heißt von der erzbischöflichen Kammer herbeigeführt. Bingens reiche Einnahmen von seinen Produktenmärkten, die besonders mit Getreide und Vieh befahren wurden, sowie von der Verschiffung der Weine des Nahethales, die dort ihren Ladeort hatten, reizten die erzbischöfliche Kammer die viel brauchte, einen sich immer erhöhenden, endlich nicht mehr zu erschwingenden Zoll zu fordern. Besonders waren es die angrenzenden Pfälzer, die von diesem Zolle gedrückt wurden. Der Nothschrei des Volkes erreichte das Ohr des Landesherrn. Pfalzgraf Philipp erschöpfte ein reiches Maß der Selbstbeherrschung und Geduld, diese Angelegenheit auf friedliche Weise zu schlichten; allein alle seine Versuche scheiterten, und nur das Schwert konnte den starkgeschürzten Knoten gewaltsam lösen. In die Hand seines Amtmanns zu Kreuznach, des wilden Goler von Ravensberg, legte der Pfalzgraf den Oberbefehl, und der Krieg begann, als der Pfalzgraf den Markt von Bingen nach Münster zu verlegen suchte und Goler den Thurm „Trutzbingen“ vor Münster zum Schutze dieses Marktes erbaute. Der Thurm stand da, aber der Markt in Münster kam nicht zu Stande. Goler suchte Bingen, wo und wie er konnte, zu schaden. Erobern konnte er es zwar nicht und ließ dafür an dem Kloster Rupertsberg seine volle Wuth aus, aber Bingens Handel war auf lange Zeit hin gestört und der Schaden weitreichend und tiefeingreifend.

Bingens Bürger waren übrigens muthige Leute, das zeigen ihre Spänne mit dem Bisthumsadministrator und Dompropst Kuno von Falkenstein und ihre muthvolle Theilnahme an dem von dem Städtebunde verrichteten Werke der Zerstörung der Raubburg Soneck. Eine sagenhaft klingende Begebenheit zwischen den Bürgern Bingens und dem Dompropste Kuno von Falkenstein verdient hier erwähnt zu werden. Der gewaltige Falkensteiner war kein Freund freier Regungen im Bürgerstande, der seine Kraft zu fühlen begann. Besonders keck zeigten sich die Bürger von Bingen, und ihren Uebermuth zu dämpfen, fand Herr Kuno Gelegenheit. Je straffer er die Zügel anzog, desto grimmer wuchs der Bürger Haß, und als einst Herr Kuno auf Klopp sich in den Herbsttagen aufhielt, schmiedeten die Bürger ein Complott, den Dompropst, der nur eine geringe Zahl von Reisigen in der Burg hatte, zu überrumpeln, ihn in ihre Gewalt zu bekommen und ihm die Bewilligung größerer Freiheiten abzunöthigen. Das Liebesverhältniß eines in der Burg dienenden Mädchens mit einem jungen Schiffer von Bingen und das Stelldichein, welches sie ihm jedabendlich am geöffneten Thore der Burg gab, deren Schlüssel sie dem Thorwart, der ein Säufer war, durch reiche Gaben edlen Weines abzugewinnen verstand, bot günstige Gelegenheit, ohne Aufsehen in die Burg zu gelangen.

Es war in einer jener stichdunkeln, herbstlichen Neumondnächte, da der Dompropst, vom edelsten Scharlachberger in Klopps Zehntenkeller überwältigt, auf sein Pfühl gesunken war und in schnarrenden Athemzügen verrieth, wie fest er schlief, als die Bürger sich in die Burg einschlichen, die Wache ohne Geräusch gefangen nahmen und dann bis in das Vorgemach Kuno's drangen. Da dies nicht ohne Geräusch der Waffen geschehen konnte, so erwachte der Dompropst, den die Limburger Chronik als den stärksten und gewaltigsten Mann seiner Zeit schildert. Plötzlich wird seines Schlafgemaches Thür aufgerissen, und — geblendet von dem Lichte der Fackeln steht der überraschte Dompropst mitten unter den wild und grimmig dreinschauenden Bürgern der Stadt, die ihm rasch den Rückweg in das Schlafgemach vertreten und, ihn von allen Seiten umringend, ihm zurufen: Ihr seid unser Gefangener! Nun ist die Stunde da, wo wir Euch vorschreiben, wie es um unsere Rechte steht! — Vergeblich redete der Dompropst ihnen in das Gewissen, machte sie auf das Strafbare aufmerksam, Hand an die geheiligte Person ihres Landesherrn, an die geweihte Person eines hohen Würdenträgers der Kirche zu legen, der bannen und lösen könne, versprach ihnen Willfahrung ihres Verlangens, Verzeihung ihres Frevels, wenn sie in Frieden zur Stadt zurückkehrten. Die Bürger, die siegestrunken ihn in ihrer Gewalt sahen, riefen: Wir wissen, wie es bei Euch mit Versprechen und Halten steht! Voran, in's Verließ der Stadt!

Da richtete sich der mächtige Mann auf und rief: Wie, Ihr wollet mich in meiner Blöße den Blicken des Volkes und seinem Hohne aussetzen? Lasset mich in mein Klosett, daß ich mich ankleide und Euch folge! —

Dagegen war nichts einzuwenden. Sitte und Zucht forderten gleich gebietend Willfahrung.

Kuno trat in das Gemach, und als er die Thüre in's Schloß zog, schob er unhörbar die Riegel der starken Thüre vor, zog schnell Schuhe an seine Füße, warf einen weiten Reitermantel um, öffnete das Fenster nach dem südlichen Burggraben und sprach leise in sich hinein: Lieber todt als in des Volkes ruchloser Gewalt! und — sprang hinab. — Im weiten Reitermantel, den seine gewaltige Faust zusammenhielt, fing sich die Luft, und — wunderbar! — er kam ohne Schaden, wenn auch mit zerrissener, blutender Haut an Beinen, Händen und Antlitz, unten in dem Dorngestrüppe an.

Ohne Säumen erkletterte er den jenseitigen Abhang des Grabens und eilte hinab zum Rheine. Hier löste er einen Kahn, sprang hinein, faßte das Ruder und durchschnitt mit mächtigen Ruderschlägen die Rheinfluth. Drüben auf Ehrenfels flimmerte das Licht des Thorwarts in die dunkle Nacht hinaus. Das war sein Leitstern, da droben am Himmel keiner zu sehen war.

Glücklich erreicht er das Ufer. Unaufhaltsam stürmt er den Burgweg hinan, und bald steht er vor der festverschlossenen Burg.

Seine mächtige Stimme weckt den Thorwart. Er erkennt diese donnernde Stimme. Die Zugbrücke rasselt nieder, das Fallgatter hinauf, und die Pforte geht auf. — Voll Schrecken vor der halbnackten blutigen Gestalt steht der Thorwart sprachlos da; aber Herr Kuno hat keine Zeit. Er schiebt ihn zur Seite und eilt in die Burg. Nicht geringer ist das Entsetzen des Burgmannes und der Reisigen, die auf den Ruf Kuno's herbeieilen. Wenige Worte berichten genugsam, wie die Sachen standen, und legen ihnen den Plan vor, schnell hinüberzueilen, um die Meuterer zu überraschen. Alle wappnen sich, brennend vor Begierde, die Ruchlosen zu strafen, und in größter Eile und möglichster Stille erreichen sie Rüdesheim und lösen, indeß Rüdesheim, nicht ahnend, was im befreundeten Bingen vorging, im tiefen Schlafe lag, die Kähne. Das linke Ufer war bald erreicht. Die Thore waren verlassen, denn alle rüstigen Männer waren auf der Burg Klopp. So wenig beachtet, daß Niemand Lärm machte, eilte Kuno mit seiner Schaar der Burg zu, in deren Saale die Bürger mit einander haderten.

Ruhig hatten sie gewartet, bis der kriegerische Kirchenfürst aus seinem Schlafgemache hervortreten würde; aber er kam nicht. — Sie horchten an der Thüre; aber todtstille war es drinnen. Jetzt erwacht ihr Argwohn. Sie wollen die Thüre öffnen, allein sie ist von innen verriegelt und geschlossen. Da stehen sie und sehen sich verblüfft an. — Sprengt die Thüre!

Klimsch gez. Stahlstich v. Carl Mayer's K.-A. in Nürnberg

Bingen mit Klopp, Ehrenfels, Mäusethurm, Rochuskapelle

Verlag von Julius Niedner in Wiesbaden

rufen die, welche an dem Eingang des Saales stehen. Sie versuchen es, — doch die starke Eichenthüre widersteht.

Jetzt eilen Einige hinweg und suchen nach Brechwerkzeugen. Es währet lange Zeit, bis man sie herbeischafft, wieder lange Zeit, bis die Thüre erbrochen ist, und als sie in das Klosett dringen, ist es — leer! Sprachlos stehen sie da. Bleich und voll Entsetzen sehen sie sich an; denn es ist keine Thüre da, wodurch er hätte entfliehen können. Nur das Fenster ist weit geöffnet, und — eine gähnende Tiefe reicht hinab in den Burggraben, eine Tiefe, die den, der da hinabstürzt, zerschmettert unten bergen muß. — Todesschrecken lähmt Geist und Glieder. —

Was soll aus uns werden, wenn er todt ist? rufen voll Entsetzen Etliche; Andere rufen: Fluch denen, die den Plan angelegt! Es entsteht eine rathlose, wilde Verwirrung, und es ist nahe, daß sie über einander herfallen in wildem Kampfe. — Eine geraume Zeit verstreicht, bis sie ruhiger werden, bis der Rath durchdringt, im Schloßgraben nach dem Verunglückten zu suchen. — Sie eilen hinab. — Sie durchsuchen Graben, Felsen und Gestrüppe in wilder Hast. Nirgends eine Spur! Endlich finden sie unter dem Fenster Fetzen seiner geringen Bekleidung, Blut, geknickte Zweige, ihn selber aber nirgends.

Er ist durch ein Wunder entkommen! Wehe uns! hört man ausrufen. Das Gericht, das Kuno über die meuterische Bürgerschaft halten wird, tritt mit allen Schrecken vor die Seelen. — Hier und da schleicht sich Einer hinweg und begräbt sich so schnell als möglich in sein Bett. — Die Andern kehren in die Burg zurück, um Rath zu halten, was zu thun sei in dieser entsetzlichen Lage. — Die Berathung ist stürmisch, denn Jeder will Recht haben; Andere ergehen sich in den bittersten Vorwürfen gegen die Rädelsführer. Noch Andere brechen in reuevolle Selbstvorwürfe aus, daß sie solch' tollem und — unrechtem Unternehmen sich angeschlossen und nun in einer so trostlosen Lage seien.

Zum wilden Hader kommen sie wieder, aber zu keinem gemeinsamen Entschluß, und während das hier vorgeht, bleiben die Zugbrücken niedergelassen, das Thor offen und unbewacht, und Kuno mit seinen Streitern naht; — denn es sind Stunden vergangen, und der Tag ist nicht mehr ferne.

Da werden plötzlich die Thüren aufgerissen; Kuno tritt mit dem blutigen Antlitz herein, das bloße Schwert in der Hand, und hinter ihm die Ritter und Reisigen von Ehrenfels.

Ihr seid meine Gefangenen! Nun ist die Stunde da, wo Ich Euch vorschreibe, wie es um meine Rechte steht! ruft, ihrer Worte spöttisch sich bedienend, Herr Kuno, und mit fahlen Gesichtern starren die in ihrer eigenen Schlinge gefangenen Bürger dem wunderbar geretteten Dompropst in's rollende Auge. Keiner öffnet die Lippe; Keiner wagt Widerstand. Plötzlich aber fallen Alle, wie von Einem Gedanken überwältigt, auf die Kniee und flehen um Gnade.

Mit einem triumphirenden Lächeln blickt der Sieger über den Haufen der Knieenden hin, dann winkt er seinen Begleitern, und bald ist die Schaar der Bürger gefesselt, und in den feuchten Verließen der Burg gewannen sie Zeit, über ihr mißglücktes Unternehmen und seine schweren Folgen nachzudenken. —

Das Gericht des erzürnten Machthabers blieb nicht aus; dennoch aber war es gnädiger, als sie es erwarteten. Allein die letzten Freiheiten der Stadt brachen zusammen, und was Kuno that, stellte ihn, für's Erste wenigstens, sicher gegen die Wiederholung solcher Unternehmungen und gegen einen zweiten Sprung aus dem Fenster seines Klosettes, der leicht nicht so gut hätte abgehen dürfen als der erste.

Es ist falsch, wenn anderweitig berichtet wird, daß sich wirklich solche Ueberfälle und die Rettung durch den Sprung aus dem Fenster wiederholt hätten.

Das Alter der Burg Klopp ist unbestreitbar, und die Wahrscheinlichkeit, daß die Fundamente des jetzt wiederhergestellten Hauptthurms römisch seien, hat sehr viel für sich. So nur heben sich geschichtliche Schwierigkeiten über die Lage des alten Bingium, die sonst unüberwindlich wären. Auch das spricht gewiß dafür, daß man beide Ufer der nach Gallien zu Thür und Thore öffnenden, oberhalb überbrückten Nahe befestigte, zumal Römerstraßen von hier aus in's obere Nahethal gen Tholei und rechts ab gen Trier führten, auch Kastelle und Niederlassungen zahlreich im oberen Nahethal sich befanden und in Ruinen noch vorhanden sind, welche auf die hohe Bedeutung dieses Zugangs nach Gallien ein helles Licht werfen. Lagen ja doch, und sie sind heute noch sichtbar, in Kreuznach, am Disibodenberge und weiter römische Befestigungen. Die Zeit der völligen Zerstörung aller dieser Befestigungen ist unbekannt, aber vermuthen läßt es sich, daß der Zug Rando's, des Allemannenführers, der Castell und Mainz zerstörte, nicht dort endete, und daß unter der Wucht seines Streithammers auch die Niederlassungen der Römer fielen, die im weiten Umkreise lagen, und so auch Klopp und Bingium. Es ward bei Bingen schon auf die öftere Wiederkehr des Namens Drusus hingewiesen, und daraus dürfte der Schluß sich rechtfertigen lassen, daß auf der Höhe über Bingen eines jener Kastelle stand, mit denen Drusus die Ufer des Rheines besetzte, und auf deren Ruinen meist später Burgen sich erhoben, die am Rheine häufig vorkommend von den Kaisern erbaut wurden. Ausonius berichtet in seinem Gedichte Mosella, daß er auf seiner Reise nach Trier bei Bingium die Gebeine der Gefallenen habe bleichen sehen, die dort noch lagen, seit Civilis hier die Niederlage erlitten.

Er vergleicht die hier geschlagene Schlacht mit jener von Cannae. Mag dabei die dichterische Freiheit sich auch geltend machen, unbedeutend kann die Schlacht nicht gewesen sein. Man sucht das Schlachtfeld bei dem nahen Dörflein Sarmsheim.

Wann und von wem die Stätte wieder bebaut wurde, ist allerdings unbekannt; allein ob Kaiser Karl der Große oder einer seiner nächsten Nachfolger nicht hier ein sogenanntes Palatium erbaut hat, möchte darum zu bejahen sein, weil Klopp später eine Reichsburg wurde und es blieb, bis Kaiser Otto es mit dem Rheingau dem Erzbischof Willigis von Mainz schenkte und die Burg nun fortab eine Mainzer Landburg heißt.

An Klopps Mauern knüpft sich eine der schauerlichsten Begebenheiten aus der deutschen Kaisergeschichte. Hier vollzog Heinrich V den Verrath an seinem Vater, Heinrich IV, und nicht in Böckelheim. (Godofr. Viterb. Chron., Siegebert. Gemblac. und Andere nennen den Ort, wo die Unthat verrichtet wurde: apud Pinguiam Castellum, vicinum Castellum apud Bingam, ja selbst ad und prope bezeichnen die unmittelbare Nähe bei Bingen, während Böckelheim s e c h s bis s i e b e n Wegstunden von Bingen entfernt ist. Auch der Umstand, daß Heinrich IV Abends, Samstags vor dem Christfest, zu Bingen ankam und s o g l e i c h in der Burg eingeschlossen wurde, daß schon am andern Morgen Wigbert bei ihm eintraf u. s. w., weiset hin, daß er unmöglich noch Böckelheim erreichen konnte. Auch war es bei dem steten Verkehr zwischen der Reichsversammlung in Mainz und dem Kaiser vollends unmöglich, daß das in Böckelheim stattfinden konnte.) Vergegenwärtigen wir uns den Verlauf der Begebenheiten nach den genannten und anderen Quellen. Kaiser Heinrich IV nahte vom Niederrhein her gen Ingelheim, wo die Reichsversammlung tagte und sein feindlicher Sohn sich befand, in der Absicht, sich mit diesem auszusöhnen; denn als Heinrich V vernahm, daß des alten Vaters Anhänger sich um ihn schaarten, da wurde ihm bange, und er eilte ihm bis Koblenz entgegen, um schneller sich mit seinem Vater auszusöhnen. Seine Reue schien so echt, so wahr, daß ihr der Vater ohne Rückhalt Glauben schenkte; ja der Sohn gelobte, den Vater gen Mainz zu führen und auch die Sühne mit dem Papste und Reichstage zu erwirken.

Umsonst war es, daß die alten treuen Freunde den Kaiser davor warnten, dem Sohne zu trauen; er war so tief überzeugt von des Sohnes reuiger

Umkehr, daß er selbst darin einwilligte, daß nur 300 Reiter von Seiten des Vaters und 300 von Seiten des Sohnes die beiden neu Versöhnten begleiteten auf ihrem Zuge rheinaufwärts. Nicht dem Vater, der in treuem Glauben sich des wiedergewonnenen Sohnesherzens freute, wohl aber den ihn umgebenden Getreuen fiel es schwer auf, daß in jedem Orte, den sie durchzogen, neue gewappnete Ritter mit ihren Reisigen sich dem Zuge anschlossen, und daß diese alle zu des Sohnes Partei gehörten. Als dies in immer wachsendem Maßstabe geschah, da gebot es den Freunden die Pflicht, den alten Kaiser zu warnen; allein er wies ihr Mißtrauen entschieden zurück. Als sie endlich Bingen erreichten, waren des Sohnes Anhänger so angewachsen, daß des Vaters dreihundert Getreue nichts mehr gegen sie hätten ausrichten können.

Vor dem Thore Bingens sprach Heinrich V heuchlerisch zum Vater, es liege ihm Eins schwer auf dem Herzen, das nämlich, daß der Erzbischof von Mainz so harten Sinnes sei, daß er den Vater, weil er im Banne des Papstes sei, nicht in die Stadt Mainz lassen würde, um dort das Christfest zu feiern; darum wolle er, der Sohn nämlich, eiligst vorausreiten, um den harten Sinn des Erzbischofs zu brechen, und bis dies geschehen, möge der Vater auf der Burg (Klopp) weilen. Er entfernte sich schnell mit einer nicht großen Begleitung, und arglos ritt Kaiser Heinrich IV den Burgweg hinan, nur von Wenigen seiner Getreuen begleitet, während die übrigen mit den Anhängern Heinrichs V, die ihnen weit an Zahl überlegen waren, in der Stadt blieben. Als der alte Kaiser in den Burghof eingeritten war, rollte das Fallgitter herab; die Zugbrücke wurde aufgezogen, und blitzschnell umgaben ihn zahlreiche Anhänger seines Sohnes, die in der Burg sich verborgen hatten, und erklärten ihm, er sei der Gefangene seines Sohnes. Als dies auf der Burg geschah, wurde von ihr aus ein Zeichen gegeben, und die große Schaar der Anhänger des treulosen Sohnes fielen über die Getreuen des alten Kaisers her, nahmen viele von ihnen gefangen, schlugen die andern mit des Schwertes Schärfe zu den Thoren der Stadt hinaus und schlossen die Pforten, daß keiner mehr herein und dem gefangenen Kaiser zu Hülfe kommen konnte. Jetzt lag der Verrath zu Tage, den der Sohn an dem Vater begangen hatte durch die erheuchelte Versöhnung.

Noch an demselben Abend erschien der Markgraf Wigbert von Meißen und forderte mit empörender Frechheit, der Kaiser solle zu Gunsten des Sohnes der Kaiserkrone entsagen und die Kleinodien des Reiches herausgeben. Er that dies unter wüthenden Drohungen, ja er zog selbst das Schwert gegen seinen Herrn und Kaiser. Der greise Kaiser setzte nur ruhige

Würde der Wuth des Todfeindes entgegen, und all sein Toben und Drohen blieb erfolglos. Mit gewichtigen Worten, die in ein anderes Herz als das Wigberts hätten tief einschneiden müssen, wies er ihn zurück. Nun ließ man den alten Kaiser an Allem die schwersten Entbehrungen leiden und versagte ihm selbst bei bitterer Kälte des Feuers Wärme und Wohlthat, ja mehr noch, — man versagte ihm die christliche Feier der Weihnacht!

Darauf erschienen die Erzbischöfe von Köln und Mainz bei ihm, begleitet von dem Bischof von Worms, und verlangten wieder mit den heftigsten Drohungen die Krone, den Siegelring und den kaiserlichen Purpurmantel. —

Es waren Auftritte, bei denen die heftigste Erbitterung, die maßloseste Herbigkeit und Rücksichtslosigkeit und der Mangel aller Ehrerbietung sich geltend machten. Als sie immer heftiger auf ihn eindrangen, trat der Kaiser in sein Schlafgemach, legte die Zeichen kaiserlicher Majestät an und trat würdevoll unter sie, indem er ihnen sagte, er habe von Gottes Gnaden sie empfangen, sie möchten, wenn sie den Frevelmuth hätten, sie ihm mit räuberischer Hand entreißen. — Das Wort des Kaisers traf die harten Herzen so gewaltig, daß sie erbleichend zurückwichen; aber in diesem Augenblicke trat der eben wieder angekommene Markgraf Wigbert von Meißen ein und fachte ihren Muth wieder an, und — die Würdenträger der Kirche legten Hand an die geheiligte Person des Kaisers und entrissen ihm die Zeichen seiner Würde. Stille litt er es, und nur die tiefempfundenen Worte entrangen sich seiner Brust: „Ich leide für die Sünden meiner Jugend, aber Eure Frevel zu strafen, stelle ich dem gerechten Gotte anheim!"

Die Prälaten eilten im Triumphe nach Ingelheim; aber noch war nicht das Hauptwerk vollbracht, der alte Kaiser hatte noch nicht feierlich und förmlich auf die Kaiserwürde durch eine Urkunde verzichtet, und die wollten sie ihm abnöthigen. Unter den rohesten und gröbsten Mißhandlungen schleppte ihn Wigbert nach Ingelheim, und hier zwang man ihn, die Urkunde zu unterzeichnen, was er unter strömenden Thränen endlich that. Der alte Kaiser war so zerknirscht und innerlich gebrochen, daß er den Bischof von Speier, den er einst mit Wohlthaten überhäuft hatte, um eine niedere Dienerstelle an seinem Dome bat, damit er nicht in seinem hohen Alter Hunger leiden müsse, und — schnöde schlug ihm der Bischof die Bitte ab.

Nach der Burg zu Bingen zurückgebracht, gelang es dem unglücklichen Greise, mit einem Getreuen zu entfliehen, und auf der Burg Hammerstein bei Andernach fand er eine Zuflucht. Noch einmal wollten seine alten treuen

Freunde für den schmählich Mißhandelten zum Schwerte greifen, aber der Tod ereilte ihn, ehe dies geschehen konnte. Er gab ihm Frieden, den ihm die Menschen in geweihter Erde nicht gestatten wollten und erst viel später zugestanden.

Und es war, als ob die Burg, wo der Frevel geschah, den Fluch theilte, der die Frevler sichtbar traf; denn als Friedrich I, vom Papste in den Bann gethan, über die Lande des Erzbischofs von Mainz herfiel und Bingen eroberte sammt der Burg, da brannte er diese aus und ließ großentheils ihre Mauern niederreißen. Bingen hatte dasselbe Schicksal zu tragen; aber schon um das Jahr 1200 war die Burg stärker und schöner erbaut, und auch die Stadt hatte sich aus ihrem Schutte wieder erhoben und blühte schöner als zuvor. Der Bürgerstand aber war in seinem Uebermuthe nicht gebrochen; denn schon 1230 erhoben sich die Bürger gegen den Rath der Stadt und den Vogt Rheinbot, den dritten dieses Namens, der auf Klopp saß. Sie belagerten die Burg, und erst als Hülfe von Mainz kam, welche die Burg entsetzte, wurden die Bürger überwunden und auf dem Markte der Stadt ein Blutgericht gehalten, dessen Einzelnheiten schaudererregend sind. Doch es war nicht das einzige Mal, daß die Bürger die Burg belagerten, und wie sie listig dieselbe, freilich zu ihrem eigenen Schaden, überrumpelten in späteren Tagen, das ist bereits erzählt. Darum vertrauten auch die Erzbischöfe sie nur erprobten und tapferen Männern an, und es begegnen uns in der Reihe ihrer Burgmänner nach dem Erlöschen des tapferen Geschlechtes der Rheinbote von Bingen die Namen der Ritter von Rüdesheim, von Stromberg, der Grafen von Sponheim und der Rau- und Wildgrafen. Tapfer vertheidigten sie die Burg in den Fehden der Erzbischöfe, und mancher schwere Schlag wurde aus ihr auf den belagernden Feind geführt. Ist die Sage wahr, so stammt der Name Klopp daher, daß die rheinische Mundart statt „Klopfen" = Schlagen, „Kloppen" gebraucht. Näher scheint wenigstens diese Ableitung zu liegen als so manche künstlichere, an der sich der worterklärende Witz versucht hat.

Als Albrecht von Oesterreich Bingen so lange belagerte, raubte die Besatzung von Klopp, die Mangel fürchtete, den Bürgern unter rohen Mißhandlungen vollends die Lebensmittel. Da sprach einst in der Rathsversammlung der Bürgermeister: Lieber, als daß die Besatzung von Klopp sie zum Hungertode bringe, wollten sie die Stadt an Albrecht übergeben. Ein Verräther hinterbrachte das auf die Burg, und nun stürzte wüthend die Besatzung in die Stadt, stürmte das Rathhaus, hieb den Bürgermeister in Stücke und raubte und mordete zügellos in der Stadt. In der folgenden Nacht stürmte

Albrechts Heer und eroberte die Stadt, aber an den Mauern von Klopp brach sich seine Macht. Erst als er Frieden schloß, räumte ihm der überwundene Erzbischof die Burg ein, die nun wieder eine Reichsburg blieb, bis sie Ludwig der Bayer dem Erzbischofe zurückgab. Zwölf Jahre behielt Kuno von Falkenstein, als er schon Erzbischof von Trier geworden, die Burg und Stadt als Pfand, und das mochten keine fetten Jahre für die Bürger gewesen sein. Die Burg befand sich unter seiner Obhut wohl; denn er sorgte für ihre Unterhaltung und Stärke. Im Jahre 1632 eroberten die Schweden nach kurzer Belagerung die Burg, die unter ihrer Beschießung viel gelitten hatte. Sie verließen sie aber wieder. Im Jahre 1639 mußte sie Herzog Bernhard von Weimar wieder erobern. Daraus scheint hervorzugehen, daß der Erzbischof sie wieder hergestellt hatte. Er hielt sie bis 1644 besetzt, und 1689 zerstörten sie die Franzosen. Noch einmal baute Kurmainz die Burg wieder auf, aber so haltlos, daß sie theilweise wieder einstürzte, und — um nicht der Stadt Schaden zuzufügen, mußte man sie 1713 theilweise wieder niederreißen, theilweise sprengen; aber das alte Mauerwerk widerstand selbst dem Pulver. So blieb die Burg, bis sie in der Revolutionsperiode als Nationalgut um ein Geringes in die Hände des witzigen und humoristischen Notars Faber überging, der sie später wieder verkaufte. Sie ist auch jetzt im Privatbesitz, und der Besitzer hat sich das Verdienst erworben, sie nach seinem Sinne und, wie es das Mauerwerk ergab, neu herzustellen.

Das Kloster Rupertsberg lag Bingen gegenüber auf dem linken Ufer der Nahe, theilweise da, wo jetzt ein Gasthof die Eisenbahnreisenden zur Einkehr einlädt. Legende und Sage hat die wenigen noch übrigen Ruinen des weltberühmten Klosters mit ihrem Glanze umgeben. Vernehmen wir aber zuerst, was die ernste Geschichte uns zu erzählen hat.

Die Tochter des Ritters Hildebert von Böckelnheim war jene wunderbare Seherin, die reichbegabte, von ihren Zeitgenossen hochverehrte heilige Hildegard. Ihr und einer frommen Jungfrau aus dem Sponheimer Grafengeschlechte zu Ehren wurde am Fuße des Disibodenberges, am Ufer des Glan, eine sogenannte Frauenklause errichtet, die mit ihrem Convente unter Hildegards heiliger Leitung stand. Bald aber zeigte sich hier wie anderwärts, wo Frauenklöster in unmittelbarer Nähe der Mönchsklöster standen, die Wirkung des zuchtlosen Geistes jener Tage. In einer ihrer Visionen empfing sie die Weisung, an der Stelle, wo einst der heilige Rupert gelebt, ein Frauenkloster zu erbauen, und der edle Graf Meginhardt von Sponheim bot der Seherin die Hand zu diesem Werke frommen Glaubens. Von dem Grafen und anderen Edeln des Nahgaues unterstützt, begann sie 1140 den Bau, der durch den

Ruf ihrer Heiligkeit und das Verdienstliche der Förderung solcher Werke so rasch beendigt wurde, daß sie schon 1148 mit 18 gleichgesinnten Jungfrauen einzog. Der Ruf Hildegardens war weit verbreitet. Ihre wunderbaren Visionen, ihre Schriften voll geheimnißvoller Offenbarungen, ihr reines, heiliges Leben bewirkten, daß die reichsten Schenkungen von nah und fern ihrer Stiftung zuflossen. Sie stand in lebhaftem schriftlichem Verkehr mit den ausgezeichnetsten Personen ihrer Zeit, die sie häufig befragten. Bernhard von Clairvaux, ein ihr verwandter Geist, weilte bei ihr in Rupertsberg, als er, das Kreuz predigend, den Rhein herab kam, und so hoch war seine Verehrung für dies seltene weibliche Wesen, daß er es bewirkte, daß sie nach ihrem 1180 erfolgten Tode heilig gesprochen wurde.

Unter ihrer Leitung blühte das Kloster, mit ihr schied auch das gottgeheiligte Leben aus seinen Mauern. — So lange sie lebte, gingen die Schrecken des Krieges fast spurlos an den Mauern des Klosters vorüber. So blieb es später nicht. Als Albrecht von Oesterreich Bingen und Klopp belagerte, flohen die Nonnen, welche nicht vorzogen, bei den wilden Schaaren zu bleiben, die im Kloster sich festsetzten. Als die entflohenen Nonnen zurückkehrten, fanden sie fast nur entweihte Ruinen. Was des Kaisers Heer übrig gelassen, das raubten die Ritter des Landes. Wie konnten sich die Wehrlosen schützen? War doch den Bedrängern nichts heilig! Oft wurde in schweren Tagen Eibingen ihr Zufluchtsort. Noch schlimmere Tage kamen, als 1491 die sogenannte „Marktfehde" zwischen Kur-Mainz und Kur-Pfalz ausbrach und Goler von Ravensberg mit dem pfälzischen Heerhaufen Besitz von dem Kloster nahm. Bei ihrem Abzuge plünderten die Lanzknechte das Kloster. Auch jetzt wiederholte sich die betrübende Erscheinung, daß viele Nonnen dem Heerhaufen folgten. Der Pfalzgraf zog alle auf pfälzischem Gebiete liegenden Güter und Gefälle des Klosters ein und wies sie den zuchtlosen, eidbrüchigen Nonnen „zur Lebsucht" zu. Als sich bald nachher das Gerücht verbreitete, der Pfälzer rüste sich auf's Neue, da zogen 300 Rheingauer Bingen zu Hülfe. Sie besetzten die Klostergebäude; allein bald sahen sie ein, daß die weitläufigen Gebäude von ihnen nicht vertheidigt werden konnten, und so rissen sie alle Bauten nieder bis auf das Wohnhaus der wieder nach Eibingen geflüchteten Nonnen und die Kirche. Es war die Zeit nicht mehr dazu angethan, durch Stiftungen und Schenkungen dem Kloster wieder aufzuhelfen. Es war verarmt und zur Ruine geworden. Das Jahr 1552 vollendete seinen Ruin, als Albrecht von Brandenburg seine Heerhaufen hier lagern ließ.

Fast völlig zerstört ließ es Spinola, als er mit seinen wilden Spaniern den Schweden 1632 wich. Im Kampfe, der diesem Weichen vorausging, ergriff das Feuer die nahestehenden Gebäude, und sie blieben als Ruinen bis auf wenige Mauerreste, deren letzte noch in unsre Tage herüberragen. Dies die Geschichte eines der reichsten und berühmtesten Frauenklöster des Rheinlandes, in dessen Mauern die Jungfrauen der edelsten rheinischen Geschlechter einst den Schleicr zu nehmen für ein hohes Verdienst erachteten.

Wenden wir uns dem Sagenkreise zu, der sich an diese Stätte anschließt, so tritt uns zuerst die Legende von dem schönen Traume des jungen Herzog Rupert entgegen.

Zur Frankenzeit herrschte im Nahegau ein Herzog in des Kaisers Namen. Der wohnte auf dem Schlosse Böckelheim an der Nahe, bisweilen aber auch auf der Burg bei Bingen. Er war gar mächtig und reich; aber sein größter Schatz war Bertha, seine liebliche Tochter, die eine fromme Magd des Herrn war. Viele edle Franken kamen und warben um diesen Schatz, aber sie wies alle ab und hatte keinen heißeren Wunsch, als den Schleier zu nehmen in den geheiligten Mauern eines Klosters. Das traf schwer den alten Herzog, der sein Erbe nicht wollte Fremden lassen und gerne liebliche Enkel auf seinen Knieen gewiegt hätte. Er ließ nicht nach mit Bitten, bis Bertha endlich, widerstrebend im Herzen, seinen Bitten nachgab und dem Grafen Roland ihre weiße Hand reichte. Roland war ein zügelloser, wilder und roher Mensch und noch ein Heide, den zum Herrn zu bekehren Bertha gehofft. Solange der alte Herzog lebte, hielt er Maß, aber als dieser gestorben war und ihm das Herzogthum hinterlassen hatte, da gab er sich dem ruchlosesten Leben hin, Bertha verspottend und verachtend, bis er endlich im fernen Lande in einer blutigen Schlacht fiel. Die edle Frau hatte viel erduldet; ihr Sinn war noch mehr dem Himmel zugewendet, und sie würde als Wittwe den Schleier genommen haben, hätte nicht eine süße Hoffnung ihr andere Pflichten auferlegt. Als ihr nun der Herr ein Knäblein bescheerte, nannte sie es in der heiligen Taufe Rupert und gelobte in seliger Mutterfreude, es dem Herrn zu weihen.

Wieder warben Viele um ihre Hand und ihr Erbe, aber sie blieb ihrem Gelübde treu, widmete sich ganz ihrem Kinde und erzog es in der Furcht und Ermahnung zum Herrn. Nie fühlte sie sich glücklicher, als wenn das holdselige Kind neben ihr kniete, seine Händchen faltete und ihre heiligen Worte nachsprach, oder wenn es ihr half Wohlthaten spenden den Armen, deren Schaaren bei ihr Hülfe suchten. In späteren Jahren führte oft Rupert arme Kinder zu ihr und sprach: „Sie sind auch Deine Kinder, halte sie wie mich.“ Solches sahen freilich die Edeln des Landes ungern, deren Herzog einst Rupert werden sollte. Sie versuchten Alles, ihn von der Mutter Weise abzuziehen, allein das war umsonst. Liebeswerke blieben seine Freude und Andacht und Gebet seine Erholung. Dafür that ihm auch der Herr sein Wohlgefallen kund durch ein herrliches Gesicht.

Eines Tags hatte Rupert einem armen Knaben sein eignes Gewand geschenkt, daß es dessen Blöße decke. Er war dann von der Burg bei Bingen hinüber gegangen auf die Höhe jenseits der Nahe, um einen Strauß schöner Feldblumen für die theure Mutter zu pflücken. Von der Höhe war er endlich auch hinabgestiegen an das Ufer der Nahe, wo auf einem grünen Rasenstreifen gar schöne Blumen blühten. Die Sonne schien so warm auf das liebliche Plätzchen, daß er sich niedersetzte und bald, sanft eingelullt von den am Ufer plätschernden Wellen, entschlief.

Da träumte ihm, ein hoher Greis, umflossen von lichtglänzendem Gewande, stehe am Ufer, und sein herrlich Angesicht leuchte wie die Sonne. Viele Knäblein spielten um den mildlächelnden Greis, und er nahm sie bei der Hand und führte sie in die helle Fluth, und wenn sie an seiner Hand wieder herauskamen, dann war ihre Gestalt ebenso lichtumflossen, wie die des Greises. Bald darauf stieg aus den Wellen der Nahe ein blühendes Eiland. Aus dem frischen Laube der Bäume des Eilandes leuchteten goldene Früchte, und in den Zweigen sangen liebliche, buntgefiederte Vöglein. Auf dies schöne Eiland führte der Greis die Knäblein, daß sie die herrlichen Blumen pflückten, die da blühten und ihr Herz erfreuten an den goldenen Früchten der Bäume.

Da ergriff auch ihn die Sehnsucht, auf dem lieblichen Eilande zu sein, und er erhob flehend seine Hände zu dem Greise; der aber lächelte mild und sagte: Nein, mein Sohn, Dir ist Höheres beschieden. Du hast durch Deine Frömmigkeit und Deine Liebeswerke Dir eine Brücke zum Himmel erbaut, wo Du wohnen wirst unter den heiligen Engeln Gottes, in ewigem Frieden.

Kaum hatte der Greis diese Rede vollendet, siehe, da erhob sich aus dem frischen Grün des Eilandes ein Regenbogen und wölbte sich hoch und immer höher, bis er den Himmel berührte und die Engel Gottes auf dem schönen Bogen herab und hinauf schwebten. Oben aber auf der Höhe seiner Wölbung saß in seiner Herrlichkeit das Christuskind, und vor ihm kniete der kleine Johannes mit seinem Kreuzlein und hielt ein schneeweißes Lämmlein in seinen Armen. Da kam ein Engel mit dem Kleide, welches Rupert am Morgen dem armen Knaben geschenkt hatte, und legte es auf den Schooß des Jesuskindes, und das Jesuskind legte das Kleid an und sagte zu den Engeln: Dies Gewand hat mir der fromme Rupert geschenkt, dafür aber will ich ihn bekleiden mit ewiger Herrlichkeit.

Ruperts Seele durchdrang eine unsägliche Wonne. Er wollte niederknieen und anbeten. Da erwachte er, und zu seinen Füßen saß der arme Knabe, den er bekleidet hatte, und sah ihn an mit Blicken des Dankes und der Liebe. Er hatte gewacht, daß dem Schlummernden kein Unfall begegne. Und das liebliche Traumgebilde kam nicht mehr aus seinem Sinne. Er weihte sich nun unablässig der Andacht und den Werken der Liebe und Barmherzigkeit, und als er erwachsen war, entsagte er freiwillig der Herzogswürde und erbaute an der Stelle, wo er den seligen Traum geträumt, eine Kirche und eine Klause dabei und lebte da mit Bertha, seiner Mutter, und übte Liebeswerke und war selig im Glauben und im Gebete, — bis sein Traum wahr wurde. — Die trauernde Mutter senkte seinen Leib am Altar der Kirche in die geweihte Ruhestätte, und der Herr erhörte ihr Flehen, daß auch sie nicht lange hernach ruhte an seiner Seite.

Lange wallfahrteten die gläubigen Seelen zu seiner Ruhestätte, bis die wilden Normannen kamen und Kirche und Klause zerstörten, daß ihre Stätte nicht mehr gefunden wurde.

Die Gründung von Rupertsberg erzählt die Legende also: Es war im Jahre der Gnade 1140, als die fromme und hochbegnadigte Magd des Herrn, Hildegard von Böckelheim, die Abbatissin der Jungfrauenklause am Fuße des Disibodenbergs, in ihrer Zelle auf hartem Lager wieder in einer Entzückung lag. Bei ihr saßen die Freundinnen: Hiltrude, des Grafen Meginhardt von Sponheim Tochter, und Clementia von Hohenburg, welche sie anschauten mit Blicken der Liebe und gläubiger Verehrung. Zu Häupten des Bettes aber saß mit Kiel und Pergament der fromme Pater Gottfried vom Disibodenberge, daß er niederschreibe, was der Geist der Seherin eingäbe. Sie aber lag da bleich und starr wie eine Leiche. In der Zelle aber war es so stille, daß man das Holzwürmlein im Getäfel nagen hörte. Alle Dreie aber harreten des Augenblicks, da das Band der Zunge der heiligen Jungfrau gelöst würde und sie kundgäbe, was sie im Geiste schauete.

Jetzt zuckte Hildegardis zarte Gestalt leise zusammen; über das todtbleiche Antlitz verbreitete sich eine zarte Röthe, und ein seliges Lächeln schwebte um den feinen Mund, ein Zeichen, daß sie ein entzückendes Bild schaue. Das Auge war aber fest geschlossen. Und sie sprach, und der Mönch Gottfried schrieb: „Hoch erhebt sich aus grünendem Eiland bis zum Himmelszelte der „strahlende Bogen. Tausend Sterne umstrahlen ihn wie leuchtende Sonnen.

„Gottes Engel steigen auf und nieder, und ihre Lobgesänge preisen das „Lamm Gottes, welches der Welt Sünde trägt. Und Er, der das A und „das O, der Anfang und das Ende ist, stehet oben auf des Bogens Wölbung „in seiner Herrlichkeit und neben ihm ein Jüngling, sanft und mild, anzu„schauen gleich einem Engel. Da spricht der Herr zu mir: Siehe, das ist „der fromme Rupert, an dem ich Wohlgefallen habe, der aus Deinem „Stamme entsprossen ist, aber der Stamm hat seiner vergessen. Dort, wo „die Nahe mündet, ist sein Grab, unbekannt unter den Trümmern seines „Gotteshauses, und Nesseln und Dornen wuchern darauf. Du, getreue Magd, „bist erkoren von mir, daß Du es suchest und findest und darüber bauest „einen Tempel. Also spricht der Herr und deutet auf die Stelle, wo des „Heiligen Gebeine ruhen, und wo ein wilder Rosenstrauch stehet. Der thut „alsbald seine Blüthenkelche auf, daß es gar herrlich duftet, und ein Engel „schwebt herab und setzet ein Kreuzlein an den Rosenstrauch, zum Zeichen, „daß allda Ruperts heilige Gebeine ruhen. Und der Herr spricht: Auf, Du „erwählte Magd, verlaß den Ort, wo Du weiltest bis heute. Nimm den Pilger„stab in Deine Hand und wandere dorthin, wo ich Dir die Stätte bezeichnet „habe, und baue ein Gotteshaus und daneben eine Zuflucht frommer Seelen, „die Dir folgen, und diene mir allda mit ihnen im Glauben und in der „Lauterkeit des Herzens und Lebens. Säume nicht! Ich will mit meiner „Kraft in Dir, der Schwachen, mächtig sein; ich will die Herzen Dir zu„wenden und fördern das Werk Deiner Hände!“

Sie schwieg. Unermüdet schrieb der Mönch, daß kein Wort aus dem heiligen Munde verloren gehe; denn so sie erwachte, wußte sie nichts mehr von dem, was sie geredet in der Entzückung.

Alsbald schlug sie hell und klar die Augen auf und lächelte die treuen Freundinnen lieblich an, die sie mit Thränen der heiligen Begeisterung anschaueten. Herr, dein Wille geschehe! sagte sie und richtete sich kräftig auf. Und zu Hiltruden sagte sie: Mir ist so wohl, wie lange nicht. Ich will aufstehen und thun, was mir der Herr geboten hat! Und alsbald stand sie auf in voller Kraft, ergriff den Pilgerstab und schritt, begleitet von Hiltruden und Clementia, hinüber zu der Burg Sponheim, wo Hiltrudens Vater wohnte, und that ihm kund, was sie innerlich erlebt hatte. Der Graf zog mit ihnen nach Bingen und zur bezeichneten Stätte, und alsbald zeigte Hildegard den blühenden Rosenstrauch, deß Zeit längst vorüber war, und das Kreuzlein, so der Engel gesteckt. Alle Viere knieten nieder in heiliger Andacht und priesen den Herrn. Aber als man 1148 zählte, stand das Gotteshaus und der Altar über der Stelle, wo der Rosenstrauch geblüht und der Engel das Kreuzlein gesetzt, und das Kloster stand fertig da, und nachdem der Bischof von Worms Kirche und Kloster geweihet, zog Hildegard mit ihren Freundinnen und sechzehn andern frommen Nönnlein in dasselbe ein, und Hildegard war die erste Abbatissin.

Von dem Hildegardisbrünnlein verkündet die Sage, daß, als das Kloster Rupertsberg erbaut war, ein Born „lebendigen Wassers" fehlte und man alles Wasser aus der Nahe holen mußte, so doch oft unrein und nicht anmuthig zum Trinken war. Wie und wo man auch grub, auf der steilen Uferhöhe fand sich kein lebendiger Quell. Hildegardis aber liebte es, im Freien zu beten unter dem blauen, herrlichen Himmelsdome. Da lag denn ein Plätzlein in dem Felsen, unfern dem Kloster, gar heimlich, friedlich und stille, wo ein Hollunderstrauch ein Laubdach bildete und darumstehende Haselstauden eine Wand. Lieblicher war kein Plätzchen zu finden. Als nun eines Tages Hildegardis die Armen gespeist und getröstet hatte, die sich an ihres Klosters Pforte sammelten, und von der Elenden Dank ihr Herz tief bewegt war, da eilte sie in ihr grünes stilles Betkämmerlein, daß sie ihre Seele ergösse im heißen Dankgebete, weil der Herr es ihr vergönnte, das Werkzeug seiner Liebe zu sein.

Und als sie betete heiß und innig, da fielen ihre Thränen zur Erde in den Rasen und in das Gestein, und siehe, ihre Thränen wurden zur lebenden, segnenden Quelle, die rein und hell hervorsprudelte und reichlich hinabrieselte über das Gestein. Da staunte die heilige Jungfrau und pries auf's Neue des Herrn Gnade, grub mit ihren schneeweißen Händen ein Brünnlein und legte Steine darum, daß sich das Wasser sammle, und eilte, dem Convente die Kunde zu bringen von des Herrn wunderbarer Gnade und Allmacht.

Und das Brünnlein rann reichlich und rinnet heute noch und erquickte damals wie heute die Labesuchenden und heißet seitdem und für ewige Zeiten das Hildegardisbrünnlein.

Richten wir unsre Blicke über die Stationsgebäude der Eisenbahn weg dem Rheine zu, so steht auf einer kleinen Felsen-Insel im Rheine ein stattlich hergestellter Thurm, noch vor einer kleinen Reihe von Jahren eine verwitternde Ruine. Es ist der Maus- oder Mäusethurm. Als Grenzpunkt der preußischen Rheinprovinz entfaltet der Thurm an seinem Flaggenstocke die königliche Fahne Preußens. Eine schauerliche Sage knüpft sich an diesen

Thurm. Es ist diese: Auf dem erzbischöflichen Stuhle von Mainz saß einst in alter Zeit ein Erzhirte ohne Hirtenliebe. Der Mammon war sein Gott und sein Herz hart wie ein Felsen. Hatto sammelte Haufen Goldes, sammelte und speicherte die reichen Zehntfrüchte des Erzbisthums auf, und das arme Volk hungerte. Mißwachs steigerte die Hungersnoth, die Tausende hinraffte. Nur noch wie Schatten schlichen die Ueberlebenden in Mainz umher, sammelten sich vor dem Palast des Erzbischofs und jammerten und flehten, daß Hatto seine Kornspeicher öffne. Der Erbarmungslose sah sie, hohnlachte und befahl, man solle sie in ein leerstehendes Gebäude führen, um zu harren, bis er ihnen Brot gäbe; aber statt ihnen Brot zu reichen — ließ er das Gebäude an vier Ecken anzünden. In herzzerreißenden Tönen jammerten die Unglücklichen, und als nun die Todesqual ihr Geschrei bis zum Entsetzlichen steigerte, trat Hatto auf den Balkon, von welchem sonst der Erzbischof das Volk zu segnen pflegte, hörte den Jammer ihrer Todesqual und sprach mit wildem Hohnlachen: „Hört, wie die Kornmäuse pfeifen!“ Endlich verstummte der Jammer, und das Gebäude stürzte zusammen und begrub unter seinen Trümmern die Armen.

Aber der Vergelter schlief nicht. —

Plötzlich vernimmt man im erzbischöflichen Palaste ein seltsam gellendes Pfeifen. — Was ist das? ruft Hatto aus, und seine Haare sträuben sich. Aus den rauchenden Trümmern, wo eben die letzten Todesseufzer verhallt sind, kommen unabsehbare Schaaren pfeifender Mäuse; sie klettern unaufhaltsam an den Mauern des Palastes empor; sie dringen durch alle Oeffnungen ein. Wen suchen sie? — Hatto, Hatto, es gilt dir! Es ist das Gericht Gottes! Der Schrecken der Vergeltung ergreift ihn. Das sind die Kornmäuse, die in den Flammen so gräßlich gepfiffen.

Er flieht voll Entsetzen bis in das Innerste seiner Gemächer.

Vergeblich! Wer entgeht der strafenden Hand Gottes? —

Die Mäuse folgen ihm, wohin er flieht; sie verzehren jeden Bissen, den er zum Munde führen will; sie zerfressen seine Gewänder; ja, ihr Zahn beginnt an seinem Fleische zu nagen. Nichts schützt, nichts rettet ihn. Da eilt er nach seinem festen Schlosse Klopp, wo er sich sicher glaubt. Vergebliche Hoffnung! Die unerbittlichen Verfolger erfüllen bald alle Räume der Burg, und überall ertönt ihr gellendes, Mark und Bein durchdringendes Pfeifen. Hatto ist's, den sie suchen und finden. Auf seinen Knieen windet er sich und flehet um Gnade, aber nur der Mäuse Pfeifen ist die Antwort.

Die Verzweiflung ergreift ihn mit tausend Armen.

Wohin soll er fliehen? Da sieht sein wirrer Blick den Thurm im Rheine, an dessen Fuß die hochgehende Fluth brandet. Dort, ja dort ist Rettung! Und ein Kahn trägt ihn hinüber. — Im gewölbten Thurmgemache läßt er schnell sein Bett in Eisendrähte hängen. Hier erhofft er endlich des Schlafes Erquickung, die er seit lange nirgends gefunden. — Doch — kaum ist er drüben, da wimmelt der Rhein von unzähligen heranschwimmenden Mäusen. Sie erreichen des Thurmes Fuß, sie klettern an den Mauern herauf, sie dringen in das Thurmgemach ein! —

Durch das wilde Dröhnen der Brandung hört man einer Menschenstimme gellenden Angstschrei; dann legt sich der Sturm; dann glättet sich die Fluth, und es wird todtstille im Thurme. — Niemand wagt ihn zu ersteigen. — Erst am dritten Tage vollbringen furchtlose Schiffer das Wagstück. Sie finden in Hatto's Gemach das völlig entfleischte Gerippe. Die Mäuse aber sind spurlos verschwunden. —

Seitdem mied man voll Grauen den grausigen Mausthurm.

So die weitverbreitete Sage.

Hören wir nun aber auch die unparteiische Stimme der Geschichte!

Hatto war ein Erzbischof von Mainz voll edeln Sinnes, aber sparsam und enthaltsam in seiner Hofhaltung. Gerecht und strenge, setzte er den ausschweifenden Mönchen und Weltpriestern den Daumen auf das Auge. Das konnten sie nicht ertragen, und weil ihre Rache im Leben des edeln Erzbischofs kein Genüge finden konnte, so suchten sie dieselbe nach seinem Tode zu befriedigen, indem sie die grauenvolle Sage an seinen Namen knüpften mit all' ihrer Schmach und ihrem Entsetzen. Das ist der Sage Ursprung, der des Thurmes und seines Namens ist ein anderer. Der Thurm wurde zugleich mit der Zollburg Ehrenfels zwischen 1208 und 1220 zu gleichem Zwecke erbaut, der Erhebung des Zolles zu dienen. Sein Name, welcher der schrecklichen Sage als Haltpunkt diente, entstand so: Erzbischof Sifrid II versah den Thurm, damit kein Schiff den Zoll verfahre, mit „Muserie“ — Geschützen, Feuerwaffen, Feuerwurfgeschossen, und hatte einen Mann hier wohnen, der Feuer auf die Schiffe schoß, die keinen Zoll entrichten wollten. Er trug den Namen „Ignis Sagittarius“ — Feuerpfeilschütze. Dieser Name schon schließt den Gedanken an Feuerschlünde nach dem Brauche einer spätern Zeit aus.

Mushaus, Musthurm, vielleicht im Munde des Volkes Mausthurm, diente trefflich zur Mönchssage, womit sie Kaiser Otto's hochverehrten Freund und Rathgeber durch Jahrhunderte brandmarkten.

Zur nähern Begründung verweise ich auf Menken Scriptores rer.

german., auf Schöttgen und Kreyssig: Scriptores rerum Saxon. und endlich auf Schminken: Monum. hassic., wo das Zeughaus unter dem Namen Mus- und Maushaus vorkommt. Das Wort Muskete hängt damit zusammen. Nach Leibnitz' Scriptores rer. Br. heißen die aus dem Rathe zu Lübeck und Braunschweig zur Oberaufsicht über das städtische Geschützwesen, die Muserie, deputirten Rathsmitglieder — Musemeister.

Nahe verwandt dem Mausthurme, weil gleichen Zweckes und Ursprungs, ist die ihm gegenüber, aber hoch oben am Berge thronende, jetzt von den edelsten Reben umgebene Burg Ehrenfels, wohl auch Ehrenstein genannt. Der Erzbischof Sifrid (oder Siegfried) II ließ sie zwischen 1208 und 1220 durch die reichen Herren von Bolanden errichten, die ohne Zweifel das Geld hergaben gegen die Burgmannschaft und einen Theil des zu erhebenden Zolles. Wahrscheinlich erbauten sie auch den Mausthurm auf der Rheinklippe und unter Ehrenfels, am Ufer des Rheines, dem Mausthurm gegenüber, das befestigte Zollhaus; denn die Nachricht, daß Erzbischof Hatto beide Gebäude und auch Ehrenfels aufgeführt habe, entbehrt urkundlicher Begründung.

Jeder Ritter hatte ja bei seiner Burg einen Rheinzoll, warum sollte ihn Siegfried nicht erheben und sichern? Zwar trat Kaiser Friedrich II heftig dagegen auf, aber der Erzbischof wußte ihn zu erhalten; selbst später, als Rudolph von Habsburg alle diese Brandschatzungen des Handels mit Stumpf und Stiel ausrotten wollte, zog er vor dem mächtigen rheinischen Erzbischofe die Hand zurück, und — die erste Hitze verflog. Nach wie vor erhoben Geistliche als Zollschreiber die Gebühren, die sehr bedeutend waren und der Willkür der Erheber viel freien Spielraum gestatteten. Die Festigkeit der Burg Ehrenfels und die herrliche Aussicht, welche sie bot, machte sie zu einem Lieblingsaufenthalt der Erzbischöfe, — zumal ein reicher Landadel nahe war und des Rheingaues köstliches Tröpflein. — In dieser Burg wurden zu Kriegszeiten die köstlichsten Güter des Domes und Erzstiftes von Mainz aufbewahrt. Kaum bedarf es daher eines Beweises, daß die Burg sich durch ihre Sicherheit auszeichnete und nie erstiegen worden war, ehe Albrecht von Oesterreich sie 1301 eroberte, aber nicht zerstörte.

Als später, 1354, der oft erwähnte Cuno von Falkenstein und Erzbischof Gerlach ihre Uebereinkunft schlossen, empfing Cuno Ehrenfels pfandweise. Jene Zeit war eine fehdelustige, und an Veranlassungen ließ es die ihr eigenthümliche Gewaltthätigkeit nicht fehlen. Schon zwei Jahre später eroberte Erzbischof Gerhard die Burg Ehrenfels, und 1377 nöthigte der ja zu aller Zeit unbequeme Geldmangel den Erzbischof Adolph, Burg, Mausthurm, Zollhaus und Zoll gegen ein Darlehen von 20,000 Gulden zu verpfänden; denn

Klimsch gez. Stahlstich v. Carl Mayer's K.-A. in Nürnberg

Rüdesheim und Eibingen.

Verlag von Julius Niedner in Wiesbaden.

auf der Burg Ehrenfels hatten ihn die Domherren (da es in Mainz nicht geheuer war) zum Erzbischof erwählt, aber den Rechtssatz geltend gemacht: Ich gebe, damit Du gibst. Sie gaben den Kurhut und er 12,000 Gulden, da er sie aber nicht hatte und die Domherren vom Kreditgeben keine Freunde waren, so blieb nichts übrig als die Verpfändung.

Auch Erzbischof Konrad wurde auf Ehrenfels erwählt und in der Pfarrkirche von Rüdesheim geweihet. Da die Schätze des Erzstiftes hier sicher ruhten in stürmischen Tagen, die, beiläufig gesagt, in Mainz nicht selten waren, so verlieh der Erzbischof Gerlach 1363 auch dem Domkapitel das Recht, hier seine Truhen niederzustellen, wenn in Mainz ein Wettersturm heranzuziehen drohte.

Die Schweden waren üble Gäste auf der Burg; aber erst Graf Montal schleuderte von Montroyal an der Mosel aus im Orleans'schen Kriege die Brandfackel in die Mauern von Ehrenfels, und was die Flammen nicht vollbracht, vollendete hier wie im Mausthurm Pickel und Brecheisen und — das Pulver. — Keine Sage knüpft sich an die Burg. —

Rheinstein.

In den zwanziger Jahren unseres Jahrhunderts gab Prinz Friedrich von Preußen ein äußerst anregendes Beispiel durch den schönen Aufbau dieser Burg, welche er Rheinstein nannte. Sie wurde nach dem ursprünglichen, fundamental bloßgelegten Plane durch den Baumeister Kuhn aufgebaut, ohne daß damit gesagt werden soll, er habe nicht Neues, in jenem Plane nicht Liegendes zugefügt, was namentlich von denjenigen Gebäuden gilt, welche den Wohnraum erweitern, einschließlich des wunderzierlichen Capellchens, welches aber später und von einem andern Baumeister, Hoffmann in Wiesbaden, ausgebaut wurde.

Damals kauften Fürsten und adelige Herren die Ruinen am schönen Rheine, welche überhaupt käuflich waren, an sich, und selbst die Speculation bemächtigte sich ihrer, ohne übrigens ihre Rechnung dabei zu finden. Andere Burgen wurden von den Gemeinden, welche die Ruinen zu ihren Almenden zählten, an die Glieder des preußischen Königshauses urkundlich geschenkt. Indessen sind außer Rheinstein, Soneck (im Besitze der Brüder Wilhelm I von

Preußen) und Stolzenfels keine unterhalb Rheinstein von den hohen Besitzern und Besitzerinnen aufgebaut worden; denn unsere Tage sind nicht geeignet, solchen Unternehmungen Lebenskraft zu leihen. Dennoch wäre es sehr zu wünschen, daß der schöne Rhein mehr solcher Zierden erhielte. Die königliche Familie von Preußen und Prinz Friedrich der Niederlande könnten eine herrliche Herbst=nachbarschaft sich bilden; denn Fürstenberg bei Rheindiebach ist im Besitze des zuletzt genannten hohen Herrn, Stahleck bei Bacharach im Besitze des Königs Wilhelm von Preußen, die Burg bei Oberwesel gehört, wenn ich nicht irre, dem Prinzen Karl von Preußen, und Rheinfels bei Sanct Goar ebenfalls dem Könige, jetzigem deutschen Kaiser Wilhelm I. Wenn ich aber oben von der Speculation sprach, so sei es ferne, damit einen Freund der Geschichte und des Alterthums bezeichnen zu wollen, der auf der nassauischen Seite am Rhein und Main die alten Burgen an sich kaufte lediglich in der Absicht, sie dem Vandalis=mus, der sinnlosen Zerstörungssucht des Geschlechtes dieser Zeit zu entreißen.

Doch von dieser Abschweifung zurück zu der Burg Rheinstein!

Ueberraschend tritt dem Beschauer das schöne Rheinstein auf seinem stolzen Felsen entgegen. Es ist ein Stück Mittelalter, das in der hier engen Rheinthalschlucht das Auge fesselt und den Wunsch rege macht, die Stätten zu betreten, welche ein kunstfreundlicher Fürst sich zum stillen Aufenthalte er=baute und im Innern mit köstlichen Kunstwerken, besonders den kostbarsten und prachtvollsten alten Glasmalereien und andern Seltenheiten schmückte. Die meisten rheinischen Burgruinen sind dunkeln Ursprungs. Es fehlen die sicheren Urkunden über die gewisse Zeit ihres Entstehens und ihrer Erbauer. Sie gehören in Bezug auf die Zeit ihrer Erbauung indessen sicherlich dem an furchtbaren Ereignissen, an schrankenloser Kraft, wilder Gewaltthätigkeit, Kampflust und Fehdesucht reichen Zeitraum vom neunten bis vierzehnten Jahrhundert an. Gaugrafen, geistliche Stiftungen und einzelne freie Herren, dann aber auch die Kaiser und späteren Lehensträger und Gebietsherren erbauten sie, bewohnten sie entweder selbst oder besetzten sie mit Burg=mannen, die meist ihr Wesen nach eigenem Gelüste trieben und wohl gar Eigenthümer so oder so wurden.

Die Burg, welcher der Prinz Friedrich von Preußen den Namen „Rhein=stein“ beilegte, trug im Laufe der Jahrhunderte, die zwischen ihrem Entstehen im dunkeln Alterthume und in der Zeit ihrer „Urständ“ liegen, diesen Namen nicht. Wenn auch ritterliche Familien mit dem Namen „Rheinstein“ und „Reinstein“ urkundlich vorkommen, so einigt sie kein Band mit dieser Burg; sie gehören vielmehr der Burg Reinstein unfern Blankenburg am Harze an oder der Burg Reinstein in Franken, und es ist die unsichere Schreibform

Klimsch gez. Stahlstich v. Carl Mayer's K.-A. in Nürnberg.

Rheinstein.

Verlag von Julius Niedner in Wiesbaden.

der Namen in jenen Tagen, welche das „h“ einschob, wie dies noch im sechzehnten Jahrhundert nicht selten geschah. Wenn später im Volksmunde der Name „Rheinstein“ nachklang, so ist das eine leichtbegreifliche Sache, da der Name der rheinabwärts nahe liegenden Burg „Reichenstein“ Veranlassung zur Verwechselung gab. Auch der sonst achtungswerthe Forscher v. Gerning in seiner Schrift: Die Rheingegenden von Mainz bis Köln — verfiel in den Irrthum und nach ihm Andere.

Das steht fest und ist urkundlich begründet, daß die Burg in frühen Zeiten und bis zu ihrem Verfalle die Namen Vautzberg, Vautsberg, Fautz- und Fautsberg, Faizberg, Fodesberg, Voitsberg, und Vogtsberg trug. Alle diese verschiedenen Namen, wieder von jener Unsicherheit in der Rechtschreibung herrührend, laufen in dem letztvorkommenden zusammen und geben der Burg die unbestreitbare Eigenthümlichkeit, Sitz eines Vogtes, Gebietsbeschützers gewesen zu sein, ohne Zweifel als der Rheingau an das Erzbisthum Mainz durch die Ottonische Schenkung überging, vom Erzbischofe von Mainz bestellt als Vertreter des Rheingrafen im Rheingau.

Die Zeit der Erbauung der Burg Vogtsberg, wie ich sie nennen muß, weil dieser Name am häufigsten vorkommt und in Bezug auf die Rechtschreibung am richtigsten ist, läßt sich schwer bestimmen. Der Rheingau, dessen nordwestliche Grenze auf dem linken Rheinufer, wenigstens damals, als Kur-Mainz in den Besitz dieses herrlichen Gebietes kam, der Bach bildete, welcher unterhalb Niederheimbach in den Rhein fällt, auf dem rechten Ufer aber das Niederthal unterhalb Lorchhausen, der Bacharacher Insel gegenüber, war im Besitze des jeweiligen Kaisers, wie das schon früher angedeutet worden ist. Es ist daher keine allzukühne Annahme, daß nahe dieser Grenze eine Schutzburg erbaut wurde, nicht wohl von einem Kaiser, sondern von einem der Erzbischöfe von Mainz, zumal der „Pfälzer“ in der Burg Fürstenberg bei Rheindiebach (wie schon bemerkt im Besitze des Prinzen Friedrich der Niederlande) seinem Gebiete einen Grenzschutz verlieh, der in der Pfälzer Stammburg Stahleck bei Bacharach einen gewaltigen Rückhalt hatte, bei welchem auch die im Thale von Steeg gelegene kleine Burg Stahlberg nicht zu übersehen sein möchte.

Die Veranlassung zu solch' einem Schritte erscheint vollkommen gerechtfertigt, und diente die „Landburg Klopp“ bei Bingen dem an und für sich kleinen Vogtsberg ebenso zum Rückhalte, wie Stahleck und Stahlberg für Fürstenberg. Dies wird um so einleuchtender, als die unterhalb Vogtsberg liegende Burg Soneck und auch die nahe Burg Reichenstein bei Trechtingshausen, sowie bedeutende Güter in Ober- und Niederheimbach dem Kurstaate nicht einverleibt waren. Sie waren nämlich im Besitze der reichen Abtei Cornelimünster (des Stiftes Sancti Cornelii Indensis) bei Aachen und kamen erst später durch Kauf um die Summe von 1423 kölnischer Denare an das Domstift von Mainz, an welchem Kauf sich auch Erzbischof Werner von Mainz betheiligte, allein in Ermangelung eigenen baaren Geldes nur mittels Darlehen der reichen Juden in Mainz. Dritter Theilhaber an diesem Kaufe war auch das Collegiatstift Sanctae Mariae ad Gradus in Mainz. Die Nähe der nicht zu Mainz gehörenden Burgen Soneck und Reichenstein, wo ein wildes Rittervolk hauste, nöthigte somit zur Erbauung einer Burg zum Schutze des Landes, und diese Burg wurde einem Vogte (Advocatus) übergeben, — daher also auf die einfachste Weise der Name: „Vogtsberg". Hierdurch erklärt es sich auch, daß (nach Bodmann) bei einem späteren Ausbau der Burg der Vicedominus, der Stellvertreter des Kurfürsten und Erzbischofs von Mainz, die Aufsicht über den Bau führte. Mit dem Erwerbe von Soneck und Reichenstein und der Heimburg in Niederheimbach auf dem rechten, also Mainzischen Ufer des Kreuzbaches schwand natürlich der Werth von Vogtsberg sehr bedeutend, und die Burg mochte von diesem Zeitpunkte an auch in baulicher Hinsicht weit stiefväterlicher bedacht worden sein als in früheren Tagen, wenn gleichwohl zeitweise die Erzbischöfe gern in ihr weilten.

Der Name des kurfürstlichen Erbauers ist nirgends genannt. Vögte des Erzbisthums, mitunter auch Untervögte genannt, weil der Vicedom des Rheingau's oder Rheingraf der eigentliche Vogt des Erzbischofs zur Ausübung weltlicher Gewalt war, sind zuerst die Glieder der Familie gewesen, welche unter dem Namen „Rheinboten" oder „Rheinboden" in Bingen, namentlich auf der Burg Klopp, als Vögte des Erzbisthums saßen. Sie treten als Vögte von Bingen von 1151 bis 1213 auf, um welche Zeit die Familie erloschen zu sein scheint. Seit dieser Zeit erscheinen auf der Burg ritterliche Burgmannen, welche sich von der Burg „Ritter von Fodesberg" bisweilen zu nennen beliebten. Damals waren die Bande gesetzlicher und gesellschaftlicher Ordnung lose; frei schaltete die Willkür und Gewalt des Stärkeren, und jeder Ritter durfte, weil er es that, ernten, wo er nicht gesät, mit schonungsloser Gewaltthätigkeit. Besonders waren es die Juden, die man zu plündern suchte. Nun hatten die Lombarden in Bingen den Handel, der durch's Nahethal aufwärts, den alten Römerstraßen folgend, nach Frankreich ging, mit ungeheurem Erfolge in ihren Händen, und wo sie „verdienten", wollten auch die Juden verdienen. So kam es, daß in Bingen viele Juden sich niederließen, denen es bald gelang, einen Theil des Handels der Lombarden in ihre Hände zu leiten. Die nächste Folge war, daß der Waarenbezug der Juden von Köln nach Bingen und auch nach Mainz, wo noch mehr Glieder dieses wunderbar betriebsamen, thätigen und sehr reichen Volkes wohnten, ein lebhafter, mit jedem Jahre zunehmender wurde. Wie nun die vielen Zölle entstanden, deren jede Burg am Rheine fast einen hatte, so war auch Vogtsberg eine Zollstätte, aber ganz abweichend von andern Zöllen erhob man hier einen Judenzoll, das heißt nicht blos einen Zoll von den Waaren, sondern auch einen sehr namhaften von den Personen der Juden. Daß die Juden diesem Zolle durch alle erdenkliche Verkappung und Vermummung zu entgehen suchten, ist begreiflich. Die Ritter vom Vogtsberg gaben indessen den Juden an Schlauheit nichts nach. Sie richteten eine kleine Art sehr bissiger Hunde ab, die Juden unter jeder Verhüllung herauszufinden, was denn auch regelmäßig gelang und den armen Verfolgten und Mißhandelten die traurige Frucht eintrug, daß sie die „Judensteuer" oder den „Judenzoll" doppelt entrichten mußten, zum weidlichen Ergötzen der rohen und wilden Dränger, die es mit der Bestrafung selten bei dem doppelten Zolle bewenden ließen. Dies geschah mitten auf dem Rheine und auf dem Pilgerpfade, der unter der Burg am Rheine entlang sich hinzog. Daß aber auch christliche Kaufleute in Ermangelung von Juden ebenso von der „nobeln Zunft dieser Wegelagerer" behandelt, resp. mißhandelt wurden, liegt nahe, und was das Schlimmste war, die Klage fiel allemal mit ihren bitteren Folgen auf den Kläger zurück, da man über diese „Freiherren" keine Macht und Gewalt hatte. So waren denn Soneck, Reichenstein und Vogtsberg Stätten des Schreckens für handelnde Juden und Christen. Als der Nothschrei der Handelsleute, sowie der Geplünderten und Mißhandelten aus dem gesammten Bürgerstande zu laut und jammernd wurde und das von Friedrich, dem zweiten deutschen Kaiser dieses Namens, in Mainz niedergesetzte „Reichsgericht" gar nichts gegen das ruchlose Treiben der Wegelagerer vermochte, griff der freie Bürgerstand selbst zu den Mitteln, die ihm zu Gebote standen, nämlich zu Vereinigung und zu den Waffen. Dem Mainzer Walpod (Gewaltboten) Arnold Salmann, der auch den Titel Advocatus potens hatte und die peinliche Gerichtsbarkeit im Namen des Erzbischofs auszuüben berufen war, gelang es, die rheinischen Städte zu einem sich selbst schützenden, aber auch die Feinde zerschmetternden Bunde zu einigen. Dieser großartige Gedanke schlug überall in Deutschland ein wie ein Blitz, und im Jahre 1254 zählte der Bund siebenzig Städte, deren Heer die Burgen Soneck und Reichenstein eroberte und zerstörte. Wunderbar! — Vogtsberg wurde verschont! Das mochte zwei Gründe haben: einmal konnte das Bürgerheer Rücksicht und Schonung der Burg beweisen, welche ihres Herrn, des Erzbischofs, eigenes Besitzthum war, — was aber dem Insassen nicht zu gut kommen durfte, der dem Handel ein Dränger war, wie die zu Soneck und Reichenstein auch gewesen waren, — und der Räuber schlüpfte durch unter dem Schilde des Erzbischofs, oder aber er beugte sich, schwur Urfehde, das heißt er verband sich eidlich, keine Beeinträchtigungen des Handels mehr vorzunehmen und keine Wegelagerei mehr zu treiben. Sei dem, wie ihm wolle, die Städtebündler hatten auf Vogtsberg ihren Stützpunkt, hatten dort ihre Pflege für die Verwundeten, ihre Waffenniederlage und Proviantvorräthe. Ueber der eigentlichen und wirklichen Lage der Dinge ruht das Dunkel, weil Urkunden fehlen und die Chroniken schweigen.

Philipp von Bolanden, auch von einer andern Burg am Donnersberge Philipp von Hohenfels genannt, war der Schirmvogt und Lehensträger der Abtei Corneli-Münster. Er hatte den Rittern von Waldeck die Burgen Soneck und Reichenstein zu Afterlehen gegeben, auch noch andern Ganerben dazu. Mit seiner Hülfe, denn er war am Donnersberge, am Rheine und in der Wetterau ohne allen Zweifel einer der Reichsten unter den kleineren Dynasten, wurden beide Burgen wieder aufgebaut, und als sie wehrhafter waren denn zuvor, begannen die Ritter auf diesen Burgen eine Rache zu üben, die sie zum Schrecken der Reisenden und Kaufherren machte. Ihre Grausamkeit begnügte sich nicht damit, die Zölle willkürlich zu erhöhen, sie nahmen auch die Reisenden gefangen, mißhandelten sie unbarmherzig und warfen sie in ihre Verließe, bis ein hohes Lösegeld ihnen die Freiheit wieder zurückgab. Da Philipp von Hohenfels in Bingen geschworen hatte, den Landfrieden nicht zu brechen, so war allerdings zwischen der Vollendung des Burgbaues zu Soneck und Reichenstein und dem Ausbruche dieser Rache eine Zeit möglichst gesetzlicher Ordnung eingetreten, über welcher er selber wachte; allein als er gestorben war, fiel die letzte Schranke, und jenes greuelvolle Unwesen begann in einer Ausdehnung, wie nie zuvor. Der Erzbischof von Mainz vermochte nichts mehr gegen den Uebermuth der „Schnapphähne" und „Wegelagerer"; denn das leider völlig gelähmte Reich gab freiesten Spielraum, und bei dem Zusammenhalten und Zusammenstehen der „Stegreifritter" mochte auch der Städtebund Bedenken tragen, einen Feuerbrand in das gemeinsame Lager dieser „Sippe" zu werfen, dessen auflodernde Flamme schrecklich werden konnte. So war denn die Blüthezeit dieses Raubritterwesens nicht blos hier am Rheine, vielmehr in alle Gauen des Vaterlandes gekommen!

Selbst als Rudolph von Habsburg Kaiser geworden und sein Ohr dem Jammer des Vaterlandes sich nicht verschließen konnte, hohnlachten sie und trieben ihr Unwesen in frecher Sicherheit fort; denn sie sahen nicht, daß eine eiserne Faust sich ballte, deren Schlag sie zermalmen mußte. Sie hatten das „nobele Handwerk“ zu lange in Sicherheit getrieben, um an eine gründliche Störung oder gar an Gesetz und Ordnung und deren Macht zu glauben.

Im Jahre 1282 kam Kaiser Rudolph nach Mainz, um seinen Schwur, den Landfrieden in seinem ganzen Umfang aufzurichten, wahr werden zu lassen. Eine genügende Heeresmacht umgab ihn schnell, und die Städtebündler, die auf Selbsthülfe verzichtet hatten, schwangen freudig ihr Racheschwert unter dem Paniere des rechtmäßigen Reichsoberhauptes, das die Hand zur Hülfe bot.

Vogtsberg, dessen Besitzer ohne Zweifel das Herz auch pochte, weil er seine Hand von Frevel nicht frei wußte, öffnete willig dem Kaiser seine Thore, und das Strafgericht ging an ihm vorüber, weil — ein Kurfürst seine Hand drüber hielt, der auf milde Rücksichten vom Römersaale in Frankfurt her Anspruch hatte. Auf Vogtsberg war des Kaisers Aufenthalt. Von des Heeres Macht wurden nach tüchtiger Gegenwehr Soneck und Reichenstein gebrochen und — die Ritter auf der Stelle an die Bäume aufgeknüpft, wo zur Rettung ihrer Seelen ihre Familien die Clemens-Kirche erbauten. Rudoph hatte dem alten Marschall Waldeck von Soneck, der für seine in jenen Burgen eingeschlossenen Angehörigen auf Vogtsberg eine Bitte eingelegt, das Wort, das er schon früher gesprochen, auf's Neue wiederholt, er werde alle diese Störer des Landfriedens wie gemeine Diebe hängen lassen, und dies Wort hielt er ritterlich.

Von dem Aufenthalte Kaiser Rudolphs auf Vogtsberg, der sich selbst nicht anders als „König der Deutschen“ nannte, wurde der Burg im Volksmunde der Name Königstein beigelegt, was von Gerning in dem obgenannten Werke von Reichenstein behauptet; urkundlich indessen geschieht das nicht, auch nicht von Reichenstein, das ohnehin mit Unrecht solchen Namen tragen würde.

Im Besitze des Erzbischofs und Kurfürsten von Mainz erscheint fortwährend Vogtsberg und der dazu gehörige Meierhof. Im Jahre 1323 übergibt der Erzbischof Matthias die Burg mit den dazu gehörigen Gütern dem Domstifte zu Lehen mit dem Rechte, „sie auf jede Weise zu nutzen“. Kuno von Falkenstein hielt sich im Herbste von 1348 lange, wohl der Jagd wegen, auf Vogtsberg auf, was einigermaßen für seine fortwährende leidliche Erhaltung und Wohnlichkeit Zeugniß ablegt. Bis zu dem Jahre 1362, in welchem er Erzbischof von Trier wurde, verweilte er oft und längere Zeit hier, um die Jagden in dem Theile des Soon zu benutzen, die dem Rheine zu lagen und kurmainzisch waren. Er trug der Burg eine solche treue Liebe, daß er, als er 1354 mit dem ihm nachfolgenden Erzbischofe von Mainz auf der Burg Vogtsberg einen Ausgleich abschloß, sich Vogtsberg mit seinen Gütern zur lebenslänglichen freien Nutzung aushielt. 1388 starb er, und somit fiel die Burg mit Zubehör an das Erzbisthum zurück. Erst im Jahre 1409 wird urkundlich der Burg wieder gedacht. In diesem Jahre verleiht sie Erzbischof Johann der Zweite als Leiblehen seinem Geheimrathe Johann von Selheim und mit ihr verbunden den Salmenfang bei Lorch. Wie Cuno von Falkenstein, so liebten auch andere Kurfürsten von Mainz den Aufenthalt auf der Burg und hielten sich bei Lehenertheilungen das Recht dazu aus. Johann von Selheim blieb im Besitze der Burg bis zu seinem Tode im Jahre 1434. Es ist unbekannt und selbst zweifelhaft, ob bis zu dem Jahre 1459 Jemand die Burg zu Lehen getragen. In diesem Jahre verlieh Erzbischof Diether Burg, Güter und das Dorf Aßmannshausen dem Domscholaster Volpert von Ders, der ihm würdig und in Treuen gedient; allein das Schicksal dieses Lehensträgers war an das seines Herrn geknüpft. Die Entsetzung Diethers brachte auch ihm den Verlust seiner Würden und Lehen; als aber Diether zum zweiten Male den erzbischöflichen Stuhl bestieg, so war die natürliche Folge, daß Volpert von Ders auch wieder zum Vollbesitze seiner Berechtigungen gelangte.

Nach seinem Tode zog das Erzstift die Lehen ein und an sich, und erst im zweiten Drittheile des sechzehnten Jahrhunderts wird der Schleier gehoben, welcher die Burg Vogtsberg dem Forscherblick bis dahin entzog; sie erscheint nämlich sammt ihren Gütern als Lehen der Familie von Wiltberg, deren Burg auf einer Höhe des Soon lag, und die in der Geschichte des Rheingau's und Nahegau's häufig erwähnt wird, auch handelnd auftritt. Sie war nie reich und also auch außer Stande, etwas für die Erhaltung der Burg zu thun, von der, da durch die völlig veränderten Verhältnisse auch eine veränderte Kriegsführung herbeigeführt und solchen Burgen ihre Bedeutung entzogen ward, nun auch das Erzstift seine Hand abzog. So gerieth sie in einen Zustand des Verfalles, welcher ihr als Bauwerk verderblich werden mußte, und dem sie endlich erlag. Das Hofgut und der Hof behielt allein noch Bedeutung als Lehen; denn er hatte $12^1/_3$ Manse oder Hube Flächenraum, etwa 370 Morgen Feld und Wald und Weinberg.

Wie die Burg, die ein Mannlehen war, an die Familie von Eyß überging, liegt im Dunkel. Wahrscheinlich war sie, als sie an diese Familie kam, schon zerfallen, und dies scheint der Grund zu sein, daß, als Spinola die Burgen des Landes besetzte, und als Gustav Adolph von Schweden 1632 ihn vertrieb, Vogtsbergs, weil es schon Ruine war, keine Erwähnung geschieht. Die Familie von Eyß war, als die französische Republik das Rheinland eroberte, nicht ausgewandert und blieb daher im Besitze der Burg und ihrer

Zubehör. Letztere hatte sie indessen bereits veräußert, als der Prinz Friedrich von Preußen einem Herrn von Eyß in Ehrenbreitstein die Ruine abkaufte und sie durch den Baumeister Wilhelm Kuhn von Koblenz in den Jahren 1825 bis 1829 auf- und ausbauen ließ. Vogtsberg war untergegangen, und aus ihren Trümmern erhob sie sich verjüngt unter dem Namen Rheinstein.

Eine Sage wird von dieser Burg erzählt. Wir wiederholen sie hier in schlichter, einfacher Prosa: Auf der Burg Reichenstein lebte einst ein junger Ritter, bieder, treu und tapfer, aber arm. Die Seinen waren alle todt; nur ein Oheim war ihm geblieben, der ehelos drüben im lustigen Lorch lebte, und den er einst beerben sollte.

So nahe bei Vogtsberg, war er von Jugend auf in seinen Mauern gerne gesehen; aber aus den Spielen der Kindheit erwuchs eine innige Liebe zwischen der Erbtochter auf Vogtsberg und dem Reichensteiner, die aber Gerda's Vater ein Geheimniß geblieben. — Einst brachte Kurt von Reichenstein von einem Kriegszug einen jungen Zelter mit; schneeweiß und zierlich war das sanfte, schöne Thier, wie er nie ein zweites gesehen. Er machte es seiner Gerda zum Geschenk, und ihr geiziger Vater hatte nichts gegen die herrliche Gabe einzuwenden, welche der schönen Gerda Lust und Freude war.

Kurt nahm indessen das edle Thier mit nach Reichenstein, um es für seine Gerda erst recht zu erziehen, denn das verstand er meisterlich. Nach Jahresfrist brachte er das fromme Thier wieder, und als sich ihm Gerda näherte, da bog es seine Vorderkniee und lud sie zum Aufsitzen ein. So hatte es Kurt abgerichtet, und als sie es ritt, bedurfte es nur ihres Wortes zur Leitung, und sie saß auf seinem Rücken wie in einer schaukelnden Sänfte. — Gerda's Dank war innig, des Vaters Freundlichkeit groß. In Kurts Seele hob die Hoffnung ihre Flügel. Er eilte nach Lorch zum alten Oheim und bat ihn, um Gerda für ihn zu werben.

Der Alte lachte in sich hinein und dachte: Bin ich mir doch selbst der Nächste, und die Jungfrau werb' ich mir!

Er reitet gen Vogtsberg und wirbt für sich um Gerda's Hand, und der Vater, geblendet vom Reichthum des greisen Werbers, gibt ihm sein Ja. — Aber wer mag das Maß des Leides und des Jammers ermessen hier auf Vogtsberg, dort auf Reichenstein? Alle Bitten, alle Thränen bleiben erfolglos. Der Hochzeitstag wird anberaumt. Drüben in Lorch soll die Hochzeit sein, und aller Prunk, den der Reichthum zuläßt, ist dort entfaltet und wird von dem Bräutigam in der bleichen Braut Schooß gelegt.

Ein stattlicher Zug von Geladenen bricht am Morgen des Brauttages von Vogtsberg auf zu den Fähren, die bei Trechtingshausen der Reiterschaar zum Uebersetzen harren. Zwischen Vater und Bräutigam reitet die bleiche, weinende Braut auf ihrem Zelter. Da nahen sie der Fähre; aber umsonst ist es, durch Schmeichelwort und Strenge den Zelter Gerda's in die Fähre zu bringen. Er bäumt sich und reißt aus; gen Reichenstein hin fliegt er. Alle ihm nach! Aber eben, als der Bräutigam stürzt und seinen Geist aushaucht, fliegt der Zelter in den Burghof von Reichenstein mit seiner schönen Reiterin. Die Zugbrücke rollt empor. — Sie ruht in Kurts Armen! — Soll, da der Bräutigam todt und Kurt sein Erbe ist, der Vogtsberger die Burg belagern? Er wird von allen Seiten bestürmt und — fügt Gerda's und Kurts Hände in einander; aber bessere Tage und liebreichere Pflege empfing nie ein Zelter, und die Gatten wetteiferten, wer ihn am besten pflegte. —

Der Lieblingsgedanke des Prinzen ist mit ebensoviel Tüchtigkeit als Hingebung und mit Aufwand großer Kosten ausgeführt worden. Die Burg enthält einen größeren Raum, als man, von unten aus gesehen, glauben sollte, und die Räumlichkeit ist trefflich benutzt. Was die Malerkunst hier geleistet, hat die Hand des Malers Pose aus Düsseldorf ausgeführt. Vorzüglich und ganz ausgezeichnet sind die alten Glasgemälde, welche Fenster und Flügelthüren, sowie die Eingänge zu den Balkonen schmücken. Sie sind zweifellos dem Besten zuzuzählen, was von dieser Kunst die alte Blüthezeit derselben überliefert hat. Vor Allem auszuzeichnen sind das große Glasgemälde in dem Rundbogenfenster der Halle, das eine über der Weltkugel schwebende Madonna mit dem Kinde siegend über das Böse darstellt, und die köstlichen Glasgemälde in den Fenstern und Thüren des Rittersaales. Einzelne köstliche Schnitzwerke in Holz und Elfenbein verdienen ebenfalls genannt zu werden. Unter dem alten Schreinwerke befinden sich Arbeiten der vorzüglichsten Art. In einem die ganze Mauerdicke füllenden Glasschranke stellen sich dem Auge des Beschauers Tafel- und Trinkgeräthe in edeln Metallen dar, darunter ein prachtvoll gearbeiteter alter silberner Pokal und ein gewaltiger Silberkrug, zusammengesetzt aus alten Schau- und Denkmünzen des preußischen Königshauses, manches tiefeingreifende geschichtliche Ereigniß feiernd und darum von doppelt hohem Werthe.

Reich ist die Waffensammlung des Rittersaales, nur aus Waffen von vorzüglicher Arbeit aus der alten und ältesten Zeit bestehend, darunter das historisch anerkannte Schwert, welches Ritter Götz von Berlichingen in mancher Fehde geführt, und ein Handschuh desselben, sein Wappen tragend, ferner eine Rüstung Albrechts des Bären, sowie der Helm Franz von Sickingens und noch manches Andere von geringerer Bedeutung. Schön ist die Aussicht von verschiedenen Balkonen und besonders von der Zinne der Burg, und wenn dieselbe auch durch die den Rhein zu einem See abschließenden Berge in etwas beschränkt wird, der Eindruck ist ein wohlthuender, und die freundliche Stille sagt dem Gemüthe ungemein zu. Man fühlt sich in diesen Räumen in eine längst untergegangene Zeit versetzt, und nur ein je und dann vorüberbrausendes Dampfboot oder ein zu den Füßen der Burg vorüberkeuchender Eisenbahnzug zerstört die Täuschung und erinnert an die Kluft, welche den Beginn der alten Burg von der Gegenwart scheidet.

Die Burg Reichenstein und die Clemenskirche.

Auf einem Ufervorsprung, gleich unter der Burg Soneck, die hoch oben am Berge sich dem Auge darbietet, Aßmannshausen nahezu gegenüber, liegt an der linken Rheinseite die Clemenskirche mit ihrem Gottesacker und nahe bei ihr in mäßiger Höhe die Burg Reichenstein. Reichenstein und Soneck stehen mit diesem alten Gotteshause in einer zu nahen und — zu düstern Beziehung, als daß der Kirche ohne sie gedacht werden könnte. Wie bei der Burg Soneck und später bei der Heimburg nachgewiesen wird, gehörte das Gebiet vom linken Naheufer bis hinab zu dem Kreuzbache bei Niederheimbach wahrscheinlich durch eine frühe kaiserliche Schenkung einschließlich der Dörfer Trechtingshausen, Ober- und Niederheimbach der Abtei Corneli-Münster bei Aachen. Sie besaß zugleich auch das Hoheitsrecht über die Burgen Soneck und Reichenstein, über dessen Ursprung indessen nichts historisch Erweisliches bekannt ist.

Die Abtei besetzte die Burgen mit Vertheidigern, welche großentheils den ritterlichen Familien des unteren Rheingaues, namentlich dem weitästigen Stamme derer von Waldeck angehörten und in Lorch und bei diesem Orte seßhaft waren. Schirmvögte waren die Rheinboten zu Bingen, die auf der Burg Klopp saßen.

Es war im Anfang des dreizehnten Jahrhunderts, als das gedachte Stift im Besitze der Burg Reichenstein zuerst urkundlich auftrat, und zwar in Beziehung auf deren Vogt. Der Erste seiner Vögte oder auch Burgmänner auf Reichenstein, welcher in der angegebenen Zeit namentlich vorkommt, war ein Ritter Gerhard Rheinbot von Bingen. Er war ein wilder, gewaltthätiger Mensch, der mit seinen Reisigen Pilger und Kaufleute beraubte und mordete, welche den Uferpfad, der auch bis in eine späte Zeit den Namen „Pilgerpfad" trug, frommer Gelübde oder auch des Handels wegen mit ihren beladenen Saumrossen benutzten. Da in jenen Tagen die Felsen des sogenannten „Bingerloches" (der Name rührt daher, daß man glaubte, an dem Felsenkamme jener Stromschnellen befinde sich ein Trichter, in dem das Wasser des Stromes versinke, unterirdisch fortfließe und erst bei der Bank oberhalb Sanct Goar wieder sich mit dem Strome vereinige) kaum ein leichtbeladenes Schifflein den Durchgang wagen ließen, so mußten die Schiffe das Fahrwasser am linken Ufer suchen, und die Zugpferde der aufwärts gehenden Fahrzeuge benutzten ebenfalls den Uferpfad dieser Seite. Die Reichensteiner, besonders jener Gerhard, hielten die Schiffe an und nöthigten sie durch die Drohung, die Zugseile zu durchschneiden, anzulegen und ihre Ladung zu verzollen, das heißt sich berauben zu lassen. Dieser Unfug, welcher den Handel der in Bingen wohnenden Lombarden und der Juden in Mainz unaussprechlich beeinträchtigte, wurde so ungemessen, die steten Klagen der Betroffenen darüber so eindringlich und häufig, daß der Convent von Corneli-Münster, der viel hundertfach, aber stets umsonst gemahnt hatte, sich zu energischem Einschreiten gedrängt sah. Es galt, den Vogt Gerhard zu vertreiben, da er gutwillig nicht ging.

Mit Hülfe des Erzbischofs von Mainz und des Pfalzgrafen mußte der Convent seine eigne Burg belagern.

Gerhard Rheinbot von Bingen, der an solchen Ernst nicht geglaubt und sich daher mit Lebensmitteln nicht gehörig vorgesehen hatte, wollte es aus Klugheit nicht zum Erstürmen der Burg kommen lassen, übergab sie und erhielt freien Abzug.

Der Convent von Corneli-Münster und der Abt Florentz mochten denken, ein Vitzthum (Vicedominus) des Erzstifts von Mainz im Rheingaue gewähre gegen die Wiederkehr solcher Uebelstände eine vollgültige Sicherheit, und übergaben die Vogtei Philipp III von Bolanden, dem kurfürstlichen „Vitzthum" im Rheingau, welcher in Gegenwart des Kaisers, der Kurfürsten von Mainz und Trier und anderer Reichsfürsten in Mainz 1213 dem Abte von Corneli-Münster den Eid des Gehorsams und der Treue schwur und wörtlich gelobte, „Niemanden von Reichenstein aus zu beschädigen." — Bei den Soneckern schlug diese Warnung ein, und einstweilen waltete Friede und Sicherheit um die Burgen, die so übeln Leumund hatten als Erbe aus der Zeit des vertriebenen Gerhards.

Philipp starb, und sein Sohn Werner VII trat in seine Rechte und Pflichten ein, wohnte sogar, wenn auch nur zeitweise, auf der Burg und nannte sich nach seiner Urkunde von 1235 sogar nach ihr. Schon 1241 finden wir seinen älteren Bruder, Philipp den Vierten, der sich aber von Hohenfels nannte, an seiner Stelle. Er bewohnte die Burg dieses Namens am Donnersberge und ließ sich auf Reichenstein nicht sehen. Da wuchsen den Burgmannen die Raubvogelschwingen. — Der Vogt ferne, der Abt ohne Macht, der Erzbischof mit eigenen Angelegenheiten beschäftigt, und der Kaiser — noch weiter entfernt als der Vogt: — wer konnte da ihrem Gelüste wehren, zumal sie ja jenen Eid des Vogtes nicht geschworen? Da ging das alte, nur nothgedrungen unterlassene Handwerk des Raubens und Mordens wieder lustig an, erst je und dann, aber später so oft sich Gelegenheit bot, und Soneck und Reichenstein hier oben und Heimburg tiefer unten waren wieder der Schrecken der Pilger, Reisenden und Kaufleute. Wieder erschallten die „Weherufe" der Mainzer Juden und der Lombarden in Bingen; wieder war der Ufervorsprung, wo später die Clemenskirche erbaut wurde, und wo der bergende Wald bis an's Ufer trat, die Stätte von Raub und Mord, und wer die Frevler gegen Recht, Gesetz und Ordnung waren, das lag nicht im Zweifel. Vom Reiche war keine Hülfe zu erwarten. Da wurde jener alte Spruch eine Wahrheit: „Hilf dir selbst, so hilft dir Gott", und in eines starken Mannes starker Seele reifte ein folgenreicher Gedanke zu männlicher That. War doch der Bürgerstand ein freier, stark gewordener in den Städten am Rheine; lag doch in den Zünften eine Macht, die mancher patrizischen und adeligen Seele Schrecken einflößte. Und diesmal war es ein Patrizier, der seinen klaren Geist, seinen muthigen Sinn, seinen starken Arm und seinen persönlichen Einfluß in die Wagschale legte, Arnold Walpode. Der rheinische Städtebund zu gegenseitiger Hülfe gegen den raubgierigen und mordenden Adel war sein Werk, und seine erste That das Zerstören der Raubnester Reichenstein und Soneck.

Das Heer des Städtebundes landete unter Arnolds Führung an der Mordstelle, wo jetzt die Clemenskirche steht, unbemerkt, weil gedeckt durch den gewaltigen Baumwuchs, und nach kurzer Belagerung waren die Raubnester erstürmt und gebrochen.

Nun athmete der Handel wieder frei auf, und es schien, als sei sein frisches Aufblühen gesichert. Das aber war eine Täuschung; denn der Hohenfelser, der zur Zerstörung schwieg, weil er trotz seiner Macht gegen den Städtebund nicht aufkommen konnte, baute beide Burgen wieder auf; die der Niederlage entronnenen früheren Insassen kehrten dahin zurück, und das frühere, weil eingefleischte Treiben wurde unbändiger denn vorher und wandte sich nun selbst gegen die eigene Oberherrschaft, das Stift Corneli-Münster, dessen Rechte und Einkünfte.

Da wurde es denn doch dem Convente zu arg. Er trug seine sämmtlichen Besitzungen zwischen der Nahe und dem Kreuzbache Kurmainz zum Kaufe an.

Der schöne Erwerb war zu lockend, als daß man dort den Kauf von der Hand hätte weisen können; da aber dem Kurfürsten und Erzbischof die Mittel fehlten, den Kauf zu vollziehen, so einigte er sich mit dem Domstifte und dem Stifte Sanctae Mariae Virginis ad Gradus in Mainz, und der gemeinschaftliche Kauf kam zu Stande. Der Lehensträger aber, Philipp von Bolanden-Hohenfels, widersetzte sich lange, bis er endlich, nothgedrungen, am 10. Mai 1271 einwilligte und den neuen Besitzern Treue gelobte.

Wer hätte denken sollen, daß jemals das Raubwesen wieder beginnen könne? Aber Art läßt nicht von Art, sagt das alte Sprüchwort, das sich hier auf's Neue bewähren sollte. —

Trotz aller Gelöbnisse, trotz dem, daß den neuen Besitzern ganz andre Mittel zu Gebote standen; trotz dem, daß eine thatkräftige Faust des Reiches Scepter ergriffen hatte, fingen die Räubereien und Mordthaten in dem Bereiche der beiden Burgen wieder auf's Heilloseste an und wurden mit einer Frechheit und Rücksichtslosigkeit ausgeübt, als könne der strafende Arm die Gott- und Pflichtvergessenen nicht erreichen.

Die Frevler verrechneten sich indessen außerordentlich. Dem neuen Kaiser galt's, sich Achtung und Gehorsam zu verschaffen, die mächtigsten Kurfürsten sich zu verpflichten und seine Kammerknechte und deren Leistungsfähigkeit sich zu sichern. Zudem waren die kleinen Diebe leichter zu hängen als — die großen. Kaiser Rudolph erschien im Jahre 1282 mit einem hinlänglichen Heere bei Mainz. Dort mehrte es sich noch ansehnlicher, und dieses Heer nebst der Kunde, daß er geschworen, „die Räuber, weß Standes sie auch sein möchten, aufknüpfen zu lassen wie räudige Hunde“, begannen die edeln Ritter am Rheine mit Schrecken zu erfüllen.

Jener Drohung folgte die rasche That. Die beiden Burgen wurden erobert, gebrochen, den Flammen übergeben, und an der Stelle des vortretenden Ufers, wo die Stegreifritter die wildesten ihrer Frevel geübt, wurden sie rücksichtslos aufgehängt an die Aeste der alten Buchen und Eichen, unter denen sie so oft ihren Opfern aufgelauert.

Der Ruf dieses kaiserlichen Gerichts flog durch Deutschland. Hier wurde es gepriesen, dort hart verurtheilt, und man hätte denken sollen, das warnende Beispiel hätte gewirkt, und die Trümmer der Burgen wären — Trümmer geblieben, ein Warnungszeichen für Viele, die gleicher Schuld theilhaftig waren. — Doch dem war nicht so!

Schon im Anfang des 14. Jahrhunderts war Reichenstein wieder aufgebaut, seltsamer Weise aber hatten es die beiden Pfalzgrafen Rudolph und Ludwig hergestellt, die auch nicht das mindeste Recht dazu hatten, da es auf Mainzischem Gebiete lag und erkauftes Mainzer Besitzthum war. Damit war es noch nicht genug! Kaum erbaut und mit Pfälzer Burgmannen besetzt, begannen wieder Mord, Raub und Erpressung, diesmal an Mainzer Unterthanen verübt. —

Wohl hatte sich der Erzbischof dem Burgbau widersetzt, aber papierner Widerstand half nichts in jenen Tagen roher Gewalt. Als nun gar die frevelnden Hände von der Burg aus nicht allein gegen fremde Pilgrime, Reisende und Kaufleute, sondern gegen die eigenen Unterthanen erhoben wurden, da raffte sich der Erzbischof auf und versuchte Alles, aber weder auf dem Wege der Güte, noch auf dem der Gewalt der Waffen konnte er das erwünschte Ziel erreichen. Es blieben nur noch zweie, der der richterlichen Gewalt und der — der List. Die Letztere führte zum Ziel.

Die Kaiserwahl war nahe, darauf baute der Erzbischof; denn er wußte darum, wie man auf pfälzischer Seite darauf hinsteuerte, die Kaiserwürde an sich zu bringen. Es kam der Streit dadurch zur Schlichtung, daß der Erzbischof dem Pfälzer seine Stimme verhieß, wogegen dieser die Burg zurückzugeben versprach. In Bacharach wurde diese Einigung am 25. Dezember 1315 erzielt.

Ludwig wurde Kaiser. Was er als Herzog verbrieft, hielt er als Kaiser. Es war eine seiner ersten Handlungen, daß er den Befehl gab, die Burg Reichenstein dem Erzbischof einzuräumen. Das geschah noch im Jahre 1315; aber es war ein schlimmes Zeichen, daß der eigne Bruder dem neuen Kaiser nicht willfahrte; denn noch 1339 war Reichenstein in den Händen der Kurpfalz. Bald darauf erhielt das Erzstift die Burg von dem Pfälzer auf ernstes kaiserliches Andringen zurück.

Schon im Jahre 1341 wurde Reichenstein wieder lockend vor die Augen des Pfälzers gehalten.

Gerlach, der Erzbischof zu werden Alles aufbot, versprach dem Pfalzgrafen Ruprecht das Schloß Reichenstein, wenn er ihm seinen Arm liehe, sich auf dem erzbischöflichen Stuhle festzusetzen. Der Antrag fand indessen seine Ausführung nicht; vielmehr verschrieb es Gerlach dem Dompropst und Verwalter der Kurwürde Kuno von Falkenstein sammt dem ganzen Gebiete und den Burgen, welche einst von dem Stifte Corneli=Münster waren erkauft worden, für seinen Rücktritt und die Anerkennung Gerlachs. Der Werth dieser verschriebenen Lande, Burgen und Dörfer wurde gleich 40,000 Gulden geachtet, mit deren Zahlung an Kuno im Jahre 1359 das Pfand wieder an das Erzbisthum zurückfiel.

Als im Jahre 1396 wieder neue Irrungen wegen der Besetzung des erzbischöflichen Stuhles obwalteten, besaß der Erwählte, Graf Gottfried von Leiningen, die Burg Reichenstein, wo er sich bis zum Jahre 1397 hielt. Als der Papst dem Grafen Johann von Nassau das Erzbisthum verlieh, wich Leiningen von dannen, und der neue Erzbischof ließ sofort die Burg besetzen.

Es scheint ein böser Geist über Alle gekommen zu sein, welche in Reichenstein wohnten, der alte Geist roher Gewaltthat. Er offenbarte sich wieder an dem Ritter Wilhelm von Reichenstein, der im Jahre 1408 die Burg inne hatte. Damals hatte in der Stadt Andernach ein „Schympf", das heißt ein Ritterspiel oder Turnier statt, zu dem auch der Ritter Frank von Cronberg am Taunus gezogen war, mit welchem Wilhelm von Reichenstein eine alte „Spänne" hatte, und dem er einen alten Haß trug. Mit den Rittern Eberhard von der Heyden und Sifrid, Bastard von Runkel, und deren Helfern überfiel er den Cronberger auf dem Heimwege, mißhandelte, beraubte, und schleppte ihn nach Reichenstein in harte Gefangenschaft.

Diese Gewaltthat machte ein großes Aufsehen.

Die drei Kurfürsten am Rheine legten sich in's Mittel, aber ihre Bestrebungen blieben wirkungslos, bis sie sich einigten, den Frevler zu züchtigen, seine Burg zu belagern und diese Stätte alter und neuer Frevel von der Erde zu vertilgen.

Der Umstand, daß Reichenstein noch im Jahre 1468 stand, und Philipp Marschall von Waldeck auf Ueben oder Iben (eine Burg nicht weit von Flörsheim) des Erzstifts Amtmann in Reichenstein war, beweist, daß die thatkräftigen Schritte der drei Kurfürsten auf den hartköpfigen Reichensteiner eine entschiedene Wirkung hervorbrachten. Er mochte an die „Erhöhung" denken, welche einst Kaiser Rudolph den Reichensteinern hatte zu Theil werden lassen, und bot eine Sühne an, deren Vollzug die Burg und ihn rettete.

Dies ist die letzte Thatsache der Geschichte Reichensteins, die an die früheren Tage seiner bedenklichen Berühmtheit erinnert.

Von da an schweigt die Geschichte, und es scheint, als ob die Burg den Gesetzen der Vergänglichkeit schon zuviel Spielraum gegeben habe. Sie scheint ihnen völlig preisgegeben worden zu sein, und selbst die Franzosen mochten es nicht für der Mühe werth gehalten haben, die leeren Mauern, die sie fanden, als sie die rheinischen Burgen zerstörten, noch mehr zu brechen, als es die Zeit gethan hatte. Feuer anzulegen und den Einbau zu verbrennen, konnten sie sich jedoch nicht versagen.

Blicken wir nun auf die Clemenskirche, die so einsam da unten am Ufer steht, die in den letzten Jahren des vorigen Jahrhunderts eine öde Ruine war, in welcher sich indessen Wegelagerer und Straßenräuber aufhielten und die einsamen Wanderer anfielen und beraubten, ja selbst mordeten, also daß Niemand es wagte, in späten Tagesstunden oder in der Nacht hier vorüber zu gehen, so erhebt sich die Frage nach ihrer Entstehung so weit ab von den Wohnstätten der Menschen, die sie zur Ruine werden ließen, obgleich die Leichen von Trechtingshausen hier in „geweihter Erde" bestattet wurden.

Alle historisch beglaubigte Kunde fehlt. Nur der Name hat sich erhalten, und die Thatsache ist allein sicher, daß in früheren Zeiten Eremiten hier wohnten, welche den Gottesdienst und die Gebete für die armen Seelen der Verstorbenen, die hier den ewigen Schlaf schliefen, verrichteten. Als die Kirche nach und nach zur Ruine wurde und die Gemeinde Trechtingshausen sie nicht baulich unterhielt, mußten sich auch die Eremiten eine andere Stätte aufsuchen, und die Kirche stand verwaist, gemieden, eine Stätte der Furcht und des Grauens, reich an Schaudergeschichten. —

Wo die Geschichte schweigt, muß es gestattet sein, auf die „Ueberlieferung durch den Mund des Volkes" zu lauschen und Schlüsse aus dem Namen der Kirche zu ziehen.

Es ist eine doppelte Ueberlieferung über ihren Ursprung vorhanden.

Ein reicher Flößer aus dem Niederlande, so lautet die eine dieser Ueberlieferungen, fuhr einst vom Oberrheine mit einem Floß aus Schwarzwaldtannen den Rhein herab. Ein furchtbares Gewitter, mit einem Sturme gepaart, der mit fürchterlicher Macht die Rheineswogen aufthürmte, so daß drüben im Binger Loche ein Brausen und Toben war, wie es nie ein Menschenohr vernommen, hatte sich erhoben, als schon eine Anzahl der kleinen Theile, in die man damals die Flöße hier oben trennen mußte, um sie weiter abwärts wieder zu einem Ganzen zu vereinen, auf den empörten Wogen des Stromes schwamm. Die mußten zerschellen bei solchem Wetter, wenn nicht wunderbare Hülfe kam.

In solchen Flößen steckte damals, wie heute, ein ungeheures Capital und im gegebenen Falle des Flößers und Holzhändlers ganzes Vermögen. In der Angst seines Herzens gelobte der mit Grund tiefbesorgte Mann dem Herrn, wenn er in seinem reichen Erbarmen seine Habe schütze, eine Kirche zu erbauen an dem Orte, wo er seine kleinen Flöße wohlbehalten wiederfände.

Das furchtbare Wetter ging ungewöhnlich schnell vorüber. Der Sturm legte sich zur Ruhe, und die hochgehenden Wellen des Stromes glätteten sich wieder, ehe die dunkle Nacht den Strom und die Berge in ihren Rabenmantel einschlug. Der angsterfüllte Flößer setzt sich in seinen Kahn, und die Wellen tragen ihn, von den Ruderern getrieben, schnell in's Rheinthal hinab.

Wie blickt sein trübes Auge unabläßig auf beide Ufer, ob er nicht die Trümmer seiner Habe entdecke! Aber nirgends findet er eine Spur. Darf er das zum Guten oder muß er es zum Bösen deuten? —

Da beugt der Kahn um den Ufervorsprung diesseits der Burg Reichenstein, und siehe, da liegen sie alle ruhig, unbeschädigt und wohlgeborgen mit ihrer Mannschaft vor Anker! Er hat keins der kleinen Flößchen eingebüßt!

Da sinkt er in seinem Kahne auf die Kniee, preist die göttliche Erbarmung und erneuert sein Gelübde, eine Kirche hier zu bauen, wo er seine Flöße gefunden in Gottes Hut und Schutz.

Schon im folgenden Frühling kehrt er wieder und beginnt den Bau der Kirche, die der Erzbischof von Mainz der göttlichen Barmherzigkeit, Clementia, weihte. Und das ist die Clemenskirche, die der Pfarrkirche von Trechtingshausen übergeben wurde zum heiligen Dienste.

Bei dieser Sage ist des Unwahrscheinlichen viel, und der Charakter einer Begräbnißkirche, welchen die Clemenskirche durch die Reihe der Jahrhunderte ihres Bestehens und Vergehens immer getragen, das Wohnen der frommen Eremiten bei ihr — findet hierbei keine Erklärung.

Anders steht es um die zweite sagenhafte Ueberlieferung. Sie schließt sich eng an geschichtliche Thatsachen an; sie löst alle die Räthsel, welche die andere ungelöst läßt.

Dieselbe lautet: Das Strafgericht, welches Rudolph von Habsburg über die Landfriedensbrecher von Reichenstein, Soneck und wohl auch Heimburg gehalten, war ein erschütterndes, Entsetzen erregendes. Die Glieder der edeln Familie der Waldecker insbesondere waren es, über die es mit seinem Schrecken hereinbrach, deren Familienglieder erbarmungslos des „Henkers" Hand dem Tode der Schmach und unaustilgbarer Schande überlieferte. Die Aeste der uralten Eichen am Ufer, das in den Rhein vorspringt, trugen eine entsetzliche Furcht, — viele Leichname, die dem edelsten Geschlechte des Landes und vielen andern nahe verwandt und angehörig. Noch in der Nacht des schauderhaften Gerichtstages wurden die Leichname von den Ihrigen abgeschnitten und in Kähnen nach Lorch gebracht, um in geweihter Erde, doch in der Stille, beerdigt zu werden, weil sie von Henkers Hand den Tod empfangen.

Zu dem Gefühle tiefen Schmerzes der Ihrigen gesellte sich bei denselben die Schmach ihrer Todesart, und das tiefverwundete religiöse Gefühl, die Angst um ihrer Seelen Heil.

Da tauchte der Gedanke in den Seelen der Angehörigen auf, gemeinsam an der Stätte ihres Todes eine Grabkapelle zu erbauen, sie der göttlichen Erbarmung zu weihen, dort die sterblichen Reste der Unglücklichen zu bestatten und eine ewige Seelenmesse über ihren Gräbern durch Eremiten halten zu lassen.

In diesem schönen Gedanken fanden die Seelen der Eltern, der Gattinnen, Kinder und Geschwister der Hingerichteten Trost.

Die Gestattung dieser frommen Stiftung wurde nachgesucht und gern ertheilt.

Jetzt wurden die alten Eichen mit ihren schmerzvollen Erinnerungen gefällt und zum Gebälke des Gotteshauses zersägt und beschlagen. Die Maurer begannen ihr Werk, und gefördert von allen Seiten, stiegen die Kirche und die daran sich reihenden Klausen für die Eremiten empor.

Am Tage der Einweihung sammelten sich Tausende; die Kähne von Lorch trugen die Särge herauf, die man im Schiffe der Kirche vor der offenen Gruft aufstellte, eine schauerliche Reihe.

Als der Erzbischof von Mainz den Weiheact vollzog und den Namen der Kirche, „geweiht dem göttlichen Erbarmen für die armen Seelen der Gerichteten", aussprach, brach die Versammlung, alle die geübten Greuel und Frevel der Unglücklichen vergessend und vergebend, in lautes Weinen aus, und aus jedem Herzen der Knieenden rang sich ein inniges Gebet empor zum gnadenreichen Gottesthrone um ein gnädiges Erbarmen für die Gerichteten, und nachdem der Erzbischof die Särge gesegnet, und die gemeinsame Gruft sie aufgenommen, wurde von demselben die Seelenmesse gefeiert und dann die Gruft geschlossen.

Die Eremiten zogen ein, die täglich für sie die Seelenmessen feierten und über ihrer Gruft für sie um Gnade und Erbarmung beteten.

Nun war der Ort seiner Schmach entrissen, es war eine der göttlichen Erbarmung geweihte heilige Stätte, und die Gemeinde Trechtingshausen begrub ihre Todten fortab daselbst.

Aber es gingen große, schwere Ereignisse an der Stätte vorüber. Lorch, einst so reich an adeligen Insassen, verödete in der Zeit der Reformation.

Die Familie der Waldecke von Soneck starb zum großen Theile aus. Ihre letzten Zweige wurden vom Sturme des Lebens in die Ferne getrieben. Die beiden Burgen sanken in Trümmer. Die Eremiten verließen die Clemenskirche, und eine hohläugige Ruine, stand sie unter den weiten Aesten mächtiger Nußbäume.

Zwar reihten sich auch die Gräber der Gemeinde Trechtingshausen hier an einander, aber die Mittel, die vom Dorfe entfernte „Grabkirche zum göttlichen Erbarmen" aufzubauen und herzustellen, fehlten.

Sie blieb Ruine, und der Zahn der Zeit arbeitete unermüdet an dem sonsthin so festen, alten Heiligthume, dessen endliches Zusammenbrechen Schritt vor Schritt heranrückte.

Da kam eine neue Zeit. Prinz Friedrich von Preußen baute die Burg Vautsberg unter dem Namen Rheinstein herrlich auf, und die hohe Burgfrau von Rheinstein, die edle, fromme Prinzessin Friedrich, wollte dem Herrn dienen an geheiligter Stätte. Bisher hatte der nächste evangelische Geistliche, der Pfarrer von Oberdiebach, den Gottesdienst für die Bewohner Rheinsteins im Rittersaale der Burg gehalten. Da fielen die Blicke der frommen hohen Frau auf die Ruinen der Clemenskirche. Sie aufzubauen und als Gotteshaus der betenden Gemeinde, die in Liebe hier die verschiedenen Bekenntnisse einigen sollte, wiederzugeben, das war ein ihre Seele erhebender Gedanke.

Im Jahre 1834 reifte er. Die nöthigen Vereinbarungen mit dem Bisthume Trier wurden getroffen und festgestellt, dahin lautend, daß die evangelischen Schloßbewohner und die zerstreut in der Gegend lebenden Protestanten hier ihren Gottesdienst abwechselnd mit ihren katholischen Brüdern in Trechtingshausen feiern sollten.

Am 16. August 1834 wurde ein amtliches Document hierüber aufgenommen nach einer Vereinbarung mit dem geistlichen und weltlichen Vorstande der Gemeinde Trechtingshausen und gegenseitig unterschrieben. Die Sache war geordnet, verbrieft und allerseits genehmigt, und der Bau begann.

Mit schweren Kosten wurde er vollendet, und die hohe Fürstin hielt sich, als sie in ihre Winterresidenz zurückkehrte, versichert, daß auch in ihrer Abwesenheit die Burgbewohner ihren Gottesdienst in der Clemenskirche ungestört halten würden.

Die Kirche war feierlich dem evangelischen Gottesdienste geweiht worden, und nichts schien die schöne Stiftung zu gefährden.

Das blieb jedoch nicht so. Es entstanden Verhandlungen und Weiterungen mancher Art. So verlangte man, daß nur die Burgbewohner, und sie ausschließlich, ihre Andacht in der Clemenskirche hielten, nicht aber

Klimsch gez.

Stahlstich v. Carl Mayer's K-A. in Nurnberg

St. Clemens Kirche und Burg Reichenstein.

Verlag von Julius Niedner in Wiesbaden

auswärtige, zur Burggemeinschaft nicht gehörende Evangelische. So ungereimt das auch erschien, so trug dennoch die Fürstin die größte Sorgfalt, durch Erfüllung dieses Ansinnens jedem Grunde oder Scheingrunde confessionellen Haders auszuweichen. Der an dem bestimmten Sonntage zur Abhaltung des Gottesdienstes kommende evangelische Pfarrer war nur und lediglich begleitet von den nothwendigen dienstthuenden Personen, dem Organisten, Küster und Balgtreter.

Ehe diese Personen bei der Clemenskirche anlangten, waren bereits die Burgbewohner daselbst versammelt, und der Burgpförtner war zu dem Kirchenvorstande nach Trechtingshausen gegangen, den Schlüssel zur Kirche zu holen. Anfänglich wollte dieser den Schlüssel verweigern, allein auf die Vorstellungen des Burgpförtners erhielt er ihn endlich; aber dort angekommen, fand er das Schlüsselloch der Kirchenpforte mit Steinen verstopft und diese eingekeilt. Während sich der Burgpförtner bemühte, das verstopfte Schlüsselloch zu reinigen, hatte sich eine Menge Menschen aus Trechtingshausen um die Clemenskirche versammelt. Der Ortsschöffe forderte von dem Burgpförtner drohend den Kirchenschlüssel zurück, den dieser, um unangenehme Auftritte zu vermeiden, zu denen die Umstände leicht führen konnten, zurückgab. Die Worte: „Ihr dürfet nicht in die Kirche, bis die Prinzessin kommt!" veranlaßten die Protestanten, sich zurückzuziehen. Dieselben begaben sich unter dem Hohngelächter der aufgeregten Menge auf die Burg Rheinstein. — Die Folge war, daß die Burgherrschaft die von ihr wieder aufgebaute Kirche nicht mehr betrat und sogleich den Gedanken an Erbauung einer Burgkapelle ergriff. Da erhob sich denn das vom Rheine aus sichtbare wunderschöne Kapellchen bei der Burg, erbaut im reinsten, edelsten und zierlichsten gothischen Stil, eine Perle der neuern gothischen Baukunst, um die religiösen Bedürfnisse der Burgbewohner zu befriedigen, ohne daß ein confessioneller Hader das heilige Bedürfniß hemmen könne, und jede Beziehung der Burg Rheinstein zur Clemenskirche hat seitdem aufgehört. —

Als man in den dreißiger Jahren unseres Jahrhunderts die Liebhaberei für die alten Rheinburgen erwachen sah und der Gedanke nicht ferne lag, sie alle aufgebaut zu sehen, da ging auch die Ruine der Burg Reichenstein durch Kauf in den Privatbesitz des Generals von Barfuß über, ohne daß sich jedoch die Hoffnung des Aufbaues verwirklichte, die seitdem in eine nebelgraue Ferne gerückt ist. — Aber das schöne Landschaftsbild ist geblieben und wird bleiben, bis die Zeit die mächtige Ruine von Reichenstein zerbröckelt hat und die Clemenskirche, wie sie, verschwunden sein wird. —

Die Burg Soneck.

Wie es hier am Rheine aussah, und was sich dort ereignete, ehe die siegreichen Römer ihren Fuß erobernd auf seine Ufer setzten, das liegt im Dunkel. Der Zustand, in dem sie seine Ufer fanden, läßt uns indessen einigermaßen darauf zurückschließen. Wald, undurchdringlich an vielen Stellen, bedeckte Berg und Thal, und das Wild lockte die wandernden Stämme in diese Wildnisse, bis sie sich hier als Fischer oder Jäger ansiedelten. Die Kunde, welche uns die Römer geben, reicht auch kaum weiter, als daß sie uns Völkernamen nennt, mit denen wir nicht eben sonderlich viel Licht gewinnen.

Zu Cäsars Zeiten wohnten auf dem rechten Ufer des Rheines in dem Striche, der wahrscheinlich bei dem Maine begann, die Ubier, ein Volk, dessen Name von Ob, Ub, Ouwe, Uve = Aue, wie noch jetzt im Rheingau die Inseln heißen, und welches Fluß bedeutet, herkommt und soviel heißen dürfte als Uferbewohner, was noch in späterer Zeit in dem gleichbedeutenden Namen Ripuarier (von Ripa = Ufer) nachklingt. Auf dem linken Ufer hatten die Treverer oder Trevirer ihre Sitze, deren Gebiet weithin nach Westen zog.

Als, von feindlichen Stämmen jenseits gedrängt und römischen Einflüsterungen Gehör gebend, die Ubier sich in die Arme des römischen Feldherrn warfen, da folgten sie, ihre Selbstständigkeit aufgebend, seiner Führung und nahmen ihre Wohnsitze auf dem linken Ufer des Rheines von Bingium = Bingen abwärts über Confluentes = Coblenz und Rigomagum = Remagen hinaus bis zur Colonia Agrippina = Cöln. Sie fühlten sich sicher unter den Flügeln des römischen Adlers und sahen lässig zu oder halfen gar am Baue, als Castell um Castell am linken Rheinufer sich erhob und so ihre Ketten, welche sie indessen kaum zu fühlen schienen, nur fester geschmiedet wurden.

Aber die Zeit der Rache blieb nicht aus. Wenn auch die römischen Castelle überall den Thalmündungen des rechten Rheinufers gegenüber erbaut waren, so vermochten ihre Besatzungen dennoch dem Anprall deutschen Muthes nicht Widerstand zu leisten. Sie wurden gebrochen, bis auf die Fundamente vertilgt, und wieder legt sich ein rabenschwarzes Dunkel auf die Völker, die dann hier gewohnt, auf die Schlachten, die hier geschlagen wurden, und auf das, was aus diesem Vernichtungskampfe gegen die Zwingherrschaft erwuchs.

Erst in einer verhältnißmäßig späten Zeit fängt es an, etwas lichter zu werden. Es entstehen Burgen, die frühesten ohne Zweifel zum Schutze gegen die Einfälle der Normanen, die mit ihren leichten Fahrzeugen den Rhein herauf schifften und die Niederlassungen an den Ufern plünderten und zerstörten. So ist es Thatsache, daß sie die Osterburg bei Kreuznach vertilgten. Später mehrten sich durch kaiserliche Lehen die Dynasten und mit ihnen die Burgen, die aber häufig Reichsburgen waren. Ich habe Grund zu vermuthen, daß Soneck eine solche Reichsburg war, wie das Land der Kaiser Tafelgut.

Der kaiserliche Forst des Soon (Son, Soon, Soan, Soane heißt er in den frühesten Urkunden, und das Wort heißt Wald), in dem von dem Saalbaue in Kreuznach aus die Söhne Karls des Großen zu jagen pflegten, dehnte sich von den Ausläufern des Hochwaldes über das Gebirge auf dem linken Ufer der Nahe, über einen Theil des Hunsrücks bis an den Rhein und lief mit einer Ecke auf dem Berge aus, an welchem Soneck liegt; daher unzweifelhaft der Name.

Eine nicht unbedeutende Zahl von mächtigen Burgen begegnet uns in dem ausgedehnten Reviere dieses Waldes, so von Soneck aufwärts die Wildburg, die gänzlich zerstörte Alteburg, die Burgen Sponheim, Winterburg, auf dem Kamme des Waldgebirgs Koppenstein, dann die Burgen Callenfels, Wartenstein, die Kirburg die Schmiedburg und die Burgen zu Oberstein an seiner Grenze. Auf den Burgen Kirburg, Dhaun und Schmiedburg saßen die Wildgrafen, ohne Zweifel kaiserliche Forstbeamte. Daß ein so werthvolles kaiserliches Besitzthum gegen den Rhein hin, also gegen seine östliche Grenze, nicht ohne Schutz gelassen werden konnte, scheint eine Forderung der Nothwendigkeit gewesen zu sein. — Diese Lage wird noch dadurch bedeutsamer, daß am Fuße des Felsens, auf dem Soneck steht, die Grenze des Nahe- und Trachgaues sich befindet, gebildet durch das die Schlucht durchrieselnde Bächlein.

Obgleich das urkundliche Dunkel über die Erbauung der Burgen am Rhein auch auf Sonecks Ursprung ruht, so ist es doch in das Gebiet gänzlich unerweisbarer Sage zu verweisen, daß Erzbischof Willigis von Mainz der Erbauer gewesen sei. Soviel ist gewiß, daß die Zeit der Entstehung Sonecks nicht vor das zwölfte Jahrhundert gesetzt werden darf. Ob die Burg auf den Grundlagen eines römischen Wachtthurms errichtet worden sei, möchte, da sich gar keine Spuren nachweisen lassen, mit Grund zu bezweifeln sein. Auch als eine Mainzer Schutzburg für das Gebiet an der nahen linksrheinischen Grenze des Kurgebiets hat man sie ansehen wollen, ohne aber mehr Grund dafür zu haben als für irgend eine andre Vermuthung. Schon im Anfang des zwölften Jahrhunderts nämlich war die Abtei Corneli-Münster bei Aachen reich in den Ortsmarken von Niederheimbach und Trechtingshausen begütert. Gegen die Hälfte des gedachten Jahrhunderts finden wir sie urkundlich im Besitze der Burgen Soneck und Reichenstein, von welcher vorher die Rede war. Man vermuthet daher, die reiche Abtei habe beide Burgen zum Schutze ihres Gebietes erbaut. Auch diese Annahme ist nicht zu rechtfertigen. Wenn die Abtei in den Besitz kam, so wurde ihr dieser gewißlich eher übertragen durch verschuldete Dynasten, als daß sie sie sollte erbaut haben. Für solche Opfer war der Besitz zu klein. Damit streitet nicht im Mindesten der Umstand, daß die Abtei im Jahre 1233 den Ritter Wernher IV von Bolanden zum Burgherrn oder Burgmanne auf Soneck und Reichenstein und zum Vogte und Schutzherrn ihrer Güter im Umkreise beider Burgen urkundlich ernannt hat.

Als Wernher bald darauf kinderlos starb, übertrug die Abtei das Schirmvogteiamt dem Bruder Wernhers, Philipp von Bolanden, der sich von seiner ebenfalls am Donnersberge, aber auf der nordwestlichen Seite gelegenen Burg von Hohenfels nannte. Da seine reichen Besitzungen nicht nur am Donnersberge, sondern auch in der Wetterau lagen, so konnte er selbst nur sehr selten auf den Burgen Soneck und Reichenstein sich aufhalten, und die Abtei mußte es gutheißen, daß er seine Obliegenheiten gegen die Abtei Corneli-Münster in die Hände anderer, ihm gleichwohl vertrauter Burgmänner legte. Es lag im Geiste der Zeit und in der gänzlichen Entartung des Ritterwesens, daß diese, uneingedenk übernommener heiliger Pflichten, Wegelagerer und sogenannte „Schnapphähne" wurden, mit welchem Namen man die Raubritter sehr milde bezeichnete. Sie überfielen nicht nur die reisenden Kaufleute, sie plünderten nicht nur die Schiffe, welche die Handelsgüter von Cöln gen Bingen und Mainz brachten, sondern sie überfielen auch die Dörfer, raubten Vieh und Früchte und holten selbst die armen Bauern und schleppten sie auf die beiden Burgen, um auf die grausamste Weise ein Lösegeld für sie von ihren Angehörigen zu erpressen.

Die Frechheit dieser adeligen Räuber nahm in einem schaudererregenden Grade zu, und auch die Ritter, die sich bisher rein gehalten von solchen Greueln, ahmten nun, da sie straflos blieben, ihrem Beispiele nach.

Ein allgemeiner Nothschrei war die Folge dieser Lage der Dinge am Rheine, besonders zwischen Bacharach und Bingen, und die lombardischen Kaufleute in Bingen, in deren Hand fast der ganze Handel lag, der über die Berge des Nahethales nach Frankreich ging, waren nicht die Letzten, welche ihre Klagen in Mainz und Cöln erhoben. Mit ihren Klagen mischten die Mainzer und Binger „kaiserlichen Kammerknechte“, die Juden, die ihrigen; denn sie waren ebenso und noch schwerer heimgesucht.

Von den Erzbischöfen war in dieser Lage kaum Hülfe zu erwarten, da die verwilderten Ritter wenig auf ihre ermahnenden Worte hörten, und zum thatsächlichen Einschreiten fehlte die Kraft ohne Beihülfe ihrer Lehensleute, und hier galt leider bei allgemeiner, fast gleicher Schuld das Sprüchwort, daß ein Wolf den andern nicht frißt.

Aber von einer andern Seite kam Hülfe, die man nicht erwartet hatte, noch an sie glaubte, wenigstens in den Reihen der geharnischten „Schnapphähne“.

Die Kraft der Städte und in ihnen der Innungen und Zünfte war zu einer Macht erwachsen. Der Gemeingeist belebte sie, und sie erkannten, daß nur im Zusammenwirken die Möglichkeit der Rettung ihres Wohlstandes von dem Raubritterwesen lag. Es bedurfte nur eines kräftigen Anstoßes, um ihre vereinte Macht wirksam werden zu lassen.

Diesen Anstoß gab ein Mainzer von altbürgerlicher, angesehener Familie, Arnold Walpode, dessen Namen wir bereits aus der vorausgegangenen Darstellung kennen. Er berief eine Versammlung der Städtevorstände des mittleren Rheinlandes. Sein Wort traf mit zündender Macht, und Mainz trat mit seinem edlen Arnold Walpode an die Spitze des rheinischen Städtebundes, dem alle Uferstädte sich einverleibten.

Arnold rastete nicht. Der Schlag gegen die heillosen Räuber von Soneck und Reichenstein mußte geführt werden. Er erachtete es als die Hauptaufgabe seines Lebens. Es gelang seinen rastlosen Bemühungen endlich, die Städte des Bundes zur Aufbietung eines Heeres zu bewegen. Es wurde unter seine Befehle gestellt, und unerwartet sahen die Raubritter von Soneck und Reichenstein Schiffe landen, aus denen zahlreiche wehrhafte Männer sich ausschifften. Es war im Sommer des Jahres 1234, als die Städtebündler vor die Burgen rückten und nach einer kurzen, aber heftigen Belagerung sie eroberten. Was nicht entfliehen konnte aus den Burgen, wurde erbarmungslos niedergemacht; die Wuth der Sieger rastet enicht, bis die Burgen ausgebrannte Trümmerhaufen waren.

Der Eindruck war ein gewaltiger. Dem Städtebunde gab er das Bewußtsein von Macht und Kraft, die in der bürgerlichen Einheit lag, die Ritter aber kam Furcht an; obgleich ihr Zorn entbrannte, so wagten sie es doch nicht, gegen den Städtebund aufzutreten, der durch die Erstlinge seiner Lebensthätigkeit eine so überwältigende Macht bewiesen hatte.

Am wildesten entbrannte der Zorn Philipps von Bolanden-Hohenfels, als ihm die Kunde zukam, die Städtebündler hätten Soneck und Reichenstein gebrochen; allein auch er erkannte bei ruhiger Prüfung, daß er gegen die gewaltigen Hülfsmittel der reichen Städter nichts ausrichten würde, und verwand seinen Zorn im Stillen.

Das aber ließ ihn nicht ruhen, daß die Burgen seiner Vogtei in Trümmer sollten liegen bleiben. Sie sollten die Rachestätten gegen die Städter werden, und dazu mußten sie in neuer Kraft erstehen.

Mit Hülfe der reichen Abtei Corneli-Münster erstanden wirklich in der kurzen Frist weniger Jahre die beiden Burgen wieder, fester denn zuvor, und kaum waren sie hergestellt, so begann auch sein Rachewerk an den „Krämern der Städte", indem kein Saumthier auf dem Rheinpfade und kein Schiff auf dem Rheine ungeplündert vorübergelassen wurde. Das Uebel war größer, denn zuvor, und die Grausamkeit ging Hand in Hand damit.

Mächtiger erhoben sich die Klagen über die Räuberhorde beider Burgen. Umsonst waren die Vorstellungen des Conventes von Corneli-Münster. Des steten Haders und der vergeblichen Versuche, Ordnung und Recht herzustellen, müde, beschloß die Abtei, ihre sämmtlichen Güter zu Heimbach und Trechtingshausen nebst den Burgen zu verkaufen.

Im Jahre 1270 erstand das Domstift und das Stift Sanctae Mariae ad Gradus in Mainz den gesammten Besitz der Abtei Corneli-Münster um die Summe von 1423 Mark kölnischer Denare. Eine Urkunde von 1274 setzt die Summe auf 1500 Mark, vermuthlich weil der Verkauf des Zehntens mit in Anschlag gebracht wurde. Auch Erzbischof Werner von Mainz betheiligte sich bei dem Kaufe mit einem Drittheil der Summe. Da die Abtei Corneli-Münster von dem Sinne des Sprüchwortes ausging: „Gleich bezahlt lacht", so mußten Erzbischof Werner und die beiden Stifter in Ermangelung landesüblicher Münze das Geld bei den Juden in Mainz leihen, und die „kaiserlichen Kammerknechte" ließen sich dadurch, daß sie nun ihren Handel unbelästigt zu führen hoffen durften, und gegen namhafte Zinsen bereit finden, die bedeutende Summe darzuleihen.

Die Urkunde, in welcher Philipp dem Erzstifte als Vogt von Heimbach und Trechtingshausen, sowie als Burgmann auf Soneck und Reichenstein Treue, Unterlassung der Räubereien und Erhaltung des Landfriedens verheißt, ist vom 10. Mai 1271. Nun athmete der Handel wieder frei auf, und der böse Geist, der in Soneck gehaust, schien gewichen. Der Kaufmann konnte wieder seine Straße ziehen, der Bauer seine Früchte ernten und seine Reben pflegen; denn Erzbischof Werner war ein strenger Mann, und er übte gute Aufsicht über die beiden Burgen. Philipp von Bolanden-Hohenfels mochte Ursache haben, selbst bei seinen Dienstmannen strengeres Regiment zu führen; aber sein Tod änderte mit einem Male Alles. Die Aufsicht des Erzbischofs, der Alles für überwunden ansehen mochte, wurde lässiger; die Erben Philipps von Bolanden-Hohenfels, der 1277 starb, kümmerten sich nicht um das, was er beschworen hatte, und begannen, sobald sie das Erblehen angetreten hatten, scham-, scheu- und rücksichtslos das alte, sehr ersprießliche Diebs- und Räuberhandwerk. Bald wurden die Klagen laut. Die Juden, die das Geld für den Ankauf unter dem Versprechen dargeliehen, daß nie wieder in den beiden Burgen das alte Treiben aufkommen dürfe, bestürmten den Erzbischof nicht nur, sondern führten bei dem Kaiser vollgerechte Beschwerde, und Rudolph von Habsburg mochte Ursache haben, mildiglich mit dem Knaben Absalom umzugehen.

Höchlich entrüstet mahnte und drohte der Erzbischof. Die Ritter, die noch von der Ernte der kaiserlosen Zeit zu zehren glaubten, spotteten des Erzbischofs, dessen Machtlosigkeit sie kannten, und trieben ihr Unwesen toller als je.

Sie vergaßen, daß eine kräftige Hand die Zügel des Reiches ergriffen hatte, oder sie dachten: Rudolph der Habsburger hat mehr zu thun, als daß er sich um uns kümmern könnte, oder er ist zu weit entfernt. Bis er kommt, können wir noch im Trüben fischen. Zum Kreuze zu kriechen ist noch immer Zeit.

Sie hatten dabei nicht ganz Unrecht; aber sie trieben's über alles Maß hinaus, und nicht blos Raub, sondern auch grausame Mordthaten fielen ihnen zur Last. Damals trugen keine mundfertigen Zeitungen jede Mähr, ob wahr, ob unwahr, in größter Schnelligkeit in weite Fernen. Die Sonecker und Reichensteiner wiegten sich noch im süßen Traume ihrer Sicherheit, als 1282 Rudolph von Habsburg mit Heeresmacht am Rheine erschien. Jetzt merkten sie, wem das gelte! — Jetzt ergriff sie die Angst des bösen Gewissens! — Alle Versuche, den Sturm zu beschwören, mißglückten. Sie hörten, Rudolph habe in Mainz geschworen, daß Alle, die in seine Hände fielen, wie gemeine Räuber und Diebe gehängt werden sollten.

Darauf gaben sie natürlich in junkerlichem Uebermuthe nichts, aber das Gewitter zog sich doch allzurasch über ihren Häuptern zusammen, als daß nicht ihre Angst sich hätte steigern sollen.

Wieder trugen die Schiffe der Mainzer Schifferzunft das Heer des Kaisers den Rhein herab, das nun plötzlich vor den Burgen erschien und jede Aussicht auf Gnade vernichtete.

Die Belagerung begann, und die Sonecker wehrten sich wie Verzweifelte. Ursache hatten sie dazu; denn der Kaiser hatte vor Soneck, dessen Widerstand seinen Zorn auf's Heftigste reizte, den Schwur wiederholt, daß er Alle werde aufhängen lassen, die ihm bei Eroberung der Burg lebendig in die Hände fallen würden, gleichviel ob Ritter oder Knecht.

Das traf einen Ritter Marschall von Waldeck von Lorch gewaltig; denn Alle, die in Soneck hausten, gehörten zu seiner Familie und Verwandtschaft. Er konnte es nicht lassen, furchtlos dem Kaiser Vorstellungen darüber zu machen, wie er den Ritterstand entehre, wenn er die entehrende, brandmarkende Strafe des Aufhängens an den Soneckern vollziehen lasse.

Zornmüthig wandte sich der Kaiser zu ihm und sprach die von Trithemius aufbewahrten Worte: „Hemmt nicht den Weg der Gerechtigkeit! Lasset „die Räuber ihren verdienten Lohn empfangen; denn Ritter sind es nicht, „vielmehr die lasterhaftesten Diebe und Räuber, welche gewaltsam die Armen „niederdrücken, den Landfrieden brechen und die heiligen Rechte des Reiches „mit Füßen treten. Höret auf Ihr, die Ihr Edle sein wollet, bei mir für „die Diebe zu bitten, die, wären sie auch Grafen oder Herzöge, so wahr „ich Richter bin, der Todesstrafe nicht entgehen sollen, die sie verdient „haben!“

Was der Kaiser so oft, so feierlich ausgesprochen, durfte er nicht unerfüllt lassen. Verdient hatten es die adeligen Diebe und Mörder auch hinlänglich. So sah man denn eines schönen Morgens einen Zug „Buben“ von Soneck herabziehen unter wildem Jubeln und Schreien. In ihrer Mitte führten sie die gefangenen Ritter, die in Soneck gekämpft hatten. Es waren ihrer nicht wenige. Der Profoß, auch „Hängemeister“ genannt, führte den Zug an, und bei jedem der Ritter, die alle gefesselt waren, ging ein Mönch, dessen eifriges Bemühen es war, die Seele seines ihm zur Todesvorbereitung Anvertrauten zur Reue zu stimmen.

Eine Menge Volkes hatte sich eingefunden, selbst von Bingen erschienen ganze Scharen, um einmal eine Handlung der Gerechtigkeit mit anzusehen, vollzogen an einem bevorrechteten Stande, an den bisher niemals die rächende Gerechtigkeit ihre Hand zu legen gewagt, auch wenn die blutigen Frevel und die rauchenden Trümmer der Wohnungen Unschuldiger ihr Wehe über sie riefen und sie laut anklagten.

Langsam ging der Zug am Lager des Kaisers vorüber, immer weiter rheinaufwärts über das Dorf Trechtingshausen hinaus, wo auf einer vorspringenden Uferstelle alte, mächtige Bäume standen, an deren Aeste die Verurtheilten gehängt werden sollten.

Klimsch gez. Stahlstich v. Carl Mayer's K.-A. in Nürnberg.

Burg Sonneck.

Verlag von Julius Niedner in Wiesbaden.

Noch einmal versuchten die Lorcher Mönche und Capläne Alles, was ihnen die Pflicht gebot; dann gab der Profoß einen Wink, und im Zeitraum von weniger als einer Viertelstunde trugen die Aeste der Bäume ihre grauenvolle Frucht. — Das Volk war stille geworden, denn solch ein Augenblick überwältigt auch den Rohesten; dann zerstäubte es und überließ den Raben, das zu vollenden, was die Menschen begonnen hatten. Doch die Ritter von Waldeck schnitten sie in der Nacht ab und brachten die Leichname nach Lorch.

Die meisten Hingerichteten gehörten zu den in Lorch und der Umgegend ansässigen Ritterfamilien, besonders zur Sippe der Waldecker.

Von jener Zerstörung durch Kaiser Rudolph an wird bis zum Jahre 1328 der Burg Soneck nicht mehr gedacht. Erst in dem angegebenen Jahre erscheint sie wieder in einer Urkunde. Durch sie übergibt der Erzbischof Matthias von Mainz die Burgen Soneck und Heimburg dem Domstifte zu Mainz, um sie nach Belieben zu benutzen. Daraus scheint hervorzugehen, daß es sich hierbei weniger um die noch in Trümmern liegende Burg handelte, welche der Erzbischof zu erbauen Bedenken trug, als um die Güter, welche zu der Burg gehörten, und die wohl meist in Wald bestanden haben mochten. Ob das Domstift den Besitz antrat, dürfte zweifelhaft erscheinen, da im Jahre 1346 Erzbischof Heinrich III von Mainz den Ritter Johann Marschall von Waldeck belehnte, welcher im Jahre 1347 auch als „Custos castri Heimburg", nämlich als Wächter und Schützer der bei dem Dorfe Niederheimbach liegenden Heimburg urkundlich vorkommt, welches Lehen der gedachte Erzbischof ihm ebenfalls übertrug.

Demselben Lehensträger gestattete endlich der Kaiser Karl IV im Jahre 1349: „daz Huss, Saneck genannt, daz etwan von des Riches wegen gebrochen ist, mit Graben, mawren und Thürmen vesten und machen wie ihm daz allirnützlichst ist, und dasselbe Huss zu haben und zu halden zu rechtem Leen von dem Stifte zu Menze etc. etc."

Es ist indessen gewiß, daß die in Lorch wohnenden Marschälle von Waldeck, deren Burg an dem sogenannten „Gebücke", dem rheingauischen Schutzwalle, lag, mit Soneck belehnt waren, da, wenn auch die Burg noch in Trümmern liegen mochte, schon im Jahre 1331 ein Marschall von Waldeck, genannt Saneck, vorkommt. Auf dieser mit der Burg Soneck durch lange Zeiträume in Verbindung stehenden Familie muß hier, wenn auch nur vorübergehend, unser Blick ruhen. Sie war eine der ausgebreitetsten im Rheingau. Sie darf indessen nicht mit der Familie der Boose oder Boise von Waldeck verwechselt werden, deren Stammschloß die in Trümmern liegende Burg Waldeck auf dem Hunsrücken ist. Zu dieser alten Familie gehörte jener Boos von Waldeck, der einst mit einem Rheingrafen auf dem Rheingrafenstein bei Kreuznach die Wette einging, seinen mächtigen Reiterstiefel voll Rüdesheimer Weines in einem Zuge zu leeren. Der Rheingraf setzte als Preis der Wette das Dorf Hüffelsheim mit Land und Leuten. Waldeck war arm. Er ließ den Stiefel füllen und trank ihn, ohne abzusetzen, leer, starb aber wenige Minuten später und hauchte seine Seele aus mit den Worten: „Es ist ja für mein Weib und meine Kinder!"

Die Burg Waldeck, der Stammsitz dieses Geschlechtes im Rheingau, liegt, wie bemerkt, bei dem Gebücke und war einst ein mächtiges Ganerben-Haus und ein kurmainzisches Lehen. Durch die Theilungen der vielen Söhne dieses Geschlechtes und durch das Ganerbenrecht, welches sie entweder durch Heirathen oder durch Tapferkeit auf andern Burgen des Landes erwarben, entstanden viele Zweige des alten Stammes, die sich durch besondere Bezeichnungen unterschieden. Der Name des Hauptstammes: Marschälle von Waldeck entstand dadurch, daß sie das Lehen eines Erblanduntermarschalls des Erzstiftes Mainz trugen; dann begegnen wir den Bezeichnungen: Rost-Marschälle von Waldeck, Marschälle von Soneck, Marschälle von Waldeck, genannt von Saneck, wie die Burg auch geschrieben wurde, Marschälle von Waldeck, genannt von Yvan, einer Burg, die auch unter dem Namen Yben und Uben vorkommt, deren letzte Reste bei dem Hofgute Yben in Rheinhessen, nicht fern von Kreuznach, zu sehen sind. Andere nannten sich wieder: Marschälle von Lorch, Waldecke von Lorch, Schetzel von Waldeck, Gauwer von Waldeck, Wale von Waldeck, die am Burgthor von Waldeck, Sladwicke von Waldeck, Corpe von Waldeck, Stumpfe von Waldeck, deren einer 1518 Amtmann des Kurfürsten Ludwig V von der Pfalz in Kreuznach war. Die Familie erscheint übrigens schon im zehnten Jahrhundert und unterscheidet sich durch ihr Wappen wesentlich von den Hunsrücker Boosen von Waldeck, deren Wappen in einem Querbande drei silberne Schnallen zeigt, während das der Nassauer Waldecke aus einem goldnen Balken im rothen Schilde besteht, unter welchem Balken drei silberne Flügel erscheinen.

So kommen mit der Bezeichnung: genannt von Saneck — als Lehensträger dieser Burg in den Jahren 1331 bis 1354 Emmerich Rost-Marschall und Johann, genannt Saneck, Marschall von Lorch vom Jahre 1354 bis 1370 vor. Beide waren Brüder und Söhne des Ritters Conrad Marschall von Waldeck, dessen Gattin Irmela 1331 als Wittwe urkundlich vorkommt. Im Jahre 1337 erscheint aber auch schon ein Ritter Gottfried von Waldeck, genannt Saneck, welcher Domherr in Mainz war.

Ueberhaupt begegnen dem Forscher urkundlich eine große Zahl Ritter und Edelknechte in dieser Zeit, die sich „genannt Saneck" unterzeichnen, ohne daß er sie mit Sicherheit unterzubringen weiß. Soviel ergibt sich indessen, daß die Burg Soneck ein sehr verzweigtes Ganerbengeschlecht besaß. Im Jahre 1385 kommt urkundlich Johann, Ritter, Marschall von Waldeck, genannt Saneck, vor. Dessen Sohn starb 1404 als Schultheiß zu Lorch. Im Jahre 1431 nennen Urkunden die Namen: Johann der Aeltere und Johann der Jüngere, Marschall von Waldeck, genannt Saneck; 1434 ist der Enkel des „Aelteren" Johann Marschall von Waldeck, genannt Saneck, Ritter und Schultheiß zu Lorch. Anno 1439—1444 kommen wieder Ritter des Namens vor, und mit Johann, der sich Saneck, Marschall von Waldeck nennt, verschwindet 1444 das Geschlecht aus den Urkunden, darf also als erloschen angesehen werden. Die Zufügung des Namens: Saneck und von Saneck beurkundet, daß die Familie ununterbrochen im Lehen der Burg Soneck blieb.

Aus einer Erbtheilung geht hervor, daß die Burg wohl zwischen den Jahren 1349 und 1355 völlig wieder aufgebaut gewesen sein muß; denn dort heißt es wörtlich: „daz unser seliger Vader und Schweher, Herr Johann von Waldecken, Marschalg, dem Got gnad, mit unser Muder Schwiegern und uch mit unser aller Wizzen und verhaengnissen want her sinen Dochtern den Buwe (Bau) zu Sanecke, den her sinen Sohnen da gebuwet und gemacht hait, erstaden wolde umb siner Seelen heil, daz her eyme Kind glich dem andern dede etc."

Auch im Jahre 1350 stellt Sibald an dem Burgthor, Edelknecht von Waldeck, an den Ritter Johann Marschall von Lorch, von Waldeck, als angenommener Burgmann auf Soneck einen Revers aus, diese Burg zu schirmen und zu wahren. Dieser Ritter Johann hatte auf Soneck einen neuen Bau aufführen lassen für seine Söhne, und im Jahre 1355 verbanden sich diese, namentlich Johann Emmerich Rost-Marschall von Waldeck und Johann Marschall von Saneck, „Gebrüder," daz wir semptlichen sullen machen und bawen die zwa Ringmuren zu Sanecke zuschen bye (St. Albanstag) und von nu Sanct Martinstage nehst kument über eyn Jar etc.," und 1395 beschwört Johann Marschall von Waldeck den Burgfrieden auf Soneck, und er nebst Johann Saneck von Waldeck ernennen in dessen Gemäßheit drei Schiedsrichter zum Austrage ihrer etwaigen Irrungen.

Im Jahre 1444, quinta feria proxima post festum trium regum, oder nach unserer Art zu datiren, Donnerstag den 8. Januar nahm Johann Soneck von Waldeck seinen Schwiegersohn Gerlach von Breidbach in die Mitgenossenschaft jener seiner Lehen und darunter des „Theiles am Hause Saneck" auf, und durch einen 1456 zwischen Conz, Marschall von Waldeck, Johann Marschall, seinem Vetter, und Johann von Breidbach wegen der Erbschaft Johanns von Saneck geschlossenen Vertrag erhielt gedachter Gerlach ein Drittheil an der Burg Soneck. In den Jahren 1473, 1481 und 1482 wurde dieser Burg wegen, zur Beilegung der Streitigkeit zwischen Johann von Breidbachs Söhnen Paul und Johann, Vicedom im Rheingau, und sodann Philipp und Johann Waldeck von Uben von den Austrägern Henne von Hohenweisel und Henne Brömbser von Rüdesheim „Tage geyn Rüdesheim zu dem Noisbaum" gesetzt, welche endlich 1483 dahin verglichen wurden, daß beide Theile das Schloß Soneck gemeinschaftlich behalten sollten; wie denn auch seit 1505, in welchem Jahre Erzbischof Jakob am Donnerstag nach Mariä Geburt das Lehen ertheilt, bis 1649 das Geschlecht derer von Breidbach zu Bürresheim mit der Familie der Marschälle von Waldeck, von Lorch und von Uben gemeinschaftlich von Kurmainz belehnt worden ist. —

In der zweiten Hälfte des siebenzehnten Jahrhunderts scheint die Familie der Marschälle von Waldeck ausgestorben zu sein, und nur die von Breidbach-Bürresheim blieben im Besitze von Soneck; aber seitdem verschwindet auch die Burg aus der Geschichte, und es ist eine nicht ausgemachte Sache, ob sie zerfiel oder zerstört wurde, und wenn dies, von wem? Der Gedanke liegt freilich sehr nahe, daß, als Montal auf Louvois' Befehl Fürstenberg bei Rheindiebach, Staleck bei Bacharach, Stahlberg bei Steeg und Gutenfels bei Caub verbrannte und zerstörte, wohl auch Soneck, Reichenstein und Heimburg gleichem Geschick erlagen.

Als Prinz Friedrich von Preußen sich sein schönes Rheinstein erbaute, der König Friedrich Wilhelm IV Stolzenfels, da kauften die Prinzen, Brüder des Königshauses, Soneck, um es aufzubauen. Dies ist denn auch geschehen, und so liegt Soneck stolz droben auf seinem Felsen, der an Schönheit und Großartigkeit dem von Rheinstein nichts nachgibt.

Die Aussicht, welche man von Soneck aus genießt, ist in der That eine herrliche. Auf die Ausdehnung von 3 Wegstunden überblickt das Auge den schönen Rhein, der aber von hier aus nicht als der dahinwallende Strom, sondern wie ein spiegelblanker, von Bergen eingeschlossener See daliegt. Inseln, mit üppigem Grün bedeckt, schwimmen in diesem See, aus welchem zu allen Seiten, bald als wilde Felsenmassen, bald am Fuße und an den Seiten mit Reben bepflanzt und oben mit dunklem Hochwalde gekrönt die Berge hoch emporsteigen. Rechts von Soneck, wo der Rhein in den Thalkessel hereinströmt und die waldigen, wenig bebauten Berge des Nassauischen Ufers emporstarren, weilt nicht lange der Blick. Bald treten die Spuren menschlichen Fleißes hervor, und die schönen Weinberge des Bodenthals, an denen der feine, edle Wein wächst, söhnen aus mit jenem wilden Felsengebiete. Trechtingshausens üppiges Gelände bietet sich dem Blicke dar, und des alten Dorfes unschöner Kirchthurm schaut aus einem Walde von Obstbäumen hervor. Wendet sich das Auge links hinab, so wird das Bild belebter und schöner. Zunächst zieht das langgestreckte Lorch mit seiner schönen Kirche den Blick auf sich. Hier mündet das schöne Wisperthal. Daß im Mittelalter ein zahlreicher Adel hier gewohnt hat, eine Schuljunkerschaft errichtet und ein üppiges Leben geführt wurde, ist wahr, allein von den Stätten desselben ist wenig mehr übrig, und das von Solern'sche Ritterhaus am Rheine erinnert allein noch an jene Zeit und droben auf der Höhe der Wartthurm, den man zu einer Burg stempeln möchte. Von den Burgen, die einst hier gestanden haben sollen, ist auch kein erkennbarer Rest mehr übrig. Nur das herrliche Maigeläute von Lorchs schönen und zahlreichen Glocken, welches jeden Abend von 8 bis 9 Uhr durch den ganzen Monat Mai erklingt, ist ein Rest aus jenen Tagen und eine Mahnung an sie.

Das Dörfchen Lorchhausen, unterhalb Lorch, lehnt sich an den trotzig vortretenden Block der „Wirbellai", und dann tritt das uralte Bacharach mit seinen stattlichen Mauern und Thürmen dem Blicke entgegen und oben auf des Berges Stirne die Burg Staleck und tiefer die herrlichen Reste der St. Wernerscapelle. Hier hat der Franzosen Brandfackel die alte Herrlichkeit zertrümmert. Weiter aufwärts begegnet dem Auge die Ruine Fürstenberg bei Rheindiebach, dann Heimbach mit den Ruinen der mit Soneck oft verbundenen Burg Heimburg.

Das üppigste Grün umsäumt die Ufer des Stromes, und gerne weilt der Blick von der steilen Höhe von Soneck auf dem schönen Landschaftsbilde.

Eine Sage erzählt man von Soneck, die hier Raum finden mag. Sonecks Ritter war ein wilder, im Raub und Niederwerfen der Reisenden völlig entmenschter Geselle, den nicht einmal das hohe Alter an Gericht und Ewigkeit mahnte. — Einst saß er mit Gleichgesinnten beim Zechen auf seiner Burg, und der Bodenthaler Wein war bereits in die Köpfe gestiegen, als die Rede auf den besten und sichersten Pfeilschützen kam. Der wollte Jeder sein, und es gab ein Streiten um den Vorrang in dieser Kunst, das endlich der wilde Sonecker damit völlig abschnitt, daß er an einen verschollenen Schützen, den alten Ritter von Heppenhöft im Wisperthale, erinnerte, der nie fehl geschossen.

Wo mag der hingekommen sein? fragten die Ritter, und der Eine rieth so, der Andere anders. Da lächelte der Sonecker teuflisch im Bewußtsein vollendeter Rache. Pah! rief er mit lallender Zunge aus, will es Euch sagen, Ihr Herren! Ich hab' ihn heimlich gefangen, meinen bittern Feind! Ich hab' ihn geblendet, der mein Lieb mir geraubt, und halt' ihn im Verließ, wo er keine Seide spinnt! Und bei diesen Worten lachte er auf, daß selbst den Rohesten ein Schauder durch die Seele ging. — Auf, holt ihn, Ihr Knappen! rief der Trunkene dann. Der Blinde soll seinen Meisterschuß thun! — Und dabei lachte er in ausgelassenem Hohne, daß die Wände schallten.

Bald darauf trat eine hohe Gestalt herein. Weiß war sein Bart, bleich und abgehärmt seine Wange, lichtlos sein Auge; aber ungebrochen seine hohe Gestalt. Hoch aufgerichtet stand er da, nicht wie ein Gefangener, sondern wie ein Sieger. —

Heppenhöft! lallte der Trunkene mit entsetzlichem Hohnlachen, Du sollst einen Meisterschuß thun. Triffst Du das Ziel, so bist Du frei!

Gut, erwiederte der Blinde. Zeigt mir das Ziel durch ein Wort an, das bei demselben gesprochen wird!

Die Knappen legen die Armbrust in seine Hand, den Pfeil darauf, und der Sonecker ruft das Ziel aus: Hier!

Da schwirrt der Pfeil, und in die Schläfe getroffen sinkt todt der Sonecker zur Erde.

Starr sitzen die Ritter; laut auf schreien die Knappen; stolz steht der Schütze.

Er hat seinen Lohn! sagte ruhig Heppenhöft. Gebet mir den meinigen.

Jetzt stand ernüchtert der alte Marschall von Waldeck auf und sprach: Gott hat gerichtet! Heppenhöft ist frei. Sattelt für ihn ein Roß und mir das meine. Ich bringe ihn zu Weib und Kindern!

Und so geschah es, und auch in des Blinden dunkeln Lebensweg fiel noch ein Sonnenstrahl. —

Die Heimburg

bei dem Dorfe Niederheimbach, Lorch gegenüber, auch wohl Hohneck und Hoheneck genannt.

Des alten Rheingau's nordwestliche Grenze bildet auf dem linken Ufer des Stromes der Kreuzbach zwischen den Dörfern Rheindiebach (pfälzisch) und Niederheimbach (mainzisch). Kurpfalz hatte das Dorf Rheindiebach mit starken Mauern und Thürmen wehrhaft gemacht, und die Burg Fürstenberg hielt ihre starken Arme schützend über demselben und seiner Landesgrenze ausgereckt.

Konnte in jenen sturmbewegten, fehdelustigen Tagen Kurmainz seine Grenze wehrlos lassen, zumal der reiche Hof Petersacker, welcher dem Kloster Altenberg bei Cöln gehörte, vereinzelt da lag und die Dörfer Nieder- und Oberheimbach schutzlos preisgegeben waren, wenn auch drüben, über Lorch, die Rheingrafenveste ihre Thürme erhob? Was konnte Alles geschehen, bis Reisige über den Rhein setzten? Hier that eine Schutzburg gegen die bewehrte Pfalz noth. Die jenseitige, rechtsrheinische Grenze des Rheingau's war das Niederthal unter den Felsen der Wirbellai. Sie wurde bezeichnet durch zwei — Galgen, welche auf einige Entfernung vom Rheinufer die Felsen des Niederthals, gerade der Bacharacher Insel gegenüber, zierten.

Der kurpfälzische war ein bescheidener Zweibein, der kurmainzische ein Dreibein, größer, hervorragender, und man sagt, reichlicher bevölkert als der, welcher dem weltlichen Kurfürsten zur Ableitung unsaubern Blutes diente. Beide Monumente mittelalterlicher Justiz und Gesittung verschwanden 1810, doch wird die Stelle und Flurbezeichnung „am Galgen" durch den Mund des Volkes und die Ueberlieferung der sogenannten „Stockbücher" wahrscheinlich verewigt werden, wenn auch die Gänsehaut, welche der Anblick der Galgen und die sich daran knüpfenden Spukgeschichten dem Vorübergehenden sonst brachten, jetzt ausbleibt.

Waren diese beiden Galgen auch ein moralischer Grenzschutz der beiden Gebiete, so standen doch — auf pfälzischer Seite — die Pfalz im Rhein und die Burg Gudenfels über Caub dahinter und die Lorcher Burgen auf mainzischer Seite. Ob jemals auf dem Bischofsberge über dem Dörfchen Lorchhausen, das ebenfalls seine Mauern und Thürme hatte, wie drüben Rheindiebach, eine Burg stand, die den Namen Sareck getragen, ist mehr als zweifelhaft, da auch nicht der geringste geschichtlich beglaubigte Nachweis dafür erbracht werden kann. Reichten die Cauber Burgen dort hin, so konnten die Lorcher wohl auch hier genügen.

Die Grenz- und örtlichen Verhältnisse bei Heimbach erheischten den Bau einer Vertheidigungsburg, und die beste Stelle dafür bot ein am nordwestlichen Ende des einreihig am Ufer des Stromes sich hinziehenden Dörfchens gelegener Weinberg, welcher dem rheingauischen Kloster Aulhausen gehörte.

Erzbischof Gerhard von Mainz tauschte oder kaufte den Weinberg dem Kloster ab, und alsbald, noch im Winter des Jahres 1295, begannen die Vorarbeiten zum Bau der Burg.

Ein weiterer Beweggrund, den Bau rasch zu fördern, lag in dem Umstand, daß die Abtei Corneli=Münster bei Aachen (Sancti Cornelii Indensis) ihre reichen Güter bei Trechtingshausen (Drei=dings=hausen, weil in ihm die Ding= oder Gerichtsstätte der drei Orte sich befand, zu denen außer dem genannten Orte selbst die beiden Ober= und Niederheimbach gehörten), welche zugleich diese drei Orte und die Burgen Reichenstein und Soneck in sich schlossen, an den Erzbischof Gerhard, das Dom= und Collegiatstift ad Gradus Sanctae Mariae Virginis in Mainz verkauft hatte, um der immerwährenden Händel mit dem Städtebunde und der Reichsgewalt los zu werden, welche die Burgmänner und Ritter auf beiden Burgen trotz aller Abmahnungen des Convents durch Zoll= und Straßenraub verursachten. Soneck und Reichenstein lagen aber augenscheinlich zum Schutze dieser Besitzungen hier unten zu entfernt.

Der schon öfter erwähnte Philipp von Bolanden, welcher Soneck und Reichenstein von dem Convente zu Corneli=Münster zu Lehen trug, bestätigte 1271 diesen Kauf und gelobte, dem Erzbischof den Gehorsam zu leisten und dem niederrheinischen Stifte sowohl die Burgen, als die Dörfer und Güter zu schützen. So war der Kauf in aller Form Rechtens vollzogen.

Es war in jenen Tagen selbstverständlich, daß jede Burg am Rheine Wasser= und Wegezölle erhob.

Auch die Heimburg that also. Das Gelöbniß des Ritters Bolanden hatte von den Zöllen nichts ausgesagt; kein Wunder, daß er sich auch nicht dadurch gebunden halten konnte. Das Gelöbniß, „in rechten Treuen" Schutz und Schirm den Besitzungen des Lehensherrn zu gewähren, erstreckte sich nicht auf die Kaufmannsgüter, welche die Handelsherren zu „Mentze" und die reichen „Lombarden" in Bingen theils durch Schiffe auf dem Rheine, theils durch Saumrosse auf dem Leinpfade am Ufer hin bezogen, vollends nicht auf die Güter der sowohl in Bingen als Mainz wohnenden reichen und verhaßten Juden, welche als vom Kaiser besonders Beschützte vorzüglich der Gegenstand des ritterlichen Hasses waren. Der Name „Zoll" war im Sinne und Munde der Ritter von einer außerordentlichen Dehnbarkeit. So konnte es denn auch nicht ausbleiben, daß der Weheruf der Kaufleute und der arg beschädigten „kaiserlichen Kammerknechte" bis zum Ohre des Kaisers Rudolph drang, und mit einem solchen Nachdruck, daß derselbe, wie bereits bei Reichenstein erzählt wurde, mit Heeresmacht die Raubnester belagerte, brach und die Ritter trotz ihrer pergamentenen Stammbäume an die lebensgrünen Stämme der Bäume aufknüpfen ließ, welche die Stelle bedeckten, wo die Clemenskirche steht.

Diesem kaiserlichen Strafgerichte verfiel auch die Heimburg. —

Mit dem Zerstören dieser Burg nahm man es jedoch nicht allzu scharf, da die Strafe den Erzbischof von „Mentze" traf, der doch im Grunde nicht schuldig war an dem verübten Frevel und höchstens der „Zölle Segen genoß".

Schon im Jahre 1315 war die Heimburg in besserem Zustande wieder hergestellt. Der Erzbischof hatte sie wieder aufbauen lassen, und Burgmannen fanden sich ja leicht bei der weiten Verästung der Rittergeschlechter, bei denen das alte Sprüchwort von der Schmälerung der Güter durch viele theilende Brüder zur vollen Geltung kam. Hatte auch der die Heimburg wieder aufbauende Erzbischof Peter gelobt, die Burgmannen im Zaume zu halten, so hatte das doch seine Schwierigkeiten bei den wilden, selbstherrlichen Rotten, die bald wieder zu ihrer Unterhaltung und „ihres Säckels Füllung" das alte Unwesen der Beraubung und Mißhandlung der Kaufleute trieben und die „Zölle" unter dem Deckmantel herrschaftlichen Rechtes in aller willkürlichen Ausdehnung früherer Tage erhoben.

Wer die strengen und feinen Rechtsbegriffe und Anschauungen unsrer Tage auf die hohen Kirchenfürsten jener Zeiten übertragen wollte, würde sehr irren. Sie waren gar nicht der Meinung, die Ritter allein ernten zu lassen, wo sie nicht gesäet. Es mußte auch in ihren Schooß ein Maß des Vortheils fallen, wenn es auch kein vollgerütteltes und überfließendes war. Denn daß es zu solcher, wenn auch in ihren Wünschen liegender Höhe nicht anschwoll, dafür wurde schon Seitens der Ritter gesorgt. —

Zwar hatte, als das Schwert des Kaisers über der Heimburg schwebte, der Erzbischof gelobt, die Zölle, welche von der Heimburg aus erhoben zu werden pflegten, zu vermindern; allein ein Zeitpunkt, da diese Verminderung eintreten sollte, war nicht bestimmt festgesetzt, — und der Kaiser war weit weg! — Man vergaß in Mainz diese Stipulation, und für die Ritter war es ein Fingerzeig, daß auch sie nicht gebunden seien an papierne Satzungen, und — daß der Erzbischof schweigen müsse, wenn sie die Zölle nun auch wieder zu ihrem Vortheile willkürlich erhöheten.

Das waren die Früchte der kaiserlichen Züchtigung.

Der Rheinhandel litt wieder heillos, und es war nahe daran, daß er ganz lahm gelegt werden würde.

Die rheinische Handelsschaft bewegte Himmel und Erde. Ihr Nothschrei hallte gellend an manches hohe Ohr, aber die helfende Hand wollte sich nicht regen.

Da rührte sich noch einmal der rheinische Städtebund und schwur, nun auch von Reichenstein, Soneck und Heimburg nur noch die Stätte übrig zu lassen und gewaltsam jeden Wiederaufbau zu wehren.

Erzbischof Heinrich, der als Peters Nachfolger auf dem Mainzer Stuhle saß, erschrak heftig, als er diesen Entschluß erfuhr. Er wußte wohl, daß die Drohung keine leere war. Er verstärkte zuerst die Heimburg; alsdann versuchte er den Weg gütlicher Beschwörung des drohenden Sturmes; nur zu bald erkannte er jedoch, daß solche friedlichen Wege nicht zum Ziele führen könnten, und schritt ernstlich ein, — doch nicht so, wie es der Städtebund hätte erwarten dürfen.

Von Aschaffenburg aus, wo er sich zur Zeit aufhielt, schrieb er seinem Zollaufseher Ditmar auf der Burg Ehrenfels, soviel Kriegs- und Vertheidigungsgeräthe (darunter Sagittas, teutonice „Noitsteile" dictas) anzuschaffen und nach der Heimburg zu bringen, als sein Marschall, Johannes von Waldeck, zur Befestigung des Schlosses und seiner dauernden Vertheidigung nöthig fände, und überhaupt das Schloß möglichst streitbar zu machen.

Damit fiel ein anderes Licht, aber ein helles, auf die Stellung des Erzbischofs zum Städtebunde einerseits, andrerseits aber auch zu den gegen Heimburg geführten Beschwerden, und dem Städtebunde wurde es klar, wessen er sich zu dem Erzbischofe zu versehen habe, und das änderte auch seine Stellung zu der Sache. War es, daß der Städtebund eines kräftigen Hauptes ermangelte, oder daß er den Glauben an sich selbst, seine einheitliche Handlungsweise, oder endlich an das Zureichen seiner Mittel und Kräfte verloren hatte, kurz, er zog sich zurück, wenn nicht — wofür aber aller historisch beglaubigte Anhalt fehlt, eine gütliche Ausgleichung schließlich eintrat.

Soviel ist gewiß, dieser bittere Kelch zog an Heimburg vorüber. Es wurde im Jahre 1353 mit den übrigen Burgen und Gütern des Erzstifts an den Administrator desselben, den Dompropst Kuno von Falkenstein, verpfändet für dessen Forderungen, welche die damals außerordentlich hohe Summe von 40,000 Gulden erreicht hatten.

Die Verpfändung sollte so lange andauern, bis auch der letzte Heller dieser Summe würde bezahlt sein, und stand es während dieser Zeit dem mächtigen Dompropste zu, diese Güter ganz nach seinem Belieben auszunutzen.

War es dieser Punkt und die Art, wie ihn Kuno von Falkenstein ausführte, oder die dringende Nothwendigkeit anderweitiger Verwickelungen, mit Einem Worte, schon im Jahre 1362 war das Erzstift wieder im ungetrübten Besitze der Burg.

Sie sowohl, als die Dörfer Trechtingshausen, Ober- und Niederheimbach und höchst wahrscheinlich auch die Burgen Soneck und Reichenstein wurden nun dem Vicedominat des Rheingau's untergeordnet, also der besondern Aufsicht, Ueberwachung und Verwaltung des Vicedominus oder Vitzthum, wie man diese Behörde deutsch bezeichnete, übergeben. Die Unterordnung war um so natürlicher und gebotener, als der Vitzthum auf seiner Burg in Lorch saß und von da aus möglichen rohen Ausbrüchen entgegentreten konnte.

Es scheint, daß die Heimburg von da an keine Stätte mehr geworden für freventliche Eingriffe in fremdes Eigenthum und Recht; wenigstens begegnet man nirgends mehr einer historischen Spur, welche auf solche Frevel hinwiese. Die Zölle wurden freilich nach wie vor erhoben und entrichtet, doch in einer den Handel nicht vernichtenden Weise. —

Der Vitzthum des Rheingau's unterhielt das Mauerwerk der Burg, daß sie in einem wohnlichen Stande blieb für die Personen, welche das kurmainzische Unteramt über die drei Dörfer bildeten. Dieses Unteramt bestand noch um das Jahr 1438.

Die Burg blieb im Stande bis in die Zeiten, da des Krieges Fackel auf's Neue aufloderte und Franzosen und Schweden hier herum ihr Wesen hatten.

Spinola, der die Pfalz mit seinen blutdürstigen Schaaren überfluthete, hatte Grund, auch die Heimburg, so nahe bei Fürstenberg, zu besetzen, doch war die Burg nicht dazu angethan, einen nachdrücklichen Widerstand zu leisten, und die Besatzung verließ die Mauern, als die Schweden nahten, und zog sich nach dem nahen Fürstenberg zurück. Den Schweden diente sie als Stützpunkt gegen letzteres, und der König Gustav Adolph weilte in ihr, bis Fürstenberg gefallen war.

Die weiter vorrückenden Schweden ließen die Burg unverletzt, wenn auch nicht ohne Spuren ihres Weilens. Ihre weiteren Geschicke sind unbekannt bis zum Jahre 1689. Die Franzosen, welche sie damals inne hatten, steckten sie bei ihrem Abzug in Brand, und die Flammen zerstörten Alles, was ihrer Macht nicht Widerstand leisten konnte. So blieb sie Ruine, und Dornen und Nesseln nahmen die Stätte ein, wo einst wilde Gesellen ihr Wesen getrieben.

Die Burg war nicht bedeutend an Umfang und Festigkeit. Ihre Lage war auffallend tief gegen die Adlerhorste ihrer nähern und nächsten Umgebung.

Was die neueste Geschichte der Heimburg betrifft, so empfing am 3. Juli 1787 Jakob Mertes aus Niederheimbach einen Lehensbrief vom

Kurfürsten Friedrich Karl Joseph von Mainz, der ihm die verfallene Burg zu benutzen erlaubte, jedoch unter der Bedingung, nichts von dem Gemäuer der Burg abzubrechen. Merkwürdigerweise nennt diese Urkunde die Burg: Hoheneck, was durch nichts gerechtfertigt ist. Durch einen Erlaß des französischen Präfekten in Coblenz vom 30. April 1808 wurde das durch Aufhebung der alten Lehensverfassung in Eigenthum übergegangene Lehen Heimburg durch Erlegung einer Summe von 61 Francs und 92 Cent. von einer jährlichen Abgabe befreit.

Von dem obgedachten Mertes ging die Ruine eigenthümlich an Conrad Korn in Niederheimbach über, und dessen Kinder verkauften sie im Jahre 1838 an den General von Barfuß, der sie wieder Herrn Gerpott aus Crefeld käuflich überließ. Hierauf kam sie in den Besitz des Freiherrn Dr. von Wackenbarth, welcher die Burg neu ausbauen ließ. Inzwischen ist sie wieder in andere Hände übergegangen.

Lorch.

Lorecho, Lorecha, Loriche klingt der Name des alten Ortes durch die Urkunden des Mittelalters bis in die Zeit der Karolinger herab. Niemals aber begegnet man einem „Laureacum“ als eines römischen Ortes, und da auch hier alle römischen Reste durchaus fehlen, so ist dieser Name ohne Zweifel falsch und gehört in die Periode des unwiderstehlich scheinenden Triebes, alle Rheinorte den Römern als ihren Gründern und Namengebern zuzuweisen, wie man denn die am gegenüberliegenden Thale sich findenden Dörfer Manubach von „manus Bacchi“, Diebach von „Digitus Bacchi“ ableitet, wovon aber die Geschichte, sofern sie wahrhaftig und ehrlich ist, — nichts weiß. Lorch ist ein ehrlicher deutscher Ort und lag den klugen Römern viel zu unpraktisch, als daß sie ein „müßiges Werk“ dort hätten gründen wollen. Wie schon einmal gesagt, bedürfen diese altehrwürdigen Orte des Römerthumes ganz und gar nicht, um dennoch eine ehrenwerthe Stelle in den ältesten Zeiten einzunehmen. Es wäre übrigens auch noch sehr fraglich, ob an dieser Stelle die Römer eine deutsche Niederlassung geduldet haben würden, da sie Herren des linken, theilweise auch des rechten Ufers waren.

Die Lage des Ortes an der nordwestlichen Spitze des Rheingaues mit dem vorgeschobenen Lorchhausen war eine isolirte, da die Verbindung mit dem Herzen der Landschaft, zu der er gehörte, auf dem Rheine durch die Schnapphähne und das damals noch gefährliche Bingerloch unsicher, die über das Waldgebirge eine sehr langgestreckte, beschwerliche und auch nicht gefahrlose war, zumal auch im Sauerthale ritterliche Räuber hausten. So war Lorch auf sich selbst und seine Kraft und auf einen andern Punkt, der ihm zum Glücke näher lag und ohne Gefahr in kurzer Zeit zu Wasser zu erreichen war, nämlich auf Bacharach hingewiesen. An diesen durch seine freiheitliche Verfassung, wie durch seine Mauern, Thürme und die mächtige Burg Staleck gesicherten Ort war der gesammte rheingauische Weinhandel gefesselt. War auch das sogenannte Bingerloch schmal und nur für kleine Kähne fahrbar, so legte ein märchenhafter Wahn durch die Furcht, die er erzeugte, dem Verkehr mehr Hindernisse in den Weg als die Natur durch die den Rhein hier durchziehenden Felsen. — Die Furcht hemmte den Schiffsverkehr in einem höhern Grade und Maße, als es den durstigen Rittern zu Reichenstein, Soneck und Heimburg lieb war, welche durch ihre Räubereien wohlfeilen Kaufes den edeln Rheingauer bester Sorte an sich bringen konnten, wiewohl nicht zu verkennen ist, daß in diesem Raubwesen wohl auch ein beträchtliches Hemmniß lag. Erst die vielbegünstigten Eberbacher Mönche fanden Mittel, beides zu überwinden.

Lorch zog den größtmöglichsten Vortheil aus seiner Lage. Seine Bewohner beurtheilten die sonnige Lage ihrer Berge mit richtigem Blicke; sie pflanzten sie mit Reben an, und Lorch soll den „franzischen oder auch frankischen" Wein (wohl kein anderer als Rothwein) zuerst und in vorzüglicher Qualität gezogen haben. Dennoch muß er nicht den rechten Anklang gefunden haben; denn man verließ den Anbau dieser Weinsorte in Lorch zeitig und wandte sich der Pflege des „hunischen" oder weißen Weines zu und blieb dabei, während jener in die Berge von Aßmannshausen (Hassemanneshusen) sich zurückzog, wo er heute noch seinen hohen Ruf bewahrt, den man ihm so leicht nicht streitig machen wird.

Wenn auch vorgreifend, muß hier eines andern Umstandes gedacht werden, der durch lange Zeiträume Lorchs Wohlstand hob. Schon sehr frühe hatte sich hier eine in sich abgeschlossene, aus einzelnen Familien erwachsene Zunft der „Tuchmacher und Blaufärber" gebildet. Der Erwerb derselben muß ein sehr bedeutender gewesen sein, da die dunkelblaue Farbe damals besonders für Tuchkleider die beliebteste war. Die Zunft besuchte die Märkte und Messen und gewann dadurch nicht bloß Mittel und Kenntnisse, sondern erhielt auch einen weiteren geistigen Gesichtskreis, sodaß sie ein bedeutendes Uebergewicht und großen Einfluß in Lorch erlangte. Die Mainzer Erzbischöfe schätzten und hegten sie vorzugsweise bis — in die Reformationszeit. Da kam ein Wendepunkt. Die Weber und Färber wurden durch ihren Handels- und Meßverkehr, ehe und bevor noch die reformatorischen

Ideen in das Rheinthal gedrungen waren, mit denselben bekannt, und durch sie gewannen jene in Lorch Grund und Boden bei Adel und Bürgerschaft. Dazu konnte der in Lorch zahlreiche Clerus nicht die Hände in den Schooß legen. Aber alle Mittel, die Abtrünnigen in den Schooß der Kirche zurückzuführen, mißglückten und mußten bei der unabhängigen Stellung dieser Leute nothwendig mißglücken.

Von den Nörgeleien der Geistlichkeit kam es zu Quälereien und von den Quälereien zu wirklichen Verfolgungen. Die Zunft, wohlwissend, daß man sie in jedes Herrn Gebiet mit Freuden aufnehmen würde, war kurz angebunden, aber dennoch auch so klug, sich nicht allzuweit vom Rheine zu entfernen, wo ihr Fabrikat einen guten Boden und großen Absatz gefunden hatte. Sie entsandte daher eine Deputation von einigen Zunftältesten an den Landgrafen Philipp von Hessen und bat ihn, sie in seine Grafschaft Katzenelnbogen aufzunehmen, mit dem Zusatze: „es würde nur wenige Jahre „währen, so trüge dort jeder Bauer seinen „blauen wollenen Rock". Damit war der Wohlstand bezeichnet, den sie in's Land brächten.

Der Landgraf erkannte die gebotenen Vortheile, willfahrte, und die Zunft verließ Lorch für immer.

Zwar war der Kurstaat nun „ketzerrein", aber von diesem Zeitpunkt an verarmte Lorch, und das Aufhören der Bacharacher „Weingabelungen", wodurch der Absatz des Weines verringert und erschwert wurde, brachte den Flecken immer mehr herunter, während die Niedergrafschaft Katzenelnbogen sich zu blühendem Wohlstand erhob und jene Vorhersagung der Zunft wörtlich eintraf. Die „blaue wollene Kleidung" der Bauern jenes Ländchens trug ihm im Volksmunde den noch heute geltenden Namen des „blauen Ländchens" ein.

Lorch wäre zur gänzlichen Verarmung gekommen, wenn nicht reiche Spenden dort fundirt gewesen wären, wenn ferner nicht eine sehr reiche Geistlichkeit dort gewohnt und ein sehr zahlreicher, damals noch reicher Adel von seinen nahen Burgen in den Ort seinen Wohnsitz verlegt hätte. In Burghäusern und Freihöfen, erbaut in noch um Vieles glänzenderen Tagen, wohnte dieser Adel. Stattliche Exemplare dieser Burghäuser stehen heute noch da, an denen das Gericht der Zeit vorübergegangen, ohne sie zu brechen, wie andre, die längst spurlos äußerlich verschwunden sind, während Geschichte und Ueberlieferung verkünden, wo sie gestanden.

Ich habe dem Gang der Geschichte vorgegriffen und kehre zu meinem Ausgangspunkte zurück.

Lorch war in den frühen mittelalterlichen Zeiten in zwei Hälften getheilt, in das „Obirsdorf" und das „Unterdorf", welches letztere oben am Rheinstrande gelegen zu haben scheint, während das Oberdorf vom Wisperufer aus am Berge emporstieg, wo auch die Kirche liegt. An den Rhein aber mußten die Wohnungen sich ziehen und langhin an seinem Ufer ausdehnen, als es von dem Erzbischof Johannes gestattet wurde, zwei „Krahnen“ zu errichten, und der Verkehr sich dort natürlich zusammenzog. Ein Oberhof oder Saal befand sich in der Nähe des Ufers zur Bewahrung der fiskalischen Gefälle. Diese „Oberhöfe“ aber waren Burgen von ansehnlichem Umfang und ebensolcher Befestigung und in der Regel bewohnt von einem Rittergeschlechte zu Schutz und Trutz nach Außen hin. Hier war es kaum ein anderes Geschlecht als das alte, vielverästete derer von Lorch.

In jenem Saale war die Stätte des Centgerichts, dem in der Regel ein Ritter dieses Geschlechts als Schultheiß vorstand, und dessen Beisitzer 14 Schöffen waren. Alle die Ritter, welche Schultheiße waren, gehörten in die große und mächtige „Ganerbschaft“ des gedachten Geschlechts. Die Geistlichkeit, an deren Spitze der „Pfarrer“ stand, war zahlreich und erreichte meist die Zahl von 20 bis 22 Gliedern; sie wohnten und lebten zusammen in der Weise der sogenannten „Collegiatstifter“, hatten die Hora zu singen, aber auch im Chore beim Gottesdienste mitzuwirken, Lorchhausen und Stephanshausen zu bedienen, bezogen dafür aber auch sogenannte „Präsenzen“, tägliche und reichliche Einkünfte aller Art, welche an ihre Präsenz oder Anwesenheit geknüpft waren. Sie waren zugleich die Lehrer und Bildner an einer Anstalt, die hier bestand und auf reichlichen Stiftungen der hier wohnenden Adelsgeschlechter ruhte, — nämlich der „Schuljunkerschaft“. Es legt für den Adel dieser Gegend ein günstiges Zeugniß ab (obwohl es ihn nicht rein waschen kann von der Mitschuld an den Thaten, welcher bei Soneck, Reichenstein und Heimburg Erwähnung geschehen ist), daß er für die geistige Bildung seiner Söhne sorgte, indem er diese in jenen Tagen seltene Schulanstalt gründete und reichlich dotirte. Die „Junker, Jungherren“ ihrer Häuser empfingen von den Geistlichen den nothwendigen Unterricht, der freilich nicht sonderlich weit reichte, hatten in der Kirche ihre besonderen Sitze und waren gehalten, am Chorgesange Antheil zu nehmen. Auch für die Einzelnen in dieser Schuljunkerschaft waren Stiftungen gemacht durch ihre Familien, welche an ihre Präsenz (Anwesenheit) zu gewissen Festzeiten gebunden waren und unter dieser Bedingung selbst im späteren Leben fortdauerten, nachdem die Genießenden längst dem Verbande der Schuljunkerschaft entwachsen waren.

Soviel bekannt, hatte diese Schulstiftung ihres Gleichen nur noch in Ingelheim, sonst nicht mehr am Rheine.

Aus den bereits bezeichneten Umständen folgte es, daß durch das ganze

Mittelalter in Lorch ein glänzendes und lustiges Leben des Adels sich erhielt, wo es vom zwölften Jahrhunderte an blühte. Hier zu leben, war der Wunsch und Plan vieler auch höher am Rheine hinauf lebender Ritterfamilien. Der Uebermuth dieser Gemeinschaft gibt sich in der Geschichte der mehr genannten drei Burgen kund, wo sie als unverbesserliche Stegreifritter und Straßenräuber nobler Art erscheinen, bis der Strang und des Habsburgers unabwendbare Strenge dem Liedlein einstweilen ein Ende machte mit rascher Cadenz. Die Bedeutung des Ortes war durch das Zuströmen des lebenslustigen Adels ungemein gehoben worden; indessen vermochte dies dennoch dem Verfalle zu der Zeit nicht zu wehren, als die reiche Weber- und Färber-Zunft schied und der Weinhandel andre Märkte suchen mußte. Der Ritterstand hielt sich; die Geistlichkeit saß in ihren Pfründen fest, aber das Volk verarmte. Kein Wunder, daß ihm der Bauernaufstand des Rheingau's in die Köpfe stieg und es sich an den Artikeln auf dem „Wachholder" aufzurichten hoffte. Daher die starken Zuzüge aus Lorch und dem Wisper- und Sauerthale. Desto unglücklicher fühlte sich das arme Volk, als mit dem verrauschenden Traume größerer Freiheit die bisher besessene vollständig zu Grabe ging und es völlig und für immer aus war mit dem „Freimachen der Rheingauer Luft." Damit war aber für seinen Wohlstand die völlig abschüssige Bahn erreicht, auf der kein Aufhalten mehr ist. Auch Lorch empfand des Brandenburgers eiserne Faust, wie es die Streifzüge der „Buben" Albrechts, als er Bingen belagerte, in ihren unbarmherzigen Folgen erduldet hatte. Der dreißigjährige Krieg, der Bacharach übel mitspielte, ließ Lorch ebenfalls nicht unberührt, und der Franzosen „Brandzug" durch die Pfalz und ihre Nachbarschaft brachte auch seinen Burgen das jäheste Ende und trieb den größten Theil des Adels von dannen, dessen Reste dem Orte kein neues Leben mehr einhauchen konnten.

Lorch besaß schon in frühen Zeiten sein Landgericht und seine eigene „Ortshaingereide".

Schon der einzige Umstand, daß der „Oberhof oder Saal" im Orte stand, veranlaßte seine und des Ortes starke Befestigung, von der aber kaum noch an der Wispermündung Reste übrig sind. Ob sie Lorch viel Vortheile gebracht, ist sehr zweifelhaft, da zur dauernden Vertheidigung weder die örtliche Lage, noch die Bevölkerung ausreichen mochte; denn der Umstand, daß um das zwölfte Jahrhundert Lorch die „Dorfcolonie" Lorchhausen gründete, hat eine andere Ursache als die Uebervölkerung des Fleckens; vielmehr hatte die rheingauische Markabtheilung eben wegen geringer Volkszahl des Landes den einzelnen Orten größere Gemarkungen zugetheilt, als sie durch ihrer Hände Arbeit urbar zu machen und landwirthschaftlich zu benutzen und

Klimsch gez. Stahlstich v. Carl Mayer's K.-A. in Nürnberg

Lorch

Verlag von Julius Niedner in Wiesbaden

zu verwerthen vermochten. Erwägt man nun, daß jeder Einwanderer in den Rheingau mit dem Betreten des Landes, ja, wie man zu sagen pflegte, mit „dem Athmen der Rheingauer Luft“ frei war, und wenn er auch anderwärts der Leibeigenschaft schweres, schier unerträgliches Joch noch so lange getragen hätte; erwägt man ferner, wie hoch für jene Zeiten die Löhne der seltenen Weinbergskundigen für die vielen Adeligen und klösterlichen Freigüter waren, und endlich, wie leicht zu erwerben und wie billig in Betracht des Preises Ländereien waren, welche baufähig, namentlich weinbaufähig sich erwiesen, und wie lohnend zuletzt der Weinbau in der Nähe des Stapelortes Bacharach erschien, so ist es nahegelegt, daß die Einwanderung verhältnißmäßig bedeutend war, besonders, wie das auch anderwärts sich bestätigt, durch jenseits des Rheines flüchtig gewordene Leibeigene, die also hier „Freie“ wurden.

Gerne wies man ihnen Ländereien zur Gründung von „Pflanzstätten“, neuen Ortschaften an, die dann in den Bereich des Mutterortes gehörten. So entstand Lorchhausen und erhob sich durch seinen Weinbau rascher, als es ihm unter andern Umständen würde geglückt sein. War es doch so leicht, das Erzeugniß der Reben, das in diesen günstigen, von Bergen geschützten Lagen besonders vorzüglich gedieh, hinüber nach Bacharach zu bringen, wo ein „Weltmarkt“ des Weines jene Absatzwege weithin in den Norden und Nordosten Deutschlands, wie in die Niederlande eröffnete.

Solange diese Handelsverhältnisse Bacharachs bestanden, blühte Lorchhausen als „Pflanzort-Vorstadt“ Lorchs sehr fröhlich, und den Ort umgaben Mauern und Thürme zum Schutze gegen Anfälle; aber daß eine Burg hier gestanden, welcher man sogar den bestimmten Namen „Sareck“ beizulegen die Keckheit hatte, ist ein leeres Märchen, da weder am Orte selbst, noch in Urkunden irgend eine Spur der Burg aufzufinden ist. Wie es durch die Stellung zu Lorch bedingt war, stand der kleine Ort bürgerlich und kirchlich unter diesem Flecken.

Im Jahre 1390 kommt schon ein Capellan und ein Frühmesser bei der Capelle in Lorchhausen vor; aber seit der Mitte des 15. Jahrhunderts hatte es sich bedeutend geändert. Gewiß nicht ohne Mithülfe der sehr begüterten Rheingrafen war die Capelle zu einer Kirche geworden, bei der ein Plebanus, sogenannter „Leutpriester“, angestellt war, der aber zur Lorcher Geistlichkeit zählte.

In den bürgerlichen und kirchlichen Verband Lorchs gehörte rheinaufwärts noch ein Dörflein, das in dem Sturme der Zeit untergegangen, dessen Name aber wegen des Rufes seines ausgezeichneten Weines in frischem Andenken geblieben ist. Erst in neuester Zeit erbaut, stehen einige unansehnliche

Gebäude an der Mündung eines kleinen Gebirgsbächleins, das durch eine enge Thalschlucht rinnt fast der jenseitigen Burg Soneck gegenüber.

Hier lag das verschwundene Dörflein „Buttendal", dessen Stätte jetzt Bodenthal genannt wird. Es war eben eine „Dorfcolonie" von Lorch, wie Lorchhausen, aber mit bedeutend beschränkteren Verhältnissen. Der feine, kostbare „Bodenthaler", welcher hier wächst, gab ihm seinen Ursprung. Jetzt ist die Lage zwischen Lorch und Trechtlingshausen jenseits getheilt, wohl aber die überwiegend größere Zahl der edeln Weinberge den Lorchern eigenthümlich. Die Zeit des Unterganges jenes Dörfleins, das wohl nicht jünger und nicht älter als Lorchhausen zu sein scheint, ist genau nicht anzugeben, dürfte aber in die Zeiten des dreißigjährigen Krieges und vielleicht der ihm folgenden Pest fallen, die noch so manchem andern kleinen Dorfe den Untergang bereitete. Das Dorf war ein nassauisches Lehen, welches im Jahre 1170 die Rheingrafen trugen. Noch im Jahre 1357 besaß ein Ritter Gademar von Dudenhausen Weinberge als Afterlehen der Rheingrafen. Im Dorfe selbst wohnte, ob in einer Burg, ist zweifelhaft, ein von Buttindal genanntes Rittergeschlecht, das aber in der zweiten Hälfte des 14. Jahrhunderts erlosch.

Bei Lorch dürfen die vielverästeten Rittergeschlechter, welche hier hausten, nicht vergessen werden. Zuerst begegnet man, von 1160 an, der Ritterfamilie von Lorch. Sie scheint sich durch Ganerbschaft vielfach verzweigt zu haben; denn ihr entstammten die Hertwich von Lorch, dann die im Anfang des 18. Jahrhunderts ausgestorbenen Hilchen von Lorch, deren einer Franz von Sickingens treuer Waffenbruder war. Die Schetzel von Lorch, die Borngaß von Lorch starben ziemlich frühe aus. Ihre Stammburg lag auf dem linken Wisperufer. Kaum sind noch Reste erkennbar; aber es muß als unwahr zurückgewiesen werden, daß diese Burg jemals den Namen Nollingen oder Nollicht getragen habe. Sie stand um 1110 in ihrer Kraft und Pracht; über ihren Untergang fehlen alle Nachrichten. Diese Rittergeschlechter wohnten ständig hier bis zu ihrem Erlöschen. Außer ihnen aber waren alle die zahlreichen Geschlechter des Sauerthales, des Wisperthales und anderer Stellen des Landes in Lorch begütert und „behauset".

Da hier der Burgen des Sauerthales gedacht worden ist, so möge sich eine Begebenheit anreihen, die, man kann es kaum bezweifeln, Schiller vor der Seele gestanden, als er seinen „alten Moor" in den „Räubern" schilderte. Gewußt könnte er die Geschichte haben, da sie in Mainz großes Aufsehen seiner Zeit machte. Im Dienste des vorletzten Kurfürsten von Mainz stand ein Geheimerath von Sickingen, welcher als ein sehr üppiger Mensch und leichtsinniger Verschwender bekannt war. Seine beiden Söhne sahen das ohnehin bedeutend verminderte Vermögen der Familie unter seinen Händen zerrinnen. — Vergebens waren Bitten und Flehen von ihrer Seite. Der Vater blieb auf seinen Wegen und verschleuderte ein Familienbesitzthum nach dem andern. Da durchflog eines Tages das Gerücht die Stadt: „Der Geheimerath von Sickingen ist verschwunden.“ — Es war so. Selbst seine Dienerschaft wußte oder — durfte nichts von seinem Verschwinden wissen. Vergebens bewegte der Kurfürst Himmel und Erde, wie man sagt, um den geistreichen und witzigen Genossen seiner Gelage wieder zu gewinnen. Es war umsonst, wie man auch geheim jede Spur zu verfolgen suchte. Allerlei Lösungen des Räthsels wurden versucht, — selbst bis zur Vermuthung des Selbstmordes; aber auch der Rhein warf keinen Leichnam aus. Jahre vergingen, und es „wuchs Gras“ über die räthselhafte Geschichte.

Eines Tages, es war im September, kam der Förster von Lorch müde von der Jagd in den Bergen und Klüften des Sauerthales um die Mittagszeit an die „Sauerburg“ und legte sich an dem Gemäuer auf das weiche Moos, hier sein einfaches Mittagsbrot zu verzehren.

Während er dies that, vernahm er ein merkwürdiges Wehklagen und Stöhnen, das aus dem dichten Gebüsche zu kommen schien, welches seitwärts die Mauern der alten Burg umgab. Er horchte, — und es war deutlich zu vernehmen. — Da biegt er das Gesträuche und Brombeergeflechte auseinander und sieht zu seinem Erstaunen eine noch ziemlich neu gemauerte, stark mit Eisenstangen vergitterte Mauerblende, die von innen ein Fenster schloß; dieses Fenster stand auf. —

Jetzt gab sein Hund Standlaut. Er gebot ihm Schweigen und trat näher zu der Oeffnung. Wer wehklagt hier? ruft er laut hinein. —

Da sieht er einen Greis zum Fenster wanken, dessen weißer Bart auf die Brust herabfiel, dessen Antlitz tiefgefurcht bleich zu ihm aufsah, während er die gefalteten Hände um Erbarmen flehend zu ihm erhob.

In dem Förster wurden alle Mährlein und Sagen seiner Kindheit lebendig, und ob er gleich ein beherzter Mann war, so überlief ihn doch ein Schauer. Anders aber gestaltete sich die Geschichte, als der Greis mit schwacher Stimme ihn anflehte: Ach, wer Du auch sein magst, erbarme Dich des Unglücklichsten aller Menschen. Ich bin der in Mainz verschwundene Geheimerath von Sickingen und werde hier von meinen eigenen Söhnen schon seit Jahren gefangen gehalten. O erbarme Dich meiner und eile nach Mainz und melde dem Kurfürsten, was Du mit eigenen Augen gesehen, mit eigenen Ohren gehört hast! — Als sich der Förster von seinem ersten Schrecken erholt und das Nöthige erfragt hatte, eilte er nach Lorch und brach sogleich nach Mainz auf. —

Die Kunde machte dort in den engsten Kreisen des kurfürstlichen Hofes ein unermeßliches Aufsehen, und der Kurfürst beorderte einen Hauptmann mit 25 Soldaten und einen richterlichen Beamten, sofort aufzubrechen und den Förster zu begleiten.

Kaum graute der nächste Morgen, als auch schon die Soldaten, der Richter und der Lorcher Förster ein kleines Schiff bestiegen und so schnell als möglich rheinabwärts ruderten.

In Lorch gelandet, hielten sie sich nicht länger auf, als nothwendig war, den Schultheißen zu rufen und mit sich zu nehmen. Als sie die Sauerburg erreichten, stiegen sie ohne großes Geräusch hinauf und drangen in die Ruine, während Einige an dem vergitterten Fenster Wache hielten. Sie stießen inwendig auf eine Stiege, die wohlerhalten in die unteren Räume der Burg leitete, fanden dort eine ganz gute Wohnung, die eben erst verlassen worden zu sein schien, fanden die Zelle, deren Gitterfenster nach außen ging, und dort ein Bett, einen Tisch und einen Stuhl, sonst nichts; aber die Speisereste vom vorigen Abende bewiesen, daß in der Nacht ohne Zweifel der Gefangene weggebracht worden war. So viel man auch die Burg und den Wald und die ganze Umgegend in weiterem Kreise durchsuchte, nirgends zeigte sich eine Spur, wohin man den Gefangenen gebracht, von dem man nie mehr etwas vernahm. Der Beamte nahm ein Protocoll auf, welches von dem Offizier, dem Schultheißen von Lorch, dem Förster und ihm selbst unterzeichnet wurde, — und dann verließen sie die Burg.

Welche Umstände die Veranlassung boten, daß der Kurfürst dieser Sache — wenigstens äußerlich — keine Folgen gab, blieb unenthüllt. —

Rechts von dem Wisperbach, der unmittelbar unter Lorch in den Rhein fällt, steigt der Berg jäh hinauf. Reben bekränzen ihn bis zur steilen Höhe, wo der nackte Fels Alleinherr ist. Dort stehen die verhältnißmäßig kleinen Reste der Burg Fürsteneck. Sie schauen keck in das Rheinthal hinab und hinauf, und den hier Wohnenden konnte nichts entgehen, was etwa Lorch bedrohlich gewesen wäre.

Diese Burg gehört zu den wenigen, deren Ursprungszeit und deren Erbauer nachweisbar sind. Offenbar zum Schutze Lorchs, vielleicht auch als Gegengewicht gegen die zu Rheinberg hausenden Rheingrafen, die, obwohl Beamte des Kurfürsten, dennoch nicht immer gefügig und gehorsam waren, erbaute der damalige Erzstiftsverweser, der vielgenannte und vielbekannte Kuno von Falkenstein, diese Burg im Jahre 1348. Erzbischof Gerlach verpfändete sie demselben wieder, nachdem er sie dem Erzstift zurückgegeben, im Jahre 1354, welche Pfandschaft aber 1356 schon wieder gelöst wurde. Ueber ihre Zerstörung fehlt besondere Kunde, aber sein Blick nach Fürstenberg und Staleck hinüber läßt nur an Melacs und seiner Helfer Brandfackeln denken.

Lorch und seine nahen Burgen mahnen uns an die mächtige Burg der alten Rheingrafen, an Rheinberg. Sie ist ohne Widerrede eine der ältesten Burgen des Rheingaues. Schon 1170 war sie ein Lehen von Mainz, welches die Rheingrafen trugen. Sie, die der Burgen mehrere besaßen, aber auf eine tüchtige Burggenossenschaft hielten, nahmen eine ansehnliche Zahl der namhaftesten Ritter des Landes in ihre Burggemeinschaft zu Rheinberg auf, und so wurde die Burg ein Ganerbenhaus, wie wenige. Die Insassen, das heißt die Ganerben der Burg, waren vielfach mit dem Fluche des Landfriedensbruches und der Straßenräuberei belastet. Damit konnte der Erzbischof nicht zufrieden sein; denn die Beschwerden des Handelsstandes mehrten sich täglich. Dies würde aber noch nicht zu einer Zerstörung Rheinbergs geführt haben, hätten nicht die Rheingrafen mit dem Grafen von Sponheim gemeinsame Sache gegen ihren Lehensherrn und Amtsgeber, den Erzbischof Werner, gemacht und damit offenbar die Treue gebrochen.

Nach der für die Sponheimer und ihre Helfer so unglücklichen Schlacht bei Sprendlingen entsetzte der Erzbischof die Rheingrafen ihres Vicedominats im Rheingau, entzog ihnen alle ihre Lehen und verwies sie des Landes. Sie suchten auf dem S t e i n e bei Münster Zuflucht, wo ihre alte Heimath war, welche Burg seitdem „der Rheingrafenstein" hieß; aber so leichten Kaufes gaben sie die so lange besessenen Burgen nicht auf. Werner mußte Rheinberg belagern, nahm und brach es im Jahre 1279.

Mainz baute sie selbst wieder auf.

In dem Kriege mit Mainz nahm sie Kaiser Albrecht 1301 und behielt sie bis 1304 trotz einer heftigen Belagerung durch die drei Kurfürsten von Mainz, Cöln und Trier. Das legt ein Zeugniß für ihre Tüchtigkeit, aber auch für die ihrer Besatzung ab. Seltsam ist es, daß Mainz 1374 die Burg nicht mehr besaß, sondern die Gemeinherren: die von Wunneberg, Rheinberg, Scharfenstein, Katzenelnbogen und Schmiedburg, welche dieses i h r f r e i e s E i g e n t h u m dem Pfalzgrafen Ruprecht zu Lehen auftrugen. Dieser mehrte die Ganerbenschaft noch. Später war sie ein pfälzisches Lehen der Sickingen.

Die Burg stand mit Lorch in naher Verbindung, und die Gemeinherren derselben waren ein sehr wichtiger Theil der Lorcher Ritterschaft, welche einst diesen Ort zum „Paradiese des Adels des Rheingau's" machte.

Daß ein so alter Ort auch seinen Sagenkreis habe, ist wohl vorauszusetzen. Es mögen hier einige folgen. —

Als der heilige Bernhard geflügelten Wortes in die Herzen der rheinischen Ritter griff und die Seherin Hildegard vom Rupertsberg ihre wunderbar ergreifende Macht walten ließ, nahm Ritter Gilchen von Lorch das Kreuz; aber er ließ eine heißgeliebte Braut zurück, und ihr Bild war in seiner Brust, und die Liebe machte den Kreuzritter reuig. —

Je weiter er sich von der Heimath entfernte, desto schwerer drückte die Trennung von der Lieblichen. So wuchs die Sehnsucht nach ihr stündlich mehr, bis er's nicht mehr ertragen konnte und heimlich das Nachtlager seiner Gefährten verließ und zum Rheine zurückeilte. Aber wie groß war sein Schrecken, als ihm die Kunde wurde, ein andrer Ritter habe die Burg, die seine Braut umschloß, erobert, und *sie*, *sie* geraubt! Auf *seiner* Burg barg er den Schatz, und diese Burg lag auf einem unersteiglichen Felsen bei Lorch. —

Nichts ist der Liebe zu schwer, zu groß. Gilchen sammelt seine Leute, seine Freunde, die mit ihm die Greuelthat im Frieden verdammen. Sie rücken vor die Burg; aber der Räuber lacht und höhnt: „Wenn Du im Galoppe den Felsen zur Burg heraufsprengst, so sollst Du Deine Braut haben!"

Das ist unmöglich, und der Liebende steht verzweifelnd da und schaut im Mondenscheine den glatten Fels an, der himmelanstrebend sich aufreckt, ohne Halt für einen kühnen Kletterer, zu geschweigen für ein Roß! — Er knirscht mit den Zähnen; er ballt seine Faust, daß das Blut zurückweicht; er stößt einen grimmigen Fluch aus gegen den frechen Räuber seines Glückes; aber es ist unmöglich!

Da raschelt es neben ihm im Laube, und es tritt Einer zu ihm, den ein Christenmensch nur mit einem innern Schauder nennt, und vor dem er ein — Kreuz gegen die Brust schlägt. Der „Gott-sei-bei-uns" hat seine Worte gehört, und wiederholt fragt er: Unmöglich? — Dann lacht er auf, daß es durch des Ritters Seele schneidet. *Unmöglich ist, wenn ich helfe, nichts!*

Willst Du meinem Rosse Flügel geben, daß es da hinauf fliege? fragt der Ritter.

Deinem Rosse nicht, wiederholt der Versucher; aber das meinige jagt mit Dir da hinauf, wenn Du den Muth hast, es zu besteigen!

Zornig über den Zweifel an seinem Muthe fährt rasch des Ritters Hand an den Schwertgriff.

Laß das, sagte der mit der rothen Hahnenfeder auf dem Spitzhute und trat einen Schritt zurück.

Ich liebe das blanke Eisen nicht, sagte er, sich schüttelnd, aber ich bleibe bei meinem Worte. Nimm Verstand an, Gilchen von Lorch! Du sollst sie haben. Mach's fertig mit dem da droben!

Der Teufel ist der beste Advokat. Er weiß den Ritter dazu zu stimmen, und Morgens frühe reitet Gilchen gegen die Burg.

Gibst Du mir Dein Ritterwort, ruft er dem Brauträuber zu, daß Du mir meine Braut ohne Gefährde gibst, wenn ich im Galopp diesen Felsen hinanjage und vor Deinem Außenthor halte? — Ja! ruft laut hohnlachend der droben. — Auf Ritterwort und Rinterehre!

Der mit der rothen Hahnenfeder lachte höhnisch bei diesen Worten und murmelte etwas in den Bart, was — man nicht deutlich verstand; alsdann sagte er zu dem Ritter: Komm' dort in das Gebüsche, da hält Einer das Roß, — aber — so mir nichts, dir nichts geht das doch nicht! In einem Bunde müssen Zweie sein, hier Du und ich. Was wird mir? — Kannst Du schreiben?

Pah, Du dummer — —! Ich nicht schreiben? Denkst Du nicht an die Schuljunkerschaft in Lorch? —

Der Gott-sei-bei-uns murmelte etwas, das etwa so klang als: Junker und Schule, das reime nicht, und legte dann dem Ritter ein Pergament vor, darin er sich ihm mit Leib und Seele verschrieb. Der Ritter zuckte zwar zusammen, jedoch — er unterschrieb, und die Sache war abgemacht. Wenige Minuten später bestieg der Ritter ein Roß, daß ihm der — mit der Hahnenfeder vorführte. Das war rabenschwarz; aus seinen Augen und seinen Nüstern sprühte Feuer, und es geberdete sich so unbändig, daß es schier nicht zu bändigen schien.

Der Ritter schwang sich in den Sattel und faßte den Zügel. Als das höllische Thier aber seinen Reiter fühlte, da gab es auf, ihn abwerfen zu wollen. Es rannte gegen den Felsen der Burg, um dessen Fuß Gilchens Helfer standen und staunten, droben aber waren alle Fenster der Burg voll Menschen. Und das Thier setzte seinen Huf in den Felsen, und wo es ihn einsetzte, da gab es eine Vertiefung, wie der Trittling einer Stiege, und als es nun den ersten Huftritt eingeschlagen, da ging es den furchtbar jähen Fels hinauf, als wär's eine Ebene und der Fels schwellender Rasen! —

Wenige Minuten, und der Ritter hielt im Burghofe des Feindes droben, und Alle, die es gesehen, kreuzten ihre Brust und riefen staunend, aber bebend: Herr, sei seiner und unsrer Seele gnädig! — Ein Jeglicher ahnte, daß das mit rechten Dingen nicht zugehe. —

Auf Ritter Gilchens Hornruf erschien der trotzige Räuber im Burghof.

Heraus mit dem Schwerte! rief Gilchen. Hier bin ich, Dich zu strafen!

Und die Klingen wurden blank, und ein Kampf hob an, dessen Schwertschläge klirrten, und dessen Stampfen den Boden erdröhnen machte, — bis ein Meisterhieb des tapfern Gilchen den Feind traf, daß er todt zur Erde stürzte.

Jetzt stürmten Gilchens Helfer von der Bergseite heran, und Niemand wehrte ihnen; denn der Burgleute waren zu wenige gegen jene, und sie ergaben sich. Gilchen schwang sich von dem Rosse, das jetzt einen Sprung über die Mauern des Burghofs hinab in die Tiefe that und verschwand.

Wie auch die Andern erschraken, Gilchen hatte Anderes, was seine Seele erfüllte. Er eilte zu dem Kerker, wo der Unmensch seine Braut, die dem Räuber Widerstrebende, gefangen hielt, und kein Wort vermag des Wiedersehens Glück zu schildern! —

Aber mitten in dies Glück trat das Entsetzen; denn der Bekannte kam herein, und wenn auch als Knappe gekleidet, durchbebte die Jungfrau ein Schaudern, da sie erkannte, wer der Unheimliche sei. Er hielt dem Ritter eine Pergamenturkunde vor die Augen, daß dieser leichenblaß wurde.

Da durchzuckte die Reine eine Ahnung des Zusammenhangs; sie riß aus des Teufels Klauen das Pergament, breitete es auf dem Tische aus und legte schnell das Krucifix darauf, das ihr bis heute Trost und Hoffnung gegeben hatte. Nimm's, wenn Du kannst! sagte sie.

Der Gott-sei-bei-uns ging um den Tisch herum, knirschte mit seinen Zähnen, daß einem schier Hören und Sehen verging, zuckte mit den langen Krallen nach dem Pergamente, aber zog sie immer schnell wieder zurück, bis er endlich wüthend einigemal in dem Raume umherfuhr, tobte, rasete und fluchte und dann durch das offene Fenster davon fuhr, zurücklassend, was er in solchen Fällen gewöhnlich zurückließ, und was alle Welt weiß. —

Die beiden Liebenden wurden betäubt, aber als sie wieder zu sich kamen, war es spät, und eine fürchterliche Helle drang durch die Fenster herein.

Die Burg brennt! rief Ritter Gilchen und umfaßte die Geliebte. Sie aber nahm die Pergamenturkunde und das Krucifix, und so eilten sie hinaus, glücklich noch im letzten Augenblick, ehe das Innengebäude zusammenstürzte. In die Flammen aber warf die Jungfrau das Pergament und harrte bei der Gluth aus, bis es zu Asche verbrannt war, während ein furchtbarer Sturm die Flammen gegen sie herwehete, — die aber sie nicht ergriffen.

Wer aber die Burg angezündet, das wußte Niemand als die Glücklichen: Gilchen von Lorch und seine Braut, die er in's Vaterhaus führte. Innig blieben die Herzen verbunden bis an's Ende; denn Beide hatten sich einander gerettet, er sie aus Menschen-, sie, die Reine, ihn aus Teufelsgewalt.

Von der „Teufelsleiter“ wissen die Leute im Wisperthale viel zu erzählen, auch heute noch; aber am genauesten wußte das ein „Heinzelmännlein“, das einmal am Herde eines Köhlers in rauher Winternacht Obdach und Wärme fand. Es erzählte ihm: Wir wohnen hier herum in den Klüften, Bergen und Wäldern, und mein Stamm hauset droben im Kammerforst. Wir halten auf zwei Dinge viel, unter uns auf Gehorsam und Ordnung, bei den Menschen auf Gastfreundschaft und wohlwollende Aufnahme am wärmenden Herde. Das hängt aber gar enge, und enger, als Du denkst, zusammen.

Der Eingang zu unserer unterirdischen Heimath ist offen für uns, so lange noch ein Sonnenstrahl auf den Wipfeln der hohen Eichen und dem Gipfel der Berge zittert. Mit seinem Verschwinden ist er unerbittlich bis zum erwachenden Frühroth verschlossen. Im Walde und in den Schluchten der Berge können wir nicht übernachten; denn wir sind an die Wärme im Schooße der Erde gewöhnt und würden erstarren vor Frost, selbst in der wärmsten Sommernacht. Da suchen wir denn Obdach bei den Menschenkindern; aber wird uns das versagt, so entbrennt unser Zorn, und wir rächen uns greulich an dem Unfreundlichen, der uns das wärmende Obdach versagt. — Kennst Du den Teufelskidrich? Freilich! erwiederte der Köhler.

Nun, dann weißt Du auch die Geschichte von der Teufelsleiter?

Hab' davon gehört, sagte der Köhler.

Ja, fuhr der Kleine fort, aber wie es die Leute da herum wissen. Ich will Dir's erzählen, wie es war.

Da droben über Lorch liegt die Burg Fürsteneck. — Der Köhler nickte zustimmend.

Nun da wohnte einmal ein Ritter, ein Lehensmann des Mainzers, dem starb an der Pest, die damals durch's Land zog, sein geliebtes Weib und sein Söhnlein, das an ihrer jugendlichen Brust ruhte. Es blieb ihm nur ein kleines liebliches Mädchen als Ueberrest seines zerstörten Glückes. — Und finster, unfreundlich, menschenscheu wurde der trostlose Mann, lebte wie ein Mönch im Kloster und hütete sein schönes Kind. Niemanden sah er bei sich; zu Niemanden ging er, und die Burg war vereinsamt; auch nahm er Keinen gastlich auf, der um Einlaß den Thorwart ansprach.

Im „Kidrich“ saß damals ein andrer Stamm von uns, und unser König im „Kammerforst“ und der im „Kidrich“, die doch Brüder waren, standen sich entgegen; denn sie hatten sich bitterlich entzweit. Du mußt nämlich wissen, daß es in der Erde grade so geht, wie auf der Erde. Liebe zieht an, Haß stößt ab, und zwischen beiden dreht sich die Erde!

Nun hatte sich einmal der König der „Heinzelleute" im Kidrich verspätet, und die Sonne war unter, als er bei Fürsteneck eiligst vorüberkam. Auch der König muß der Macht des Gesetzes unterthan sein!

Tritt der Kleine an das Burgthor von Fürsteneck und bittet um Nachtquartier; aber der unfreundliche Fürstenecker weiset ihn rauh und hart zurück. Da entbrennt des Königs Zorn, und er schwört, ihn zu treffen da, wo er am allerverwundbarsten sei. — Kaum acht Tage darauf war sein schönes Kind verschwunden. Veilchen pflückend im Wiesenthal, entführten es die „Wichtelleute" auf ihres Königs Geheiß, und im Schlunde des „Kidrichs" saß das schöne Kind, das eben zwölf Jahre alt, aber erwachsen war, daß man es schier für eine Jungfrau halten konnte, und schön wie die Morgenröthe. —

War der Ritter von Fürsteneck durch seine früheren Verluste schon recht elend geworden, so machte ihn der Verlust des letzten Gutes, an dem sein Herz hing, unaussprechlich unglücklich.

Tag und Nacht wurden Berg und Thal, Wald und Flur durchsucht, aber nirgends fand man eine Spur seines Kindes. Nur ein Hirtenjüngling, der dort gehütet, hatte sie, umringt von Wichtelleuten, gesehen; sie hatte die Arme nach ihm ausgebreitet, aber er war zu weit weg, und als er herbeieilte, da öffnete sich die Felswand des „Kidrich", die Widerstrebende wurde hineingezogen, und vor dem Hirten schloß sich die Felswand wieder. — Das war Alles, was der Ritter vernahm, und ein Entsetzen durchrieselte ihn. Er gedachte des unversöhnlichen Zornes der „Wichtelleute", der Drohung dessen, dem er Gastfreundschaft verweigert, und verfiel in einen trostlosen Trübsinn. — ·

Dem Jungfräulein aber erging es im krystallenen Palaste gar herrlich: denn jeder Wunsch wurde ihr gewährt, nur der der Rückkehr zum Vater nicht.

Der Ritter von Fürsteneck aber ließ verkündigen: „Wer mir mein Kind wohlbehalten wiederbringt, dem will ich sie vermählen, ob er sei Ritter oder Knecht!"

Wenn das Einen tief bewegte, so war es der schöne, junge Hirte, der, seit er das Jungfräulein gesehen, sie nicht mehr vergessen konnte und in heißer Liebe entbrannt war. Oft saß er träumend da und seufzte: „Ach, könnt' ich sie mir erwerben!"

Einmal, zu heißer Mittagszeit, da seine Heerde ruhte, erfüllte dieser Wunsch wieder seine Seele. Da stand plötzlich einer unsrer Leute vor ihm und sagte: Hast Du Muth, so sollst Du sie haben! Verlaß Deine Heerde sogleich. Ich will sie Deinem Vater zutreiben. Zieh' die Kleider an, die Du dort hinten im Walde findest; lege den Harnisch an, setze den Helm auf Deine Locken, gürte das Schwert um Deine Hüften und ziehe mit dem Kaiser zum heiligen Grabe.

Ein köstlich Roß harret Deiner dort, wo die Kleider und Waffen liegen. Und wenn Du tapfer gekämpft und den Ritterschlag erhalten hast, so kehre wieder; klopfe dreimal zur frühen Morgenstunde an diese Eiche, und — ich löse Dir mein Wort!

Der Jüngling sprang auf, eilte in den Wald, und in kurzer Frist jagte ein junger, schöner Rittersmann zum Rheine hin. —

Jahre gingen in's Land. Auf Fürsteneck tiefes Leid, im Kidrichfels mächtige Sehnsucht, im gelobten Lande blutiger Kampf; aber in den heißen Kämpfen mit den Ungläubigen sah Kaiser Konrad immer Einen im dichtesten Gewühl. Wo sein weißer Reiherbusch wehte, da war Sieg. — Der Kaiser ließ den Tapfern zu sich bescheiden und hörte, er sei eines Geishirten Sohn, ohne Aussicht und Hoffnung, aber ein Freigeborner aus des Rheingau's frei machender Flur.

Da zog der Kaiser im Kreise seiner Helden das Schwert und rief: Kniee nieder, Du tapfrer Schetzel (denn so hieß der Hirtenjüngling), ich schlage Dich zum Ritter Schetzel von Lorch auf Jerusalems heiligem Boden! Und er schlug ihn zum Ritter, nachdem der Jüngling kaum drei Jahre im Heere gekämpft. —

Um Johannis Sonnenwende war's im folgenden Jahre, da stand ein junger Ritter bei der Eiche, da sein neuer Lebensweg begonnen hatte. Noch war der Frühröthschein nicht vergoldend auf der Berge Gipfel und der Bäume Wipfel gefallen.

Wie er so dastand in seiner männlichen Schönheit und den „Kidrichfels" anstarrte, darinnen der Schatz ruhte, um den er im fernen Morgenlande treu gerungen, da trat plötzlich der Wichtelleute König aus dem Kidrichfelsen neben ihn, sah ihn höhnisch an und sagte lachend: Bist einen weiten, blutigen Weg gegangen, Ritter Schetzel von Lorch, es wird Dir ein Leichtes sein, den Fels hier zu erklimmen! Versuch's, und die Braut ist Dein, darauf geb' ich Dir mein Wort! Und mit einem schneidenden Hohngelächter verschwand er. Die Sonne war ja unbemerkt vor dem erbitterten jungen Helden aufgegangen.

Bebend vor Grimm über den Unverschämten, der seinem Zorne entgangen war, trat er zu der Eiche und schlug dreimal mit dem guten Schwerte, das er zornig gezogen hatte, wider die rauhe Rinde des Baumes.

In demselben Augenblicke stand der König der Wichtelleute aus dem Kammerforste neben ihm und reichte ihm freundlich die Hand zum Willkomm.

Ich habe gehört, was er gesagt hat, sprach er zu dem jungen Ritter. Sein Wort hält er, wie wir alle pflegen, unverbrüchlich. Mache Dich mit dem Ritter von Fürsteneck bekannt und sei morgen um das erste Frühroth hier! Damit verschwand er, und der junge Ritter eilte auf die Burg. Seit jener unglückseligen Verweigerung des Gastrechts war dieselbe Jedem offen, und so trat der junge Kreuzfahrer denn gutes Muthes ein, wurde freundlich aufgenommen und ihm wiederholt, daß des Fräuleins Hand ihm sicher sei, wenn er sie wohlbehalten in die Burg bringe.

Der Ritter Schetzel von Lorch konnte kaum den jungen Tag erwarten. Noch im Zwielichte eilte er zum Felsen.

Da, als die Sonne die Welt mit ihrem ersten Augenstrahl anlächelte, gab es im Thale ein wunderbar Regen und Leben. Tausende von „Wichtelleuten" erschienen und trugen mit vereinter Kraft schwere Leitern herbei. Sie stellten sie am Felsen auf; sie setzten sie auf und aneinander durch mächtige Klammern, und ehe eine Stunde vergangen war, sah man sie zum Gipfel reichen und eine jugendliche Gestalt muthig hinaufklettern.

Als der junge Ritter auf des Felsens Gipfel trat, reichte ihm der König, der noch gestern in schneidendem Hohne ihn angeredet hatte, freundlich die Hand.

Du hast mich besiegt, sagte er. Komm' und empfange den Lohn! Und er geleitete ihn hinein in das Herz des Felsens, wo der krystallene Palast stand; dort führte er ihm die schönste Jungfrau zu, die verschämt ihr Auge niederschlug, aber dennoch dem schönen, tapfern Mann ihre schneeweiße Hand reichte.

Beschenkt mit reichen Schätzen, entließ sie der König mit den Worten: „Vergesset nie, Gastfreundschaft zu üben! — Ich will kommen und mich „Eures Glückes freuen!"

Und beim frohen Hochzeitsfeste waren beide Könige der Wichtelleute, der aus dem Kammerforst und der aus dem Kidrich, zugegen, und die schöne, glückliche Braut stiftete Frieden zwischen Beiden, und sie trugen ihr nicht nur ihre Schätze zu, sondern sie wachten auch über ihrem Geschlechte jederzeit und segneten es.

So erzählte das Wichtelmännlein dem gastfreundlichen Köhler.

Die Burg Fürstenberg bei Rhein-Diebach.

Dem langhingestreckten Städtchen Lorch auf dem rechten Ufer des Stromes fast gegenüber liegt auf dem linken Ufer das Dörfchen Rheindiebach, dessen Rheinseite beinahe von der Eisenbahn verdeckt ist. Der feste Thurm an der südöstlichen Ecke des Dörfchens und die ungemein dicke Mauer auf der Rheinseite sind die Reste mittelalterlicher Befestigungen, wie sie jedes Dorf in dem Bereiche der sogenannten „vier Thäler“ besaß. Die Mauer umschloß das Dörfchen. Es hatte am anderen Ende der Rheinseite einen ebensolchen Thurm und oben auf der Höhe gegen Westen einen dritten. Die zwei letzten sind theils noch in kurpfälzischer Zeit, theils unter der Fremdherrschaft mit den sie verbindenden Mauern niedergelegt worden und spurlos verschwunden. Richtet man den Blick zur nordwestlichen Höhe, so löst sich theilweise das Räthsel der Befestigung des kleinen Dörfleins; denn da oben thront, selbst noch in ihren Trümmern stolz, die Burg Fürstenberg, eine der mächtigsten Ruinen am Ufer des Rheines, deren hoher und starker „Frit“ oder Hauptthurm allen Sprengungsversuchen der Franzosen im Orleans'schen Kriege widerstanden hat und noch Jahrhunderten trotzen kann. —

Ehe wir jedoch die geschichtlichen Erinnerungen der Burg selbst an unserem inneren Auge vorübergehen lassen, müssen wir einen Blick auf die Verfassung und die Verhältnisse eines kleinen Staatsverbandes werfen, der nur wenig gekannt ist, obgleich J. Möser ihn einer genaueren Beachtung und Darstellung werth hielt, — es ist der Verband „der vier Thäler“. — „Thal“ nannte man im Mittelalter die rheinischen Orte, gleichviel ob Dorf, ob Stadt, welche im Schooße der Bergthäler lagen. So hießen denn die Orte Bacharach, Steeg, Manubach und Ober- (inclusive Rheindiebach) Diebach schlechthin die vier Thäler. Schon in früher Zeit waren sie in enger, ja engster Verbindung mit der mächtigen Burg Staleck über Bacharach, und die beiden Thäler, in und an deren Mündung in's Rheinthal die Orte lagen, hatten ihren besonderen Schutz, wie gegen Westen hin das Steeger Thal die Burg Stalberg, so gegen Süden hin die Burg Fürstenberg, welche das Thal deckte, in dessen Schooße Manubach und Oberdiebach liegen. Alle drei Dörfer: Steeg, Manubach und Oberdiebach, waren, wie Rheindiebach, wehrhaft durch gewaltige Mauern, Gräben und Thürme, und in den Dörfern Manubach und Oberdiebach bildeten die Kirchen, die hoch und sicher liegen, noch besondere Festungen, eigentlich „Citadellen“, die wieder mit mächtigen

Mauern umschlossen und durch Gräben, wie die Kirche von Manubach von einem theilweise in den Schieferfels eingemeißelten Wassergraben, umgeben waren. Zu beachten ist dabei, daß die kleine Burg Stalberg den Grenzschutz gegen Kurtrier bildete, den sie mit Staleck theilte, während Fürstenberg dem hier grenzenden Kurstaate von Mainz die Zähne wies. Das kleine Gebiet, dessen Insassen „freie Bürger" waren und eine Verfassung hatten (treffliche Schützen sind sie meist noch heute), war seines köstlichen Weinbau's wegen von großer Wichtigkeit, und der rheinische Adel hatte „Freihöfe", ja selbst burgartige Baue in ihren Mauern nebst ansehnlichem Weingut. Bacharach war das Haupt der „vier Thäler", und hier fanden die „Weingabelungen" des ganzen Vierthälerreiches statt auf den Tag des heiligen Martinus. Es war dies eine große Messe, wobei zunächst die heimathlichen Weine des Jahres probirt, nach ihrem Werthe bestimmt und dann an die Liebhaber, welche sich eingefunden hatten, verkauft wurden.

So an der Grenze des Mainzer Landes liegend, hatte die Burg eine nicht gering anzuschlagende Bedeutung, was auch ihr großartiger Bau ankündigt. Sie war überdies der Schlüssel des Thales, in dem die wehrhaften Orte Oberdiebach und Manubach lagen, und deckte auch wieder mit Staleck die Stadt Bacharach und das Kloster Fürstenthal.

Ueber ihren Ursprung herrscht das Dunkel, welches meist über den Burgen ruht; allein die Vermuthung liegt nahe, daß er in die Zeit fällt, in welcher Kurköln in Verbindung mit Kurpfalz das kleine, selbstständige, werthvolle Gebiet der vier Thäler schützen mußte. Die Grenze des Kurstaats Mainz, beziehungsweise des Rheingau's lag näher an Rheindiebach, als an Niederheimbach; denn der Hof Petersacker oberhalb Rheindiebach welcher dem Stift Altenburg bei Cöln gehörte, stand ja noch auf Mainzer Grund und Boden, und am nördlichen Ende von Heimbach war die Burg Heimburg erbaut. Da galt es, das Pfälzer Gebiet der vier Thäler zu schützen, das 1243 als kölnisches Lehen an die Pfalz gekommen war. Nicht lange nach dieser Zeit dürfte ihr Ursprung zu suchen sein.

Die Burg selbst war bei Weitem größer, stattlicher und wehrhafter als die Burg in Heimbach. Nach Westen hin schützte sie ein in den Felsen gehauener tiefer Graben. Dort, wo man freilich Steinkugeln in die Burg schleudern konnte, auch wohl Pfeile von der Höhe des Berges herab in's Innere dringen mochten, waren die Mauern so hoch und stark, daß diese Geschosse wenig Unheil anrichten konnten, und gerade da setzte der „Frit" oder Hauptthurm seine felsenfeste Brust dem Feinde entgegen, der kaum gegen ihn etwas zu erringen im Stande war. Gegen den Rhein hin und gegen das Diebacher Thal schirmten sie wohl Felsen und Abhang genugsam, aber auch auf die Mauern in dieser Richtung war die nöthige Sorgfalt in reichstem Maße verwendet. Dorthin standen die Wohngebäude und Nutzräume der Burg, deren Eingang gegen Südwesten noch erkennbar ist. Wie fest sie war, zeigt noch heute ihr Mauerwerk, das in einer bedeutenden Masse noch vorhanden ist; dafür zeugen aber auch der kecke Trotz und die Anmaßungen ihrer Burgmänner. Als der Kaiser Adolph von Nassau in Aachen gekrönt worden war und rheinaufwärts zog, verweigerte er für sich und sein Gefolge den Zoll, der bei Fürstenberg erhoben wurde. Der Burgmann des Pfalzgrafen auf Fürstenberg, Ulrich vom Steine, verstand keinen Spaß und hielt auf die Rechte seines Herrn. Er griff mit seinen Mannen den Zug des Kaisers an und tödtete einen seiner Begleiter, worauf dann der — geldarme — Kaiser sich herbeiließ, den Zoll zu bezahlen. Mögen auch Parteigehässigkeiten dabei eine Rolle gespielt haben, dennoch zeigt dieser Vorfall (freilich mit vielen andern), wie sehr das Ansehen der kaiserlichen Majestät gesunken war, und wenn der Erzbischof von Mainz ungescheut sagen konnte: „er könne noch mehr denn einen Kaiser aus dem Aermel schütteln", so war das im Grunde nur das Vorspiel, zu dem der Ritter vom Steine ein Nachspielchen lieferte. Daß er ungestraft blieb, verstand sich übrigens einfach von selbst; denn es gebrach vor Allem an der Macht, die Strafe zu vollziehen.

Ob der H. von Fürstenberg in der Urkunde von Rudolph I, datirt vom Sonntage nach Remigius 1273, durch welche er dem Erzbischof von Trier 1555 Mark als Ersatz für dessen Auslagen bei der Kaiserwahl zusichert, dieser Burg angehört, ist sehr zweifelhaft. Er dürfte dem am Niederrhein noch blühenden, nunmehrigen Grafengeschlechte zuzurechnen sein, zumal er hier als Bürge handelt.

Die Abtei Graffschaft besaß in der Mark von Rheindiebach bedeutende Weinberge, Haus, Kelterhaus, Keller und dergleichen (die Stätte heißt heute noch Graffschaft). Dieser Abtei verspricht der Pfalzgraf Ludwig im Jahre 1260 auf der Burg Fürstenberg seinen Schutz, und sein Sohn, Pfalzgraf Rudolph, ebenfalls auf der Burg anwesend, bestätigt diesen Schutzbrief im November 1295. Die Abtei lag in Westphalen. Wegen allzu großer Entfernung vertauschten die Mönche ihr Besitzthum in Rheindiebach an Kurköln. Kurköln verpfändete Haus, Hof, Weinberge, Wiesen und Felder des Gutes an einen Herrn von Quad von Zoppenburg. Es gehörte noch eine Mühle im Diebacher Thale dazu, welche aber ihren Pacht nicht dem Herrn von Quad, sondern dem kurkölnischen Saalschultheißen in Bacharach zu entrichten hatte; das verpfändete Gut mußte 17 Gulden 20 Kreuzer „Beede" zahlen und hatte überdies die Obliegenheit, jährlich den Bürgermeistern in Oberdiebach und dem „Gemeindeknecht" einen „Imbs" zu geben. Nur noch ein Kelterhaus nebst Gewölben und ein Wohnhaus, welches schon in früheren Zeiten in Privatbesitz übergegangen, ist übrig und mit Ausnahme dieses Privathauses im Besitze der jetzigen Herrin von Fürstenberg, der Prinzessin Friedrich der Niederlande. Die Burg war einestheils wegen ihrer Sicherheit, anderntheils aber auch wegen ihrer Geräumigkeit und wegen der Schönheit ihrer Lage schon in früher Zeit ein Lieblingsaufenthalt der Pfalzgrafen. Sie blieb es, und ihre Bedeutung erhellt auch aus dem Umstand, daß sie dem blinden König Johann von Böhmen von Ludwig IV als Unterpfand für 15,000 Mark verpfändet wurde. Sie konnte ihm aber nicht überliefert werden aus Gründen, deren die Urkunde nicht gedenkt, vielleicht und wahrscheinlich, weil sie in feindlichen Händen war, namentlich in denen des Gegenkaisers. Der Pfandbrief wurde offenbar ausgestellt, als Ludwig eben Kaiser geworden war. Darauf belagerte er die Burg, ohne sie indessen erobern zu können. Erzbischof Balduin von Trier erstand nun die Pfandschaft, indem er dem König von Böhmen eine andre abtrat, und Ludwig verspricht dem Kurfürsten und Erzbischof durch eine in Bingen ausgestellte Urkunde, Fürstenberg oder Caub oder Diebach dafür zu verpfänden. Balduin war zu schlau und eigennützig, um nicht zu wissen, daß die verheißende Pfandschaft werthvoller wäre als die an König Johann abgetretene. Als später die Burg in den Besitz des Kaisers kam, hielt er sich längere Zeit daselbst auf, namentlich stellte er unter dem 22. März 1324 eine Legitimationsurkunde hier aus und ertheilte durch eine andere ein Lehen dem Ritter Wenemar von Genmenich über eine halbe Mark Gold auf das Kloster Nevel. Am Tage darauf befreite er durch eine Urkunde die Stadt Caub und das Dorf Weisel gleich der Stadt Boppard. Die Burg hatte für Kaiser Ludwig eine solche Bedeutung, daß er Fürstenberg und das Schloß Gutenfels bei Caub seiner Gemahlin Margaretha von Holland als Witthum bestimmte und sich verpflichtete, beide Schlösser nicht zu verpfänden, außer in ganz dringenden Fällen, und dann nur an seinen Schwiegervater, den Grafen Wilhelm von Holland. Er beurkundete ferner (4. Juni 1326), daß seine Burgmänner (Castellani) zu Fürstenberg und Caub seinem Schwiegervater Wilhelm von Holland den Eid der Treue geleistet und beschworen hatten, nach seinem allenfallsigen Tode seiner Gemahlin Margaretha von Holland das auf diesen Vesten zugesicherte „Leibgedinge" getreulich zu bewahren. Zugleich verspricht er, auf diese beiden Burgen keine anderen

Klimsch gez. Stahlstich v. Carl Mayer's K: A in Nürnberg.

Fürstenberg.

Verlag von Julius Niedner in Wiesbaden.

Burgmänner zu setzen als solche, die zuvor den gleichen Eid geleistet hätten. In späteren Zeiten scheint die Burg weniger von hohen Herren besucht worden zu sein, wenigstens sind die Urkunden selten oder fehlen ganz, die darauf hinweisen; doch blieb sie immer bei der Pfalz und wird ihrer in den Erbtheilungen des pfälzischen Hauses gedacht. Wie alle Burgen nach der Anwendung des Pulvers im Kriege unendlich an Werth verloren, so auch Fürstenberg. Dennoch legte Marquis Spinola 1620 eine Besatzung hinein und warf die evangelischen Pfarrer von Bacharach und Oberdiebach und mehrere vom Hunsrücken in ihre Verließe, wo die unglücklichen Männer schwere Tage erduldeten, bis 1632 Gustav Adolph von Schweden nach der Eroberung von Kreuznach vor Fürstenberg rückte und die Kugeln seiner „Feldschlangen" gegen die Burg spielen ließ. Zwar antworteten die Spanier, allein sie erkannten, daß, wenn sie sich nicht ergäben und der „König von Schweden" eine Belagerung begänne, sie sich unter den Trümmern der Burg müßten begraben lassen; daher besannen sie sich eines Bessern und räumten die Burg, wodurch das Märtyrerthum der unglücklichen Diener am Worte des Herrn endete.

Die Burg theilte von nun an die wechselnden Geschicke der Burg Staleck und Bacharachs, bis 1689 auch ihre Stunde schlug, indem der Befehlshaber auf Montroyal an der Mosel, der Comte de Montal, seine „Soldateska" entsandte, die mit Hülfe der hierzu gepreßten Bewohner des Thales die Burg zerstörte und ausbrannte. Viele Mühe gaben sie sich, den prächtigen Thurm zu sprengen, aber er widerstand und steht noch heute, wie sie ihn damals verließen.

Da sie nicht wohl unten in seine Verließe hinabkommen konnten und dort Schätze vermutheten, so brachen sie sich das heute noch sichtbare Loch an der Erde durch die furchtbar dicke Mauer. Ob sie Werthvolles fanden, ist unbekannt. Die Sprengung durch Pulver, die sie nun hätten versuchen können, unterblieb, vielleicht weil sie an dem Erfolge zweifeln mochten und das Pulver anderwärts noch nöthig hatten, um Ruinen zu schaffen!

Um die Burg kümmerte sich nun Niemand mehr, bis sie im Anfang unseres Jahrhunderts als Nationalgut von den Franzosen versteigert wurde. So kam sie in den Besitz des in Rheindiebach wohnenden Weinhändlers Kurz, welcher einige Anlagen auf der Burg machte, ohne indessen sonst etwas zu ihrer Erhaltung zu thun.

Von der Familie desselben erkaufte sie der Prinz Friedrich der Niederlande. Als die Zeitrichtung sich darin gefiel, die Burgruinen am Rheine aufzubauen, glaubte man, der Prinz würde auch Fürstenberg aufbauen, allein das geschah nicht.

Der gegen Süden gerichtete Berg, der, als der Weinhändler Kurz die Burg mit ihrer Umgebung kaufte, mit Niederwald und Gestrüppe bewachsen war, erschien dem kundigen Auge dieses unternehmenden Mannes als eine zu günstige Weinbergslage, um sich nicht bewogen zu finden, ihn roden zu lassen. Der Weinberg gerieth und lieferte, als die Reben fruchtbar geworden waren, einen ausgezeichneten Wein. Auch dieser Weinberg kam in den Besitz des Prinzen.

Nicht weit hinter der Burg senkt sich eine enge Schlucht zum Rheine, welche sich dem Ufer nahe ansehnlich erweitert. In dieser Schlucht rieselt ein krystallhelles Bächlein, das einst die Mauern eines kleinen Klosters und einer Kirche bespülte. Es war das Wilhelmitenkloster Fürstenthal. Das Kloster brach unter dem wuchtigen Schlage der Reformation zusammen, zerfiel dann im Laufe der Zeit völlig und ging mit seinen Gründen und Mauern in Privathände über. Seine Stätte kennt fast Niemand mehr, da jede Spur davon vertilgt ist, nur die Gegend heißt noch im Munde des Volkes das alte Kloster. 1822 standen die Mauern noch, besonders die der nicht ganz kleinen, in gothischem Stil erbauten Kirche.

Fürstenberg droben auf seiner stolzen Höhe übte die Schirmvogtei über das Kloster. Sein Ursprung ist derselbe, welchen die herrliche Ruine der dreichörigen Capelle Sanct Werner über Bacharach hat. Zunächst liegt die Veranlassung in einer Legende jener finstern Tage, in denen man lüstern war nach den Schätzen der Juden, deren viele an den Ufern des Rheines eine Zuflucht im Kronlande der Kaiser gefunden, und denen man die Schuld gab, zum Osterfeste ein Christenkind mit Nadelstichen zu morden, um seines Blutes sich zu ihrer Osterfeier zu bedienen. — Wenn Habsucht und stockblinder Glaubenshaß dasselbe ruchlose Ziel verfolgen, dann ist jede Waffe recht, und die schändlichste Lüge, die zu ersinnen ist, muß dem Zwecke dienen. So war es auch hier, und die Mönche boten williglich Mühe und Handreichung zum Judenmorde, der zur Schande der Menschheit mehr denn einmal am Ufer des Rheines vollbracht wurde, auch damals.

Der Legende wird bei Bacharach und insbesondere bei der Wernerskirche ausführlich gedacht werden, worauf hier verwiesen werden kann.

Fürstenthal ist verschwunden, aber die herrliche Ruine der Wernerscapelle in Bacharach erhält das Andenken an die Wundermähr von Sanct Werner.

Bacharach und Staleck.

Von seinen Höhen geschützt, von der Ruine Staleck beherrscht, von alten Mauern mit ausgebrannten Thürmen umgürtet, liegt Bacharach, eine große Ruine aus einer großen Zeit, trauernd da. Nicht Schiffahrt, nicht Eisenbahn, nicht Weinbau hat das ersterbende Leben aufhalten können. Betrübendes Bild des Wechsels der Zeiten!

Blickt man auf die Kirchen der alten Stadt, droben Sanct Werner im jungfräulich reinen, hoch aufstrebenden deutschen Stil, auf die ehrwürdige Sanct Peterskirche an dem Markte in reinem romanischen, auf die leider zerfallende heilige Geistkirche und ihre reiche Hospitalstiftung, die einen weiten Umkreis bis hinab zu dem nun auch durch Brand zerstörten „Gotteshäuschen" beschrieb, auf den alten Tempelherrnhof; gedenkt man des leider französischer Barbarei erlegenen Saalbau's, des 1689 niedergesunkenen prächtigen Apostelhofs, so hat man nebst den schönen uralten Holzhäusern am Markte, die aber leider auch in jüngster Zeit durch eine Feuersbrunst größtentheils zerstört worden sind, Zeugen eines geschwundenen Glanzes, wie er kaum einer andern kleinen rheinischen Stadt eigen war.

Ob die Meinung Grund und Boden hat, daß in dem dreieckigen Raume, welcher sich innerhalb der Ringmauern bis zur Burg hinauf zieht und jetzt Weinberge umfaßt, noch Häuser der Stadt gestanden, muß um so mehr bezweifelt werden, als der Fels hier nahe zu Tage tritt und Mauerwerk und Kellerräume nirgends entdeckt worden sind. Ueberhaupt ist die vielfach auch in Bezug auf andere rheinische Städte aufgestellte Behauptung von früherem größerem Umfang meist falsch. Man drängte die Wohnungen in früheren Tagen enge zusammen und begnügte sich mit engen Räumen, und so löst sich einfach das Räthsel einer bedeutenden Einwohnerzahl auf verhältnißmäßig kleinem Raume. Gegenseitiger Schutz war Bedürfniß und gab den Grund dieser Bauweise ab.

Der Name der Stadt hat schon Manchem viel Sorge und Mühe gemacht. Die Römer müssen überall herbei, mögen sie wollen oder nicht. Daß der linksrheinische Pfahlgraben, der von der Moselmündung heraufzog und dessen Spuren noch heute erkennbar sind, hinter Staleck vorüberging, ist außer Zweifel, obgleich die romantischen Forscher, die ihn nie verfolgt, nie mit eigenen Augen gesehen haben, ihn wohl auch in das Gebiet der „Träume" verweisen dürften, wie sie den traditionellen „Elter" oder „Altarstein" am Rheine dahin verweisen. Damit wird man schnell fertig;

aber warum untersucht man nicht, statt des Absprechens, an Ort und Stelle? So nur könnten örtliche Sagen auf ihren wahren Werth zurückgeführt werden. Es wäre ein Leichtes, den Felsen, der diesen Namen trägt, in heißen Sommertagen so abzudämmen, daß man endlich zur Gewißheit käme. In Bonn besteht ja der Alterthumsverein der Rheinlande, dem die Mittel schwerlich fehlen. Großartig absprechen ist allerdings leichter als gründlich untersuchen.

Ara Bacchi hat der Ort nicht geheißen. Ob Römer angesiedelt waren, ist zweifelhaft, da Mauerwerk nicht auf sie hindeutet.

Römische Münzen beweisen nichts, da sie auch noch in nachrömischer Zeit im Verkehr gebraucht wurden, und es ist nicht einmal erwiesen, daß man sie in Bacharach fand. Mit der Römerstraße, auf deren Unterlagen Karl Theodor von der Pfalz die Straße auf den Hunsrücken errichtet haben soll, ist's auch fraglich.

Ob der Name keltisch? Wer kann es sagen? Keltische Reste hat der Ort nie aufzuweisen gehabt. Ob endlich das Flüßchen Wochara im Trach- oder Trechirgau, dessen Regino gedenkt, der „Münzbach" in Bacharach gewesen und dem Orte den Namen gegeben, ist jedenfalls unerweislich, da der Name weiter oben im Thale noch nachklingen müßte. Urkundlich erscheint er nirgends mehr; aber ein Rathsprotokoll nennt ihn amtlich Heimbach, und zwar 1668. Der Bach ist im Sommer verschwindend klein; nur im Herbst, Winter und Frühling wird er bisweilen wild und ungeberdig, wie alle Gebirgsbäche von kurzem Laufe.

Im Jahre 1119 erscheint der Name des Ortes in einer trierischen Urkunde: Bachrecha. Wollte man deuteln, so läge hier Grund genug vor; denn rech, Rech, heißt heute noch am Rhein ein jäher Bergabfall, offenbar von rick — Rücken. Doch das Gebiet ist weit, das sich hier aufthut. Mag es Andern überlassen bleiben, Hypothesen zu verdammen und doch selbst welche aufzubauen!

Daß aber Bacharach zu den ältesten und durch das ganze Mittelalter berühmtesten Orten am Rheine gehört, ist außer Zweifel. Die Stadt lag in dem Trach- oder Trechirgau, der sich lang und schmal am Rheinesufer hinzog, und scheint der bedeutendste Ort im Gau gewesen zu sein, mit Ausnahme Boppards, wo der Gaugraf im sogenannten „Königshofe" seinen Sitz hatte.

Die Dörfer Steeg, geschützt durch die Burg Stalberg, Manubach sowie Ober- und das zu ihm gehörende Rheindiebach bildeten mit Bacharach den kleinen Staat der „vier Thäler", wobei denn auch Bacharach als „Thal" mit eingerechnet wurde, wie bereits erwähnt worden ist.

Wenn dieser Bereich ein kleiner „Staat“ genannt wurde, so berechtigt dazu seine eigenthümliche freie Verfassung, seine merkwürdige Selbstregierung und Abgeschlossenheit in sich.

Der „Vierthälerrath“ bildete die gesetzliche Regierung. Er bestand nach der Ordnung der Kurfürsten und Pfalzgrafen Ruprecht des Aelteren und Ruprecht des Jüngeren vom Jahre 1356 aus vierundzwanzig Männern, davon zwölf die Gemeinden (jeder [nicht jedes] Thal lieferte Dreie) und Dreie die Stadt Bacharach stellte, die sonst keines Vorzugs vor den andern theilhaftig war. Einer aus den Dreien, welche die Stadt stellte, war „Amtstragender“ und dem „Vierthälerrath“ vorsitzender Bürgermeister; die Zwölfe waren in den vier Thälern „seßhafte“ Ritter oder Adelige. Der amtstragende Bürgermeister mußte nach einer feststehenden Formel dem Rathe den Eid leisten. Im Jahre 1559 war kein „seßhafter Adel“ mehr in den Thälern, und der Kurfürst Friedrich III änderte den „Brief von 1356“ dahin ab, daß die zwölf bürgerlichen Rathsglieder zu Recht den Vierthälerrath bildeten. — Neben dem Rathe bestand, ebenfalls aus den Gemeinden hervorgegangen, das Gericht aus vierzehn Schöffen, welchem der kurkölnische Saalschultheiß und der kurpfälzische „Fauth“, wie der Titel des Stadtschreibers lautete, beisaßen, der Letztgenannte auf einem besonders gesetzten Stuhle. Er wahrte die Hoheitsrechte des Pfalzgrafen. Kam das Gericht zum Spruche, der bei „Malefiz-Sachen“ Landesverweisung auf bestimmte Zeit aussprach, so mußten Saalschultheiß und Fauth abtreten, um die Freiheit und Selbstständigkeit des Gerichtes in keinerlei Weise zu beeinflussen oder zu beeinträchtigen.

Der Grund für die Amtsdauer der Erwählten bis an's Grab war meist die ausgesprochene Ueberzeugung: „Es sind brave Männer, und sie wissen einmal die Gänge.“

So berichtet ein an die pfälzische Regierung abgestatteter „Vierthälerrathsbericht“ vom Jahre 1668, der in amtlicher Handschrift vorliegt.

Dieser „Vierthälerrath“ hatte auch für den Weinmarkt die „Gabelung“ vorzunehmen, das heißt es begaben sich je vier Glieder desselben, begleitet von einigen „Zechherren“, in „den ihnen zugewiesenen Thal“, um die Weine des Jahrgangs zu probiren. Das geschah nach dem ersten „Abstich“, also nachdem zum ersten Male der Wein von den Hefen (Drusen) abgelassen war, etwa zur Zeit des Frühlingsanfangs. Alsdann wurde von ihnen das beste und das schlechteste „Fuder“ (Plaustrum) oder „Zulast“ (Carrata) zusammengethan und bildete so ein „Loos“. Der Weinmarkt in Bacharach wurde bei gutem Wetter „am Rhein“, nämlich auf dem freien Raume zwischen der Stadtmauer und dem „Hügel“ oder dem Erdaufwurf am Ufer des Stromes, und zwar vor dem Zoll oder Zollthor gehalten und bei schlimmer Witterung entweder im Bürgersaal des Rathhauses oder im größten Raume des kurkölnischen Saales. Hier mußte dann der Käufer das „Loos“ zusammen nehmen, also das beste und das schlechteste Faß zugleich.

Der bei der „Gabelung“ festgestellte Weinpreis kam zur Kunde der Verkäufer und Käufer. Die Verkäufer brachten noch einmal ihre Weinproben mit auf den Markt, und der „Vierthälerrath“ stellte die „silbernen Schalen“ zum Probiren für die Käufer. Unter dem „gegabelten Preise“ durfte nicht verkauft werden, aber wohl darüber, wenn etwa eine bevorzugte „Probe“ mehrere Liebhaber fand. Der Markt wurde ein- und ausgeläutet.

Dieser Weinmarkt war ein Volksfest; denn die Winzer thaten sich an dem, was in ihrem „bauchigen Kruge“ vom „Probiren“ übrig blieb, den Guten an, und die Meisten kehrten weniger festen Schrittes heim, als sie gekommen waren. Von entstandenen Streitigkeiten wissen die örtlichen Nachrichten und Ueberlieferungen nichts.

Waren die Weine der Vierthäler verkauft, so kamen die Rheingauer „hunischen“ und die „franzischen“ Weine an die Reihe; denn der Bacharacher Weinmarkt war durch Jahrhunderte der Stapelort und der Verkaufsort der sämmtlichen Weine des Rheingau's, bis die bevorzugten „Eberbacher grauen Mönche“ ihr köstliches „Gräfen-“ und „Steinberger“ Product und das des berühmten „Marcobrunn“ von ihrem Stapelorte, dem „Reichharthhäuser Hofe“, nach Köln selbst hinabzuverschiffen begannen und somit das uralte Herkommen durchbrochen ward.

Zu diesen Weinmärkten kamen aus allen Gegenden Deutschlands, selbst von der Weichsel her die Käufer, und die „Bremer Weinherren“ des berühmten „Rathskellers“ der Hansestadt fehlten niemals, „um für ihre Bürgerschaft ein reines, köstliches Tröpflein des edelsten Rheinweines einzukaufen“.

Die köstlichen Weine der „Vierthäler“ hatten einen Weltruf, und Manubach und Steeg brachten wahre Perlen zu Markte, wie denn noch heute ihr Ruf seine Geltung hat.

Daß aber auch die edeln Rheingauer Weine mit zu diesem Rufe des Bacharacher Weines beitrugen, kann wohl sein, weil eben der Wein nach dem Marktorte genannt worden und daher das bekannte Sprüchlein entstanden sein mag, welches Widtmann in seiner musikalischen Kurzweil, Nürnberg 1623, also ausdrückt, und das landläufig geworden ist:

„Zu Klingenberg am Main,
„Zu Würzburg an dem Stein,

„Zu Bacharach am Rhein
„Hab' ich in meinen Tagen
„Gar oftmals hören sagen,
„Soll'n sein die besten Wein'."

Aber der treue und fleißige Beschreiber des Rheingau's, der Pater Bär vom Kloster Eberbach, irret dennoch, wenn er in großer Vorliebe für den edeln Rheingauer sagt, daß diesem allein der Ruf des Bacharacher und Vierthäler Weines zuzuschreiben sei, indem jener für diesen im Handel genommen worden wäre. Er kennt das eigenthümliche Produkt des „Feuerweines" nicht, der nur und allein in den „Vierthälern" producirt wurde, und der die feinen Gaumen eines Aeneas Sylvius und des weinkundigen Säufers, des Kaisers Wenzel, so überaus ansprach. Nur dieser „Feuerwein" war es, der den Papst und den Kaiser veranlassen konnte, sich davon jährlich eine ganz anständige Quantität gen Rom und gen Prag zu citiren.

Aber was war denn dieser „Feuerwein" eigentlich? So höre ich meine Leser fragen.

Der des Mittelalters Kundige weiß, daß man, namentlich in den „Vierthälern" und wohl auch hier und da im Rheingau, „Bitterwein" und „Alantwein" bereitete, indem man über bittere Kräuter und Alantwurzel den edelsten Wein gähren ließ, den man dann als Medizin, aber auch in kleinen Bechern als Verdauungsmittel zum Schlusse jener Mahle reichte, welche sowohl durch die ungeheure Fülle von Speisen, als auch durch die furchtbar gepfefferten und in ihrer Zusammensetzung unnennbaren Gerichte der Küche jener Tage und endlich durch das heroische Maß ihrer Aufnahme in die Mägen diesen Werkstätten menschlicher Ernährung das Unglaublichste zumutheten. Diese Weine wurden sehr für die Fürstenhöfe gesucht und durften in keinem gutbestellten ritterlichen Keller fehlen, der mit der Speisekammer der Burgen erste und höchste Zierde und Herrlichkeit war, besonders aber galten sie als Universalmittel gegen den bekannten — Jammer. —

An sie reihte sich ein anderes Kunstprodukt, das aber ganz allein dem Wohlgeschmack und der Lust des Trinkens diente. War des Guten zu viel gethan, hatte der Alant- und Bitterwein aber auch des Magens Kräfte in zeitgemäßer Weise angeregt und erhöht, so wurde der „Feuerwein" gereicht, um den üblen Geschmack des „Helfers der Verdauung" zu verdrängen und recht zu „guter Letzt" zu erfreuen.

Zur Bereitung des „Feuerweines" gab es eigene „Feuermeister" und eigene Stätten. Erstere gehörten der Küferinnung an, mit welcher die „Schröterinnung" verbunden war. Die Schröter hatten die Obliegenheit, die Weinfässer bei dem Versandte aus den Kellern auf die Frachtfuhren zu schaffen, und mußten, wenn durch ihre Schuld ein Faß Wein bei der Ladung verunglückte, seinen Kaufpreis ersetzen.

Die Stätten, wo die „Feuermeister“ den Wein „feuerten“, waren kleine, feuerfeste Gewölbe. Sie waren niedrig, schmal und lang. Auf Steinschwellen oder Steinlager wurde das eben von „Saumwein“ (Most, welcher sich ungekeltert in Bütten gebildet) oder dem ersten von der Kelter abgenommenen Most gefüllte Faß von den „Schrötern“ in solch’ einen „Feuerkeller“ gebracht. War dies in gehöriger Ordnung geschehen, das Daubenwerk und die Eisenreife des Fasses gehörig untersucht, so wurde der obere „Sponden“ desselben abgenommen und sofort zu beiden Seiten des Fasses, in angemessener Entfernung von demselben, von gutem Buchenholze Feuer gezündet, erst langsam geschürt, dann immer stärker, bis der Wein im Fasse kochte. War dies erzielt und 2—3mal vierundzwanzig Stunden lang gleichmäßig fortgesetzt, so wurde, wie man langsam damit begonnen, wieder das Feuer langsam vermindert, bis es endlich erlosch und man Faß und Wein vorsichtig erkalten ließ. So waren die wässerigen Theile des Mostes verflüchtigt, und Zuckerstoff und Geist blieben zurück. War Faß und Most erkaltet, so wurde vermittelst eines guten Lederschlauches und eines auf den Sponden aufgesetzten Blasebalges die edle Flüssigkeit aus dem Boden- oder Zwergsponden in ein vor dem Feuerkeller liegendes Faß „abgestochen“ und dieses in einen andern sehr kalten gewölbten Keller gebracht. Der echt bereitete Feuerwein war es, der zu einem weitverbreiteten Ruhme gelangte und für jene Tage zu ungeheuren Preisen verkauft wurde. Er hatte, wenn er „sonnenflacker“ geworden war, vollkommen Farbe und Geschmack südlicher edler Weine und eine ungemeine geistige Kraft. Seine Bereitung fand im Anfange des vorigen Jahrhunderts noch ziemlich häufig statt, nahm aber dann immer mehr ab und verschwand gegen das Ende desselben schier ganz.

Es war daher für die ganze Umgegend ein außerordentliches Ereigniß, als sich im Herbste des Jahres 1806 die Kunde verbreitete, das angesehene Weinhandlungshaus Kilp in Caub lasse bei dem alten „Feuermeister“ David Griebel in Oberdiebach, in dessen Hause auf dem Markte des Ortes sich ein „Feuerkeller“ befand, ein Fuder „Feuerwein“ bereiten. Viele kamen und sahen die bereits ausgestorbene Kunst mit an, die der alte Mann allein noch verstand. Auch der Verfasser war unter diesen Zuschauern und nahm, wie aus dem Munde des rüstigen Greises, so durch Augenschein Kenntniß vom Verfahren, bei dem kein Thermometer diente, und genoß etwa vierzehn

Klinsch gez

Stahlstich v. Carl Mayer's K.-A. in Nürnberg

Bacharach.

Verlag von Julius Niedner in Wiesbaden.

Tage später den „Feuerwein“ selbst, der, abgesehen von der Art seiner Bereitung, diesen Namen vollkommen verdiente und eine sehr große und nahe Verwandtschaft mit südspanischen, portugiesischen und sizilianischen Weinen besaß, dabei nicht den geringsten, wie man am Rhein sich ausdrückt, „brennseligen“ Beigeschmack hatte. Das war der letzte „Thälerfeuerwein“, der bereitet wurde, und es ist bedeutsam, daß die Zeit seiner Bereitung die Grenzscheide zweier Jahrhunderte gewesen ist.

Möge die Ausführlichkeit dieser Mittheilungen damit entschuldigt werden, daß man nirgends eine Spur dieser eigenthümlichen Einrichtung findet, und daß Referent zu den Wenigen gehört, die noch Zeugen eines Verfahrens waren, welches nun völlig der Vergangenheit anheimgefallen ist; aber darüber kann kaum ein Zweifel sein, daß dieser Feuerwein viel zum Ruhme der Weine Bacharachs und seiner verbündeten Thäler beitrug, die aber auch an und für sich Feuerweine sind und ruhig die Vergleichung mit den Rheingauer Weinen noch heute aushalten können, besonders was die „wundervolle Blume“ betrifft, auch wenn ein begeisterter Lobredner, wie Pater Bär ehrenwerthen Andenkens, für seiner Heimath edle Gewächse in die Schranken tritt.

Kehren wir zu Bacharachs Geschicken zurück.

Wie man im Mittelalter diejenigen Orte des Rheinlandes, welche mit einer Burg von Bedeutung verbunden und von gleichen thurmbewehrten Ringmauern umschlossen waren, „Thal“ nannte und merkwürdiger Weise nicht das Thal, sondern der Thal, so war auch Bacharach in Bezug auf die uralte Burg Staleck ein Thal, bis es die Stadtrechte empfing.

Ueber den Kaiser, der sie ihm ertheilt, schwankt die Meinung, da 1689 mit dem Prachtbau des Rathhauses auf dem Markte eine Menge städtischer Urkunden und so wahrscheinlich auch diese wichtigste zu Asche wurde. Ob Kaiser Ludwig der Baier oder Karl sie ertheilte, ist die Frage.

Auffallend ist es, daß das schöne Rathhaus, eine Zierde der alten Stadt, von den Franzosen in Asche gelegt wurde, während das gegenüberstehende schöne alte Holzhaus, der alten Bürgerfamilie Gölz gehörend, dem Brande entging, wie auch die prächtige Peterskirche auf dem Markte.

Der Brand zog sich links um die Marktecke der Marktgasse zu und verbreitete sich in der Untergasse weiter.

Auch der uralte „Saal“, wahrscheinlich Karolingischen Ursprungs, blieb theilweise und mit Ausnahme des Oberbaues verschont und wurde erst 1809 unter der Franzosenherrschaft abgebrochen, obgleich das Gebäude noch Jahrhunderte hätte überdauern können.

Auch die Obergasse erlitt nur einzelne Einbußen bei dem Brande, darunter das schöne Gebäude des „Apostelhofes", während der alte „Tempelherrenhof", die jetzige Post, nur im Unterbau übrig blieb, und der herrlichen St. Wernerskirche, der Burg Staleck näher stehend, wurde Dach und Wölbung zerstört. Ebenso brannten das „Hospitalviertel", die Münze und alle jene Gebäude, deren Räume innerhalb der Stadtmauer heute Weingärten einnehmen oder in den Bau der Eisenbahn gefallen sind, bis auf die Hospitalkirche nieder, die leider eine zerbröckelnde Ruine ist.

Die ältesten historischen Nachrichten über die Stadt reichen über das eilfte Jahrhundert nicht hinaus, und Bacharach ist, wie schon bemerkt, der Name, unter welchem der Ort im Jahre 1119 in einer Urkunde des Erzbischofs Bruno von Trier vorkommt, kraft welcher dieser Kirchenfürst dem Andreaskloster in Cöln einen Zehnten verliehen. Daß der herabgekommene Ort in dem Mittelalter bessere Tage gesehen, dafür sind Zeugen noch heute da, welche, wenn auch stumm, doch sehr beredt dafür eintreten können, namentlich die alten Bauwerke.

Saßen doch da droben auf der Burg Staleck die Hohenstaufen, die Welfen, die Wittelsbacher, dann reiche Burggrafen genug, welche der Stadt zu Nutze kamen; waren doch die Weinmärkte Jahrhunderte hindurch eine reiche Quelle des Gewinnes, einmal durch den Zusammenfluß reicher Käufer, dann aber auch durch die Verladung und Verschiffung der vielen Weine, welche hier ihre Herren wechselten. Trug doch auch der Zoll, welcher hier erhoben wurde, und zu dessen Dienste der Thurm auf der Spitze der Insel unterhalb der Stadt erbaut war, dazu bei, daß Nahrungsquellen eröffnet und frisch erhalten wurden. Was aber für diesen Wohlstand besonderes Zeugniß ablegt, sind die Gebäude der Stadt, dazu in erster Linie die Kirchen gehören.

Sanct Peter am Markte, welche fälschlich Tempelherrenhof oder Templerkirche heißt, seit sie Quaglio mit diesem Namen zu belegen beliebte, ist die älteste und größte. Sie stellt uns den Rundbogenstil rein und sehr schön vor Augen. Das Chor ist besonders hübsch. Leider sind die kostbaren Glasmalereien in den kriegerischen Stürmen des siebzehnten Jahrhunderts zertrümmert worden. Sie sollen zu den besten ihrer Art gehört haben. Die Zeit der Erbauung dieser großen, schönen Kirche ist das zwölfte Jahrhundert. Genaueres ist nicht bekannt; aber ein rechtes Glück ist es zu nennen, daß der von den Franzosen angelegte Brand von 1689 — Graf Montal war Louvois' und Melacs edler Handlanger bei diesem ehrenvollen Werke — die Kirche nicht zerstörte, wie er leider dies bei der wunderschönen Wernerscapelle that. Auch der jüngste große Brand im Mai 1872, welcher in unmittelbarster Nähe der Kirche tobte, hat das Kirchengebäude verschont, wenn auch der Thurm der Kirche mit seinem schönen harmonischen Geläute demselben zum Opfer fiel. An diese Kirche reihte sich die des Hospitals zum heiligen Geiste auf dem rechten Ufer des Münzbaches, der Münze gegenüber. Die Stiftung dieses Hospitals ist eine ungemein reiche gewesen, und der ganze ziemlich lange Stadttheil zwischen der Fleischgasse und dem Münzbache gehörte dazu, gleichwie viele Weinberge in den vier Thälern und ansehnliche Güter auf dem rechten Ufer der Nahe, namentlich in dem Dorfe Gensingen und andern naheliegenden Orten. Eine jener frommen Stiftungen des Mittelalters, welche — „Gotteshäuser" genannt — Wohnungen betagter Armen abgaben, gehörte mit dazu, und ihr Segen reichte bis in unsere Tage, in denen sie des Feuers Macht zerstörte nach Jahrhunderte langem Bestande. Zu dieser reichen Stiftung kam noch ein Pflegehaus für arme Wanderer, wo sie Nachtlager und eine Suppe fanden, ein Kranken- oder Siechenhaus, welches aber früher einging, und die gedachte im gothischen Stil erbaute Kirche. Sie zerfällt, da Niemand für sie sorgt. Seit 1689 ist sie in diesem Zustand des Verfalles und außer gottesdienstlichem Gebrauch. Sie war Waarenlager, Schmugglerstätte, Holzniederlage im Laufe der Zeit. Im Jahre 1811 schloß sie einige hundert Spanier ein, Gefangene aus Napoleons verhängnißvollem Kriege jenseits der Pyrenäen. Wie nahe lagen da Vergleiche zwischen 1620, wo Spinola's Spanier siegend in die Stadt einzogen und diese nun zweihundert Jahre später gefangen, zerlumpt, frierend und hungernd unter dem Dache einer zugigen Kirchenruine, das kaum vor Regen schützte, ein Obdach fanden! Bacharachs gutmüthige, barmherzige Einwohner, nicht gedenkend der spanischen Drangsale früherer Tage, übten eine Wohlthätigkeit an den Unglücklichen aus, welche rührend war, und von der sich selbst unbemittelte Bürger nicht ausschlossen, und diese allgemeine Wohlthätigkeit war keine einmalige, vorübergehende, sie dauerte vielmehr (wie sie die heilige Schrift gebietet) „ohne Murmeln" fort, so lange die unglücklichen Söhne des Südens am Rhein waren, und erstreckte sich auf ihre warme Bekleidung und vollständige Ernährung, da ihre „Gefangenenkost" schmal zugemessen war. Der Zweck ihrer Anwesenheit war kein anderer als das Durcharbeiten der Rheinlandstraße durch die Schieferfelsen zwischen Sanct Goar und Bingen. Als sie in das Innere Frankreichs zurückgeführt wurden, sah man Thränen der Dankbarkeit in ihren Augen und hörte sie den Ort segnen für so große Wohlthaten, den 1620 ihre Volksgenossen unter Spinola's Führung nicht liebreich behandelt hatten.

Die Sanct Michaelscapelle in der Obergasse ist neuern Ursprungs. Die jetzige katholische Pfarrkirche, zu dem Kapuzinerkloster gehörig, wurde gegen Ende des siebzehnten Jahrhunderts erbaut (den Grundstein legte man am 24. des Brachmonats 1688) und ruht wie das Kloster auf festem, geklammertem Quadernbau, so daß sie die volle Gewalt des Stoßes der Fluth und des winterlichen Eisgangs bricht. Darin gleicht sie der sogenannten „Linksmauer", welche den Mauern des Klostergartens, den Kurfürst Max Heinrich von Cöln den Mönchen einst zum Gottesacker geschenkt, zum Schutze vor denselben wilden Gewalten dient.

Zu den Zierden der alten Stadt gehörte das Rathhaus, welches aber im Brande 1689 zu Grunde ging. Auf seinem Unterbau, besonders dem langen Bogen, welcher die Verbindung zwischen Markt und Unterstadt vermittelt, wurde um die angegebene Zeit das jetzige Stadthaus erbaut, ohne Zier und Schönheit, weil Geld fehlte und die Noth drängte. An diesen Bogen knüpft sich eine lokale gespenstige Sage, die hier nicht übergangen werden darf.

In dem Hause, welches links an das Rathhaus stößt, wohnte ein Kaufmann, herstammend aus den Geschlechtern jener am Rheine zahlreich seßhaften Lombarden, Namens Minola. Ihm hielt eine alte Magd Haus, mürrisch, zänkisch und unfreundlich anzusehen. Einmal konnte die Alte nicht gut schlafen und meinte, da es zur Winterszeit war und Neumond dazu, der Tag sei nahe und sie könnte aufstehen, um sich und ihrem alten Herrn ein Zwiebelsüpplein zu kochen; denn er war auch kein Langschläfer. Es war kalt. Sie wickelte sich „rechtschaffen" ein und wollte sich mit Stahl, Zunder und Stein Feuer kippen. Waren ihr die Finger steif und kalt, oder war ihr Feuerzeug nichts werth, kurz — es ging nicht. Knurrend öffnete die Alte Fenster und Laden — und schaute aus, ob nicht schon in einem Nachbarhause Licht sei, daß sie sich ihr „Lanterchen" zünden könne. Alle Häuser waren dunkel, aber von dem Bogen des Rathhauses her fiel ein rother Feuerschein auf den Markt. Ohne darüber weiter nachzudenken, nimmt sie ihr „Feuerstoofchen" und geht heraus, dem Scheine zu. Als sie vor dem Bogen steht, sieht sie einen hohen Kohlenhaufen mitten unter dem Bogen und einen großen, schwarzen Mann dabeisitzen und neben ihm einen großen, schwarzen Hund, der sie mit rollenden, feurigen Augen anstarrt und ihr die Zähne zeigt. — Der Alten wurde es bei diesem Anblick ein Bischen gruselich, aber sie dachte: Das ist Einer von den wandernden Spenglern und Löffelgießern, wie sie aus der Eifel in's Land kommen, und wie auch schauerlich der Hund knurrt, sie geht hinzu, bietet dem Schwarzen einen guten Morgen und bittet um ein paar Kohlen zum Feueranmachen. Ohne ein Wort zu reden, winkt der Schwarze nach dem Kohlenhaufen. Kurz besonnen, nimmt die Alte ein Schüreisen, das dabei lag, und scharret sich Kohlen in das „Feuerstoofchen", dankt und macht sich aus dem Staube.

Als sie aber die Kohlen auf den Herd schüttet, sind sie völlig todt. —

Der Kerl ist grob und der Hund bös; aber was hilft's? sagte die Alte, ich gehe noch einmal! Und wieder kommt sie, klagend, daß die Kohlen erloschen, und bittet noch einmal um Kohlen. Heftiger knurret der Hund, und der „Spengler" sieht sie greulich an. Nimm Dir noch einmal, alte Kröte, sagt er mit einer schrecklichen Stimme; aber kommst Du noch einmal, so drehe ich Dir den Hals um! — Der Grobian! brummt die Alte. So behaltet Eure Kohlen, ruft sie zornig aus, und salzt sie Euch ein, Ihr Flegel! —

Da fährt der Schwarze grimmig auf, und der Hund springt feuersprühend auf sie zu. — Aber die Alte hatte ihrem Herzen Luft gemacht und war wie der Blitz, unter dem Bogen draußen und hinter ihrer Thüre, die sie rasch verschließt. —

Wie sie noch bebend dasteht, schlägt's Eins auf dem Thurme von Sanct Peter. Da merkt sie, daß es der Teufel und sein Höllenhund war, eilt auf ihre Kammer und deckt sich im Bette bis über den Kopf zu. Sie betet alle ihre Stoßgebetlein, aber schlafen kann sie nicht mehr, und als es Sechs schlägt, steht sie auf. Jetzt gelingt ihr das Feuerschlagen leicht. Sie zündet die Ampel, und als sie auf den Herd leuchtet, da sieht sie zu ihrem Erstaunen lauter blanke Goldgulden statt der Kohlen da liegen. Das Gold aber mochte sie nicht behalten, sondern stiftete es in das Hospital zum heiligen Geiste, damit es frei vom höllischen Geiste werde.

Aber erzählt hat sie's allen ehrlichen Leuten und sich vielmal dabei bekreuzigt und sie vor den Teufelskohlen gewarnt. —

Schief gegenüber dem Rathhause, wo jetzt der freie Platz ist, stand der „Saalbau", auch mit dem seltsamen Namen „Kummerhof" belegt. Ob der Name „Saal" auf einen fränkischen Bau zu schließen berechtigt, ist nicht ganz gewiß. Das Gebäude war viereckig, groß, stattlich und hatte schier unzerstörbare Mauern. Weite Säle nahmen das Innere ein, und eine breite mächtige Steintreppe führte in das obere Geschoß. Unten befanden sich Gefängnisse, daher ohne Zweifel der Name „Kummerhof". Der kurkölnische Schultheiß wohnte hier, der daher „Saalschultheiß" genannt wurde. In einem der großen Säle wurde das Gericht gehalten. Der letzte kurkölnische Saalschultheiß hieß Kügelgen und war der Vater der beiden

Zwillingsbrüder, die als Maler hohen Ruf genossen. Gerhard fiel durch Mörderhand bei Dresden. Ein schönes Bild von seiner Hand ziert den Altar der Klosterkirche. Er hat es gestiftet. Ein anderes desselben, von der Prinzessin Friedrich geschenkt, findet sich in der evangelischen Kirche von Oberdiebach. Noch im Jahre 1809 stand das feste Gebäude, aber zur „Erbreiterung der rheinischen Heerstraße“ mußte es fallen, ohne daß doch die Erbreiterung weiter fortgeführt wurde. Es fehlte an Geld, die Privathäuser anzukaufen, die hätten niedergelegt werden müssen. Wäre es geschehen, so würde auch der schöne uralte Holzbau, der Mündung der Fleischgasse gegenüber, ehemals „zum Schwan“ genannt, gefallen sein. In diesem schönen Bau war oben der Saal, darin die „Ritterstube“ tagte. Ein zweites, nicht minder schönes altes Holzgebäude, das „Gölzische“, befindet sich dem Rathhause gegenüber an der Ecke des Marktes. Es entging, wie jenes, dem verheerenden Brande von 1689 auf eine fast wunderbare Weise.

Auch „der Apostelhof“ und der daran sich reihende „Tempelherrenhof“ waren Prachtgebäude, wie uns eine alte handschriftliche Beschreibung der Stadt von 1668 belehrt. Ersterer, von zweifelhaftem Ursprung, brannte ganz nieder. Nur seine Keller blieben. Letzterer verlor in jenem Franzosenbrande seinen Oberbau, wurde wiederhergestellt und hat nur noch zwei Reste vom alten Gebäude, den Thurm im Hofe der jetzigen Post und das seltsame, hohe Weinbergshäuschen hinter der Post. Die Namen sind übrigens im Munde des Volkes geblieben.

Die Sanct Wernerscapelle, hoch über Sanct Peter gelegen, verdient besondere Beachtung. Vernehmen wir zuerst die Legende, wie sie die Bolandisten uns berichten.

Der Heilige, zu dessen Ehren man diese Capelle, das Kloster Fürstenthal, zwischen Rheindiebach und Bacharach an der Mündung des von Medenscheidt herabriesellnden Bächleins und anderwärts Capellen erbaute, war frommer Eltern Kind aus einem rheinischen Dorfe (Warmsrod wird genannt, Womrath und dem alten Namen Warmraid am nächsten kommend Walmerod im Nassauischen). Nach dem frühen Tode des Vaters gab die Mutter dem frommen Knaben einen Stiefvater, dessen Mißhandlungen zu entgehen Werner sich entschloß, das Vaterhaus zu verlassen und bei Verwandten in Steeg eine Zuflucht zu suchen. Harte Arbeit und harte Behandlung fand der arme Knabe auch hier. Diese Geschicke warfen ihn in sich zurück, und was ihm die Menschen versagten, suchte er bei Gott in stiller, gläubiger Hingebung. Dennoch wurde seine Lage stündlich unerträglicher. Darum verließ er Steeg wieder, und wir finden ihn dann später bei einem reichen Juden in Oberwesel, wo er Erde wegtragen half, weil der Jude einen Keller bauen wollte.

Die Juden standen im Rufe, sie suchten zu Ostern ein Christenkind heimlich wegzufangen, um auf's Grausamste es zu tödten und seines Blutes theilhaftig zu werden. Man sagte, sie strichen mit diesem Blute ihre Thürpfosten an, zur Erinnerung an das Bestreichen derselben mit dem Blute des Osterlammes in Aegypten, und wie dort der Würgengel, der die Erstgeburt in jenem Lande „schlug", an diesen mit Blut bestrichenen Thüren der Israeliten vorübergegangen sei, so schütze dies Christenkinderblut vor jeglichem Unheil im Jahre; aber auch eine andere Deutung liegt vor, nämlich die, die Juden hätten dies Blut als ein Heilmittel aufbewahrt und angewendet für allerlei Weh und Gepreste.

Die Frau, bei welcher Werner Obdach gefunden, warnte ihn vor der drohenden Gefahr, als das jüdische Osterfest nahte; aber der Arglose legte auf diese Warnung keinen Werth und blieb in des Juden Diensten, seine Führung Gott anheimstellend. Um Ostern 1287 veranlaßten ihn die Juden, zu ihnen in's Haus zu ziehen und ganz in ihre Dienste zu treten.

Eine im Hause dienende christliche Magd gewahrte um diese Zeit, daß die Juden dem frommen Knaben eine Bleikugel in den Mund steckten und ihn an eine Säule festbanden, den Kopf nach unten und die Füße nach oben, um so die Hostie von ihm zu erhalten, welche er am Gründonnerstag empfangen hatte. Sie wiederholten diese Qual an dem frommen Dulder, bis es die Magd nicht mehr ansehen konnte und dem Schultheißen davon Anzeige machte, damit er den armen Knaben rette.

Der Schultheiß war ein gewissenloser Mann. Ob er gleich sich in des Juden Haus begab, und wiewohl der Knabe flehentlich um Befreiung aus den Händen seiner Peiniger bat, so ließ er sich doch von den Juden mit Geld bestechen, und — Werner blieb in der Juden Gewalt. —

Nun öffnen ihm die Juden die Adern am ganzen Körper. Sie pressen das Blut heraus, bis er vom Tode der Qual enthoben wird. Die Juden sind nun doch voll Angst, weil die Magd schon Verdacht erregt hat. Sie bringen den Leichnam des heiligen Blutzeugen, der seinen Herrn bekannt hatte bis zum letzten Athemzuge, bei Nacht in einen Kahn und wollen ihn gen Mainz führen; aber das gelingt ihnen nicht, und schon bricht der Tag an, als sie zwischen Bacharach und Rheindiebach (an der Mündung des Winzbächleins) landen, den Leichnam in eine von Dornen und Gesträuche überwachsene Vertiefung legen und eiligst ihren Kahn rheinabwärts treiben. Ein Bürger von Bacharach findet dort, da sein Acker in der Nähe liegt, durch einen hellen Lichtglanz, der aus der kleinen Höhle strömt, geführt, den Leichnam, von Wunden bedeckt. Er wird geholt und im „Saale" zu Bacharach niedergelegt, um die Mordthat zu untersuchen. Dorthin strömt das Volk und mit ihm auch drei Beguinen. Was sie aber am gewaltigsten ergreift, ist ein Lichtglanz, der vom Leibe Werners ausgeht, und statt des Leichengeruches entströmen dem Leichnam die süßesten Düfte. Jetzt erkennt man, daß hier ein Wunder geschieht, daß der Gemordete ein Märtyrer, ein Heiliger ist.

Droben, wo jetzt Sanct Werners Capelle steht, stand damals eine solche, die dem h. Kunibert geweiht war. Dorthin wird der Leichnam des heiligen Knaben in feierlichem Zuge gebracht. Er ruht in doppeltem Sarge, sein heiliges Haupt von seidener Binde umwunden, auf einem Kissen, mit Veilchen gefüllt, und an seinem Grabe geschahen vom 1. Mai bis 3. Juni desselben Jahres neunzig Wunderheilungen an Kranken und Gebrechlichen.

So die Legende. Die Heiligsprechung geschah später in üblicher Weise, ohne daß übrigens der Heilige jemals zur vollen Geltung gekommen ist.

Daß eine Begebenheit von solchen Umständen, die man vollkommen glaubte, begleitet und von den Oberweseler Nachrichten bestätigt, eine unaussprechliche Bewegung im Volk hervorbrachte, läßt sich denken, und ebenso daß sich der tiefschlummernde, vielfach genährte Judenhaß nun eine ungemessene Bahn brach. Die fanatische Wuth war einmal entfesselt. Innerhalb weniger Tage wurden vierzig Juden verbrannt, ertränkt, enthauptet; weder Geschlecht noch Lebensalter schützte die Unglücklichen vor des Volkes Wuth. Und nicht blos in Bacharach und Oberwesel rächte man sich an dem armen Volke, sondern die Judenverfolgung drohte wieder in ungemessenen Grenzen sich auszubreiten, bis es den Juden gelang, sich des kaiserlichen Schutzes zu versichern. Nahe daran war es noch einmal, daß sich das Gleiche wiederholte, als 1428 gelegentlich der Heiligsprechung Werners das Erheben der Thatsachen, so weit es nach so langer Zeit möglich war, das Erwachen alten Hasses veranlaßte. Selbst mehrere Päpste mußten abmahnende Bullen erlassen, und der Kaiser Rudolph mußte außergewöhnliche Maßregeln ergreifen, um noch Jahre nach dem Morde Werners den Strom der wildesten Verfolgungssucht zu dämmen, der seinen zahlenden Kammerknechten drohte.

Da aber ergiebt sich hier auf's Neue, daß das leicht fanatisirte Volk jener Tage, sowie geistliche und weltliche Hetzer, die im Dunkeln handelten, jede Gelegenheit aufsuchten, das Volk der Juden zu vertilgen, sicherlich aber nicht immer allein aus religiös fanatischen Beweggründen. War doch der Juden Reichthum immer lockend zu grausamen Handlungen, welche der Mantel der Religion decken mußte und leider oft genug — deckte. Welche Mittel und Wege mußten nicht herhalten, um das unterdrückte Volk zu vertilgen und seine Güter an sich zu reißen? Es ist dies eine der unzähligen Schattenseiten der in unsern Tagen noch immer von zwei Seiten her gepriesenen „guten alten“ Zeit, vor deren Rückkehr Gott die Menschen behüten wolle, wieviel des Lobenswerthen sie auch auf der andern Seite aufzuweisen haben möchte, was nicht verkannt werden darf.

Die Sanct Wernerscapelle auf ihrer luftigen, schönen, aussichtsreichen Stelle gehört unbestritten zu den Perlen der gothischen Baukunst. Sie ist in ihrer Art einzig. Drei Chöre bilden ihren Bau, der hochaufstrebend jungfräulich rein und schlank sich erhebt; aber Wind und Wetter haben lange schon ihr Zerstörungswerk ungehemmt daran geübt, und es sind nicht viele Jahre her, da drohte die mit Recht gepriesene Ruine einzustürzen. Die Stadt raffte sich auf, und wenn auch an Mitteln nicht reich, that sie nach Kräften, was nothwendig war, den Untergang zu verhüten. Nun mag sie wieder eine Reihe von Jahren den zerstörenden Gewalten trotzen. — Schade, wenn sie einst unaufhaltsam zusammenbrechen sollte nach dem unerbittlichen Loose alles Zeitlichen!

An der Stelle der heiligen Kunibertscapelle einen würdigen Bau über den Gebeinen des Heiligen zu errichten, lag sowohl in den Wünschen der Geistlichkeit als der gläubigen Menge; aber der ausgesprochene Grundsatz, daß der Bau nur und allein aus den Spenden der gläubigen Pilger seine Mittel ziehen solle, ließ ein rasches Wachsen nicht zu, obgleich Ablässe vorhanden waren, die man hoch anschlug, und die Wallfahrer zahlreich kamen und die hundert Stufen zu den Gebeinen des Heiligen hinaufstiegen, entweder eigens um ihn zu verehren, oder im Vorüberziehen nach andern Gnadenschätzen und Gnadenorten. Einmal sogar wurde der gesammelte Schatz, den man allerdings etwas gar zu vertrauensvoll in dem Gotteshäuslein aufbewahrt hatte, unter sehr bedenklichen Umständen gestohlen und dadurch der Bau weit hinausgeschoben. Nur langsam, stückweise und mit langen Unterbrechungen kam er endlich zu Stande. Die Ungunst der Zeit und der Verhältnisse war auch später der herrlichen Capelle unheilbringend. Als sie schon äußerlich zerfiel, wurden Theile des heiligen Leibes nach Frankreich entführt, aber doch mit Zustimmung derer, welche zu entscheiden hatten, und als die Spanier den ganzen Heiligen mitnahmen, ohne daß man wußte wohin, verlor die Capelle an Bedeutung, und bei der Sprengung der Burg Staleck schlugen weitgeschleuderte Trümmer Dach und Gewölbe zusammen. Kriegsstürme schier ohne Aufhören waren der Wiederherstellung ungünstig, und so wurde sie zur Ruine, die jeder Kenner und Freund des Schönen bewundert. Das Portal muß nach vorhandenen Nachrichten besonders kunstreich und schön gewesen sein, denn sein Einsturz wurde vielseitig beklagt. Von dem Baukünstler wissen wir nichts. Als Erbauer nennt man den sühnebedürftigen Ludwig den Strengen. Vielleicht war er auch nur ein mächtiger Förderer des Baues und wurde deswegen als der Erbauer bezeichnet.

Stadt und Bürgerschaft mußten durch diese Wallfahrten an Wohlstand zunehmen. Ihre Kirchen waren reich begabt und hatten, einschließlich der Kirchen in den „Thälern", welche der großen Pfarrkirche verbundene Capellen waren, eine zahlreiche, wohldotirte Geistlichkeit, wenn auch nur Einen Pfarrer. Auch auf Staleck war eine Capelle.

Wenn ferner droben in Staleck die Pfalzgrafen Hof hielten, wenn Ludwig der Baier oft und lange in ihren Räumen weilte, so mußte das unzweifelhaft wohlthätig auf den Wohlstand der Stadt zurückwirken und ihr auch bürgerliche Vortheile und Gnaden zuwenden. Es ist eine seltene Thatsache, daß uns die Geschichte der Stadt keine Kämpfe zwischen Rath und Zünften, resp. Bürgern zu erzählen hat, an denen anderweit, auch in unbedeutenderen Orten, kein Mangel ist. Selbst der innerhalb der Mauern seßhafte Adel, der doch gewiß in den Burggrafen zu Staleck einen sichern Rückhalt für alle Wechselfälle hatte, scheint bürgerfreundlicher gewesen zu sein, als es überhaupt im Geiste der Zeit lag und an andern Orten hervortritt. Dunkel bleibt Manches noch immer, so das Verhältniß zu Köln; denn mit der Schenkung des Kaisers Otto I an seinen Bruder, Erzbischof Bruno, ist und wird es nicht klar und richtig, und sie scheint mehr auf Vermuthungen als auf Thatsachen zu ruhen. Die Stadtfreiheit dürfte Ludwig des Baiern Gabe sein, wie es denn auch zu vermuthen ist, daß Kaiser Ruprecht die Stadt mit Mauern und Thürmen schützend umgab und sie dadurch mit der Burg, die der Werke hohe Krone war, verband.

Einen der glänzendsten Zeitpunkte in Bacharachs Geschichte bilden die Tage vom 9. bis 12. Mai 1314.

Damals war Deutschland in zwei Lager getheilt. Hie Lützelburg! hieß es hier, hie Habsburg! dort. Die Wahl war streitig, die Wahlstimmen theuer. Um Geld waren sie zu haben, wie schon einmal im Laufe der Zeit, wenn nicht insgeheim öfter.

Der Pfälzer Rudolf, der droben auf Staleck saß und in sein schönes Rheingebiet nicht ohne Selbstbewußtsein schaute, war auf des Habsburgers Wahl bedacht, mit ihm der Sachsenherzog und Cölns Kurfürst, der Virneburger. Diese Dreie verabredeten eine Zusammenkunft in Bacharach an den genannten Tagen, um mit Leopold von Oesterreich zu verhandeln. Er, der am meisten Betheiligte, durfte nicht fehlen; denn es galt ja zu erklären, wie viel er für die Krone zahlen wolle für sich selbst oder seinen Bruder. So stand's damals im heiligen römischen Reiche deutscher Nation.

Sie alle hatten zahlreiches Gefolge, das man nicht nach den Herren, sondern nach den „Pferden", wie später bei Napoleons Schlachten rechnete, und dem Pfälzer fehlte es an Gästen nicht; allein bei diesen hatte es noch lange nicht sein Bewenden, da es etwas zu empfangen galt, wenn auch die drei hohen Herren das Beste wegfischten. So empfing der Erzbischof von Cöln 40,000 Mark Silber und jeder seiner Räthe, die damaligen Minister, erhielt 2000 Mark. Es kamen eben noch Andre mit vielen „Pferden", nämlich der Bischof von Straßburg, der von Lüttich, der Propst von Bonn, der von Wetzlar, dann der Graf von Mark, der von Sponheim, der von Virneburg und eine große Zahl Ritter. Da hatte das große Staleck nicht Raum, alle zu fassen; aber der Pfälzer und der Erzbischof von Cöln wußten Rath. Der „Saal" konnte eine hübsche Zahl herbergen, und die „Kellerei", am Oberthor war so ausgedehnt in ihren Gebäuden um den großen, viereckigen Hof, daß nirgends Mangel war. Die Keller des Pfälzers erhielten aber einen Aderlaß, von dem der Küfer und Mundschenk lange zu reden wußte, und gesunden Appetit hatten die Herren jener Tage auch zu ihrem Durste. Der „Pfeffer", welcher in jener Zeit eine Hauptrolle in der vornehmen Küche spielte, sorgte dafür, daß der Durst immer frisch und lebendig erhalten wurde. Eine Aufzeichnung dessen, was an „Festem und Flüssigem" bei einem Fürstenmahle jener Tage vertilgt wurde, übersteigt selbst das, was die lebhafteste Phantasie ersinnen mag. —

Diese Versammlung, sowie diejenigen, welche sich bildeten, wenn Ludwig der Baier in Staleck weilte, waren Glanzpunkte im Leben der Stadt, die niemals wiederkehrten in den folgenden Zeiten, und die Beschreibungen der Festlichkeiten füllten viele Blätter der Hauschroniken, welche einzelne unterrichtete Leute führten. Durch Pfalzgraf Rudolphs unbrüderliches Benehmen gegen den Kaiser brachte er sich selbst in's Unglück und ging der Rheinpfalz verlustig, welche zwar Kaiser Ludwig nie selbst in Besitz nahm, die er aber öfters besuchte, wobei er dann auf Staleck verweilte. Von hier aus mußte er die Burg Fürstenberg im Jahre 1321 belagern, weil seine Schwägerin Mathilde und ihre Kinder die Abtretung der pfälzischen Besitzungen als erzwungen und darum unrechtmäßig ansahen, zumal sie ihr als Witthum verschrieben waren. Jetzt begann dann auch die für Bacharach und die Thäler nicht sehr ersprießliche Pfandschaft an Trier; Ludwig brauchte nämlich zu seiner Krönung viel Geld und hatte es nicht.

Damals waren nur drei Quellen, wo man schöpfen konnte, die Juden, die Lombarden und die Geistlichen, namentlich die geistlichen Fürsten am Rhein, die, wie die zwei andern auch, tüchtig aus dem Beutel des Volkes schöpften.

Ein Sprüchwort sagt: „Umsonst ist der Tod, und der kostet das Leben". So war Balduin von Trier sehr reich; aber lieh er, so mußte er wissen, warum, und „Länderpfänder waren ihm die liebsten, weil sie, wenn man die Sache recht anfaßte, besonders mit den „Zöllen", äußerst respectable Zinsen abwarfen, ja unter Umständen selbst Eigenthum wurden, da es sehr oft mit dem Einlösen der Pfänder erging, wie heutzutage in den Pfandhäusern. So lieh er denn dem neugebackenen Kaiser die Krönungskosten mit 58,300 Pfund „Häller" und empfing dafür die pfälzischen Besitzungen mit den Burgen Staleck, Stalberg, Fürstenberg, die Pfalz im Rhein und Juttafels oder Gutenfels über Caub als Pfand, von dem er bald die Hälfte an seinen Neffen, den König Johann von Böhmen, abtrat. Beide Pfandinhaber blieben vertragsmäßig so lange im Besitz der Pfandschaft, bis ihre Pfandsumme aus dem Zoll bezahlt gemacht sein würde. Das war für die Nachkommen Rudolphs eine trübe Aussicht. Dennoch erkannte Kaiser Ludwig ihr Recht an, aber Geduld that ihnen noth, bis sie in den Besitz gelangten, — da es mit der Berechnung der Zölle auch wohl nicht haarscharf genommen wurde.

Glänzende Zeiten waren noch einmal für Bacharach die der Erhebung des Leichnams des heiligen Werner und die Ausstellung desselben zur Verehrung. Dies geschah 1428, wo es dann an Wallfahrern nicht fehlte und nicht an Opfern und Gaben, wodurch allerdings die Vollendung der St. Wernerscapelle ermöglicht wurde. Daß Bacharach im Städtebund eine ehrenwerthe Stellung einnahm, darf nicht vergessen werden.

Die Stadt genoß noch einzelne andere Glanzmomente, wie 1349 die Vermählung Anna's, der schönen Tochter Pfalzgrafs Rudolph des Zweiten, mit Kaiser Karl IV, und wieder die Fürstenversammlung im Jahre 1408. Es waren dies, wie bemerkt, Glanzpunkte im Stadtleben; allein das Aufhören der Weinmärkte schlug dem Wohlstand der Stadt tiefe Wunden, die so leicht nicht heilten, da sie zu tief einschnitten.

Die Reformationszeit mit ihrem oftmals von obenher gemachten Bekenntnißwechsel war für die Pfalz eine ungemein aufregende, so auch für Bacharach und die Thäler. Hier sei es nachträglich bemerkt, daß die Dörfer Steeg, Manubach, Ober- und Rheindiebach alle seit dem 14. Jahrhundert mit Mauern, Gräben und Thürmen schützend umgeben waren. Manubach allein hatte sieben runde Thürme. Der letzte (die Stelle heißt noch heute „am Thurme") und stärkste wurde im Jahre 1812 leider abgebrochen, um das Gestein anderweitig zu verwenden. In Oberdiebach fiel der letzte Thurm am westlichen Ende des Dorfes fast um dieselbe Zeit. An beiden Orten heißt noch ein Ring um die Dörfer „der Graben". Eine andre Stelle in Oberdiebach heißt „hinter der Mauer".

Die unglückliche böhmische Königskrone, nach welcher Kurfürst Friedrich V angelte, brachte dem Lande Unheil und war gewissermaßen der Ausgangspunkt bitterer, schwerer Leiden, die weithin das blühende Land arm und elend machten. Spinola eroberte Staleck, Bacharach, die Burgen Stalberg, Fürstenberg und die Thäler im October 1620. Nicht die schweren Lasten, nicht das stete Plündern war es allein, was das arme Land drückte, die Mißhandlungen um des Glaubens willen, das Treiben des Volkes in die Messe, welche der Mönchsschwarm, der mit den Spaniern in's Land zog, überall in den Kirchen einrichtete, waren härter als alles Andere. Der Name, womit das Volk die Spanier benannte, ist in jeder Beziehung so bezeichnend, wie der, womit man 1688 und 1689 die Franzosen belegte. Jene nannte es „die spanischen Molche", diese „die Pfalzvergifter". —

Mit dem Anfang des Jahres 1632 fielen Staleck und Bacharach in die Hände der von Mainz herabgekommenen Schweden. Der Rheingraf Otto Ludwig von Dhaun, Inhaber des „gelben Regiments" der schwedischen Armee, nahm beide ein nach tapferer Gegenwehr der Besatzung. Waren die Spanier „üble Gäste", so waren es die Schweden nicht minder.

Von nun an folgt eine Reihe schwerer Prüfungen für die Stadt und das Land. Als das Heer Bernhards von Weimar schied, kam Gallas in's Land, und seine „Cravaten", wie sie das Volk nannte, machten ihr Andenken unvergänglich, wenn auch nicht im Segen. — Die Franzosen, welche einmal zurückgedrängt worden waren, eroberten im Herbst 1639 Bacharach und blieben bis zum Frühling 1640 im ungestörten Besitze. Die Wirthschaft der Franzosen drückte die Bürger auf das Aergste, besonders als die Herren, wie eine handschriftliche Nachricht sich ausdrückt, „einmal warm im Neste waren". — Ein baierisches Heer, auch, wie das Lied sagt: „die besten Brüder" nicht, vertrieb die Franzosen, „raubte lustig" und verließ dann die Stadt, um die „Weimarer" wieder in den Besitz treten zu lassen. Schon im Herbst 1640 kamen „die lieben Herren Spanier" wieder, wie sich ironisch jene Handschrift ausdrückt. Sie hielten Stadt und Burg bis 1644 in ihrer „unliebsamen Gewalt". Da erschienen die Franzosen wieder vor der Stadt, belagerten sie und Staleck zehn Tage lang und „richteten mit ihren Kugeln des Unheils viel an".

„Maus, wie Mutter," sagt die Handschrift, „Feind, wie Freund." — „Die Kölnischen kamen von unten herauf" „mit Heeresmacht, wogegen die „Franzosen wackerlich stritten, sich aber endlich in das Schloß macheten und „den Kölnischen die Stadt lassen mußten. Brachten auch nichts als Durst „und nahmen, was sich nicht wehrte. Die Bauern aus den Thälern hatten „ihr Vieh in die Stadt geflüchtet; aber die Franzosen nahmen das Beste „davon mit in's Schloß, und die Kölnischen mästeten sich am Fleische des „Uebrigen. Da ging's übel zu! Wollten auch die Stadt anstecken, und ihr „General, so Nivenheym hieß, versprach ihrer zu schonen, so er 2000 Thaler „kölnischer Währung bekäme. Bekam's auch, steckte aber dennoch die Stadt „in Brand, daß es ein Wehren kostete, sonst wäre sie ein Aschenhauf worden. „Halfen auch die Franzosen von Staleck löschen, so man sich zu ihnen nicht „versehen." —

Nun, sie erhielten sich dadurch ihr Nestlein; denn bis zum Westphälischen Frieden blieben sie, wo dann des unglücklichen, betrogenen „Winterkönigs" oder auch „Schneekönigs" Sohn, Carl Ludwig, Besitz ergriff — von einem vielfach zerrütteten, verarmten Erbe.

Wie auch der neue Herr Alles aufbot zu helfen, so konnte er doch das rollende Rad des Verhängnisses nicht aufhalten, das die Pfalz zermalmen sollte. Er fiel in Frankreichs Schlingen, weil ihm des Vaters warnendes Geschick nicht lebendig vor der Seele stand. Es war seines Landes und Volkes Unglück; denn der „große Ludwig von Frankreich, seines Namens der Vierzehnte", behandelte, als der Reichskrieg ausbrach, die neutrale Pfalz wie Feindesland, und als des Kurfürsten Schritte dagegen nichts halfen und er sich endlich an den Kaiser anschloß, da wurde die arme Pfalz wirklich Feindesland, und die Verwüstungen begannen, von denen sie nur schwer genas, als ihr vollstes Maß über sie einbrach im Orleans'schen Kriege. — Wie Graf Montal auf Montroyal an der Mosel, der treue Gehülfe Melacs und Montclairs decretirte: „de brûler et de raser la ville de Sobernheim", so decretirte er auch für Bacharach das gleiche Loos.

Es war im Januar 1689 (man hatte mit schauderhafter Grausamkeit in heftigster Winterkälte das Niederbrennen beschlossen), als nach Vorgang der übrigen rheinpfälzischen Städte auch an Bacharach die Reihe kam. Zuerst schlug die Stunde des Untergangs für Staleck. Ungeheure Pulvermassen waren noch in den Gewölben der Burg. Sie wurden vertheilt an die verschiedenen Stellen derselben, wo man den meisten Widerstand des uralten, aber felsenfesten Mauerwerks erwarten durfte. Als die Minen platzten — es war ein schauderhafter Knall, der weithin in's Rheinthal verhängnißvoll fortrollte, — flogen die Trümmer hinab auf die Stadt. Die meisten Häuser auf dem Holzmarkte wurden zerschmettert, das Dachwerk und Gewölbe von St. Werner eingeschmissen und auch der übrige am Berg liegende Theil der Stadt vielfach schwer beschädigt. Die Weinberge am Schloßberg waren unter den Trümmern verschwunden. —

Dem Knalle folgten die Flammensäulen, und — Staleck befand sich in dem Zustand, wie wir es jetzt noch sehen.

Der zweite Act des schrecklichen Drama's war das „Ausbrennen der Thürme der Stadt". Sie hätten nicht nöthig gehabt, die Stadt noch besonders anzuzünden; denn überall lehnten sich die Häuser an die Seiten der Thürme an; aber nachdem die Stadt, deren Einwohner drüben auf der Höhe der Vogtswiese (heute „Vogelswies") auf dem Kühlberge, in der „Wolfshöhle" (heute „Wolfel") und am jenseitigen Ufer Schutz gesucht hatten, noch einmal gründlich ausgeplündert war, wurde sie da wieder neu angesteckt, wo die Flammen der Thürme nicht hinreichend eingegriffen hatten. —

Wenden wir den Blick ab von dem Bilde der heillosesten Grausamkeit, des endlosen Jammers und Elendes, zu dem das Vernichten der Lebensmittel und die heftigste Winterkälte hinzutrat, um das Maß voll zu machen! —

Die Burg blieb Ruine, Bacharach kaum etwas anderes. —

Wenn auch die Wohnstätten wieder hergestellt wurden; wenn auch der Fleiß der Unglücklichen den Schloßberg von seinen Trümmern befreite und neue Weinberge anlegte, die Stadt erholte sich nicht wieder und trägt bis heute noch das Wehe des Verkommenseins und fortdauernden Verkommens, ein Bild darbietend, auf dem der Blick nur mit der innigsten Theilnahme und aufrichtigem Schmerze ruhen kann! —

Es ist allerdings ein seltsamer Weg der Erzählung, vom Untergang zu den ersten Anfängen zurückzukehren, allein es bleibt kein Ausweg, da die Geschichte der Stadt mit Staleck verbunden ist. —

Betritt man nach einem mühsamen Steigen auf dem schattenlosen Bergpfade von St. Werner herauf die Ruinen der Burg Staleck, so wird vorerst freilich die Aussicht in's Rheinthal das Auge bannen. Vor dem Beschauer liegt das alte Bacharach, so still, so traurig, als sänne es, in Schmerz versunken, nach über die schrecklichen Schicksale, die es zu erdulden hatte, ehe es so öde und still in seinen Straßen wurde. Wohl ruht der Blick auf St. Werners Ruine, wohl auf der prächtigen Marktkirche und manchem alten schönen Holzbau, der den „Pfalzvergiftern" und ihren Brandfackeln entging; wohl folgt er einen Augenblick dem vorüberrauschenden Eisenbahnzug, der die alte Stadt ohne neues Leben läßt; wohl auch den stolzen Dampfschiffen, die wie mächtige Schwäne vorübereilen an den dunkeln Mauern und den hohläugig herüberblickenden Thürmen; aber das ewig junge Bild einer schönen Landschaft hat größern Reiz. Da liegt so still, so ruhig der „grüne Rhein" wie ein See in der Berge bergendem Schooße, und mit starrendem Fels, mit waldgekröntem Gipfel ringet der Rebe grünende Pflanzung, die der emsige Winzer mühsam in die Schieferfelsen hineinsenkt und sie hegt und pflegt mit sorglicher Liebe.

Links hinab gegen Caub hin schließen die Berge den Rheinsee ab; rechts hinauf ruht der Blick auf der schönen Ruine Fürstenberg und auf dem armen Dörfchen Rheindiebach. Die letzte Spur des Klosters Fürstenthal, das einst Ludwig der Strenge an der Stelle erbaute, wo man St. Werners Leiche gefunden, ist leider verschwunden und das reizende Thal um einen Schmuck ärmer geworden.

Weiter oben blicken die Mauern des erneuerten Soneck herüber, und der weiße Punkt auf der Höhe im südöstlichen Hintergrund erinnert an den herrlichen „Niederwald". Es ist das Jagdschlößchen. Weiter abwärts auf dem linken Ufer zeigen sich der Hochwald des Kammerforstes, am Flußufer die köstlichen Weinberge des „Bodenthals" und dann das alte, langgestreckte Lorch und das kleine Lorchhausen.

Und damit die Alles nivellirende Neuzeit wieder in ihr Recht eintrete, braust auch drüben ein Eisenbahnzug an dem Fuße der prächtigen Felsen vorüber. Wir rufen ihm ein „Fahrwohl!" zu und wenden uns zu den Ruinen einer großen Vergangenheit, zu den Mauern Stalecks. —

Die Ruinen sind sehr ausgedehnt. Ungeheure Mauern, besonders an einem der ältesten Thürme — er war rund — treten uns entgegen. Weithin ziehen sich die Keller in der Tiefe. Hoch aufgerichtet stehen noch einzelne Mauern, bedeutende Räume einschließend. Man sieht, daß die Macht des Pulvers nicht im Stande war, diese Bauwerke einer starken Zeit völlig zu zerstören, so wenig wie der Zahn der Zeit, der durch sieben Jahrhunderte, wenn nicht länger, seine Schärfe daran versucht hat.

Wann entstanden diese Mauern? Wer richtete sie auf? — Keine Antwort aus dem Dunkel der Vorzeit! Waren es die Grafen des Trachgaues? Seit dem Jahre 1005 begegnen wir einer Reihe dieser Grafen, die ausschließlich die Namen Berchtold, Bertold und Becelin führen. Der Letzte von ihnen, welcher zugleich die Gaugrafschaft des Mayfeldes besaß, und der sich von seiner Burg an der Mosel Graf von Treis nannte, starb 1122 ohne Nachkommen. Sein Besitzthum vererbte sich auf den Grafen Otto den Aeltern von Rheineck aus dem Hause Luxemburg-Salm.

Klimsch gez. Stahlstich v. Carl Mayer's K-A. in Nürnberg.

Bacharach und Burg Staleck.

Verlag von Julius Niedner in Wiesbaden.

Ungefähr zu gleicher Zeit erscheint als Graf von Staleck, wie er sich urkundlich nennt, ein Goswin von Falkenburg an der Maas, Graf von Steigerwald in Franken. Er hatte die kleine Grafschaft sammt Staleck durch seine Gemahlin Lutgart oder Luccardis, der Wittwe des Grafen Heinrich I von Katzenelnbogen, erheirathet. Dieses mächtige Katzenelnbogener Grafengeschlecht stammte nämlich von den Grafen des Trachgaues und hatte, wie das gemeiniglich geschah, bei der Aufhebung der Gaueintheilung von den zum Gaugrafenamt gehörigen Rechten und Territorien wesentliche Stücke festbehalten und in der Familie vererbt. Unter diesen befand sich auch Staleck. Die Burg selbst stand aber schon in der erwähnten Zeit, und ihr Ursprung fällt ohne Zweifel gegen das Ende des elften Jahrhunderts.

Goswins und Lutgartens Sohn war Hermann Graf von Staleck. Durch seine Verheirathung mit der Markgräfin Gertrudis von Meißen erwarb er sich die Anwartschaft auf die durch den kinderlosen Tod Pfalzgrafs Wilhelm, Grafen von Ballenstedt, 1140 erledigte Pfalzgrafenwürde. Aber auch Graf Otto von Rheineck trat als Prätendent auf; er glaubte nähere Ansprüche auf die Pfalzgrafschaft bei Rhein zu besitzen als jener, da er Siegfrieds Wittwe und Wilhelms Mutter, Gertrudis von Nordheim, geehelicht hatte.

Zwischen diesen Beiden entspann sich nun ein Streit, der fast zehn Jahre währte. Vergebens legte sich im Anfang König Conrad III dazwischen, indem er den Markgrafen von Oesterreich, Heinrich Jasomirgott, zum Pfalzgrafen ernannte und ihn mit allen Mitteln in dieser Würde zu erhalten suchte. Allein er gewann keinen Boden und zog sich bald zurück.

Unterdessen tobte der Kampf weiter. Je länger er sich hinzog, desto erbitterter wurde er, und immer noch erfolgte keine Entscheidung. Da wandte sich endlich das Kriegsglück auf des Staleckers Seite. Ein kecker Streich lieferte ihm seines Gegners einzigen Sohn, Otto den Jüngern, in seine Hand im Jahre 1148. Er ließ ihn im Gefängniß erdrosseln. Das schreckliche Ende seines Sohnes brach des Vaters Herz. Er starb aus Gram 1150, und nun fiel Hermann die Pfalzgrafschaft sammt dem Gebiete des Grafen von Rheineck zu.

Aber einen derartigen Frevel konnte König Conrad III nicht ruhig mit ansehen. Im Jahre 1151 zog er gegen Hermann zu Felde. Dieser im Bunde mit seinem Stiefbruder Heinrich II von Katzenelnbogen und vielen andern Helfern nahm trotzig den Kampf auf. Wohl wurde er schwer geschädigt. Er verlor seine Burgen Clotten, Cochem und Rheineck, aber diese Schläge beugten ihn nicht. Conrad's III Tod und die Verwickelungen in Italien, welche seinen Nachfolger Friedrich I sofort nach seinem Regierungsantritt dorthin riefen, kamen Hermann äußerst gelegen und wandten vorerst ein schweres Geschick von seinem Haupte ab. Aber Hermann von Staleck war ein rechter Sohn seiner Zeit. Streit- und fehdelustig und gerne nehmend, was der Kirche gehörte, konnte er nicht lange ungestraft sein Wesen treiben. Der Bann des Mainzer Erzbischofs Arnold blieb unbeachtet; auch des Kaisers Zorn und Strafe störte ihn nicht; denn — der Kaiser war ja in Italien. Fort und fort ließ er seinen Haß gegen den Erzbischof in seinen Landen aus. Aber Kaiser Friedrich I kam heim, und das Gericht blieb nicht aus. Es war ein altes Frankengesetz, daß der Störer des Landfriedens „einen räudigen Hund tragen mußte". Der Reichstag zu Worms sprach die Strafe aus, und Pfalzgraf Hermann — es war anno 1155, — mußte den Hund von Kaiserslautern bis zu dem Dorfe Enkenbach tragen. Das war zuviel für seinen Stolz. Er legte Schwert und Harnisch ab, ging in's Kloster, und ehe drei Jahre verronnen, war er — am gebrochenen Herzen gestorben.

So wird es wörtlich berichtet. Jetzt ging die Pfalzgrafschaft an des Kaisers Halbbruder Conrad von Hohenstaufen über, der die erledigten Lehen Hermanns von Kurköln empfing. Er wohnte auf Staleck, und ihm wurde 1189 von Erzbischof Philipp das bisherige Mannlehen in ein Kunkellehen und rechtes Erblehen zum Besten seiner Gattin Irmentrud und Tochter Agnes verwandelt, weil er seine Anhänglichkeit 1184 auf dem Reichstag von Worms selbst gegen den Kaiser dem Erzbischof bewiesen.

Auf dieser Burg fand die heimliche Trauung der schönen Agnes von Hohenstaufen mit dem Welfen Heinrich statt. Wenn es auch des Vaters wilden Zorn erregte und des Kaisers Absichten vereitelte, es wuchs doch ein Segen daraus hervor; denn es bahnte den Weg der Versöhnung zwischen den feindseligen Häusern der Welfen und Hohenstaufen. Der Tod der beiden Väter machte Heinrich von Braunschweig zum mächtigen Fürsten, und in seiner glücklichen Ehe mit Agnes waren Welfen und Hohenstaufen vereint, leider vorerst ohne weitere Wirkung. Heinrich wäre Gegenkaiser des Hohenstaufen Philipp geworden, wäre er nicht auf einem Kreuzzug gewesen. —

Sein Bruder Otto erhielt den traurigen Beruf, als Gegenkaiser mit Philipp den blutigen Kampf zu kämpfen, bis das Wittelsbacher Schwert das Herzblut des Hohenstaufen vergoß. Heinrich kehrte nach der Burg Staleck zurück, entzweite sich mit seinem kaiserlichen Bruder, wurde aber dann mit ihm ausgesöhnt und stand dem zwiefach Gebannten treulich zur Seite.

Heinrichs Sohn gleichen Namens erhielt 1212 die Verwaltung der Pfalzgrafschaft, starb aber frühe und erbenlos.

Als heimgefallenes Reichslehen empfing Herzog Ludwig von Baiern bis zur Volljährigkeit seines Sohnes Otto die Pfalzgrafschaft von dem Kaiser Friedrich II, und da Otto des verstorbenen Pfalzgrafen Heinrichs I Tochter Agnes heimführte, so kam eben dieses Heinrichs ganzes Besitzthum 1228 in die Hand Otto's, des Erlauchten, also des Wittelsbachischen Hauses, und verblieb bei demselben bis zur Auflösung des deutschen Reiches.

Conrad war der Letzte gewesen, der Staleck fast ausschließlich bewohnte. Bereits Pfalzgraf Heinrich verlegte den Regierungssitz nach Heidelberg.

Waren auch schon damals nach Gewohnheit der Zeit Ritter der Burg vorgesetzt, wenn man so will, als Commandanten im Sinne unserer Zeit, so waren diese nun gewissermaßen Alleinherren in der Burg.

Wir finden daher schon um 1211 Herren von Staleck und etwas später einen Nebenast der mächtigen Grafen von Sponheim, die sich Sponheim-Bacharach nannten, ebenfalls auf der Burg belehnt.

Dann erscheinen die Reihen der Burggrafen, welche den edelsten Geschlechtern des rheinischen Landes, überhaupt Deutschlands angehörten.

Von der Herrlichkeit, welche in der Burg sich entfaltete, als Kaiser Ludwig der Baier in ihren Mauern wohnte, als Fürstenversammlungen in ihr stattfanden und hohe geistliche Herren des heiligen Werners wegen sich in Bacharach aufhielten, unter denen selbst Cardinäle waren, ist schon die Rede gewesen. Wie oft hat Krieg und Kampf um diese Mauern getobt, Tapferkeit um sie gerungen, bis die Feuerwaffen und „Feldschlangen" ihre Kugeln an ihnen versuchten, sie mürbe machten und endlich des Pulvers Gewalt sie hinab auf die unglückliche Stadt schleuderten! Jahrhunderte in langer Reihe gehen an dem Geiste vorüber mit ihren Heldengestalten, und ohne Zweifel hat ein gut Stück deutscher Geschichte hier sich abgespielt, mitunter blutig abgespielt, und wenn die schöne Hohenstaufin Agnes hier an der Brust des geliebten Welfen lag, so dürfen wir des schauerlichen Gegensatzes nicht vergessen, daß in diesen Räumen Ludwig der Strenge sich ruhelos herumtrieb, ruhelos, weil er sein schönes, schuldlos reines Weib in einer unseligen, rasenden Eifersucht in Donauwörth hatte enthaupten lassen, ohne ihrer Schwüre zu achten. Was half ihm die Stiftung des Klösterleins Fürstenthal? So oft sein Blick aus des hohen Saales Fenstern auf den Mauern desselben weilte, mußte Maria's blutige Gestalt vor seine verzweifelnde Seele treten, die ja auch Sanct Werners Capelle nicht von ihrer Last befreien konnte. —

Nicht ohne Bedeutung ist es, daß die Burg wieder in den Besitz einer erlauchten Wittelsbacherin gelangte, nämlich in den Ihrer Majestät, der Königin Elisabeth, der Wittwe Friedrich Wilhelms IV von Preußen, die nun auch bereits heimgegangen ist.

In Bacharach träumte man einst vom nahen Aufbau der Burg. — Jene Zeiten, wo Rheinsteins Beispiel anregend war, sind indessen vorüber. —

Die Pfalz im Rhein

und ihre Umgebung, Caub und Gutenfels.

Es ist ein wunderbares Bild, das vor uns steht, wenn wir von Bacharach herab oder von Oberwesel heraufkommen und das Städtlein Caub uns immer näher rückt: die Pfalz im Rhein. Schwerlich findet sich ein ähnliches Bauwerk. Es hat die Form eines Schiffes, daran ist kein Zweifel; aber eine Burg ist es nicht, denn die Schießscharten fehlen und die Zinnen. Wo sollten die Vertheidiger denn eigentlich stehen? Da ist ein fünfkantiger Thurm in der Mitte, und an ihn reihen sich Thürmchen an Thürmchen, seltsam spitz zulaufend, fast im chinesischen Geschmack. Was war das? Welchen Zweck hatte es? Wer hat es erbaut, und wann sind seine Mauern so wasser- und eisfest aufgestiegen aus dem Felsenfundament, darin ihr Fuß wurzelt, daß der Rhein schon Jahrhunderte seine Wogen an ihnen bricht und seine Eismassen dagegen schleudert, ohne auch nur das Allergeringste zerstört zu haben?

Solche Fragen drängen sich dem Beschauer auf, aber eine Antwort, die genügen könnte, ist schwer zu geben, ja überhaupt kaum möglich, da die Vergangenheit nur wenig den Schleier lüftet. Mit der Schiffsform hat es seine Richtigkeit, was Niemanden entgehen kann. Der fünfeckige Thurm ist der Mast; die Galerieen fehlen nicht, nicht die Verdecke. Selbst die Gallion ist da an dem Schiffsschnabel: es ist der pfälzische heraldische Löwe mit der Krone und dem Doppelschweif. Er steht aufrecht und hält das pfälzische Wappenschild, in dem „die sponheimischen Wecke und der kurpfälzische gekrönte Löwe" nicht fehlen. Es ist die Weise der neuesten Zeit, gepanzerte Schiffe zu bauen, hier schon im Alterthum verwirklicht, nur — daß der Panzer nicht aus Eisenplatten, sondern aus festen rothen Sandsteinquadern besteht, durch Eisenklammern zu einem Ganzen verbunden; aber fest ist er, und an seiner scharfzulaufenden Kante muß des Rheines Macht sich schäumend brechen, wie gewaltig auch seine Wassermasse zieht oder seine Eisklumpen drücken. Das Räthsel- und Launenhafte der Erscheinung, nicht zum Krieg und nicht zur Wohnstätte des Friedens passend, hat auch das Mährlein ausgeheckt, das aller Wahrheit entbehrt, es habe hier der jeweilige pfalzgräfliche Erbe geboren werden müssen, wenn er gesetzmäßiger Erbe der schönsten Fürstenkrone Deutschlands sein sollte. Welches verwunderliche Hirngespinnst! —

Der Name Pfalz = palatium, Palast — würde zur Annahme berechtigen, es sei ein Schloß gewesen, auf einen fürstlichen Wohnsitz hindeuten und damit vielleicht den Schleier lüften, der über des seltsamen Gebäudes Ursprung ruht; aber dieser Name ist nicht alt. Der ursprüngliche lautete anders, nämlich Pfalzgrafenstein, auch Falkenaue (Au = Insel von Ob, Ube, Uwe = Fluß), weil eine kleine Felseninsel die Unterlage bildet. Dieser Name entstand um die Mitte des dreizehnten Jahrhunderts zur Zeit, als die Falkensteiner (ihre Stammburg liegt am Donnersberg) Herren von Caub waren, und doch sind sie nicht die Erbauer des fünfeckigen Thurmes, der oben das fünfte Eck seiner Mauer als Eis- und Fluthenbrecher dem Strom und seiner Macht entgegenstemmt. Sein Ursprung ist ganz derselbe wie der des Mausthurms bei Bingen, — ein sogenannter „Wahrschauer", auf dem eine Zollwache das Glöcklein läutete, wenn ein Schiff oder ein Holzfloß den Rhein herabkam und dadurch dem „Zollherrn" das Zeichen gab, es gelte, eine Einnahme zu machen.

Aber auch dieser Thurm ist nicht der älteste, der erste hier erbaute. Es stand im dreizehnten Jahrhundert schon an dieser Stelle ein Thurm. Er mag brüchig geworden sein gegen das Ende dieses Jahrhunderts; denn am Anfang des folgenden erbaute Kaiser Ludwig diesen festen Thurm zum Aerger der Schiffenden, denen ein Entrinnen auf rascher Fahrt nun nicht wohl möglich war, da das Fahrwasser zwischen dem Thurm und dem rechten Ufer lag. Vorzüglich war der Thurm ein Dorn im Auge der rheinabwärts und rheinauf liegenden Klöster und geistlichen Stiftungen, auch wohl der Erzbischöfe von Trier, Köln und Mainz, denen so mancher Leckerbissen dadurch einen bittern Beigeschmack erhielt, daß ihn die Zölle so sehr vertheuerten. Aus dieser Quelle mag es daher abzuleiten sein, daß der Papst Johannes, der zweiundzwanzigste dieses Namens, im Jahre 1326 den Erzbischof und Kurfürsten von Trier aufforderte, diesen Thurm mit Waffengewalt zu zerstören, ein Ansinnen, das zu verwirklichen der kriegerische Erzbischof billig ein ernstes Bedenken trug. Der Pfälzer Löwe hatte scharfe Zähne, die in solchem Punkte selbst der geistliche Herr zu fühlen keine Lust trug, und da es sich um eine erhebliche Einnahme handelte, hätte der Löwe seine Pranken und Zähne sicherlich fühlen lassen. Der Geldpunkt hatte damals wie heute seine eigne kitzliche Natur.

Wann der Thurm die weitere Mauereinfriedigung erhielt und von wem sie errichtet wurde, das wird dunkel bleiben, da alle Urkunden fehlen. Palast (Pfalz), Wohnung und fürstlicher Sitz war aber die Pfalz nicht; denn das Innere widerspricht dem unbedingt. Waren auch die mittelalterlichen Burgen alle von dem engsten Umfang und die Wohnstätten von einer räumlichen Beschränktheit, die unsern Anschauungen nach kaum für eine Familie ausreichte, so ist doch das Innere der Pfalz so sehr beschränkt, daß bei ihr an eine Wohnstätte nicht zu denken ist. Der Hof ist selbst enge. Ringsum ziehen Bogengewölbe, eine Art „Casematten". Oben laufen Galerieen mit hölzernen Wohnungen hin, die ebenso eng sind und höchstens einer spärlichen Besatzung Wohnungsräume zu bieten vermochten, wie sie bis in die neuere Zeit aus kurpfälzischen Invaliden bestand, die den Zolldienst thaten, nämlich das Glöcklein zogen, wenn Schiffe oder Flöße sich näherten. Ein Brunnen im Innern wird von einer Quelle tief unter dem Rhein gespeist.

Der Name Pfalzgrafenstein taucht erst in späteren Zeiten auf.

In einer Urkunde vom Jahre 1310, welche eine Verpfändung des Pfalzgrafen Rudolphs I an den Grafen Gerlach von Nassau enthält, heißt die Pfalz: „die burg uff dem rhyne". In einer Urkunde vom Jahre 1353, in welcher Kaiser Karl IV einen Schiedsrichterspruch in pfälzischen Irrungen that, heißt die Pfalz „Pfallenz-Gravenstein". War sie früher eine Burg? Wer könnte es sagen bei dem Mangel an zuverlässiger Kunde? Der Holzbau sammt dem vielthürmigen Dachwerk entstand erst nach dem dreißigjährigen Krieg, als die Burg Gutenfels und Pfalzgrafenstein zu Wohnungen pfälzischer Invaliden eingerichtet wurden, deren etwa zwanzig in der Pfalz wohnten. Das in neuester Zeit erweiterte und hergestellte Gemach über dem Eingang, den außer dem festen Thor eine Fallthür schützte, bewohnte der commandirende Corporal mit seiner Familie. Der Rheinländer neckt gern, daher kam es, daß man den Bewohnern von Caub in jenen Tagen, als noch die Invalidenbesatzungen der Pfalz lebten, nachsagte: „Sie läuteten den Juden zu Grabe". Das war in jenen Tagen eines blinden, höchst verwerflichen Judenhasses ein schwer kränkender Vorwurf, der manchmal zu blutigen Köpfen führte. Er rührte eben daher, daß jedes noch so kleine Fahrzeug durch das Läuten des Glöckleins auf der Pfalz mußte gemeldet werden. Nun hatte die Judengemeinde in Bacharach keinen eigenen, sondern einen gemeinsamen

Gottesacker mit der jüdischen Gemeinde in und bei Caub. Brachte sie also eine Leiche im Kahne gen Caub, so mußten die Invaliden läuten, und jenes für die Cauber so ärgerliche Spottwort hatte darin seine Begründung.

Die Schicksale, welche Gutenfels oder Juttafels und Caub im dreißigjährigen und den später die Unterpfalz verheerenden Kriegen zu ertragen hatten, theilte jedesmal die Pfalz, aber man gab sich, wie es scheint, mit ihr nicht die Mühe der Belagerung und Beschießung. War Gutenfels gefallen, so fiel ohne Schwertstreich auch die Pfalz, daher ihre Mauern auch keine Spuren der Verwüstung oder späteren Wiederherstellung tragen. Militärische Bedeutung hatte sie nicht; daher mag es auch gekommen sein, daß, als von Seiten Napoleons die Zerstörung von Gutenfels verlangt wurde, die Pfalz dabei nicht erwähnt worden ist und somit erhalten blieb. —

Daß sich die Sage an dies seltsame, eigenthümliche Bauwerk heftete, ist kaum anders möglich in dieser sagenreichen Gegend. Es war, so erzählt sie, ein Lieblingsgedanke des Kaisers Heinrich, des Sechsten dieses Namens, die Pfalzgrafschaft an seinen eigenen Familienstamm zu bringen. War sie ja doch des Reiches Edelstein! Das schien um so sicherer auszuführen, als Pfalzgraf Conrad, der auf der Burg Staleck über Bacharach saß, keinen männlichen Erben hatte, sondern ein Töchterlein, Agnes, schön wie die Engelein, welche die alten Meister auf ihren Bildern in den Kirchen gemalt. Konnte der Kaiser es erwirken, daß sie einem Gliede seiner Familie die schöne Hand am Altar reichte, so war das Ziel errungen. Solche Erbgelüste und weit aussehende Pläne gelingen aber selbst einem Kaiser nicht immer, und so gelang auch dieser nicht, obgleich ein Kaiser warb und der Vater selbst nicht gegen seine Pläne war, — weil eine andere Macht sich dagegen stemmte — die Liebe.

Die engelschöne Agnes hatte den schönen, ritterlichen Heinrich von Braunschweig gesehen; er hatte sich ihr mit einem Herzen voll Liebe genaht, und der Bund der Herzen wurde geschlossen, ohne daß Beide an die gewaltigen Hindernisse dachten, welche sich aufthürmten und ihrer Liebe schönes Ziel in eine nebelgraue Ferne schoben, wenn nicht völlig in das Gebiet des Unmöglichen. Verrätherzungen trugen die Kunde von dem stillen und geheimen Liebesbunde, den die Mutter begünstigte, zu des strengen und heftigen Pfalzgrafen Ohr, und sein wildester Zorn loderte in hellen, glühenden Flammen auf. In diesem Zorne verbannte er Mutter und Kind in die „burg uf dem rhyne“, wo er sicher war, daß Heinrichs List sich brechen müsse, wie die Wellen des Rheins an den festen Mauern. Auf des Ritters Treue, dem er die Wache anvertraute, hatte er felsenfesten Glauben. Aber —

was widersteht dem Schmeichelwort aus rosigem Munde? — Die Pforte wurde geöffnet, und gekleidet wie ein Page auf der Burg Staleck schlich Heinrich in die Pfalz; schon am andern Tage führte auch ein Kahn den Priester von Caub an die Pfalz mit seinem Sigrist, und der Ritter, welcher die Burg bewachte, war Zeuge der heiligen Handlung, die unzertrennlich Agnes an Heinrich band. Der Priester schrieb darüber eine Urkunde, und Conrad auf seinem hohen Staleck ahnete nichts von dem, was dort, umrauscht von des Rheines Wogen, geschehen war.

Auch der wildeste Zorn verraucht mit der Zeit. Es war öde und still auf Staleck. Nur rauhe Männerstimmen vernahm man; das gemüthliche Familienleben fehlte. Pfalzgraf Conrad hielt's nicht länger aus. Das Fallgatter an der Pfalz stieg in die Höhe. Ein geschmücktes Schiff legte an, und der Pfalzgraf stieg in die Burg, wo Mutter und Tochter ihn freudigen Herzens, aber dennoch bebend empfingen. Es war in den Tagen, da der Herbst die Blätter der Rebe roth und golden färbt und im Kamin schon die knisternde Flamme glüht.

Es war dem Pfalzgrafen so wohl, wie es ihm seit der mehr als halbjährigen Trennung von seinen Lieben nie gewesen, und diese sorgten, daß nichts sein Behagen störe. Doch — sein Auge begleitete Agnes mit Sorge; denn ihre Wangen blühten nicht mehr rosig, wie einst auf Staleck. — Er gedachte, es sei *seine* Schuld, weil sie hier wie im Kerker gelebt, und kummervoll fragte er die Mutter, ob sie leide. Da war die Stunde gekommen, wo der Schleier gelüftet werden mußte. Weinend warf sich die Mutter zu des strengen Gatten Füßen, bekannte, was geschehen war, und sprach es aus, daß wohl Agnesens Wangen wieder blühen würden, wenn sie den Enkel an sein Herz würde gelegt haben, und zugleich zog sie aus ihrer Gürteltasche die Urkunde, die der Priester von Caub aufgesetzt und besiegelt. —

Da tobte der Sturm, da rollte der Donner, da zuckte der Blitz! — Aber wo und wann wären die Thränen einer schönen Frau unwirksam geblieben? — Wo und wann hätte das Flehen eines theuern Kindes ein Vaterherz ungerührt gelassen? Der Sturm legte sich, der Donner verhallte, die Blitze hörten auf zu zucken, und an des Gatten und des Vaters Brust lagen Weib und Kind, und Heinrich, der glückliche Gatte der schönen Agnes, kniete daneben, die Rechte des versöhnten Vaters in der seinen haltend, und sein Segen fehlte dem glücklichen Paare nicht länger.

So weit die Sage. Die Meldung, daß der versöhnte Kurfürst der Sicherheit wegen sie in der Pfalz habe weilen lassen, daß hier der erste da geborne Pfalzgraf von Agnes dem versöhnten Vater an's Herz gelegt worden sei

Klimsch gez. Stahlstich v. Carl Mayer's K.-A. in Nürnberg.

Caub und die Pfalz.

Verlag von Julius Niedner in Wiesbaden.

und dieser verordnet habe, daß fortab jeder erbfähige Pfalzgraf hier müsse geboren werden, ist von Vogt in den rheinischen Sagen zugesetzt worden, um das Mährlein zu retten, das jeden Bodens entbehrt. Viele haben ihm irrig historischen Werth beigelegt.

Zweimal hat im Laufe der Zeit die Pfalz eine welthistorische Bedeutung gewonnen; denn zweimal gingen bei ihr deutsche Heere über den Rhein, um gegen Frankreich zu ziehen. Einmal, als im März 1793 König Friedrich Wilhelm II. von Preußen sein Heer dem Strome der Revolution entgegensandte, der unaufhaltsam über seine Ufer trat, und dann im Jahre 1814 am 1. Januar, als Blücher hier die Brücke über den Rhein schlagen ließ. Beide Ereignisse lieferten den Beweis für die echt deutsche Gesinnung der Rheinschiffer von Caub und ihre volle Hingebung an die vaterländische Sache. Es ist eine Unwahrheit, daß der große Feldmarschall seinen Standpunkt auf der Pfalz genommen habe, um den Uebergang zu leiten. Wo, so muß Jeder fragen, der die Pfalz gesehen, wo hätte er stehen sollen? Er hätte ebenso gut in der freien Luft schweben können! — Er hielt vielmehr oberhalb Caub, wo jenseits des „dicken Thurmes" jetzt die neuen Häuser stehen. Blücher war in der Nacht nicht einmal in Caub anwesend, sondern der General von Hühnerbein leitete den Uebergang der Vorhut, welche aus Lützows freiwilligen Jägern und Füsilieren des brandenburgischen Infanterie-Regiments unter den Befehlen des Majors und nachmaligen Ministerpräsidenten Grafen von Brandenburg und des Hauptmanns von Arnauld bestand, an Zahl etwa 200 Mann, welche auf Kähnen von den Cauber Schiffern in aller Stille übergesetzt wurden und unaufhaltsam, ungehemmt durch ein kleines Scharmützel vorrückten. Ihre Begierde, den Boden des zu befreienden linken Rheinufers zu betreten, war so groß, daß sie trotz der Kälte des Wassers aus den Kähnen sprangen und an's Ufer wateten. Die Brücke zerriß einmal, ehe sie zum Uebergang tauglich war, aber es gelang den gewandten, praktischen russischen Brückenschlägern, sie bald wieder und nun mit gehöriger Festigkeit aufzufahren, und ehe noch der helle Tag des neuen Jahres mit klaren Augen in's Rheinthal blickte, rückten die Preußen unter General von Hühnerbein hinüber, und gegen 2 Uhr Mittags war schon die nöthige Reiterei und Artillerie auf dem linken Ufer und zog über Bacharach durch das Steeger Thal auf der ehemaligen kurpfälzischen Landstraße dem Plateau des Gebirges zu. Nun folgte Blücher mit seinem Stabe, übernachtete zu Bacharach im weißen Rosse bei der Wittwe Lang und trat von hier aus seinen Siegeszug an, während ununterbrochen bald preußische Truppen aller Waffengattungen, bald russische Regimenter von der Armeeabtheilung des Generals

Grafen Langeron mit ihrer Artillerie und Munition über die Brücke zogen. Es war ein wundervoller Anblick, wenn man, wie es dem möglich war, der diese Zeilen schreibt, sah, wie sich die aus getheertem Segeltuche bestehenden Brückenschiffe schlangenartig hoben und senkten, wenn die bunten Kriegerschaaren mit weit in's Thal schallender Musik über sie schritten oder ritten und dann mit einem jubelnden Hurrah! das Ufer betraten, das so lange Deutschland entfremdet gewesen war. Meist waren die russischen Regimenter mit Sängerchören versehen, deren herrliche Lieder mit ihren weichen, rührenden Melodien mit den heiteren Märschen der Regimentsspielleute abwechselten. Das dauerte noch wochenlang. Höchst anziehend, aber auch höchst eigenthümlich war der Uebergang eines berittenen Baschkiren-Regiments am 5. Januar, und ebenso eigenthümlich wie der Anblick dieser Söhne des asiatischen Nordens war der Gesang der vierzig Sänger, welche an der Spitze ritten auf ihren kleinen, zottigen und doch so dauerhaften Pferden.

Mit der Uebergabe des pfälzischen Ortes Caub und einiger Dörfer ging auch die Pfalz an Nassau über. Die pfalzgräflichen Invaliden zogen ab. Das Glöcklein der Pfalz und die wenigen alten Kanonen, die auf Gutenfels standen, wanderten auf die Marxburg bei Braubach, wo ersteres noch heute klingt, letztere, von dem „edlen Roste der Jahrhunderte überzogen", in Frieden ruhen. Die Pfalz aber wird erhalten, was dankbar gepriesen zu werden verdient.

Caub, das sich nach dem letzten großen Brande weithin rheinab und rheinauf ausgedehnt hat, bietet dem Rheine zugewendet einen freundlichen Anblick. Der Raum ist eng, wo seine Wohnungen sich erheben zwischen dem Rhein und dem sich aufthürmenden Schieferfelsen, darauf Gutenfels steht. Der Ort ist ohne allen Zweifel zu den ältesten am Rhein zu rechnen, und es dürfte kaum in Abrede zu stellen sein, daß seine Anfänge in die Zeit der Herrschaft der Römer am Rhein fallen, zumal der Ort nahe an jenem Römerwalle, dem sogenannten Pfahlgraben liegt, der so weithin seine Linien zieht. Ueber den Ursprung des Namens herrschen verschiedene Meinungen, und die Urkunden aus alter Zeit sind durch ihre verschiedenartige Schreibart dieses Namens nicht geeignet, zu sicherem Halte zu führen. Bald heißt es Cube, bald Hube (die eigentliche Bedeutung dieses Wortes ist Hufe oder ein Ackergut, das mit einem Hufe, einem Pferde zu bebauen ist, etwa 25—30 Morgen haltend), bald wieder Caupun, dann Chaube und endlich Cuba. Dieser letztere Name gab die Veranlassung, an Ort und Stelle ein Römerlager zu suchen. Nun wird es aber auch Cupa, so viel als Kufe, geschrieben und lehnt sich damit an eine Sage an oder vielmehr an eine Legende. Es ist diese: Als noch hier zu Lande die Nacht des Heidenthums über den

Uferbewohnern lag, kam ein Christusbote Namens Theonest den Rhein herab, stehend in einer Weinkufe oder Weinbütte wie in einem Kahne, und ruderte heiteren Muthes sein seltsames Schiff, wartend, daß es irgendwo fest liegen bleibe, wo ihm dann dadurch der Herr die Stätte seines Bleibens und Wirkens kund geben werde. An der Stelle, wo jetzt Caub liegt, drehte sich die Kufe mehrmals im raschen Wirbel und wurde dann von einer Welle dem Ufersande zugeführt, auf dem sie fest stand. Da erkannte der heilige Mann, daß hier der Ort sei, wo ihm der Herr sein Arbeitsfeld zeige. Er stieg aus der Kufe, zog sie an's trockene Ufer, mauerte sich einen Kreis in die Höhe und setzte seine Kufe als Dach darauf, und seine Hütte war gebaut. Nun begann er den Namen des Herrn den hier wohnenden Fischern zu predigen, die sich bald so mehrten, daß die Ansiedelung ein Dorf bildete. Er wirkte zugleich durch Anpflanzung der Weinreben auf der Ansiedler äußerliches Wohl. Zum Danke und um das Andenken an ihres Wohlthäters seltsames Rheinschiff zu erhalten, nannten sie den Ort Cuba oder Kufe, und Caub führte später im städtischen Siegel einen Mann, der in einer Bütte oder Kufe auf dem Wasser schwimmt.

Caub gehörte zur Zeit der Gaueintheilung des Rheinlandes zum Einrichgau. Wie anderwärts auch, wurden die kaiserlichen Grafen Besitzer ihrer Gauen und damit das ursprüngliche kaiserliche Lehen zum Eigenthum.

So erscheinen denn später die Grafen von Nüring oder Nuringen — so soll die Burg, welche noch mit einem Thurmrest auf der Höhe vor Lorch zu sehen ist, geheißen haben (?) — im Besitze der Burg und des Dorfes Caub, welches damals aus zwei gesonderten Theilen, nämlich aus einem mit Ringmauern umschlossenen Orte, Dorfe (Villa), dessen Mittelpunkt der jetzige Marktplatz und die Kirche war, bestand, und einem Hofe (Hube), der nahe dabei vor dem „Zolle" gelegen, sich später bis nach Siebenhausen am dicken Thurme ausdehnte und so zu einer Art Vorstadt anwuchs, die wieder in späteren Zeiten in die bis zum „dicken Thurme" erweiterte Ringmauer aufgenommen wurde. Als die Grafen von Nuringen im Mannesstamme erloschen, empfingen durch eine Erbtochter, die an einen von Münzenberg aus der Wetterau vermählt war, dieses alten Geschlechtes Glieder „Burg und Stadt", und als auch die Münzenberge zu Grabe gingen, erbten ihre Güter die Falkensteiner. Im dreizehnten Jahrhundert gewannen die Pfalzgrafen „Stadt und Burg Caub" durch Kauf. Damals schon bestand der Zoll in Caub. Wird auch Caub hin und wieder urkundlich „Stadt" genannt, so steht doch fest, daß erst im Jahre 1324 Ludwig der Baier Caub das Stadtrecht ertheilte, und zwar ganz in demselben Umfang, wie es die Stadt Boppard besaß. Damit war der Grund zum Aufblühen eines frischen, kräftigen Bürgerthums gelegt, wie auch der zum Aufblühen inneren Wohlstands.

Die Kriegsstürme, welche durch das Rheinthal brausten, konnten um so weniger Caub verschonen, als die Burg Gutenfels und der Pfalzgrafenstein feste Burgen, wenigstens die erste, waren und die Zolleinnahme etwas ungemein Lockendes hatte. Zu den schwersten Bedrängnissen — von dem Zerstörungszuge der Normannen fehlen alle Nachrichten in Bezug auf Caub — gehört die sechswöchentliche Belagerung durch den Landgrafen Wilhelm von Hessen im Jahre 1504, wie eine eingemauerte Steinschrift noch zu lesen gibt. Stadt und Burg litten sehr, aber der Hesse mußte abziehen, ohne sein Ziel erreicht zu haben. Pfalzgraf Ludwig stellte die Burg wieder in wehrhaften Stand und half auch der Stadt wieder auf. 1620 machte Caub die Bekanntschaft mit der „Soldateska“ des Marquis Spinola, der es eroberte und eine spanische Besatzung nach Gutenfels verlegte, die mit den Bewohnern Caubs nicht eben säuberlich verfuhr, wie denn „die hispanischen Molche“, wie sie die Chronik nennt, ihr Andenken überall mit blutiger Schrift in das Gedächtniß der armen Pfälzer einschrieben. Im ungestörten Besitze aber blieben sie nicht; denn die Hessen vertrieben sie und sie die Hessen wieder, bis Gustav Adolph 1632 bei dem Wörthe vor Bacharach über den Rhein ging und Caub und Gutenfels gewann. Noch in später Zeit zeigte man das Fenster auf der Burg Gutenfels, wo der König gesessen, als er auf der Burg weilte. Auf dem Zuge, den der Hessencassel'sche Generallieutenant Mortaigne auf Befehl der Landgräfin Amalie Elisabeth 1647 zur Eroberung der Niedergrafschaft unternahm, beschoß er Caub und Gutenfels einen Tag lang und erzwang ihre Uebergabe. Der Orleans'sche Zerstörungskrieg traf Caub und Gutenfels schwer. War es ja doch Pfälzergebiet, und Montal, der auf Montroyal an der Mosel saß und seines Gebieters Louvois Brandfackel in's Pfälzerland schleuderte, war der Mann dafür, gründlich aufzuräumen. Wie Bacharach in Flammen aufging, so auch Caub. — Die Mauern sanken, aber Gutenfels wurde erst zur Ruine, als die Stürme der Revolution bereits ausgetobt hatten, von denen auch Caub seinen Antheil zu tragen hatte.

Der Burg Gutenfels, auch Juttafels genannt, ist schon, wie das nothwendig war, in dem Vorhergehenden des Oefteren gedacht worden. Sie liegt auf stattlicher Höhe, 250 Fuß über dem Rhein und war eine feste Burg, größer an Umfang und an Wehrhaftigkeit stärker als manche ihrer Schwestern diesseits und jenseits des Stromes, dessen Ufer sie zieren. Aber auch über die Zeit ihres Ursprungs, über den oder die Erbauer weiß die Geschichte nichts. Sie tritt plötzlich seit 1257 in den Urkunden auf, das ist

Alles. Ihr früherer Name war Cube, die Burg, den sie also mit dem Orte, dem sie Schutz und Schirm verlieh, und dessen Rheinzoll sie Nachdruck gab, theilte, oder auch Falkenau. Die Burg bestand aus zwei gesonderten Bauten, eigentlich, wie es auch anderwärts vorzukommen pflegt, aus einer Ober- und einer Unterburg. Sichtlich ist der eigentlichen Urburg, der ältesten, die neuere Befestigung erweiternd angefügt worden. Wie der Name „Cube" in Gutenfels oder Juttafels umgeändert wurde, berichtet die Sage in folgender Weise: — Des mächtigen Gebieters und Herrn, des Grafen Philipp I von Falkenstein älteste Tochter, gleich ihrer Großmutter Jutta oder Guda geheißen, war im vollsten Sinne des Wortes die „Rose des Rheins"; denn ein Wesen, mit größerem Liebreize ausgestattet, lebte nicht in der Reihe der blühenden Töchter derer, welche das Schwert führten und Herren hießen im deutschen Lande. Die Sänger priesen ihre Schönheit und Liebenswürdigkeit mit begeisterten Liedern, und weit über Deutschlands Grenzen hinaus erklang das Minnelied zu ihrem Ruhme. Das wurde zum zündenden Funken für manches Ritter- und Fürstenherz. Unter diesen befand sich auch das Richards von Cornwallis, dem (1256) die altehrwürdige Krone Deutschlands zufiel. Auf einer Reise, die er an den gesegneten Ufern des schönen Rheines entlang machte, hielt ihn Guda's Ruhm da fest, wo er in ihr wundervolles Auge zu blicken hoffte. Er betrat die Schwelle von Gutenfels, und als er sie, die Wunderholde, sah, da war sein Herz besiegt; auch sie wandte ihm ihre Liebe zu, und in kurzer Frist führte er, der glückliche Gatte, sie heim als sein glückliches Weib, und von dem Tage an führte die Burg den Namen Guda- oder Juttafels.

Dieser Sage liegt eine geschichtliche Thatsache zu Grunde, und so mag des Namens Ursprung nicht wohl bezweifelt werden. Pfalzgraf Ludwig II erwarb 1277 von Philipp II von Falkenstein die Burg sammt dem Gebiete derselben, und dieses bildete später das pfälzische Unteramt Caub. Von diesem Zeitpunkt an erhielt die Burg ihre besonderen Burggrafen, unter denen nachweislich Glieder der ersten Ritterfamilien des Rheinlandes vorkommen. Durch die lange Belagerung des Landgrafen von Hessen in der sogenannten „baierischen Fehde" hatte die Burg so sehr gelitten, daß Pfalzgraf Ludwig IV sie mit vielem Kostenaufwand herstellen lassen mußte. Deß zur Erinnerung ließ er eine Schiefertafel von ansehnlicher Größe über dem Eingang des Burgtheiles, welcher später der „spanische Kirchhof" hieß und wohl der Burggarten gewesen war, einmauern, welche diese Inschrift trug: „Anno Domini MCCCCCVIII (Im Jahr des Herrn 1508) Ward Gutenfels wieder erbawen Durch Pfalzgraf Ludwig mit Frawen."

Leider ist diese Platte abhanden gekommen, ohne daß man weiß, wie. — Der Belagerungen, Eroberungen und Wiedereroberungen in den Zeiten, da der dreißigjährige Krieg Deutschland verheerte, ist schon gedacht worden. Consalvo de Cordova eroberte sie 1621, und da die Spanier am längsten im Besitz waren, so erklärt sich die Nachricht von der Begräbnißstätte der Gebliebenen und Verstorbenen. Daß die Benennung nicht aus der Luft gegriffen war, zeigte sich im Jahre 1839; denn man fand noch Gerippe im Boden, als an der Stelle eine Weinrebenpflanzung gemacht wurde. Die Burg war nach den Schreckenszeiten des dreißigjährigen Krieges sehr zerrüttet, und als die Invaliden dort einzogen, mußte eine Commandantenwohnung neu erbaut und für die drei andern Offiziere Wohnungsräume in den wenigstbeschädigten Burgtheilen eingerichtet werden. Die Besatzung war gering und dazu noch auf die Burg, die Stadt und die Pfalz vertheilt. Oberst von Rosenberger war der erste, Hauptmann Freiherr von Obercamp 1794 der letzte Commandant. Diese Invalidenbesatzung ruhte friedlich auf ihren — Lorbeeren, wenn sie sich je welche erstritten hatte, bis zum Jahre 1795. Da brauste der Sturm aus Westen auch über die gelockerten Mauern von Gutenfels hin, und sie erbebten bis in ihre Fundamente; — denn vierhundert Mann Franzosen stiegen von Oberwesel her unbemerkt bis zu dem Leiterberger und Scheider Kopf, dem Schlosse gegenüber. Die Invaliden erschraken, denn die Franzosen konnten Kanonen bei sich haben! — Ihr Befehlshaber forderte die unverweilte Uebergabe der Burg und dessen, was drum und dran hing. Den Heldentod hier zu riskiren, war bedenklich, — und so war denn in weniger als zwei Stunden, von denen die meiste Zeit noch auf das Hin- und Hertragen der Botschaften zu rechnen ist, die Capitulation abgeschlossen. Die kurpfälzische Heeresmacht streckte am folgenden Tag bei der Stelle, welche „die Hauptwache" heißt, in großer Selbstentäußerung das Gewehr und ergab sich kriegsgefangen. Die Offiziere blieben auf ihr Ehrenwort in der Stadt Caub, und die Invaliden wurden von den Franzosen jenseits den Pfad hinauf nach dem Dorfe Henschhausen gebracht. Das waren trübe Aussichten; dennoch wandte sich das Blättlein wunderbar. — Nach einigen Wochen zogen aus unbekannten Ursachen die Franzosen ab und ließen höchst gemüthlich die Pfälzer Helden mit einem herzlichen Lebewohl zurück. Da fuhr neuer Muth in ihre Seelen, und sie eroberten im Sturmschritt die Burg wieder, und — da kein Feind sich mehr sehen ließ, vertheidigten sie sie heldenkühn bis zur Auflösung der Invalidenstation. Diese erfolgte 1803, und die Staaten Hessen-Darmstadt, Baden und Nassau-Usingen theilten sich in — die Invaliden. Wann der letzte dieser Helden fiel, hat die undankbare Geschichte in ihre Tafeln einzutragen vergessen.

Drei Jahre später fiel Gutenfels, doch nicht ganz; denn die schönen Ruinen stehen heute noch. Daß sie aber noch stehen und erhalten werden, das danken wir einem Manne, der in stiller Wirksamkeit mit nicht geringem Kostenaufwande die Burgen — und es sind ihrer nicht wenige — an sich gekauft und sie vor dem Abbruche gerettet hat, ja durch sorgfältige Erhaltung sie vor dem Untergange schützte. Dem Manne schulden wir Alle herzliche Dankbarkeit; es ist der Herr Archivar Habel zu Schierstein, nun auch bereits zu den Vätern versammelt.

Nahe der Burg gerieth im Jahr 1876 der steile Berg in's Rutschen, verschüttete eine Anzahl Häuser der Stadt und begrub unter den Trümmern 26 Menschen. Noch jetzt — zur Zeit des Drucks dieser Auflage — wird an der Abtragung des Berges gearbeitet. — Berühmt ist der in den Bergen bei Caub gewonnene Schiefer.

Burg Schönburg und Oberwesel.

Es ist eine seine landschaftliche Schönheit außerordentlich erhöhende Eigenthümlichkeit des Rheines, daß er durch seine häufigen Windungen, besonders abwärts von Bingen, eigene Thalkessel bildet, wo er dann, durch Berge rings umschlossen, einen Gebirgssee darstellt, dessen Zufluß und Abfluß das Auge vergeblich sucht. So erscheint er, mag man rheinaufwärts oder rheinabwärts schiffen, wenn man Caub und die Pfalz, Oberwesel und Schönburg erblickt. Besonders schön stellt sich dieses Thalbecken dar, wenn man nun die Lorelay=Schlucht hinter sich hat und den vorspringenden Berg rechts umschifft, wo sich im Vordergrunde Oberwesel mit seinen schönen Kirchen, Mauern und Thürmen und hoch oben die Schönburg, noch in ihren Ruinen groß, dem Auge darbietet, und in der Ferne, wo die Berge sich rundum zusammenzuschließen scheinen, Caub sich an den Felsenfuß von Guden= oder Juttafels schmiegt und die alte Pfalz mitten im Rheine schwimmt. Ueberall sind die schöngeformten Berge mit Reben bepflanzt, besonders bei Oberwesel noch weit in die engen, steilen Seitenthäler hinein, unter denen die ihrer schluchtartigen Enge wegen so bezeichnend genannte „enge Hölle", wo einer der berühmtesten Weine dieses Uferstriches seine goldene Wiege hat, sich auszeichnet.

Weilen wir zunächst bei der Stadt und erwähnen nur vorübergehend eines Echo's, der Burghöhe gegenüber, bei dem der rheinische Volkswitz sich in der Frage ergeht: wie heißt der Bürgermeister von Wesel? — worauf dann das Echo die beiden Sylben des letzten Wortes mit Hinweglassung des W antwortet, so ruht der Blick mit Wohlgefallen auf dem alterthümlichen Orte, der, von mächtigen Mauern umschlossen, von der stolz oben thronenden Burg beherrscht und von dem ebenso schönen als festen Ochsenthurme in der nördlichen Ecke am Rheinufer bewacht, sich friedlich am Ufer hindehnt bis hinauf zu der ihn südlich abschließenden schönen gothischen, gewöhnlich von ihrer dem Baumaterial, rothem Sandstein, eignenden Farbe die „rothe Kirche" genannten Liebfrauenkirche.

Schon die wehrhaften Mauern und Thürme der Ruinen der Burg und die Stadtthürme sagen es dem Beschauer, daß hier nicht immer der Friede gewohnt, und die Geschichte weiß viel zu erzählen von blutigen Kämpfen, die theils von innen herauswuchsen, theils von außen an die Stadt herantraten, bis die letzten herben Zuckungen des siebenzehnten Jahrhunderts sie zu dem machten, was sie heute ist, — einer herabgekommenen Landstadt, die trauernd auf eine größere Vergangenheit hinblickt, wie so viele am schönen Rhein.

Die Peutingerische Tafel, welche sie unter dem Namen „Vosavia" aufführt, läßt darüber, daß die Römer hier festen Fuß gefaßt, keinen Zweifel übrig, wenn auch kaum Reste von Bauten aus jenen dunkeln Tagen übrig sind. Wir wissen, wie gründlich unsre deutschen Väter mit den Ueberresten jener verhaßten Fremdlinge und Unterdrücker aufgeräumt haben, als sie einmal deren ehernes Joch gebrochen hatten. Sagenhafte Nachrichten fügen hinzu, daß um ein mächtiges Römerkastel sich die Wohnungen römischer Soldaten und Ansiedler gesammelt hätten, daß sie den Weinbau hierher verpflanzt und dem reichen Salmenfang obgelegen, daß das Christenthum hier im dritten Jahrhundert schon geblüht habe, und daß die dem Christenthum ergebene Mutter des Kaisers Alexander Severus hier ihren Tod durch Mörderhand gefunden habe.

Wie dem sei, und wieviel davon der Geschichte oder der Sage anheimfällt: anzunehmen ist es nicht, daß die Römer, deren zweiter limes oder Befestigungswall über die Berge sich hinzog, an deren Fuß Oberwesel sich lagert, diesen Punkt sollten unbeachtet gelassen haben, zu dem die schmalen Thäler von der Höhe hinabführten, welche den von jenseits kommenden kriegerischen Stämmen der Deutschen Zugänge zu dem mit Thürmen befestigten Walle eröffneten, der noch zu sehen ist.

Aus den Tagen der wilden Zerstörung der römischen Macht am Rhein ist uns nichts überliefert, was sich auf den Ort beziehen ließe, und erst unter der Frankenherrschaft, besonders Karls des Großen, erscheint Oberwesel (Ficelia, Wasalia, später Wesalia genannt) mit einem Königshofe (wohl auch Saal und Saalhof genannt), in welchem vornehme Franken als Verwalter, Richter und Gebieter im Namen des Kaisers saßen und selbstherrlich walteten.

Kirnsch gez

Stahlstich v. Carl Mayer's K.-A. in Nürnberg

Oberwesel und die Ruine Schönberg.

Verlag von Julius Niedner in Wiesbaden.

Bei der Gau-Eintheilung wurde der Ort dem Trechir- oder Trachgau einverleibt, dessen Grafen zwar nicht in Oberwesel ihren Sitz hatten, wohl aber zeitweise in dem Königshof zu Gericht saßen und die Wein-Renten zur Herbstzeit erhoben. Eine Burg krönte damals die Felsen noch nicht.

Die Bedürfnisse solcher festen Zufluchtsstätten machten sich erst geltend, als sich die verheerenden Züge der Normannen auch den Rhein herauf erstreckten. Das war im neunten Jahrhundert, und es mag eben noch eine geraume Zeit gewährt haben, bis die Verwüstungen dieser Raubzüge mehr und mehr überwunden waren und besonders die Furcht vor ihrer Wiederkehr, und man an neue Niederlassungen und die Mächtigen an feste, vor solchen Ueberfällen sichernde Wohnsitze auf schwer zugänglichen Felsenhöhen dachten. In Oberwesel indessen walteten andere Beweggründe ob.

Die Vogtei über Oberwesel führten, wie bemerkt, die Grafen des Trachgaues, dann später die Dynasten von Arnstein, und als die Schönburg erbaut war, das ritterliche Geschlecht, das dort blühte, die Ritter oder auch Grafen von Schönburg, die wohl auch Schönberg und Schomberg und Schomburg sich nannten. Sie waren Burggrafen und übten als solche über die Stadt ihre Gewalt aus.

Kaiser Friedrich II brachte durch einen Kauf für 300 Mark Silber das Burggrafenamt und Recht an das Reich oder vielmehr an die Kaiser, und von da an wurden die Burggrafen kaiserliche Beamte, die berufen waren, die hoheitlichen Rechte im Namen des Kaisers auszuüben über die Stadt, die der Kaiser zur freien Reichsstadt erklärte. Die durch des Kaisers Gnade empfangenen Rechte und Freiheiten führten zu rascher Entfaltung der Blüthe und des Ansehens der Stadt. Die Selbstregierung durch gewählte Beamte hob den freien Sinn der Bürger wie ihre Handelsbestrebungen. Es spricht gewiß für die Bedeutung der Stadt, daß die mächtigen Grafen von Katzenelnbogen, die im nahen Sanct-Goar gebietende Herren waren, es nicht verschmähten, sich als Bürger von Oberwesel in das Bürgerbuch eintragen zu lassen, und wenn auch politische Berechnungen dabei mitgespielt haben mögen, zeugt es immerhin für die Bedeutung der Stadt.

Es ist eine eigenthümliche Erscheinung in der Rechtsgeschichte, daß der Kaiser Heinrich der Siebente im Jahre 1312 die freie Reichsstadt seinem Bruder, dem „Löwen von Trier“, dem Kurfürsten Balduin, zum Ersatz für ihn gezahlte Kriegskosten nebst der freien Reichsstadt Boppard als Pfand übergab. Das konnte den freien und auf ihre Freiheiten haltenden Bürgern nicht gleichgültig sein. Sie machten entschiedene Einwände; allein diese blieben erfolglos, selbst der heftigste Widerstand hatte nur die Folge, daß Balduin, der jede Widersetzlichkeit mit Gewalt niederwarf, vor die Mauern der Stadt mit Heeresmacht rückte. Jetzt erst erkannten die Bürger das Gefährliche ihrer Unbotmäßigkeit und schlossen einen Frieden, der ihnen bei Balduins heftigem Zorne theuer zu stehen kam. Ihr Loos wurde nur herber für die Zukunft, und erst unter seinem Nachfolger, der sich zum Vergeben neigte, wurde die Stadt in eine bessere Lage versetzt. Dennoch erlosch der Widerwille gegen das Joch der trierischen Herrschaft in der Bürgerschaft nicht, ja es brach 1389 eine hellauflodernde Empörung aus. Die kurtrierischen Beamten wurden verjagt. Die Stadt wählte sich wieder ihre eigene Obrigkeit und bediente sich aller ihrer früheren reichsstädtischen Rechte und Freiheiten. Daß das in Trier nicht so geduldig hingenommen werden würde, konnten sie sich selber sagen; aber da sie auch die Besatzung der Burg überrumpelt und sich in den Besitz der Burg gesetzt hatten, so dachten sie, einen wirksamen Widerstand dem Kurfürsten entgegensetzen zu können.

Der kriegerische Geist und die Kraft des Willens, welche einst Balduin eigen gewesen, war nicht in demselben Maße auf den Kurfürsten Werner von Bolanden oder Falkenstein übergegangen, und die tapferen Bürger leisteten ein ganzes Jahr dem sie belagernden Kurfürsten eine Gegenwehr, die bei den schwachen Mitteln der Stadt dem mächtigen Kurfürsten gegenüber alles Ruhmes würdig ist. Dennoch mußten sie unterliegen wegen der „großen Büchsen“, welche der Kurfürst nach dem Bericht der Limburger Chronik bei sich führte. Es kam zum Frieden, und sie mochten sich glücklich preisen, daß sie wenigstens einen Theil ihrer alten Freiheiten retteten als Preis ihrer Tapferkeit, welche ihnen Balduin, wäre er es gewesen, der die tapfern Bürger besiegt, nicht würde zugestanden haben.

Es ist übrigens allgemein in den Städten jener Tage zu bemerken, daß ein Geist der Widersetzlichkeit in dem ehemals freien, dann geknechteten, aber wieder zum Selbstbewußtsein gekommenen und nach Freiheit ringenden Bürgerthum — Jahrhunderte lang sich geltend machte, der zeitweise sich auflehnte gegen eine Gewalt, die drückend empfunden wurde, mochte sie nun von einem Landesherrn oder von bevorzugten Geschlechtern, die im Städtevorstand erbliche Stellen hatten, herkommen. Dabei ist indessen auch zu bedenken, daß die Gegensätze eiserner Gewaltherrschaft und der erwachende Geist der Selbstständigkeit in den Städten, verbunden mit wachsendem Gewerbfleiß und Wohlstand nur zu oft auf einander platzten.

Das Regiment wurde von Trier drückend genug geübt, und das Sprüchwort, „daß es sich unter dem Krummstab behaglich wohnen und leben lasse“, war nicht immer wahr; wenigstens hatte es sich in Oberwesel nicht durchweg bewährt; denn noch kurze Zeit vor dem Ausbruch der französischen Revolution, als doch schon die derbe Wehrhaftigkeit der Stadt von den Franzosen im Jahre 1689 gebrochen worden war, empörten sich noch einmal die Oberweseler gegen den Erzbischof von Trier, der, da die Pfandschaft nie gelöst worden, ihr Oberherr geblieben war, und er mußte eine Heeresabtheilung von 500 Mann mit Artillerie und Cavallerie gegen die Stadt absenden, die sich dann erst fügte, als sie den folgenschweren Ernst der Maßnahmen vor Augen sah. Das war das letzte Zucken ehemaliger Reichsfreiherrlichkeit, das letzte Aufblitzen des Muthes vergangener Tage, aber dennoch nur ein Wiederschein versunkener Zeiten; denn was wollte Oberwesel gegen die Kanonen der Neuzeit? Auch galt dabei wohl das alte Sprüchwort: „Viel Geschrei und wenig Wolle!"

Eine neue Zeit war übrigens gekommen, die auch selbst in Oberwesel unter den Augen des Kurfürsten von Trier eine freie Forschung und klare Einsicht in die Wahrheiten des Evangeliums mit sich brachte. Johann von Wesel (sein Geschlechtsname soll Richard oder Ruchard oder Ruhrod gewesen sein) vertrat dieses geistige Erwachen mit einem Weltgeistlichen aus Steeg bei Bacharach zu der Zeit, als in Böhmen Huß der Macht zu Rom entgegentrat.

Winand von Steeg wurde verbrannt, weil er Lehren anhing, die später das Bekenntniß der Reformation waren, und Ueberlieferungen in Bacharach lassen dieses Ketzergericht auf der wüsten Stelle am Rheinufer unterhalb der Mündung des „Münzbaches", die noch heute „der Ketzer" heißt, geschehen sein. Johannes von Wesel, der in hohen geistlichen Würden zu Worms stand, wurde zu ewiger Gefangenschaft in einem Karmeliterkloster verdammt und starb nach kurzer Zeit, erliegend der Härte seines Gefängnisses und aus Kummer, daß die Wahrheit den Sieg nicht erringen konnte.

Wie man es mit den kaiserlichen Kammerknechten, den reich gewordenen, am Rhein überall zahlreich sich findenden Juden in Mainz, Worms und anderwärts hielt, wenn man nämlich gerne erntet, wo man nicht gesäet, so auch hier. Die Juden in Oberwesel sollten, so verbreitete man unter dem Volke, den Mord an dem heiligen Werner vollbracht haben. Daß dies bekanntlich auch anderwärts geschehen sein sollte, that nichts zur Sache. Die Juden wurden gemordet und ihre Habe getheilt, wobei die Brüdertheile freilich sehr ungleich ausfielen. Aus dem Reste wurde die Wernerscapelle erbaut, die heute noch an der Stadtmauer zu sehen ist.

Die prachtvolle „rothe Kirche", wie sie das Volk nennt, oder, wie ihr eigentlicher Weihe-Name lautet, die Liebfrauenkirche, erbaute Erzbischof Balduin von Trier in den Jahren 1307 bis 1331. Ihr edler, schöner

Bau fällt weniger durch äußere Zierrathe auf, wie sie dem sogenannten gothischen Baustil eigen sind, als durch ihre jungfräuliche Schlankheit und Zierlichkeit, während im Innern desto reicherer Schmuck sich befindet, besonders an dem sogenannten Lettner (Lectorium). Alte kostbare Gemälde zieren sie, von denen leider manche der Kirche entfremdet worden sind. Bei einer baulichen Herstellung fanden sich unter der Tünche alte Wandgemälde aus der Zeit der Erbauung. Die über der Stadt liegende Kirche zum heiligen Martinus ist älter und war die eigentliche Pfarrkirche der Stadt. Die Zeit ihrer Entstehung fällt wohl in das Ende des 13. Jahrhunderts, und ihre Erbauung wurde von jeher den Grafen von Schönburg zugeschrieben. Urkundlich dürfte schwerlich etwas darüber zu ermitteln sein. Es ist jedoch kaum zu bezweifeln, daß auch die Stadt das Ihrige zu dem Bau beitrug.

Mit dem Beginn der Herrschaft der Feuerwaffen mußte das Ansehen und die Macht der Städte, sofern sie sich in der Selbstvertheidigung geltend machte, zu Grabe gehen, wie ihr auch die Bedeutung der Burgen zum Opfer fiel. Wesels Wohlstand sank immer mehr, und die Zeiten des dreißigjährigen Krieges, und was ihnen vorherging und unmittelbar folgte, waren nicht geeignet, städtischen Wohlstand zu heben, vielmehr ihn tiefer herabzudrücken. Einnahme, Vertreibung, Wiedereinnahme, wie sie Bacharach wiederholt erfahren mußte, hatten hier dieselben Folgen, wie sie dort zu Tage traten, und als Bacharachs Schloß und Thürme unter der Brandfackel der Franzosen sanken, konnte die geistliche Oberherrschaft von Trier so wenig Oberwesels Befestigung retten als irgend eine. Das Land am Rhein sollte wehrlos werden, so wollte es der Minister Louvois in Paris, und es wurde, wie er befahl. Die Stadt, brannten sie, weil sie nicht pfälzisch war, nicht nieder.

Seit jenen Tagen ist Oberwesel still und ärmlich geworden, wie andere Schwesterstädte dieser Uferstriche. Weinbau ist die Hauptnahrungsquelle der Stadt. Ob die Eisenbahn und der durch Straßenverbindung vermittelte Verkehr mit dem Hunsrücken dem stillen Städtchen Vortheile bringen wird, die als erheblich für seinen Wohlstand anzusehen sein möchten, liegt im Schooße der Zukunft, aber die Aussichten dürften nicht sehr glänzend sein.

In Oberwesel stand ein Saalbau, ein königlicher Hof, zur Zeit der Frankenkaiser. Diese Saalbaue waren feste, stattliche Bauwerke, wie das noch bis in die neueste Zeit in Bacharach bestandene Gebäude ähnlichen Ursprunges und Zweckes bewies. Man nannte sie wohl auch nach dem alten Namen Paläste und Burgen.

In diesem längst verschwundenen Bau wohnten die kaiserlichen Dienstmannen, welche den Titel Meyer, Vogt, Amtmann oder auch Graf führen mochten, aus denen die späteren „Burggrafen“ wurden, deren Würde in der Geschlechtsfolge erblich war. Hier in Oberwesel erwuchs jenes Geschlecht, welches, nachdem es die Burg erbaut und Schönburg genannt hatte, seit 1158 unter dem Namen der Herren von Schönburg und im Anfang des 13. Jahrhunderts in mehreren Stämmen geschichtlich auftritt. Da die Oberweseler immer schwieriger, auflehnerischer und widerspenstiger wurden, so verlegten dieselben ihren Wohnsitz zu größerer eigener Sicherheit und sicherer Beherrschung der Stadt in diese Burg. Die Bürger, die vielleicht zu spät inne wurden, wie gefährlich ihnen die Burg werden könne, hatten versucht, den Bau zu hindern, und als ihnen das mißlungen war, unternahmen sie es zu verschiedenen Malen, sich derselben zu bemächtigen; allein auch dieses Ziel erreichten sie nicht, wohl aber das, was sie nicht gewünscht, nämlich größern Druck und strammere Erfassung und Haltung der Zügel von Seiten der Grafen.

Daß die Grafen die Burg oder die Burgen — denn es sind ihrer offenbar zwei, eine Vorburg und die Hauptburg — nicht aus ihren eigenen Mitteln ganz allein erbauten, liegt um so mehr am Tage, als die Burg eine Reichsburg war, auf welcher sie später nur lehensweise saßen, und zwar in Folge ihres Amtes; dies ändert nichts in den Beweggründen, die Burg zu erbauen, die ja der Kaiser anerkennen mußte, da der Aufruhr in der Stadt zu oft auftrat.

Nicht allein aber in dem aufwieglerischen Sinne der Bürger lag der Grund ihrer so oft zu Tage tretenden Widerspenstigkeit, sondern mehr noch in den Uebergriffen und in dem Drucke, den die Grafen auf die Bürger ausübten. Ihr rohes, gewaltthätiges Wesen erwuchs aus ihrem Uebermuth. Der Kaiser war weit weg; sie erkannten keinen andern Herrn über sich. Zu ihrem üppigen Leben gehörten reiche Mittel. So lag die Gefahr nahe, die kaiserlichen Einkünfte zum eignen Besten zu verwenden, und es kam so weit, daß das zur Regel, das Abliefern derselben an das Hoflager des Kaisers zu den Ausnahmen zu rechnen war. Das mußte aber noch ärger werden, als der einschneidendste Parteigeist die Grafen und den Kaiser trennte. Also stand es zur Zeit Kaiser Friedrichs II, da die Burggrafen sich auf die Seite der Welfen geschlagen hatten und selbst dem Kaiser Trotz zu bieten sich nicht entblödeten und die Einkünfte behielten. Jetzt riß der Geduldsfaden des Kaisers rasch, und er rückte vor die Burg und die Stadt, da letztere ebenfalls der Welfenpartei sich zugewendet hatte.

Sowohl die Schönburger als die Oberweseler mochten erkennen, daß der Ausgang des Kampfes jedenfalls zu ihrem Verderben ausschlagen mußte, daher sie sich zu einem Vergleich mit dem Kaiser herbeiließen.

Gnädiger, als sie es zu erwarten berechtigt waren, fiel der Vergleich aus. Zwar verloren die Schönburger das Burggrafen- und Vogteirecht über Oberwesel, allein der Kaiser leistete ihnen dafür eine Entschädigung von dreihundert Mark Silber und später noch eine Schadloshaltung von tausend Mark. Sie blieben übrigens im Besitz, das heißt im Lehen der Burg, und ihre Güter behielten sie ebenfalls, namentlich einen bedeutenden Besitz an Weinbergen und Renten, so daß das Ansehen ihres Geschlechtes nicht dadurch untergraben wurde. Als Lehensträger von Kurtrier erschienen sie durch die bereits bei der Stadt erwähnte Verpfändung Kaiser Heinrichs des Siebenten an das Erzstift. Als Wesel sich gegen diese Pfandschaft auflehnte, scheinen die Schönburger sich nicht an diesem tollkühnen Schritte betheiligt zu haben; denn Balduin von Trier, der Mann mit dem unbesiegbaren Kopfe und harten Herzen, würde wahrscheinlich nicht so milde gewesen sein als Kaiser Friedrich der Zweite!

Die Schweden eroberten übrigens die Burg im Jahre 1639, ohne sie jedoch so zu zerstören, daß sie nicht wiederhergestellt werden konnte. Was half aber diese Herstellung? Schon 1689 fiel die Burg wie alle ihre rheinischen Schwestern unter der Brandfackel Montals.

An diese Burg knüpft sich der Name eines großen Mannes, des Grafen Friedrich Hermann von Schomburg oder Schönburg.

Geboren zu Heidelberg im Jahre 1616, verlebte er seine Jugend auf der Burg seiner Väter, aber es duldete ihn nicht in den beengenden Verhältnissen.

Seine ruhmreiche Heldenlaufbahn eröffnete er in Holland, wo er Friedrich Heinrichs von Oranien Waffengefährte wurde und sein entschiedenes Feldherrntalent ausbildete. Mit Ruhm bedeckt trat er darauf in die Dienste Frankreichs und erwarb sich den Marschallsstab. Wir begegnen ihm in Portugal, wo er die Anerkennung des Regentenhauses der Branganza's siegreich von Spanien erstritt. Nach Frankreich zurückgekehrt, mußte er, als 1688 das berühmte Edict von Nantes aufgehoben wurde, welches den Protestanten in Frankreich ihre Freiheiten und Rechte gesichert hatte, flüchten, weil er Protestant war. Mit offenen Armen nahm der Kurfürst von Brandenburg den Helden auf; denn er kannte die Perle, die er in ihm gewann.

Auch hier bahnte sich der ausgezeichnete Mann die Wege zu Ruhm und Ehre; denn der Kurfürst ernannte ihn nicht nur zum Gouverneur von Preußen, sondern auch zum Minister und obersten Befehlshaber seiner Armee; aber auch diese Ehrenstellen konnten den Mann nicht festhalten, der eigentlich kein Mann des Friedens war und ein ruhig hinfließendes Geschäftsleben nicht liebte.

Wilhelm von Oranien rief ihn an seine Seite, als er die Absicht hatte, in England zu landen. Er bekämpfte die Stuarts und ihre Macht und vernichtete, überall siegreich, den letzten Hoffnungsstrahl dieses königlichen Stammes.

In Irland erfocht er glänzende Siege, aber in der Schlacht am Boynefluß ereilte ihn im Jahre 1690 der Tod, zum tiefen und aufrichtigen Schmerz seines Freundes, Wilhelms von Oranien. Seine Leiche wurde nach London gebracht und mit hohen, aber wohlverdienten Ehren in der Westminsterabtei beigesetzt. Das ganze englische Volk trauerte um den Helden. Alle Herrscher, denen er sein Schwert geliehen, hatten ihn mit den höchsten Ehren geschmückt. Frankreich verlieh ihm, wie schon erwähnt, die Marschallswürde, Portugal erhob ihn in die Gemeinschaft des höchsten Adels und machte ihn zum Herzog, und England erhob ihn zum „Pair“ von England und erkannte seine Herzogswürde an mit voller Auszeichnung.

Im Mannsstamme erlosch das Geschlecht im Jahre 1713. Der Graf von Degenfeld, in und bei Bacharach reich begütert, hatte die Erbtochter zur Gattin und trat in die Lehensgüter der erloschenen Familie ein. Er vereinigte das Schomburgische Wappen mit dem seinigen und hing den ruhmgekrönten Namen dem seinigen an, sich fortab Degenfeld-Schomburg nennend. Bis zur Regulirung und Ablösung der Lande des linken Rheinufers von Deutschland behielt das Geschlecht die Güter in Oberwesel und Bacharach; da es aber ausgewandert war und in Geisenheim seinen Sitz hatte, als die Franzosen kamen, so würde es Alles verloren haben, da die Republik Frankreich den ausgewanderten Adelsfamilien allen Grundbesitz wegnahm. Um darum noch zu retten, was zu retten etwa übrig war, verkaufte der damalige Besitzer der Güter diese an einen ehemaligen Beamten der Familie zu einem verhältnißmäßig sehr geringen Preise. Als es am Rhein eine Burg zu besitzen und aufzubauen Mode geworden war, nachdem Prinz Friedrich von Preußen sein schönes Rheinstein aufgebaut hatte, kaufte Prinz Albrecht von Preußen die Ruinen von Schönburg, und es schien eine Weile, als sollte die Burg in ihrer alten Pracht und Herrlichkeit wieder erstehen; allein die Zeit jener schönen Liebhaberei ging vorüber, und die Hoffnung scheint für immer dahin zu sein, daß die Burg eine „Urständ“ erlebe. Der Wein Oberwesels ist mit Recht berühmt, besonders der aus der „engen Hölle“ und der an dem sogenannten „calvinischen Berge“ wachsende, der diesen Namen trägt, weil er den „calvinischen Schomburgern“ gehört hatte.

Die Lorelay bei St. Goarshausen.

Die „Lorelay“, denn das ist die allein richtige Schreibart des Namens, erhebt sich zu einer stolzen Höhe, und ihr Fuß ruht tief unter dem Spiegel des Rheines, der hier seine tiefste Tiefe hat. Wem, der des Rheines schöne Ufer bereist hat, steht sie nicht in unvertilgbarer Erinnerung vor der Seele?

Doch ehe ich weiter darauf eingehe, mögen mir die lieben Leser und Leserinnen gestatten, bei dem Namen zu weilen. Wer kennt nicht die schöne Heine'sche Ballade? Wer hätte sie nicht schon gesungen nach der volksthümlichen Weise, so ihm überhaupt Gesang gegeben? — Und doch trägt Heine grade die Schuld, daß der Name völlig unrichtig aufgefaßt wird. Nach ihm heißt die Zauberjungfrau der Sage Lorelei, und seitdem trägt sie diesen Namen auf manchem schönen Bild und einer der schönen Statuetten des Bildhauers Cauer in Kreuznach, und das grade ist der Irrthum. Das Volk nennt nicht die Zauberjungfrau mit ihrem berückenden Gesange Lorelei, sondern den Berg Lorelay und betont die letzte Silbe sehr stark, also Lay der Lore, und wirklich heißt die süße Gesangeszauberin Lore in den alten Sagensammlungen und im Volke. Aber, fragen die Leser, was heißt denn Lay? Mit diesem Worte nennt der Oberrheiner überhaupt einen Schieferstein. So z. B. werden die Schiefertafeln, darauf die Kinder in den Schulen schreiben, weit und breit Layen genannt. Da nun überhaupt das Gestein unterhalb Bingen bis zum Siebengebirge hin, wo wieder andere Gesteine anstehen, dem „Schiefer“ angehört, so nennt der Schiffer jeden aus dem Wasser hervorstehenden, der Fahrt gefahrdrohenden Felsen nicht Klippe, nicht Felsen, sondern Lay; aber das Gebiet des Wortes ist ein weiteres: alle Dachschiefer sind Layen, das damit bedeckte Dach ein Layendach, der Bruch oder das Schieferbergwerk, wie z. B. bei Caub, der Layenbruch, die Bergleute die Layenbrecher. Ebenso wird Layendecker statt Dachdecker gebraucht, und von dem Schiefergebirge dieses Striches heißt es die Layenberge. So ist es thatsächlich, und der, welcher diese Zeilen dem schönen Bilde zugibt, ist ein Kind dieser Berge und kann Rede stehen. Lorelay also Lay = Berg der Lore ist das Alleinrichtige, und Lay ist sprachlich weiblich. Prachtvoll thürmt sich — um mit dem Volksmunde zu reden — die Lay der Lore auf, prachtvoll, man mag von St. Goar aus herauf oder von Oberwesel herab kommen. Sie ist einer der schönstgeformten Berge des oberen Rheinthals, und ihre Stelle mit der ganzen Umgebung trägt einen solchen

Klimsch gez. Stahlstich v. Carl Mayer's K.-A. in Nürnberg.

Loreley

Verlag von Julius Niedner in Wiesbaden.

Ausdruck des Wilden, Schauerlichen, Geheimnißvollen, daß man leicht begreift, wie die Sage hier gedeihen mußte, und das vielfache Unglück, das hier die Schiffahrt in früheren Tagen erlitt, bot der Sage ungesucht seine Hand. Da hauste denn in den Felsen ein Unheil bereitender Geist, der den Schiffer bethörte, daß sein Kahn zerschellte, und er höhnte durch sechs- bis siebenfache Wiederholung den Jammerruf des Verunglückenden. Bald aber bemächtigte sich die dichtende Einbildungskraft des Volkes der Schiffersage, und es wurde aus dem bösen Geiste der Felsen eine wunderholde, Alle berückende heidnische Jungfrau, deren Gesang, von des Rheines Wellen getragen, deren wunderbar klingendes Saitenspiel und unwiderstehlicher Liebeszauber die Schiffer berückte, daß sie vergaßen, den Kahn zu lenken, — und er an die Felsen stieß und versank. Der Weheruf des Volkes rief den frommen Mainzer Bischof hierher, daß er durch der Kirche heilige Macht den Zauber breche; aber auch er — der Arme, bezaubert vom Liebreize Lore's, wurde ihr Opfer und wagte nicht, die Holdselige zu bannen, die ihm Herz und Sinne bezaubert hatte. Alle die Opfer aber, die ihrem Blicke und Liede fielen, heischten Rache, und diese Rache führte unbewußt der schönste Jüngling aus, der an diesen Ufern weilte. Sie sah ihn und ihr kaltes, theilnahmloses Herz entbrannte in Liebe zu ihm. Eines Abends, da er zu ihr eilen wollte, saß sie oben in den Felsen. Schon wob die Dämmerung ihre Schleier über Berg und Fluß. Das liebende Herz erging sich im Gesang, schöner, inniger, bezaubernder als je. Da schwamm sein Kahn von Wesel herab. Er horchte, seine ganze Seele lauschte dem wunderbaren Liede, — da stößt sein Kahn an den Felsen; er schlägt um, nur noch ein Schrei, und die feuchte Tiefe schließt sich über dem mit Sehnsucht Erwarteten. Sie hört den Schrei, sie kennt die Stimme, beugt sich vor, um voll tödtlicher Angst hinabzuschauen, und — stürzt von Fels zu Fels hinab in die Tiefe, wo nun auch sie verschwindet; aber ihr irrer Geist ist in diesen Felsen gebannt, und jeder Ruf gegen den Felsen muß von ihr wiederholt werden, bis an der schrecklichen Erinnerung ihre Stimme erstirbt. —

Dies ist die ursprüngliche Schiffersage, deren Stoff der Dichter Heine in seiner Weise behandelt, ohne doch eigentlich den tief poetischen Schluß der Schiffersage zu benutzen. Man hat Clemens Brentano als den Urheber und Vater dieser Sage bezeichnen wollen, doch das ist unwahr; denn ehe Clemens Brentano (der übrigens theilweise denselben Irrthum begeht wie Heine) seine Ballade sang, lebte die Sage im Munde des Volkes, namentlich der Fischer und Schiffer. Es dürfte vielen Lesern anziehend sein, beide Bearbeitungen neben einander zu haben, daher ich sie beide folgen lasse.

Heine.

Ich weiß nicht, was soll es bedeuten,
Daß ich so traurig bin;
Ein Mährchen aus alten Zeiten,
Das kommt mir nicht aus dem Sinn.

Die Luft ist kühl, und es dunkelt,
Und ruhig fließt der Rhein;
Der Gipfel des Berges funkelt
Im Abendsonnenschein.

Die schönste Jungfrau sitzet
Dort oben wunderbar.
Ihr goldnes Geschmeide blitzet.
Sie kämmt ihr goldenes Haar.

Sie kämmt es mit goldenem Kamme
Und singt ein Lied dabei,
Das hat eine wundersame,
Gewaltige Melodei.

Den Schiffer im kleinen Schiffe
Ergreift es mit wildem Weh;
Er schaut nicht die Felsenriffe,
Er schaut nur hinauf in die Höh'.

Ich glaube, die Wellen verschlingen
Am Ende Schiffer und Kahn! —
Und das hat mit ihrem Singen
Die Lorelei gethan!

Brentano.

Zu Bacharach am Rheine
Wohnt' eine Zauberin,
Die war so schön und feine
Und riß viel Herzen hin,

Und machte viel zu Schanden
Der Männer rings umher,
Aus ihren Liebesbanden
War keine Rettung mehr!

Der Bischof ließ sie laden
Vor geistliche Gewalt
Und mußte sie begnaden,
So schön war ihr' Gestalt,

Und sprach zu ihr gerühret:
„Du arme Lore Lay!
„Wer hat Dich denn verführet
„Zu böser Zauberei?"

„Mein Schatz hat mich betrogen,
„Hat sich von mir gewandt,
„Ist fort von mir gezogen,
„Fort, in ein fremdes Land! —

„Drum laß mein Recht mich finden,
„Mich sterben, wie ein Christ;
„Denn Alles muß verschwinden,
„Weil er mir treulos ist!"

Drei Ritter läßt er holen:
„Bringt sie in's Kloster hin!
„Geh', Lore, Gott befohlen
„Sei Dein berückter Sinn!"

„O Ritter, laßt mich gehen,
„Auf diesen Felsen groß,
„Ich will noch einmal sehen
„Nach meines Vaters Schloß.

„Ich will noch einmal sehen
„Wohl in den tiefen Rhein
„Und dann in's Kloster gehen
„Und Gottes Jungfrau sein!"

Der Felsen ist so jähe,
So steil ist seine Wand,
Doch klimmt sie in die Höhe,
Bis daß sie oben stand.

Es binden die drei Reiter
Die Rosse unten an
Und klettern immer weiter
Zum Felsen auch hinan.

Die Jungfrau sprach: „Da wehet
„Ein Segel auf dem Rhein,
„Der in dem Schifflein stehet,
„Der soll mein Liebster sein!

„Mein Herz wird mir so munter,
„Er muß mein Liebster sein!"
Da lehnt sie sich hinunter
Und stürzet in den Rhein.

Die Ritter mußten sterben,
Sie konnten nicht herab;
Sie mußten all' verderben
Ohn' Priester und ohn' Grab.

Wer hat dies Lied gesungen?
Ein Schiffer auf dem Rhein,
Und immer hat's geklungen:
Lore Lay!
Lore Lay!
Lore Lay!
Als wären es meiner drei!

Wenden wir uns von der Sage der Wirklichkeit noch einmal zu! Zwischen den hohen Felsen stehet das Wasser ruhig wie das Zünglein in der Waage, daher Schiffer und Fischer so ruhiges Wasser Waag nennen. Es ist kühl, denn die Sonne kann nur kurz es bescheinen, daher liebt der Salmen (Salmo ist der Fische König, Hecht ein Räuber ohne Maß, sagt ein altes Gedicht) diese Stelle, wenn er aufwärts zieht, und ruht hier aus, hält sich wenigstens gern an der Stelle. Daher schon gegen das sechste Jahrhundert hier Salmenfischer ihre Hütten bauten. Später mehrte sich diese Salmenfängerei, und die Kaiser erklärten sie (da das Rheinland ihre Provinz besonders war) als ein ihnen zustehendes Recht. Sie belehnten mit dem Rechte des Salmenfanges ihre Vasallen und Freunde, die dann das Afterlehen an Andere gaben oder verpachteten. 1418 ertheilte der Kaiser Sigismund noch ein solches Lehen. Wenn die Angaben richtig sind, daß oft in einem Jahre 8000 Pfund Salmen hier gefangen wurden, so deutet das auf die ungeheure Menge dieser Fische, welche den Rhein herauf stiegen. Heutzutage hat sich die Zahl außerordentlich vermindert. Ob die stete Unruhe des Wassers durch die wellenpeitschenden Dampfschiffe die Verminderung der Fische allein verschuldet, möchte zu bezweifeln sein und die Ursache vielmehr darin liegen, daß am Unterrhein und namentlich bei Emmerich und Wesel die Fischer ihre Netze durch die ganze Breite des Rheines stellen und so ganze Züge der aufwärts steigenden Salmen hinwegfangen. Stehen solcher Netzreihen mehrere über einander, so ist es ja kaum möglich, daß viele durchkommen können. Jetzt verpachtet die Regierung die Salmenfängereien auf gewisse Zeiträume, und wenn man die nicht unbedeutenden Pachtsummen in's Auge faßt, so muß der Fang noch immer lohnend sein. Freilich hält sich im „Waag" überhaupt jede Sorte der Fische gerne auf. Seit langen Jahren hielt sich der Loreley gegenüber ein alter Invalide in einem Hüttlein in den Felsen auf, der seinem Flügelhorn langgezogene, volle Töne entlockte und damit jenseits das Echo wach rief und dann auch einigemal seinen Karabiner losbrennen ließ, daß der donnernde Widerhall sich hören ließ. Die Dampfschiffahrtsgesellschaft gab ihm einen kleinen Lohn, aber auch mancher Wanderer wollte das berühmte Echo hören, und so stand er sich gut dabei. Es war seine Domaine. Eigen aber ist es doch, daß schon im Jahre 1655 Merian ganz dasselbe berichtet und ausdrücklich Trompeten und Schießen nennt, womit man das Echo gelockt.

Wer kurz vor dem Tode des Bildhauers Hopfgarten dessen Kunstwerkstätte in der Burg des Biebricher Schloßgartens besuchte, konnte dort das Gypsmodell einer sogenannten „Lorelei" sehen, das, in Sandstein ausgeführt, auf dem äußersten Vorsprung der Lorelay seine Aufstellung finden sollte. Man hat seit dem Tode des Künstlers nichts mehr von dem Gedanken gehört, und — das ist gut!

Höchst gefährlich ist die Fluß-Enge an der Lorelay für das Flußthal bis Bingen hinauf; denn hier am ersten stellt sich das Eis, und durch den gewaltigen Druck von oben her keilt es sich fest, bäumt sich dann auf und schließt gewissermaßen die Pforte. So muß das Wasser weiter oben immer höher steigen und große Noth der Uferbewohner hervorrufen. Es sind Fälle vorgekommen, wo kaum mit Kanonenkugeln die Eismasse an der Lorelay bewältigt werden konnte.

Rheinfels mit St. Goar, der Katz und der Maus gegenüber.

Wenn das rheinabwärts schaufelnde Dampfboot an der sagenverherrlichten „Lorelay" vorbeibiegt, so naht es sich bald dem Strudel der Bank, und es tritt eins der schönsten Rundgemälde des Rheinthals dem Reisenden entgegen. Wie so oft erscheint der Rhein als ein bergumschlossener See. Es sind theils kahle, schroffe Schieferfelsen, theils mit Rebengrün bedeckte Hänge, welche die grüne Fluth des Alpensohnes einschließen und ihn zu bannen scheinen. Auf einem schmalen Uferstreifen drängen sich die Häuser von St. Goar an einander, überragt von der stattlichen Stiftskirche und von mächtigen Mauern und Blockhäusern, die einst zu den Festungswerken von Rheinfels gehörten. Nördlich führt ein breiter, von uralten Nußbäumen beschatteter Weg zu den Ruinen von Rheinfels hinan, die hoch oben stehen und die an und für sich schöne Landschaft schmücken. Weilt der Blick bei den Bergen von Rheinfels in östlicher Richtung, so zeigen sich über dem Winzerdörfchen Welmich die Ruinen der Burg Thurnberg, auch wohl Deurenburg, vom Volke aber höhnend seit alter Zeit die „Maus" genannt. Folgt dann derselbe der östlichen Richtung, so stellt sich ihm St. Goar gegenüber St. Goarshausen dar, dessen Häuser mit erschreckender Keckheit fast aus der Fluth des Stromes sich erheben und über ihnen hoch oben die Ruinen von Neukatzenelnbogen oder, wie es in Bezug auf Thurnberg das Volk nennt: „die Katze". Das Bild ist bezaubernd schön, und jenes Wort Freiligraths an Uhland, das er hier dichtete: „Heil dir, Romantik!" hat seine volle Berechtigung. Jene Aeußerung aber, welche man dem Kaiser

Franz von Oesterreich auf seiner Rheinreise zum oder von dem Congresse von Aachen in den Mund legt, daß er in seinem ganzen Reiche eine solche Naturschönheit, wie St. Goar und die Lorelay, nicht habe, schmeckt doch zu stark nach dem sonst nicht zu verachtenden Lokalpatriotismus, als daß man Gewicht darauf legen dürfte. Der Kaiser, der seine Donaugegenden und sein Tyrol kannte, dürfte eine solche Aeußerung denn doch nicht gethan haben, so schön, so wunderschön die Lorelay und der Thalkessel von St. Goar auch an und für sich sind.

St. Goar und Rheinfels sind, sobald sie geschichtlich zu einander treten, nicht zu trennen, aber St. Goar reicht weiter hinab in die Vorzeit als jene Ruinen, es sei denn, daß der hessische Ingenieur Recht gehabt, wenn er an dem Unterbau des Hauptthurmes von Rheinfels und an einigen Stellen der Festungsmauern römische Mauerreste aufgedeckt haben wollte. Unmöglich wäre es nicht, daß, da bei Stolzenfels römische Befestigungen zu finden sind, die ähnlich dem Pfahlgraben auf dem rechten Rheinufer sich auch auf den Berghöhen des linken hinaufzogen, der römische Feldherr (Drusus?) mit sicherem Soldatenblick die Bedeutung dieser Höhen gewürdigt und Wachtthurm und Castell hier erbaut habe; allein es steht die Sache doch nur auf „Eines Zeugen Rede“, während der alte Rechtsspruch sagt: „Man soll sie hören alle Bede“ oder auch Anderer Ansicht, was aber eine kostspielige Untersuchung erheischen würde, zu der noch kein Alterthümler Lust getragen hat.

Bei St. Goar sprechen manche Umstände für ein hohes Alter. Daß man die Stelle, wo der Rhein fast nie sich mit einer festen Eislage bedeckt, wo also der Fischfang Jahr aus, Jahr ein so ungestört und lohnend und vor Allem der Salmenfang so einträglich war, zeitig als gutes Plätzlein zur Ansiedelung erkannt habe, ist doch kaum zu bezweifeln, und dies mochte Treverer gelockt haben, hier Hütten zu bauen. Ob der uralte Ort Trichorium oder Trigorium geheißen, die namengebende Hauptniederlassung des Trachir-, Trechir-, Trachgaues geworden, das lassen wir dahingestellt sein; aber daß Sanct Goarius, der Mönch und Einsiedler, dem es um die heilige Sache der Verbreitung der Lehre Jesu Christi zu thun war, sich in der Nähe einer menschlichen Niederlassung auch für seinen heiligen Sendbotenberuf eine solche ausgesucht, läßt keinen Zweifel zu, ebenso wenig als daß sein Name auf die durch seine Predigt des Evangeliums und seine „Wunder“ an Einwohnern mächtig zunehmende Niederlassung überging. So verschwand — es muß frühe gewesen sein — der alte heidnische Name, und mit der Weihe des Christenthums legte sich der Ort — und es ist eine rühmliche That der Dankbarkeit — den Namen des verehrten, hier thätigen, gestorbenen und ruhenden christlichen Sendboten bei. Für das hohe Alter des Ortes zeugt auch das steinerne, seltsame, schwer zu deutende Götzenbild, welches man hier fand. Es ist kaum zu bezweifeln, daß es ein keltisches ist. Höchlich muß man sich aber darüber wundern, daß der Alterthumsverein der Provinz es im Freien verwittern läßt; daß man, etwa in dem Rathhause der Stadt, nicht einmal einen Raum findet, wo man dem höchst merkwürdigen Götzenbild aus grauester Vorzeit eine Stätte bieten könnte, damit die Einflüsse der Witterung ihm nicht den Untergang bereiten. Auf der einen Seite zu viel Lokalpatriotismus, auf der andern zu wenig! Es war ein wunderbares Ringen, Leben und Weben um das sechste Jahrhundert nach des Herrn Geburt sowohl in den britischen Inseln als in Gallien, den heidnischen Deutschen die Heilsbotschaft zu bringen. Viele kamen in das schöne rheinische Land: Gallus und seine Gehülfen und Nachfolger droben am Oberrhein; am Mittelrhein aber klingen uns Namen entgegen, wie Winfried (Bonifacius), Disibod, Rufinus, Medardus, Ingbert, und wie die opferwilligen, glaubenstreuen Männer alle hießen, unter denen auch der Mönch und Einsiedler Goarius eine hervorragende Stelle einnimmt. Es ist als gewiß anzunehmen, daß Goar aus Aquitanien stammte, dem Benedictinerorden angehörte und in seinen besten Mannesjahren in diese Gegend gekommen ist und treu für seine heilige Sache wirkte, bis er im Jahre 511 (wie eine Steinschrift in der Stiftskirche bezeugt) hier gestorben und begraben worden ist.

Das Volk zeigt unsern des sogenannten „Bettes“, oberhalb St. Goar, gegen Oberwesel zu, eine — von Menschenhand in den Felsen gehauene Höhle, in welcher der fromme Einsiedler anfänglich und lange gewohnt haben soll, daher auch jene Rheinstelle „St. Goarsbett“ heißt. Später, weil es seinem Zwecke dienlicher war, siedelte er in den Ort über, wo er auch starb. —

Vierunddreißig Hauptwunder weiß die gläubige Legende von dem Heiligen zu berichten, darunter auch das Vertreiben der heftigen Zähnepein der schönen Fastrada, Gemahlin des großen Karl. Leider haben diese Wunder an der Grabstätte aufgehört; denn ich weiß Einen, der gerade in St. Goar sich einen Zahn mußte ausziehen lassen, um Ruhe zu gewinnen, und der ihn auszog, that auch kein Wunder! Wie aber das Wirken des Heiligen ein geistlicher Segen für die Leute in St. Goar gewesen, so blieb sein Andenken auch ein Segen mehr in leiblicher Beziehung für den Ort; denn die zahlreichen Wallfahrten zu seinen Gebeinen brachten solche Vortheile, daß der Ort schnell wuchs und an Wohlstand mächtig gewann. St. Goar mit Kirche und

Kloster war dem Abte von Prüm in der Eifel übergeben, und dieser bestellte die Grafen von Katzenelnbogen zu Schutzvögten über St. Goar, welche die in der Stadt gelegene „alte Burg", die man für einen kaiserlichen Hof oder „Saalbau" hält, bewohnten und den Zoll erhoben, welcher einer von den vielen war, die zwischen Mainz und Coblenz den Handel brandschatzten. Ueber dieser Burg Ursprung fehlen alle Nachrichten, und daß sie eine kaiserliche Pfalz gewesen, ruht auch nur auf Wahrscheinlichkeitsgründen. Unzweifelhaft war sie der Sitz der Schirmvögte, bis einer derselben, Diether III, Graf von Katzenelnbogen, im Jahre 1245 auf den Gedanken kam, auf der stolzen Höhe, die weithin das Land beherrscht, eine Burg zu erbauen, die er Rheinfels nannte, und aus der die spätere tüchtige Festung erwuchs im Laufe der Zeit und der Veränderungen der Kriegskunst.

Karl der Große hatte seines Vaters Schenkung an Prüm bestätigt und befestigt. Die Schirmvögte wurden nun Lehensträger und aus diesen zu wirklichen Landesherren im Lauf der Jahrhunderte. Später gaben Krieg und Sieg die Lehen. —

Die Burg Rheinfels brachte der Stadt manche Vortheile, aber das Verhältniß zu ihr für die Stadt auch dunkle Schattenseiten. Die Burg zog schon im ersten Jahrzehnt ihres Daseins wegen des Zolles und der Hemmnisse der Schiffahrt, welche sie bereitete, der Stadt eine schwere Prüfung zu, eine heftige Belagerung.

In Mainz hatte der edle Walpode dem Städtebund das Dasein gegeben, dieser herrlichen Frucht freier, frischer bürgerlicher Kraft. Es wuchs der Städtebund gegen Beeinträchtigung und „Buschklepperei", oder deutlicher gesagt, ritterliches Raub- und Straßenräuberwesen frisch empor und erstarkte so, daß er die ärgsten Raubritterburgen belagerte und ausbrannte.

Der Zoll in St. Goar war wie überall eine Quelle unermeßlicher Willkür und Bedrängniß für den Handel, und die Burg Rheinfels in Diethers III von Katzenelnbogen Hand war ein Stein des Anstoßes für die Städtebündler. Nachdem man gütlich alle Hülfsmittel erschöpft hatte, schritt der Städtebund zu rascher That nach dem Sprüchwort: „Ein Quentlein That ist mehr werth als ein Sack voll Rath."

Der Bundestag des Städtebundes hatte Muth und Kraft, keine eifersüchtelnde Sondergelüste, war auch nicht lendenlahm durch allerlei Bedenken und kein vielköpfiges Gespenst. Der Walpode von Mainz war ein Mann mit Mark in den Knochen und scharfen, guten Zähnen, der recht zubeißen konnte und das ritterliche Gesindel auf dem Striche hatte, von dem Jeder ein Landesherrlein war, dessen Wille als Gesetz gelten mußte. Der Bund wuchs schnell zu 70 Gliedern, und die rheinischen Fürsten, die Pfälzer, Mainzer, Trierer und Kölner Kurfürsten mochten denken, es wäre besser, wenn sie sich zu den Bürgern schlügen, als daß es diese auf sie thäten, und traten bei. Da gab's eine rheinische Einheit, und diese fuhr dem Raubritterwesen so in die „noble Passion" hinein, daß die edlen Herren ein Jucken um den Hals fühlten und wohl hin und wieder trotzten, aber doch im Allgemeinen in sich gingen, — wenigstens zeitweise und hier und da, jedenfalls aber im Allgemeinen vorsichtiger wurden.

Diether von Katzenelnbogen war — er mochte übrigens jenes bedenkliche Jucken auch fühlen — zwar dem Bunde beigetreten, aber der Zoll bei St. Goar und die Burg Rheinfels im Rücken mochten ihn dazu verleitet haben, je und dann bei dem Zahlen des Zolles es nicht ganz genau zu nehmen; er fand es auch für seinen Säckel ersprießlich, den Zoll zu erhöhen. Das hatten die Herren vom Städtebund befürchtet, und da ihre Beschwerden nichts halfen, so rückte des Städtebundes Heer vor Stadt und Burg; aber die drinnen waren, wehrten sich so wacker, daß es endlich abziehen mußte. Das war die Probe von Rheinfels, die ihm Ehre machte, bis — doch der Gang der Geschichte fordert sein Recht.

St. Goar gewann sehr an Bedeutung seit dieser Zeit. Der Heilige zog Fürsten und Volk hierher. Kaiser Karls des Großen Söhne vereinigten sich in seiner Capelle; er selbst, der große Kaiser, weilte hier mit seiner Gemahlin Fastrada, der es besser ging an diesem Orte als ihrer Schwiegermutter. Ludwig der Fromme, König Twentibold, Kaiser Heinrich IV und Andere weilten länger oder kürzer in der Stadt. Ein Pfalzgraf von Thüringen soll 1130 hier seine Hochzeit mit einer Gräfin von Arnstein gefeiert haben, und der Bund der Löwenritter hielt eine Versammlung in der Stadt als ihrer „Capitelstadt". Kurfürsten und Fürsten brachten dem heiligen Goar ihren Zoll der Andacht, und das mehrte noch die Zahl der Wallfahrer zu den Gebeinen des Heiligen. Im Laufe des zwölften Jahrhunderts wurde die Stadt mit Mauern und Thürmen umgeben und konnte Widerstand leisten, als sie in dem Kronenstreite Philipps und Otto's belagert wurde.

Als im Jahre 1479 der Mannsstamm der Grafen von Katzenelnbogen erlosch, ging das Erbe an die Landgrafen von Hessen über. Als Philipp der Großmüthige seine Länder theilte, erhielt Philipp der Zweite die Niedergrafschaft Katzenelnbogen, zu welcher Rheinfels und St. Goar gehörte. Er verlegte seine Residenz nach Rheinfels. Sein Hoflager hob den Wohlstand der Stadt sehr; die Reformation hatte schon sein Vater eingeführt. Die Stürme des dreißigjährigen Krieges trafen auch St. Goar und seine Burgfeste. Der

Klimsch gez

Stahlstich v. Carl Mayer's K.-A. in Nurnberg.

Rheinfels und St. Goar.

Verlag von Julius Niedner in Wiesbaden

Kurfürst von Trier machte vergebliche Versuche, Burg, Stadt und Gebiet an sich zu reißen. Aber schlimmer war der Hader der Linien der hessischen Fürsten für die Stadt. Plünderung, Religionsdruck durch Hessen=Darmstadt und Pest hatten die Stadt um 500 Bürger ärmer gemacht; zwar schonten die Schweden die Stadt, aber desto wilder hatten Spanier und Kaiserliche hier gewirthschaftet, und als vollends die Franzosen Stadt und Burgfeste im Jahre 1645 besetzten, dann abzogen, aber blitzschnell wiederkehrten und lange genug blieben, um die Stadt regelrecht auszusaugen, da mußte sie den Kelch der Trübsal bis auf die Hefen leeren. Die wieder ausbrechende Pest stürzte sie völlig in's Verderben. Und dennoch war der Leiden Maß noch nicht voll! Hessenkassel belagerte mit 6000 Mann die hessendarmstädtische Besatzung und bedrängte auf's Heftigste Stadt und Feste, — bis endlich eine Uebergabe in Folge einer Verständigung stattfand. Nun war die verarmte Stadt gänzlich erschöpft. Die Festung hatte auch gelitten. Diese wurde hergestellt; jene mochte sehen, wie sie that!

Hätte sie Zeiten des Friedens und der Ruhe erlebt, sie hätte sich wohl wieder im Schatten eines fürstlichen Hofhaltes erholen können; aber die Kriegs=fackel loderte nur zu bald wieder auf der Höhe von Rheinfels, und die Stadt mußte mit leiden. Waren auch die Versuche der Franzosen, sich der Festung und Stadt zu bemeistern, vor dem Jahre 1692 vergeblich, so konnten doch die Gelüste des vierzehnten Ludwig nicht ruhen. Rheinfels am Rhein, Montroyal an der Mosel — das waren die Schlüssel des rheinischen Landes. So zog denn Tallard von Montroyal heran mit 28,000 Mann und vielen Geschützen und begann die Belagerung und Beschießung. Allein der General von Schlitz, genannt von Görtz, in der Festung und der Obristlieutenant du Mont in der Stadt waren Männer, die sich ihrer Pflicht zu opfern bereit waren. Vom 17. December 1692 bis 1. Januar 1693 dauerte eine beispiel=los heftige Belagerung, ohne daß Tallard irgend welchen Vortheil errang, und als die Kunde kam, es nahe ein Heer zum Entsatz, da hob Tallard in aller Eile die Belagerung auf und wandte sich zum sichern Montroyal an der Mosel.

Aus jener Zeit hat sich die Sage im Volke erhalten, Tallard habe seine Kanonen nicht alle schnell genug unter dem sogenannten „Hasenpanier" wegbringen können und sie daher im St. Goarer Walde sicher vergraben. Ist etwas Wahres an der Sache, so hat es der pfiffige Franzose so heimlich und schlau gethan, daß — bis heute, trotz vielen Suchens, keine Spur davon gefunden werden konnte. Indessen scheint die Sache ein leeres Gerede. Tallard war der Mann nicht, so unsichere Zufluchtsstätten für seine Geschütze zu benutzen, wenn die Möglichkeit vorlag, sie fortzubringen, und diese kann doch eben nicht wohl in Abrede gestellt werden. Nun hätte sich die arme Stadt erholen können, aber ihr war kein Friede gegönnt, solange Rheinfels nicht ein Schutthaufen war. —

Leider wurde schon wieder im Jahre 1702 die arme Stadt heimgesucht. Stadt und Festung waren im Rechtsbesitz der Landgrafen von Hessen-Rheinfels gewesen, und Hessen-Kassel hatte nur das Recht, die Festung Rheinfels im Krieg zu besetzen. Als aber 1693 die Franzosen abgezogen waren, weigerte Hessen-Kassel die Rückgabe an Hessen-Rheinfels und behielt Stadt und Feste sammt der Grafschaft Katzenelnbogen unter dem Vorwand, Landgraf Georg habe die Festung den Franzosen heimlich verkauft. Leider — war das richtig! — Nur war der noble Act noch nicht vollzogen. Im Ryswicker Frieden wußten es die Franzosen so einzufädeln, daß Stadt und Festung an Hessen-Rheinfels zurückfiel, in sicherer Hoffnung, daß der „Landschacher", wie man es nannte, nun künftig vollzogen werden würde. Das geschah indessen doch nicht. Als der Erbfolgekrieg ausbrach, hatten kaiserliche Truppen die Stadt und Festung in Besitz, und Hessenkassel verlangte sein verbrieftes Recht. Wie schon oben erzählt, griff Hessen-Kassel zu den Waffen und belagerte 1702 Stadt und Festung, und nach heftiger Beschießung und langem Hader behielt dasselbe Stadt und Festung, und erst als der Kaiser einschritt, wurde Hessen-Rheinfels sein Recht wieder zu Theil. Die Franzosen bemächtigten sich 1758 der Stadt und Festung, während die Hessen auf einem Balle lustig tanzten. Sie behielten bis zum Hubertsburger Frieden die Stadt, welche noch während dieser Zeit von dem Unglück betroffen wurde, daß ein in die Luft fliegendes Pulvermagazin einen bedeutenden Theil derselben verheerte.

Als 1794 die Franzosen das linke Rheinufer nahmen, da galt es, auch Rheinfels zu nehmen. Eine Besatzung von 3260 Mann lag in der Festung; sie war mit Allem, was eine kräftige Vertheidigung erheischte, versehen, aber — als die ersten Vorposten der Franzosen sich zeigten, bekam der hessische Commandant von Resius einen so heftigen Anfall des Kanonenfiebers, daß er eiligst abzog und Alles mit Allem den Franzosen überließ. Kaum glaublich, aber buchstäblich wahr! — Die Franzosen nahmen ohne Schwertstreich Rheinfels ein! — Drei Jahre darauf sprengten sie die Festungswerke von Rheinfels. Die Mauern, wie sie standen, und der Raum in ihnen wurde als Domaine für 2500 Francs veräußert, und 1845 kaufte Prinz Wilhelm von Preußen, jetzt König Wilhelm I und deutscher Kaiser, die Ruinen an sich.

Zu ernsten, tiefeingehenden, des Vaterlands Zerrissenheit und Schmach

Klimsch gez.

Stahlstich v. Carl Mayer's Kunstanstalt. Nürnberg.

St. Goarshausen und St. Goar.

Verlag von Julius Niedner in Wiesbaden.

vor die Seele rufenden Betrachtungen fordert diese geschichtliche Uebersicht den auf, der hier oben steht und über den schönen Thalkessel hinblickt. —

Die Umschau ist köstlich, die Rückschau in die Geschichte betrübend! Einer seltsamen Eigenthümlichkeit Sanct Goars muß hier der Vollständigkeit wegen, und damit eine heitere Erscheinung die düsteren Gedanken verscheuche, noch gedacht werden. Es ist der sogenannte Hanselorden.

Der Orden, dessen Stiftung, wie die ältesten Matrikulbücher berichten, in die Zeit Karls des Großen fallen soll, ist eben eine halb ernste, halb komische Sache. Wenn auch die Stiftung durch Karl den Großen gewiß in's Reich der Mährlein zu verweisen ist, so begegnet man doch dem Orden bereits im Anfang des dreizehnten Jahrhunderts. Er wird schon 1470 „ein uralter Brauch" genannt und ist den in Bacharach und den Rheinthälern mit ihrer Stiftung in dieselbe Zeit fallenden „Zechen" verwandt. Nachdem im Jahre 1626 die Spanier und die Hessen-Darmstädter die Stadt eingenommen, ließ Landgraf Georg von Hessen-Darmstadt im selben Jahre die alten Statuten des Hanselordens durch den Oberamtmann Johann Wolf von Weitelshausen, genannt Schrautenbach, Ritter und kaiserlicher Kämmerer, bestätigen durch eine Urkunde. Darin wird der Orden „Burschbant" genannt, und es heißt darinnen: „Was massen vor undenklichen Jahren hero billig gewesen und noch ist, daß die vorüberreisenden hohen und niedern Standespersonen und darunter meist die Kauf- und Handelsleute an dem dazu sonderlich verordneten Halsbande beim Zolle sich „verhansen", und überdies keinem Kaufmann und Krämer, welcher die Märkte in St. Goar besucht, gestattet werde, seine Waaren zu verkaufen, er habe denn Theil an dem Orden genommen oder „sich verhanset." Das Statut selbst setzt fest, daß Jeder, welcher aufgenommen wurde, 27 Albus dem Orden und drei Albus den Armen zu erlegen hatte. Sollte das Wort verhansen seiner Wortbildung nach auf die „Hansa" hinweisen und dies Verhansen sowie das Eintreten in das „Burschbant" und Halseisen ein Zutreten zur „Hansa" und ihren Grundsätzen vielleicht ursprünglich andeuten? Sollte das, was im Laufe der Zeit zum „lustigen Scherze" geworden, einst eine tiefere, ernstere Bedeutung in andrer Form gehabt haben? —

Das Statut selbst hatte die volle Bedeutung einer Marktordnung, eines Marktgesetzes, über dessen Ausführung die Glieder und Meister des Ordens wachen mußten. Dabei wurde wacker der Armen gedacht und gezecht.

Die komische Seite war diese: Jeder, welcher zum ersten Mal nach St. Goar kam und dort, namentlich in dem alten Gasthause zur Lilie übernachtete, wurde an den Zoll, das Zollhaus, geführt. Aus der Gesellschaft mußte er sich einen Pathen erwählen. Ein dort festgemachtes, rund um den Hals schließendes messingenes Halsband wurde ihm sodann umgelegt. Der Pathe fragt ihn, ob er mit Wasser oder Wein getauft sein wolle. Wählte er die Wassertaufe, so wurde ihm ein Eimer Rheinwasser über den Kopf gegossen, wählte er aber die Weintaufe, so begab sich die Gesellschaft, nachdem eine Steuer für die Armen gegeben worden war, in den Gasthof zurück. Dort legte der Wirth einen eigenen Ornat an und las ihm die Pflichten und Rechte des Hansel-Ritters vor, die er zu halten geloben mußte. Unter den Pflichten waren diese: möglichst wenig Wasser und viel Wein und niemals aus einem leeren Glase zu trinken; unter den Rechten befand sich das: den Fischfang auf der Lorelay und die Jagd im Rhein auszuüben. Nachdem er das gelobt, wurde ihm eine messingene Krone (sie soll ehemals vergoldet gewesen sein) aufgesetzt und dann ihm der wirklich kostbare Humpen mit gutem Wein gereicht, den er viermal, 1) auf das Wohl Karls des Großen, 2) auf das der Königin von England, 3) auf das des Landgrafen von Hessen und 4) auf das der anwesenden Gesellschaft leeren mußte; alsdann wurde sein Name in das Matrikelbuch aufgenommen, den Armen abermals eine Steuer gegeben und endlich — meist auf seine Kosten wacker gezecht. In den Matrikelbüchern stehen höchst bedeutende Namen aus alter und neuerer Zeit.

Von Rheinfels schweift der Blick hinüber, wo hoch am Berge die Burg Thurnberg oder Deurenburg, ursprünglich Petereck genannt, liegt. Sie ist klein, aber sie war der Grenzschutz des kurtrierischen Gebietes und zugleich der des Dorfes Welmich. Der Kurfürst und Erzbischof Boemund II erbaute sie 1355, aber es vollendete den Bau derselben im Jahre 1363 der kriegerische Kuno von Falkenstein, der einst den Binger Bürgern einen so argen Streich spielte, und den die Limburger Chronik so merkwürdig mit Worten conterfeiet. Die Grafen von Katzenelnbogen waren der Nähe dieses schlauen, kriegerischen, persönlich so tapfern Würdenträgers der Kirche, der sich so gern unter das Panier der „streitenden Kirche“ mit dem Schwerte in der Hand stellte, gar nicht froh, höhnten über den Bau der kleinen Burg und nannten sie, da ihre Burgen über St. Goarshausen und Rheinfels ihr so leicht zu Leibe gehen konnten, die Maus. Der Name ist dann im Munde des Volkes geblieben, und die Burg Neukatzenelnbogen über St. Goarshausen wurde „die Katze“ getauft. Dennoch haben beide „die Maus“ nicht gefangen, und wer weiß, ob ihnen Kuno von Falkenstein nicht noch zu schaffen gemacht hätte, wenn er nicht 1388 auf dieser Burg gestorben wäre. Seine Eingeweide liegen in der Kirche von Welmich, wie ein Grabstein sagt. Thurnberg war noch später Wohnsitz des kurtrierischen Beamten und wurde dann dem Verfalle überlassen, wie man sagt. So aber sieht die Ruine gerade nicht aus, als sei sie dem Zahne der Zeit zum Opfer gefallen, vielmehr scheint auch hier die Gewalt das Ihre gethan zu haben. Ob sie nicht auch 1689 der Zerstörung der Franzosen unterlag?

Der Weg zur Burg ist höchst beschwerlich und steil, allein der Aussicht halber lohnt's wohl der Mühe, ihn zu machen. Denn diese ist sehr schön.

St. Goarshausen, früher Hausen oder Husen beim heiligen Goar genannt, ist in seinem alten Theile schwerlich viel jünger als St. Goar und verdankt dem Salmen- und überhaupt dem Fischfang und der Schiffahrt sein Entstehen. Gerade wegen des Strudels der Bank war ja den Schiffenden Hülfe nöthig, und die sogenannten „Halfen oder Halfer" = Helfer, welche mit ihren Pferden die Schiffe durchzogen, waren allezeit unentbehrliche Leute. Mit großer Kühnheit bauten die Leute später, als sich die Bevölkerung mehrte und der kleine Ort mit Mauern umgeben wurde, fast in den tiefen Fluß hinein, und wenn nicht Dämme und ansehnliche Thürme wie gegen Feinde so gegen die Fluth Schutz geboten hätten, er hätte leicht mögen ausgespült werden, wenn das Eis an der Lorelay durchbrach und die durch dasselbe aufgestaute Fluth daherbrauste. Stadtrechte erhielt St. Goarshausen im Jahr 1324 von Kaiser Ludwig dem Baiern. Die Burg Neukatzenelnbogen, „die Katze" genannt, ist jüngeren Ursprungs; Graf Johann III von Katzenelnbogen erbaute sie 1393. Mit Rheinfels und St. Goar natürlich und durch das sie besitzende Geschlecht verbunden, theilte sie größtentheils die Geschicke derselben, mochte aber auch bisweilen als Hülfs- und Zufluchtsort betrachtet und benutzt worden sein. Geschichtlich ist ihrer nicht eben viel im Besondern gedacht. Alle die Wechsel der Regenten aus den verschiedenen hessischen Fürstenstämmen theilte sie mit St. Goar und war dem Zolle dienlicher als Rheinfels. Länger als irgend eine rheinische Burg war sie bewohnt; denn bis 1806 hausete hier eine hessische Besatzung. Sie erlebte indessen die Auferstehung des Haarzopfes nicht. Mit der anderweitigen Verfügung über das „blaue Ländchen" mußte sie weichen, da die Burg dessen rheinisches Grenzeck bildet. Die Franzosen, welche sich des „blauen Ländchens" bemächtigten, sprengten die Burg gegen Ende des Jahres 1805 und verkauften sie zu willkürlicher Verwendung. Sie ist in Privatbesitz übergegangen, und ist's recht zu bedauern, daß für ihre Erhaltung nichts mehr geschieht.

Unter dem Burgberg endigt das so reizende, im Sommer von Fremden vielbesuchte „Schweizerthal".

Die Burgen Sternberg und Liebenstein und das Kloster Bornhofen.

Das freundliche Bild gehört auch in der Wirklichkeit zu einem der schönsten unter den schönen Landschaftsbildern des Rheinstroms. Hoch oben auf den Felsenkuppen thronen die Ruinen zweier einst mächtigen Burgen, und unten nahe dem Ufer liegt friedlich das Kloster mit seinen wenigen Wohnungen an einer Stelle, die ehedem eine andere, weitgreifendere Bedeutung hatte.

Wie der Ursprung der meisten Burgen sich in ein kaum zu lichtendes Dunkel verhüllt, so auch der von Sternberg und Liebenstein, aber das steht kaum bezweifelbar fest, daß Sternberg und auch Liebenstein Reichsburgen waren, die der Kaiser zu Lehen gab. Wie der Rheingau, beginnend bei dem Niederthal, welches der Heilessen=Insel unterhalb Bacharach gegenüber in's Reinthal sich öffnet, und endend am rechten Ufer des Maines, einst zu den Tafelgütern der Kaiser gehörte, so deuten die zahlreichen Reichsburgen am Rhein und an der Nahe darauf hin, daß diese Tafelgüter weithin in's Land vom Rhein aus sich erstreckten. Es ist eine dunkle Geschichte, in die nur hin und wieder ein Lichtstrahl fällt, — und vielleicht hängt damit der eigenthümliche Umstand zusammen, daß die Kaiser das heilige Osterfest meist in den rheinischen Städten zu feiern pflegten. War es vielleicht die Pflicht der „Präsenz"? — Es ist dies ein Gedanke, der sich dem aufdrängen muß, welcher in die Wirrsale der rheinischen Geschichte mehr als oberflächlich hineingeblickt hat. Schon im 12. Jahrhundert begegnet man urkundlich einer Familie von Sternberg, die reich begütert war, am Rhein und an der Nahe und in dem Städtchen Sobernheim in einem der größten Burgbaue saß, welcher auf einer noch vorhandenen Steintafel ihr Wappen wies. Sie besaß auch reiche Güter in der Umgegend der Burg, die den Namen Sternberg trägt, ohne daß dabei der Name der Burg genannt wurde. Erlolph von Sternberg war Dienstmann Kaiser Heinrichs IV und übergab demselben „sein Dorf Hirzenach". Der Kaiser schenkte es der Abtei Siegburg mit der Klausel, daß sie in Hirzenach ein Kloster baue. Dies geschah auch in dem Jahre 1110 und aus ihm erwuchs die nachmalige reiche Propstei Hirzenach. Erlolph schenkte der Probstei später noch mehrere Güter und wurde ihr Vogt. Diese Würde setzte besonders in jenen Zeiten, wo den Klöstern der Schutz so noth that, das Nahewohnen des Vogtes voraus.

Dies erhebt es zu großer Gewißheit, daß Erlolph Burggraf oder des Reiches Burgmann auf der Burg Sternberg war. Alle die am Rhein liegenden Burgen erhoben Zölle von den Schiffen auf dem Rhein, so auch Sternberg. Zoll und Burg gingen von ihm an seine Verwandten, die Ritter von Bolanden, über, die droben am Donnersberg wohnten, und deren Stammburg bei dem jetzt noch unweit Kirchheim-Bolanden in der Rheinpfalz und in der Nähe des noch vorhandenen Bolander-Hofes gestanden. Indessen war, ehe Burglehen und Zoll von Sternberg an die von Bolanden kam, eine Zeitlang der Rheingraf Wolfram im Besitz, welcher auf der Burg zu Stromberg wohnte, die mit Unrecht die Fustenburg genannt wird, vielmehr ebenfalls eine Burg des Reiches war. Wie diese Familien unter einander verwandt waren, ist sehr schwer nachzuweisen, daß sie es aber waren, ergiebt sich einfach aus der Erbfolge. Sie hatten auch alle die Vogtei der Propstei Hirzenach. Offenbar waren aber alle nur Erben des Reichslehens.

Udo von Wiselo (Weisel bei Caub) war 1190 Burgmann zu Sternberg. Er nannte sich von Sternberg und stiftete das Geschlecht der Ritter von Sternberg, da das ältere Geschlecht dieses Namens mit Erlolph erloschen zu sein scheint. Er war eben nur Burgmann und After-Lehensträger derer von Bolanden, und als Wernher von Bolanden, der Sechste dieses Namens, kinderlos starb, ging das Erbe an den Grafen Heinrich von Sponheim über, der von Seiten seiner Frau den Bolanden verwandt war. Dieser verkaufte das Vogteirecht über Hirzenach an Erlolph den Zweiten, ohne Zweifel den Sohn des sich von Sternberg nennenden Burgmanns Udo von Wiselo, welcher es wieder der Abtei Siegburg zurückgab oder verkaufte.

Für eine außerordentlich große Summe verpfändete Kaiser Ludwig der Baier die Burg nebst Zubehör 1315 an den Kurfürsten Erzbischof Balduin von Trier zur einen, dann später auch zur anderen Hälfte. Einige Schriftsteller behaupten, sie sei an Diether von Isenburg verpfändet gewesen, und Balduin habe sie ausgelöst. So ließe sich der Umstand erklären, warum die Ritter Beyer von Boppard als Erbburggrafen sich der Burg bemächtigt und Balduin die Besitznahme verwehrt habe. Die Beyer von Boppard mußten weichen, — ob nach einer Belagerung oder freiwillig, ist unbekannt. Sie verzichteten später auf ihre Ansprüche zu Gunsten Kurtriers, und Trier blieb im Besitz.

Die Sternberge auf Sternberg theilten sich in zwei Linien, die Schenke von Sternberg und die Sternberge schlechthin. Besitzer von Burglehen auf Sternberg waren dreizehn Ritterfamilien.

Die Burg Liebenstein, die hintere der zwei Burgen, wurde im Jahre 1360 von den Rittern von Bolanden erbaut und ging mit Sternberg an die Grafen von Sponheim über, welche sie mit dem Walde Hagen und einem Viertel „der unter der Burg gelegenen Stadt", jedoch die Burg nur zur Hälfte, an die Schenke von Sternberg im Jahre 1289 und wahrscheinlich die andere Hälfte im Jahre 1294 verpfändeten. Im Jahre 1300 hatte Konrad Jud von Boppard die Burg zu einem Drittheil an sich gebracht.

Im Jahre 1340 theilten sich als Sponheimische Vasallen die von Liebenstein und die Schenke von Liebenstein in die Burg. Um das Jahr 1423 starben die Schenke von Liebenstein aus, und Nassau-Saarbrücken belehnte die von Liebenstein mit einem Theile der Burg. Ebenso belehnte es die von Thorne mit einem Theile derselben. Die Ritter von Mudersbach und von Stein besaßen im 16. Jahrhundert Burglehen auf Liebenstein. Als nun endlich 1637 die von Liebenstein ausstarben, traten die Ritter von Waldenburg, genannt Schenkern, in ihre Rechtsansprüche. Nach dem Erlöschen dieser Familie erbten die von Preuschen die Burg, welcher Familie sie heute noch eignet.

Es ist im Besitz dieser Burg ein solches urkundliches Durcheinander, daß man sich kaum zu finden weiß, und das wird noch vermehrt dadurch, daß auch Kurtrier 1377 Liebenstein als Lehen des Reiches besitzt. Durch die steten Streitigkeiten der Burgmänner von Sternberg und Liebenstein veranlaßt, wurde eine die beiden Burgen völlig scheidende Mauer, welche noch heute gewaltig dasteht, erbaut. Ob sie dem Hader ein Ende gemacht, ist zweifelhaft. Die Sage giebt ihr einen andern Ursprung. —

Wann beide Burgen nebst der „Stadt" zerstört wurden, ist unbekannt, wie denn überhaupt das geschichtliche Dunkel darüber kaum aufzuklären ist. Die Nachricht, daß Erzbischof Gerlach von Mainz 1362 in Liebenstein sich aufgehalten während einer Fehde mit dem Grafen von Nassau, ist auch nicht geeignet, jenes Dunkel zu vermindern. —

Hören wir nun die Sage, die den beiden Nachbarburgen den Namen der „Brüder" zugezogen hat!

Es war einmal auf der Burg Sternberg ein alter Ritter, dem nach seines Weibes Tode zwei tapfere Söhne geblieben waren, an denen seine Seele hing. Eine verwaiste Verwandte pflegte den alten Ritter mit kindlicher Treue und stand mit großer Sorgfalt dem Haushalte vor. Sie war jung und schön, die Jungfrau, eine Augenweide für Jedweden, der sie sah.

Vom Kinde war sie in der Brüder Abwesenheit zur blühenden Jungfrau gereift. War es ein Wunder, daß die heimkehrenden Brüder bei ihrem Anblick betroffen wurden; noch mehr, daß die Liebe zu dem schönen Wesen ihre

Herzen gleichmäßig ergriff? — Berührte der zündende Strahl der Liebe auch die Brüderherzen gleich mächtig, so that sie sich doch nicht in gleicher Weise bei Beiden kund. Der Aeltere der Brüder war still, ernst und gehalten und trug in der Tiefe des Gemüthes sein Gefühl, ohne es anders als durch stille Verehrung kund zu thun; der Jüngere, rasch, lebendig und leidenschaftlich, warb mit aller Gluth um des Mädchens Herz, und bald war es keinem Zweifel mehr unterworfen, der Jüngere habe den neidenswerthen Preis errungen. Wohl traf dies schwer und hart das tiefer fühlende Herz des älteren Bruders; aber er verschloß das Leid in sich und trug es stille. Er sah ihr Glück und wollte es nicht stören; aber auf die Dauer leidender Zeuge desselben zu sein, das ertrug er nicht, und höchst willkommen war es ihm, daß um diese Zeit ein Heerruf durch die rheinischen Lande erklang, der die gläubigen Streiter zur Befreiung des heiligen Grabes aus der Hand der Ungläubigen aufrief. Er war einer der Ersten, der das heilige Zeichen des Kreuzfahrers an seine Achsel heftete grade zu der Zeit, als der Jüngere gen Frankfurt gezogen war, wo sich der Kaiser aufhielt zur Zeit des Osterfestes. Als er zurückkehrte, erblickte die liebende Jungfrau erbleichend auch an seiner Schulter das Kreuz; denn er hatte es genommen, überwältigt durch die Macht der Rede des heiligen Bernhardus und seiner Freunde Drängen.

Soll ich sein wie Einer, der aller seiner Kinder beraubt ist? rief die Hände ringend der hinsiechende Greis. Soll mein zitterndes Haupt mit Herzeleid in die Grube sinken und mein Wappenschild zerbrochen werden über meinem Sarge? —

Und die Jungfrau? — Ihre heißen Thränen rannen wie ein nie versiechender Quell. — Aber sie vermochten nichts über die beiden Ritter, die Wehklagen des Greises und die Thränen der trauernden Liebe.

Da flehte der Vater zum älteren Sohne: Ach bleibe Du doch, daß Du mir das Auge zudrückest und das Erbe wahrest, nach dem sonst manche unbefugte Hand frevelnd greift! — Und das weichere Herz des Sohnes konnte nicht widerstehen den Bitten des Vaters, wie er sich auch wegsehnte von dem Orte, wo stündlich neue innere Kämpfe seines Lebens edelstes Mark zu verzehren drohten.

Der Jüngere aber nahm Abschied von seinem Lieb und seinem Vater und folgte dem Banner des Kaisers Konrad in's gelobte Land.

Da wurde es gar stille auf Sternberg, denn Alle versanken in tiefe Trauer, Einer aber doppelt, denn im Schmerze der lieblichen Jungfrau um des Geliebten Entfernung sah er ja seiner Liebe Grab. Und schwerer wurden im alltäglichen Zusammenleben mit ihr seine inneren Kämpfe und wurden neu mit jedem Morgen, und er mußte sich ja doch sagen, daß der, der so tief innig geliebt wurde, — solcher Liebe nicht werth war.

Ernst aber, wie sein ganzes Leben war, begann er auch seine Lage aufzufassen. Auf Liebe von ihr konnte er ja nie rechnen; darum suchte er Herr seines Herzens zu werden. Des Vaters Stütze, der Heißgeliebten Schutz zu sein, dünkte ihm der höchste Lebenszweck, werth aller Ueberwindung und alles Kampfes mit dem eigenen Gefühle; dies aber strebte er mit der ganzen Kraft eines männlichen edlen Willens zu bemeistern und in die Tiefe der Brust hinabzudrücken. Ob er das so vollständig vermochte, daß nicht das scharfe weibliche Auge erkannte, wie es um des edlen Mannes Inneres stand? —

Der Schmerz der so leichtsinnig verlassenen Braut wurde milder unter dem mächtigen Einfluß der Zeit, und es gab Stunden, wo ein bitteres Gefühl ihre Brust erfüllte, daß der Geliebte sie verlassen hatte; Stunden, wo sie die stille, ehrfurchtsvolle Liebe des Aelteren mit der stürmischen des Jüngeren verglich; Stunden, wo sie Beider inneren Werth erwog; Stunden endlich, wo sie tief gerührt von seinem Entsagen, von seinem tiefen innern Weh war und eine leise, kaum sich selbst gestandene Ahnung durch ihre bebende Seele zog, daß nur in solcher Liebe das echte, dauernde Glück des Lebens ruhe. — Aber wenn sie sich auf solchen Gedanken fand, dann erbebte und erschrak sie, und sie erschienen ihr als Frevel an dem, welchem sie sich zur Treue bis in den Tod verlobt, und sorglich bewachte sie das eigne Herz. —

Was ihrem Blicke klar geworden war, das hatte der alte Vater längst erkannt. Mit Schrecken sah er bei des Jüngeren Heimkehr ein drohendes Unglück nahen und erwog in der Stille, wie er ihm begegnen möchte. Wohnten beide Brüder unter einem Dache, auf Sternberg, zusammen, dann sah er bei des Jüngern wildem Sinne nur Unheil voraus, und seine Seele erbebte in ihrem innersten Grunde.

Da entstand denn der Gedanke, eine Burg zu erbauen weiter zurück gegen das Gebirge, wo sich die Felsenplatte unzugänglich abfallend nach allen Seiten trefflich dazu eignete. In ihr sollte der Jüngere wohnen. Er erbaute die Burg und nannte sie Liebenstein, weil sie die Bruderliebe schützend erhalten sollte. Als die Burg vollendet war, schloß sich das Auge des Greises, und der Tod drückte sein Siegel darauf. Sein Wille war urkundlich festgestellt.

Tief trauerte der ältere Sohn und des jüngern Bruders Braut um den theuren Vater.

Auf ihrer Brust lag aber noch eine andere Last. — Keine Kunde war noch von Dem gekommen, der in der weiten Ferne stritt. War er gefallen,

Klimsch gez.

Stahlstich v. Carl Mayer's K.-A. in Nürnberg

Bornhofen und die feindlichen Brüder.

Verlag von Julius Niedner in Wiesbaden.

oder hatte er ihrer vergessen? — Wer konnte Antwort geben und das Räthsel lösen, das so wie so die Quelle nagenden Kummers blieb? —

Manche aber kamen zurück aus dem Lande, wo der Herr gewandelt, und manche Kunde lief durch das rheinische Land von Denen, welche aus ihm fortgezogen waren zum heiligen Kriege, darunter eine, die auch nach Sternberg drang und die — ein liebend Herz zermalmen konnte.

Der junge Ritter von Sternberg, so lautete sie, kehre heim und sei nicht mehr ferne, aber er bringe ein junges Weib mit, das ihm im heiligen Lande sei angetraut worden. —

Da standen todtenbleich die beiden Unglücklichen auf Sternberg einander gegenüber, und keines von Beiden wagte es auszusprechen, was es bewegte. Aber dort war es der tiefnagende Schmerz betrogener Liebe und hier der wildeste Zorn ob des Treubruchs am edelsten Herzen.

Und es war leider kein leeres Gerücht, was aus der Ferne gedrungen war. Er kam endlich und brachte eine reizende Griechin mit, die sein Weib geworden war. —

Da entbrannte der Grimm über den Ehr- und Pflichtvergessenen in des Bruders Seele, und das harte, schwere Wort traf ihn mit aller Macht und Wucht. Statt daß er, dessen Wahrheit fühlend, seine Schuld eingestanden hätte, brach sein wilder Zorn los, und Wort gegen Wort prallte zusammen, bis an eine Versöhnung nicht mehr zu denken war. Die Ergrimmten stürzten hinaus, und wo des Mondes Silberlicht durch die Eichen zitterte, auf dem freien Raum im Thale unten blitzten die Schwerter, und die Hiebe fielen hageldicht.

Als der Kampf am erbittertsten war und ein Bruder nach des andern Blute lechzte, da erschien plötzlich mit bleichen Wangen und fliegendem Haare die betrogene Braut, stürzte sich zwischen die Kämpfenden und rief: Ist nicht des Jammers genug? —

Und ergriffen von einer wunderbaren Macht erlahmten die Arme und sanken die Schwerter.

Ist des Jammers nicht genug? rief sie nochmals aus. Soll durch mich noch Brudermord des Himmels Zorn auf die Burg herabrufen? Um Eures Vaters willen flehe ich, versöhnet Euch! Ich will im Kloster Frieden suchen.

Das Wort traf Beide gleich gewaltig. Die Schwerter sanken in ihre Scheiden, und der Jüngere ging stille zur Burg hinauf, nahm sein Weib bei der Hand und führte sie hinüber nach Liebenstein. Hinter ihnen rasselte die Zugbrücke nieder, und nie mehr betraten sie die Schwelle Sternbergs. —

Schon am andern Tage zog die verlassene Braut nach Marienberg und wurde des Himmels Braut, wie sie unter Gottes freiem Himmel gelobt hatte.

In Sternberg ward's stille, so stille wie im Grabe; aber in Liebenstein ging's in Saus und Braus alle Tage, und die Klänge der Laute, der Schall fremdartiger Lieder drangen herüber nach Sternberg und trafen wie Dolchstiche des Trauernden blutendes Herz, und um nicht länger Zeuge solchen Lebens zu sein, ließ er die Scheidemauer ziehen zwischen Liebenstein und Sternberg, deren Aufbau des Liebensteiners Spott und Hohn begleitete, und als sie vollendet war, da waren die Brüder, die innerlich schon längst geschieden waren, es auch äußerlich.

Auf Liebenstein aber wohnte kein dauernd Glück. Die Griechin ergab sich den losen Sitten ihrer Heimath, und endlich floh sie gar mit einem Buhlen, und nie ward wieder etwas von ihr gehört; aber die Scheidemauer trennte die Bruderherzen. Der Jüngere starb früh, und der Aeltere trat in das Kloster Bornhofen, und — es war ein seltsames Zusammentreffen, daß, als drüben auf Marienberg ein helles Todtenglöcklein einst erklang, auch in Bornhofen das Glöcklein die Stunde der Erlösung eines Bruders verkündigte, — und es waren Beide schwer Geprüfte.

So die Sage, welche hier auch in der Auffassung einen Platz finden soll, die ihr der Dichter Heine gibt:

Oben auf der Bergesspitze
Liegt das Schloß in Nacht gehüllt;
Doch im Thale leuchten Blitze,
Helle Schwerter klingen wild.

Das sind Brüder, die dort fechten
Grimmen Zweikampf wuthentbrannt! —
Sprich, warum die Brüder rechten
Mit dem Schwerte in der Hand? —

Gräfin Laura's Augenfunken
Zündeten den Brüderstreit.
Beide glühen liebestrunken
Für die adlig holde Maid.

Welchem aber von den Beiden
Wendet sich ihr Herze zu? —
Kein Ergrübeln kann's entscheiden:
Schwert heraus, entscheide du! —

Und sie fechten kühn verwegen,
Hieb auf Hiebe niederkracht's.
Hütet euch, ihr wilden Degen,
Grausig Blendwerk schleicht des Nachts!

Wehe! Wehe! Blut'ge Brüder!
Wehe! Wehe! Blut'ges Thal!
Beide Kämpfer stürzen nieder.
Einer in des Andern Stahl.

Viel' Jahrhunderte verwehen,
Viel' Geschlechter deckt das Grab,
Traurig von des Berges Höhen
Blickt das öde Schloß herab.

Aber Nachts am Thalesgrunde
Wandelt's heimlich, wunderbar:
Wenn da kommt die zwölfte Stunde,
Kämpfet dort das Brüderpaar.

Der Dichter hat offenbar den Boden der Sage verlassen, wie sie im Munde des Volkes noch heute lebt, und hat das Dazwischentreten der Jungfrau ganz weggelassen. Wenn auch die Sage Aehnlichkeit mit einer andern deutschen Volkssage hat, so waren doch offenbar die beiden so nahe sich liegenden und dennoch durch die seltsame Mauer, die beide scheidet, getrennten Burgen eine hinreichende Veranlassung für das dichtende Volk, das ja fast überall die Sage eintreten läßt, wo in der Geschichte eine auffallende, nicht mehr auszufüllende Lücke erscheint, zumal da, wo besondere Umstände wie hier eine Handhabe bieten, die gewissermaßen zum Versuche reizen, das Räthsel zu lösen.

Unterhalb der Burgen liegt im Schatten hoher Nußbäume und umgeben vom Grün frischer Reben das Kloster Bornhofen nebst einigen Wohnhäusern, deren Ursprung offenbar die herbstliche Wallfahrt gegeben hat nach dem uralten Mönchssprüchlein: „Wo der liebe Herrgott eine Kirche baut, da baut der Teufel ein Wirthshaus neben dran!“

An der Stelle, wo jetzt das Kloster und die schöne Kirche von Bornhofen steht, befand sich bereits im dreizehnten Jahrhundert eine Capelle mit einem schon damals verehrten Bilde der Jungfrau Maria, dem man Wunderwirkungen zuschrieb, und dem sich der Strom von gläubigen Wallfahrern in stets wachsender Zahl zuwandte. Die Zeit der französischen Herrschaft hatte sie sehr gemindert, wozu freilich die Aufhebung des Klosters das Ihrige beitrug; desto größer ist der Strom wieder später geworden. Ob die Capelle zu der „Stadt“ gehörte, welche unter den Burgen Sternberg und Liebenstein lag, ist zwar nicht sicher, aber doch glaublich; denn man möchte sonst fragen, wo sie gelegen? Allerdings ist dabei an eine Stadt im Sinne der Neuzeit nicht zu denken, sondern höchst wahrscheinlich nur an einige Häuser um eine Capelle, welche von einem Kaiser das ursprüngliche Stadtrecht empfangen habe mochte, was wieder mit den beiden Reichsburgen im Zusammenhang gestanden zu haben scheint. Ob nun die „Stadt“ den Namen Bornhofen getragen, oder einige Höfe, die an einem reichen, labenden Born gelegen, wie das Volk noch heute Quellen nennt, den Anfang der Stadt und des Namens boten, — das mag dem Spiel der Einbildungskraft billig überlassen bleiben. Genug ist, daß Bornhofen im zwölften Jahrhundert schon bestand. Uebereinstimmend wird ein Burgmann von Sternberg, Hans III, Brömser von Rüdesheim, als der Erbauer der Capelle und des Klosters genannt; aber unter „Klöstern“ dürfen wir uns, wenn das Alles außer Zweifel steht, kein großes Gebäude denken, sondern vielmehr eine „Clause“ für den Meßner, der des Gottesdienstes pflegte. Der Erzbischof Johann Hugo (von Orsbeck) erst erbaute die jetzige Kirche und das jetzige Kloster um 1679 bis 1684 und gestattete dann das Beziehen des Gebäudes den Kapuzinern von Welmich, welche die reiche Wallfahrt hierher gelockt hatte, und die einstweilen sich mit dem engen Raum im Pfarrhause begnügen mußten, bis auch sie zu weichen genöthigt wurden. Die Wallfahrten aber dauerten fort und mehrten sich, wie schon bemerkt, in neuerer Zeit wieder sehr. Es sei dem, der diese Mittheilungen niederschreibt, gestattet, in Bezug auf diese Wallfahrten eines hehren Augenblicks zu gedenken, der ihm unvergeßlich ist. Es war im Jahre 1842 zur Zeit der Bornhofer Wallfahrt, als er mit einigen Freunden die Burg Sayn aufsuchte und an einem lauen Abend dort noch weilte, als schon das Bild des Vollmonds in den Wellen des Rheines zitterte.

Alles war stille. Da trug die Abendluft ein wunderbar harmonisches Klingen und Tönen dem Ohre zu, das erst, als das Wallfahrer=Schiff um den Bergvorsprung bog, als feierlicher Gesang sich kund gab. Die Wallfahrer, heimkehrend von Bornhofen, sangen den altkirchlichen herrlichen Choral: „Großer Gott, dich loben wir rc.", dessen unendlich einfache, echte Volks=weise so gewaltig zum Herzen spricht. Hier aber wirkten der köstliche Abend, die ohnehin feierliche Stimmung, der wahrhaft schöne und reine Gesang, getragen von den Wellen des Rheins und der milden Abendluft, zusammen, um den Eindruck zu einem unendlich tiefen, nachhaltigen, ja unvergeßlichen zu machen. Ganz unbeschreiblich wirksam war das allmählige Verhallen des Gesangs mit dem Rheinabwärtsgleiten des Schiffes.

Und nun möge denn noch eine heitere Anekdote sich hier anreihen, deren Wahrheit verbürgt werden kann.

Der letzte Propst von Hirzenach, ein Herr von Quadt, war ein ebenso heiterer als geselliger und gastfreier Mann, der besonders am Patronatstage seiner Kirche eine große und ausgewählte Männergesellschaft weltlichen und geistlichen Standes um sich zu versammeln pflegte. Waren dann die reichen Tafelfreuden vorüber, so pflegte der Propst die Gesellschaft durch allerlei sehr gewandt ausgeführte physikalische Kunststücklein auf die angenehmste Weise zu unterhalten, wobei sein schalkiger Humor eine überaus erheiternde Rolle spielte. Dazu besaß er denn auch eine Menge künstlicher Geräthe, die er, da die Mechanik überhaupt seine Liebhaberei war, großentheils sich selbst gemacht hatte. — So hatte er einen derben messingenen Krahn, der aber da, wo man ihn in's Faß zu stecken pflegt, geschlossen war. Man konnte daher einige Gläser Wein hineingießen und solche durch die Oeffnung des Hahns abfließen lassen, ohne daß Jemand ihr Dasein im Krahne, wenn der Hahn geschlossen war, ahnen konnte. In der zahlreichen Tischgenossenschaft befand sich auch der Quardian der Kapuziner von Bornhofen, ein so ungeheuer dicker Herr, daß seine Kutte sich ihm am Bauche ungemein eng und oft unbehaglich anschloß. Da nun Alles seine Ursache hat, so waren Diejenigen, welche den seelenguten Quardian kannten, ungetheilt der Meinung, daß sein etwas stark hervortretender Bauch nicht eben vom Fasten komme, weder in Bezug auf harte Speisen, noch auf edle Flüssigkeiten, und das Gastmahl des Propstes von Hirzenach war auch keine Veranlassung geworden, von dieser Meinung abzugehen. —

Der kostbare Rüdesheimer, welchen der reiche Gastgeber zu allerletzt gereicht, machte des guten Quardians Antlitz selig strahlen.

Da erschien der Propst mit einigen seiner Instrumente, welche besonders geeignet waren, neckischem Scherze zu dienen, und faßte sich hier und da einen der Herren heraus, den Spaß an ihm zu machen.

Jeder gab sich gern zu dem heitern Scherze her, dem ein mächtiges Gelächter allemal zu folgen pflegte.

Der gute Kapuzinerquardian, der Manches an den Kunststücklein des Propstes nicht begriff, begleitete sie mit großer Aufmerksamkeit, welche indeß der sehr gewandte Propst durch seine scherzhafte, fließende Rede stets abzulenken wußte.

Endlich trat er, den blinkenden Messingkrahn in der Hand, zu dem guten Quardian, der zurückgelehnt, die Hände auf dem heute sich in der Kutte unbequemer als je fühlenden Bauche gefaltet, in der allergemüthlichsten Laune in seinem Lehnstuhle saß, und sagte zu ihm: Lieber Bruder Quardian, mein Rüdesheimer vierundachtziger hat Ihnen über die Maßen geschmeckt. Sie wissen, es ist ein köstlich, aber theuer Tröpflein; darum erlauben Sie mir, denselben, zumal er Ihnen doch einige Beschwerden macht, ohne daß es Ihnen schadet, — denn das Loch heile ich mit bloßem Anblasen sofort zu — wieder abzuzapfen!

Mit diesen Worten setzte er den Krahn wider des Quardians Bauch, schlug mit der Hand vorn auf des Krahns Kopf, daß der ganze Quardian erschüttert wurde, und bat den Nachbar rasch, einen Becher unterzuhalten. — Schon bei des Propstes Anrede wurde es dem guten Quardian unheimlich, als er aber von einem Loche, vom Abzapfen und wieder Zuheilen hörte, da überlief es ihn eiskalt, und — als nun wirklich der Propst den Hahn umdrehte und heller klarer Wein in den untergehaltenen Becher lief, — da war er einer Ohnmacht nahe, und nur das unmäßige Gelächter, das im Saale widerhallte, brachte ihn wieder zu sich selbst.

Mit der komischsten Gutmüthigkeit von der Welt nahm der Propst den Becher, versuchte ihn und sagte: Wahrlich, es ist derselbe Rüdesheimer! Bruder Quardian, dies Fäßlein — und damit klopfte er ihm auf den Bauch — ist gut verpicht! Nun aber haben Sie den großen Vortheil, ihn noch einmal genießen zu können!

Wieder erschallte das lauteste Gelächter, und nur Wenige bemerkten, daß der Quardian ängstlich an der Stelle, wo der Propst den Krahn widergesetzt, herumfühlte, ob nicht wirklich ein Loch vorhanden sei. Erst als er sich von dem Nichtdasein eines solchen überzeugt und der Propst ihm gezeigt hatte, daß der Wein sich im Innern des Krahns befunden hatte, trocknete er sich den Schweiß von der Stirne und stimmte in das je und dann noch einmal losbrechende Gelächter mit ein.

Boppard.

Es ist auch eine reiche Vergangenheit, welche von den Thürmen Boppards zu uns redet, und solche Sprache, der das Auge als Dolmetscher dient, ist im Allgemeinen verständlich, erheischt aber doch im Besondern Deutung und Nachhülfe, wie sie auch zum Forschen und Fragen einlädt.

Eine an Jahren und Begebenheiten reiche Vergangenheit darf die Stadt beanspruchen, und Niemand wird sie ihr streitig machen, auch selbst dann nicht, wenn das Wörtlein „reich" in materieller Bedeutung genommen werden möchte.

Freilich trägt sie jetzt das Loos ihrer weiter oben am Rhein liegenden Schwestern St. Goar, Wesel, Bacharach, und derselbe Eindruck wie dort macht sich auch bei ihr geltend. Es ist eben das „Verkommensein" auch ihr aufgeprägt, wenn auch nicht in gleichem Maße, vielmehr viele neue Villen ein Emporblühen bezeugen. — Gegen die mittelalterliche Größe gehalten, ist der jetzige Zustand dieser Orte dennoch ein trauriger. Eine „gesunkene Größe" ist unter allen Umständen ein unerfreulicher Anblick, Theilnahme weckend besonders dann, wenn sie ohne ihre eigene Schuld sank. Das gilt von diesen Orten sicherlich. Blüheten sie doch in einer Zeit durch ihren Handel auf und erwuchsen zu mannhafter Kraft, als noch die zahllosen Zölle dem Handel Fesseln anlegten und die ritterlichen „Schnapphähne" jeden Schritt am Rheinesufer unsicher machten; aber das Land, das einst der Rhein auswarf, rächte sich. In seinem Sande verrinnt seine Lebenskraft, nicht blos im wörtlichen Sinne; denn seit dem westphälischen Frieden haben sich die Handelsverhältnisse geändert, und Holland hat dem Rhein entzogen, was diesen Orten das frische, fröhliche Leben einst gab und erhielt. Sein: „Moff, Moff-rufen" ist nicht ohne Bedeutung geblieben.

Baudobriga soll keltischen Ursprungs sein. Wie „Boppard" draus geworden, ist schwer zu erklären. Die Römer haben hier gehaust. Das ist nicht zu bezweifeln. Nachweislich war hier ein Standort der XIII. Legion, und der Praefectus militum Ballistariorum hatte hier seinen Sitz. Damals aber war die „Römerstadt“ kleiner als die spätere deutsche; denn noch sind die länglich viereckigen Gußmauern, welche einst die römische Station umschlossen, sichtbar in der inneren Stadt. Von den Geschicken derselben wissen wir nichts, wie denn überhaupt die letzten Geschicke der „römischen Niederlassungen“ im rheinischen Lande, namentlich ihre „gründliche“ Zerstörung durch die Deutschen in ein Dunkel gehüllt sind, das — man so gerne lichten möchte und es doch nicht kann.

Das erblühende Leben des Mittelalters konnte sich nicht in die verhältnißmäßig engen Räume der Römerfeste bannen lassen. Es rückte mit seinen Wohnsitzen hinaus, näher an den Rhein, hinauf und hinab am Ufer des Stromes, und als das bürgerliche Verkehrsleben erstarkte, baute es sich seine Mauern und Thürme im weiteren Ringe zu Schutz und Trutz.

In der Mitte der Stadt erhebt sich ein Felsen, darauf (und daher sein Name) die Königsburg stand. Der „Königsbach“ und die „Altburg“ sind lokale Erinnerungen an einen Kaiserpalast, der einst die Stadt auszeichnete, in dem die Kaiser sich zeitweise aufhielten, wie eine Reihe von Urkunden derselben bezeugt, die sie in seinen schönen Räumen erließen.

Der Gaugraf bewohnte den Königshof, nämlich der des Trach- oder Trechir- oder Trichirgaues. Auch scheint dies Gebäude, jedenfalls burgartig und befestigt, Burgmänner zu seiner Vertheidigung gehabt zu haben. Solche waren lange Zeit die Glieder der Familie der „Beier von Boppard“, welche überhaupt eine nicht geringe Bedeutung unter der rheinischen Ritterschaft sich errungen hatten. Von ihrer Hingebung und Treue in der übernommenen Pflicht legt eine That Zeugniß ab, von welcher Marquard Freher berichtet, nämlich bei der Belagerung der Stadt im Jahre 1497 steckten sie selbst das Gebäude in Brand, als sie erkannten, daß sie es nicht mehr länger vertheidigen könnten. Es sollte eher von ihnen vernichtet werden, als mit Gewalt oder durch Vereinbarung in feindliche Gewalt übergehen. Und es sank in Trümmer! —

Unter den Vögten über Boppard nahmen die Grafen von Arnstein eine ehrenwerthe Stelle ein. Sie besaßen um 1156 die Burg, unter welcher ohne Zweifel der „Königshof“ zu verstehen ist. Sowohl die Stadt, als diese Burg wurden wacker vertheidigt, als 1257 der Erzbischof Arnold von Trier sie belagerte. Dennoch würden beide auf die Dauer die heftigste Bedrängung der Trierer nicht ausgehalten haben, wäre nicht, trotz aller geistlichen Verwandtschaft, der Erzbischof Gerhard von Mainz den Belagerten zu rechter Zeit als Retter erschienen und hätte sie entsetzt. Mit einem wohlbegründeten Grimme zogen die Trierer ab. In dieser Bedrängniß zeigte sich der Bürgermuth der Bopparder auf's Glänzendste, aber die Stadt war auch auf das Aeußerste erschöpft und bedurfte Tage des Friedens, um sich zu erholen und die Schäden der Belagerung an ihren Vertheidigungswerken zu heilen. Diese Tage kamen mit dem üppigen Hofhalte des Königs Richard im Königshofe, der nicht ganz kurze Zeit währte.

Die Stadt war des Reiches Stadt, und nicht weniger Bezeugungen kaiserlicher Gunst hatte sie sich zu erfreuen, worunter die reiche Waldschenkung Kaiser Otto's des Großen vorzugsweise genannt werden muß, weil deren Vortheile noch bis zur Stunde der Stadt zu gut kommen, wenn auch die Grenzen derselben, wie es scheint, sich im Laufe der Zeit um ein nicht Unbedeutendes verengert haben.

Wohlstand und Freiheit stählten den Muth und die Kraft der Bürger; aber sie bedurften deren auch, um sich das Joch der geistlichen Herrscher von Trier abzuhalten, das diese ihnen auf den Nacken zu legen bei jeder Veranlassung unermüdlich versuchten. Erst als Kaiser Heinrich, „der Lützelburger", die Stadt seinem Bruder, dem Erzbischof Balduin von Trier, verpfändete, gewann dieser einen festern Boden. Damit war indessen die Pfandnahme keineswegs vollendet. Mit gutem Grunde wollten sich die selbstbewußten, kräftigen Männer jener Tage nicht als leblose „Sache" behandeln und von einem Kaiser verpfänden lassen. Auch die Bopparder leisteten einen ebenso tapfern als wirksamen Widerstand. Einem Andern als dem „Löwen von Trier" gegenüber hätte vielleicht das Bürgerthum sein Ziel, Abschüttelung der Pfandschaft, erreicht; allein Balduin wich nicht, wo er einmal begonnen. Sein Vasallenthum, der Adel seiner Länder, war von Haß gegen die aufstrebenden „Spießbürger" erfüllt. Er setzte Alles ein, des Lehensherrn Zwecke zu erreichen und den eigenen Haß zu befriedigen, und Boppard erlag endlich, aber erst 1327, als länger zu kämpfen Thorheit und Selbstvernichtung gewesen wäre.

Balduin war gewohnt, das, was er einmal hatte, zu behalten und sich zu sichern. Kaum hatte sich die Stadt unterworfen, so begann er den Bau einer neuen Burg, und die wurde fest; denn es galt, die unruhigen, mit der gepriesenen Krummstabregierung höchst unzufriedenen Bürger (wie man am Rhein zu sagen pflegt) „jochbändig" zu machen. Es gelang ihm allerdings, aber es keimte dennoch bei den Bürgern die Lust wieder, die alte Freiheit sich zu erringen, und die Stunde schlug, wo sie sich gegen den mächtigen Druck geistlicher Gewalt und gegen den Zoll, den der Erzbischof Balduin angelegt, und der sowohl den Handel der Stadt beeinträchtigte, als auch die Einzelnen drückte, auf eigne Faust vertrauend erhoben.

Es entstand ein blutiger Kampf in den Mauern der Stadt. Die Bürger eroberten die erzbischöfliche Burg, nahmen die Besatzung, sofern sie lebend ihrem Grimm entrann, gefangen und jagten die Beamten des Erzbischofs zur Stadt hinaus.

Da galt es Ehre und Pfandrecht und die schönen Zollschillinge, die in Trier auch in der geistlichen Wagschale zogen. Der Erzbischof Johannes entbrannte in seinem Zorn gegen das „übermüthige Bürgervolk“, sammelte ein mächtiges Heer und rückte vor die Stadt. Es war im Jahre 1494.

Hatte sich die Bürgerschaft nicht gehörig für eine lange Belagerung gerüstet, oder war die „Berennung“ zu gewaltig, — sie mußte am Ende knirschend das verhaßte Joch wieder sich auf den Nacken legen lassen und tragen, was die landesherrliche Strafe gegen die Empörer bestimmte; aber ganz „sänftiglich“ verfuhr man mit ihnen nicht. Gleichwohl leisteten die Bürger noch den bis vor Kurzem so getauften „passiven Widerstand“ bis zum Jahre 1501. Erst in diesem Jahre zerrann der langandauernde Traum der Selbstherrlichkeit, und die förmliche Anerkennung der trierischen Landeshoheit erfolgte, aber wahrlich nicht in liebreicher Ergebenheit!

Von dem blühenden Wohlstand und dem frommen Sinne der Bürgerschaft legten die Bauten von Kirchen und Klöstern Zeugniß ab. Dafür redet besonders die schöne Pfarrkirche deutlich, deren Ursprung in die jungen Tage des dreizehnten Jahrhunderts fällt. Wenn auch der zahlreiche Adel der Stadt dabei betheiligt war, so fiel doch die Hauptaufgabe der Bürgerschaft zu, und die Stadt weiß noch heute, was dieser fromme Sinn der Väter ihr auferlegt und erhält sorglich das schöne Bauwerk, welches manche bauliche Eigenthümlichkeit hat. Schade, daß wir von den geschickten Baumeistern jener Tage nichts wissen! Es ist ein offenbarer Undank ihrer Zeitgenossen, daß sie uns nicht einmal den Namen derselben aufbewahrt haben, und die Bescheidenheit dieser Künstler läßt sie demüthig in den Schatten treten. — Die Zunftgenossen unsrer Tage verstehen es um Vieles besser, ihr Andenken nicht verschwinden zu lassen! — Kirchen und Klöster der Stadt zeugen, wie bemerkt, von der einstigen Bedeutung der Stadt, dabei ist aber auch der reiche und mächtige Adel, der sich in die Städte gezogen hatte, nicht zu übersehen.

Die zahlreiche und angesehene „Sippe“ der Beyer von Boppard nahm die bevorzugteste Stellung ein. Ihr schönes Burghaus zeigt heute noch ihre Bedeutung in früheren Tagen. Es liegt neben dem Franziskanerkloster und scheint in späteren Tagen diesem Orden anheimgefallen zu sein, da er darin ein Siechenhaus oder Krankenpflege eingerichtet hatte. Es geschah wahrscheinlich erst, als die Familie erlosch. Auch die Tempelherren, welche am Rhein besonders heimisch waren, besaßen den „Tempelherrenhof", der bedeutend war wie an Einkünften, so an Männer- oder Herrenzahl. Wird ihrer doch namentlich, als von Boppard kommend, bei der Belagerung von Ptolemais gedacht, eine Auszeichnung, welche nur ihre Tapferkeit erringen konnte. Die Ritterschaft der Stadt, zahlreich, mächtig und reich, sorgte für ihre unvermählt bleibenden Töchter durch eine klösterliche Stiftung, deren Bestätigung Kaiser Heinrich V vollzog. Die Stiftung fiel in das Jahr 1123. Es ist das Benediktiner-Frauenkloster Marienberg, hoch und schön gelegen, wohin auch in unsern Tagen menschliches „Gebreste" flüchtet, aber nach dem Geschlechte nicht mehr gesondert und nur leiblich leidend und ohne Clausur. Eine Regel gilt zwar noch, aber es ist nicht die eines Ordens, sondern die diätetische des Arztes, welcher der dort blühenden Kaltwasserheilanstalt vorsteht. Die Lage ist wunderschön, das Wasser reich und vorzüglich und die Luft herrlich. Die Ahnenprobe hat für die Insassen keine Geltung mehr; denn unsre Zeit setzt die klingende Probe in Goldwährung höher als jene, und sie gilt auch hier.

Man nannte in den Zeiten seiner klösterlichen Blüthe das Kloster nur „das hohe Kloster", allein dieser Name rührte nicht von seiner allerdings hohen Lage her, sondern davon, daß der Ruf des Klosters aristokratisch so bedeutend war, daß manches Glied der fürstlichen und gräflichen Häuser des rheinischen Landes, aber auch aus weiteren Gegenden hier eine Zuflucht suchte in den Stürmen einer wilden, rohen Zeit.

Im Jahre 1738 verheerte des Feuers Macht die Gebäude dieser einst so berühmten Stiftung; allein sie sind trefflich und stattlich hergestellt und zu ihrer jetzigen Bestimmung zweckmäßig eingerichtet.

Das vor der Südseite der Stadt gelegene, umfangreiche Sanct Martinskloster, welches Kaiser Otto III zu Ende des zehnten Jahrhunderts fundirte, hat auch eine andere Bestimmung erhalten. Zeitweise wohnte in demselben der berühmte China- und Japan-Reisende Th. Fr. von Siebold und pflegte in zweckmäßig eingerichteten Gewächshäusern die schönen Pflanzen und Blumen des fernen Ostens. Die Wissenschaft im Allgemeinen, aber insbesondere die Kunde Japans und die Pflanzenkunde dieses uns so lange verschlossenen und nur den Holländern unter namenlosen Demüthigungen geöffneten Landes verdankt diesem aufopfernden und rastlos thätigen Forscher außerordentlich viel. Erst die neueste Zeit hat den Schlüssel zu dieser verschlossenen Pforte gefunden und wird ihn wohl sich nicht mehr entreißen lassen. Europäische

Klimsch gez.

Stahlstich v. Carl Mayer's K-A. in Nürnberg.

Boppard.

Verlag von Julius Niedner in Wiesbaden.

Kanonen sind ein „Dietrich", der in seiner eigenthümlichen Weise auch die festesten Schlösser öffnen kann. Gegenwärtig ist das St. Martins-Stift von verwahrlosten Kindern bewohnt, die unter vortrefflicher Leitung stehen, und auch jugendliche Verbrecher werden ihr durch richterliches Urtheil überwiesen. In der schönen Anstaltskirche hält auch die dasige altkatholische Gemeinde ihre Gottesdienste.

Die Neuzeit hat in Boppard auch eine evangelische Gemeinde erstehen sehen, die herrliche Räumlichkeiten für Pfarre und Schule gewann und eine ungemein freundliche Kirche. Durch große und hohe Fürsorge ist ihr Bestehen gefestigt, und höchst anerkennenswerthe wohlthätige Anstalten lehnen sich an sie an. Boppard gehört zu den schönsten Städtchen am Mittelrhein, und reiche Leute ziehen sich dorthin zurück, um ihre Tage friedlich hier zu beschließen.

Die Burg Liebeneck
bei Osterspay.

Oberhalb des Dorfes Osterspay auf der rechten Rheinseite schaut die Burg Liebeneck in das kesselartig erweiterte, oben und unten abgeschlossene Rheinthal. Wie von Liebeneck aus der Blick sich richtet: auf des Rheines linkem Ufer in weitem Bogen nur Weinberge, auf dem rechten, mehr von Felsen und Baumgrün unterbrochen, wieder überall Rebenbekleidung der Berge. Nur Osterspay, das einst mit Liebeneck eine Lehensherrschaft bildete, birgt sich im Schatten der Obstbäume. Der Flecken Osterspay war früher reichsritterschaftlich.

Wenn man den weiten Bogen sorglich bearbeiteter Weinberge auf dem linken Ufer gewahrt, welcher den Namen des „Bopparder Hamms" trägt, so kann man es kaum glauben, daß diese Stelle mit der Clemenskirche weiter oben am Ufer zwischen Rheinstein und Soneck sich in den Ruf, die unsicherste am langgestreckten Ufer zu sein, theilen durfte. Nur wenn man sich die Weinberge und deren sorgliche Pflege hinwegdenkt und allerdings auch die lange Strecke hinzunimmt, wo keine menschlichen Wohnstätten sich am linken Ufer finden, wird es einigermaßen erklärlich, wie schon zu Zeiten des großen Hohenstaufen Friedrichs des Rothbarts diese Stelle den Namen „Conventus latronus", zu deutsch „der

Straßenräuber Sammelplatz", und zwar auch in seinem eigenen Munde, finden konnte. Selbst bis vor 10 — 15 Jahren „schuckerte" noch eine ehrliche Menschenhaut, wenn sie sich dem „Bopparder Hamm" und dem „Bopparder Berge" hier unten und weiter droben „der Clemenskirche" näherte, und dies „Gänsehäutlein" oder selbst eine derbe „Gänsehaut" war nicht etwa bloße Furcht der Sage, sondern reicher Erfahrung. Manche Unthaten in alter und neuer Zeit wurden an diesen Stellen begangen.

Vernimmt der Reisende solche Mähr, so sieht er, da er die Zinnen keiner andern Burg wahrnimmt, nach dem hell in's Thal herniederschauenden Liebeneck hinauf und denkt: Dort waren gewiß die Schlupfwinkel der Wegelagerer, welche die Wallfahrer, Kaufleute und Juden so greulich fürchteten, und drüben in „Hamm" hielten sie ihre Zusammenkunft! — Die Geschichte weiß davon nichts, und selbst das sorgfältigste Nachforschen in den umliegenden Orten weist auf keine Spur einer derartigen Ueberlieferung hin, womit sonsthin das Volk nicht eben unfreigebig zu sein pflegt. Ob die damaligen Bopparder, die von Osterspay und die Bewohner anderer Orte der Umgegend so frei davon sich fühlen mochten, ist eine kitzliche Frage an die Vergangenheit. Wir wollen ihr die Antwort erlassen! — Soviel bleibt fest, daß Liebeneck keine fluchbeladene Raubburg war, weil es in seinen Anfängen überhaupt keine Burg gewesen ist, sondern nur eine Warte, ein Wartthurm, auszuschauen, ob nicht beutelustige Wegelagerer im Stegreif, deren Sammelplatz der „Hamm" drüben war, dem Flecken Osterspay Gefahr drohten. Daß eine kleine reisige Mannschaft darinnen lag und dem Ort in drohenden Gefahren zu Hülfe eilte, ist selbstredend. Darauf weist der älteste Theil der nicht großen Burg hin, an der, deutlich erkennbar, drei Perioden der Erweiterung wahrzunehmen sind. Daher kommt es denn auch, daß keine Urkunde davon redet; daß man aber von ihr sagt, sie sei aus neuerer Zeit, vielleicht eine der jüngsten Burgen am Rhein, ist nur annähernd wahr, weil eben deutlich ein zweimaliges Erweitern des alten Baues, ein Weiterbauen erkennbar ist, das allerdings in eine verhältnißmäßig neuere Zeit herabreicht, ohne daß wir darum dem ältesten Theil ein bedeutendes Alter absprechen wollen.

Daß, wie man behauptet, ein Hof an der Stelle oder nahe der Burg gestanden, ist wahrscheinlich; aber daß aus ihm die Burg hervorgegangen, ist nicht richtig; sie wuchs durch Ansatz späterer Bauten an dem alten Thurme bis zu dem Umfang, den sie gegenwärtig hat. Eine Lokalsage berichtet, an der Stelle Liebenecks habe eine alte, verschollene Burg Grauborn gestanden; dieselbe verdient indessen schon darum keine Beachtung, weil nicht einmal

Klimsch gez.

Stahlstich v. Carl Mayer's Kunstanstalt, Nürnberg.

Braubach und die Marxburg.

Verlag von Julius Niedner in Wiesbaden.

in der Erde sich Urkunden, das heißt alte Fundamente befinden, zu geschweigen daß keine, auch nicht die geringste schriftliche Kunde Zeugniß auch nur für den Namen Grauborn gibt. —

Das Gebiet, auf dem Liebeneck und Osterspay liegen, gehörte Nassau=Saarbrücken, und diese fürstliche Familie hatte es der freiherrlichen von Waldenburg=Schenkern zu Lehen gegeben, sammt der Herrschaft Osterspay. Ob aber diese alte Familie die Herrschaft nicht schon früher besaß, das heißt vor dem Territorialbesitz von Nassau=Saarbrücken, ist nicht mehr zu enthüllen. Mit dem letzten Freiherrn Karl Friedrich von Waldenburg=Schenkern, der in kinderloser Ehe lebte, starb im Jahre 1793 dieses Geschlecht aus.

Dem fürstlich Oranischen Geheimerath, Präsidenten G. E. L. Freiherrn von Preuschen, der sich durch die Schlichtung vieljähriger Differenzen unter den Fürstenhäusern Nassauischen Stammes und durch die Entwerfung und Ausführung des Erbvertrags große Verdienste erworben hatte, war bereits die Anwartschaft auf das voraussichtlich heimfallende Lehen ertheilt worden, und er trat nun, als, wie bemerkt, durch das Erlöschen der Waldenburg=Schenkern'schen Familie das Lehen wirklich erledigt war, in dessen Besitz und empfing 1793 als Reichsunmittelbarer die Huldigung und den Eid der Unterthanentreue und des Gehorsams von der Bürgerschaft zu Osterspay. Seitdem haben sich die Verhältnisse zwar vielfach geändert, allein die Familie von Preuschen ist im Besitze von Liebeneck geblieben und hat es in baulichem Stande erhalten.

Die Marxburg

bei Braubach am Rhein.

Wie eine Pyramide steigt der Berg empor, an dessen Fuß das Städtchen Braubach liegt, und dessen Spitze die Marxburg krönt. Sie ist wohlerhalten und ausgebaut, aber nicht zu dem Zweck, eines hohen Herrn schöner Landsitz zu sein, wie Rheinstein, Soneck, Stolzenfels. Keine frohen Herzen sollten da oben auf der steilen Höhe schlagen, auch keine glänzenden Feste dort gefeiert werden. O nein, von dem Allem nichts.

Es war nassauisches Staatsgefängniß, dieses schön gelegene, ritterliche Bauwerk, wo schon Mancher Unthat oder Thorheit schwer zu büßen hatte. Still und traurig schlichen die Stunden den Unglücklichen hin, welche ein Urtheilsspruch dorthin gebannt. Eine kleine militärische Besatzung unter dem Befehl eines Officiers bewachte die Burg und ihre jeweiligen Insassen. Sieben Kanonen, unter denen zweie das bekannte N und die für den, dessen Namen das N andeutet, so ominöse Jahreszahl 1813 tragen, standen auf den Bastionen zum Zeichengeben, wenn etwa ein Gefangener entsprang, was kaum möglich, und donnerten in's Rheinthal, wenn der Landesherr vorüberfuhr oder sonst ein hoher, befreundeter Gebieter.

Bis zum Jahre 1866 diente die Burg dem genannten Zwecke, dann wurde sie sammt dem zu ihr gehörenden Areal zur Königlich preußischen Domainenverwaltung geschlagen. Diese verpachtete zu Anfang des Jahres 1869 die Burg an den Handelsschuldirektor, Herrn Roeloffs von Coblenz, welcher sie zum Sommeraufenthalt für sein internationales Pensionat bestimmte. Zur Ausführung dieses Planes bedurfte es indessen mannigfacher baulicher Aenderungen im Innern, sowie der Erneuerung und Herstellung der Garten- und Parkanlagen des Burgbergs. Statt des trüben Schweigens, welches sonst über der Marxburg lagerte, herrschte seitdem zur Sommerzeit ein frisches, fröhliches Leben in ihren Mauern. Jetzt ist es wieder still geworden.

Auch bei dieser Burg reicht keine Kunde hinab in die Zeit ihrer Anfänge und nicht zu Dem, der die Steine fügen ließ zu dem festen Mauerwerk. Ebensowenig hat man sichere Nachricht von dem Ursprung des Namens. Früher hieß sie die Burg (Castrum) Brubach; ihre jetzige Benennung, aus Marcusburg entstanden, soll von der 1437 von Philipp dem Aeltern auf der Burg errichteten Capelle herstammen, deren Patron der h. Evangelist Marcus war, dessen Bildniß auch das Braubacher Stadtgerichtssiegel führte. Alt ist sie, sehr alt, das ist gewiß, aber eine Reichsburg scheint sie nicht gewesen zu sein, da nirgends eine Spur davon zu entdecken ist.

Als 1643 Johann der Streitbare, Landgraf von Hessen-Darmstadt, die Außenwerke erweitern ließ, fand man eine Menge uralter Pfeilspitzen, Bogen und Waffenstücke, welche auf eine in alter Zeit stattgehabte Belagerung zu schließen berechtigen, ohne daß man aber von der Zeit, den Streitenden und den den Kampf heraufbeschwörenden Umständen die allergeringste Kunde hätte. Da Stadt und Burg höchst wahrscheinlich zu den Besitzungen des Grafen des Niederlahngau's gehörten, so ist der Schluß auf ein kaiserliches Lehen gerechtfertigt, ohne daß aber dadurch auch der gerechtfertigt wäre, die Burg sei eine kaiserliche gewesen. Der Niederlahngauische Graf Conrad Kurzpold, so zubenannt wegen seiner kleinen, unansehnlichen Gestalt, ein sonst überaus thatkräftiger und tapferer Herr, zu dem seine Zeitgenossen mit Bewunderung emporsahen, besaß Braubach. Der Burg wird indessen dabei nicht gedacht, weil sie wohl noch nicht vorhanden war.

Im Jahre 1105 fand aber doch schon Heinrich IV bei seiner Flucht aus der Burg Klopp bei Bingen hier eine kurz dauernde Zuflucht. Er verließ sie jedoch sehr schnell und barg sich auf der Reichsfeste Hammerstein. Das dürfte die Vermuthung bestätigen, daß die Burg keine Reichsburg, sondern nur eine von den Lahngaugrafen erbaute Schutzwehr für Braubach gewesen. Indessen scheint die Nähe von Bingen und Ingelheim auch für Heinrichs schnelle Entfernung bestimmend gewesen zu sein. Es ist nichts überliefert, daß Heinrich V sie seinen Zorn empfinden ließ, was bekanntlich bei Hammerstein der Fall war.

Nach dem Aussterben des Niederlahngau'schen Grafengeschlechtes kam die Vogtei zu Braubach an die Grafen von Arnstein, und als auch dieses Geschlecht im Laufe der Zeit erlosch, waren die Dynasten von Eppstein am Taunus die Erben.

Gottfried von Eppstein trat 1283 denjenigen Theil von der Burg und Stadt, welchen die Pfalzgrafen nicht besaßen, an die Ritter Hermann von Marterod und Heinrich von Aldendorf in Form eines Lehens ab. Er ertheilte ferner dem Grafen Eberhard von Katzenelnbogen das Recht, die Lehen, welche die Ritter von Schönberg, die Schenke von Sternberg, die von Huneschwin (auch Huneswin) und von Are in Burg und Stadt hatten, an sich zu bringen. Dieser Umstand findet seine Erklärung darin, daß Graf Eberhard I, der Stifter der Neu-Katzenelnbogener Linie, den Ort sammt Zubehörden 1282 durch seine Gemahlin Elisabeth, eine Eppsteinerin, ererbt hatte.

Braubach war damals noch ein Dorf und von Leibeignen bewohnt. Mit besonderer Vorliebe nahm Eberhard sich seiner „Villa" an, er erhob sie mit Bewilligung König Rudolphs 1288 zur Stadt und erwarb ihren Bewohnern die Rechte und Freiheiten der Reichsstadt Oppenheim. Zur Förderung ihres Handels stiftete er einen Wochenmarkt und erwirkte von König Albrecht die Erlaubniß, eine Meile um Braubach Silber und andere Erze abzubauen. Ebenso wußte er auch 1293 die Rechte, welche die Pfalz bei dem Orte inne hatte, als Lehen an sich zu bringen.

Gleiche Fürsorge für die Stadt Braubach trugen sein Sohn Johann III und Enkel Graf Philipp der Aeltere. Dieser, einer der reichsten Fürsten jener Zeit, erbaute 1437 auf der Burg die bis dahin mangelnde Capelle, welche er dem h. Evangelisten Marcus weihte. Er starb 1479 als der Letzte des mächtigen Katzenelnbogener Grafengeschlechtes und wurde im Kloster Eberbach mit Schild und Wappen begraben.

Die Katzenelnbogener Rechte an Burg und Stadt gingen nun als Erbe an die Landgrafen von Hessen über. Landgraf Philipp II oder der Jüngere, welcher 1567 die Niedergrafschaft erhielt, residirte abwechselnd bald auf Rheinfels, bald auf der Marxburg. Er verwandte bedeutende Summen auf die Verschönerung der letzteren und erbaute bei ihr das Schloß Philippsburg zum Wittwensitz für seine Gemahlin Anna Elisabeth. Durch die Theilung Philipps des Großmüthigen war die Marxburg zu zwei Drittheilen an Hessen-Kassel und mit einem Drittheil an Hessen-Darmstadt gekommen. Durch den Vergleich vom Jahre 1627 erhielt sie Hessen-Darmstadt allein. Landgraf Georg II verpfändete sie seinem Bruder Johann dem Streitbaren, und dieser wählte sie zu seinem Wohnsitz. Er verwendete viel auf die Herstellung der Burg, die bedeutend gelitten haben muß im Laufe der Zeiten. — Er verschönerte sie nicht nur im Innern, sondern erweiterte, wie schon gesagt, auch die Befestigungswerke. Nach seinem Tode ging die Burg wieder an das regierende Haus Hessen zurück und blieb in seinem Besitze bis zum Jahre 1803, wo alsdann in Folge des Regensburger Recesses Nassau-Usingen in den Besitz trat. Wie weit die Zeiten des dreißigjährigen Krieges die Burg in ihren verheerenden Kreis zogen, ist völlig unbekannt, doch scheinen die Herstellungen des Grafen Johann des Streitbaren dadurch bedingt gewesen zu sein. Obgleich auch hierüber die Nachrichten fehlen, so wäre es doch kaum begreiflich, daß 1689 die Franzosen, die alle Burgen zerstörten und niederbrannten, die Marxburg sollten verschont haben.

Kaum ist die Geschichte einer rheinischen Burg lückenhafter und unzureichender als die der Marxburg, welche dennoch stets erhalten wurde und die schon dadurch eine geschichtliche Bedeutung hat und die Aufmerksamkeit auf sich zieht. Von Sagen findet sich keine Spur im Munde des Volkes.

Der Königstuhl bei Rhense

auf dem linken Ufer des Rheins, nahe am Strome.

Vier Kur- oder Wahlfürsten des „heiligen, römischen Reiches deutscher Nation" reichten sich bei dem uralten Städtchen Rhense (vom Volke Rees genannt) die Hände; denn drüben, wo die aus ihren wilden Bergen kommende Lahn in den mächtigen Rhein mündet, saß auf der Burg Lahneck der Mainzer in seiner Macht und Pracht; auf der hohen Burg Stolzenfels thronte der Trierer; in der Burg zu Rhense, in seiner Stadt, hauste im Glanze seiner Herrschaft und Herrlichkeit der Cölner, und auf der hohen Marxburg erschien in bedeutungsvollen Tagen der Pfälzer, der einzige Weltliche unter den geistlichen Herren, der aber nicht minder einflußreich und mächtig war als diese.

Es waren höchst wichtige Zeiten für das Reich, wenn sein Haupt, der Kaiser, vom Herrn über Leben und Tod zu seinen Vätern versammelt worden war und es galt, dem Reiche ein neues Haupt zu geben.

Am Rhein, das war ja „ein Recht von Alters her", mußte der Kaiser „gekürt" werden, und zwar zu Rhense, auf dem Wahl- oder Kaiserstuhle.

Das war eine Nachbarschaft, die in solchen Zeiten „etwas auf sich hatte" und von den vier Wahlherren, die ja ohnehin den Ausschlag zu geben pflegten, nicht unbenutzt blieb, wie sie auch mit gutem Vorbedacht herbeigeführt worden war. Hier wurden gewöhnlich in den Vorberathungen die Kaiser gemacht, zumal jeder der vier Herren, wie einst übermüthig, aber wahr der Mainzer gesagt, ein paar Kaiser im Aermel hatte, die er herausschütteln konnte, wenn etwa der eine nicht Lust trug, das reiche Maß der Zugeständnisse gutzuheißen, welche sie unter der Hülle des Vortheils des Reiches für sich erheischten.

Daß zu solchen Zeiten ein Gehen und Jagen, ein Handeln und Botschafttragen von und zu den vier Burgen stattfand, daß heimlich Kundschaft zu den in Aussicht Genommenen gesendet und von ihnen zurückgebracht wurde, wer wollte es bezweifeln, wenn er die Lage der Dinge im Reich in Betracht nimmt? — Die Stätte, wo die vorher sicher abgemachte Wahl pro forma stattfand und dem Volke verkündigt wurde, war der König- oder auch Kaiserstuhl unterhalb Rhense, ganz nahe am Ufer des Rheines.

Die Zeit der Erbauung dieses seltsamen Gebäudes ist unbekannt, doch ist als sicher anzunehmen, daß es eher da war als die Burgen, die wohl aus guten Gründen von den vier rheinischen Wahlherren entweder errichtet oder erworben wurden; denn schon im Jahre 1308, als die versammelten Kurfürsten hier tagten, heißt es: „daß hier „„von Alters her"" die Kaiserwahl vorgenommen werden müsse". Die Stadt Rhense hatte gegen sehr bedeutende Freiheiten und Rechte die Obliegenheit, das altherkömmliche Gebäude des „Stuhls" zu bauen und zu erhalten.

Es bestand aus rheinischem Tuffstein, wie ihn das Land liefert. Neun Pfeiler aus demselben Gestein, deren einer in der Mitte stand, trugen, unten eine Halle bildend, das Gewölbe. Der Durchmesser dieser Halle betrug im lichten Raume etwa 24 rheinische Fuß. Das Gewölbe erhob sich vom Boden 18 rheinische Fuß. Oben, im Freien, war es geebnet und geplättet. Diesen freien Raum schützte eine einfache Brustwehr, und innerhalb derselben befanden sich unter dem freien Himmel acht Sitze, einfach aufgemauert, von denen sieben für die Wähler des Reichs, einer für den Kaiser bestimmt waren. Unter Gottes freiem Himmel, so wollte es des Volkes alter Brauch, sollte seines Kaisers freie Wahl vollbracht werden, vor Gottes und des versammelten Volkes Angesicht. Daß kein Schutz gegen widrige Witterung vorhanden war, deutete auf eine nicht allzuweit auszudehnende Wahl hin. Daß aber eine solche überstürzt würde, daran dachte Niemand. Es war ja hinlänglich durch die Vorberathungen gesorgt, daß dergleichen nicht vorkommen konnte.

Hierhin wurden die sieben Kurfürsten geladen, und die nicht hier Angesessenen waren die Gäste der Viere, welche hier wohnten. — Die Vasallen in reichem Gefolge umgaben den Stuhl und in weiteren Kreisen das Volk, sich des glänzenden Schauspiels erfreuend.

Vierzehn steinerne Stufen führten aus der Halle auf die obere Wahlstätte, und zwei starke Thüren hielten den unbefugten Zudrang ab. Der oberen Thüre gegenüber befand sich des Reiches Wappenschild, und da war des Kaisers einfacher Sitz. Die Wappenschilder der sieben Kurfürsten wiesen die Reihenfolge der Sitze derselben.

Bis zur Zerstörung der altehrwürdigen Stätte durch die Franzosen erhielt Rhense den „alten Reichsstuhl". Von da an lag er in Trümmern, denen das Reich selbst, in Trümmer zerfallend, nachfolgte, gleichsam verhängnißvoll an seine alte „Kürstätte" gebunden. —

Als die Rheinlande von französischer Herrschaft befreit waren, regte sich der Gedanke, den uralten Königsstuhl, dessen Stätte große Steine bezeichneten, nach dem Urplan wieder aufzubauen. In Koblenz trat deshalb eine Anzahl Männer zusammen. Ein Aufruf erging an das rheinische Volk. Beiträge flossen zusammen, und im Zeitraum weniger Jahre stand das Gebäude, so wie es gewesen, wieder da, erbaut aus freiwilligen Beiträgen, und jeder Vorüberreisende, sei es, daß ihn das Dampfboot trägt oder die Eisenbahn im Fluge vorüberführt, wendet seine Blicke der überall sichtbaren Stätte zu, die einst eine so wichtige Rolle in der deutschen Reichsgeschichte spielte.

Es sind bedeutungsvolle Begebenheiten, welche hier sich zutrugen, wenn auch aus älteren Zeiten (auf welche eine Stelle in den „Gesta Balduini" hinweist, die da sagt: „es sei eine alte Gewohnheit, ein altes

Herkommen, daß hier die Kurfürsten zusammenträten zur Kaiserwahl") uns fast nichts zur Kunde gekommen ist. Nach Heinrichs VII Tode entstand unter den Wählern Zwiespalt. Ein Theil derselben wollte die Wahl Friedrichs von Oesterreich, der andere die Ludwigs von Baiern.

Stürme erhoben sich und durchtobten das Reich. Deutschland erhielt zwei Kaiser, da die Versammlung der Kurfürsten nichts ausrichtete; die Kurfürsten erkannten indessen, wohin ein solcher Zustand führen müsse, und abermals traten sie auf dem Königstuhle zusammen, wo nur der Böhme fehlte. So entstand 1338 der Kurverein, in dessen Folge die Kurfürsten den Kaiser Ludwig veranlaßten, mit ihnen auf dem Königstuhle zu tagen. Der Zweck der Zusammenkunft war, den Einfluß des Papstes zu brechen, dann aber auch der, den Kaiser zu bestimmen, zu Gunsten Karls von Böhmen dem Throne zu entsagen. Es schlug fehl. —

Da berief der Böhme die Kurfürsten abermals auf den Königstuhl, und hier gelang es ihm, seinen Sohn als Karl IV zum Kaiser wählen zu lassen; doch sein Tod veranlaßte eine neue Zusammenkunft, aus der die Wahl Eduards von England hervorging. Als dieser ablehnte und eine gleiche Ablehnung von Seiten des Markgrafen von Meißen erfolgte, wurde der Kurtag, statt auf dem Königstuhle, in Frankfurt am Main abgehalten und Günther von Schwarzburg gewählt.

Er starb aber auf räthselhafte Weise schon 1349, und nun sah der Königstuhl bald wieder seine alte Versammlung; ein Resultat kam jedoch nicht zu Stande, und in Frankfurt wurde der unwürdige Wenzel zum römischen Könige gewählt. Seine Krönung erfolgte 1376 in Aachen.

Wie unglücklich diese Wahl war, zeigte sich nur zu bald, und die Nothwendigkeit trat ein, das Reich von einem Unwürdigen zu befreien. Es ist auffallend, daß, wie die Wahl Wenzels auf dem Königstuhle nicht stattfand, auch seine Absetzung hier nicht vollzogen wurde, sondern dem geheiligten Wahlorte gegenüber in einer Capelle vor dem Thore zu Oberlahnstein, nachdem Wenzel, dorthin zur Verantwortung geladen, zehn Tage die Kurfürsten vergeblich hatte auf sein Kommen warten lassen.

Durch die richterliche Macht der Kurfürsten ward das Reich seiner erledigt.

Schon am andern Tage begaben sich die Wähler des Reiches nach Rhense, hörten eine feierliche Messe und bestiegen dann den Königstuhl, dem Reiche das rechtlich fehlende Haupt zu geben. Die Wahl fiel auf den Pfälzer Ruprecht; aber auch diesen ereilte im Jahre 1410 der Tod, und eine neue Wahl mußte vollzogen werden. Dieselbe geschah aber nicht auf dem Königstuhle, sondern in Frankfurt.

Als der Erwählte, Max I, auf der Krönungsfahrt nach Aachen bei Rhense ankam, landete er mit den ihn begleitenden Kurfürsten, bestieg mit ihnen den Königstuhl und leistete dem Reiche und ihnen den Eid.

Das war die letzte feierliche Reichshandlung auf dem altehrwürdigen Bau des Königstuhles; fortab war er nur noch ein stummer Zeuge einstiger Reichsherrlichkeit. Dennoch lebte seine Bedeutung, wenn auch merklich abgeschwächt, für das Rheinland, namentlich Kur-Cöln fort; denn hier war es, wo im Jahre 1414, als zwischen Theodor von Mörs und Wilhelm von Ravensberg ein Streit um den erzbischöflichen Stuhl von Cöln ausgebrochen war, durch den Bruder des Ravensbergers, den Erzbischof von Mainz und die Stände von Paderborn eine Vereinigung erzielt wurde. Auch im Jahre 1455 sah der Kaiserstuhl noch einmal eine Versammlung, die eben wieder eine cölnische war, doch aber auch allgemeinere Bedeutung hatte. Es galt, dem Raubrittergeiste eine Fessel anzulegen.

Der Graf Johann von Westerburg hatte einen Waarenzug cölnischer Kaufleute zur Messe nach Frankfurt überfallen, dieselben beraubt und gefangen genommen. Das Aufsehen war ungeheuer, welches dies Ereigniß machte. Der Rath der Stadt Cöln erhob auf's Entschiedenste seine Stimme, und der Kurfürst mußte einschreiten. Er berief eine Versammlung von Reichsfürsten nach Rhense, und diese luden den Grafen von Westerburg vor ihr Gericht auf dem Königstuhle. Er mußte nicht nur Abbitte thun und zwölftausend Gulden Schadenersatz leisten, sondern auch schwören, dem heillosen Raubwesen zu entsagen.

Auch solche Versammlungen hörten fernerhin auf, und der Königstuhl gerieth in eine unverdiente Vergessenheit.

Nur die Franzosen hatten für das, was mit dem Glanze des deutschen Reiches in einer altehrwürdigen Verbindung stand, ein besonders gutes Gedächtniß. Im Jahre 1688 zerstörten sie den Königstuhl von Grund aus, so daß nur wenige Reste blieben, und diese Reste tilgten die Rhenser selbst im Jahre 1798.

Der Königstuhl war schon um das Jahr 1624 in Verfall gerathen. Damals befand sich die Stadt pfandweise im Besitze des Landgrafen von Hessen, welcher sie zum Aufbau zwang. Wahrscheinlich war diese Herstellung, weil gezwungen, in einer Weise geschehen, die den Franzosen das Zerstörungswerk leicht machte.

Einige Skulpturfragmente vom alten Baue hatten Private in Rhense gerettet und gaben sie williglich heraus, als, wie oben bemerkt, der Königstuhl in unsern Tagen nach seinem uralten Plane neu hergestellt wurde. Sie sind bei dem Baue zweckmäßig verwendet worden.

Ehre und Dank sei Denen, welche dieses Denkmal des deutschen Wahlreiches wieder aufrichteten, und zwar auf dem Wege freiwilliger Betheiligung Derer, welche Sinn für seine Bedeutung hatten!

Die Burg Lahneck bei Lahnstein.

Bei dem Städtchen Lahnstein, Stolzenfels schief gegenüber, und unmittelbar auf der Ecke, welche die Lahn bei ihrer Mündung in den Rhein mit diesem bildet, erhebt sich eine steile, felsige Höhe, auf deren Gipfel die Burg Lahneck steht, die beiden Lahnstein beherrschend. Sie liegt auf dem rechten Ufer des Rheines, im ehemals nassauischen Gebiete.

Um einen hohen, ganz wie der sogenannte „rauhe Thurm" auf der Burg Stolzenfels erbauten Mittelthurm reihten sich die verschiedenen Mauerreste von Lahneck. Sie geben einen sattsamen Beweis, wie groß und stark die Burg für ihre Zeit gewesen ist. Der gedachte Mittelthurm hatte fünf überwölbte Stockwerke, und seine Mauern mochten bei einer Dicke von neun Fuß keck dem Feinde entgegentrotzen. Rankendes Grün bildete sein Dach. Der obere Theil der Burg war durch Lage und Befestigung schwer einnehmbar. Er stand auf einem viereckigen, sorgfältig behauenen Felsen, dem überdies feste Mauern und tiefe Gräben eine Wehrkraft liehen, die für jene Tage von nicht geringer Bedeutung war. Selbst Stolzenfels gegenüber konnte die Nachbarburg sich rühmen, zu den festesten des Landes zu zählen. Zwei runde Thürme beherrschten diesen Theil der Burg. Die Reste der Burgcapelle hingen schauerlich über einer gähnenden Tiefe.

Lahneck ist eine alte Burg, das zeigt Anlage und Mauerwerk, und wohl gleichzeitig mit Stolzenfels entstanden, der Bauart des Thurmes nach vielleicht von demselben Baumeister erbaut, der dort wie hier mit kundigem und geübtem Auge bei dem Plane die Oertlichkeit erwog und benutzte. Sie war eine mainzische Burg und von den Erzbischöfen zum Schutze für Oberlahnstein und den daselbst angelegten Rheinzoll errichtet worden. Wann dies geschehen, läßt sich nicht genau erweisen, indessen dürfte ihre Entstehung in die zweite Hälfte des dreizehnten Jahrhunderts zu setzen sein. Der Name Lahneck (Laneche, Logeneck) erscheint erst urkundlich im Jahre 1295.

Das Dorf Oberlahnstein (Logenstein, Loynstein), welches unter ihren schirmenden Mauern und Thürmen lag, reicht mit seinen Anfängen in das neunte Jahrhundert zurück. Ursprünglich Reichsdomaine, kam es in den Besitz des Niederlahngaugrafen Conrad Kurzpold. Seine Mutter Wildrudis schenkte mit Bewilligung ihres Sohnes im Jahre 933 ein Gut zu Lahnstein und den gesammten Zehnten des Ortes dem Kloster Seligenstadt am Main. Nachdem aber Conrad ohne Erben gestorben war im Jahre 948, wurde Lahnstein wieder Königliches Domanialgut. Von diesem hatte Uta, die Gemahlin des Königs Arnulph, ehe noch Conrad das Gaugrafenamt überkam, einen sehr bedeutenden Theil zwischen den Jahren 900 und 911 durch ihren Vogt Ruthard an das Erzstift Mainz geschenkt. Allein bei den traurigen Reichsverhältnissen unter Ludwig dem Kinde ging die Schenkung wieder dem Erzstift verloren und erst unter Kaiser Otto II gelangte es 978 in den dauernden Besitz derselben.

Wie bedeutend aber auch damals das Mainzer Erzstift in und um Lahnstein begütert war, so hatte es doch weder die geistliche noch die weltliche Gerichtsbarkeit daselbst in Händen. Jene stand dem Erzstift Trier zu, die Vogtei aber trugen die Grafen des Einrichgaues. Von diesen kam sie an die Grafen von Arnstein und, nachdem Ludwig von Arnstein 1139 darauf verzichtet, an die Herren von Isenburg, welche sie später an die Grafen von Nassau und Katzenelnbogen verkauften. Neben andern Rechten und Einkünften, die vom Bisthum Speyer zu Lehen rührten, hatten die Nassauer Grafen walramischer Linie auch das Patronat der Pfarrkirche und den Kirchensatz.

Es liegt in der Natur der Sache, daß das Erzstift im Laufe der Zeit darauf bedacht war, seine Territorialherrschaft am Orte zu erweitern, und in je größerem Maße ihm dieses gelang, desto mehr traten die besondern Rechte anderer Herren in den Hintergrund. Zum Lohn für seine eifrigen Bemühungen um die Wahl Königs Adolph von Nassau erhielt Erzbischof Gerhard II 1292 das Vogteirecht über Lahnstein sammt allen Zubehörungen auf Lebenszeit. Von da bis zu dem alleinigen, ungestörten Besitz des Ortes war jetzt nur noch ein Schritt, und in der That finden wir bald darauf Lahnstein ganz in den Händen des Erzstifts. Die Burg in Lahnstein, welche am obern Ende der Stadt stand und wohl ältern Ursprungs als Lahneck gewesen sein dürfte, besetzte es mit Burggrafen und Burgmännern. Als solche erscheinen daselbst von 1310 bis 1434 mit Burglehen begabt die Grafen von Katzenelnbogen, von Virneburg, die Ritter von Greifenklau und die von Eynenburg, Herrn zu Landskron.

Unter der eifrigen Fürsorge der Erzbischöfe gelangte Oberlahnstein rasch zu stattlichem Umfang und großem Wohlstand. Durch ihre Vermittelung erhielt es von Ludwig dem Baiern 1324 die Rechte und Freiheiten der kaiserlichen Stadt Frankfurt. Unter König Albrecht wurde 1298 der Friedezoll von Boppard hierherverlegt und, nachdem er dem Orte wieder entzogen worden, neben dem alten Zolle 1318 von Ludwig dem Baiern ein neuer angelegt. Beides trug wesentlich zum Aufschwung und zur Blüthe der Stadt bei, wie nicht minder der Umstand, daß sie ein Lieblingssitz der Erzbischöfe wurde, die hier in der herrlichen Umgebung stets auf längere Zeit ihren Hof hielten.

Lahnecks Bedeutung wird noch bei Stolzenfels Erwähnung finden. Die Burg sollte dem Erzbischof von Trier eine Wehr entgegenstellen, Lahnstein und seinem Zolle ein Schutz, dem Mainzer Gebiete an der Trierer Grenze eine Stütze und dem Wahlfürsten zur Zeit der Kaiserwahl auf dem Stuhle bei Rhense ein anständiger, seinen Einfluß auf die Kaiserwahl sichernder Aufenthalt sein; Gründe genug, auf die Burg Alles zu verwenden. Um es dem Trierer drüben auf Stolzenfels gleich zu thun, sparte der Mainzer nicht.

Erst im Jahre 1378 wird in einer Urkunde Kaisers Karl IV ein Burggraf zu Lahneck erwähnt, Burgmänner dagegen schon viel früher. So erscheint 1295 Johann Graf zu Sayn als Erbburgmann, wozu ihn sein Vetter, der Erzbischof Gerhard von Mainz, bestellt hatte, und 1296 Graf Wilhelm der Jüngere von Katzenelnbogen als des Erzstiftes Burgmann auf der Feste Lahneck. Der stets um sich wuchernde Geist roher Gewaltthätigkeit nöthigte die Erzbischöfe, eine immer zunehmende Zahl von Vasallen an ihre Burgen zu ketten. Damit war einestheils die Möglichkeit gegeben, durch kluge diplomatische Beeinflussung sie gegenseitig im Schach zu halten und zu überwachen, andrerseits aber größere Sicherheit dieser Burgen erzielt, da Alle, welche auf der Burg belehnt waren, ein gemeinsames Interesse verband.

So hatte der Erzbischof Peter Aichspalter, ein gewandter, kluger Rathgeber kaiserlicher Majestät, zu den bereits auf Lahneck belehnten Rittern noch Brenner und Hundswin von Lahnstein, von Aldendorf, von Gronau, Kesselhud von Katzenelnbogen, von Larheim, von Rüdesheim, Grans von Rynberg, einer Katzenelnbogen'schen Burg unter Braubach, von Schönberg und von Neuenhain hinzugethan. Damit war aber die Reihe noch nicht zu Ende, denn wir begegnen noch dem Grafen Diether von Katzenelnbogen, Rupert von Virneburg, den Rittern Dietrich von Kempenich, Schilling von Lahnstein, den Grafen von Isenburg und den Rittern von Wunningen und von Runkel, und noch später gesellten sich zu dieser Rittersippe die von

Langenau und von Geisenheim. Alle waren auf der Burg mit Lehen begabt, alle dort wehrpflichtig. War der Erzbischof auf der Burg, so mußten sie anwesend sein und bildeten seinen glänzenden Hofstaat. Wie kostbar dabei der Haushalt geworden sein muß, läßt sich ermessen. Zum Glück waren die erzbischöflichen Keller und Speisekammern wohl versorgt. Daß aber Alle auf und in der Burg bei dem Erzbischof, der selbst in allem Glanze seiner Stellung auftrat, sammt ihren Knappen und Dienern wohnten, war augenscheinlich unmöglich. Da kam zum Glück die Stadt Lahnstein zu Hülfe.

Zur Zeit der Fehde Albrechts von Oesterreich gegen Erzbischof Gerhard II von Mainz errang der Kaiser die Feste Lahneck. Erst dem diplomatisch gewandten Peter Aichspalter gelang es, von seinem ihm hochverpflichteten Freunde Heinrich VII alle die Burgen zurück zu erhalten nebst den vielen Ortschaften, die in jener Fehde in Albrechts Hände gerathen und dem Erzstifte entfremdet worden waren.

Der vom Papste gegen den kriegslustigen Balduin von Trier, damals Administrator von Mainz, eingesetzte Erzbischof Heinrich von Virneburg mußte als Preis seiner Anerkennung dem Domcapitel außer einigen Landburgen auch Lahneck einräumen und übergeben. Als nach seinem Tode (1353) Erzbischof Gerlach (von Nassau) zum ruhigen Besitze des Erzstiftes gelangte, gewann er auch Lahneck wieder für dasselbe, nachdem er mit schweren Opfern den Stiftsverweser Kuno von Falkenstein hatte abfinden müssen.

Diether von Isenburg, der prachtliebende und kriegslustige Erzbischof von Mainz, nahm durchgreifende Veränderungen in der Burg vor, die theils die Wehrhaftigkeit vermehrten, theils den innern Schmuck vergrößerten. So erbaute er unter Anderem die äußere Mauer und das schöne Thor. Hielt er hier Hof auf Lahneck, so wetteiferte er mit Stolzenfels in Wohlleben und Pracht des Hofhaltes, und wie jenseits die linksrheinische Ritterschaft zusammenströmte zu Jagd und anderer Festlichkeit, so hier die rechtsrheinische und die aus dem Lahngau.

In der langen und erbitterten Fehde zwischen Diether und Adolph II von Nassau um den Stuhl von Mainz verpfändete im Jahre 1462 der Nassauer, dem der moderne Schrecken des Deficits viel Herzeleid machte, diese Burg um eine bedeutende Summe an den Erzbischof Johannes von Trier und gab noch dazu den vierten Theil des Zolles von Lahnstein; allein Diether wußte sich vorher auf der Burg festzusetzen, was ihm um so eher gelang, als die Burgmänner und Lehensträger ihm, dem Freigebigen und Lebelustigen, ungemein ergeben waren. Wollte Erzbischof Johannes in den Besitz seines Pfandes kommen, so mußte er es sich erobern. Dies war indessen leichter gesagt als gethan, denn es befanden sich tapfere Ritter in der Burg. Dennoch griff er von Stolzenfels aus die Burg an; die, welche drinnen saßen, schlugen aber nicht nur seine Stürme mit Macht ab, sondern fügten ihm auch durch klug berechnete Ausfälle und Ueberrumpelungen solchen Schaden zu, daß er — zumal die winterliche Jahreszeit mit raschen Schritten nahte, den Rückzug beschloß. Er hob die Belagerung auf, um sie jedoch, als der junge Frühling die Ufer und Berge wieder zu schmücken anfing, auf's Neue zu beginnen. Sturm auf Sturm erfolgte und — wurde abgeschlagen. Bis fast in den Sommer hinein fuhr der Erzbischof mit den heftigsten Anstrengungen fort, als er endlich einsah, er erschöpfe fruchtlos seine Kraft. Wie groß auch schon die Schmach war, abziehen zu müssen, ohne die Burg erobert zu haben, so war doch das Valet selbst noch schmählicher. Die Lahnecker und Lahnsteiner verlegten ihm den Weg und brachten ihm eine solche Niederlage bei, daß seine Streiter völlig zersprengt und viele gefangen genommen wurden.

Seine Klagen und Beschwerden waren groß, aber die Forderung, daß die übermüthigen Lahnsteiner von Reiches wegen bestraft werden möchten, blieb erfolglos, da der arme Adolph alle Hände voll zu thun hatte, um sich des wilden Diether zu erwehren. Als aber vollends im Jahre 1475 der abgesetzte Diether den Stuhl von Mainz wieder bestieg, konnte wohl eher von Belohnung als von Strafe für die Lahnsteiner die Rede sein, und der Erzbischof von Trier hatte die Unbequemlichkeit, so oft er auf dem hochliegenden Stolzenfels hauste, auf das ihm so sehr ärgerlich gewordene Lahneck blicken zu müssen, ohne irgend welche Hoffnung, je seinen Fuß als Gebieter über dessen Schwelle setzen zu können.

Es ist eine nicht selten vorkommende Erscheinung, daß es in der Geschichte solcher Einzelpunkte, wie es eine Burg ist, Lücken gibt, welche ansehnliche Zeiträume umfassen, besonders dann, wenn während dieser Zeiten kriegerische Stürme gebraust haben. So ist es mit Lahneck, um das ja auch bis zum Jahre 1646 mancher Sturm wirbelte. Erst in diesem Jahre geschieht der Burg wieder geschichtliche Erwähnung. Sie stand noch unversehrt, und die kurmainzischen Amtleute bewohnten sie, wie dies schon 1428 der Fall war. Im Jahre 1689 wurde sie jedoch von den Franzosen gebrochen, als auch drüben Stolzenfels in Trümmer fiel. In späterer Zeit war die Burg Eigenthum des Bauinspectors de Lassaulx in Coblenz. Sie ging aber hernach in den Besitz eines Engländers über, der sie in ihrer jetzigen Gestalt ausbauen ließ.

Die Aussicht von Lahneck ist zwar minder umfassend als die von Stolzenfels, aber dennoch, besonders gegen die Stadt Coblenz hin, sehr anmuthig.

Zwei Sagen knüpfen sich an diese nun von dem neuen Besitzer wunderschön aufgebaute Burg.

Als der 1118 in Palästina zum Schutze der christlichen Pilger, zur Vertheidigung der christlichen Religion und zur Erhaltung des heiligen Grabes gegen die Sarazenen gestiftete, auch in Europa weit verzweigte, mächtige und an irdischen Gütern besonders reiche Orden der Tempelherren im Jahre 1307 durch den Papst Clemens V und den König Philipp den Schönen von Frankreich den Todesstoß empfangen hatte und überall wie ein gefährliches Wild zu Tode gehetzt wurde, wollte auch Peter Aichspalter aus Dankbarkeit gegen den Papst, der ihn vom Hausarzte des Grafen Heinrich von Luxemburg zum Erzbischof von Mainz erhoben hatte, den mächtigen und reichen Orden aus seinen Besitzungen im Erzstifte vertreiben. Er kündigte ihnen die Landesverweisung an und drohte mit Waffengewalt, wenn sie nicht freiwillig über die Grenze gingen. Aber wohin sollten die armen Geächteten? Ueberall dieselbe Macht gegen sie, überall dieselben Maßregeln! Da war ja kein Fleckchen Erde mehr übrig für sie, als etwa in einem verborgenen Winkel oder im Grabe. Sie waren sich seit dem Geschicke ihres Großmeisters alle dessen bewußt, was sie erwartete und was unabweisbar erschien, wenn sie nicht, wie es wohl Manche thaten, ihre Ordensgelübde brachen und sie abschwuren. Manche thaten dies auch im Mainzer Lande, Andere verließen dasselbe, aber zwölf der Tapfersten warfen sich in die Burg Lahneck und schwuren todesmuthig, — sie nicht verlassen, sondern sich vertheidigend ritterlich sterben zu wollen.

Als diese Nachricht an den Erzbischof kam, gerieth er in den wildesten Zorn. Ihr Wunsch soll ihnen gewährt werden! rief er heftig aus und befahl, einen Heerhaufen gen Lahneck zu entsenden und die Burg aus den Händen der Frevler zu befreien.

Die Mainzer rückten an. Sie meinten, es sei ein Leichtes, die Zwölfe zu überwinden, zumal sich unter ihnen Greise im Silberhaare befanden. Als sie im Angesichte der Burg waren, forderten sie die Templer auf, sich gutwillig zu ergeben auf Gnade und Ungnade. Die Templer aber wiesen den Herold mit den Worten zurück: „Gnade ist nur bei Gott; was wir „von Menschen zu erwarten haben, das wissen wir; darum möget Ihr nur „über unsre Leichname in die Burg kommen, anders nicht. Den tapfern „Molay hat man gelockt, weil er treuherzig glaubte und seiner Unschuld „sich bewußt war. Auch wir sind schuldlos; aber wir trauen nicht „mehr und wollen lieber im tapfern Kampfe als durch Henkers Hand „fallen!"

„Es ist Euch noch ein Weg offen!“ sagte der Herold; „schwöret Eure Ordensgelübde ab, wie viele der Eurigen gethan!“

„Schmach ihnen, uns ein ehrlicher Tod!“ So riefen die Templer einmüthig, und alsbald schickten sich die Mainzer zum Angriff.

Grimmig stürmten sie an und bedrängten die Burg, aber einer von den Templern focht für zehn, und die Schwerter der Todesmuthigen mäheten wie die Sense des Mähers in der Wiese. Nirgends hatte der Sturm einen anderen Erfolg, als daß Leichen seine Spur bezeichneten und Blutströme. Die Tapferkeit der Templer übertraf Alles, was man bis jetzt erlebt. Alle Angriffe schlugen sie ab, und die Mainzer hatten gemessenen Befehl, so weit als möglich die Burg zu schonen.

Zwölf gegen so Viele! Das war Schmach. Immer wilder entbrannte der Haß und der Kampf. Sie rechneten auf das Erlöschen der Kräfte der Zwölfe in den immer sich erneuernden Kämpfen, aber es schien, als seien Riesenkräfte in ihnen; denn sie ermüdeten nicht. Endlich beschlossen die Mainzer, in einer stockfinstern Nacht zu stürmen und sie zu überwältigen.

Die Nacht kam mit lichtlosem Dunkel; aber bald rollte der Donner in den Bergen, vom Echo hundertfach wiederholt; bald zuckten Blitze wie gewaltige Flammberge am dunkeln Himmel hin, und der Donner war dazu der überwältigende Schlachtruf. Der Strom peitschte die Ufer und warf hoch den weißen Gischt, und der Sturm heulte wie ein tausendstimmiger Chor der Rachegeister.

Mit dem Aufruhr der Naturgewalten mischten die Mainzer ihren grimmigen Schlachtruf. Sie stürmten mit aller Macht und von allen Seiten. Ueberall mußten die zwölf Helden weichen. Endlich, am Fuße des Hauptthurms, drängten sie sich zusammen. Ihre Blicke leuchteten, und ein Nicken mit dem Haupte galt soviel wie ein Eid.

Diesmal war die Gewalt zu groß, welche die Mainzer aufgeboten, und die Kraft der Helden schon am Erlahmen. Dennoch trafen ihre Streiche tödtlich, wohin sie fielen. Immer enger zusammengedrängt, konnten sie kaum mehr sich erwehren. Ergebt Euch, noch ist's Zeit, rief der Mainzer Heerführer; denn — wunderbar war es! — noch kein einziger Templer war gefallen, und nur wenige bluteten aus ihren Wunden.

„Haltet aus, Brüder, rief der Aelteste unter ihnen. Die Stunde der Erlösung ist nahe!“

Noch einen gewaltigen Streich führte er gegen den Anführer der Mainzer, fällte ihn, — aber sank dann auch, seine Seele aushauchend, nieder.

„Wir folgen Dir, Bruder!“ klang es in des Sterbenden Ohr, und als Antwort hob er noch einmal die Rechte empor, die dann matt niedersank.

Die Brüder zerdrückten die Thräne, und gewaltiger fielen ihre Schwerthiebe auf die Rüstungen der Mainzer, daß die Schienen klirrend sprangen und manches Herz stille stand. Ein Leichenwall thürmte sich um die elf Tapferen auf, der immer höher wurde. —

So dauerte der wüthende Kampf, bis das Zwielicht des Morgens anbrach und blutigroth die Sonne heraufkam.

Die Helden waren alle bis auf Einen gefallen, der von ihren Leichen wie von einem heiligen Walle umgeben dastand, hoch das Schwert schwingend. Es war eine kräftige, edle Gestalt, aber weiße Locken umwallten das Haupt, das kein Helm mehr deckte.

Tief ergriffen von solchem Todesmuthe, nahte ihm jetzt der Mainzer Ritter, welcher die Schaar anführte, seit der erste Führer gefallen war, und sagte voll Ehrfurcht: Ihr habt mehr gethan, als menschliche Kraft, Muth und Tapferkeit vermögen. Laßt es gut sein! Ehre und Freiheit dem Tapfersten der Tapferen!

Ha, ha, ha! lachte wild der Templer. Du versprichst, aber weißt Du nicht, daß die Gewaltigen lüstern sind nach unserem Gut und darum nach unserem Blut? Nur im Tode ist Freiheit, die Ehre lockt mich nicht! Und wieder schwang er sein Schwert.

Er will nicht! schrieen erbittert die Mainzer und wollten zu Hauf eindringen auf ihn, daß endlich der Kampf und die Zahl der Opfer ein Ende finde; aber in diesem Augenblick rief eine Stimme: Haltet ein! Kaiser Heinrich schenket Leben und Freiheit den Helden!

Es war ein Herold des Erzbischofs, der auf schaumbedecktem Rosse dahersprengte.

Im Tode ist Freiheit! Mein Leben mag ich nicht! rief der Templer und sprang in den dichtesten Haufen der Mainzer, wo noch einmal sein Schwert mähete von Neuem, bis auch ihn der Todesstreich traf.

Wie groß auch die Erbitterung gewesen war, jetzt, wo sie alle gefallen waren, — standen die Mainzer stille und trauernd um das Häuflein. Dann gruben sie im Burghof ein gemeinsames Grab, und als sie die Gefallenen hineingelegt hatten und die Pickelhauben abnahmen, um ein Gebet für ihre Seelen zu sprechen, da rann hier und da eine Thräne über die gebräunte Wange. Siegesfreude war in keinem Herzen.

*   *
*

Klimsch gez.

Stahlstich v. Carl Mayer's K. A in Nürnberg.

Lahneck.

Verlag von Julius Niedner in Wiesbaden.

In den Tagen, so lautet die andere Sage, — als noch die Burggrafen auf Lahneck saßen, reich an Ehre, Macht und Gütern, und das arme Volk rings umher leibeigen war, wohnte in Lahnstein eine arme Wittwe mit ihrem Sohne, der ein Fischer war. Er warf in der Lahn und im Rhein seine Netze für den Burggrafen aus, und was die Leute auf der Burg nicht mochten, das nährte ihn und seine alte Mutter. Er war ein goldtreu Gemüth und dabei so schön, wie jemals ein Fischer gewesen, der seine Netze im Rhein und in der Lahn auswarf. Das hatte längst des Bannmüllers Töchterlein gesehen und war in Liebe gegen ihn entbrannt, und er trug die schöne Müllerstochter auch schon lange im Herzen. Elsbeth war buhlerisch und wußte ihn zu locken; nun saßen sie jeden Abend kosend in den dichten Weiden am Lahnufer, solange es die Jahreszeit litt, und die alte Mutter meinte, er werfe seine Netze oder lege Angelschnüre und käme darum erst gegen Mitternacht heim. Der Müller ahnte vollends nicht, daß sein Töchterlein nicht in ihrer Kammer sei, sondern draußen am Lahnufer, wo die Weiden leise im Abendwinde flüsterten. So währte das süße Glück vom Frühling bis zum Herbst, da kehrte des Burggrafen Sohn von Mainz zurück, wo er als Edelknabe an des Kurfürsten Hofe gedient, sah die schöne Müllerin, liebäugelte mit ihr, und bald war sie seine Buhlschaft.

Der gute, arme Fischer ahnte kein Unrecht, und das treulose Herz kosete je und dann auch mit ihm, als gehöre es ihm nur allein. Einmal, als ein wunderschöner Herbstabend seine verklärenden Mondstrahlen zur Erde sandte, strich kaum hörbar des Fischers leichter Kahn über die Fluth, nahe dem Weidendickicht am Ufer. An einer bekannten Stelle legte er an. Hier wollte Elsbeth seiner warten, das hatte sie gelobt und gerade diesen Abend ihm bezeichnet, weil dann ihr Vater ferne sei.

Er stieg leise an's Ufer und setzte sich in's dürre Gras, lauschend, ob er ihren leichten Fußtritt höre; aber er harret, und — sie kommt nicht. —

Sollte sie erkrankt sein? fragt, höher schlagend, sein treues Herz, und es beschleicht ihn eine namenlose Angst.

Da kettet er fester den Kahn an die alte Weide und schleicht leise der Mühle zu, wo sie allein mit dem Vater wohnt.

Das Mühlrad steht stille, — größer wird seine Angst. Er tritt endlich an das Fensterlein und blickt durch die untere Scheibe in das Kämmerlein. Es ist ihm, als sehe er Gestalten darin. Leise drückt er an das Fensterlein. Der Rahmen gibt nach, und ungesehen blickt er in den matt erleuchteten Raum. Was er sieht, macht ihn erstarren, — Elsbeth an des Junkers Brust! Da fährt er mit der Hand an die linke Brust, denn es ist ihm, als zucke eine

Dolchklinge durch sein Herz. — Es war der unaussprechliche Schmerz verrathener Liebe.

Wie erstarrt bleibt er eine Weile, — dann aber eilt er zurück zum Kahne, löst die Kette und läßt ihn den Wellen zum Spiele, während er auf der Ruderbank sitzt, den Kopf in die Hand gestützt und den Boden benetzend mit heißen Thränen.

Wie lange er so mit seinem Kahne auf den Wellen getrieben, er weiß es nicht. Da hört er vom Ufer her die befehlende Stimme des Junkers: Leg' an und bringe mich schnell nach Lahneck! Willenlos gehorcht der Unglückliche. Der Junker steigt in den Kahn und befiehlt, rascher das Ruder in die Fluthen zu senken. Es geschieht, und der leichte Kahn fliegt über die kaum gekräuselten Wellen der Lahn dahin.

Da erzählt der leichtsinnige Junker sein Glück, daß das schönste Mädchen in des Erzbischofs Landen, des Lahnmüllers Töchterlein Elsbeth, seine traute Buhle sei von der Stunde an, da er nach Lahneck zurückgekehrt sei, und bestellt den Fischer, ihn jede Nacht an der Stelle zu erwarten, wo er ihn gerufen; denn das Mägdlein erwarte ihn da jedabendlich.

Enger und immer enger wird es dem armen Fischer um's Herz. Kein Wort war noch über seine Lippe gekommen, und gesenkten Hauptes hatte er da gesessen; aber da regt's sich plötzlich in seiner Brust wie wilde teuflische Lust. Er jauchzt laut auf, daß ihm der Junker Schweigen gebietet. Wie wahnsinnig greift er mit dem Ruder in die Fluth, daß der Kahn wie ein Pfeil dahin fährt, den des Schützen Hand mit der Sehne kräftig geschnellt. Jetzt sieht man die schwarzen Thürme von Lahneck, die sich schauerlich vom Himmel abheben, den des Mondes und der Sterne Glanz verklärt. — Jetzt dünkt's dem Junker, er sähe das Lämplein in des Thorthürmers Stüblein leuchten, er gewahre die Hütten von Lahnstein. Legt an, ruft er dem Fischer zu.

Bewahre! erwidert der, seltsam und schauerlich lachend, wir fahren zum Liebchen! Und wilder greift das Ruder in die Fluth, rascher schießt der Kahn dahin.

Halt' ein! schreit der Junker, dort rauscht ja schon der hoch angeschwollene Rhein! Wir ertrinken!

Pah! antwortet der Fischer, wir fahren ja zu unserem Liebchen! Und heftig schleudert er den Kahn vorwärts.

Schon hört der Junker das nahe Brausen der Rheinfluth. Er sieht dort oben die Thürme von Stolzenfels, dort drüben die Häuser von Capellen. Da durchzuckt's ihn wie Todesahnung, und heftiger ruft er dem Fischer: Wend' um, sonst sind wir verloren!

Kimsch gez

Stahlstich v. Carl Mayer's K.-A. in Nurnberg

Stolzenfels.

Verlag von Julius Niedner in Wiesbaden

Kein Laut kommt über des Fischers Lippe. Schon umbraust des Rheines gelbe, wilde Fluth den Kahn, da springt er auf, schleudert sein Ruder weit hinaus in die brausenden Wogen, und zu dem todtbleichen, zitternden Junker gewendet, deutet er nach der Tiefe und spricht: „Da unten ist ein kühl Bettlein für buhlerische Liebe und verrathene Treue!" Und dem Kahne gibt er mit dem Fuße einen Stoß, daß er wankt und von den Fluthen ergriffen umschlägt, so daß Beide in die Tiefe sinken.

Der Burggraf harret des Junkers, die Wittwe des Sohnes, — das Mägdlein der Buhlen vergeblich. Sie kehren nicht wieder, bis der Rhein ihre Leichname ausstößt.

Da dämmerte es dem Mägdlein, wie es gekommen; ihr Gewissen erwacht. Sie zerrauft ihr schönes Haar und stürzt sich verzweifelnd am Wehr in die Wellen.

Die verlassene Mutter weint, bis der Tod ihr Frieden bringt; über des Burggrafen Grab wird der Schild zerbrochen, weil er nun seines Stammes Letzter ist; dem alten Müller bricht bald das Herz über sein verlorenes Kind, — und die Wellen der Lahn schweigen von der Treulosen, die all' dieses Jammers Ursache war.

Zum Schlusse bleibe nicht unerwähnt, daß die beiden Städtchen Lahnstein, während manche ihrer Schwestern am Rhein in ihrem Wohlstand und ihrer Bedeutung zurückgegangen sind und ihre Blüthezeit nur in der Vergangenheit liegt, sich in Folge des Baues der Nassauischen Staats-Eisenbahn mehr und mehr heben. —

Die Königsburg Stolzenfels am Rhein.

Den reizenden Thalgrund von den dunkeln Bergen oberhalb der schönen Lahnmündung bis zu dem düstern Felsenthore von Andernach mit seinen Burgen, Schlössern, Städten und Dörfern beherrscht die schöne Königsburg Stolzenfels. Stolz thront sie auf ihrem Felsensitze, wie der königliche Adler, der dort oben als Wappenthier zu sehen ist. Innerhalb weniger Jahre ließ sie der nach langem, schwerem Leiden zum ewigen Frieden eingegangene, reich begabte König Friedrich Wilhelm der Vierte von Preußen aus verödeten Mauertrümmern zu einer wahrhaft königlichen Burg erwachsen, geschmückt mit all' der Pracht, die ihr nur ein so kunstsinniger König verleihen konnte.

Sie war sein Lieblingsaufenthalt am schönen Rhein, und sie war würdig, es zu sein.

Von dem kampfgerüsteten Leben römischer Soldaten auf dieser Stelle bis zu den glänzenden Festen, die Preußens König der Herrscherin des stolzen Englands hier gab; von dem einfachen römischen Thurm auf diesem Felsen bis zu den reich geschmückten Gemächern dieser Burg: welch' eine Reihe von Zuständen und Ereignissen, die darüber vergingen, und welch' ein wunderbarer Wechsel der Lebensverhältnisse in der Reihe der Jahrhunderte!

Wenn man auch nicht geneigt ist, wie der alte Marquard Freher, in jedem alten Mauerwerk einen Römerbau zu erblicken und jeden Ortsnamen irgendwie lateinisch zu verdrehen, so kann man doch weder Stolzenfels noch Capellen den römischen Ursprung absprechen; denn hier reden die Steine.

Die zahlreichen in der Nähe von Capellen und beim Burgbau gefundenen römischen Alterthümer, die Meilensteine und Grabsteine, der Schutzwall (Limes) mit seinen Stationsthürmen und Häusern, welcher sich von der Burg bis Bingen über das Gebirge verfolgen läßt und bei der Burg selbst noch sichtbar ist, endlich die große Römerstraße, welche in einiger Entfernung von der Burg vorüberführt, — das Alles sind unverwerfliche Beweise, daß Römer hier an der Stelle, wo die Burg steht, ein sogenanntes Castell hatten oder doch einen Wachtthurm zum Schutz der unzweifelhaft bei Capellen gestandenen römischen Niederlassung.

Dem kriegerischen Scharfblick der Welteroberer konnte die Wichtigkeit dieser Stelle nicht entgehen gegenüber der Lahnmündung, wo ein Flußthal in das ihnen feindliche Gebiet deutscher kriegerischer Stämme führte. Kannten sie doch ihrer deutschen Feinde Art zu gut, sich durch verbergende wilde Thäler heimlich dem Feinde zu nähern, um ihn, wenn er sich sicher hielt, rasch und mit aller Gewalt zu verderben. Und mit welcher Wuth die Deutschen kämpften, geht daraus hervor, daß sie die römischen Bauwerke, weil sie Zeichen der Schmach und Unterjochung waren, überall bis in die Fundamente vertilgten. Sucht man Belege dafür, so möchte das Römerlager bei Niederbiber, nicht ferne von Stolzenfels, hinlänglich dafür zeugen, wenn nicht am Rhein, auf dem hohen Hunsrück, an der Mosel und im Gebiete der Nahe Zeugnisse in Fülle sich fänden. Im Anfang des fünften Jahrhunderts begann diese Vertilgung wahrscheinlich auch hier.

Auf den Fundamenten römischer Bauwerke wurde darauf in Capellen ein Kirchlein gebaut, das dem heiligen Mennes geweiht war, und davon erhielt der Ort seinen Namen, da der römische Name der Station verklungen war.

Droben aber auf der Felsenplatte standen die Reste des Römerhauses, überwuchert von Dornen und Nesseln, bis ein kriegerischer Erzbischof neue Bollwerke im Geiste der Kriegskunst seiner Zeit auf der Stätte aufführte. Wann dies geschehen und von wem, das birgt ein tiefes Dunkel. Es ist indessen anzunehmen, daß es kurz vor oder bald nach dem Jahre 1242 geschah. Von dem Erzbischof sagt eine Handschrift in lateinischer Sprache: „er habe Stolzenfels befestigt“. Ob in dem Namen Stolzenfels der römische Name des Thurmes, in's Deutsche übertragen, nachklingt, ist nicht bestimmt zu sagen. Möglich wäre es immerhin.

Dieser Erzbischof Arnold, seines Namens der Zweite, welcher auf dem Stuhle von Trier saß, war ein Graf von Isenburg. Wenn er Stolzenfels nur „befestigte“, so gibt eine Urkunde von 1262 schon genügenderen Aufschluß. Sie liegt im Archive von Coblenz, ist von dem Erzbischof Heinrich II von Trier ausgestellt und betrifft die Entschädigung eines Ritters Jacob mit 400 Mark kölnischer Pfennige für die Abtretung des durch seinen Oheim, den Propst Warner an der Sanct Castorskirche zu Coblenz, erbauten Schlosses „Stolcinvels“, welches Ritter Jacob pfandweise besessen. Ob nun der Propst Warner aus eigenen Mitteln die Burg erbaute oder im Auftrag seines Erzbischofs, ist zweifelhaft. Jedenfalls mußte sie, wenn Arnold II sie nur „befestigt“ hat, früher schon gestanden haben, — vielleicht aber dem Zwecke nicht ganz entsprechend, und Warner hatte nur die Gelder dazu hergegeben, für welche dann auf seinen Neffen die Burg als Pfand überging.

Wie dem aber auch sein mag, und genau ist es nicht mehr festzustellen, die Burg war gewißlich klein und bei Weitem nicht so umfangreich, auch nicht in spätern, mittelalterlichen Zeiten. Wollte man aber dies wegen des Umstandes bezweifeln, daß Kaiser Friedrich II seine Braut, die schöne Isabella von England, auf Stolzenfels empfing, und daß damals, wie die Chronik erzählt, in der Burg viel getanzt, getrunken und gegessen, in Summa, bankettirt worden sei und das Gefolge in der Burg sich ebenfalls aufgehalten habe, so muß man der außerordentlich kleinen Räume gedenken, mit welchen man sich im Mittelalter begnügte, und die dennoch zum Wohnen, Leben und Frohsein ausreichten. Dafür sprechen ja alle Bauten aus jenen Tagen, und unbegreiflich erscheint es uns, wenn wir urkundlich die zahlreichen Rittersitze und Lehen erwägen, welche an Ritterfamilien vergeben wurden in Burgen, die nach unsern Begriffen unendlich klein und enge sind. Dies reicht aber noch viel weiter hinunter in die Vorzeit, wie uns die Wohnungsräume in der einst von dem feuerspeienden Berge Vesuv durch einen ungeheuern Aschenauswurf völlig bedeckten, später wieder ausgegrabenen Stadt Pompeji bei Neapel darthun.

Die Erweiterung der Burg fand in den folgenden Zeiten mehrmals in nicht ganz kleinem Maßstabe statt. Eine schlimme Sache war es besonders in Kriegszeiten, daß die Burg keinen Brunnen hatte. Es wurde daher auf Wasserleitungen besondere Sorgfalt verwendet und manche schwere Ausgabe zu dem Zwecke nicht gescheut. Die Erzbischöfe von Trier, ebenso eifrig auf den Glanz der Kirche als auf kriegerische Machtentfaltung bedacht, konnten unmöglich die Wichtigkeit der Burg in der besonderen Beziehung übersehen, welche ihr die höhere Staatsklugheit und Staatsweisheit verlieh, deren verschlungene Pfade sie nicht selten zu betreten Veranlassung hatten.

Ganz nahe bei ihr lag die Stätte, wo die Kurfürsten des Reiches das Oberhaupt zu wählen hatten, der Königstuhl zu Rhense.

Drüben auf dem rechten Ufer schützte die Burg Lahneck als Mainzer Landburg die äußerste Grenzspitze des Gebiets und diente als Wohnstätte des Kurfürsten von Mainz; droben in der Marxburg hatte der Pfälzer seinen Sitz; in der Burg zu Rhense saß der Kölner. Von diesen Stätten ihres Hofhalts zur Zeit der Kaiserwahl liefen viele geheime Fäden auf dem Königstuhl zusammen, hinauf und hinab, herüber und hinüber. Durfte da der Trierer allein in der Ferne bleiben? Seine Gebietsgrenze am Rhein, seine Stellung zur Wahl, das eifersüchtelnde Wesen gegen die andern rheinischen Wähler heischten gebieterisch einen glänzenden Wohnsitz in der Nähe. Gab es einen gelegeneren, schöneren, zu geheimen Ränken passenderen als Stolzenfels? —

Da lag denn kein Gedanke näher, als Stolzenfels zu Schutz und Trutz, zu Pracht und Hofleben herzurichten. Dazu wurde Hand angelegt, und da den geistlichen Fürsten am seltensten das Geld fehlte, so reckte Stolzenfels seine Glieder in die Lüfte und zur Seite. Die Mauern erweiterten sich, die Thürme erhoben ihre Zinnen. Die Hallen und Säle zeigten eine verschwenderische Pracht, worin es den drei Nachbarn zuvorzuthun eine wichtige Aufgabe war. Schon die nächste Kaiserwahl zeigte die prachtvolle Burg den erstaunten Blicken, und der hier wohnende Kurfürst half mit seinen Räthen wacker an dem geheimen Gewebe, das den Stoff zum Kaisermantel hergab.

Vorberathungen vor der Wahl, glänzende Feste während derselben sah Stolzenfels in seinen Mauern, wie nie zuvor.

Aber den höchsten Glanz entfaltete das Leben auf der Burg, als auf dem Stuhle von Trier der „Löwe von Luxemburg", der schlaue, kampflustige, sein Ziel fest und thatkräftig verfolgende Balduin saß. Damals waren mehrfach die Wähler auf Stolzenfels versammelt. Um ihn, den stolzen, ehr- und prachtliebenden, die Genüsse der Welt nicht verschmähenden Erzbischof, von dem seine Zeit sagen durfte: „er schmeiße lieber mit dem Schwerte drein, als daß er mit dem Kreuze segne“, schaarten sich die Grafen und Ritter, die Aebte und Pröpste und Quardiane zu üppigen Banketten und allerlei Kurzweil. Er beherbergte hier den König Eduard III von England und den blinden König Johann von Böhmen, und Fest auf Fest drängte sich damals in den Mauern dieser stolzen Veste. Wenige Burgen dürfen sich rühmen, zweimal englische Regenten und einmal eine Fürstin dieses Landes als Braut und überhaupt so viele gekrönte Häupter beherbergt zu haben als Stolzenfels, und fast möchte man darin ein altes Recht behauptet sehen, daß in unsern Tagen sich wiederholt hat, wessen die alte Zeit Zeuge gewesen ist.

Als Pfalzgraf Ruprecht am 21. August 1400 auf dem Königstuhl zu Rhense zum Kaiser gekürt worden war, eilte er noch am selbigen Tage nach Stolzenfels, wo ihn am Ufer des Rheines der Kurfürst von Trier und der von Köln feierlich empfingen. Dieses Ereigniß ist durch ein Gemälde in frischem Kalk an der Ostwand der Burg dargestellt, welches der Maler Lasinzky von Coblenz ausgeführt hat.

Burggrafen und Burgmannen bewohnten und beschützten die Burg, wenn der Kurfürst abwesend war, und verherrlichten sein Gefolge bei seiner Anwesenheit. In ihren Reihen erscheinen die Namen der ältesten und angesehensten Geschlechter des Rhein- und Mosellandes.

Als Balduins Bruder, Heinrich der Siebente, Deutschlands Kaiserkrone trug und den mächtigen Bruder im geistlichen Gewande auf Stolzenfels besuchte, gestattete er ihm, einen Rheinzoll bei der Burg zu erheben, eine damals sehr beliebte Geldquelle, welche die Kosten der kaiserlichen Bewirthung auf der Burg reichlich und dauernd ersetzte. Er wurde in Capellen erhoben. Um ihn zu sichern, fand es Balduin für nöthig, diesen Ort mit Mauern und Thürmen zu umgeben. Sie schlossen sich unmittelbar an die Vormauern von Stolzenfels an und bildeten mit ihnen eine großartige Befestigung. Später wurde der Zoll nach Coblenz verlegt und dort bis zu der Zeit erhoben, da Preußens Regierung die Hand bot, die Rheinschiffahrt von einer mittelalterlichen Fessel zu befreien.

Mit Balduins Tode erlosch auf lange Zeit der Glanz von Stolzenfels. Seltener gedenken ihrer die Urkunden, was dafür zeugt, daß die Kurfürsten seltener in ihren Mauern Hof hielten. Boemund II sah sie selten, und der rauflustige, kühne Kuno von Falkenstein führte ein viel zu unruhiges und unstätes Leben, als daß er sich lange in ihr und überhaupt an irgendwelchem Orte hätte aufhalten können. Dagegen war 1367 die Burg der

Schauplatz jener Unterhandlungen, welche der Besetzung des erledigten erzbischöflichen Stuhles von Köln vorausgingen, und von diesen Tagen an gewann auch die Burg wieder eine Bedeutung.

Erzbischof Werner hielt sich oft und lange Zeit in ihren Mauern auf und ließ meist die schönen Tage des Frühlings und Herbstes hier an sich vorübergehen, und dann schlug rauschende Lust hier ihren Wohnsitz auf. Vielleicht wollte der Erzbischof durch diese rauschenden und üppigen Feste, zu denen der Adel gerne herbeiströmte, dem bösen Gerüchte entgegen arbeiten, er laborire hier mit den Meistern in der schwarzen Kunst, ja mit Unterstützung des „Gottseibeiuns" daran, Gold zu machen und den viel gesuchten, nie gefundenen „Stein der Weisen" zu entdecken, der dem, welcher ihn besaß, nie schwindende Jugendkraft und Gesundheit gewähre, alle Schätze finden lehre, ja selbst vor dem Tode schütze. Diese geheime Kunst war die Seelenkrankheit jener Tage, und der Erzbischof stand nicht ohne Grund in dem übeln Geruche. Schlimm war es für seinen Ruf, daß der Aberglaube des Volkes allemal den Teufel dabei mit in's Spiel zog, wie denn der Held der Volkssage, der leidige Schwarzkünstler Doctor Faust, ja auch in der Gemeinschaft des Teufels gestanden haben soll, der ihn, wie die Sage berichtet, lebendigen Leibes holte.

Solche durchjubelte, durch Wein und Würfelspiel verkürzte Tage und Nächte, wie sie Stolzenfels unter diesem Erzbischof erlebte, kehrten nicht wieder. Die Gunst der Gebieter wandte Stolzenfels den Rücken. Kuno hatte das lieblich gelegene Engers erbaut, Johann II das Schloß Kärlich; der stolze Ehrenbreitstein lockte durch seine herrliche Lage und Sicherheit und bot selbst bei gänzlich veränderter Kriegskunst seit Erfindung des Pulvers und der Geschosse Vortheile, wie keine andere Burg in stürmischer Zeit.

Im Jahre 1432 wüthete im Rheinthal ein Orkan, wie nie einer seine Gewalt entfaltete. Er riß vom Frit zu Stolzenfels Dach und Dachstuhl hinweg und schleuderte beides hinab in die Wellen des Rheines. Das war ein wahrhaft prophetisches Ereigniß für die Burg. Nur noch einmal weiß die Geschichte der früheren Tage von Glanz, Lust und Herrlichkeit in Stolzenfels zu erzählen, und zwar als Graf Gerhard von Sayn mit Elsbeth von Syrk, der Nichte Erzbischof Jacobs des Ersten, hier Hochzeit hielt; aber das war nur ein vorübergehendes Wetterleuchten, gleichsam der Schlußstein der Herrlichkeit vergangener Tage. Nicht mehr die Töne der Lust, wohl aber der wilde Schall des Krieges ertönte um die Burg und in ihr, als 1430 der blutige Kampf um den Stuhl von Trier geführt wurde. Bei dem Vergleiche kam die Burg an den Grafen von Manderscheidt, später kehrte sie in den Besitz des Erzbischofs von Trier zurück; allein jetzt beginnt die Zeit der Verpfändungen, weil es die Zeit mangelnden Geldes war. — Stolzenfels wanderte schier aus einer Hand in die andere; selbst die Burggrafen, Lehensträger der Erzbischöfe, besaßen es pfandweise, ja es kamen Tage, wo es ganz leer stand. Da mußte die Burg baulich leiden. Sie war nach und nach in einen Zustand des Verfalles gerathen, der eine sehr bedeutende Herstellung erheischte, um sie nur bewohnbar zu machen.

Immer unaufhaltsamer begann der Zahn der Zeit seine Zerstörungen im Innern und Aeußern, und so finden sie die Zeiten jenes heillosen, dreißig Jahre unser schönes Vaterland verwüstenden Krieges. Was ihr in jenen schaudervollen Tagen widerfuhr, ist nicht bekannt, aber wer die wechselnden Kriegsereignisse kennt, die in jenen dreißig Jahren auch das schöne Rheinthal trafen, weiß es wohl, daß fast keine Burg unbekämpft, unerobert blieb, die nur irgendwelche Bedeutung hatte. Daß Stolzenfels damals noch keine völlige Ruine war, geht daraus hervor, daß die Schaaren Ludwigs XIV von Frankreich von ihrem Sitze zu Montroyal an der Mosel aus sie besetzten und gänzlich zerstörten.

Seit jenen Tagen stand die Burg, immer noch eine stattliche Ruine, völlig unbeachtet; nur das Auge des Rheinreisenden ruhte auf ihr als einem malerischen Schmucke der herrlichen Landschaft, und — die menschliche Habgier, geleitet von der Hand schmählichen Aberglaubens, wühlte in den dornumrankten Ruinen nach vermeintlichen Schätzen, welche die Kurfürsten, namentlich nannte das Volk den Erzbischof Werner, hier sollten vergraben haben.

Unter der französischen Herrschaft war Stolzenfels als Domaine durch einen Landaustausch an die Stadt Coblenz gekommen, und die Stadt schenkte es ihrem vielgeliebten Kronprinzen, dem nachmaligen Könige Friedrich Wilhelm IV, als er im Jahre 1823 in der schönen Rheinprovinz weilte.

Die herrliche Lage der Burg hatte in der Seele des kunstsinnigen Prinzen den Gedanken erweckt, sie aufzubauen, und solcher Gedanke lebte noch in seiner Brust, als er die Krone Preußens empfing.

Er war 1823 kaum heimgekehrt in das Schloß seiner Väter, als er den berühmten Baukünstler Schinkel an den Rhein entsandte, um an Ort und Stelle seine Pläne zum Wiederaufbau der Burg zu entwerfen. Mit der anerkannten Meisterschaft unterzog sich Schinkel dem Auftrag des Prinzen. Er legte seine Pläne vor, welche den Beifall des Kronprinzen sich erwarben. Schon im Jahre 1825 wurden Wege geebnet. In den Ruinen wurde geräumt, aber erst im Jahre 1836 ernstlich der Aufbau nach Schinkels Plänen unter der Leitung des damaligen Obersten von Wussow in Angriff genommen und rüstig gefördert. Im Jahre 1842 war der Bau soweit vollendet, daß, als das nunmehrige Königspaar von der Grundsteinlegung des Kölner Domes den Rhein herauf kam, die Burgbewohner Englands Königin in der Burg empfangen konnten, wo schon einmal ein König von England verweilt und eine blühende Jungfrau aus Englands Königsstamm die Brautkrone getragen hatte. Die Welt hallte wieder von der Herrlichkeit der Feste, welche Preußens Königspaar Englands Königin gab, und ihre Augen waren auf Stolzenfels gerichtet.

Groß und herrlich ist aber auch die Burg aus ihren Ruinen erstanden. Wenn man gleich vom Rhein aufschauend die Größe der Königsburg vermuthet, — ihren ganzen Umfang und die königliche Pracht, die ihr Inneres umschließt, ist man nicht im Stande, nur im Entferntesten zu ahnen. Man gewinnt davon erst dann eine Vorstellung, wenn man ihre Räume durchwandert.

Von Capellen aus, an dessen neuer, auf den Fundamenten der Mennescapelle stehenden Kirche vorüber führt über einen schönen Viaduct ein mehrfach gewundener Weg zu der sogenannten Klause, wo ein Thorthurm und einige daran sich schließende Gebäude eine Art von Vorburg bilden. Hier beginnt der „Burgfrieden" oder „Burgbann". Das Wappen Preußens mit dem altgeformten heraldischen Adler kündigt dies dem Wanderer an.

Auf einem bequemen Wege, wo überall an schönen Aussichtspunkten Ruhebänke stehen, gelangt man an die Zugbrücke und tritt durch das Thorhaus und die Thorhalle in den Burghof oder vielmehr in den eigentlichen Vorhof. Zur rechten Seite des Gebäudes steigt man zwischen Gruppen von schönen Pflanzen zu einem Seiteneingang, welcher zu den unteren Räumen führt. Hier befinden sich Küchen, Vorrathskammern, überhaupt alle die verschiedenen Gelasse des eigentlichen Haushaltes, sowie die Wohnungen des Dienstpersonals und die des Haushofmeisters. Ueber diesem Stockwerk liegen die Gemächer und Säle der hohen Burgherrschaft und ihrer etwaigen Gäste. Der auf der Ostseite vortretende Mittelthurm umfaßt die Ritterhalle, über dieser den großen Gastsaal und über diesem die Gemächer der hohen Burgfrau mit entzückender Aussicht.

Vor diesem Thurme, weit vortretend, liegt die schöne Capelle, die im reinsten deutschen (gothischen) Stil erbaut ist. Zwei zierliche Thürme schmücken sie, und auf dem platten Dache, wo man wandeln kann, ist eine wunderschöne Aussicht in's Rheinthal und auf die Lahnmündung mit ihren Umgebungen, die gerade zu den Füßen des Beschauers liegt.

Neben dem Mittelthurm erhebt sich der Treppenthurm. Von ihm bis zum Eisenthurm erstreckt sich der Hauptbau der Burg gegen den Rhein, die schöne Sommerhalle, der große Rittersaal darüber und noch höher die herrlichsten Gemächer der Burgfrau. Von hier gegen Westen erhebt sich ein stattlicher Bau. Unter ihm scheidet die Säulentreppe den niedlichen Burggarten von dem eigentlichen Schloßhof.

Dieser Bau enthält die Gemächer des Burgherrn, deren Fortsetzung von Nord gegen Süd sich wendet und die Wohnungen des königlichen Gefolges bildet. Auf der Nordseite, wo die Burgmauer den Burggarten einschließt, erhebt sich der gegen Coblenz schauende Adjutantenthurm.

Nach dieser kurzen, mehr andeutenden Beschreibung der Räumlichkeiten der Burg werfen wir einige freilich nur flüchtige Blicke auf das Innere. Es ist nur möglich, das Hauptsächlichste hervorzuheben, da des Bemerkenswerthen so unendlich viel ist. In den Wohnräumen des Burgherrn herrscht eine großartige Einfachheit. Kostbare Glasmalereien aus alter Zeit schmücken die Fenster. Die Geräthe sind theils alt, theils der alten Form kunstvoll nachgebildet. An den Wänden hängen wenige, aber köstliche Gemälde, schöne Darstellungen in Erzguß stehen auf den Kaminsimsen. Alles ist einfach, geschmackvoll geordnet und durch seinen innern Werth ausgezeichnet.

Das Wohngemach des Burgherrn zeichnet sich sehr aus. In den Fenstern sind in alter Glasmalerei die Wappen ehemaliger Burggrafen von Stolzenfels angebracht. Hier befinden sich kostbare alte Kunstwerke, so unter andern ein herrliches altgriechisches Kruzifix aus Krystall, eine Gruppe betender Heiligen in weißem Marmor, das aus dem achten Jahrhundert christlicher Zeitrechnung herrührt. Wahrscheinlich zierte das werthvolle Kunstwerk irgend ein Grabmal, ohne daß nachgewiesen werden könnte, wo. Ein alter, wirklich prachtvoller Schrank aus Eichenholz entstammt dem siebzehnten Jahrhundert und dem vierzehnten ein schöner Zulegetisch und eine mit dem reichsten Schnitzwerk bedeckte Truhe oder Kiste, welche nachweisbar dem einstigen Burgmann auf Stolzenfels, Ritter Bayer oder Beyer von Boppard, gehörte, als er auf der alten Burg hier wohnte. Diese Truhe zählt unstreitig zu dem Schönsten und Besterhaltensten, was irgend von altem Schrein- und Schnitzwerk auf uns gekommen ist, und ist eben dadurch doppelt bedeutsam, daß sie zu dem alten Schreinwerke der Burg gehörte.

Besonders schön ist die Aussicht rheinabwärts aus den Fenstern dieses wieder mit größter Einfachheit und doch höchst kostbar ausgestatteten Gemaches, dessen Wandgetäfel zwar von neuer, aber vollendeter Arbeit ist.

Ueberall findet sich in den Gemächern das vorzüglichst schöne alte

Schreinwerk, reich mit Schnitzereien bedeckt, und manches herrliche Kunstwerk verdiente genauere Beschreibung, wenn der Raum dieser Blätter es gestattete. In einem dieser Gemächer sieht man auch ein kunstvoll gearbeitetes Schmuck- und Geldkästchen, welches einst von der berühmten schönen Hand der Kaiserin Maria Theresia geöffnet und gebraucht wurde.

Fast alle Fenster sind in überraschendem Reichthum und vollendeter Kunst mit dem Schönsten der alten Glasmalerei geschmückt, was auf bewundernswürdige Weise erhalten ist.

Durch Lage, Aussicht und innere Ausschmückung sind die Gemächer der hohen Burgfrau die Perlen der Burg. Hier ziert ebenfalls das Schönste der Glasmalerei die Fenster; das Wandgetäfel ist das Zierlichste, das Geräthe das Kostbarste aus alter Zeit. Eins der Gemächer enthält eine gute Nachbildung des berühmten kölner Dombildes von dem Maler Beckenkamp. Zwei Gemälde fesseln hier besonders den Blick; das eine ist das Bildniß eines Ahnherrn Eitel Friedrich von Zollern, von der kunstreichen Hand Albrecht Dürers von Nürnberg, und das andere das seiner Gemahlin, nicht weniger trefflich gemalt, aber von einem unbekannten Meister, andrer Kunstsachen nicht zu gedenken.

Von allen Räumen der Burg dürfte den Beschauer hauptsächlich der große Rittersaal anziehen, und zwar wegen der alten Kunstschätze, die er enthält. Auf dem stattlichen alten Tische, derb und kräftig, wie die Zeit seines Ursprungs, erblickt man uralte Kriegswaffen von sehr merkwürdiger Arbeit, das Stammbuch der Grafen und Herzöge von Cleve aus dem Jahr 1661; eine bedeutende Zahl alter Rüststücke: Panzer, Schilde, Helme, Schwerter, Armbrüste, Dolche u. s. w. zieren die Wände des Saales. Der Schrank der Humpen und Becher, von denen sehr viele dadurch doppelt merkwürdig sind, daß sie die wirklichen Mundbecher geschichtlich berühmter Personen waren, wären geeignet, stundenlang den Beschauer zu fesseln, nicht weniger die Glasgemälde der hohen Fenster. Der Reichthum ist so groß, daß das Auge eben nur auf dem Wichtigsten weilen kann.

Das anstoßende kleine Kabinet aber verdient die besondere Beachtung. Es ist in seiner Form siebeneckig. Hier befindet sich das schönste und kostbarste Glasgemälde der Burg. Es stellt die Kreuzigung Christi dar. Schöneres in Zeichnung, Ausdruck, Farbenpracht kann man kaum sehen und ist uns aus der Vergangenheit nicht erhalten!

Aber hauptsächlich sind es die Waffen, welche dieser verhältnißmäßig kleine Raum umschließt, die den Beschauer weniger vielleicht durch ihre kostbare Arbeit, als durch ihre geschichtliche Bedeutung anziehen. Welche Begebenheiten werden durch sie in der Erinnerung geweckt! Welche Männer treten da vor das Auge der Seele! Da hängen zwei Säbel, welche einst die Heldenfaust des Polenkönigs Johannes Sobiesky führte, der 1683 Wien und mit ihm ganz Deutschland vor der Ueberfluthung durch die Schwärme der erbarmungslosen Türken rettete und schützte, welche der Großvezier Cara Mustapha zahlreich wie Heuschreckenschwärme dahergeführt; da hängt der Damascenersäbel Napoleons des Ersten mit elfenbeinernem Griffe, den er in Aegypten und in manchen seiner Kriege getragen; da sieht man das Schwert Tilly's, blutigen, schrecklichen Andenkens, der Magdeburg verwüstete und für die, welche ihn anfleheten, dem Plündern und Morden der unglücklichen Stadt Einhalt zu thun, keine andere Antwort hatte als die: „der Soldat muß auch sein Vergnügen haben!" —

Da hängt der Dolch des Herzogs von Alba, des blutigen Wütherichs, der im Namen Philipps II von Spanien in den Niederlanden Ströme unschuldigen Blutes vergoß, und dessen Blutrichter mehr zu thun hatte als sein Geheimschreiber.

Bemerkt muß hier werden, daß in jüngster Zeit in diesem wichtigen Raume ein Diebstahl durch Einsteigen von außen stattfand. Es ist nicht ohne Bedeutung, daß die Räuberhand nichts Anderes nahm als — Napoleons Säbel! —

Es würde zu weit führen, auf jedes der hier aufgehängten Waffenstücke hinzuweisen, so anziehend es auch sein möchte; denn ihrer sind in der That zu viele, und die sich daran knüpfenden historischen Erinnerungen sind zu mannigfaltig und zu weitgreifend; aber das ist gewiß, daß diese Erinnerungen der Seele eine nachhaltige Beschäftigung geben.

Die meisterhaften Frischkalkgemälde des Düsseldorfer Malers Stilke dürfen im Rittersaal nicht übersehen werden. Sie führen in geschichtlichen Bildern die Tugenden des Ritterthums vor. König Johann von Böhmen in der Schlacht bei Cressy stellt die Tapferkeit dar; Hermann von Siebeneichen, sich für den edeln Kaiser, Friedrich den Rothbart, aufopfernd, die Treue; Kaiser Rudolph von Habsburg, durch Bestrafung der Raubritter den Landfrieden wiederherstellend, die Gerechtigkeit; Gottfried von Bouillon, in Jerusalem einziehend, die Standhaftigkeit, und das Zusammentreffen Kaiser Friedrichs des Zweiten mit seiner Braut Isabella von England auf Stolzenfels die Minne. An den Wänden erscheinen die Patrone des Ritterthums, St. Georg, Gereon, Moritz und Reinold. Die Darstellung des Minnegesanges ist nicht minder vortrefflich ausgeführt. Aber nicht blos im Rittersaal haben die Maler Decken und Wände durch ihre Kunst geschmückt, auch in den übrigen Sälen und Gemächern haben sie die Gedanken des königlichen Burgherrn auf's Treffendste und Schönste ausgeführt, und das Auge weidet sich an ihren farbenfrischen Darstellungen. Ein schöner, reichsprudelnder Springbrunnen gewährt im nicht eben großen, aber erfrischende Kühle hauchenden Burggarten einen freundlichen Anblick und ein gutes Trinkwasser.

In einer eigenen Alterthumshalle ist alles das aufbewahrt, was aus der Römerzeit und dem Mittelalter bei der Burg und in Capellen gefunden wurde. Sind es auch eben keine außerordentlichen Seltenheiten, so haben diese Alterthümer doch in Bezug auf die Burg selbst ihre Bedeutung.

Nach allen Richtungen umgeben freundliche Anlagen die Burg und tragen so ihr Theil dazu bei, den Aufenthalt hier angenehm zu machen, indem sie zu lieblichen Spaziergängen und zum Einathmen in der reinen, gesunden Luft einladen.

Die Aussichten von der Burg aus sind ausgezeichnet.

Nach Osten hin ruht das Auge auf dem schönen Punkte, wo Lahn und Rhein sich vereinigen. Lahnstein mit der Burg Lahneck und der Blick in die Berge, aus denen die Lahn heraustritt, geben dem Bild einen eigenthümlichen Reiz. Gegen Süden schaut man in das wildbergige Rheinthal, wo der Strom majestätisch aus den dunkeln Bergen hervortritt. Am reichsten ist unstreitig die Aussicht gegen Norden und Nordost. Da liegt das schöne Becken von Neuwied vor dem Auge, geschlossen durch das schwarze Bergthor von Andernach, begrenzt nördlich durch die Höhen des Maifeldes und des Laachersee's, östlich durch die bewaldeten Berge, welche Monrepos, den Landaufenthalt der fürstlich Wiedischen Familie, als weißen Punkt auf dunklem Grunde erscheinen lassen. Näher liegen Neuwied und die Eisenwerke des Wiedbaches, die Burg Sayn, die frischgrüne Insel im Rhein, Dörfer her und hin, der stolze Ehrenbreitstein, dessen Festungswerke bis nahezu an Stolzenfels hinaufrecken, und Coblenz mit seinen zwei neuen, kühnen Eisenbahnbrücken, seiner Schiffbrücke und dem darauf wogenden Gedränge. Und durch diese reiche, schöne Landschaft zieht das Silberband des Rheines, belebt von Kähnen, Flößen, Segelschiffen und Dampfern, und zu den Füßen der Burg raset das Dampfroß der Eisenbahn dahin, so wie es auch am rechten Ufer daherbraust und über zwei Brücken auf's linke Ufer herübereilt.

Aber — die Sage umrankt Stolzenfels nicht mit ihrem frischen Grün und ihren duftigen Blüthen. Die ernstere Geschichte hat es in ihrem Arme gewiegt, an ihrer Brust erzogen und ihre Kränze um seine Mauern gewunden. Wo sie redet, da schweiget die Sage. Der edle Erbauer ist seinen

Leiden enthoben, zu seinem und seines Herrn Frieden und Freude eingegangen, aber seinen Lieblingsaufenthalt am schönen Rheine hatte er scheidend seiner geliebten Gemahlin, der nunmehr auch heimgegangenen Königin Wittwe, als theure Erinnerung an schöne, hier verlebte Stunden testamentarisch hinterlassen.

Coblenz und Ehrenbreitstein.

Vorzugsweise sind es in der preußischen Rheinprovinz die drei größeren Städte des linken Rheinufers in dem Gebiete, welches sich unsrer Betrachtung darbietet, die sich zu einer vorher nie geahnten Blüthe erhoben haben: Coblenz, Bonn und Köln, während meistens die kleinen, die natürlich der Vortheile nicht theilhaftig werden konnten, welche diesen dreien zuflossen und unter Umständen zufließen mußten, die Aschenbrödelrolle zu übernehmen hatten und behalten werden. Das geht einmal so im Gange der Entwickelung. —

Wer Coblenz vor etwa 60 Jahren kannte und es heute betrachtet, der staunt über den wunderbaren Wechsel der Zeiten und Zustände, der bewundert seine Entpuppung zur großen Stadt und muß der königlich preußischen Regierung das hohe Verdienst dankbar zuerkennen, diese glänzende Umwandlung hervorgebracht und gefördert zu haben.

Mag auch Köln Grund genug haben, sich die Metropole des Handels in der Provinz zu nennen, Coblenz ist die Metropole derselben in Bezug auf Regierung und militärische Macht und Bonn die der Wissenschaft, welchen Rang Niemand einer der drei Städte streitig machen kann und wird. Jede hat das ihr Zukommende. Möge keine es der andern beneiden und scheel dazu sehen, wenn es der Schwester wohlgeht!

Wohin man auch den Blick richten mag, hinauf zu dem trotzigen Ehrenbreitstein, auf die stattliche Reihe der Gebäude, welche die Rheinseite der Stadt bilden, auf die drei Brücken über den Rhein, von denen die zwei feststehenden einen ebenso wohlgefälligen als großartigen Eindruck machen, oder endlich auf die von Kanonen starrenden Forts oder vorgeschobenen, in sich abgeschlossenen und doch engverbundenen Festungswerke: überall zeigt sich ein eigenthümliches Wesen und Leben, das den Beschauenden fesselt und ihn daran mahnt, daß er hier den gewaltigen Schlüssel des Landes, ja selbst des innern Deutschlands vor sich hat, einen Theil jener „Wacht am Rhein", die, wenn sie auch einmal, wie Sebastopol (mit dem man es übrigens weder vergleichen wird, noch kann), den Geschossen der neuen Zeit erliegen sollte, doch immer ein Hinderniß für den Feind ist, das er nicht verachten darf, und ein Waffenplatz, der eine Armee fassen kann, welche im Rücken des Vorrückenden ein fatales Bewußtsein wecken müßte.

Vorzugsweise ist es die militärische Eigenthümlichkeit, welche dem Beschauer überall und ununterbrochen entgegentritt; denn immer und überall begegnen ihm Soldaten und wieder Soldaten, in der sich drängenden geschäftigen Bevölkerung das vollständig vorherrschende Element. Schon unter der Fremdherrschaft brachte der Sitz der Präfecten, unter denen der edle Lezay-Marnesia eine ausgezeichnete, ehrenwerthe und noch heute dankbar anerkannte Stellung einnahm, der Stadt Vortheile, allein so um sich greifend und so tief eingreifend konnten sie nicht sein, wie die, welche die Zeit der preußischen Regierung nach allen Seiten hervorrief. Dampfschiffahrt und Eisenbahnen tragen jetzt durch den außerordentlichen Fremdenverkehr unaufhörlich zum Wachsen des Wohlstandes bei, und gestattete das Festungswesen eine nach allen Seiten hin freie Entfaltung, die Stadt würde räumlich sich außerordentlich ausdehnen, was ihr unter den obwaltenden Umständen nicht in dem Maße möglich ist, als es Wohlstand und Bedürfniß erheischen.

Confluentes, woraus sich Coblenz herausgewunden, war der römische Name, den wir kennen, seit dem Befehlshaber der römischen Vertheidigungsarmee daselbst der Stationsort angewiesen wurde. Es ist kaum glaublich, daß die hierher ihre Wohnsitze ausdehnenden Trevirer die günstige Lage auf der Mosel- und Rheinspitze außer Acht gelassen und nicht eine Niederlassung sollten gegründet haben. Wir wissen es nicht gewiß, da die historisch sichere Kunde fehlt. Ebenso liegt es einstweilen noch, vielleicht auch für immer in dem dämmernden Gebiete der Vermuthung, daß die Römer alsbald bei ihrer Ankunft am Rhein ein Castell auf der Moselspitze errichtet hätten; freilich hat das so viel für sich, daß man kaum zweifeln möchte. Später geschah es gewiß, da ein feststehendes Standquartier der das linke Rheinufer vertheidigenden Legionäre sicherlich nicht ohne den Schutz einer Befestigung blieb. Auch Ammianus Marcellinus erwähnt, daß Kaiser Julian auf seinem Zuge rheinabwärts am Zusammenflusse der Mosel und des Rheines ein Castell vorgefunden habe. Wäre aber auch eine solche specielle Mittheilung nicht vorhanden, so würden die der Erde gelegentlich enthobenen römischen Reste dafür ein Zeugniß ablegen, daß die Römer hier ihr Wesen gehabt. Ob aber die römische Station irgendwelche größere Bedeutung gewonnen, ist zweifelhaft, wie es dem Orte denn auch im Mittelalter nicht gelingen wollte, eine irgend hervorragende Stellung zu erringen; denn große Staatsactionen und kirchliche Versammlungen waren eben nur meteorartige Aufblitze, die, wenn sie auch Geld in Umlauf brachten, dennoch wesentlich und dauernd das Aufblühen zu fördern nicht im Stande waren, weil eben ihre Wirkung wie ihr Auftreten ein vereinzeltes, einmaliges, nicht continuirlich fortgesetztes sein konnte und daher jenseits derselben der Strom des Lebens in sein altgewohntes Bett trat, aus dem sie ihn momentan gerissen.

Der alte Theil der Stadt zieht sich mehr an der Mosel hinauf, wo noch recht finstre Mauern Denjenigen anstarren, der die verzweifelt langsame Moseldampfschiffahrt hinter sich hat. Ueberhaupt findet er hier den unschönsten Theil der Stadt. Jetzt reist man rascher die Mosel aufwärts mit der neuen Staatsbahn, welche Berlin mit dem neugewonnenen Reichsland verbindet.

Aus den frühesten Zeiten derselben, namentlich der römischen, ist uns fast nichts Nennenswerthes bekannt, und doch mag sich Manches hier vorbereitet und entschieden haben, wenn wir erwägen, daß Cäsar ganz in der Nähe, vielleicht hier, weilte, als er, wahrscheinlich bei Engers, seine Legionen hinüberführte in die Vorberge des jenseitigen Deutschlands, wo die Römerherrschaft für immer ihr Grab finden sollte, welchem jenes kaiserliche Wort: „Varus, gieb mir meine Legionen wieder!" das traurige Epitaphium setzte. Mußte ja doch ein sicherer, fester Ort dem Feldherrn als Stützpunkt und Rückhalt für seine Unternehmungen dienen, namentlich im Falle eines etwaigen Mißlingens.

Wenn uns die Erinnerung an diese Ereignisse in die Zeiten vor der Geburt unsres Herrn (etwa 53 vor Chr. Geb.) hinabführt, so treten aus der Kriegsgeschichte späterer Jahrhunderte wieder andere Kriegsbegebenheiten hervor, welche zwar in die linksrheinische Ebene uns hinweisen, die zwischen der Moselmündung und dem alten Andernach sich ausdehnt, aber jedenfalls nicht spurlos an dem alten Confluentes vorübergehen konnten. Freilich sind Orte an einem Ende des Schauplatzes blutiger Kriegsereignisse nie in dem Falle, einen segensreichen Einfluß derselben rühmen zu können, und Coblenz kann das auch in der That nicht, wohl eher hat es reichlich Grund, das Gegentheil zu beklagen. Zwei schwere Ereignisse mit ihren harten Schlägen folgten sich zu nahe auf einander, um nicht den Ort tief zu verwunden und weit zurückzuwerfen.

Das war erstlich das blutige Ringen Karls des Kahlen mit Ludwig dem Deutschen auf der genannten linksrheinischen Ebene, und kaum etwas mehr als ein Jahrzehnt später wälzte sich ein verheerendes Unheil den Rhein herauf, nämlich die kühnen, wilden Nordlandsrecken ruderten mit ihren Schiffen den Rhein aufwärts, und der Ruf: Die Normannen! war ein Schreckensruf, welcher ganze Ortschaften entleerte und die Bewohner mit aller beweglichen Habe in die Schluchten ihrer nahen Berge oder in das schützende Dunkel ihrer Wälder trieb. Und kehrten die Unglücklichen wieder zur lieben alten Stätte, so fanden sie statt ihrer friedlichen Wohnungen rauchende Trümmer; — denn diese nordischen Barbaren verheerten mit Raub und Brand die Orte, welche ihr Fuß betrat, und die sie entleert fanden, — und blieben etwa die Einwohner, — so floß ihr Blut, und auf irgend welche Schonung durften sie nicht rechnen.

Kaum wird es Coblenz besser ergangen sein, wie vielen andern rheinischen Orten, welche in die unwiderstehliche Gewalt dieser Unholde fielen, deren Kommen und Verschwinden so tiefe Wunden zurückließ, wie wir von einzelnen Städten wissen (z. B. Kreuznach), von denen chronikale Kunde aus jenen Tagen zu uns herüberreicht.

Die bezeichnete Uferstrecke ist überhaupt reich an sehr bedeutsamen Kämpfen, und ihr fruchtbarer Boden hat viel Menschenblut getrunken in der Reihe der Jahrhunderte bis in die Tage, zu denen die frühesten Erinnerungen noch Lebender zurückreichen. Das Ende des zwölften und der Anfang des dreizehnten Jahrhunderts sah hier das Ringen um die deutsche Kaiserkrone zwischen den Welfen und Hohenstaufen; der dreißigjährige Krieg tobte auch hier eine seiner schrecklichen Launen aus, und wenn diese Ereignisse in die Zeit des dritten Jahrzehntes des siebzehnten Jahrhunderts fielen, so schlossen die Mordbrennerbanden Louvois' dieses Jahrhundert mit ihren Verheerungen ab, von denen begreiflicher Weise Coblenz auch seinen Antheil empfing und dafür im Revolutionskriege sowohl den Gliedern des französischen Königshauses als dem windigen, sittenlosen Adel Herberge gab. Durch sie wurde ja die „Voyage à Coblence“ welthistorisch. Bezeichnend ist für den Ton und die Haltung der französischen Prinzen in Coblenz eine weit im Lande verbreitete, wenn auch eines historischen Bodens völlig entbehrende Sage, daß nämlich einst Graf Artois einen Schieferdecker vom Dache eines Hauses herabgeschossen habe, um seine Schießkunst zu erproben. Wie gesagt, ist dies auch durchaus nicht wahr, so bezeichnet es doch das, was man — den Herren zutraute. — Selten ermangeln solche Sagen tiefgehender Wurzeln, wenn diese sich gleich anderswo einsenken. —

Auch die Zeiten des spanischen Erbfolgekriegs haben ihre Spuren hier eingegraben und nicht weniger der Revolutionskrieg der neunziger Jahre des vorigen Jahrhunderts, traurigen Andenkens!

Dieser Vorgänge muß schon bei Coblenz gedacht werden, ob sie gleich vielleicht — wenn auch nicht alle — Neuwied mehr berührten, weil eben Coblenz, Andernach und Neuwied die Grenzpunkte des blutigen Schauplatzes

Klimsch gez. Stahlstich v. Carl Mayer's K-A. in Nürnberg

Coblenz und Ehrenbreitstein.

Verlag von Julius Niedner in Wiesbaden.

bilden und letzteres, so fern sein Vorhandensein es in die blutigen Vorgänge hereinzog und ziehen konnte, gewiß gleichviel dadurch zu leiden und zu tragen hatte, wie Coblenz und Andernach; doch es ist die jüngste der Dreie, und das kommt ihm zu gut.

Coblenz entwickelte sich langsam, aber, wie man sagt, solide. Die Erzbischöfe von Trier verkannten die herrliche Lage der Stadt nicht, und schon 1280 begann Heinrich von Vinstingen den Bau einer Burg neben der Moselbrücke, welche Brücke aber in ihrer jetzigen Gestalt, mit Ausnahme des festen Thurmes, später erbaut wurde, nämlich 1344 durch den Erzbischof Balduin, der Thurm erst in neuester Zeit. Daß schon früher eine Brücke beide Moselufer verband, möchte sicherlich anzunehmen sein, ob dieselbe aber Römerwerk war, läßt sich nicht mehr bestimmen. Ebenso ist unbekannt, ob auf ältere Substructionen die neue Brücke von Balduin gesetzt wurde.

Die Burg war den Coblenzern, die kitzlicher Natur waren, ein Dorn im Auge, weil sie sie als eine Zwingburg des Erzbischofs, ohne Zweifel nicht ohne Grund, ansahen. Sie waren daher nicht geneigt, sie erbauen zu lassen, und da sich die Bürger wie überall am Rhein zu fühlen begonnen hatten, so entstand ein wilder Bürgeraufstand, hervorgerufen durch des Erzbischofs herrische Art und oft zu Tage tretende Härte. Indessen — das Bürgerblut wurde umsonst vergossen und die Allen so ärgerliche Burg gebaut; aber sie blieb den Bürgern ein Pfahl im Fleisch, und jener Aufstand machte den Erzbischof Heinrich von Vinstingen nicht im Mindesten milder und den Bürgern freundlicher. Er haßte die Vorrechte, welche denselben je und dann ertheilt worden waren, und suchte sie zu beschränken. Wo blieb da die Liebe?

An diese Burg knüpft sich noch ein späteres historisches Ereigniß, eine Quelle vielen Unheils und blutiger Folgen. Kurfürst Lothar von Metternich stiftete hier jene „Liga", deren blutiges Haupt Tilly war. In München steht seine Bildsäule von Erz in der Feldherrnhalle, über die einst Einer die Bemerkung machte: „die Halle sei zu groß für die Helden und die Helden zu klein für die Halle". Wer sie darauf ansieht, wird sogleich finden, wie der Bau diese sarkastische Bemerkung ebenso gut rechtfertigt wie die — Geschichte.

Die Burg war später im Besitz der reichen Grafen Kesselstadt, der reichsten Adelsfamilie des rheinischen Landes, und Kurfürst Clemens Wenzeslaus baute sich ein andres, den Ansprüchen der neuern Zeit und der Sphäre, welcher er entstammte, mehr entsprechendes Schloß unten am Rheinufer. In den Jahren 1778 bis 1786 stieg es empor und dient heute noch als königliches Schloß. Er selbst bewohnte es nur eine kurze Zeit, aber 1792 beherbergte es die „Voyageurs à Coblence", die beiden Prinzen: Grafen von Provence und Artois, und war der Sammelplatz jener Emigranten Frankreichs, deren Andenken nirgends ein gesegnetes ist, wo sie geweilt haben. Da wurden die flagrantesten Pläne der Wiederherstellung des Königthums in Frankreich geschmiedet, denen das schauderhafte Ende der königlichen Familie für eine lange Zeit eine blutige Schranke setzte, und welche die Ueberschwemmung des rheinischen Landes mit Sansculottes, die zugleich „Ohneschuhe" genannt werden konnten, zunichte machte. Von da an bis 1814 war das linke Rheinufer für Deutschland verloren.

Coblenz wurde der Sitz des Präfecten des Rhein- und Moseldepartements und einer Rechtsschule nach französischem Muster seit der Eintheilung des Reiches. Es sah Napoleon I mehrmals in seinen Mauern, ohne daß irgend ein Segen seiner Spur entsprossen wäre, wie denn das überhaupt selten gerühmt werden konnte.

Das Schloß diente in der ersten Zeit der noch gährenden Periode der französischen Eroberung und des Besitzes als Lazareth; dann wurde es zur Caserne verwendet und dadurch in seinem prachtvoll eingerichteten Innern völlig zerrüttet. Die königlich preußische Regierung stellte es her, und so wurde es erst in neuester Zeit Königswohnung, ist aber äußerst einfach als solche gehalten. Die Kaiserin-Königin Auguste bewohnt es zeitweise zur Freude der Coblenzer.

Unter den Bauwerken der Stadt fesselt vorzugsweise die Sanct Castorskirche die wohlverdiente Aufmerksamkeit. Ein Jahrtausend ist über diesen ehrwürdigen Bau weggeschritten mit allen seinen blutigen Begebenheiten. Sie wurde 836 von dem Trierischen Erzbischof Hetti gegründet.

In ihr beugte Ludwig der Fromme seine Kniee vor dem Herrn der Herren und dem König der Könige; aber Heinrich IV, der Bannbelastete, durfte 1105 ihre Schwelle nicht überschreiten, als er im Advent hier weilte, wo der schnödeste Betrug des unnatürlichen Sohnes anhob, der mit des Vaters Haft und Beraubung der Krone im Schlosse Klopp bei Bingen endete, wo ihm selbst die Tröstung der Religion am heiligen Christfest versagt wurde. Das ist ein dunkles Blatt rheinischer Geschichte! —

Anders war es, als wieder ein Ludwig, der Baier nämlich, im Jahre 1338 auf dem Freiplatze vor Sanct Castor die Huldigung der Fürsten entgegennahm und dann das feierliche Hochamt folgte. Der Sage mag hier gedacht sein, daß während dieser feierlichen Huldigung von Osten her ein Adler sich in die Lüfte geschwungen und lange über der Fürstenversammlung sich im Kreise bewegt habe. Man sieht, auch 1338 gab es schon Schmeichler, die vielleicht — denn Adler sind auch damals seltene Vögel in diesen Gegenden gewesen — einen Vogel weit niedrigern Ranges für einen königlichen Aar nahmen und ausposaunten. Der Erfinder hätte jedenfalls einen Orden verdient und ohne Zweifel auch erhalten, wenn dieser Segen unserer Zeit damals schon an der Tagesordnung gewesen wäre und die Verdienste belohnt hätte.

Der ehrwürdige Bau ist unstreitig später erneuert worden, obgleich er noch Theile aus seiner Entstehungsperiode aufzuweisen hat. Er enthält das Grabdenkmal Cuno's von Falkenstein, der uns so oft in der Geschichte der rheinischen Städte, besonders der Burgen, begegnet; ein prachtvolles Kunstwerk mit einem schönen Gemälde auf Goldgrund aus jener Zeit, aus welcher uns so selten Werke des Pinsels überliefert worden sind. Der Maler des Bildes ist unbekannt, aber die Kunstkenner schreiben es dem berühmtesten Künstler aus jener Zeit, dem Meister Wilhelm von Cöln zu. Ob es richtig? Zeugnisse sind begreiflicher Weise nicht da; kein Name, kein Monogramm verbürgt es; nur die Vergleichung mit Bildern des Meisters in Cöln soll zu der Annahme berechtigen. Ein seltener und höchst bedeutsamer Kunstschatz ist und bleibt das Bild jedenfalls, wer es auch gemalt haben mag.

Zweier Brunnen der Stadt muß hier gedacht werden, des einen wegen der dadurch beurkundeten Gemüthlichkeit des Kurfürsten Clemens Wenzeslaus, der ihn, wie die Inschrift sagt: „seinen Nachbarn" errichtete, und des Castorbrunnens wegen der beißenden Ironie, welche in seinen beiden Inschriften sich kundgibt. Der letzte der französischen Präfecte, Monsieur Doazan, wollte sowohl seinem Kaiser als auch sich selbst ein Andenken sichern und ließ die Inschrift auf den Castorbrunnen setzen: „An 1812, mémorable par la Campagne contre les Russes. Sous le préfectorat de Jules Doazan." — Als am 1. Januar 1814 der russische General Saint Priest in Coblenz einrückte und Kenntniß von dieser Inschrift erhielt, befahl er, die Worte: „Vu et approuvé par nous, Commandant Russe de la Ville de Coblenz. Le 1. jan. 1814" einzumeißeln, und lieferte so eine vortreffliche historische Ergänzung und zugleich einen äußerst treffenden Commentar zu der Doazan'schen Inschrift.

Daß diese nicht zugleich bausbackig die Siege in Rußland pries, ist sehr zu verwundern; es würde jedenfalls die Sache noch pikanter gemacht haben.

Alle alten Städte haben bekanntlich ihre Wahrzeichen, nach denen die Meister die wandernden Handwerksgesellen fragten, um etwaige Windbeuteleien dieser friedlichen „Fechter" beim Schopfe zu fassen, wenn sie sich rühmten, da oder dort gewesen zu sein. Auch Coblenz hat sein Wahrzeichen, den

„Mann am Kaufhause“. Dies ist nämlich eine bärtige Gestalt mit einer Sturmhaube auf dem Kopfe, welche unter der am alten Kaufhause befindlichen Uhr herausschaut. Bei jeder Pendelschwingung verwendet sie die Augen und sperrt bei jedem Ausschlagen der Stunde ihren nicht unerheblichen Mund auf. Es ist ein Zeichen der höchst gemüthlichen Laune jener Tage, berechnet auf die Heiterkeit des beschauenden Volkes.

Wenn Straßburg seinen krähenden Münsterhahn erneuert hat, so wird Coblenz gewiß auch seinen „Kaufhausmann“ erhalten. Was es für eine köstliche Sache um ein urkräftiges Volksgelächter ist, wird Jeder mit mir anerkennen, der dem Zwölfuhrschlage in der Münstercapelle zu Straßburg beigewohnt hat. Verschmähte doch die Kirche selbst das „Ostergelächter“ nicht!

Coblenz und Ehrenbreitstein sind eins ohne das andere nicht mehr denkbar, seit die Festungswerke sie unzertrennlich verbunden haben und zwei Brücken diese Verbindung auch für das Leben und den Verkehr herstellen, obgleich dort drüben auf dem rechten Ufer noch andre Institutionen gelten als auf dem linken, weil eben der Rhein zur Zeit der Fremdherrschaft Grenze war und man später, als das preußische Gebiet auch über diese Grenze hinausgerückt wurde, sich, wie es scheint, nicht bemüßigt fand, der französischen Rechtsgesetzgebung Propaganda zu machen. Seltsam ist es in jedem Falle bei zwei Orten, die eine Festungsuniform tragen, einem Lande und Reiche angehören und in Wirklichkeit eine Stadt bilden könnten, eine so tiefeingreifende Scheidung zu finden, die sie scheinbar zu Kindern zweier Staaten, zweier Zeiträume macht.

Der Berg, darauf Ehrenbreitsteins Festungswerke liegen, ist eine ganz respektable Höhe, 562 preuß. Fuß über dem Meere, und die Krone dieser schönen Felsen wäre, wenn etwa Coblenz sich in Feindeshänden befände, eine Nachbarin äußerst unangenehmer Art, möchten nun Krupp'sche wohlgezogene oder altmodisch ungezogene Kanonen da oben ihre allen Völkern der Erde verständliche Universalsprache zu reden beginnen.

Der Ursprung einer Befestigung des wichtigen Felskopfes ist gewiß alt; allein das in der Geschichte so fatale „Soll“, das auch anderweitig und in anderm Sinne nämlich in jedem großen und kleinen Finanzsäckel eine gar unangenehme Stelle dem positiven „Haben“ gegenüber einnimmt, tritt auch hier wieder hervor mit einem unangenehmen Kopfschütteln. Eine Burg Ehrenbreitstein soll schon um das Jahr 633 gestanden haben, und Dagoberts, des Königs der rheinischen Franken freigebige Hand soll die Burg dem trierischen Erzbischof geschenkt haben zum Schutze seines weit über den Rhein hinüberreichenden Gebietes.

Wenn dem so wäre, würde der betreffende Erzbischof das Geschenk gewiß nicht verschmäht haben, da solche Fälle von Freigebigkeit überhaupt selten dürften vorgekommen sein und sie, die Erzbischöfe nämlich, die hier herum Landesherren, auch im „Stegreife" daheim und des Schwertes nicht unkundig waren, konnten es brauchen. Nun ist so viel sicher, daß die Erzbischöfe es schon früher besaßen und es sich im Jahre 1018 sammt andern Rechten, die sie auf Coblenz hatten oder zu haben meinten, vom Kaiser urkundlich bestätigen ließen. Da muß denn doch wohl eine historisch rechtliche Grundlage vorhanden gewesen sein, auf welche die Rechtsbestätigung sich stützen konnte, weil es sonst nicht eine „Bestätigung" gewesen und auch nicht so genannt worden wäre, sondern eine neue Schenkung.

Ritter und Herren, die sich von Ehrenbreitstein nannten und wohl von dieser Burg ihren Namen ableiteten, waren allerdings vorhanden, aber das Geschlecht erlosch in den Morgentagen des dreizehnten Jahrhunderts. Sie trugen die Burg von dem Erzbischof von Trier zu Lehen.

Abgesehen davon, daß der Besitz der Burg den trierischen Erzbischöfen als Stützpunkt ihrer Landherrschaft und als Vertheidigungspunkt derselben in jenen fehdeseligen Tagen von großer Bedeutung war, ist es auch nicht zu verkennen, daß sie ihnen, wenn es einmal droben in dem westlichen Kirchengebiet unheimlich wurde, einen Zufluchtsort darbot, der alles Wünschenswerthe in sich vereinigte und durch seine Höhe und weithin das Land umher beherrschende Lage zum Herabschleudern der Bannblitze nach jeder Richtung der Windrose als vorzüglich geeignet vorkommen mochte.

Die Burg scheint damals klein gewesen zu sein und den Zwecken der Erzbischöfe wenig entsprechend. So finden wir denn auch Vergrößerungen ihrer Wehrwerke, zweckmäßige Herstellung ihrer Gebäude und Wohnungsräume und, was auf der bedeutenden Felshöhe, wo Wasser mangeln mußte, von Wichtigkeit war, die Anlage einer größeren und besser eingerichteten Cisterne, und als nun die bedeutende Veste vollendet war, setzte der Erzbischof treue Mannen hinein zu ihrer Vertheidigung. Einer derselben, Ludovicus de Palatio, der Sohn eines der obersten Ministerialien des Erzbisthums, mochte erkennen, daß die Burg trotz der Neubauten nicht fest genug sei, und erbaute darum auf der Südseite derselben eine zweite, die indessen sehr umfangreich nicht gewesen sein kann. Er stellte sie ohne Zweifel aber her mit erzbischöflichem Gelde, denn er nannte sie nach seinem Lehnsherrn Hermannstein. Später erhielt sie den entsprechenderen Namen Helfenstein.

Obgleich nicht wohl anzunehmen ist, daß der Palastministeriale Ludwig aus eigenen Mitteln und zu seinem Vortheil den „Hermannstein" erbaute, so ist es doch merkwürdig, daß erst im Reformationszeitalter der Burg als dem Erzstift anheimgefallen gedacht wird. Es dürfte sich aber dieser scheinbare Widerspruch dadurch lösen, daß sie der Ritter Ludwig, ihr Erbauer, als persönliches Lehen vom Erzstifte besessen hat und das Aussterben seiner Lehensnachfolger und Erben sie „heimfallen" ließ. Ob man keinen großen Werth auf sie legte, oder was sonst der Grund war, man that fortab nichts für ihre Erhaltung, und sie verfiel mehr und mehr.

In den achtziger Jahren des fünfzehnten Jahrhunderts erhielt die Burg Ehrenbreitstein eine ansehnliche Vergrößerung durch den Kurfürsten Johann, dem es zugleich einleuchtete, daß die Cisterne bei einer längeren Belagerung am Ende mit ihrem Wasservorrath nicht ausreichen könne. Er ließ deswegen den berühmten Brunnen machen, der allerdings andre Dienste leistete als eine leicht erschöpfte Cisterne, aber für jene Zeit ein Riesenwerk war.

Die Kriegserfahrungen, namentlich die Wirkungen der Geschütze ließen die Unzulänglichkeit der beiden alten Burgen unschwer erkennen. Kam es ja doch nun bei diesen fernher wirkenden Zerstörungswerkzeugen nicht mehr auf persönliche Tapferkeit bei der Vertheidigung derselben an. Man mußte weit vorgeschobene Werke haben, möglichst kugelfeste. Dazu war die Lage nicht vieler Burgen geeignet, wohl aber die Ehrenbreitsteins. Es mußte den neuen Harnisch der veränderten Zeit anlegen, und der Baumeister Maximilian von Pasqualin verstand es, ihn zeitgemäß anzulegen. Seinem Plane nach wurde es dem Begriff einer Festung unsrer Tage näher gebracht und entwickelte sich, bis es im Laufe der Zeit und — mit Aufwendung von Millionen das wurde, was es heute ist. Und heute? Stellen nicht die Geschütze neuester Erfindung im Grunde alle Festungen in Frage? Sind nicht die Düppeler Schanzen und eroberte starke französische Festungen ein neuer Beweis, daß sie alle unzureichend sind? Und doch baut man Festungen auch unter diesen unwiderleglichen Unterstellungen, also Festungen, deren Einrichtung doch einen Widerstand verheißen muß. Wird denn nun nicht auch noch einmal an Coblenz und Ehrenbreitstein die Kriegskunst unserer Tage herantreten mit dem Ansinnen: entweder euch beide umformen oder euch dem Schicksal überlassen, dem alles Menschliche anheimfällt, wenn es den Punkt erreicht hat, wo es zu seinem Gegensatze wird? Ueberlassen wir der Zeit die Entscheidung! — Nur schade um die Millionen! — Obgleich der Ehrenbreitstein in früheren Tagen für ganz unüberwindlich oder doch wenigstens für so außerordentlich wichtig gehalten wurde, daß der Befehlshaber nicht allein den Eid der Treue seinem Landesherrn zu leisten hatte, sondern auch dem Kaiser und dem Reiche, so hat die Festung doch zweimal das Loos der Besiegten zu erdulden gehabt; freilich ist List noch lange keine Gewalt und Hunger ein Belagerer, dem noch nie Lebende widerstanden, und so wäre denn doch im Kampfe eigentlich der jungfräuliche Ehrenkranz ihr noch nicht entrissen worden! —

Der Fall durch Ueberlistung fand in der ersten Hälfte des siebenzehnten Jahrhunderts statt.

Kurfürst Philipp Christoph von Sötern war es, der ein falsches Spiel spielte. Er hielt es mit den Franzosen, denen er Coblenz und Ehrenbreitstein in die Hände zu liefern dachte, während das Domcapitel entschieden die Festung, deren Commandant ja auch dem Kaiser und Reich Treue gelobt hatte, diesen erhalten wissen wollte. Heimlich rief der Kurfürst treuloser Weise die Franzosen. Um die Festung ihrer Vertheidiger zu berauben, ließ er einen großen Theil der Besatzung auf die Moselbrücke rücken, vorgeblich um einem beabsichtigten Ueberfall der Spanier zu begegnen, die allerdings nicht ferne standen, aber an einen Ueberfall von Coblenz nicht im Entferntesten dachten. Die Franzosen, welche pünktlich dem Rufe des Kurfürsten folgten, gingen bei Bingen über den Rhein, machten von Lorch aus einen großen, weiten Bogen und kamen von Montabaur her plötzlich mit einer dem kleinen Reste der in der Burg noch befindlichen Soldaten weit überlegenen Zahl vor der Festung an, deren Vertheidigung den Wenigen eine Unmöglichkeit gewesen wäre. Die Trierer öffneten die Thore, und die Franzosen zogen mit klingendem Spiele ein. Und drunten auf der Moselbrücke harrten die Geprellten auf die Spanier, denen, wie gesagt, zu kommen im Traum nicht einfiel. Das war so ein Stücklein Sonderbündelei und ein Vorspiel für den „Rheinbund" schlimmen Andenkens, aber allezeit zur Ehre des deutschen Namens abgewickelt von einem der geistlichen Kurfürsten des „heiligen" römischen Reiches deutscher Nation! — Fünf Jahre später trieb nur der bleiche Hunger an seiner äußersten Grenze die Franzosen zur Uebergabe der Festung an den Kaiser.

Obgleich schon hier, wie erzählt, der Hunger die Rückgabe an den Kaiser vermittelt hatte, so ist es doch noch ein anderer Fall, der erzählt werden soll.

Ehrenbreitstein hatte die Drangsale der Kämpfe, die im Wendepunkt der beiden Jahrhunderte Unglück genug über das Land brachten, reichlich zu erdulden; denn viermal schlossen die Franzosen die Festung ein. Zum ersten Male geschah dies im Herbste des Jahres 1795, und zweimal wiederholte sich die Einschließung im Juni und im Juli 1796; dann aber begann im April 1798 auf's Neue der Feind, die Festung zu belagern, und diesmal mit Macht und größerem Nachdruck, zu dem wohl die gekränkte Ehre trieb, da die früheren Versuche so kläglich gescheitert waren.

In der Festung commandirte ein Ehrenmann, der tapfere kurtrierische Obrist Faber, ein Mann, der wohl wußte, daß seiner Ehre ein Kleinod anvertraut worden sei.

Und er bewahrte sein Kleinod, bis alle Vorräthe, selbst der letzte Bissen Fleisch von dem letztgeschlachteten Pferde verzehrt waren und nun hohläugig der Hunger die Eingeschlossenen anstarrte, die auf keinen Entsatz rechnen konnten.

Jetzt erst ließ sich der tapfere Mann in Unterhandlungen ein, und die Franzosen, die auch am Feinde die Tapferkeit ehrten, gingen bereitwillig darauf ein, als Faber den Abzug mit Sack und Pack, mit Flinte und Seitengewehr und namentlich mit klingendem Spiele forderte. Und so zog denn, voll Kummer über sein Geschick, der tapfre Mann mit seinen tapfern Truppen am 27. Januar 1799 aus der Festung den Berg herab, und seine Fahne flatterte, und seine Spielleute spielten lustig auf.

Aber auch die Franzosen zogen lustig ein in das leere Adlernest auf dem hohen Felsen. Zwar legten sie ein paar Bastionen sofort neu an, aber als der Friede von Lüneville geschlossen war, sprengten sie à la Louis XIV alle Festungswerke des Ehrenbreitsteins in die Luft, und zwar in einer Weise, daß, als Preußen den jetzigen Bau nach Asters genialem Plane begann, kaum Nennenswerthes von den alten Festungswerken zu diesen weit ausgedehnten Anlagen verwendbar blieb.

Als nach der Niederlage im nordischen Schnee Napoleon noch ernste Widerstandsgedanken hegte, sandte er Ingenieure auf die Ruinen des Ehrenbreitsteins und ließ einen Situationsplan aufnehmen, um die Festung herzustellen. Saint Priest, der den Wechsel des Castorbrunnens so nobel acceptirte, setzte auch das Punktum hinter diesen unvollendeten Satz des Ruhelosen. Seine Entthronung endete die Sache, aber nicht für die Verbündeten, nicht für Preußen, welches die Aufgabe aufnahm und energisch zu Ende führte. Außer Asters Namen knüpft sich der Hüne's eng an die Festung an und mit wohlverdienten Ehren. Die 15 Millionen Franken, welche der zweite Pariser Friede den Franzosen zum Wiederaufbau der Festung auferlegte, reichten aber bei Weitem nicht zu, sie herzustellen nach den Grundsätzen der Neuzeit, die nur zu bald wieder werden überflügelt sein. Der Betrag der wirklichen Kosten war ein bedeutend höherer und überstieg jene 15 Millionen Franken vielleicht um das Vierfache.

Auch bei dem Städtchen Ehrenbreitstein, welches sich zu den Füßen der Burg gleichen Namens bildete, tritt uns wieder die Bezeichnung solcher von einer Burg beherrschten Orte mit dem Namen „Thal" entgegen. Noch heute heißt das Städtchen Thalehrenbreitstein und im Munde der Coblenzer schlechthin „Thal“.

Die Gebäude, welche meist kurfürstliche Behörden inne hatten, dienen heute fast alle den Bedürfnissen der Festung und der Garnison.

Die Aussicht ist oben eine herrliche über das engbegrenzte Rheinthal und über die weite Region der Kuppen des Maifeldes und der Eifel.

Die Burg Sayn bei Neuwied.

Wo in einem freundlichen Thale das Hüttenwerk Sayn mit seinen Wohnstätten liegt, die Maschinen ächzen und die Hochöfen ihren glühenden Athem aushauchen, da erhebt sich, südlich davon, ein schön bewaldeter Berg, jetzt in eine anmuthige Parkanlage umgewandelt, deren schattige, bequeme Wege zu der ansehnlichen Höhe leiten, von welcher aus der Blick ein schönes Stück rheinischen Landes bis zu den Kuppen der vulkanischen Eifel beherrscht. Ein zweiter Blick führt weit hinab in die Ferne der Zeiten, denn er ruht auf einer der ältesten Burgruinen des Landes, vor deren Mauerwerk wir stehen.

Es sind die Ueberreste der Burg Sayn, welche bis in's graue Alterthum reichen und darinnen ein uraltes Grafengeschlecht seinen Sitz hatte.

Ueberblicken wir die verhältnißmäßig kleinen Räume und legen wieder den Maßstab dessen daran, was wir, das herabgekommene Geschlecht, von einer „comfortabeln“ Wohnung erheischen, so verstehen wir kaum, wie die Familie, ihre Diener und Dienerinnen, ihre Burgmannen und der unvermeidliche reisige Troß darin auch nur ein nothdürftiges und beschränktes Unterkommen finden konnten. Kamen noch „Ganerben“ hinzu, so sind wir vollends an den Schranken des uns Begreiflichen angelangt. Eine andre Lebensweise gebar andre Ansprüche und Bedürfnisse. Wir, die fernen Epigonen, fassen's kaum! Die verhältnißmäßig sehr kleinen Wohnungsräume in Pompeji begreifen wir leicht; der wonnige Süden bedingt ein Leben im Freien; aber hier im Norden? Wie dem sei, die Erscheinung begegnet uns bei allen alten Burgen und steht uns wahrhaft als Räthsel gegenüber. —

Eine stolze Warte, vielleicht das „Frit“ der Burg, ihr Hauptthurm und letzte, wichtigste Schutzwehr, steht noch und vermag wohl noch lange den Zerstörungen der Zeit und Naturkräfte zu trotzen. Es ist ein schöner, stolzer Bau!

Viele haben, dieser Warte zu Gefallen, die Burg in ihrer Uranlage für ein Römerwerk und ohne Weiteres für ein Castell des Drusus erklärt.

Damit sind die Leute schnell bei der Hand und meinen damit ein Außerordentliches entdeckt zu haben. — Wären alle die Burgen und Thürme, die dafür gehalten werden, von dem römischen Heerführer erbaut, so müßte die bestimmt angegebene Zahl seiner fünfzig Befestigungen wenigstens um das Doppelte wachsen.

Für diese Ansicht führt man die Nähe des römischen Stationslagers in Niederbiber, die Nähe des „Pfahlgrabens", die Nähe des Rheinübergangs bei Engers und noch Anderes an; allein die Meinung läßt sich ohne großen Scharfsinn widerlegen.

Es wäre in der That mehr als auffallend, wenn die deutschen Stämme, die mit so unaustilgbarem Römerhasse die Römerstätten zu Niederbiber und das Befestigungswerk zu Cunostein-Engers zerstörten, dieses geschont haben sollten. Wo wollte man die Gründe dafür suchen und finden? — Bei der Beurtheilung römischer Bauwerke oder dessen, was für solche gehalten wird, täuscht gar zu oft die verwandte Art des Mauerwerks, namentlich des „Gußwerks". Waren denn nicht die Römer gewissermaßen die Lehrmeister der Deutschen in solcher Bauart? Sollte man nicht, anerkennend die Dauerhaftigkeit ihres „Kastenwerkes oder Gußwerkes", auch in spätern Zeiträumen bei Bauten, welche kriegerischer Wehr und Vertheidigung dienten, ihnen nachgeahmt haben? Und zogen sie nicht deutsche Landeskinder, die etwa in der Nähe wohnten, herzu, ihnen daran freiwillig oder gezwungen zu helfen, und sollten diese nicht so ihre Art kennen gelernt haben? Dazu ist die Burg Sayn nicht zu jung, zumal in einer Gegend, wo die Römer so viel gebaut haben.

Die Grafen von Sayn, die auf dieser Burg hausten, sind ein uraltes Geschlecht. Sie waren ursprünglich ohne Zweifel die Grafen des Avelgaues an der Sieg und gleicher Herkunft mit den Pfalzgrafen aus dem Ezzonischen Hause. Eine alte genealogische Nachricht des fürstlichen Hauses Nassau nennt einen Grafen „Friedrich von Seyne" als den Erbauer der Burg nach seiner Heimkehr aus den Kämpfen gegen die Araber in Spanien; aber allem Anscheine nach ist die Burg älter und gehört sicher zu den ältesten Burgbauen des Rheinstromes, wenn auch keine bestimmten Urkunden Zeugniß ablegen für die Zeit ihres Ursprungs.

Wenn die Nachricht sicher ist, so dürfte Graf Friedrich von „Seyne" die Burg, die schadhaft geworden, erneuert oder erweitert haben.

Der Grafen von Sayn, wie sie sich von ihrer Stammburg nannten, wird in allgemein bekannten Urkunden zuerst um das Jahr 1139 Meldung gethan. Im Jahre 1152 trugen sie urkundlich dem Erzbischof Hillin ihre Burg an und empfingen sie als Lehen von ihm zurück, nebst Zusicherung einer jährlichen Rente von hundert Pfund Häller mit dem Zusatze, daß das Lehen sammt der daran geknüpften Rente forterbe auf männliche und weibliche Nachkommen, selbst ohne die Pflicht der „Heergewede" und „Heeressture". Daraus ergibt sich einfach einerseits, daß das Geschlecht schon damals in finanzieller Bedrängniß war, welcher der Erzbischof abhalf, andererseits aber, daß der Erzbischof, der wohl wußte, was er that, auf die Burg ein hohes Gewicht legte und zugleich die Verbindung mit dem Grafen hoch anschlug. Damals waren solche Lehensverträge noch selten; später freilich kamen sie häufig vor und waren eine Einrichtung, die beiden Theilen half, dem herabgekommenen Ritter zu Geld und dem Erzbischof zu Macht und kriegerischem Beistand.

In den Kämpfen zwischen Otto und Philipp von Schwaben wurde die Burg belagert, aber trotz aller Anstrengungen der Belagerer nicht erobert. Leider kann auch von dieser Burg nicht gesagt werden, daß sie sich rein erhalten habe von dem Raube. Aus ihren Mauern zogen die „Wegelagerer" aus, um die Kaufleute zu plündern, die von Cöln herauf ihre Waaren brachten.

Uebel berüchtigt waren zwei Sayner Grafen in diesem Punkte. Graf Alleinward trieb das Räuberhandwerk auf und an dem Rhein mit unerschrockener Keckheit. Die Rächerhand des Städtebundes reichte, wie es scheint, so weit nicht herab, und Rudolph von Habsburg ließ meistens „nur die kleinen Diebe hängen", selten auch große.

Aerger aber noch als dieser Graf von Sayn trieb es Graf Heinrich III. Ihm erwachte indessen im Alter das Gewissen, und das „Er ruhe in Frieden!" auf seinem Grabstein setzten ihm seine Nachkommen unter dem Gutheißen der Kirche, an die er das gab, was er den Kaufleuten genommen, und die dies Erbe ohne Bedenken antrat und den Grafen dafür absolvirte.

Das Geschlecht ward vielfach in die Fehden der Sponheimer Grafen verwickelt, mit denen es verschwägert war. Auch in der unglücklichen Schlacht bei Sprendlingen fochten Sayner mit Sponheim gegen Mainz und mußten die „Sühne" mit auskaufen, ob sie gleich seinem Kurgebiete nicht angehörten, es sei denn als „Ganerben" an der Burg Sponheim, was sie auch wirklich waren.

Ein „mannlich" Geschlecht waren sie und auf Turnieren berühmt, wie in den Fehden. Streckte doch ein Sayner Graf, der seiner Tapferkeit wegen „Graf Eisenbart" hieß, einst auf einem Turniere zu Trier nach einander sechs tapfere „Turnierkämpen" in den Sand und empfing den kostbaren Ehrenpreis und den Ruf des Unüberwindlichen, einen Ruhm, der damals schwer zu erringen war.

Im Jahre 1246 starb der Mannesstamm des alten Geschlechtes aus, aber Burg und Herrschaft gingen nach jenem Lehensvertrage mit Erzbischof Hillin vom Jahre 1152 auf die Erbtochter Gräfin Adelheid über, welche dem Grafen Gottfried II von Sponheim ihre Hand gereicht hatte. Das mehrere Tage dauernde, überaus reiche und lustige Hochzeitsfest auf der Burg Sayn machte in jenen Tagen viel von sich reden, und selbst die Sage knüpft sich daran durch Verherrlichung des Namens eines tapferen Kreuznachers, des der Metzgerzunft jener Stadt entstammenden Schildträgers des Grafen von Sponheim, Michel Mort, der von Trithemius hochgepriesen, von „Maler Müller", dem Kreuznacher Dichter, gefeiert, in der Schlacht bei Sprendlingen den Heldentod für seinen Herrn starb.

Michel Mort war ein Riese an Gestalt und Kraft, aber ein Leibeigener des Grafen von Sponheim.

Als ihn dieser seiner Leibesgestalt und Riesenkraft wegen zu seinem Schildknappen auf die Burg Sponheim nahm, ließ derselbe gern das blutige Handwerk in Kreuznach und tauschte es mit dem nicht weniger blutigen des Krieges und der Fehde, darin die Sponheimer Grafen vielfach verwickelt waren. Durch treue Anhänglichkeit an seinen Herrn und eine unüberwindliche Kraft und Tapferkeit erwarb er sich desselben Liebe in dem Grade, daß er sein Schildträger und Leibknappe wurde, der Tag und Nacht nicht von ihm wich. So hatte denn der treue Michel Mort auch seinen lieben Herrn zu seiner Hochzeit auf der Burg Sayn begleitet und war fröhlich und guter Dinge, wie Alle, Herren und Diener, welche da zusammentrafen; denn es war Alles die Fülle da, namentlich floß des Weines goldene Fluth in Strömen.

Als nun im Uebermuthe des Weindusels die Herren zusammensaßen und mancherlei Mähr in Ernst und Scherz zur Kurzweil verhandelt wurde, rühmte auch wohl Einer und der Andre seine Leibeskraft und erzählte von seinen Thaten. So kam man denn auch auf die Kräfte Anderer zu reden, und der Sponheimer Graf meinte, daß sein Schildträger und Schildknappe sie Alle, und es waren ihrer sieben, Alle tapfere und wehrhafte Männer, die manche Lanze gebrochen, ohne Mühe in Säcke stecken würde.

Da sagten die Andern, es sei eine Scherzrede, die der Graf nimmer im Ernste meine; der aber wehrte sich und trug den Rittern eine rechtsgültige Wette an.

Der Preis wurde festgesetzt, eingeschlagen, und die Wette hatte ihre Geltung. — Der Preis aber bestand in einem Fuder edlen Monzinger Weines.

Mich gelüstet's, Deines edlen Monzingers mich zu erfreuen, sprach der Graf von Isenburg, ein Mann von großer Kraft, der mit seines Schwertes Streichen mehr denn einmal einen Gegner in zwei Hälften zerhauen hatte, und setzte hinzu: Um solchen Preis dünkt's mir keine Schande, mit einem Knechte zu ringen! Desgleichen sprachen auch die anderen Ritter.

Bedingung war es, daß alle Waffen abgelegt werden mußten und nur die Faust und das sogenannte Armenschmalz entscheiden dürfe, aber auch Keinem erlaubt sei, seine Arme oder seinen Leib mit Fett einzureiben.

Der Graf von Sponheim beschied seinen Schildknappen.

Da trat frisch und frei der prächtige Jüngling herein. Man sah es seinem riesenhaften Leibe an, welche Kraft er in sich trage, und mancher der sieben Herren machte ein langes Gesicht und mochte denken: der sieht darnach aus, als werde er dich kopfunter in den Sack stecken! Aber die Wette war angenommen und vollzogen, — es biß keine Maus einen Faden ab!

Selbst dem Isenburger, der von Allen der Stärkste war, wurde es ein Bißchen unheimlich, wenn er die breiten Schultern und Hüften Michel Morts ansah.

Bescheiden und stille stand der junge Knappe da und harrete seines zu empfangenden Auftrags.

Höre, sagte lächelnd der Graf von Sponheim zu ihm, ich habe eine Wette so und so mit den Herren da abgeschlossen; getrauest Du Dich, im Ringkampfe sie zu überwinden und Einen nach dem Andern in einen Sack zu stecken, wie er sich auch wehre, und zwar kopfunter?

Mit hohen Herren ist nicht gut Kirschen essen! sagte Michel Mort. Ihr wisset das, gnädiger Herr, und ich bin Euer Knappe und leibeigen.

Bringst Du das Stücklein fertig, so erkläre ich Dich für einen freien Mann, deß seid Ihr Alle Zeugen! rief der Graf, und überdies müssen alle Waffen abgelegt werden und die Herren heilig geloben, keine Rache an Dir zu nehmen, Dir nichts nachzutragen und Dir jeder männiglich drei Goldgulden zu geben.

Ist Dir das recht?

Herr, rief Michel Mort, mir tausendmal für einmal, aber den Herren — ? —

Alle sprangen sie auf und gelobten in des Grafen Hand, was er gesagt, treulich zu halten.

Rasch wurden nun noch die Kampfregeln festgesetzt; dann legten die Ritter die Waffen und die Oberkleidung ab, und Michel Mort that gleich also. Sieben lange, weite Säcke wurden neben einander auf den Boden des Saales gelegt, den weiche Teppiche bedeckten. Die Hochzeitsgäste bildeten den Ring um die Kämpfer.

Der Kampf hob an, nachdem Graf Isenburg dem Michel Mort ehrlichen Kampf und keinerlei Rache zugesagt.

Der Isenburger war ein starker Mann. Die Erde oder vielmehr der Boden des Gemaches dröhnte von dem Stampfen der Ringenden; die Fenster klirrten. Der Schweiß rann wie Bächlein an den Leibern der beiden Kämpfenden herab, und jede Muskel schien zu quellen.

Wie aber auch der Isenburger sich bemühen mochte, den Jüngling zu fällen, es gelang ihm nicht, vielmehr lag er urplötzlich der Länge nach am Boden, und ehe er es sich versah, hatte Michel Mort einen Sack ergriffen und ihn über des Grafen Kopf gezogen, dann ihn aufgehoben und gerüttelt, bis er völlig in dem Sacke steckte. Jetzt aber brauste ein unermeßliches Gelächter in dem Zuschauerkreise auf. Michel Mort jedoch hatte nichts so eilig zu thun, als den Gefangenen zu befreien, dem es in seiner engen Haft sehr unbehaglich wurde, der aber so klug gewesen war, sich nicht mehr zu wehren, als er einmal den Sack über seinem Kopfe fühlte.

Dieser Vorgang machte den Ritter von Kobern wild und zornig. Er fiel wüthend seinen Gegner an, und seine Streiche waren nicht fein. Mort blieb kalt und ruhig, trug die Püffe, ohne sie zu erwidern, dann aber erfaßte er, einen günstigen Augenblick benutzend, den Ritter, wie ein eiserner Reifen sich um eine Tonne legt, daß er sich nicht mehr regen konnte, beugte ihn auf die Erde, und wie auch der Ritter sich bäumte, der zweite Sack empfing seinen vor Wuth schäumenden Inhalt. Wiederum erschallte das Gelächter, und der Graf von Sponheim konnte vor Lachen nicht zu sich kommen. Die einzige Genugthuung, die Michel Mort sich gestattete, war die, daß er den Ritter etwas länger in dem Sacke zappeln ließ als seinen Vorgänger.

Der Dritte war Ritter Nicolaus von Winneburg. Er rechnete, Mort sei schon geschwächt, und griff ihn mächtig an; aber er irrte, und als er allerlei Ringerkünste versuchte, denen Mort aber sicher und ruhig auswich, riefen die Kampfrichter: Ringet ehrlich, Herr Ritter! Mort aber hatte bereits den Fuß, darauf der Ritter sich stützte, aufgehoben, und er stürzte der Länge nach zu Boden. — Mort regte sich nicht, bis der Ritter aufgestanden war.

Jetzt wollen wir anheben, sagte er, aber ehrlich, Herr Ritter! Der hatte indessen schon sein Theil, weil er trotz der Teppiche sehr unsanft gestürzt war. Dennoch im heftigsten Grimme fiel er Mort an, der ihn indessen sanft unter seinen linken Arm nahm, ihn aber dann so fest drückte, daß er ein Ach! ausstieß, und ihm mit der Rechten den Sack über den Kof zog.

Die Uebrigen standen ab vom Kampfe und erlegten ihre Goldgulden; aber damit war Mort nicht zufrieden. Urplötzlich faßte er Zweie unter seine Arme und tanzte mit ihnen im Gemache herum.

Das hob die Lust und zerstreute den Unmuth in den Seelen der Besiegten; als aber Alles vorüber war, ließ sich Michel Mort auf ein Knie nieder und bat demüthig, die edlen Herren möchten ihm vergeben, er habe nur auf das Gebot seines Herrn gehandelt, wolle es aber auch seiner Lebtage nicht mehr sich beigehen lassen, edle Ritter in einen Sack zu stecken, es sei denn, daß er es nach der bekannten Redeweise thue und — allemal zu seinem Vortheil, wie heute.

Die Ritter lachten und reichten ihm zum Zeichen, daß sie ihm nicht zürnten, die Hand. Darauf leerte er noch auf das Wohl der edlen Gäste seines Herrn einen Humpen, der eine weite Gurgel forderte, und — Alles war gut.

Kehren wir von der Sage zur Geschichte zurück und lassen die Zeiten des dreißigjährigen Krieges an uns vorübergehen, so begegnen wir dem Ebben und Fluthen des Kriegsglücks und seiner Launen auch an dieser Stelle. Bald sind es Schweden, bald Kaiserliche und Spanier, ja auch Franzosen, die sich in der Burg festsetzten.

Die brachten nichts, sagt das Volk, nahmen aber viel mit, eine Thatsache, die sich dem Gedächtnisse des Volkes so tief eingeprägt hat, daß zwei Jahrhunderte sie nicht haben tilgen können, und Niemand bezweifelt deren Wahrheit. — Da ist manche Falconet- und Feldschlangenkugel gegen die feste Burg geflogen, bis Die, welche grade drinnen saßen, gute Miene zum bösen Spiele machten, und diese ehernen oder auch steinernen Grüße machten tiefe Eindrücke, wenn auch nicht auf das Herz der Burg, doch auf deren äußere Bekleidung — die Mauern. Daher war es denn bei Weitem keine Heldenthat, als der edle Graf Montal im Jahre 1689 die rheinischen Burgen des Pulvers Kraft kennen lehrte, daß auch das alte, ehrwürdige Sayn durch diese furchtbare Gewalt niedergelegt wurde. Und doch widerstanden die Mauern theilweise diesem Producte der „schwarzen Kunst“, die in des „Teufels Küche gesotten und gebraten wurde“.

Von der Burg aus, welche, wie schon gesagt, von einem höchst geschmackvoll angelegten Park umgeben ist, schweift der Blick weit hinaus über den Rhein und seine schönen Gelände, in die Gebiete der Eifel, wo Kuppe an Kuppe sich drängt, die durch ihre Form schon von Weitem sich erkennen lassen als Boten der schauerlichen Mächte des Erdinnern, welche in unvordenklichen Zeiten hier eine Stätte ihrer infernalen Thätigkeit hatten, von der ein naher Nachbar von Sayn, der Laacher-See, selbst des Berges nächste Nähe nicht ohne Berührung gelassen hat.

Sowohl Sayn als das dazu gehörige Terrain, welche ein Graf Boos-Waldeck gepachtet, kamen in den Besitz des russischen Generals, Fürsten von Sayn-Wittgenstein, welcher zwar nicht der Väter altehrwürdige Burg aufbaute, aber nahe dabei ein schönes, stattliches Schloß, geschmackvoll und herrlich eingerichtet und reiche Schätze der Kunst in seinen Räumen bergend. Gärten und Park geben Beweis für den feinen Geschmack des Fürsten und sind dem Besucher eine Lust, der dann vielleicht auch dem nahen Hüttenwerke „Sayner-Hütte", dem Kloster Sayn, welches im Jahre 1202 der fromme Sayner Graf Heinrich gründete und reich beschenkte, sowie der Abtei Romersdorf einen Besuch abstattet. Von den dem Isenburgischen Hause stammverwandten Edeln von Romersdorf gestiftet, wurde sie 1135 den Prämonstratensern übergeben. Auch die Abteikirche und ihr interessanter Reliquienkasten aus dem dreizehnten Jahrhundert ist sehenswerth.

Alte und neue Zeit, Ritterthum und industrielle Betriebsamkeit, fromme Stiftung und lustige, wie blutige ritterliche Thätigkeit reichen sich in dem schönen Thale, umgeben vom frischen Grün der Berge und durchrauscht von dem Sayn-Bache, die Hand und gewähren dem, der von dem sonnig-hellen Standpunkte der Gegenwart hinabschaut in die dunkle Tiefe einer wilden Vergangenheit, reichen Stoff zum Denken durch das Vergleichen der ihm entgegentretenden Gegensätze und dessen, was drum und dran hängt.

Schloss Cunostein-Engers bei Neuwied.

Engers ist ein alter Ort, und seine Anfänge reichen hinauf in die Zeiten des Römerthums am Rhein, und zwar in die, da Julius Cäsar seine Legionen über den Rhein führte. An diesem Orte schlug er seine Brücke und führte die Schaaren seiner Weltbezwinger hinüber in's jenseitige Deutschland, wo Roms Adler das Fliegen verlernten. Er baute zum Schutz späterer Uebergänge, vielleicht auch an die Rückkehr denkend, ein Castrum, einen Brückenkopf, an der Stelle und legte wahrscheinlich dadurch den Grund zu dem Orte.

Zwar verwüsteten die kriegerischen und siegenden deutschen Stämme das Castrum in ihrem unaustilgbaren Römerhasse; aber unter den Karolingern entstand auf seinen Fundamenten ein „Königshof", wodurch der Ort an Wichtigkeit gewann.

Daher kam es, daß der Gau von ihm den Namen erhielt: Engersgau, daher kam es auch, daß der Ort der Sitz eines Landcapitels war und lange blieb, und zwar vom fünften Jahrhundert an. Später gehörte Engers zur Grafschaft Wied, und Graf Wilhelm I von Wied, der dem Ort eine höhere Bedeutung zu geben wünschte, erhielt von Kaiser Karl IV, den man den „Städtemacher" zu nennen pflegte, das Stadtrecht für sein schön gelegenes Engers am Ufer des grünen Rheines.

Welch' eine Zukunft hätte dasselbe haben können, wenn die seltsame Fürstenlaune, welche Neuwied sein Dasein gab, auf jene alten Stadtrechte wäre geleitet worden? So kümmerte sich Niemand weiter darum, und die Wogen der Zeit gingen darüber weg, wie über hundert andre Orte, die einst großen Ereignissen zum Schauplatz gedient, bis ein Handstreich mittelalterlichen Rittergewerbes die Verhältnisse änderte.

Es war um die Zeit, da der mächtige und kriegerische Mainzer Dompropst Cuno von Falkenstein Erzbischof von Trier geworden war, als das Raubritterwesen auch in diesen Gegenden des Rheines, dem edeln Beispiele gemäß, welches die oberrheinische Ritterschaft gab, sein Haupt mit nobler Dreistigkeit und Schamlosigkeit erhob. Insbesondere war es eine Begebenheit, die ein mächtiges Aufsehen machte und auch zugleich den edeln „Schnapphähnen" die Sporen nahm.

Graf Wilhelm I von Wied, Gerlach II von Arenfels und Ritter Velten von Isenburg erhielten Kunde, daß ein Zug Cölner Kaufleute den Rhein herauf käme, um ihre überaus kostbaren Waaren zur Messe nach Frankfurt zu bringen. Da erwachte bei ihnen die Lust, sich dieselben zu annectiren, was auch wirklich zwischen Andernach und Engers geschah. Sie überfielen den reichen Waarenzug, und ohne Zweifel um das Aufsehen für's Erste zu vermeiden, führten sie die Cölner Kaufleute gefänglich auf ihre Burgen, den reichen Fang noch durch ein tüchtiges Lösegeld zu erhöhen, wenn einmal Gras über die Geschichte würde gewachsen sein.

Einer der Dienstleute entkam aber unbemerkt, eilte nach Cöln und brachte die Kunde dorthin. Die Angehörigen der „Niedergeworfenen" bewegten Himmel und Erde, und der Erzbischof von Cöln nahm sich mit starkem Nachdruck der Sache an und theilte sie dem Landesherrn, dem Erzbischof von Trier, mit. —

Wie der wackere Erzbischof die Räuber bestrafte und die Gefangenen befreite, wird noch bei der Burg Arenfels mitgetheilt werden. Anläßlich dieses Heereszugs begann er im Jahre 1372 den Bau einer Burg, welche die „Stegreifritter" im Zaume zu halten die Aufgabe hatte. Was Cuno anfing, das wuchs rasch empor, denn er liebte weder halbe Maßregeln noch das Zaudern.

Die Burg erhob sich mit Macht und zeigte durch Umfang und Festigkeit, was sie werden sollte. Bewährte Ritter setzte er hinein als Wächter der Sicherheit des Handels auf dieser Strecke des Rheines. Das schlug ein, und der Frevel kehrte nicht wieder.

Die Burg nannte der Erzbischof nach seinem Namen Cunostein, und der dabei liegende Ort wurde zum Unterschied von dem andern gleichen Namens Cunostein=Engers genannt.

Die Lage der Burg gefiel dem Erzbischof so wohl, daß er, der früher gern auf Stolzenfels verweilte, diese Burg jener vorzog, mit Vorliebe die schöne Zeit des Jahres auf Cunostein zubrachte und seinen glänzenden Hof hier hielt.

Die Vorliebe für den Aufenthalt in Cunostein ging nach seinem Ableben auf seinen Neffen und Nachfolger, den Erzbischof Werner von Trier, über, der nur selten auf Stolzenfels, meist auf Cunostein Hof hielt, wenn Frühling und Sommer ihr Füllhorn über das Land ausschütteten und der Herbst zur Jagd in den wildreichen Bergwäldern einlud.

Er verlegte noch im Jahre 1402 den Zoll, der bisher in Capellen, am Fuße der Burg Stolzenfels, erhoben worden war, hierher.

Kriegerische Ereignisse hatten bisher die Burg verschont; aber auch diese Prüfung ihrer Wehrhaftigkeit sollte ihr nicht erspart werden.

Im Jahre 1693 setzten sich die Franzosen darin fest und ließen es sich wohl sein. Das Reich sandte jedoch seine Macht, und eine Belagerung und Eroberung folgte in kurzer Frist; denn die Burgen, die einst den kriegerischen Werkzeugen und Waffen der Zeit ihrer Entstehung kräftig widerstanden hatten, vermochten nicht denselben Widerstand der Macht des Pulvers und seiner zerstörenden Geschosse entgegenzusetzen.

Cunostein hatte durch die Kugeln furchtbar gelitten. Seine Kraft war gebrochen und eben diese Untauglichkeit für die veränderten Verhältnisse der

Grund, daß die Erzbischöfe die Burg nicht wieder aufbauten, sie vielmehr ihrem Schicksal überließen. Ihre Mauern zerbröckelten, und die Ruine war nutzlos, zur Hofhaltung nicht mehr geeignet, weil ihr Aufbau mehr als ein neues Schloß würde gekostet haben.

Der Erzbischof ließ sie im Jahre 1758 vollends abtragen und verwandte das, was vom Baumaterial noch brauchbar war, zur Aufführung eines modernen Schlosses, dem jeglicher kriegerische Charakter abging. Schön angelegte Gärten im französischen Geschmack wurden dabei angebracht, und das Schloß entwickelte eine für jene Tage rühmenswerthe Schönheit und Pracht.

Nun kehrte für Engers theilweise, aber freilich unter gänzlich veränderten Umständen der Glanz einer kurfürstlichen Hofhaltung wieder, bis mit dem deutschen Reiche auch das Kurfürstenthum in Trümmer sank, und von da ab ruhte eine trostlose Stille auf dem einst so belebten Punkte. Vieles im Schlosse verfiel, wie denn auch die Gärten allmählig verwilderten.

Der Reichsdeputationshauptschluß in Regensburg ließ im Jahre 1803 einen Sonnenstrahl auf das verödete Schloß fallen. Es wurde mit dem Landstrich dem Fürstenthum Nassau-Weilburg einverleibt.

Besaß eine andere Linie des Nassauischen Fürstenstammes in dem Schlosse zu Biebrich einen so reizenden Fürstensitz am schönen Rheinufer, wie hätte Fürst Friedrich Wilhelm von Weilburg die liebliche Lage des Schlosses unbeachtet lassen können? Alsbald wurde die nöthig gewordene Herstellung vorgenommen, und der Hof begab sich jährlich in der schönen Jahreszeit nach Engers und weilte dort, bis des Winters Reife sich auf Wald und Flur legten.

Dies Verhältniß änderte der Sturz Napoleons und das Zertrümmern seiner Macht durch das deutsche Volk.

Als auf dem Wiener Congreß die neue Ländervertheilung stattfand, kam Cunostein-Engers mit dem Landstrich an Preußen.

Wurden Schloß und Gärten auch unterhalten, kehrte auch noch zweimal eine kurze Glanzzeit für den alten Fürstensitz zurück, nämlich als der damalige Kronprinz, der nachmalige König Friedrich Wilhelm IV, bei seinem ersten Besuch in der Rheinprovinz hier weilte, und als der Staatskanzler Fürst Hardenberg zeitweise seinen Sitz hier nahm, so war doch die alte Herrlichkeit vorüber, und das Schloß, das so lange ein Fürstensitz gewesen, ist jetzt eine Kriegsschule geworden.

So wechseln Zeiten und Umstände!

Neuwied.

Von der Höhe von Ehrenbreitstein übersieht man das schöne Becken, welches zwischen Stolzenfels und dem fürstlich Wiedischen Lustschlosse Montrepos, zwischen den Höhen des Westerwaldes und denen der Eifel sich ausbreitet und dort oben die Lahn und dann die Mosel, hier unten die Nette und den Wiedbach aufnimmt, die sich wieder vom mächtigen Sohne der Alpen entführen lassen durch das schwarze Thor bei Andernach hinab in das flache Land, da er selber verflacht und ein Bild unserer Zeit wird mit ihrer Bildung, breit, aber seicht. Was in die Breite geht, verliert an Tiefe, das ist eine alte Erfahrung! —

Von der Höhe von Ehrenbreitstein angesehen, erkennt man leicht, daß hier in dunkler Vorzeit der Rhein mit seinen Zuflüssen einen See bildete, bis die Macht des Druckes der Gewässer das Felsenthor bei Andernach durchbrach. Rechts ließ der Rhein das Land sich anlegen, und der Wiedbach bildete sein Delta und füllte das hier sich rechts erweiternde Becken mit seinen Niederschlägen aus, mit fruchtbarer Erde, wozu auch der Rhein seine Beiträge lieferte durch zeitweise Ueberschwemmungen.

Wo der Rhein dies angeschwemmte Land bespült, da liegt Neuwied, im Gegensatz gegen Altwied so genannt, welches weiter zurück am Wiedbach in einer schönen Bergschlucht mit seinen Burgtrümmern ruht, und auf das herabzuschauen von Montrepos' Waldhöhen allein schon das Hinaufsteigen auf die bedeutende Höhe lohnt. —

Neuwied heißt die Stadt mit Recht; denn sie ist neu, jung, jünger als alle die Schwestern an den Ufern des Stromes hinauf und hinab, aber dennoch gereift durch gute, väterliche Zucht, durch die Schule des Lebens und erzogen zu Fleiß und Thätigkeit, zu Einsicht und Ausdauer und religiöser Duldung. —

Neuwied ist ein heitrer, freundlicher Ort, aber ein dauernder Mitbürger dort ist der — Schnupfen; denn so gesund auch die Lage der Stadt ist, die graden, breiten Straßen geben dem „Westerwälder Zephir" ungehemmten Spielraum nach dem Rhein hin, den derselbe auch gewissenhaft benutzt, wie es Jeder, der Neuwied kennt, pflichtmäßig attestiren wird.

Wenn auch die unvermeidlichen Römer, auf die man am Rhein immer wieder kommen muß, nichts von den Eifelvulkanen zu berichten wissen, und also die gewaltigen tellurischen Umwälzungen einer Zeit angehören, die lange der ihrigen vorhergegangen ist, so liegt es doch außer Zweifel, daß auch die

Umgegend von Neuwied Spuren ihrer Ausbrüche empfing und in den „Tuffen“ noch heute zu Tage fördert.

Vormals hat man sie kaum als köstliches, leichtes Baumittel gekannt, wenn man ihnen auch ohne Zweifel, in die Tiefe grabend, begegnete. Die Neuzeit hat das besser erkannt, und es kommt ihr herrlich zu Statten. — Und dennoch — waren die Römer in diesem schönen Thalkessel, das wissen wir von Cunostein=Engers her; aber wir begegnen sprechenderen Beweisen ihrer Anwesenheit, ihrer Rheinübergänge, mit denen sie Andern und zuletzt zum Unglücke Neuwieds den Franzosen als Wegweiser dienten.

Der vom Kaiser Napoleon III so sehr glorificirte Cäsar fand in den Gegenden von Neuwied die Ubier, deren Wohnsitze bis hinab an die Sieg reichten und dort mit denen der Sigambern zusammenstießen.

Die Ubier, von den Sueven gedrängt, suchten Cäsars Freundschaft und Schutz nach und begünstigten seinen Uebergang über den Rhein. Noch einmal überschritt er den Strom später, und es sprechen gute Gründe dafür, daß beide Uebergänge wie auch die späteren anderer römischer Heerführer bei Neuwied oder bei Cunostein=Engers stattfanden.

Es dürfte hier nicht der Ort sein, die Beziehungen der Römer zu diesen Gegenden, den Pfahlgraben und die römischen Straßen, die vom Rhein her führten, näher zu besprechen; aber der blosgelegten römischen Niederlassungen und Befestigungen, die man bei dem Dorfe Nieder=Biber gefunden, muß gedacht werden. Man glaubt in diesen unleugbaren Ueberresten einer sehr ansehnlichen Römerstadt eine Veteranencolonie Namens Victoria entdeckt zu haben. Zahlreiche Alterthümer, die man hier dem Schooße der Erde innerhalb der Mauern enthoben, sind im fürstlichen Schlosse zu Neuwied zu einer schönen Sammlung vereinigt und legen Zeugniß ab für die einstige Bedeutung dieser Wohnstätte, bei der noch zahlreiche Landhäuser entdeckt worden sind. Sie ist für uns ebenso geheimnißvoll entstanden, wie sie verschwunden und gleichsam unter den jetzt bebauten Boden gesunken ist, wozu freilich nicht blos die Alles, was an die fremden Unterdrücker Deutschlands erinnerte, vertilgende Wuth der deutschen Stämme, sondern ohne Zweifel auch die Ueberschwemmungen durch Wiedbach und Rhein mitgewirkt haben müssen.

Wenn man es versucht hat, den Namen des Ortes Biber durch das römische „Hiberna“ zu deuten, so möchte ich auch hier an das erinnern, was ich oben bei Biebrich oder Biberich gesagt habe, und was man zu sehr übersieht, weil — es zu nahe liegt und namendeutender Gelehrsamkeit zu wenig Spielraum für ihre Anstrengungen läßt. — Erwiesen ist es, daß an und in dem Wiedbache bis in eine späte Zeit der Biber äußerst zahlreich war und zu den jagdbaren Thieren nicht blos seines wärmenden Pelzes wegen zählte, sondern auch wegen des Fleisches, welches man aß. —

Aus dem Dunkel der Zeiten treten später die Isenburger hervor, und auch der Wiedischen Grafen thut allmählig die Geschichte Erwähnung; aber es würde zu weit führen, das Aufblühen des Hauses Wied schrittweise zu verfolgen.

Wir müssen weite Zeiträume überspringen, um zu den Anfängen der Stadt zu kommen, deren kurze Geschichte eher durch die Fülle des Materials schwer wird als durch das in ähnlichen Fällen oft beengende Gegentheil.

Wo jetzt Neuwied liegt, hatten mehrere Höfe, Langendorf genannt, ihre Stätte. In den Kriegen, welche schier unaufhörlich so lange Zeit die Rheingegenden heimgesucht haben, waren sie verwüstet und zerstört worden, und die Stätte zeigte Ruinen in der fruchtbaren Flur, am fischreichen und gewinnverheißenden Rheinufer.

Soll man sich wundern, daß ein klarblickendes Auge das erkannte? Lag es doch so nahe!

Ein Anderes aber, dessen Wurzeln tiefer gehen, dessen Bedeutung schwerer wiegt, zeigt uns, daß in dem Geiste, dem dies klare Auge diente, ein großer Gedanke herrschte, der in jenen Tagen nicht in vielen Geistern Raum gewann. Religiöse Duldung, liebevolles Tragen andrer Glaubensrichtungen, friedliches Nebeneinanderleben und Wohnen verschiedener Glaubensbekenntnisse, das waren Erscheinungen, die das zweite Drittel des siebenzehnten Jahrhunderts nicht eben häufig dem Blicke darbot. An Verfolgungen um des Glaubens willen fehlte es nicht, und mancher wackere Familienvater mußte Haus und Hof verlassen, weil er seinen Glauben nicht verleugnen wollte, und irrte, eine Stätte suchend, wo er frei aufathmen könne, in der Welt umher, weil er in dem Einen nicht irrte, was seine Gewissenspflicht gebot.

Diese Zustände traten vor das leibliche und geistige Auge des Grafen Friedrich zu Wied, als er so viele Vertriebene, so Viele vorüberziehen sah, die ihre vom dreißig Jahre lang währenden Kriege vernichteten und zertretenen Heimathorte verließen, um nach den Niederlanden zu wandern und dort eine Friedensstätte zu suchen.

Es war nicht allein das innige Mitleid mit diesen unglücklichen Auswanderern, die, oft von Allem entblößt, einem ungewissen Schicksale entgegen gingen, es war auch der staatskluge Plan, diese Kräfte zu erhalten und in seinem Lande zu vereinen, was ihm den aus jenem folgenden Gedanken ein=

gab, an der Stelle des zerstörten Langendorfs eine Stadt zu gründen, die ein Friedensort werden sollte für Alle, wie verschieden auch ihr Religionsbekenntniß sein möge, und so die Kräfte seinem Lande zu bewahren, die sonst der Rhein hinabtrug in's Niederland.

„Neuwied" hatte er schon das kleine Schloß genannt, das er auf der Stätte Langendorfs für seine Angehörigen damals errichten ließ. Anfänglich hatte der Graf wohl die Absicht, die neue Stadt auf der Hochebene von Wollendorf und Feldkirchen anzulegen, und darum das Schloß „Friedrichstein" (das sogenannte „Teufelshaus") bei Irlich zu erbauen begonnen, das ihm später Aerger genug machte; allein Gründe mancherlei Art und namentlich prüfende Ueberlegung und Betrachtung des Ortes selbst bestimmten ihn, die Lage zu wählen, welche das jetzige Neuwied hat, dem Rhein nahe um des Handels willen.

Die Freiheiten und Vorrechte, welche der Graf den sich Ansiedelnden in Neuwied im Jahre 1662 bot, zogen Viele hierher.

Es war ein reges Leben an der Stätte; die Handwerker hämmerten und arbeiteten überall, und man mochte wohl erkennen, wie die religiöse Duldung eine magnetische Kraft ausübte. Dazu kamen materielle Vortheile, wie die unentgeldliche Ueberlassung des Bauplatzes unter der einzigen Bedingung, daß sich der Anbauer genau nach dem von dem Grafen für die Stadt bestimmten Bauplane richten mußte, ferner die Abgabenfreiheit auf zehn volle Jahre nach dem Bau oder Ankauf eines Hauses und später die Zusicherung einer sehr mäßigen Steuerlast, sowie andere, nicht unerhebliche Vortheile mehr. Die eigentlichen vom Kaiser bestätigten Stadtprivilegien waren denen der Stadt Friedberg in der Wetterau ähnlich.

Die Stadt Neuwied wuchs auf's Erfreulichste, und Graf Friedrich, der anderweitig viel zu tragen und zu leiden hatte, sah mit Freuden, wie sich die Lücken in den langen und breiten, rechtwinkelig sich durchschneidenden Straßen füllten, daher dachte er auch daran, eine Kirche zu erbauen. Zu diesem Zweck wurde der Platz am Markte ausersehen, und Graf Friedrich bat die reformirten Gemeinden in Cöln und Mühlheim um christliche Beisteuer; allein der Bau nahm unter den ungünstigen Zeitverhältnissen einen sehr langsamen Fortgang, so daß der Geschichtschreiber der Wiedischen Lande, Reck, die Bemerkung macht: „der Bau sei so langsam vorgeschritten wie der der St. Paulskirche in dem abgebrannten London". —

Daran, wie an dem nicht rascheren Aufschwung des Stadtbaues waren freilich die kriegerischen Zeitverhältnisse schuld, die das Wiedische Ländchen nicht auf's Freundlichste berührten.

Kam es doch dahin, oder vielmehr war es doch dahin gekommen, daß die edle Gräfin Philippine Sabine, die Gemahlin Friedrichs, ihr Silberwerk verpfändete, um den Bau der Kirche zu fördern und den eines unerläßlich nothwendigen Schulhauses zu beginnen.

Hatten sich schon früher Mennoniten-Familien im Lande angesiedelt, es aber theilweise, weil der Religionsdruck zu schwer war, wieder verlassen, so führte sie jetzt des Grafen Duldung jeder Religionsform wieder zurück und grade nach Neuwied, wo ihre stille Betriebsamkeit nicht wenig zum Aufblühen der Stadt beitrug.

In dem Stadtprivilegium war der erste Satz noch ein Rest von religiöser Beschränkung. Friedrich erkannte das und änderte ihn in der Weise, daß er jeder Religionsgemeinschaft gestattete, sich eine Stätte der Andacht und Gottesverehrung nach ihren Grundsätzen zu erbauen. Dieser Schritt war von wesentlichem Erfolg, und schon am Ende der achtziger Jahre des siebenzehnten Jahrhunderts zeigte sich die Wirkung in bedeutender Zunahme der Bevölkerung und im rüstigen Aufbau. Am 21. Dezember 1687 wurde die endlich vollendete reformirte Kirche eingeweiht und die gleichzeitige Nachricht verkündet, daß die Stadt bereits 130 Häuser und 5 Gassen hätte.

Die Kriegszeiten, welche der „Allerchristlichste König Ludwig XIV von Frankreich" mit maßlosem Elend dem rheinischen Lande brachte, waren nicht günstig für die junge Stadt und der Tod des hochbetagten Grafen Friedrich ebenfalls ein schwerer Schlag für sie. —

Noch weniger günstig für Neuwied war der Morgen des achtzehnten Jahrhunderts, und dennoch begann Friedrich Wilhelm den Bau des neuen Schlosses um die Maitage des Jahres 1707 und förderte ihn mit rastlosem Eifer. Daß hierdurch der jungen Stadt ein großer Vortheil erwuchs, war nicht zu bezweifeln, aber er reichte mehr in die Zukunft hinaus, als er sich in der Gegenwart kund gab.

Der Tod ereilte den Grafen Friedrich Wilhelm jählings. An seine Stelle trat sein ältester Sohn Alexander, ein Mann, der sich bereits eines wohlverdienten Ruhmes erfreute, und in welchem das durch mancherlei innere Streitigkeiten erschütterte Neuwied den Friedensstifter und neuen Gönner erhoffte und empfing.

Er trat in seines Vaters Fußtapfen, indem er der Secte der „Inspirirten" Aufnahme in Neuwied gewährte und dadurch die dort schon lebenden Religionsgemeinschaften um eine neue vermehrte.

Alexanders Regenteneinsichten kamen dem Lande sehr zu Statten. Er war eine thätige, frische, wenn auch vielfach eigenartige Natur. In Nothhausen schuf er sich einen lieblichen Sommeraufenthalt, und das neue Schloß erhielt durch ihn den Ausbau in den beiden Seitenpavillons, der Park tüchtige Pflege. Seine gemeinnützige Thätigkeit bezeugte er durch die Errichtung einer Eisenfabrik, einer Porcellanfabrik und einer großen Rothgerberei. Man sah in Allem, daß es ihm ein rechter Ernst war, die Stadt zu heben. Der „Rasselstein“ erfreute sich seiner besondern Gunst, manche nützliche Anstalt dankte ihm ihr Entstehen, wenn auch andre wohlthätige Stiftungen, welche in seinen Plänen lagen, nicht zur Ausführung kommen konnten.

Leider aber herrschten in der Stadt immer noch innere Zwistigkeiten der Religionsgenossenschaften unter einander. Es lag eben im Geiste der Zeit, und Alexander hatte den Verdruß, daß viele seiner Versuche, den Frieden herzustellen, fruchtlos blieben; dennoch aber trat er mit der Entschiedenheit eines festen Charakters unbilligen confessionellen Ansprüchen entgegen, wenn sie an ihn herankamen.

Im Jahre 1757 begann er den Bau des schönen Landschlosses von Montrepos und vollendete ihn in den folgenden Jahren, wie er denn auch die herrlichen Waldanlagen herstellte, deren „Waldfrieden“ noch heute so wohlthätig auf das Gemüth wirkt und auch ihm unter seinen vielfachen Sorgen recht wohlthätig mochte geworden sein.

Trotz der mancherlei unseligen Erscheinungen des siebenjährigen Krieges fuhr Alexander in reger Thätigkeit fort, seine Lieblingsidee, Neuwieds Blüthe, zu fördern. Sein origineller Geist sann auf Mittel aller Art, diesen Zweck zu erreichen, und als endlich der Friede Aussicht auf ruhigere Zeiten eröffnete, entfaltete er nach allen Seiten hin seine echt landesväterliche Wirksamkeit.

Zu den eigenthümlichsten Ideen des Grafen gehörte die „Häuserlotterie“. Sie bestand darin, daß er im Schwarzwald Häuser nach seinem Plane zimmern ließ. Sie wurden auf Rheinflößen nach Neuwied gebracht, dort aufgeschlagen und wohnlich ausgebaut. So entstanden neue Straßen von gleichartigen, wohnlichen Häusern, denen aber die Bewohner fehlten. Um diese zu gewinnen, mußte jeder Zuziehende, jeder sich „setzende“ junge Bürger eine Anzahl von Loosen nehmen, deren Treffer — neue Häuser waren, die natürlich um den billigen Einsatz weniger Thaler gewonnen wurden. Da ereigneten sich denn manche komische Umstände, und es kam vor, daß ein junger Bürger mehrere derselben gewann.

Diese Einrichtung mehrte begreiflich die Einwohnerzahl; allein es waren nicht immer sittliche Gewinne, welche die Lotterieziehungen der Stadtgemeinde zubrachten.

Obgleich der edle Graf manche bittere Erfahrung machen mußte, manche herbe Täuschung durch lüderliches Gesindel erfuhr, irre in seinem Plane machte ihn das nicht, und im Allgemeinen hatte er wenigstens die Befriedigung, daß sein Neuwied wuchs und sich auf eine merkwürdige Weise entfaltete. Wenn auch die furchtbaren Ueberschwemmungen und die schrecklichen Eisgänge von 1740 und 1741 der Stadt schier den Untergang brachten, Alexanders und der Seinen unerschöpfliche Wohlthätigkeit heilte die Schäden bald wieder aus, und diese Erschütterungen des allgemeinen Wohlstandes glichen sich unter der milden Fürsorge der Regierung und durch die Betriebsamkeit der Bürgerschaft schneller aus, als man es zu hoffen gewagt hatte.

Wie man den edeln Menschen in dem Grafen liebte und den menschenfreundlichen Regenten ehrte, bewies die Feier seines fünfzigjährigen Regierungsjubiläums.

Er war noch ein rüstiger, kräftiger Greis, und die Feier, die so recht aus dem Herzen der Unterthanen herauswuchs, beglückte ihn und sein Volk. Reichlich spendete er zur fröhlichen Feier des seltenen Festes, an dem man zuerst dem Herrn der Herren Preis und Dank darbrachte für den Segen, der sich an die Person des Landesvaters knüpfte, und dann in harmloser Fröhlichkeit sich erging. Er selbst mischte sich in Stadt und Land unter die Fröhlichen, genoß heiteren, glücklichen Angesichts die Freuden mit ihnen und erntete die beneidenswerthe Frucht eines wohlverdienten Regentenglückes.

Vieles war bei ihm naturwüchsig, frisch, aber sehr eigenthümlich, so der Geschäftsverkehr mit seinen obersten Beamten. Er liebte eine lakonische Kürze in seinen Entscheidungen und einer gleichen mußten sich seine Beamten befleißigen. Da enthielt denn ein Bogen oft 20 bis 30 Berichte und Entscheidungen „Serenissimi", und was in andern Staatsverbänden und Verwaltungen Aktenstöße bildete, daß war hier nur ein Blatt und gab dennoch ein klareres Bild der Sache, als jene berghohen Aktenstöße gewähren konnten. Daß indeß Manches sich komisch genug ausnahm, manche Sache selbst eine höchst spaßhafte Seite aufwies, schadete nichts und beeinträchtigte den Gewinn einer raschen Entscheidung mit dennoch klaren Ergebnissen nicht im Mindesten.

Es konnte freilich nicht fehlen, daß Alexanders freier Geist, der sich kräftig über den herkömmlichen Zopf früherer Tage erhob, oft Anstoß im Lande erregte. Und wo fehlen „Schürer", wenn es glimmt? Besonders liefert die Zunft der Winkeladvokaten ihr edles Contingent dazu, oft sind es aber auch solche, die weit über den zwei ersten Silben des edeln Namens stehen. So bereiteten denn die Maßnahmen des edeln Grafen, die alle des

Landes Wohl bezweckten, und über die eine gerechtere Nachwelt lediglich zu des Grafen Gunsten längst entschieden hat, Stoff zu vielen Kränkungen in seinen alten Tagen. Er ging indessen seinen Weg fest voran, und was namentlich Neuwied Gutes, Nützliches, Heilsames hat, verdankt es ihm und erkennt das auch heute an.

Er empfing für seinen edeln Stamm die Reichsfürstenwürde nicht lange vor seinem Hintritt, der in eine Zeit fiel, wo im Westen Blitz und Donner ein arges Wetter ankündeten, und wo auch schon in Neuwied jene Ratten sich einnisteten, die das sinkende Schiff instinktartig verließen. Ihm war es zu gönnen, daß er nach einem segensreichen Regentenleben, das ja auch an schweren Tagen nicht arm war, den Wettersturm der französischen Revolution nicht mehr erleben mußte.

Es ist nicht ohne Interesse, daß damals in Neuwied, Coblenz und den benachbarten Orten sich 42,000 französische Emigranten, meist dem Adel angehörig, angesammelt hatten, wahrlich das beste Erbe nicht, weil nicht die beste Sorte.

Die Revolution schritt von Westen heran. Ihre Heere setzten sich jenseits fest, und die, welche einen Damm dagegen bilden sollten, — flohen, und im September 1794 sah Heddesdorf ihr Lager auf seinen Höhen, Neuwied Magazine in seinen Kirchen, aber jenseits wuchs der Strom. Coblenz fiel, und im Juli 1795 war es keinem Zweifel mehr unterworfen, daß die Arbeiten der Franzosen bei dem jenseitigen Orte Weißenthurn nichts Geringeres als einen Uebergang bei Neuwied in Aussicht stellten. Angst erfüllte die Herzen der Bürger; es war eine traurige Aussicht. —

In der Nacht des 29. August 1795 begann vom linken Ufer her eine Kanonade, die dem kaiserlichen Lager bei Heddesdorf galt, aber Neuwied traf. Dieses Beschießen dauerte mit Unterbrechungen bis in die Mitte Septembers fort. —

Die Oesterreicher verließen in der Nacht vom 14. auf den 15. September in der Stille Stadt, Lager und Umgegend, und schon am folgenden Morgen erschienen die Franzosen. Eine Brücke führte alsdann größere Massen herüber. Die, welche fliehen konnten von der Bürgerschaft, flohen, und nun begann der Freiheit-Gleichheit-Bruderschaftsgruß mit einer Plünderung der Stadt, die alle Greuel, welche dieses Wort in sich faßt, über sie brachte. — Ermüdung nur that Einhalt in diesem schrecklichen Treiben. Das Beschießen hatte die Häuser heillos zugerichtet, die Plünderung sie entleert und verwüstet; rathlos sah die arme Bürgerschaft in die nahe Zukunft. —

Wieviel Stadt und Bürgerschaft bei den nun folgenden Kämpfen zwischen Oesterreichern und Franzosen litt, soll hier nicht und kann nicht in's Einzelne verfolgt werden, auch nicht das Hin- und Herwogen der Kriegsereignisse und Geschicke; aber das muß gesagt werden, daß Neuwieds Blüthe zerstört war; das Land umher war verwüstet, die Stadt ruinenartig zerschossen.

Mit 30,000 Livres wurde im Beginn des neuen Jahrhunderts zwar ein besserer Zustand erkauft, aber die Wunden nicht geheilt, die Schäden nicht ausgebessert, die Blüthe des Wohlstandes nicht zurückgeführt. Es lag ein dumpfes Trauern über der Stadt, die Blicke in die Zukunft waren düster; denn gesicherte Zustände gab es ja nirgends. Handel und gewerbliche Thätigkeit stockten überall. Solche Wunden heilen nur langsam!

Auch das edle Fürstenhaus hatte viel gelitten. Jenseits der Pyrenäen war ein edler, tapfrer, für's deutsche Vaterland glühender Prinz feindlichen Geschossen erlegen, ein Verlust, den das Vaterland mit dem fürstlichen Hause tief zu beklagen hatte. Prinz Victor fiel am 27. Januar 1812 bei dem Ersteigen der Anhöhen von San Feliu de Codinos.

Wie dieser Prinz die Heldenkrone sich erwarb im blutigen Kampfe, so errang den Kranz des Ruhmes ein andrer, Prinz Maximilian, auf dem Felde der Wissenschaft. Seine Reisen in Brasilien und Nordamerika sind Früchte seines Strebens, und das Schloß von Neuwied zeigt in einem Nebenbau die naturwissenschaftlichen Schätze, welche sein unermüdlicher Sammlerfleiß in's Heimathland zurückbrachte. Obwohl in andre Verhältnisse versetzt, hält das Volk des Landes in alter Lieb' und Treue an dem Fürstenhause, dem es so viel zu danken hat, bis zur Stunde, und gerechte Trauer erfüllte alle Herzen, als sich noch nicht lange her ein Paar Augen schlossen, die, mild und wohlwollend einem edeln Herzen die Wege zeigten, wo helfende Liebe wirksam sein konnte.

Die Zeiten des Friedens haben die Wunden geheilt, an denen die Stadt blutete in Folge der Revolutionskämpfe. Wieder blüht im Wohlstand die Stadt, wieder regt sich der Gewerbfleiß in allen Richtungen und trägt seine erfreulichen Früchte, und in Frieden leben die verschiedenartigsten Religionsbekenntnisse, erfüllend das, was dem Gründer der Stadt als schönes Ziel vorschwebte, und was gewissermaßen sein Testament war.

Friedrichstein,

genannt „das Teufelshaus", bei dem Dorfe Fahr, unterhalb Neuwied.

Wenn die rheinischen Ruinen am geistigen Auge vorüber geführt werden, so darf unter den alten auch eine der jüngeren nicht fehlen, nämlich die Ruine Friedrichstein bei dem Dorfe Fahr, unterhalb Neuwied, auf dem rechten Ufer des Rheines und den Einheimischen bekannt sowie den Fremden gezeigt unter dem Namen „das Teufelshaus".

Das lange, fensterreiche, leere Gebäude, das Einen schauerlich anblickt wie ein vieläugiger Todtenschädel von großen Dimensionen, liegt hart am Rhein, die ansteigende Bergwand läßt nicht viel Raum zwischen demselben und ihm. Der Strom ist so nahe, daß das Hochwasser den Unterbau der Ruine berühren muß. Es hat unstreitig nicht das Ansehen eines Fürstensitzes, sondern einer untergegangenen Fabrik. —

Da fragt ein Jeglicher, der mit der Geschichte des unheimlichen Bauwerkes wegen seines diabolischen Namens bekannt werden möchte: Welche Bewandtniß hat es mit diesem Gebäude? was ist sein Ursprung? was seine Geschichte? woher sein Name?

Der Name Friedrichstein ist sein echter, rechter Taufname, den ihm sein Erbauer, der Graf Friedrich von Wied, beigelegt hat. Im Jahre 1648 erbaute er das Schloß zu seiner Wohnung. Hier feierte er seine Vermählung mit der Prinzessin Maria Sabina von Hohensolms. Damals war es ein prachtvoll eingerichtetes, wenn auch kleines Schloß, und ein nach den Verhältnissen der Zeit und des Besitzers glänzender Hofhalt hatte darin seine Stätte.

Ein Gnadenakt gibt ihm eine Bedeutung rühmlicher Art; denn hier erließ der wohlwollende Graf eine Verfügung (vielleicht die einzige von einer größeren Tragweite, welche hier von ihm ausging), durch welche „die Leute in Heddesdorf, Ober- und Nieder-Biber und Rückerod von gewissen Dienstleistungen befreit und entlastet wurden".

Der Gedanke, dies Gebäude als Schloß auf- und einzurichten, soll mit dem der Erbauung von Neuwied an dieser Stelle zusammengehängt haben: allein die Ungunst der Lage, namentlich die Unmöglichkeit, der neuen Stadt eine entsprechende Ausdehnung zu geben, verbunden mit dem steten Windzug, welcher den Aufenthalt unangenehm und ungesund macht, ließ bald diesen

Gedanken aufgeben und somit — auch das Gebäude als Fürstenwohnung. Jedenfalls war derselbe ein unglückseliger und kaum richtig erwogener und trug somit sein frühes Ende in sich selbst. Der Fürst mit seiner Familie verließ das Schloß, und damit war diesem sein Urtheil gesprochen, damit aber trat auch seine Geschichte in eine neue Phase ein.

Für's Erste diente es eine Zeit lang als Wohnung Wiedischer Beamten; als aber das Heer des Herzogs von Marlborough hier in der Gegend weilte, mußten es die Beamten verlassen, und es wurde in seinen Räumen ein Lazareth für dessen Truppen angelegt. Das war im Jahre 1705.

Als diese traurige Bewohnerschaft endlich schied, stand das Gebäude begreiflicher Weise längere Zeit unbenutzt und wurde dann zur Strafanstalt für den kleinen Staat hergerichtet. Welcher Grund obwaltete, daß es dieser Bestimmung entfremdet wurde, ist unbekannt. Man möchte wünschen, daß es der Mangel an geeigneten Insassen gewesen.

Zu einer Baumwollen-Spinnerei wurde es alsdann verwendet, die indessen nicht den gewünschten Erfolg gehabt zu haben scheint. Die Bestimmung, welche es zuletzt erhielt, war eine unselige für das Dorf Fahr, für die ganze Gegend. Es wurde eine Salmiakfabrik darin etablirt, aber deren Dünste vergifteten die Luft, wirkten selbst verderblich auf den Pflanzenwuchs des nahen Neuwieder Schloßgartens und wurden von dem Bergwinde sogar bis Neuwied hingetragen. So geschah es, daß der Fürst den geschlossenen Vertrag zu lösen gezwungen wurde, um größerem Uebel vorzubeugen. Nun kam abermals eine Zeit, in der es unbenutzt stand und seinem Verderben entgegeneilte. Alle die inneren Veränderungen, welche diese verschiedenartigen Bestimmungen in ihrem Gefolge hatten, trugen der baulichen Dauerhaftigkeit des Gebäudes schlimme Früchte und stellten, da eine Reparatur kostspielig und doch zwecklos erschien, seinen Bestand in Frage. Die fürstliche Hofkammer erwog dies wohl und entschied sich für den Abbruch, welchen Plan, weil er der einleuchtendste und vortheilhafteste war, der Fürst genehmigte.

Man hatte dem Erstehen des Gebäudes mit ruhiger Ergebung zugesehen, wenn auch der praktische Verstand des Volkes seine bedenklichen Glossen dazu machte, und ebenso ruhig sah man der Zerstörung zu, welche ein Wiedischer Beamter Namens Cäsar bis zu dem Grade vollzog, in welchem die Ruine heute noch dem Blicke sich darbietet.

Der Volkswitz nannte fortab die Ruine „Cäsars Ruine" und lehnte sich damit offenbar an den gleichlautenden Namen jenes Römers an, der in der Nähe über den Rhein gegangen war. Da wurde denn gar Mancher in ein zweifelndes Staunen versetzt, der hier von einer Cäsars Ruine hörte, an

Julius Cäsar dachte und doch an dem hohläugigen, unschönen Bau keine Spur von Römerthum entdecken konnte.

Durch eine merkwürdige Begebenheit aber sollte diese Ruine als ein geschichtlicher Denkstein geehrt werden; denn in der Neujahrsnacht 1814 ging bei dieser Stelle eine Abtheilung des Blücher'schen Heeres über den Rhein, während das Hauptheer bei Caub, neben der Pfalz im Rhein, eine Schiffbrücke schlug und seinen Uebergang bewerkstelligte.

Was den am meisten vom Volke gebrauchten Namen „Teufelshaus" betrifft, so haben die Leute gar mancherlei seltsame Gründe dafür aufgesucht. Einige sagten: sein diabolisches, gespenstiges Aussehen, das namentlich wenn der Vollmond seine eigenthümlichen Lichter durch die leeren Fensteröffnungen sendet, in der That etwas Grauenvolles an sich trägt, habe die Leute zu dem Namen veranlaßt, zumal überall, wo etwas irgend wild aussieht oder unbegreiflich und großartig erscheint, der Teufel seine Rolle spielen muß. Andre meinten: die Landleute des nahen Wiedischen Gebietes hätten bei Erbauung des Gebäudes gar schwere Frohnden thun müssen und eben darum aus Rache das Haus so genannt. Endlich kamen noch Klügere und sagten: Das Alles ist nichts! Man nannte es darum das Haus des Teufels, weil der fürchterliche Gestank, den die Salmiakbereitung verbreitete, wahrhaft teuflisch war und im deutschen Mährlein wie in der deutschen Sage in 100 Fällen 99mal der geprellte Teufel „mit Gestank abzieht".

Alle diese Erklärungsversuche eines gewiß seltsamen Namens sind indessen herbeigezogen und durchaus nicht naturwüchsig. Die alten Leute sowohl in Fahr als in Neuwied erzählten noch vor 50 bis 60 Jahren, vielleicht thun sie es heute noch, eine Begebenheit, die dem Namen eine geschichtliche Unterlage giebt und, wenigstens in ihrem ersten Theile, als glaublich und wahrscheinlich erachtet werden darf. Es ist diese. —

Als das Gebäude durch das Verlassen des Erbauers sowie das Wegnehmen aller Mobilien und alles dessen, was es wohnlich machen mochte, öde und nackt dastand, hörte der Nachtwächter von Fahr einmal um die Mitternachtsstunde einen „Rumor, Lärm und Spektakel" in dem leeren Gebäude, daß sich ihm die Haare kerzengrade zu Berge stellten. Das klang dumpf und hohl, wie wenn man große leere Fässer und Tonnen umherrollt, wie fernher schallender Donner, wie das Gerassel großer, schwerer Ketten; aber — wie von Menschen kommend klang es nicht, vielmehr wie das Werk der bösen Höllengeister, welche die Menschen ängstigen und höhnen wollen. Dabei sah man kein Licht im Gebäude und überhaupt kein auch noch so entferntes Zeichen von menschlicher Nähe oder Thätigkeit.

Der gute Nachtwächter machte sich aus dem Staube und gab ein unmenschliches Fersengeld, bis er das Haus erreichte, wo er — manche Stunde verschlief. Das war ein Bäckerhaus, und als die Gesellen das hörten, was der Nachtwächter, todtbleich von Schrecken, erzählte, da gingen sie hin, blieben aber in sicherer Entfernung stehen und sagten: wenn der Höllenlärm, Rumor und Spektakel von Menschen käme, dann fürchteten sie sich gewiß nicht, aber — das wäre wirklicher Teufelsspuk!

Am andern Morgen lief die Mähr durch's Dorf. Alle Leute waren aus den Fugen und aus dem Leime über solche unerhörte Geschichte. Der muthige Schultheiß und die Gerichts- und Feldgerichtsschöffen, begleitet vom Büttel und Nachtwächter, begaben sich an Ort und Stelle, wo sie aber Alles in bester Ordnung fanden. Sie würden auch in die weiten, gewölbten Keller gestiegen sein, wäre nicht eine rabenschwarze Katze, mit grünen Augen sie grimmig anglotzend, über ihren Weg gelaufen! — Solch ein deutlich redendes Zeichen versteht jeder vernünftige Christenmensch, und da bleibt nichts übrig, als — sich so schnell als möglich aus dem Staube zu machen. —

Das thaten Schultheiß und Gericht, und als nun am folgenden Tage zwischen Elf und Zwölf, in der Stunde, in welcher bekanntlich der Teufel und sein Anhang Gewalt auf der Oberwelt haben, wieder ganz derselbe Lärm, Spektakel und Rumor von allen in Fahr Lebenden aus sicherer Ferne gehört worden und er jedabendlich wiederkehrte, da war's aus! Kein menschlicher Fuß hätte um alle Güter der Welt das „Teufelshaus" mehr betreten, weder am Tage, noch weniger aber bei Nacht; ja man mied seine Nähe, und wer am hellen Gottestage nicht vorüber mußte, ließ es sicherlich bleiben, und mußte er, — so lief er aus Leibes Kräften.

So dauerte es Jahre lang, die Mähr verbreitete sich weit umher, und wer selbst im Vorübergehen oder -Fahren vom jenseitigen Ufer das Teufelshaus sah, der betete ein Ave oder ein Unservater, befahl seine Seele Gott und wagte es höchstens, nach dem Teufelshause hinüber zu schielen, beschleunigte aber seinen Weg, um vorüber zu kommen. Die Leute von Fahr wünschten ihre Häuser zehn Stunden weit weg oder das gespenstige Haus zu dem hinab in die Hölle, der es zu seinem Vergnügen sich erkoren hatte in den stillen Nächten, wo jeder Christenmensch ruhen und schlafen will.

Der Name „Friedrichstein" erlosch, und der wohlverdiente „Teufelshaus" blieb für immer.

Einst traf es sich, es war in den Kriegszeiten, da am Rhein außer den fremden Kriegsvölkern auch die Kaiserlichen ihr Wesen hatten, daß ein kaiserlicher Major in Fahr einquartiert wurde, weil die Stadt Neuwied und auch da drunten Andernach vollgepfropft waren. Der lag bei eben dem Schultheiß, den die bewußte und fatale schwarze Katze selbigesmal sammt den Gerichts- und Feldgerichtsschöffen davon gejagt hatte, und hörte von diesem die Schauergeschichte.

Eine Weile sann der ernste, gemessene Mann nach, darauf sagte er in bestimmtem Tone: Schultheiß, lasset mir alsobald mein Bett, einen Tisch und zwei Lichter nebst einem Stuhl in das sogenannte „Teufelshaus" bringen. Ich will die Nacht daselbst bleiben. Sie ist warm und lau!

Dem Schultheiß fuhr ein Todesschrecken durch alle Glieder bis in die zwei kleinen Zehen. Er schlug die Hände über dem Kopfe zusammen und bat flehentlich, der Herr Major möge sein theures Leben schonen und nicht so kecklich in des Gottseibeiuns geöffneten Rachen hineinlaufen; er selber habe die Sache erforscht, und es sei vollkommen wahr, was er ihm erzählt.

Das machte den Offizier nur noch fester in seinem Vorsatz; aber, ob es gleich noch taghelle war, fand sich in ganz Fahr keine Menschenseele, die selbst für ein schönes Trinkgeld das in's Teufelshaus gebracht hätte, was der Offizier wollte.

Da blieb denn nichts übrig, als daß er eine Anzahl seiner Soldaten nahm und die thun ließ, was die Fahrer nicht zu thun die Courage hatten. Als er sich nun eine Stube eingerichtet, überlegte er sich zweierlei: einmal, daß er das Bett nicht nöthig hätte, und sodann, daß er zweier Windlichter bedürfe, und fragte, ob die im Dorfe zu haben wären. Nun war der Schultheiß ein Wirth und hatte in seinem Garten eine Kegelbahn, Tische und Bänke, wo die Neuwieder Herren gar manchen Schoppen stachen, kegelten und bis tief in die Nacht an Sommerabenden saßen. Dazu waren Windlichter nöthig, und der Schultheiß hatte ihrer eine Anzahl. Das war dem Major eine höchst willkommene Botschaft, und sein Johann trug deren viere wohlversehen in das Haus, wo der Teufel spuckte.

Als er nun seine Abendmahlzeit bei dem Schultheiß gehalten, nahm sein Bedienter einige Flaschen guten Weines und ein Glas und wanderte hinter seinem Herrn her, der schnurstracks auf das Teufelshaus lossteuerte.

Dort angekommen, zündete er die vier Windlichter an und stellte sie auf des Tisches Ecken; dann lud er seine guten Doppelpistolen jeden Lauf mit zwei Kugeln, legte sich diese sorgfältig zur Hand, schnallte seinen Sarras fest um die Hüften, setzte seine Flaschen auf den Tisch und das Glas dazu, stopfte und zündete Pfeife und sagte dann zu dem Diener: Nun geh' und laß mich in Ruh!

Der Johann, der keinen Ueberfluß an Muth hatte und — nach dem, was er gehört, — schon am ganzen Leibe zitterte, seit er in dem vermaledeiten Hause war, ließ sich das nicht zweimal sagen, wünschte nachdrücklich seinem lieben Herrn eine „geruhsame, wohlschlafende" Nacht und machte sich so schnell aus dem Staube, als es die Treppe, die auch aus den Fugen gekommen war, zuließ. —

Der Major setzte sich an seinen Tisch, zog ein Buch heraus und fing an zu lesen, da ihm sonst die Zeit, bis der Rumor losgehen sollte, allzulang geworden wäre, nickte wohl auch einmal ein Bißchen, hielt sich aber im Allgemeinen recht wacker und war voll gespannter Erwartung, was denn nun um Mitternacht kommen und geschehen würde. —

Alles blieb todtstille. Nur der Ratten und Mäuse Rollen zwischen Balken und Estrich vernahm er und des Holzwurms nie rastende Arbeit, und draußen plätscherten des Rheines Wellen an's Ufer. Die Lichter in Fahr waren erloschen, und da er dem Schultheiß und seinen Soldaten strenge verboten hatte, daß sich Jemand dem Hause nähere, so war er versichert, daß der Muthwille sich nicht an ihn wagen würde, zumal er es fest ausgesprochen, daß er Jeden niederschießen würde, der sich etwa in seine Nähe zu kommen unterstünde.

Er sah ungeduldig nach seiner Uhr und steckte sie schnell ein, da sie auf den Kopf die Mitternachtstunde zeigte.

Kaum hatte er sie wieder eingesteckt, als er ein fernes, dumpfes Geräusch vernahm. Er horchte scharf; — aber es war wie verworrenes Brausen, das jedoch näher kam. — Jetzt unterschied er Kettengerassel, dumpfe Hammerschläge und ein eigenthümliches Dröhnen, dem er keinen Namen geben konnte. Es kam jetzt rasch daher, — jetzt — war es vor seiner Thür. —

Er faßte seine Doppelpistolen und machte sich fertig. Er konnte sich es nicht verhehlen, daß ein verhängnißvoller Augenblick nahe; denn es konnte Menschenleben und auch sein eigenes kosten. — Ein leiser Schauer zog selbst durch des muthigen, furchtlosen Mannes Wesen, aber augenblicklich war er wieder ganz gefaßt. —

Plötzlich flog die Thür weit auf, die er verschlossen zu haben glaubte, und in derselben erschien eine gräßliche, vermummte Gestalt und neben und hinter ihr viel ähnliche. Der Major war sich vollkommen klar, spannte seine Pistolen und rief mit fester Stimme: Keinen Schritt weiter, oder Du hast ausgelebt! Er stand drohend da und hielt beide Doppelpistolen in seinen Händen.

Schießen Sie nicht, Herr Major! sprach die vermummte Gestalt. Sie sehen, daß Sie bei der Uebermacht verloren wären, und das wäre schade um einen so tapfern Mann!

In diesem Augenblick wurde der Major von hinten gefaßt, gehalten und die Pistolen ihm entwunden.

Durch eine von ihm nicht entdeckte Tapetenthür waren Leute unbemerkt eingedrungen, die ihn überwältigt hatten.

Lächelnd sagte der Vermummte, dessen Gesicht nun frei war: Sie sind in unsrer Gewalt, Herr Major, und Sie sehen wohl, daß, wollten wir Sie wegschaffen, dem nun nichts mehr im Wege stünde; — das aber sei ferne. Wozu ein Menschenleben opfern, wenn die Lösung vernünftiger Weise auf friedlichem Wege zu erzielen ist? In diesem Augenblick sanken die verhüllenden schwarzen Gewänder, und in bürgerlicher Kleidung stand ein freundlicher junger Mann dem Major gegenüber.

Der Major hatte, seit ihn die zwei handfesten Männer rücklings überwältigt und ihm seine Waffen entrissen hatten, voll Grimmes und Aergers, wehrlos zu sein, geschwiegen. Jetzt sagte er: Wozu dann aber all' dies Treiben, dieser Teufelsspuck und die das Volk blendenden Albernheiten?

Darauf kann ich Ihnen erst antworten, wenn Sie mir dahin werden gefolgt sein, wo wir wohnen; vielleicht überhebt mich auch dies Ihr Selbstsehen jeder weiteren Antwort.

Fürchten Sie nichts, Herr Major; wir achten persönlichen Muth viel zu hoch, als daß wir Ihnen Schaden zufügen sollten; aber Sie sind einmal freiwillig in einen Kreis hineingetreten, der Ihrem Berufe ferne lag, und Sie begreifen, daß Sie ihn nur unter gewissen Bedingungen wieder verlassen können und dürfen.

Der Major, welcher seine volle Ruhe wiedergewonnen hatte, erwiederte lachend: Aber glauben Sie denn, daß mein Verschwinden Ihnen nicht sammt und sonders den Hals bräche? Das Verfahren fiele für Sie am schlimmsten aus, wäre also das dümmste! Meine getreuen Leute liegen hier im Quartier.

Ebenso lachend erwiederte der Andere: Haben Sie nie gehört, Herr Major, daß der Fuchs mehr als einen Aus- und Eingang zu seinem Bau hat? — Diese Nacht würde vollkommen hinreichen, uns Alle in eine unnahbare Sicherheit zu bringen. Doch wozu dies müßige Unterhandeln und Wortfechten? Folgen Sie mir; es wird Ihnen kein Haar gekrümmt!

Das Alles ist leicht gesagt, rief der Major aus; aber Sie stehen Ihrer vierzig oder mehr gegen mich Einzelnen und sind so ungerecht, mich gewaltsam meiner Waffen zu berauben. Welche Bürgschaft geben Sie mir? Wer sind Sie überhaupt? —

Die Bürgschaft, erwiederte lächelnd der Andere, die haben Sie ja schon in dem, was ich eben gesagt. Ihr Verschwinden würde unser Leben und unser Dasein heillos gefährden. Nicht wahr, das allein reicht aus?

Das ist wahr, sagte der Offizier.

Nun, die zweite Frage, fuhr der junge Mann fort, wird erst beantwortet, wenn Sie mir folgen.

Kein Wort weiter! Kommen Sie! sagte der Major und trat auf den Andern zu, der sich dem Ausgang zuwandte. Sie gingen.

Etwa sechs bis acht Leute trugen Fackeln und leuchteten vor. Ueber einen langen Gang führte ihr Weg, dann eine Stiege hinab und noch eine, und eine schwere Kellerthüre that sich auf, und nach dem Durchschreiten eines Vorplatzes traten sie in ein nettes, freundliches Gemach, dem nichts als Licht und Luft fehlte, um höchst behaglich zu sein.

Mein Herr Major, hob hier der junge Mann, der bis jetzt das Wort geführt, wieder an, Sie sind unberechtigt und ohne irgend welche Veranlassung von unsrer Seite in unsern Kreis eingetreten, dessen Lebensbedingung das Geheimniß ist. Nur unter einer Bedingung, so sprach ich es schon aus, können Sie wieder aus diesem Kreise in das Leben draußen zurückkehren, und diese ist der leibliche Eid, daß Sie ein unverbrüchliches Schweigen beobachten über Alles, was Sie heute erlebt und noch erleben werden, und zwar so lange, bis wir Sie selbst Ihres Wortes wieder werden entbunden haben!

Der Major sann nach. Er sah ein, daß er aus dieser Klemme nicht anders herauskommen würde, als wenn er der Bedingung genüge. So leistete er denn den Eid, und nun ließ man ihn ungehindert seine Wege gehen, jedoch nicht eher, als bis man ihn durch eine Reihe von Gewölben, theilweise neuerdings erst in den Felsen eingemeißelt, geführt, wo eine großartige — Falschmünzerwerkstätte sich befand.

Nun war es ihm klar, warum die gefährlichen Menschen alle auf die leichterregbare Einbildungskraft des Volkes und auf seinen Aberglauben berechneten Mittel anwandten, die Neugierde fernzuhalten. — Er kehrte zurück.

Noch ehe der Tag grauete, war seine Compagnie marschfertig, denn in der Nacht war der Marschbefehl eingetroffen, und somit jede Frage abgeschnitten.

Er blieb seiner übernommenen Verbindlichkeit unwandelbar treu, über das Erlebte unverbrüchlich zu schweigen.

Die folgenden Kriegsereignisse ließen die Sache mehr und mehr in den Hintergrund des Gedächtnisses treten, bis er endlich gar nicht mehr daran dachte und das Alter jene Beihülfe leistete, welche so leicht Dinge des spätern Lebens verschleiert, während sie die der frühesten Jugend lebendig hervortreten läßt. —

Jahre, Jahrzehnte vergingen, da saß eines Tages der Major, der jetzt als Obrist sein Regiment befehligte, in seinem Gemache zu Wien. Sein Diener meldete ihm zwei Herren, die ihn zu sprechen wünschten.

Er hieß sie eintreten. Beide waren dem Obristen fremd. Was steht zu Ihren Diensten? fragte er nach der Begrüßung.

Ohne Zweifel, hob jetzt der Eine der Beiden an, erinnern Sie sich noch eines nächtlichen Abenteuers in dem verrufenen Hause in Fahr bei Neuwied?

Ei potz Tausend, rief der Offizier, wie kommen Sie darauf? Ich habe längst daran nicht mehr gedacht!

Wir kommen, Sie Ihres Wortes und Gelöbnisses, das Sie treulich gehalten haben, zu entbinden, wie es ausbedungen war, und Ihnen unsern Dank zu bezeugen. Wir bitten Sie, als Anerkenntniß von unsrer Seite die beiden Pferde anzunehmen, die wir Ihrem Reitknecht übergeben haben!

Ehe sich noch der Obrist von seiner Ueberraschung erholen konnte, waren nach einer kurzen, freundlichen Verbeugung die beiden Männer verschwunden. Er wollte sie zurückrufen, aber das war vergeblich. Er sah sie nicht mehr. —

Bald darauf trat sein Reitknecht ein und sagte: Da haben Euer Gnaden zwei Pferde gekauft, wie sie schöner der Kaiser nicht hat! Was mögen die kosten?

Viel, sehr viel, erwiederte mit einem Seufzer der Obrist. Als er aber herabkam, die Thiere zu besehen, erkannte er, daß sein Reitknecht Recht hatte. Es waren zwei Reitpferde von edelster Rasse und tadelloser Schönheit.

In dem Revolutionskrieg in den neunziger Jahren fügte es sich, daß der Obrist nach Neuwied kam. Jetzt war das Band seiner Zunge frei, und er hielt nicht zurück mit dem seltsamen Erlebniß, und so löste sich das Räthsel mit dem urplötzlichen Aufhören des Teufelsspucks in dem Teufelshause, aber auch der natürliche Grund wurde klar, warum es diesen Namen erhalten, und wiederum wird uns die Ursache klar, warum das Gebäude bis auf diesen Tag den Namen des Teufelshauses behalten hat.

Kloster Laach und der Laacher See, Neuwied gegenüber.

Zu den merkwürdigsten Landstrichen Deutschlands gehört die Eifel, selbst in der Fortsetzung ihrer Berge bis zum Rhein, wo sie in dem Gebirgsstock des Siebengebirgs abschließen, und bis zu den Basaltkuppen des Ahrthales.

Ueberall schier in dem Eifellande zeigt es sich, daß in Tagen, deren Kunde verloren wäre, wenn nicht die Steine ihre stumme und doch so gewaltige und verständliche Sprache redeten, das unterirdische Feuer hier einen ungeheuern Herd gehabt hat, wie denn seine grausenhaften Wirkungen überall sichtbar waren und noch sind.

Die ungeheuern Vulkane, die hier brannten, sind erloschen; die stundenlangen Lavaströme sind erkaltet; die gräßlichen Zuckungen der weithin Alles zerstörenden Erdbeben sind vorüber, aber je und dann zuckt's noch einmal in den Eingeweiden der Berge wie ein leises Grimmen, und überall entdeckt das Auge die Spuren der unterirdischen Mächte; die Urkunden ihres Dagewesenseins treten demselben entgegen in den Kratern, die nun ein tiefblaues Wasser füllt, umringt von prachtvollem Buchenwalde, in den ungeheuern Lavafeldern, in den Schlacken und Basaltkegeln, in den gewaltigen Ablagerungen lavaartiger Gebilde, wie bei Mendig die Mühlsteinlager, in den Bimssteinwänden und Tuffsteinmassen. W a n n diese Gegend der Schauplatz der entsetzlichen Naturereignisse gewesen? Schon zu der Zeit, als die Römer hier ihr Wesen hatten, war keine Ahnung davon mehr den Deutschen übrig geblieben, die auf dem Grabe einer so großartig-schrecklichen Vergangenheit wandelten, und keine Tradition reichte mehr in eine Zeit, die jetzt wieder zwei Jahrtausende hinter uns liegt. So hatte man ja auch die Feuerthätigkeit des Vesuv lange Zeit hindurch ganz vergessen. —

Zu den Kratern, die einst Feuermassen emporschleuderten und jene Lavagebilde ausstießen, an denen jetzt der Steinmetz bei Niedermendig mühsam seinen Zweispitz abarbeitet, die jene Tuffmassen hervorfließen ließen, welche das Brohlthal füllen, gehörte der Laacher-See, zwischen Andernach und Neuwied, hoch über dem Rheine liegend.

Von welcher Seite man sich auch dem See naht, es ist ein tiefer Eindruck, den sein Anblick auf das Gemüth hervorbringt. Ringsum von mäßigen Höhen umschlossen, welche ein frischgrüner Buchenwald bedeckt, ruht er mit seiner tiefblauen, klaren Fluth im grünen Schooße dieser Höhen so still, so einsam, so friedlich, als habe hier ewig ein tiefer Naturfriede geherrscht, der nie durch Ereignisse unterbrochen worden sei, wie sie doch dem tiefblauen See und den Laven und Tuffmassen ihren Ursprung gaben.

Der hier herrschende Friede theilt sich dem Gemüthe mit, und seiner stillen Macht vermag es sich nicht zu entziehen. Es ist ein geheimnißvoller Zauber, der hier wirkt.

Das Landschaftsbild ist sehr anziehend. Vor dem Auge der spiegelglatte, blaue See; dort am Ufer die Gebäude der uralten Abtei mit dem prachtvollen Bau der Kirche im romanischen Stile; ringsum der saftgrüne Buchenwald, belebt von Tausenden gefiederter Sänger, die Niemand stört, während die Berge trichterartig ansteigen. Man wird nicht müde, es zu beschauen und sich den Eindrücken hinzugeben, die so wundersam ergreifen und so wehmüthig ernst die Seele stimmen.

Wenn je der Gedanke, eine Zufluchtstätte vor dem Welttreiben und eine Stätte der Andacht zu gründen, ein glücklicher genannt werden mag, so ist es der gewesen, der hier Kloster und Kirche in's Dasein rief.

Blicken wir in die Tage zurück, da dieser Gedanke Gestalt gewann!

Schon im zehnten Jahrhundert stand am südöstlichen Ufer des geheimnißvollen See's auf dem Vorsprung Alteburg eine Burg der Pfalzgrafen.

Im Jahr 986 bewohnte sie Pfalzgraf Herinbert. Ob er sie erbaut oder einer seiner Ahnen in noch früheren Tagen, ist nicht zu ermitteln, da keine Urkunde die Namen des Erbauers oder die Zeit der Erbauung nennt.

Im Jahre 1093 bewohnte Pfalzgraf Heinrich II mit seiner Gemahlin Adelheid diese Burg. Ihre Ehe war kinderlos. Der Gedanke, ein Kloster an des See's Ufer zu gründen und zu begaben, tauchte in ihren Seelen auf, nur war die Stelle noch nicht fest bestimmt, wo es erstehen sollte.

Da gab eine wunderbare Erscheinung die Stelle an.

In einer lauen Sommernacht, die mit ihrem geheimnißvollen Weben über dem dunkeln See und seiner Umgebung lag, standen die beiden Gatten, in stilles Schauen versunken, auf dem Balkon ihrer Burg; da erblickten sie plötzlich den See und seine Ufer mit flackernden Flämmchen bedeckt, welche sich alle nach einer Stelle des westlichen Ufers hinbewegten und dort sich sammelten und wunderbare Helle verbreiteten.

Staunend sahen die Gatten die wunderbare Erscheinung. Da rief plötzlich der Pfalzgraf: Sieh', Adelheid, der Herr zeigt uns mit Flammenschrift, wo unser Kloster stehen soll!

Nachdem Erzbischof Egilbert von Trier seine Zustimmung gegeben, begann alsbald der Bau. Zugleich mit dem des Klosters wurde auch der Grundstein der Kirche gelegt, in welcher Pfalzgraf Heinrich seine Ruhestätte fand. Benedictinermönche bezogen die Klostergebäude um das Jahr 1096; einen eignen Abt erhielt Laach erst 1127.

Pfalzgraf Heinrich hatte aber auch urkundlich in äußern Dingen verfügt. Er behielt sich und seinen erbenden Verwandten in männlicher Folge die Vogtei, und zwar unveräußerlich, vor, gab aber dem Abte das Recht, einen andern Vogt zu erwählen, wenn etwa einer derselben des Klosters unantastbare Rechte zu kränken sich beigehen lassen sollte. In der Kirche, so wurde urkundlich bestimmt, sollte auch die Gruft für die Schirmvögte sein. —

Heinrich sah des Baues Vollendung nicht. Er starb 1095 schon, wurde aber doch in der Gruft der noch unvollendeten Kirche begraben. Da seine Gemahlin Adelheid einen Sohn aus früherer Ehe hatte, so folgte nun dieser Stiefsohn. Er hieß Sifrid und war ein Graf von Ballenstedt, der sich wenig um den Kloster- und Kirchenbau kümmerte. Solche Gleichgültigkeit gegen die von seinem Stiefvater übernommene Verpflichtung fiel indeß nur in Sigfrids Jugend. Anders wurde es, als die höheren Jahre kamen. Nun verdoppelte er seinen Eifer für die Abtei. Er vollendete die Stiftung im Jahre 1112, die späterhin von den Päpsten Innocenz II und Eugen III genehmigt wurde. Der Bau der Kirche und des Klosters schritt rasch fort, und bedeutende Schenkungen bewiesen seinen völligen Sinneswechsel. Da die Pfalzgrafenburg am See baufällig geworden war, ließ er sie abreißen, damit sie nicht zu irgend einer Zeit wieder wehrhaft gemacht die Ruhe des Klosters beeinträchtige. Auch verordnete er, daß die Mönche von Laach unter dem Abt von Haffligem bei Alost in Flandern stehen, und wenn ein Abt in Laach stürbe, der neue dort müsse gewählt werden.

Sifrid, der sich gegen Heinrich V aufgelehnt, starb 1113 an seinen in der Schlacht bei Warnstedt erhaltenen Wunden, und sein Sohn Wilhelm folgte ihm. Aber auch er sank in's Grab, ohne das Kloster vollendet zu haben. Eine fromme Gräfin Hedwig von Are (Altenahr) und Erbin von Laach erwies sich als Freundin der Stiftung. Sie vollendete die herrliche Kirche, welche nun der Erzbischof Hillin von Trier am 24. August 1156 einweihte.

Von den Pfalzgrafen ging die Vogtei über an die Grafen von Rheineck, und nach der Verzichtleistung 1144 stand sie bis 1209 den Grafen von Are zu. Pfalzgraf Wilhelm übertrug die Obervogtei dem Erzstift Cöln, und zwar ordnete er das Kloster der Kirche St. Peter daselbst unter. Dieses trat aber im Jahre 1683 mit der Landeshoheit die Obervogtei an Trier ab.

Wie überall in jenen Tagen, wo ein Kloster entstand, der hohe und niedere Adel bedeutende Schenkungen machte, so auch empfing Laach die reichsten Land-Zinsen- und Zehntgaben. Sein Vermögen wuchs zu erstaunlicher Höhe, und sein Ansehen im Lande war groß. Vom Jahre 1127 bis zum Jahre 1802, wo das Kloster aufgehoben wurde, zählte es 40 Aebte.

So reich aber auch die Abtei begabt war, so gab es doch Zeiten, in denen Mangel und Noth an ihre Pforte klopften. Zur Zeit Kaiser Conrads wurden ihr, unbekannt aus welchem Grunde, ihre meisten und reichsten Güter entzogen. Sie verarmte.

Auf des Convents Klagen und Beschwerden gab Kaiser Friedrich I die Güter zurück, und Erzbischof Arnold von Cöln, der des Conventes Klagen warm und nachdrücklich unterstützt hatte, bestätigte diese Rückgabe im Namen und Auftrag des Papstes. So wurde die Noth wieder gehoben, die zum Untergang hätte führen müssen.

Einer Begebenheit aus jenen Tagen möge hier gedacht werden. Sie ist charakteristisch für Zeit und Sitte.

Zwischen der Abtei Rommersdorf und der zu Laach waren im Jahre 1231 Irrungen über die Leibeigenen zu Maischeidt entstanden. Der Graf Theodorich zu Isenburg, der Schirmvogt von Rommersdorf war, wollte den Streit schlichten und berief die beiden Aebte zu einer Besprechung nach Maischeidt. Jeder der Zweie brachte vier Mönche seines Conventes mit. Die beiden Aebte, Bruno von Rommersdorf und Gregor von Laach, trafen rechtzeitig mit ihren Mönchen an Ort und Stelle ein, aber der Graf, der als Schiedsrichter bestellt war, fehlte noch. Die geistlichen Herren, angegriffen vom weiten Wege in frischer Morgenluft, fanden das Warten langweilig und einigten sich zu einem klosterüblichen Frühtrunk. An kleines Maß nicht gewöhnt, stieg der Ahrwein rasch zu Kopf, und im Besprechen ihrer Streitigkeiten erhitzten sich die Köpfe der Art, daß der Rommersdorfer den Laacher einen „Ruffian" nannte. Dieser damals, wie es scheint, gewichtige Schimpfname wirkte der Art, daß der Laacher Abt dem Gegner das schwer mit Kupfer beschlagene Lagerbuch der Abteigüter heftig an den Kopf schleuderte. Das war das Zeichen zum heftigsten Kampfe, geführt mit den steinernen Weinkrügen, die trotz ihres köstlichen Inhaltsrestes wider die Köpfe und auf sie flogen, daß das Blut spritzte.

Der Scholaster von Laach war bereits betäubt zu Boden gesunken und dadurch das Laacher Häuflein zwar vermindert, aber ihr Zorn und dadurch ihre Macht um Vieles gesteigert, so daß die Rommersdorfer zu unterliegen drohten.

Bis jetzt hatten sich die Bauern nicht in den geistlichen Kampf gemischt, aber nun stellten sie sich, von den Rommersdorfern zu Hülfe gerufen, auf deren Seite, und die Laacher wurden mit blutigen Köpfen aus dem Felde geschlagen und noch weithin verfolgt. Auf ihrem unfreiwilligen Rückzug traf sie der Graf, der, obwohl die Sache für seine Friedenspläne schlimm war, dennoch ein herzliches Lachen nicht unterdrücken konnte. Er führte sie zurück, und da es sich ergab, daß des Laacher Scholasters Fall auf den Boden mehr durch die Gewalt des Weines als die Kapitalhiebe der Rommersdorfer herbeigeführt war, so hielt er den geistlichen Herren eine derbe Strafpredigt, die wirksamer war als die ihrigen an das sündhafte Geschlecht der Zeit, und in ihrer schuldbewußten Beugung gingen beide Parteien schneller auf seine Vorschläge ein, als es vor dem Frühtrunk und der Schlacht wohl geschehen sein würde.

In der trüben Zeit des hauptlosen Reiches war die Abtei durch Raub und Brandschatzungen so herabgekommen, daß sie unfähig war, ihre Schulden zu bezahlen. Erzbischof Arnold kaufte ihr daher verschiedene Höfe für 700 Mark cölnisch ab, verpflichtete sich, die Gläubiger zu bezahlen, und versprach testamentarisch bei seinem Tode die erkauften Güter zurückzugeben.

Wie alle Klöster von dem Pesthauche der Entsittlichung angeweht wurden, so auch Laach. Die Regel des Ordens galt nur für die, welche sie — halten wollten, und deren waren so wenige, daß der Convent nur aus dem alten Abte und einem sehr alten Mönche bestand. Die Uebrigen waren in den Strudel der Welt zurückgekehrt, — hatten aber so viel mitgenommen, daß sie nicht Mangel litten, oder wirthschafteten auf ihre Faust selbst im Kloster, nachdem sie dem Abte den Gehorsam gekündigt.

Aehnlich stand's überall. Das Concil von Constanz schritt nothgedrungen ein, aber in Laach erfolglos; denn die Mönche, die auf ihre Faust im Kloster lebten, leisteten Widerstand.

Vergeblich war eine päpstliche Bulle; wirkungslos blieben alle Drohungen und Versuche, sie zur Einsicht zu bringen. Erzbischöfliche Söldner mußten 1474 das Kloster belagern, ja selbst mit Sturm nehmen. Da erst ergaben sie sich in ihr Loos. Alle wurden als Büßer in andre Klöster gesteckt, und ein neuer Convent zog in die Mauern ein, die ihre Vorgänger schauderhaft entweiht. Aber — auch dieser neue Convent war nicht besser als der vertriebene. In kurzer Zeit stand es im Kloster wenn nicht schlimmer, doch um nichts besser als vor der Belagerung.

Jetzt schritt man von allen Seiten mit Macht ein, und selbst der gelehrte und fromme Abt Trithemius von Sponheim mußte helfen, daß bessere Mönche dort einzogen.

Wie es um des Klosters Vermögen stand, läßt sich denken. Alles schien seinen Untergang vollenden zu wollen. Im Truchsessischen Kriege hatte sich ein Haufe wilder Landsknechte im Kloster festgesetzt, mit denen die zügellosen Mönche gemeinschaftliche Sache machten, und später halfen Schweden und Franzosen das Werk zum Abschluß führen.

Unaufhaltsam eilte die Abtei dem Abgrunde zu, und als keine Hülfe mehr war, trat ihre Aufhebung ein; aber damit gingen Kirche und Abteigebäude ebenso unaufhaltsam äußerlich ihrem Verfalle entgegen.

Bei der Veräußerung als Domaine kam die Abtei mit dem Gut an Private, dann an die Jesuiten. Die Kirche blieb vorerst noch dem Staate.

All' seines Schmuckes beraubt, stand das herrliche Gebäude da. Friedrich Wilhelms IV Kunstsinn rettete sie nicht nur vor dem gänzlichen Untergang, sondern stellte sie auch baulich wieder her und erhielt so dem Rheinland eine der edelsten Perlen romanischen Baustils.

Ueber den See, das Kloster und die verschwundene Pfalzgrafenburg gehen der Sagen mancherlei im Munde des Volkes. Das geheimnißvolle Walten der Naturkräfte, die hier dem Beschauer entgegentreten, die wundersame, das Gemüth ergreifende Stille, die hier herrscht, und ein gewisses ahnungs- und schauervolles Wesen, das über der Gegend ruht, ist so recht eigentlich die Wiege der Sage.

Leihen wir ihr unser Ohr!

Vor vielen, vielen Jahren, ehe noch die Abtei erbaut war, stand auf einer Felseninsel inmitten des blauen See's ein Kloster, das so recht von der Welt abgeschlossen war, da des See's Gewässer es rings umgaben. Solange das Kloster arm war, dienten die Mönche dem Herrn in rechten Treuen und standen im Geruch großer Heiligkeit.

Hierdurch flossen ihnen Geschenke und Vermächtnisse frommer Seelen in einem so überreichen Maße zu, daß das Kloster reicher war als eins im Lande. Die Wohlthäter hatten es gewiß gut mit ihren Gaben gemeint, aber die Anwendung derselben entsprach ihrem Sinne nicht. Statt fortab in Treue dem Herrn zu leben, ergaben sich die Mönche dem Wohlleben und allen Lüsten der sündhaften Welt.

Sie gehorchten keiner Obrigkeit mehr, und da Abt und Mönche gleichen Schlages waren, fielen alle Zügel der Zucht und Sitte.

Unter solchen Umständen konnten des Himmels Strafgerichte nicht ausbleiben. Sie kamen schrecklich, als die Sünder die Gnadenzeit, statt sie zu benützen, verachteten und höhnend den Herrn lästerten.

Eines Tages, als sie eben an einem Fasttage der Kirche bei einer üppigen Tafel schwelgten und der Becher unaufhörlich kreiste, auch lose Lieder ihren Trank begleiteten, umzog sich dunkel der Himmel, und schauerlich war es anzusehen, wie der helle, sonnige Mittag zur Nacht wurde. Ein wilder Sturm beugte die Wipfel der uralten Bäume am Ufer des See's, daß sie ächzend sich zur Erde neigten und krachend zusammenbrachen. Blitze wie feurige Schlangen zuckten am dunkeln Himmel hin, und Schlag auf Schlag prasselte der Donner, als wolle des Himmels Gewölbe einstürzen; das Schrecklichste aber war das Toben und Aufschäumen des See's rings um den Felsen, auf dem das Kloster stand. Bis zum Dache hinauf wurde der weiße Gischt des kochenden See's geschleudert.

Jetzt kam des Todes Schrecken über die Ruchlosen, sie stürmten in die verlassene Kirche und warfen sich ächzend und Buße gelobend zur Erde.

Da wankte im schrecklichsten Erdbeben der Felsen des Klosters; die Mauern borsten, die Decke stürzte ein, und der Felsen sammt der Kirche und dem Kloster versanken in eine bodenlose Tiefe. Als die Wellen sich über den Ruchlosen und der Stätte ihrer Frevel geschlossen hatten, hörte Sturm und Wetter auf; der Himmel klärte sich, die Sonne blickte mild segnend zur Erde, und die blauen Wellen des See's lagen spiegelglatt im Kranze der grünbelaubten Berge; allein vom Kloster war keine Spur mehr zu sehen, und nur in stillen Nächten hört man am Ufer die geisterhaften Klänge der Hora aus des See's Tiefen heraustönen, welche die Mönche ewiglich zur Strafe ihrer Sünden singen müssen.

In einer andern Form und Weise kehrt ähnlich die Sage wieder.

Mitten im See erhob sich in den Tagen grauer Vorzeit ein jäh aufsteigender Berg, aus vielfach zerklüfteten schwarzen Felsen bestehend. Kein Strauch wuchs in seinen Rissen, kein Epheu rankte an seinen Felswänden, ja kein Farrenkräutlein fand Nahrung für sein bescheidenes Bedürfniß. Aber ein Ritter hatte auf des Felsens Spitze seine zinnenreiche Burg erbaut. Er war ein arger Unhold, der Sitte und Recht mit Füßen trat, der Raub und Mord als ein Gewerbe trieb und überhaupt nur that, was Gott leid und von ihm verboten war. Weil man seiner heillosen Burg nirgends beikommen konnte, übte er ungestraft seine Frevel und schwelgte mit seinen Gesellen in fremdem Gute, das mit dem Blute Unschuldiger befleckt war.

Droben am Ufer, wo jetzt die Kirche und die Gebäude der Abtei stehen, erblickte man damals ein kleines Wallfahrtkapellchen, bei dem ein frommer, armer Eremite in Entsagung und Gebeten seine Tage fristete. Auch im Leben des Ruchlosesten giebt es Stunden, in denen das Gewissen erwacht und die Schrecken des Gerichtes an die harte, steinerne Pforte des Herzens klopfen. Solch' eine Stunde kam auch einst dem Ritter, als ihn eine schmerzhafte Krankheit plagte, die ihn aber nicht auf dem Lager ruhen ließ. Er wollte beichten und absolvirt sein, aber möglichst bequeme Buße auferlegt haben, wenn überhaupt eine Buße nöthig sei. Er schiffte hinüber im leichten Kahne und trat in das Kapellchen, wo der Eremite betend vor dem Altar auf seinen Knieen lag. Der fromme Greis hörte seine Beichte; aber eingedenk seiner heiligen Pflicht und der Greuelthaten des Ritters legte er ihm eine schwere Buße auf und forderte außerdem eine Bußfahrt nach Kevelaar.

Im wüthendsten Zorne über diese Forderung sprang der Ritter auf, riß sein Schwert aus der Scheide, und im nächsten Augenblick bespritzte das Blut des frommen Mannes den einfachen Gottesaltar. Sterbend sinkt der Greis an dessen Stufen nieder; sterbend hebt er seine Hand gen Himmel, — aber das Wort erstirbt auf der bleichen, zuckenden Lippe, und das Auge bricht. — Die gen Himmel erhobene Hand des Sterbenden war herabgesunken; aber der von Angst des Gewissens erfüllte Ritter sah sie immer vor seinen Augen, Rache fordernd von Dem, deß die Vergeltung ist. Schaudernd eilt er zum See, springt in den kleinen Kahn und stößt ihn vom Ufer; aber erst jetzt gewahrt er den Aufruhr in der Natur, sieht die schwarzen Wolken über sich, die zuckenden, grellen Blitze um sich, fühlt des Sturmes gewaltige Stöße, die des See's Tiefen aufwirbeln und die Wellen wild peitschen. Vergebens will er am Felsen landen, darauf die Burg steht; vergeblich ist es, wieder zum Ufer lenken zu wollen. Er kämpft mit Sturm und Wellen, aber umsonst versucht seine riesige Anstrengung, Herr der empörten Elemente zu werden; sein Kahn ist ihr Spiel, er willenlos von ihnen beherrscht. Jetzt ergreift ihn die Angst des Todes. Er blickt gen Himmel, aber mit Entsetzen sieht er vor seinen Blicken die erhobene Hand des gemordeten Eremiten, wie sie um Rache fleht. Da schwindelt's ihm. Ein gräßlicher Blitz zuckt herab. Der Donner dröhnt furchtbar, und vor seinen Augen sinkt der Felsen sammt der Burg in die Tiefe des See's, und der wirbelnde Trichter der Tiefe verschlingt den Ritter und den Kahn. —

Verzweifelnd sehen's die Köhler im Walde. Sie eilen zur Kapelle; aber hier löst sich das Räthsel; denn sie finden den Leichnam des heiligen Mannes mit der Wunde am Herzen und daneben des Ritters blutiges Schwert. Sie erkennen die rächende Hand Gottes, und als wieder Friede in der Natur ist, legen sie den Ermordeten in's Grab und beweinen den, der ihnen zum Segen gewesen war.

Noch eine andre Sage erzählt das Volk. Auch sie hat es mit dem frevelnden Geschlecht der Ritter zu thun und weist hin auf die Strafe der Gottlosen und den Schutz der Gerechten.

Als noch der Pfalzgrafen Burg gegenüber dem Kloster lag, bewohnte dieselbe ein Burggraf, der grimmig den frommen Abt des Klosters haßte, weil der ihm strafend sein heilloses Treiben vorgehalten hatte. Anhaben konnte er ihm nichts, weil feste Mauern das Kloster umgaben, die Mönche auf ihrer Hut waren, und — der Erzbischof seine mächtige Hand schützend über den heiligen Mauern hielt.

Daß er den Abt einmal in seine Gewalt bekäme, darauf sann der Feindselige und ließ ihm auflauern allerwegen; aber der Abt wußte das und sah sich vor.

List sollte nun zu dem Ziele führen, das mit Gewalt nicht zu gewinnen war.

Einst hatte ein grimmiger Winter eine mächtige Eisdecke über den See gebreitet, stark genug, die schwersten Lasten zu tragen, und der wollige Schnee hatte eine schützende Decke über das Land gelegt. Da glaubte der Burggraf, die Stunde der Rache am Abte sei gekommen. Ein Burgknecht erschien an der Klosterpforte und meldete dem Abte, sein Herr und Gebieter sei in der Nacht auf den Tod erkrankt und verlange Beichte und Sacrament. Arglos und pflichttreu besteigt der Abt mit dem Allerheiligsten den leichten Schlitten, den zwei Klosterknechte ziehen.

Eben will er seinen Fuß auf's Ufer setzen, da eilt ein treuer Burgknecht heran und flüstert ihm zu: Kehret um, Herr Abt! Es ist eine teuflische List, Euch zu fangen. Der Burggraf ist heilen Leibes, wie ich, und Alles Trug und Lüge!

Der Abt kennt den Treuen und weiß, daß sein Mund die Wahrheit verkündet. Rasch steigt er in den Schlitten, und die Knechte wenden nach dem Kloster zurück. —

Aber kaum ist dies geschehen, so hören sie das wilde Geschrei der Verfolger. Eine Schaar Reisiger, an ihrer Spitze der Burggraf, verfolgen den fliehenden Abt über die Eisdecke des See's.

Die Knechte am Schlitten keuchen vor Angst und Anstrengung. Fort, um Gottes und aller Heiligen willen, eilet! ruft der entsetzte Abt, und fort geht's im Fluge; aber immer näher kommen die Verfolger; immer mehr läßt die Kraft der Knechte nach; immer sicherer sind die jauchzenden Verfolger ihrer Beute. Da fliegt der Schlitten auf's Ufer. —

Aber hinter ihm auf dem Eise des See's entsteht ein furchtbar Krachen, dann ein verzweifelnder Hülferuf, und als der Abt sich wendet, den Grund des Jammerns zu suchen, da sieht er des Eises gewaltige Decke unter den Füßen seiner Verfolger brechen, sie hinabsinken und verschwinden. —

Der Abt aber fällt nieder auf seine Kniee im tiefen Schnee, er hebt das Allerheiligste flehend empor, und über seine Lippe geht das Gebet: Herr, vergib ihnen und behalte ihnen ihre Sünden nicht!

Andernach.

Finster, wie das Bergthor, welches hier dem Rhein den Durchgang wehren zu wollen scheint, blickt das einst sehr wehrhafte Städtchen Andernach aus diesem natürlichen Bergthor hervor, dem Beschauer den Gedanken aufdrängend, daß hier in vergangenen Tagen manchmal die Waffen geklirrt haben und gar mancher Sturm der Zeit und der Ereignisse über dem Städtchen dahingebraust sei. Und so ist es in der That. — Römisch, wenn nicht in seinen ersten Anfängen, doch gewiß in seinem ersten geschichtlichen Auftreten und Aufblühen, trug es den Namen Antenacum. Wenn die Endsilbe „ach" in deutschen Ortsnamen immer die Lage am Wasser andeutet, so steht es in Frage, ob die Endung des römischen Namens dem vorhandenen deutschen nachgebildet ist oder umgekehrt. Zu entscheiden ist es nicht wohl.

Während der Römerherrschaft am Rhein war der Ort eine bedeutende römische Station, eine tüchtig bewehrte Grenzfestung und, wie diese überhaupt, da angelegt, wo jenseits eine Thalmündung aus den waldigen Gebirgen leitet, daraus die wilden Deutschen hervorbrechen konnten. Römische Reste, insbesondere das Rheinthor und andere Ausgrabungen geben Zeugniß für sein einstiges Römerthum.

In Antenacum war das Standquartier des praefectus militum eines Theiles der Legio XXI, die den üblen Beinamen rapax (die räuberische) trug, und der Legio XXII, welche primigenia hieß, sowie der Cohors Ticinensis und der Cohors Asturiensis und schloß in dieser Bedeutung sich an den linksrheinischen Pfahlgraben an, dessen Spuren rheinaufwärts über den Gebirgskamm hin und selbst in weiten Bogen oder in einer zweiten Linie bis tief in den Hunsrücken hinein sich verfolgen lassen, gleich jenem, der sich auf dem rechten Ufer hinzieht. —

Im vierten Jahrhundert wurde das Andringen der Deutschen gegen die diesseitigen Römerniederlassungen und Befestigungen unwiderstehlich. Daß sie es auf eine so wehrhafte Niederlassung wie Andernach absahen, liegt nahe, und der Ort erlag ihrem wilden Angriff trotz seiner zahlreichen und tapferen Besatzung; er wurde jedoch von dem durch Constantius zum Cäsaren ernannten Julian im Jahre 357 den Deutschen wieder entrissen, welche sich in ihre Wälder und Schluchten zurückzogen, um sich später mit voller Wucht von Neuem auf die Römerfeste zu stürzen und ihre Mauern zu brechen. Wenn sie an andern Orten Alles der Erde gleich machten, so ließen sie hier wenigstens Reste stehen, die von der Macht der fremden Eroberer Zeugniß ablegen konnten.

Wenn man den nördlichen, unten runden, oben achteckigen, schönen und ziemlich wohlerhaltenen Thurm für einen römischen Bau erklären wollte, so war das ein sehr großer Irrthum; denn seine ganze Anlage läßt ihn als ein mittelalterliches Bauwerk erkennen, das im Ochsenthurm bei Oberwesel ein vollkommenes Gegenstück hat und erweislich in der zweiten Hälfte des fünfzehnten Jahrhunderts entstanden ist. 1688 versuchten sich die Franzosen an ihm, und ihre Feuerschlünde haben, wie man noch heute sieht, demselben nicht unerheblich zugesetzt, ohne ihn jedoch zerstören zu können. Die Umfassungsmauer der Stadt ist zum Theil noch römischen Ursprungs.

Weilen wir zunächst bei den Gebäuden des Orts, welche das Auge des Besuchers fesseln, so ist es die Pfarrkirche, welche zuerst erwähnt zu werden verdient. Die Zeit ihrer Erbauung fällt in die erste Hälfte des 13. Jahrhunderts. Von dem frühern Bau, welchen Ludwig das Kind 908 dem Erzstift Trier schenkte, und der wahrscheinlich in der Fehde Philipps von Schwaben mit Otto IV in Flammen aufging, ist nur noch der nördliche Chorthurm übrig. Sie zählt zu den schönsten Denkmälern des sogenannten romanischen Stils; gleichwohl haben verschiedene Zeitalter an ihr gearbeitet, wie das Wappen des Erzbischofs Hermann IV am Gewölbe des Schiffes zeigt, der 1508 starb. Sie hat schöne Einzelnheiten und besonders feine Steinmetzarbeiten. Am Portal sind ohne Zweifel die ausgezeichnetsten.

Ein Palast der austrasischen Könige, der schon um das Jahr 562 stand und Siegberts Chlothars I. Sohn Lieblingssitz war, ist verschwunden, wie auch das Schloß, welches 1109 von dem Erzbischof Friedrich I erbaut worden war. Es fiel im Jahre 1688 unter der Zerstörungswuth der Franzosen, die nur noch Mauerreste davon übrig ließen, während sie an dem schönen Stadtthor, wie auch an dem stattlichen nördlichen Eckthurm ihre Macht umsonst versuchten. Der alte Krahn am Rhein wurde 1554 errichtet. Auch der Begräbnißplatz der Römer ist noch erkennbar, er liegt auf dem Kirchberg, nicht fern von der Stadt und der Pfarrkirche.

Was sich sagenhaft von dem hier begrabenen Kaiser Valentinian erhalten, ist unbegründet.

Mancher Kriegssturm hat um die alte Stadt gebraust seit den Kämpfen, welche Roms Söldner vertrieben. Aber auch die Bürger der Stadt selbst waren als Bürger einer Reichsstadt tapfer und sehr fehdelustig, wenn es ihre Freiheiten und Rechte galt.

In der Nähe der Stadt war es, wo der treulose Sohn des unglücklichen Kaisers Heinrichs IV, Heinrich V, von den Anhängern seines Vaters geschlagen wurde. Der Erzbischof Friedrich I von Cöln war unter den Siegern, vertrieb

Klimsch gez. Stahlstich v. Carl Mayer's K-A in Nürnberg.

Andernach.

Verlag von Julius Niedner in Wiesbaden.

die Anhänger Heinrichs V aus der Stadt und setzte sich in ihr fest, um sie — nicht wieder aus seinen Händen zu geben. Die Bürger zu gewinnen, verlieh er dem Orte 1109 Stadtrechte, war aber zugleich bedacht, die junge Stadt recht wehrhaft zu befestigen. Die Bürger mochten wohl erkennen, wie es um die verliehenen Stadtrechte bei einer erzbischöflichen Besatzung stehe, und sahen nicht fröhlich auf die Erbauung neuer Befestigungen hin. Ihr Streben ging weiter. Die Reichsfreiheit zu erringen, war ihr lockendes Ziel, das jedoch unter der erzbischöflichen Gewalt in eine nebelgraue Ferne sich zurückziehen mußte. Diese hatte sich nämlich 1167 völlig am Orte befestigt. Der Erzbischof von Cöln war Grundherr, übte alle Gerichtsbarkeit und belieh Schultheiß und Schöffen mit ihrem Amte; auch Münze und Zoll, sonst kaiserliches Regal, hatte das Erzstift hier in Händen. Eine solche Macht war natürlich den Bürgern ein Pfahl im Fleisch; es währte auch nicht lange, so erhoben sie sich gegen den Erzbischof und seine Gewalt. Das gab wilde Straßenkämpfe, bei denen viel Blut floß und das Kriegsglück oft wechselte. Statt durch Milde die Bürger zu gewinnen, zogen die Gewalthaber die Bande nur enger um sie, und neuer Kampf war die Folge, bis die Bürger ihr Joch abwarfen, wenigstens zeitweise. In den Kämpfen Philipps von Schwaben mit Otto von Braunschweig hatten sich die Bürger Andernachs auf die Seite Otto's gestellt. Zur gleichen Partei hatte sich der Herzog von Lothringen geschlagen und war mit seinem Heere bis Andernach gezogen; allein hier wechselte er die Fahne und trat auf des Hohenstaufen Seite. Kaum wurde das in Andernach bekannt, als die welfisch gesinnten Bürger die Lothringer, welche in der Stadt waren, angriffen und aus derselben hinausschlugen. Diese Keckheit sollte ihnen theuer zu stehen kommen. Die Lothringer zogen ihre Macht zusammen und belagerten racheburstig die Stadt. Es war im Jahr 1200, als das geschah. Einer wohlgeleiteten, alle Zufuhr abschneidenden und heftigen Belagerung vermochten die Bürger, so muthig und tapfer sie auch die Anläufe und Berennung der übermächtigen Feinde abschlugen, auf die Dauer nicht zu widerstehen. Im wilden Sturme wurde die Stadt, als der Bürger Kräfte erlahmten, erobert, und die Söldner jener Tage gingen nicht säuberlich mit ihr um. Sie wurde geplündert und dann in Brand gesteckt, nachdem Racheburst, Rohheit und erbarmungslose Wildheit Alles erschöpft hatte, was die Unglücklichen in's tiefste Elend versenken konnte. Zwar bestrafte Philipp von Schwaben die Verbrecher, allein das Geschehene war nicht ungeschehen zu machen, und die geschlagenen Wunden heilten nur langsam und schwer und erst in einer späteren Zeit aus.

Leicht wäre die Stadt unter solchen Verhältnissen den Kölner Erzbischöfen wieder anheim gefallen, hätten nicht die fast ununterbrochenen Kämpfe der Bürger von Köln mit den Erzbischöfen diesen die Arme gelähmt, die gar gerne sich nach Andernach ausstrecken mochten. Vielleicht würde dies auch in einzelnen günstigen Zeiträumen geschehen sein, wäre nicht Andernach ein Glied des Städtebundes gewesen, dessen Feindschaft die Erzbischöfe sich nicht zuziehen durften, zumal sie durch die Unterwerfung Andernachs ihre Streitkräfte hätten theilen, dadurch aber schwächen und dann die Rauflust der Kölner auf's Neue zu wecken hätten fürchten müssen. So konnte sich Andernach wieder erheben und bei der Betriebsamkeit seiner Bürger die Schäden ausheilen.

Damit mag es freilich eine schöne Weile gedauert haben; denn eine Zerrüttung, wie sie die Lothringer angerichtet, läßt sich kaum in Einem Jahrzehnt verwischen. Ziemlich lange Zeit verschwindet auch schier Andernach aus dem Gange der Geschichte, wenn ich nicht sagen soll: aus ihrem Munde. Das waren aber die Tage, wo die Bürgerschaft ihre Thätigkeit nach innen kehren mußte. Es scheinen in diesem Zeitraum neue Bestrebungen der machtsüchtigen Erzbischöfe Kölns der Stadt lästig geworden zu sein. Um die Mitte des vierzehnten Jahrhunderts finden wir die Bürger Andernachs wieder in hellem Kampfe, das erzbischöfliche Andringen abzuhalten. Die Zünfte sind mächtig, weil die Gewerbe in der Stadt blühen und ihr Handel an Ausdehnung gewonnen hat. In den Zünften ruhte zwar das Volksleben in seiner kräftigsten Entwickelung, aber es lag auch darin der schroffste Gegensatz gegen die Gewalt der altbürgerlichen Geschlechter oder der etwa in der Stadt zu Einfluß gelangten Rittergeschlechter. Neigten diese nun zu Kölns erzbischöflicher Gewalt, wie es in ihrer Stellung und — wenn es ihren Zwecken dienlich war — auch in ihrer Gesinnung begründet sein mochte, so fehlte es nicht an innerlichen Zwisten und oft blutigem Hader, bis die Zünfte gesiegt hatten und die Stadtfreiheit gerettet und gesichert war. Häufig war die Stadt in die Fehden jener Tage verwickelt, insofern sie die Rheinlande, den Rheinhandel oder auch weiter aussehende Ziele verfolgten. Da gab es denn auch wohl Niederlagen, welche die Stadt schwer trafen, wie es anno 1347 durch den Grafen Westerburg geschah; aber es ist wunderbar, wie schnell sie immer wieder auf dem Plan erschien, besonders wenn es sich darum handelte, daß die Erzbischöfe ihre Reichsfreiheit nicht anerkennen und ihrerseits die Herrschaft über die Stadt geltend machen wollten. Daß sie muthig und unternehmend genug waren, zeigte die Zerstörung des kurfürstlichen oder erzbischöflichen Schlosses zu Andernach im Jahre 1359, die Wegnahme des Zolles und der übrigen Rechte des Erzstifts am Orte; daß sie aber auch listige, geheime Wege gingen, um die Macht der Erzbischöfe zu brechen, das liegt zu Tage in der Aufwiegelung der Stadt Linz und in den Unterhandlungen mit dem Pfalzgrafen Ruprecht, dem Aeltern; daß sie endlich trotzig und keck ihre Ziele verfolgten, das tritt uns in dem Bündniß entgegen, welches sie mit der Stadt Köln gegen die erzbischöfliche Macht eingingen. So erschien fast überall der mittelalterliche Bürger. Das Letzterwähnte wurde denn doch dem Erzbischof Engelbert III zu arg, daß nämlich eine kleine, sich muthig auflehnende Stadt mit der aufrührerischen Hauptstadt Köln ein Schutz- und Trutzbündniß gegen ihn und unter seinen Augen schloß. Er rief daher einen Mann zu Hülfe, welcher Macht und Muth und Kraft besaß und oft schon den wilden Geist der Auflehnung gegen die Oberherrschaft geistlicher Hoheit niedergekämpft hatte, nämlich seinen Nachbar und Bruder im Herrn, den Erzbischof Kuno von Falkenstein, der als Verwalter des Erzbisthums Mainz den Uebermuth der Bürger Bingens so herzhaft bezwungen und mit eiserner Faust niedergehalten hatte. Das war der rechte Mann, und von seiner Hülfe erwartete Engelbert nicht nur sichere Erfolge in Andernach, sondern auch in Köln selbst.

Es ist keine Frage, daß Kuno, der mehr im Reitersattel als im sammtnen Armstuhl unter dem Thronhimmel im Chore des Domes zu Trier saß, mit Freuden daran ging, dem Bürgerübermuth und Freiheitssinn der Andernacher entgegenzutreten. Hatte er sie doch erst vor Kurzem durch eine Belagerung zwingen müssen, die uralten Diöcesanrechte des Erzstifts Trier in der Stadt anzuerkennen! Noch näher aber legte ihm diesen Zweck ein Ereigniß von großer Bedeutung, nämlich des altersschwachen Erzbischofs Engelbert III Rücktritt. Kuno von Falkenstein wurde Verwalter des Erzbisthums Köln bis zur Besetzung des oberhirtlichen Stuhles in der „hilligen" Stadt, die sich aber oft als sehr „unhillig" erwiesen hatte durch den entschiedendsten Kampf gegen den „Krummstab". Er war ein Freund raschen, kräftigen und entscheidenden Handelns und griff im Jahre 1367 die Andernacher an, die trotzig seinem Heere entgegengerückt waren. Seinem kriegerischen Talente wie seiner überwiegenden Macht gelang es, die Andernacher zu schlagen und sie in die Stadt zurückzutreiben. Kuno saß strenge zu Gericht über die aufrührerische Bürgerschaft. Die Rädelsführer ließ er hinrichten, Viele wurden auf ewige Zeiten verwiesen, ihre Besitzungen confiscirt, Andere mußten schwere Geldstrafen zahlen. Das erzbischöfliche Schloß, welches theilweise niedergerissen worden, ließ er auf Kosten der Stadt wieder aufbauen, und zwar stärker, als es je zuvor gewesen.

So war Andernach gedemüthigt, und zwar in einer Weise, die ihm voraussichtlich auf lange Zeit die Lust benehmen mochte, sich gegen die Herrschaft der Erzbischöfe aufzulehnen.

Wenn auch allerdings die Versuche, ihre Freiheit zu erringen, auf längere Zeit zur Ruhe gebracht waren, so hatte dennoch der sattelgerechte geistliche Herr falsch gerechnet, wenn er glaubte, er habe in den Herzen der Bürger Andernachs auch die Lust getilgt, sich die Freiheit wieder zu erkämpfen. Vielmehr sammelten sie nur Kräfte und späheten nach dem geeigneten Zeitpunkt, um wieder rüstig zu Schwert und Morgenstern, wenn nicht gar zu den weithintreffenden Feuerwaffen zu greifen, um den Jahrhunderte dauernden Streit um die Selbstständigkeit ihrer Stadt und ihres Gemeinwesens zu einer vollen, runden Wahrheit zu machen. Dieser Zeitpunkt schien endlich den Bürgern gekommen und das Sprüchwort ihnen günstig: „Wenn Zwei streiten, so lacht der Dritte in's Fäustchen."

Gegen das Ende des 15. Jahrhunderts war nämlich der Kurfürstenhut von Köln ohne passenden Kopf.

Waffengewalt sollte, so schien es, zwischen zwei Bewerbern entscheiden. Rupert von der Pfalz und Hermann von Hessen glaubten, jedem von ihnen passe Kurhut und Bischofsmütze, und jeder rang, seinen Gegner niederzuwerfen, um sich zu erhöhen.

Friedrich der Siegreiche, Kürfürst von der Pfalz, war Ruperts Helfer geworden. Auf seinem Zuge rheinabwärts hatte er mit andern Städten auch Andernach erobert; aber sein Tod war für Rupert ein schwerer Schlag. Vergebens war die Hoffnung und selbst anderweitige Hülfe. Ihm blieb nichts übrig als zurückzutreten. —

Die Andernacher mochten den Wahlspruch gewählt haben: „Im Trüben ist gut fischen"; sie waffneten sich nach der allergeheimsten Verabredung, fielen über die erzbischöfliche Besatzung her und vertrieben sie aus der Stadt. Jubel erfüllte Andernach. Die Reichsfreiheit schien erstritten, errungen, gesichert für immer. — Es war ein Traum, aus dem die Bürger mit Schrecken erwachten, als Kurfürst und Erzbischof Hermann mit Gewalt der Waffen vor die Stadt rückte, sie heftig berannte und, wie vorauszusehen war, sie endlich besiegte. Nun war der Traum vorüber und die erhoffte, erstrebte Reichsfreiheit dahin. Das Jahr 1496 war ihr Todesjahr, und eine Urständ derselben hat Andernach nie erlebt; — die Zeit war nicht dazu angethan, welche an und über der Stadt dahinschritt. Jene Kämpfe hatten Andernach kein Heil gebracht. Die Bürger waren geistig gesund genug, zu erkennen, ihr Vortheil liege anderswo als im blutigen Streite oder in der Reichsunmittelbarkeit, und wandten sich gewerblicher Thätigkeit zu. Leider war auch diesen friedlichen Bestrebungen die Zeit nicht günstig, wenigstens nicht immer. Der dreißigjährige Krieg traf die Stadt schwer; die späteren

Kämpfe am Niederrhein halfen auch nicht zum Aufblühen, und der 1. Mai 1689 schien Andernachs jüngster und letzter Tag zu sein. Als in dunkler, gewitterschwüler Nacht die erste Stunde dieses Tages schlug, welcher der deutsche Volksaberglaube eine so unheilschwere Bedeutung beilegt, schleuderten die Franzosen die Brandfackel an sechs Orten in die Gebäude der unglücklichen Stadt, und hellauf loderten die Flammensäulen. Furchtbar griff das entfesselte, gefräßige Element um sich! Vergebens waren Löschungsversuche. — Trostlos sahen die unglücklichen Bürger ihre Wohnungen niederbrennen, ihre Habe in Asche verwandelt werden. Schier die ganze Stadt brannte nieder. Das war das Grab ihrer Größe, ihres Wohlstandes, das traurige Ende alles politischen Ringens!

Eine lange Zeit ging vorüber, ehe die Verarmten ihre Wohnstätten wieder zu erbauen vermochten. Manches Gebäude wurde erhalten, auch die Kirche. Zu dem Wohlstand früherer Tage konnte sich Andernach kaum wieder erheben. In unsern Tagen bilden die vulkanischen Erzeugnisse des Laacher See's, besonders die Mühlsteine und anderweitige Steinhauerarbeiten aus dem Gesteine der Mendiger Trachytbrüche, die Duckst eine und der Traß des Brohlthales und neuestens die Bereitung eigenthümlicher Bausteine aus diesem vulkanischen Erzeugnisse, ähnlich den Ziegelsteinen, aber zu gewissen Zwecken dienlicher als diese, und die Verschiffung der genannten Gegenstände Andernachs Erwerb und Handel.

In Bezug auf das religiöse Bekenntniß sind die Bewohner der Stadt vorherrschend katholisch. Erst in neuester Zeit gelang es den Bestrebungen des Vereins der Gustav-Adolf-Stiftung, hier eine evangelische Gemeinde zu gründen, deren Pfarrer längere Zeit der allgemein als Volksschriftsteller und Dichter beliebte, als Mensch innigst verehrte Verfasser der „Hunsrücker Chronik", Schöler, war. Leider hat ein früher, nicht genug zu beklagender Tod den Edeln seiner Familie und dem zahlreichen Kreise seiner Freunde und Verehrer entrissen.

In der Nähe liegt die Abtei Sanct Thomas. Sie war einst eine reiche, mächtige Stätte mönchischen Lebens, bis die Zeit auch über ihren Convent den Stab brach. Jetzt ist sie der Aufbewahrungsort unheilbarer Irren und in dieser Hinsicht ein Ort des Segens für viele Familien des Landes, deren unglücklichste Glieder hier unschädlich gemacht und wohl aufgehoben sind.

Die Burg Hammerstein.

Wenn man von Neuwied den Rhein hinabschifft, so tritt unfern des Ortes Oberhammerstein ein großartiger und wildaussehender Berg hervor. Sein Gestein ist Grauwacke, seine Farbe dunkel, sein Ansehen zerklüftet, öde und schauerlich; denn die Pflanzenwelt scheint keine Stätte an ihm zu finden, und nur in sehr geringem Grade ist es ihr gelungen, das schauerliche Ansehen des Berges zu mildern, der jäh zum Rhein abfällt. Die Wogen branden an seinem Fuße, aber trotzig weist er ihnen den Weg zur Seite, und ihre Ohnmacht fühlend ziehen sie grollend vorüber. Das ganze Felsenthor des Rheines bei dem alten Andernach hat etwas Schauerliches, Finsteres, und dieser Berg ändert nicht den Ausdruck der Gegend und nicht den Eindruck auf das Gemüth des Beschauers.

Von der bedeutenden Höhe dieses mächtigen Bergstockes blicken ausgedehnte Ruinen herab in das Rheinthal und auf die schöne „Westerholder Au", die mit ihrem frischen Grün in den klaren Wellen des Stromes sich spiegelt. Das sind die Reste der alten Reichsburg Hammerstein, die Kaiser herbergte, Kaisern Schutz verlieh, Kaisern trotzte und des „heiligen römischen Reiches" deutscher Nation Reichskleinodien in ihren Mauern bewahrte. Wer sollte es glauben, der seinen Blick auf den Ruinen ruhen läßt? Und doch ist es so, und die Burg des Reiches spielte einst eine nicht unbedeutende Rolle in der Geschichte.

Von unten gesehen hat man kaum eine Vorstellung von der Ausdehnung und heute noch zu ahnenden Großartigkeit der Bauwerke, die im Grause der Zerstörung des Berges breiten Rücken bedecken; aber man findet es begreiflich, daß bei einer im Jahre 1576 vorgenommenen Wiederherstellung der Burg nur allein sechsundneunzig neue Fenster einzusetzen und dreißig neue Thüren anzufertigen oder zerstörte zu ergänzen waren. Man sieht eine große Zahl zerstörter größerer oder kleinerer Thürme, umfangreiche Baue, weithin sich erstreckende Mauern, — kurz das Bild einer untergegangenen Größe, wie sie kaum irgendwo am Rhein sich vorfindet, es sei denn droben bei Bacharach in den Ruinen der Burg Staleck oder in denen der Madenburg bei Landau, wo die Speyerer Bischöfe hausten, wenn es ihnen in der Stadt, in der Ebene und am flachen Rheinesufer gewitterschwül vorkam, oder die Bürger von Speyer sich, wie man sagt, „mausig" machten, d. h. nach des Bischofs Macht und Gut lüstern wurden.

Die Erbauung von Hammerstein, unbekannt wie die fast aller Burgen am Rhein, fällt in eine sehr frühe Zeit. Das beweist das Mauerwerk selbst und der Umstand, daß die Burg schon stand, als das zehnte Jahrhundert seiner Jahre Kreis abschloß.

Schon 1018 erscheint der Name der Burg in einer Kaiserurkunde, und die erste Begebenheit von Bedeutung, welche sich auf sie bezieht oder sie berührt, wirft ein poetisches Licht auf die ausgedehnten Trümmer. Es ist diese.

Otto, ein tapferer Graf, der letzte Mann des lahngauisch-conradinischen Hauses, war Gaugraf des Engersgaues und hatte seinen Sitz auf Hammerstein. Eine tief gewurzelte Liebe verband ihn mit Irmengard, der reizenden Tochter des Bruders seines Vaters. Die schöne Jungfrau willigte ein, zu dem Herzen, das sie ihm schon geschenkt, auch die Hand vor dem Altare zu fügen; aber die Kirche verbot die Ehe in diesem Verwandtschaftsgrade mit unerbittlicher Strenge.

Dennoch fand sich ein Priester, der entweder ein Herz in der Brust hatte, welches dem Schmerze der Liebenden die Pflicht opferte, oder vom Glanze des Geldes, das Otto mit vollen Händen zu spenden bereit war, sich bestechen ließ — und sie traute. Der glückliche Gatte führte das holdselige Weib aus der heimathlichen Umgebung auf sein unnahbares Hammerstein. Aber das Auge der Kirche verfolgte ihn, und es diente diesmal einem feindseligen Herzen. Erzbischof Erkenbold von Mainz war Otto's erbitterter Gegner von langer Zeit her. Er wußte um die Sache und kannte die verwundbarste Stelle seines Feindes.

Otto sah das Wettergewölke sich aufthürmen und erwartete seine Entladung; er wollte hinter seinen Mauern der Gewalt der Kirche, die hier nur zum vorgehaltenen Schilde persönlichen Hasses diente, auf Hammersteins felsiger Höhe trotzen.

Die Rechnung war falsch. Vor solcher Macht war nirgends auf Erden Schutz. — Hätte er die Dispensation jenseits der Berge gesucht, wo der g o l d e n e Schlüssel alle Thüren erschloß und das harte Gesetz biegsam und weich zu machen war, er würde seines stillen, häuslichen Glückes sich ungestört erfreut haben. Hier mußte der Laienübermuth gedemüthigt werden. Ob ein oder zwei Herzen dabei brachen, was fragte der erzbischöfliche Haß nach solchen Kleinigkeiten?

Erkenbold begann seinen Kampf. Mahnungen blieben erfolglos. Drohungen verlachte Otto. Jetzt galt es, der Kirche Macht und Ansehen zu wahren.

In Neumagen war die Kirchenversammlung vereint. Erkenbold trat als Ankläger auf. Das Recht nach den Satzungen war auf seiner Seite.

Es bedurfte nur der Darlegung der Umstände, um die Versammelten einmüthig zu machen, und der Kirchenbann wurde über das so glückliche Paar ausgesprochen, die verbrecherische Ehe gelöst. Da hatte sich mit Einem Male das Wettergewölke entladen, und der Schlag traf furchtbar! — Dennoch fügte sich Otto nicht. Er trotzte auf Hammersteins Mauern.

Aber Erzbischof Erkenbold war nicht ein Mann halber Maßregeln, sondern fest entschlossen, dem heiligen Spruche der Kirche allen Nachdruck zu geben, der nur immer ausführbar war.

Jetzt entbrannte Otto's Grimm. Er ließ seine theure Irmengard unter sicherer Freunde Obhut auf dem Hammerstein und eilte in den heimathlichen Gau, Freunde und Vasallen um sich zu versammeln. Es gelang ihm leicht, ein ansehnliches Heer zu rüsten, und mit ihm fiel er sengend und brennend in des Erzbischofs Erkenbold Gebiet ein. Der Strom des Verderbens wälzte sich zum Main und nun flußabwärts, und im „goldenen" Mainz begannen die Herzen zu zagen. Schier bis vor dessen Thore trug Otto Tod und Verderben.

Jetzt eilte er zu seiner Irmengard und that Alles, was die Veste Hammerstein uneinnehmbar machen und sie vor einer jahrelangen Belagerung sicher stellen konnte.

Otto zitterte nicht; denn er wußte, wie sein Trotz gegen die Macht der Kirche überall ein Echo fand; er wußte, wie fest er in des Kaisers Gunst stehe, und wie dieser heimlich sich seiner Schritte freute; aber auch Erkenbold wußte, was er that. Sein Zorn kannte, seit Otto dem Erzstift so tiefe und blutige Wunden geschlagen, keine Grenzen mehr. Heimlich wollte er selbst nach Köln eilen, um sich des Kölner Erzbischofs Hülfe zu sichern, des Feindes Trotz zu brechen und blutige Rache an ihm zu nehmen.

Otto hatte Verbindungen, welche bis in die erzbischöfliche Burg nach Mainz reichten. Die Absicht Erkenbolds wurde ihm alsbald verrathen. Er jubelte laut auf; denn nun blühte ihm die Hoffnung, den erbitterten Feind persönlich in seine Gewalt zu bekommen.

Seine Hoffnung täuschte ihn. Wohl lauerte er in dem dichtverwachsenen Weidengebüsch, welches die Ufer der „Westerholder Rheinau" umsäumte: wohl sah er die Schifflein kommen; wohl überfiel er sie mit Uebermacht und brachte sie bis auf eins in seine Gewalt, aber grade in diesem befand sich Erkenbold, der ihm glücklich entrann.

Der neblichte Herbstmorgen war dem Erzbischof günstig. Er lieh ihm den hüllenden Schleier, unter dem es ihm glückte, dem erbitterten Feinde zu entgehen.

Klimsch gez.

Stahlstich v. Carl Mayer's K.A. in Nürnberg

Hammerstein.

Verlag von Julius Niedner in Wiesbaden.

Noch grimmiger durch diesen Hinterhalt strengte nun Erzbischof Erkenbold alle seine Kräfte an und bot alle seine Hülfsmittel auf, Otto zu verderben; besonders versuchte er Alles, ihn bei dem Kaiser Heinrich II anzuschwärzen. Er, der kecke Uebertreter kirchlicher Gebote, der Landfriedensstörer, der kirchlich Gebannte, war des Kaisers Dienstmann, weil Lehensträger, und diese Umstände und die unausweisliche Rücksicht auf den mächtigen Würdenträger der Kirche und des Reiches nöthigten den Kaiser einzuschreiten.

Gen Hammerstein zogen Abgesandte des Kaisers; dahin wurden Briefe gesandt, Bitten, Mahnungen, Drohungen enthaltend; aber der Verzweifelnde, der das Unheil mit Macht über sich hereinbrechen sah, wollte lieber untergehen, als sich von der scheiden, die ihm angetraut war, wenn auch gegen den Willen der Kirche, der er das Recht zu solchem Verbote bestritt.

Lange harrte der Kaiser, der Otto werth hielt, ja der ihm verpflichtet war. Er wollte ihm Zeit lassen, zur Besinnung zu kommen; aber die Zeit zerrann; der Faden der Geduld wurde dünner und dünner, je mehr er in die Länge gedehnt wurde, bis — er endlich zerriß. Jetzt war des Kaisers Zorn gegen den Widerspenstigen selbst erregt, und Erkenbold wußte ihn zu schüren.

So rüstete denn der Kaiser im Herbste des Jahres 1020, um mit den Waffen den Hartnäckigen unter das Joch kirchlicher Gewalt wie unter die des Reiches zu zwingen und den Ungehorsamen zur Strafe zu ziehen.

Vor Hammerstein erschien der Kaiser mit Heeresmacht, und der Herold, der Otto abmahnen sollte, vernahm nichts weiter als das einfache: Nein!

Alle Kriegskunst mit allen ihren Hülfsmitteln bot der Kaiser auf, die feste Burg zu erobern; aber es gelang ihm nicht. Jeden Sturm schlug Otto auf's Tapferste ab. Monate gingen in's Land, und kein Vortheil war vom Kaiser errungen.

Da zog er mehr Vasallen herbei. Die drei geistlichen Kurfürsten sandten bedeutende Hülfe. Nun glückte es ihm, die Burg völlig zu umzingeln und den Belagerten jede Zufuhr von Lebensmitteln abzuschneiden. Der Hunger kehrte auf Hammerstein mit allen seinen Schrecken ein. Otto konnte sein Weib und seine Kinder nicht hungern sehen, er ergab sich. — Und grade an dem Feste, das seinen reichsten Segen dem Familienleben darbeut, am heiligen Christfeste mußte er die heiligen Bande des Familienlebens zerreißen, seinem höchsten Glück entsagen. Seiner harrten schwere Büßungen, die die Kirche auferlegte. Mit welcher Gesinnung mag er sie geleistet haben, da er sie für ungerecht hielt? Aber welchen Triumph feierte Erkenbold! — Wenige Jahre, — und er wurde in's Grab im Dome zu Mainz gelegt. Es war Gras über Otto's Geschichte gewachsen. Dieser bestürmte nun den Kaiser, ihm zu helfen, und — wahrscheinlich erwirkte der Kaiser Dispensation von Rom — Otto wurde wieder mit seiner geliebten Irmengard vereint. Leider war ihm nur ein Sohn geblieben, als er in Hammersteins Mauern zurückkehrte, und dieser Sohn Udo, zum hoffnungsvollen Jünglinge aufgewachsen, — starb 1034, und Otto mußte ihn in die Gruft betten. Von Irmengard und ihrem Ausgang hat die Geschichte uns nichts überliefert. Ob sie diesen Schmerz ertrug und den nicht minder herben, daß Otto dem Sohne bald im Tode folgte? — Wer weiß es? — Aber wer wollte nicht wünschen, daß sie vor ihnen hinübergegangen sein möchte?

Mit Otto erlosch das Eigenthumsrecht der Engersgaugrafen auf Hammerstein. Es wurde seitdem Reichsburg, und in den Urkunden erscheint seit 1118 ein Burggrafengeschlecht, das sich von Hammerstein nennt, ohne daß irgend eine Spur auf ihres Stammes Wurzeln hinwiese.

Noch einmal sah Hammerstein einen Kaiser in seinen Mauern, — aber nicht als Sieger, sondern als nichtswürdig und räuberisch Besiegten. Er zog nicht ein in diese Mauern mit kaiserlicher Pracht und stolzer Heeresmacht, — sondern tiefgebeugt von Schmerz und Kummer als armer, landflüchtiger Gebannter, begleitet von dem Getreuen allein, der ihm des Kerkers Thür geöffnet, — als Bettler um Obdach und Schutz!

Es war der unglückliche Kaiser Heinrich IV.

Es ist jene schreckliche Geschichte, die uns oben bei Klopp und Bingen beschäftigte, wo ihr schauerlicher Schauplatz war. Der Gottes und seiner Pflicht vergessene Sohn des schwerheimgesuchten Kaisers hatte den von Seiten seines Herzens leicht zu besiegenden greisen Vater bei Coblenz auf eine ruchlose Weise hintergangen und ihn dann unter der Maske erheuchelter Liebe und Versöhnung nach Klopp bei Bingen gelockt, wo er die Maske abwarf, den Vater gefangen nahm und dessen treue Begleiter und Freunde mit Waffengewalt aus Bingen hinausschlagen ließ. Es war leider auch an einem Weihnachtsfeste, als der Sohn dem Vater die seligen Freudenfeste seiner Kindheit so schauderhaft vergalt. Rohe, ja unmenschliche Mißhandlung entriß dem alten Kaiser die Krone und brach ihm das Herz. Die Krone saß auf des heillosen Sohnes Haupt, und als man so billigen Kaufes das Ziel erreicht hatte, war der beraubte, mißhandelte Kaiser auf der Burg Klopp bei Bingen ein unbequemer Gast und noch unbequemerer Gefangener. Man machte seine Flucht leicht, und nun zog, von allen Mitteln entblößt, der Kaiser hülfeflehend durch das Rheinthal hinab, wo ihm des Sohnes Anhänger unter dem Scheingrund, er sei ein Gebannter des Papstes, Obdach und Beistand versagten. Innerlich geknickt und gebrochen, äußerlich von Mangel und Elend gebeugt und krank, erreichte er mit einem ihm ergebenen Diener die Burg Hammerstein, die er 1071 neu befestigt hatte, und deren Burggraf ein Pflichttreuer war, welcher seinem alten, mißhandelten Kaiser die Treue bewahrte.

Er nahm ihn auf mit Freuden, pflegte ihn mit Liebe und Hingebung und tröstete den jammernden, unglücklichen Greis mit bestem Herzen. Er hatte indessen noch mehr treue Freunde, der von der Last des päpstlichen Bannes, mehr aber noch vom Verrathe des eigenen Kindes gebeugte Vater und Kaiser. Auf Hammerstein riefen diese des Burggrafen Eilboten zusammen; aber nicht diese treuen Ritterherzen allein waren es, die zu ihm hielten, — zu ihnen gehörten auch Kölns mannhafte Bürger und der mächtige Kölner Erzbischof, der von Lüttich, der Herzog von Limburg und noch viele Andere, besonders am Niederrhein. Von Hammerstein, wo sie ihn nicht sicher genug wußten, führten sie ihn rheinab hinter die starken Mauern des alten Köln.

Heinrich V, der treulose Sohn, der den Vater vom Kaiserthrone gestoßen und ihm die Krone geraubt hatte, zog mit Heeresmacht den Rhein herab, des Vaters Freunde zu züchtigen. Hammerstein wurde schwer belagert und endlich nach wackerem Kampfe eingenommen. Was aus dem besiegten Burggrafen geworden, ist dunkel. Wahrscheinlich ließ ihm Heinrich V eine leichte Sühne zu; denn es ist nirgends ersichtlich, daß er seiner Belehnung verlustig geworden, noch daß ein Andrer seine Lehen erhalten hätte. Klug war es jedenfalls von dem herzlosen Kronenräuber, durch Milde seine Feinde versöhnen zu wollen.

Heinrich IV fand Ruhe im Tode, Heinrich V keine im Leben.

Hammersteins feste Mauern und die feste Treue seines Burggrafen schienen ihm aber doch, als er später zu Utrecht erkrankte, sicher genug, die dem armen Vater geraubten K l e i n o d i e n d e s R e i c h e s zu schirmen, und hierher zog er sich zurück, als seine Macht sich an der Tapferkeit der Kölner brach.

Hier hatte auch Kaiser Conrad III seinen Stützpunkt, als er den Burggrafen von Rheineck züchtigte. Hier war, um im Sinne und in der Sprache unsrer Zeit zu reden, sein Hauptquartier gewesen.

Mit den Erzbischöfen von Köln standen die Hammersteiner Burggrafen in gutem Einvernehmen und im Wehrverbande. Bei Worringen fochten 1288 in den Reihen des Erzbischofs auch Hammersteins Burggraf sammt seinen Reisigen; doch er hatte das Mißgeschick, wie sein Nachbar auf Rheineck, in die Gefangenschaft des Jülichers zu fallen, was ihn ein bitter beklagtes Lösegeld kostete.

Der Burgfrieden von Hammerstein umschloß Burg und „Stadt Oberhammerstein" nebst dem Dorfe Niederhammerstein. Solcher „Burgfrieden" sind mehrere vorhanden, die es ausweisen, daß eine nicht unbedeutende Zahl anderer Ritter auf Hammerstein Lehen besaßen und es also ein sehr bevölkertes, sogenanntes „Ganerbenhaus" gewesen ist. Daraus aber mag es sich auch ergeben, daß die Burg wohl tüchtigen Widerstand leisten konnte, jedoch auch, wenn ihr die Zufuhr abgeschnitten war und Lebensmittel gebrachen, leichter zu Falle gebracht werden konnte.

Es ist eine seltsame und nicht wohl genau zu ermittelnde Thatsache, daß im Jahre 1374 Kaiser Karl IV die Reichslehen von Hammerstein, „unbeschadet der Rechte des Burggrafen", an Kuno von Falkenstein, Erzbischof von Trier, übergab und urkundlich die Burggrafen angewiesen wurden, künftig ihre „Reichslehen" von Kurtrier zu empfangen. Es war dies einer völligen Hoheitsabtretung an das Erzstift Trier gleich.

In der Zeiten Folge vermehrte sich die Ganerbschaftssippe auf Hammerstein durch ähnliche Verbindungen der burggräflichen Familie außerordentlich. Das war im Grunde ein Heil für die Burg, aber keins für Die, welche dadurch „Burgsesse", Wohnungsberechtigungen, in der Burg empfingen. Es zog mitunter viel glänzendes Elend in die Räume ein, das um so greller hervortrat, als die „nobele Passion" des Wegelagerns und Raubens, dies ritterliche Handwerk, lange Zeit so meisterhaft geübt, endlich aufhören mußte.

Mit Irmengard von Hammerstein, vermählt an den Ritter Wilhelm von Reichenstein, starb im ersten Viertel des fünfzehnten Jahrhunderts die zweite Reihe der Burggrafen aus. Das Lehen fiel heim, und es erscheint als eine besondere erzbischöfliche Gnade, daß der gedachte Wilhelm von Reichenstein für die Verzichtleistung auf seine Ganerbenrechte auf Hammerstein anderweitig entschädigt wurde. Das eigentliche Burglehen empfing der Graf Ruprecht von Virneburg in der Eifel.

Aus den Stürmen des siebenzehnten Jahrhunderts, deren in Betracht einzelner bedeutender Burgen überall fast gedacht wird, ist von Hammerstein geschichtlich nichts bekannt. Soviel jedoch ist sicher, daß es die Kriegsstürme alle überstand und im Frieden von der Hand des eigenen Herrn und Gebieters seinen Untergang fand.

Das kam aber so: In der Mitte des siebenzehnten Jahrhunderts hauseten Lothringer in der Burg, und es schien, als seien mit ihnen die Zeiten des wildesten Faustrechts wiedergekehrt; denn die Schiffe, welche den Rhein herauf oder herabfuhren, hielten sie an und raubten sie rücksichtslos aus, mißhandelten überdies die Schiffer auf's Blut und kannten keinerlei Schonung. Die Dörfer und Städte auf beiden Ufern überfielen, brandschatzten oder plünderten sie ebenfalls nach Gutdünken. „Türken und Krawaten" (Kroaten), heißt es, „waren besser denn sie, so doch Christenmenschen waren, aber keine Christenherzen hatten.“ Wer getraute sich, da zu helfen? — Als aber die Kunde durch's Land ging, der Herzog von Lothringen sei zu Brüssel verhaftet worden, da ermannten sich der Erzbischof von Trier und der Graf von Wied, in deren Landen die edeln Lothringer so recht nach Herzenslust gewirthschaftet hatten, und stellten Truppen in's Feld, um den raublustigen Insassen der Burg Hammerstein das blutige Handwerk zu legen. Diese bekamen Kunde davon, daß sich Wetterwolken über ihren Häuptern sammelten, und sie, die so tapfer gegen Wehrlose gewesen, hatten den Muth nicht, die Stätte ihres Ruhmes zu vertheidigen. Heimlich machten sie sich aus dem Staube, ehe noch die Rächer der zahllosen Unthaten sich Hammerstein näherten. Sechs Jahre lang waren sie die Zuchtruthe des Landes gewesen. Wie glücklich schätzten sich die armen, durch sie verarmten Bewohner desselben, und wie gern hätten sie es sehen mögen, wenn der strafende Arm der Gerechtigkeit diese „Wütheriche“ erreicht hätte!

Jetzt hatte Hammersteins letzte Stunde geschlagen. Der Erzbischof von Trier, selbst zu schwach, Hammerstein zu halten und auch zu erhalten, wollte nicht die Burg noch einmal zu einem Schlupfwinkel räuberischer Feinde werden lassen. Er gebot sie zu zerstören. Und so begannen denn Pickel und Brecheisen ihr Werk, und das verheerende Pulver trat als das Dritte im Bunde hinzu, — und Hammersteins Thürme und Gebäude fielen; es blieben nur die Reste übrig, die noch jetzt auf des Berges Höhe sichtbar sind, und die, trotzdem daß nun schon seit jenen Tagen der gierige Zahn der Zeit daran nagt, noch immer Zeugniß geben, was einst diese Burg, selbst in ihren Ruinen groß, gewesen.

Es verdient noch bemerkt zu werden, daß im Westphälischen Frieden Hammersteins Erwähnung geschieht, indem es ausdrücklich mit den Orten seines Burgfriedens Kurtrier zugesprochen wird.

Zu einer Urständ der weitläufigen Burg war jedoch die Zeit nicht mehr angethan, der erzbischöfliche Säckel zu leer und die Bedeutung der Burg zu gering. Sie blieb eine Ruine des Friedens.

Nach der Revolutionszeit wurde die Burg mit der Domäne vereinigt und erst unter preußischer Herrschaft mit ihrer nächsten Umgebung veräußert. Der damals in Köln lebende Regierungsrath Freiherr von Haxthausen erstand sie billigen Preises, überließ sie aber später wieder dem General Freiherrn von Hammerstein, der bei Hildesheim wohnt und seine Herkunft von den Burggrafen von Hammerstein ableitet. Ob dies nachweisbar oder ob nur der Name seine Anziehungskraft übte, bleibt dahin gestellt.

Die Aussicht von der Höhe des Berges, dessen Scheitel die weitverzweigten Ruinen bedecken, ist überraschend, besonders die in's schöne Rheinthal; die in die Eifelberge ist fast ganz dieselbe, welche Rheineck darbietet.

Rheinaufwärts liegt das dunkle Felsenthor von Andernach vor dem Blicke. Der Weg zu den Ruinen ist steil und mühsam, aber er lohnt den Besucher reichlich, wenn er an der Hand der Geschichte die Ruinen durchwandert und an dem Geiste die Ereignisse der Vorzeit vorübergehen läßt.

Die Burg Rheineck.

Auf einem waldbewachsenen, etwa 500 bis 600 Fuß hohen Berge, nahe bei dem ungemein anziehenden, eigenthümlichen Brohlthal und dem wundersamen Laacher See, erhebt sich das sehr schön gelegene Schloß Rheineck mit seinen stolzen Giebeln, ruhend auf den Grundmauern der alten Reichsburg gleiches Namens. Sie war Mittelpunkt einer Grafschaft, und das Erzstift von Köln, welches sie an sich gerissen hatte, verlieh sie einem ihm ergebenen Rittergeschlechte, das mit dem Namen der „Burggrafen von Rheineck" in der rheinischen Geschichte sich geltend machte, wenn auch nur in der Weise, wie im Mittelalter Namen zur Geltung gelangten. Vor dem jüngsten Aufbau, von dem weiter unten die Rede sein wird, standen nur noch wenige Ueberreste von der alten Burg, welche 1689 der Brandfackel der Franzosen und ihrer Zerstörung durch Pulver hatte erliegen müssen; allein es war dennoch des Mauerwerks so viel übrig geblieben, daß man sich eine Vorstellung von dem machen konnte, was einst die Burg gewesen war. Aber im Jahre 1785 loderte noch einmal die Burg in Brand auf, und des gefräßigen Elementes entfesselter Gewalt wurde Alles zur Beute, was eben noch kennzeichnend übrig geblieben. Nur an die geheiligten Räume der Burgcapelle wagte es sich nicht. Sie wurde allein aus dem Grause der Verheerung gerettet, wenn auch ihr schöner Bau viel gelitten hatte.

Zu den zahlreichen einstigen Reichsburgen des schönen Rheinlandes gehörte auch die Burg Rheineck, welche mit ihrem Gebiete den Namen einer „Burggrafschaft" empfing und durch die langen Zeiträume ihres Bestehens trug bis zu dem Zeitpunkt, da die Revolution, welche ihre trüben Wogen von den Ufern der Seine her zum deutschen Rhein wälzte, die letzten Reste mittelalterlicher Zustände verschlang.

Die erste geschichtlich sichere Kunde von der Burg fällt in das Ende des elften Jahrhunderts. Sie erscheint hier im Besitze des Grafen Hermann I von Salm aus dem ardennisch-luxemburgischen Hause, jenes bekannten Gegenkönigs Heinrichs IV, der aber nach kurzem, unglücklichem Kampfe die Krone niederlegte und bald darauf von seinen eigenen Leuten ermordet wurde. Von seinen beiden Söhnen erhielt der Aeltere, Hermann II, die Grafschaft Salm, während dem Jüngern, Otto, die Grafschaft Rheineck zufiel. Dieser nannte sich nach der Burg Graf von Rheineck und wurde der Stammvater des Rheinecker Grafengeschlechtes.

Der schreckliche Ausgang jener Fehde, welche sich zwischen ihm und Hermann von Staleck wegen der Pfalzgrafenwürde entspann, und deren schon bei Bacharach gedacht wurde, führte seinen raschen Tod herbei, und nun bemächtigte sich Hermann der Burg Rheineck. Allein nur kurze Zeit sollte er sich ihres Besitzes erfreuen. König Conrad III, dem er lange genug getrotzt und dessen Pläne er völlig vereitelt hatte, zog gegen Rheineck im Jahre 1151 und belagerte die Burg mit Macht. Trotz der tapfersten Gegenwehr erlag Rheineck, und was der König in gerechtem Zorne gelobt, das ließ er zur Thatsache werden. Die stattliche Burg wurde gebrochen, und die geschwärzten Mauerreste gaben Kunde, daß im Dienste der zerstörenden Menschenkraft ein noch mächtigerer Bundesgenosse gewaltet hatte. Die Ruinen wurden von Dornen und Gestrüpp überwuchert, und erst nach dreizehn vollen Jahren, nachdem sich in Personen und Zuständen Vieles geändert hatte, wich der Gräuel der Verwüstung von dem öden Burgberge Rheinecks.

In einem Streite, welcher zwischen dem Pfalzgrafen Conrad von Hohenstaufen und dem Erzstift Köln ausgebrochen war, bemächtigte sich der damalige Dechant Graf Philipp von Heinsberg im Jahre 1164 des Burgberges im Auftrag des Erzbischofs Reinald, eines Grafen von Dassel, welcher den Kaiser Friedrich I auf seinem Römerzuge begleitete. Durch einen Eilboten ließ er dem Dombechanten den Befehl zugehen, sofort den Aufbau der Burg an die Hand zu nehmen und dafür zu sorgen, daß sie stärker erstehe, als sie einst gewesen. Zu solcher Eile hatte der Erzbischof seine guten Gründe. Eine Burg mehr und eine Burg von solcher Bedeutung fiel schwer in das Gewicht zu einer Zeit, wo Gefahr drohte von Seiten Friedrichs und des fehdelustigen Pfalzgrafen Conrad. Er griff den Bau mit großer Thatkraft an. Ein dem Erzstift gehöriges Gebäude zu Köln ließ er dort abbrechen und auf Rheineck wieder errichten. Da die Mittel in ihrem frischen Flusse nicht stockten, so wuchs die Burg mit Schnelligkeit aus der Erde hervor, thurmreich, fest und gewaltig. Doch erlebte Reinald die Vollendung des Baues nicht mehr. Sein

Nachfolger, der erwähnte Philipp von Heinsberg, legte die letzte Hand daran und umgab die Veste mit Gräben und einer furchtbaren Ringmauer.

So war Rheineck eine kölnische Landburg und „eine der vier Säulen des Erzstifts".

Sie wurde nach ihrer Herstellung an ein Burggrafengeschlecht vergabt, das sich „von Rheineck" nannte und im Laufe der Zeit dem Erzstifte viel zu schaffen machte, weil es auf alle mögliche Weise darauf bedacht war, das Lehensverhältniß der Kölner Erzbischöfe abzuschütteln.

Um das Jahr 1275 waren die Rheinecker Burggrafen ebenso angesehen als mächtig, und ihres Schutzes sich zu sichern, war ein Gegenstand der Bestrebungen für die umherliegenden Klöster und Abteien, welche selbst die bedeutendsten Opfer nicht scheuten, desselben theilhaftig zu werden. So trat die Abtei Sanct Thomas bei Andernach, jetzt ein Aufenthaltsort unheilbarer Irren, große Wiesenflächen als Lehen an den Burggrafen zu diesem Behufe ab. Andere, wie Laach und Siegburg, ahmten nothgedrungen einem Beispiele nach, das seine Wurzeln in Zeitverhältnissen hatte, welche hülflosen geistlichen Stiftern schwere Prüfungen bereiteten, da ihnen die Raubritter keine sonderliche Liebe trugen, — weil die reichen Güter ihrer Vorfahren in ihre Hände übergegangen waren und sie von ihrem rohen Standpunkte aus die Beraubungen und Erpressungen nur und lediglich als Zinsen eines ihnen gehörenden Capitals ansahen, welches das geängstete Gewissen ihrer ritterlichen Ahnen ihnen selbst entfremdet hatte.

Als Lehensträger des Erzstifts mußten die Burggrafen dem Heerbanne des jeweiligen Erzbischofs Folge geben; aber die Lust, diesen wie den Kaisern Widerstand zu leisten, scheint ihnen doch auf lange Zeit vergangen zu sein im Rückblick auf Konrads III empfindliche Züchtigung. Es fehlt auch nicht völlig an Beispielen, wo sie Kämpfe für den Erzbischof bestanden. Denn – im Jahre 1288 stritt der Burggraf Johann von Rheineck in der Schlacht von Worringen auf der Seite des Erzbischofs. Er fiel wie viele der Kampfgenossen desselben in die Gefangenschaft Gerhards von Jülich, aus der ihn nur ein schweres Lösegeld befreien konnte. Wie sich der Kaiser zu diesem Streite verhielt, ist unentschieden. Da der Landfriede gebrochen war, blieb es wohl nicht ohne Rüge; allein auch jetzt schlug für den Helfer und Helfershelfer die Sache schlimm aus, und der Rheinecker zahlte, wie man am Rhein sagt, die theure Zeche.

Wild und gewaltig waren die Burggrafen wie Alle, die ihren Fuß in den ritterlichen Steigbügel setzten, und in jenen Tagen gehörte es zum Ritterthum, Wegelagerer, Plünderer und Zollerheber für eigene Rechnung zu sein.

Klimsch gez. Stahlstich v. Carl Mayer's K-A in Nürnberg.

Rheineck.

Verlag von Julius Niedner in Wiesbaden.

Der Beispiele waren zu viele, vorleuchtende, die Ernte zu leicht und zu lockend, als daß nicht auch der Burggraf von Rheineck hätte in die Reihe seiner wegelagernden Standesgenossen treten sollen, deren Thaten an Kaufleuten und Juden, an Bürgern und Bauern, an Klöstern und Abteien den Inhalt der belachten und bewunderten Erzählungen bei gemeinsamen Gelagen ausmachten. Wenn vollends der Erzbischof Zölle auflegte, warum nicht auch der Burggraf aus eigner Machtvollkommenheit? So ließ er denn, — weil das Gewissen doch eine mögliche Strafe in Aussicht stellte, den ganzen Burgberg umwallen, den Grabenauswurf mit eingerammten, oben zugespitzten Baumstämmen umzäunen und die Landstraße abgraben, so daß oben aller Landverkehr, wenn er wollte, gehemmt war; ja er ging noch weiter, er ließ eine ungeheuer starke und schwere Kette schmieden, welche von einem Ufer des Flusses bis zum andern reichte, und an beiden Ufern kleine Thürme erbauen, welche Windewerke enthielten, um die Kette stramm zu spannen oder locker in die Tiefe des Flusses sinken zu lassen. Dadurch hatte die Schiffahrt ein Hinderniß, das unüberwindlich war. Die Schiffe mußten einen willkürlich angesetzten Zoll erlegen, um durchgelassen zu werden. Jeder Einwand, welchen die reichen Kaufleute in Köln, die Lombarden in Bingen und die Zunft der Kaufleute in Mainz und Frankfurt erhoben, blieb erfolglos und erntete von Seiten des Burggrafen nur Hohn — und erhöhten Zoll. Sich an die Satzungen seines Lehensbriefes haltend, meinte er, das sei seine Sache und was Anderen recht, das sei ihm billig, und als der Erzbischof Wichbold, der damals mit den Bürgern von Köln im Frieden lebte, es ihm verbieten wollte, erwiederte Burggraf Johann von Rheineck: daß er es nicht dürfe, stehe nicht in seinem Lehensbrief, sei in dem Lehenseid nicht benannt, und somit gehe es den Erzbischof nichts an. Der Erzbischof, dem dies harte und unartige Wort gegen die Stirn fuhr, bezwang seinen Zorn und suchte durch friedliche Unterhandlungen zu dem erwünschten Ziel zu kommen, allein der Burggraf setzte ihm einen harten, unbändigen Trotz entgegen, und — als alle Güte vergeblich erschöpft war, da mußte der Ernst mit seinem ganzen Gewicht auf ihn fallen. Der Lehenshof wurde versammelt und — erkannte zu Recht, daß der ungehorsame, seine Befugnisse trotzig überschreitende Vasalle aller seiner Lehen entsetzt werde.

Das hatte der Burggraf nicht erwartet, und der Schlag kam schwer genug, um Nachdenken bei ihm zu veranlassen. Sollte er sich hinter seine Wälle, Zäune, Mauern und Gräben verschanzen und seinem Lehensherrn trotzen? Da trat die Heldengestalt Kaiser Konrads vor seine Seele und das, was er einst dem widersetzlichen Burggrafen gethan. Griff der Erzbischof, unterstützt von der ganzen Macht der Stadt Köln, seine Lehensburg an, so lag die Gefahr unendlich nahe, daß er erliegen würde und erliegen müßte. Da rieth die Klugheit, zum bösen Spiele gute Miene machen. Er zog die Kette ein; er warf den Wall zu, legte die Pallisaden nieder, stellte die Heerstraße wieder her und beugte sich unter den erzbischöflichen Hirtenstab mit Zerknirschung auswendig, aber mit Zähneknirschen inwendig. Solche Demuth mußte belohnt werden, und er wurde ebenso feierlich, wie er seiner Lehen entsetzt worden war, 1301 wieder in dieselben eingesetzt mit dem ausdrücklichen Bemerken, daß Rheineck Offenhaus der Kölnischen Kirche und des Burggrafen rechtes Erblehen sei. Damit war der Handel abgethan. Dieser Burggraf Johann war übrigens das vollendete Bild eines Raubritters jener Tage: wild, trotzig, schonungslos und sich nur fügend, wenn aus dem Widerstand schwere Folgen erwachsen konnten; dann aber auch nur — bis zum nächsten Losbrechen des alten Unfugs.

Sein wilder, unbändiger und gewaltiger Sinn führte auch sein schauervolles Ende herbei.

Es war am Weihnachtsfeste des Jahres 1374, als die Edlen des Landes im Rittersaale von Godesberg beim frohen Mahle um ihren Gebieter, den Erzbischof Friedrich III, versammelt waren. Als der edle Ahrwein die Köpfe zu beherrschen anfing, ereignete sich ein Auftritt schauderhafter Art. Neben dem Ritter Rollman von Sinzig saß der Burggraf Johann von Rheineck. Zwischen Beiden, deren Beziehungen zu einander nicht freundlich waren, entspann sich bald ein Wortwechsel, der von Augenblick zu Augenblick an Heftigkeit zunahm. Da riß der Burggraf blitzschnell die Klinge des Dolches aus der Scheide, und ehe ein Nachbar auch nur im Stande war, das Geringste zur Abwehr zu thun, saß der Dolch des Burggrafen im Herzen des Ritter Rollmann, der, ohne einen Laut von sich zu geben, todt zurücksank.

Entsetzen und Unwille ergriff die ganze ansehnliche Versammlung. Es war ein um so größerer Frevel, als er eine Entweihung des heiligen Festes, einen schnöden Bruch des Gastrechts, eine Geringschätzung des Landesherrn und Großwürdenträgers der Kirche in sich schloß. Keiner aber war heftiger erzürnt als der Erzbischof selbst. Er ließ den Rasenden in das Verließ des Hauptthurms werfen und ihn am folgenden Tage öffentlich vor dem Burgthor von der Hand des Scharfrichters enthaupten.

So tief war die Entrüstung über die ruchlose That, daß den so rasch und kräftig einschreitenden Erzbischof kein mißbilligendes Urtheil traf, selbst nicht von Denen, die an Rohheit dem Mörder gleich, seine Standesgenossen waren.

Daß der Erzbischof nur den Schuldigen gestraft und den Söhnen die Lehen unverkürzt überließ, das wirkte sehr wohlthätig. Gerade durch dieses Benehmen gegen die Familie schlug er jede Regung des Uebelwollens nieder und söhnte die Ritterschaft wieder mit sich aus. Unter Johanns Söhnen erhielt Heinrich durch Heirath einen Theil der Herrschaft Tomburg, und seine Nachkommen nannten sich nach ihr und der später erworbenen Herrschaft Broich Herren zu Tomburg und Broich. Kaiser Sigismund ertheilte 1422 der Familie die im Ahrthal liegende Herrschaft Landskron zu Lehen, und gleicherweise empfing diese vom Grafen Philipp zu Katzenelnbogen 1446 einen Theil der Olbrück'schen Besitzungen.

Schon um das Jahr 1548 erlosch der Mannesstamm der Burggrafen. Die Ritter von Warsberg, welche durch Heirath der Familie der Letzteren angehörten und überhaupt ihre Erben waren, machten aus demselben Grund Ansprüche auf das Erbe der Lehen. Das hatte indessen große Schwierigkeiten, da es nur Mannlehen waren und dieselben beim Erlöschen des Mannsstammes jederzeit an den Lehensherrn zurückfielen. Dennoch gelang es dem Ritter Johann von Warsberg nach langem, vergeblichen Bemühen, im Jahre 1574 die sämmtlichen Lehen zu erhalten, welche dem Stamme der Burggrafen gehört hatten.

Nahezu ein Jahrhundert waren jene Lehen im Besitze der Warsberge. Im Jahre 1654 verkauften sie dieselben mit der Einwilligung des Erzbischofs an den Grafen von Sinzendorf, und dieser empfing die Belehnung von Kurköln. Der Preis, welchen Graf Sinzendorf an die Warsberge gab, war siebentausend Ducaten, aber — als 1689 die Franzosen mit der Brandfackel und dem Brecheisen durch die Rheinlande zogen, um ihre Spur durch rauchende Trümmer und Ruinen zu bezeichnen, da nahmen sie Rheineck in Besitz mit der wohl bekannten Absicht, würden aber einstweilen es sich haben gut sein lassen auf Kosten der Besitzer, bis es ihnen genehm gewesen wäre, auch ihr gastliches Obdach zu zerstören; doch der Herzog von Lothringen nahte sich dem Erzstifte Köln, und da war nicht zu zögern. Sie steckten die Burg an allen Ecken an, und als sie unter ihrem Jubelgeschrei niedergebrannt war, zogen sie fröhlich davon. An ein Aufbauen wurde nicht mehr gedacht. Nur ein Haus stand in den Ruinen, — die Wohnung des Oberförsters. Die gräfliche Familie von Sinzendorf blieb im Besitz der Burggrafschaft und ihrer Lehen, allein sie wohnte nicht innerhalb der Grenzen derselben, nicht auf dem linken Rheinufer, als das Revolutionsheer sich über das schöne Rheinland ergoß und die alten Formen alle brachen.

Das Abwesendsein der Eigenthümer reichte aus, die Besitzungen als Staatsgut zu betrachten und als gute Beute anzuziehen. So geschah es denn, daß, als die sogenannten „Nationalgüter" versteigert wurden, Rheineck in die Hand des Oberförsters Schurp kam, der sich die Wohnung in den Ruinen erbaute.

Bei der Regulirung der Territorialverhältnisse erhielten die Grafen Sinzendorf zur Entschädigung für die Verluste bei Rheineck das Dorf Winterrieden in Würtemberg und eine Rente von 1500 Gulden, weil die Burggrafschaft Rheineck ein uraltes Reichslehen gewesen war.

Se. Excellenz der Herr Minister von Bethmann-Hollweg ersah sich, als er noch Curator der Universität Bonn war, die schöne Höhe von Rheineck zum Orte eines Schloßbaues, kaufte die Ruinen nebst dem dazu gehörigen Gelände von dem gedachten Oberförster und legte den Bau eines mittelalterlichen Schlosses in die Hand des Baumeisters de Lassaulx in Koblenz. So empfing die herrliche Gegend eine neue Zierde.

Rheineck erstand und wurde auf's Geschmackvollste und Schönste im Innern ausgeschmückt. Es ist mit seinen Gärten und Anlagen ein wirklich bezaubernder Aufenthaltsort. Jeder, auch wenn er mit dem Dampfrosse oder Dampfschiff vorüberzieht, wird es sich sagen, daß dort oben, wo der schöne Burgbau steht, eine köstliche Aussicht sein müsse; aber wenn er oben den Blick umherschweifen läßt — links zu den nahen und fernen Eifelkuppen, rechts in das herrliche Rebengebirge — und dann wieder in das wundervolle Thal des Rheines und in die Ebene gegen Godesberg hin, er wird es gestehen müssen, daß er weder solchen Reichthum, noch solche Herrlichkeit der Umschau ahnte. Welche Ereignisse, welche Kämpfe gehen da im Wechsel der Zeiten am Auge des Geistes vorüber, während das leibliche Auge auf dem Schauplatze derselben ruht! Welche Kämpfe wütheten selbst um das alte Rheineck! Endlich ward es die Stätte der Wissenschaft, des edelsten Lebensgenusses, des schönsten Familienglücks und eines ungestörten Friedens.

Die Burg Arenfels

unterhalb Hammerstein, auf dem rechten Ufer des Rheins.

Auf einem Hügel, etwa 160 Fuß über dem Spiegel des Rheins, liegt die Burg Arenfels (nicht Argenfels oder Arienfels) sonnig und frei, am

Fuße von Rebengrün umrankt und im Rücken sich schön abhebend von dunklem Walde.

Der 1869 verstorbene Besitzer der Burg und ihrer Umgebungen, Graf Friedrich Ludolf von Westerholt=Gysenberg, erkaufte die damalige Ruine mit der Umgebung im Jahre 1850. Er schritt alsbald zum Aufbau derselben, zur Anlage des Schloßgartens, sowie der parkartigen Umgebung mit geschmackvoller Benutzung des von der Natur Dargebotenen, und so ist die stattliche, räumlich sehr umfangreiche Burg erwachsen, in welcher der Burgherr die schöne Jahreszeit zu verleben pflegte, und die zu den Zierden der schönen Ufer des Stromes gehört.

Wie fast überall die ersten Anfänge der alten Burgen am Rhein schwer zu ermitteln und zu bestimmen sind, so ist es auch bei Arenfels. Nach alter Angabe hat Heinrich II von Isenburg in der Theilung der Güter und Lehen mit seinem Bruder Gerlach im Jahre 1232 denjenigen Landstrich erhalten, der sich unterhalb der Burg Hammerstein drei Stunden lang und eine Stunde breit am Rhein hinabzieht, und unter Zustimmung seines Lehensherrn, des Erzbischofs von Trier, sich entschlossen, an der schönen, sonnigen Stelle eine Burg zu erbauen, die er dann zu Ehren seiner Gattin Mechtild von Are und Hochstaden Arenfels nannte.

Doch andern Nachrichten zufolge scheint diese Angabe mehr von einem Auf= oder auch nur Ausbau und Herstellung der viel älteren Burg Arenfels zu sprechen. Es klingt zudem sagenhaft, daß die junge, schöne Mechtild den Gedanken freudig ergriffen, und als die Burg gar frisch und keck in das herrliche Rheinthal hinausgeschaut und sie dieselbe zu ihrem Wohnsitz erwählt, der liebende Gatte, um seiner Mechtild den Klang des Namens der väterlichen Burg Are (bei Altenahr im Ahrthale) zu erhalten, die Burg „Arenfels" genannt habe.

Die gedachte Brudertheilung fällt nämlich später, und zwar gegen die Mitte des dreizehnten Jahrhunderts, und nicht Heinrich II, sondern Gerlach erhielt Arenfels, das schon sein Vater besessen und vielleicht erbaut hatte. Er war mit einer Gräfin Elsbeth von Cleve vermählt, als er in der Theilung „Arenfels mit Zubehör" empfing. Ueber die Grenzen des Arenfelsischen Gebietes gerieth er mit Johann, dem Burggrafen von Hammerstein, in eine heftige „Spänne", die erst 1266 zu einer Einigung gedieh. Ob sie, wie es in der Zeit lag, zu einer blutigen gegenseitigen Befehdung ausartete, ist nicht bekannt.

Die Einigung beider Streitenden kam Samstag nach Remigius 1266 zu Stande; sie stellte fest, daß Gerlach auf der Burg Arenfels die Gerichtsbarkeit zu Hönningen und Argendorf auszuüben, Niederhammerstein aber dem Burggrafen zu überlassen habe. Gerlach scheint um 1303 gestorben zu sein. Er hinterließ drei Söhne, unter denen Theodorich abwechselnd den Namen von Isenburg und von Arenfels führt.

Sein Sohn Gerlach verpflichtete sich noch bei seines Vaters Lebzeiten, dem Erzbischof Balduin von Trier mit seinem Leibe und seinen Schlössern zu dienen.

Theilungen unter den Gliedern der verschiedenen Aeste des Hauses Isenburg und neue Bestätigung der Lehen sind das Einzige, was in Bezug auf die Burg Arenfels urkundlich erscheint, auch wohl eine Fehde derselben, die, wie im Jahre 1373, zwischen den Agnaten der Isenburg-Grenzau und Isenburg-Büdingen gegen die Isenburg-Arenfels an die Burg Arenfels heranbrauste, ohne daß diese indessen erobert oder beschädigt worden wäre. Eine Schlichtung endete sie, und zwei Hochzeiten unter den Familiengliedern, von denen man freilich nicht weiß, wie weit die Herzen dabei betheiligt waren, drückten der Einigung das fröhliche Siegel auf. Daß also damals schon Ehen gemacht wurden auf dem Wege des klugen Berechnens, dürfte schwerlich einem blutenden Herzen unserer Tage mehr sein als ein „trauriger Trost, Schicksalsgenossen zu haben".

Obgleich die Burg stets den Isenburgern blieb, so erscheint in späteren Tagen doch oft die Betheiligung mehrerer Aeste der Familie an derselben, was wohl nur an der Erweiterung der Familie gelegen hat. Ein sogenanntes „Ganerbenhaus" war sie indessen nicht, da fremde Ritter nicht Lehen in der Burg erhielten.

Im Jahre 1333 nennt sich Gerlach II Graf von Arenfels, und diese Bezeichnung tritt im Jahre 1340 und 1359 urkundlich wieder auf, um dann zu verschwinden. Es scheint eine Amtsbezeichnung Gerlachs II gewesen zu sein, welche auf den Lehensherrn in Trier hindeuten möchte.

Ein Doppelbesitz der Burg erscheint wieder im Jahre 1371. Erzbischof Kuno von Trier, der kriegslustige, tapfere Falkensteiner, ertheilt nämlich in diesem Jahre dem Grafen von Isenburg Wilhelm I das Lehen der Burg Arenfels nebst der Vogtei, dem Gerichte und den Gütern zu Hönningen, jedoch nur zur Hälfte, da Salentin IV die andere Hälfte fünf Tage später urkundlich von demselben Lehensherrn erhielt.

Solche Erbtheilungen und Lehensüberträge haben ihr Trockenes und Ermüdendes für den Leser, wenn Begebenheiten fehlen; darum wenden wir uns einer solchen zu, die freilich der alten Burg Arenfels keine Ehrenkrone flicht; aber, möchte Der fragen, der ehrlich den Wegen der Geschichte folgt, ist denn in jenen Tagen auch nur eine dieser Burgen ganz frei von dem Schmutzfleck des Raubens und Wegelagerns, ganz frei von dem „Schnapphahnenthum"? —

Zur Zeit, als noch der Vater der beiden Isenburger zu Arenfels, Wilhelm I und Salentin IV, lebte, sie aber ritterliche Jünglinge waren, überfielen diese Dreie mit deren Mannen, dem Ritter Velten von Isenburg und dem Grafen Wilhelm I von Wied, eine Schaar kölnischer Kaufherren, die mit kostbaren Waaren den Rhein herauf zur Messe nach Frankfurt am Main zogen, beraubten sie und schleppten sie selbst als Gefangene weg. Der Werth der Waaren, die, wie ausdrücklich berichtet wird, in „Gewanden" bestanden, betrug die damals sehr hohe Summe von 4000 Gulden. Um sicherer zu sein, führten sie die Gefangenen von der Burg Arenfels weg nach der Isenburg. Ein schweres Lösegeld stand in Aussicht, man sieht, die Praxis der „Briganti" in den Apenninen und den Abruzzen Mittel- und Unteritaliens in unserm Jahrhundert ist nicht eben neu. Dieser Stammbaum reicht weit hinab in der Zeiten Schooß! — Den Gefangenen blühten keine Rosen, so wenig in Isenburg wie ein paar hundert Jährchen später in dem berühmten „Rubenkeller" in der Burg Ebernburg des sonst so ehrenwerthen Ritters Franz von Sickingen an der Nahe bei Kreuznach.

Einer der Knechte jener Kölner entwischte in dem Tumulte der Ueberrumpelung „mit heiler Haut" und eilte, gen Köln hin die Mähr zu tragen zu den Angehörigen der Beraubten und Gefangenen.

Die Bürger der reichen Handelsstadt und die „Innung der Kaufleute allda" geriethen in Feuer und Flamme, und zwar um so mehr, als der Vater und Großvater der „Frevler" bei einer ähnlichen Veranlassung auf das „Grundrecht", das heißt das „Recht", Zölle und Abgaben nach Vermögen und Lust auf dem Rhein und dem „Pilgerpfade" am linken Rheinufer zu erheben, urkundlich hatten verzichten müssen und dieser Verzicht lange Zeit die Strecke des jenseitigen Gebietes der Burg Arenfels für die „Krämer von Köln" sicher erhalten hatte.

Der Erzbischof von Köln konnte, eingedenk jener Urkunde, nicht gleichgiltig bei diesem „Landfriedensbruche" bleiben; ob er gleich Alles aufbot, die Stadt selbst vor einem geharnischten Fehdezug gegen Arenfels zurückzuhalten, der ihre Mauern und Thürme schwerlich gebrochen haben würde, so wurde ihm dies doch sauer. Er wandte sich „mit bitterer Beschwer" an den Grund- und Lehensherrn, den mächtigen Erzbischof von Trier, Kuno von Falkenstein, und das war Wasser auf dessen Mühle; denn er dämpfte gern den Uebermuth der Vasallen seines Stuhles und freute sich der Gelegenheit, die stolzen Isenburger seine eiserne Faust fühlen zu lassen.

Zuerst betrat er den Weg der Verhandlungen; er forderte nicht nur die Rückgabe des geraubten Gutes, sondern auch die Befreiung sämmtlicher Gefangenen ohne Lösegeld und endlich die Beschwörung der „Urphehde" ihrer Väter. Dazu hatten jedoch für's Erste die Herren keine Lust. Auch machten sie nicht einmal den Versuch, sich weiß zu brennen, der ohnehin bei der offenkundig gewordenen Sache vergeblich gewesen wäre, sondern erwiderten trotzig, sie erachteten sich gar nicht gebunden an ihrer Väter erzwungenen Verzicht auf das „Grundurrecht".

Kuno, der eine solche Antwort erwartet haben mochte, war nicht der Mann langstieliger Unter- und Verhandlungen, sondern frischer, derber That. Erzürnt bot er seine Vasallen und sein Heergefolge auf und fiel „mit großem Genugen und Gewalt" in Gerlachs und seiner Söhne Gebiet ein. —

Auch die Schuldigen hatten sich vorgesehen und gerüstet. Sie hüteten sich aber, dem Feinde im offenen Felde entgegen zu gehen, und warteten in ihren beiden Burgen auf sein Nahen.

Die Limburger Chronik entwirft ein Bild von dem ritterlichen Kirchenfürsten. Sie sagt von ihm: „Es was Herr Chuno ein herrlicher, „starker man, woll proportioniret von Leib und gross von allen Glie- „dern; er hatte ein gross Haubt midt einem strauben, weiten und „brunen Crullen (lockigem Haupthaar), ein breit Angesicht mit pusenden „Backen, ein scharf mannliches Gesicht, einen bescheiden Mundt, die „Glaffern (Lippen) etzlicher massen dicke, die Nase breidt, mit geroumen „Naslöchern, die Nase was in der Mitte niedergedrücket, mit einem „grossen Kinne, midt einer hohen Stirne; er hatte auch eine grosse „Bruste und seine Augen rottelfarbig. Er stunde uff seinen Beinen „wie ein leuwe und hatte gutlich Geberde gegen seine guten Freunde „und gegen seine unterthanen. Wenn er aber zornig was, dann schüt- „terten und puseten ihme die Backen, es stunde ihme weisslich und „herrlich woll ahn."

Kuno, das lesen wir aus diesem trefflich gezeichneten „Conterfei" heraus, war ein Mann voll Kraft und Muth und nicht geneigt, auf halbem Wege Halt zu machen, sondern das, was er unternommen, gründlich auszuführen. Wohl wissend, um was es sich handelte, wollte er diesmal seine Gegner gründlich demüthigen und ihre Kraft völlig brechen. Darum nahm er sich Zeit zu dieser Fehde.

Da die Sayner und Wieder bei diesem Handel keine reinen Hände hatten, so fiel er bei Engers ein, eroberte Engers und Reul und baute sich, während er die Burgen eingeschlossen hielt, seine Zwingburg Cunostein-Engers in gemüthlicher Ruhe. Mußten doch des Feindes Land und Leute nicht nur ihn und die Seinen nähren, sondern Hand- und Spannfrohnden bei seinem Burgbaue thun. Darauf nahm er Dierdorf und andere Orte und machte sich nun auf, Arenfels, den Hauptsitz der „Uebelthäter", zu belagern.

Es war unschwer einzusehen, daß an Widerstand auf die Dauer nicht zu denken war, und ein heilsamer Schrecken vor dem Gewaltigen, der nicht von seinem Ziele ablenkte, fuhr in die Glieder der Ritter, die gehofft haben mochten, daß es so weit nicht kommen würde. Ihr Hauptschrecken war die Burg Cunostein-Engers; denn die saß ihnen auf dem Nacken, und aus ihr trat ihnen allzeit gewappnet der „Herr Chuno mit den pusenden Backen" entgegen.

Sie wählten klüglich den Weg der Vermittelung, als sie Kuno's schauerlichen Ernst sahen, und er — lachte in seine derbe Faust und dachte sie gründlich zu zähmen. Dazu war er angethan, zumal er es reichlich aushalten konnte im Feindeslande, während dieser Feind in seinen Mauerresten an das Aufhören der Lebensmittel zu denken sich gezwungen sah, namentlich bei langandauernder Umzingelung der Burgen.

So kam die Fehde endlich zum Austrag. Ohne Lösegeld zahlen zu müssen, zogen die „kölner Krämer" heim, aber auch mit dem ihnen geraubten Gute. Hatten sie doch Verlust genug und in der Haft nicht wenig gelitten. Was aber schlimmer war als das eidliche Gelöbniß des Nichtmehrthuns und der erlittene große Schaden, — die Ritter hatten die Burg Cunostein-Engers als Wächter ihres guten Betragens auf dem Nacken und waren abhängiger denn je von dem Erzbischof, der ihnen so empfindlich die Klauen gezeigt hatte, besonders der von Wied, welcher Dierdorf als Lehen von Kuno hinnehmen mußte. —

Nach dem Tode des alten Gerlach, etwa um 1373, kam es zu ernstlichen Reibungen unter den Isenburgern über die Erbtheilung in Betreff der Burg Arenfels. Sie wurden beigelegt, und die Isenburg-Grenzauer erscheinen im Mitbesitze der Burg; das geschah in Folge der bereits oben erwähnten Familienverheirathungen.

Eben der verstorbene Gerlach, der zu dem Ueberfallen der „kölner Krämer" die Veranlassung gegeben, war seiner Zeit ein wilder Geselle. Wie er der Abtei Rommersdorf mitgespielt, möchte hier nachträglich darum zu erzählen sein, weil es von Arenfels aus geschah. Er war Schirmvogt des Klosters, erweiterte aber die Grenzen dieses an sich einträglichen Amtes in dem Maße zu seinem Vortheil, daß der Abt den Ruin seines Convents vor Augen sah, wenn der Schirmvogt fortfuhr, also zu schirmen. Als die Mönche

Klage erhoben, legte er sich vor das Kloster und fing jeden Mönch weg, der sich herauswagte, schleppte diese Gefangenen in die Verließe von Arenfels und ließ sie nur gegen ein hohes Lösegeld wieder los; ja er raubte dem Kloster die Ackerpferde vom Pfluge weg und zwang den Abt, sie ihm theuer wieder abzukaufen. Endlich nahm er des Klosters Zehntscheuer und Kelterhaus in Besitz und natürlich die Zehnten dazu. Damit war es klar, daß Hunger und Durst das Loos der Mönche werden mußte. Jetzt raffte sich der Abt auf, und — wahrnehmend das alte Sprüchwort:

„Der Spatz vom Hirsenfelde träumt,
„Wenn längst das Eis die Ufer säumt —"

that er ihn in den Bann!

Gerlach mußte des Irrthums in der Zeitrechnung wegen herzlich lachen. Der Bann hatte keine Wirkung mehr, und Gerlach blieb in seinem Besitzstand und freute sich des reichen Zehntens.

Als der Abt sah, daß Alles erfolglos blieb, wußte er heimlich und von dem wachsamen Schirmvogt unbemerkt einen Mönch aus dem Kloster zu bringen, der nach Trier eilte und dem Erzbischof die absonderliche Art des Beschirmens kund that.

Da brach das Wetter los, und der Schirmvogt kam auf bessere Gedanken, als der Erzbischof mit Krieg drohte und Miene machte, vom Worte rasch zur That zu schreiten. Er bot die Hand zum Frieden, mußte aber auf seine Beeinträchtigungen des Klosters verzichten und Besserung geloben. Die Klugheit des Abtes dem wilden Ritter gegenüber war groß. Daß er den Bann aufhob, war, weil er furchtlos geblieben, selbstredend, aber daß er Zehntscheune und Kelterhaus ihm zum Mitgebrauch einräumte und zu Hönningen einen eigenen Priester bestellte, der jedsonntäglich auch den Gottesdienst in der Capelle zu Arenfels zu versehen hatte, war mehr, als man erwarten durfte.

Die Zeit der Reformation brachte auch hier eigenthümliche Zustände. Graf Ernst von Isenburg-Grenzau bewohnte seit 1631 die Burg Arenfels. Er gerieth mit dem Grafen Johann Wilhelm von Wied in eine „scharfe Spänne" wegen der Kirche im Thale Isenburg. Der Graf von Isenburg-Grenzau war dem „alten Glauben" ergeben und beschwerte sich, daß der von Wied „unkatholische Prediger" bei jener Kirche angestellt habe. Solche Klage war vollständig dazu angethan, den Erzbischof von Trier in Harnisch zu bringen. Er schritt scharf gegen den von Wied ein, der nicht anders konnte als, da die Sache richtig war, jene „unkatholischen Geistlichen" zu entfernen. Diese Nachgiebigkeit gefiel aber dem Erzbischof so wohl, daß er ihn 1632 sogar mit einem Theile von Arenfels belehnte. Der Graf Ernst von

Isenburg=Grenzau lebte übrigens noch 1656 auf Arenfels, was eine von ihm auf der Burg in diesem Jahre ausgestellte Urkunde erhärtet.

Mit dem Jahre 1664 und abermals 1670 scheint das trierische Lehen der Burg und Herrschaft Arenfels heimgefallen zu sein, da Erzbischof Karl Caspar, selbst ein Glied der Familie von der Leyen, seine Verwandten mit der Burg und Herrschaft Arenfels und ebenso mit dem Amte Hammerstein belehnte.

Ob eine Leyen'sche Linie ausstarb oder aus welchem Grunde sonst, das Lehen wurde, wie bemerkt, 1670 abermals, und zwar ausdrücklich „die Herrschaft Arienfels", wie die Urkunde den Namen schreibt, den von der Leyen ertheilt, aber unter einer Bedingung, welche bei jenem Lehen durch Erzbischof Karl Caspar nicht gestellt worden, daß nämlich die Empfänger an die kurfürstliche Hofkammer 20,000 Thaler trierisch entrichten mußten. —

Ob damals die Burg noch im Stande war, und ob und wieviel sie im dreißigjährigen Kriege und den nachfolgenden Zeiten gelitten, ist unbekannt, doch läßt das Erwähnen der Burg darauf schließen, daß sie bis 1670 noch nicht völlig Ruine war. Den Franzosen scheint es vorbehalten gewesen zu sein, zu den vielen von ihnen gemachten Ruinen auch diese zu fügen. Und sie war gründlich gebrochen, die altehrwürdige Burg, die als Trümmerhaufen mit wenigem aufrechtstehenden Mauerwerk unserm Jahrhundert überliefert wurde.

Sowohl die Ruine als die Güter blieben im Besitz der Familie von der Leyen, bis zum Jahre 1850, in welchem sie der Graf Westerholt kaufte, um die Burg aufzubauen.

Eine Sage, welche man dem Stromberg im Siebengebirge zuschreibt, gehört unzweifelhaft der Burg Arenfels zu; ich trage daher nicht das mindeste Bedenken, sie hierher zu verlegen, und zwar um so mehr, als Hauptbegebenheiten derselben die Burg Arenfels zum Schauplatz haben und eine der Hauptpersonen der Sage dieser Burg angehörte.

Ein junger Ritter, dessen Geschlechtsname verschieden angegeben wird, dessen Taufname aber Diether gewesen sein soll, und der einem Rittergeschlechte des inneren Landes angehörte, wurde von der Begeisterung ergriffen, das heilige Grab den Ungläubigen zu entreißen, und kam an den Rhein, um sich den Kreuzfahrern anzuschließen. Er trug das heilige Zeichen schon, als er eines Abends auf der Burg Arenfels die Gastfreundschaft in Anspruch nahm.

Damals bewohnte die Burg ein alter Ritter, der Wittwer war, und dem zwei Kinder, lieblich blühende Töchter, von seiner Kinderschaar übrig geblieben waren.

Freundlich wurde der Ritter Diether aufgenommen, und was Küche und Keller vermochten, trug die schöne, wirthliche Jungfrau Bertha dem Gaste auf, der einen mächtigen Eindruck auf sie gemacht und ihr ob seines edeln und heiligen Entschlusses doppelt werth war. Schien ihr doch der Entschluß, für des Herrn Ehre zu kämpfen, um Vieles höher, als sich um seinetwillen in ein Kloster einzuschließen.

Im Kloster war Ruhe und Wohlhaben, dort im fernen Morgenlande Kampf und Entbehrung, Sclaverei und Tod zu erwarten.

Solche Gedanken gingen durch der Jungfrau Seele, der ritterliche Pilger erschien ihr in einem Heiligenscheine, und ihre ganze Seele gehörte ihm in voller frommer Hingabe.

Ach, das gute Kind ahnte kaum, daß diese anbetende Liebe dem schönen jungen Manne galt, in dessen Auge sich das ihre versenken mochte, ohne daß sie es doch wagte hineinzuschauen.

Wie so oft im Leben ein Blick in's Auge ein inneres Verstehen wirkt und ein inneres Sichangehören vollendet, so war es hier. Sie sehen, in ihr tiefes, seelenvolles Auge schauen und von nun an ihr ganz angehören, das war eines Augenblicks Werk und entschied doch für und über das Leben.

Aber in des Ritters Seele entstand nun auch jener schwere Kampf zwischen dem mächtigsten Gefühle und der kalten, ernsten Pflicht, ein Kampf, der schon so oft verhängnißvoll für das Leben geworden ist.

Es wurde Diether um so schwerer, als sich Bertha nur zu bald über die eigentliche Natur ihrer Gefühle klar wurde und zum vollen Bewußtsein darüber kam, als sie in Liebe an seiner liebenden Brust lag.

Der Abt des Klosters Rommersdorf war der treue Freund des Ritters von Arenfels. An dieses würdigen Mannes Herzen beichtete Diether, wie es um ihn und um Bertha stand, und wie herbe ihm der Kampf sei. Dem edeln Abte gelang es, den jungen Ritter auf dem Pfade der Pflicht und der Treue gegen sein heiliges Gelöbniß zu erhalten, indem er ihm das Glück an Bertha's Seite, durch väterlichen und priesterlichen Segen geheiligt, als Preis seiner Hingabe an sein Gelöbniß und die heilige Sache, der es galt, in der Ferne zeigte. — Das Alles wirkte mächtig auf die Liebenden, deren Bund nun der alte Arenfelser segnete. Ergeben in das Unabänderliche, hoffnungsvoll in das Dunkel der Zukunft blickend und voll Vertrauen auf den Herrn schieden sie, und das Schifflein trug Diether gen Köln, wo die Freunde und Gelöbnißgenossen seiner harrten.

Als er so versunken in das Weh des Scheidens den Rhein hinabfuhr und hier und da ein einsam Capellchen und dabei eines Einsiedlers Klause erblickte, da gelobte er heilig und theuer dem Herrn, daß, wenn er ihn glücklich wiederkehren und Bertha heimführen lassen wolle, er zu seiner Verherrlichung auf dem Stromberg, über welchen ihn sein Weg geführt, und der seiner väterlichen Burg am nächsten gelegen war, eine Capelle und eine Klause bauen und begaben wolle, um für ihr Bestehen zu sorgen.

Wunderbar war dieses Gebetes und Gelöbnisses Wirkung, denn es däuchte ihm, als trage er das „Ja und Amen" der Besiegelung seines Gelöbnisses schon in der eigenen Brust, und die Freudigkeit, welche dies Bewußtsein weckte, verließ ihn nicht wieder auf dem langen, beschwerlichen Zuge, auf der unheimlichen Meerfahrt, unter den wilden und blutigen Kämpfen mit den Sarazenen, zu denen ihn der Führer Stimme rief, als er kaum in Joppe's Hafen gelandet. —

Es war übrigens, wie wenn das Scheidewort seiner Bertha zu einer wörtlichen Wahrheit geworden wäre!

Sie hatte gesagt: „Meine Gebete umschweben Dich als schützende Engel!" Denn wie blutig auch die Schlachten waren, in denen sein tapferes Schwert mitschlug, wie blutig auch oft die Niederlagen, welche die Kreuzfahrer erlitten, nie ritzte eines Schwertes Spitze oder Schärfe seine Haut, nie entrann ihr ein Tröpflein Blut. Der Todesengel ging an ihm vorüber, und heilige Schutzengel hielten ein schirmendes Schild über sein Haupt. — Das machte ihn tollkühn und übermüthig. Er hielt sich für gefeiet, und das veranlaßte ihn, sich überall den größten Gefahren auszusetzen.

So kam es denn, daß er stets der Vorderste, der Tapferste war, geliebt und bewundert von seinen Waffenbrüdern; aber einmal gereichte ihm doch diese Tollkühnheit zum Verderben.

Ohne um sich zu sehen, stürmte er auf die Feinde ein und bemerkte nicht, daß die Seinen durch einen Hinterhalt abgeschnitten worden. Jetzt umringten ihn die Sarazenen, und wie groß auch sein Muth und sein tapferes Wehren war, er wurde ihr Gefangener. —

Wohin sie ihn schleppten, er wußte es nicht; aber es war weit weg von den Bergen Jerusalems, weit weg vom Kampfplatze seiner Brüder, und an dem unbekannten Orte erwarteten ihn Ketten und ein dumpfes Gefängniß. —

Es war eine lange, lange Zeit, daß er dort die Fesseln trug und nur wenig Tageslicht sah, wie lange, — das wußte er nicht; aber diese Zeit hatte ausgereicht, um aus den bisher Besiegten Sieger zu machen, dem heiligen Kreuzeszeichen die Obmacht über den Halbmond zu geben. Die Sarazenen wichen immer weiter zurück, und hatten die Christen früher nur Verluste zu beklagen, so trugen sie jetzt das siegende Panier des Kreuzes über Strecken Landes, wohin früher noch nie die Macht der Kreuzfahrer gereicht hatte.

Diethers Gefängniß war hart, obwohl ihm an Leibesnahrung nichts abging; aber — Fesseln! — Und er war ein Freigeborener, der sie weder geistig noch leiblich jemals getragen! Gefangener im engen Raume, — und er war gewohnt, sich mit seinem Schlachtrosse draußen zu tummeln. Hier unthätig, und draußen wogte der blutige Kampf, und er wußte nicht einmal, wie das Zünglein in der Wagschaale stand! Das senkte seine Seele in tiefes Leid.

Da war es ihm eines Tages, als dränge ein ungewöhnliches seltsames Geräusch an sein Ohr. Er lauschte. — Es kam näher. Es war Waffenklirren! Bebend vor innerer Bewegung sprang er auf und horchte an der vergitterten Taglucke. — Da hörte er durch das wildeste Kampfgewühl die heiligen Laute seiner Muttersprache! Ueberwältigt sank er auf seine Kniee und flehte: Herr, erbarme Dich und gib ihnen den Sieg!

Und der Herr erhörte sein Gebet; kaum einige Stunden später lag er an der Brust seiner Freunde und Waffenbrüder und athmete wieder frei Gottes reine, frische Luft!

Aber wie war er elend geworden in der langen Haft! Sein Arm vermochte nicht mehr das Schwert zu führen, seine Beine versagten den Dienst bei der allergeringsten Anstrengung. Ruhe und sorgliche Pflege war ihm Bedürfniß, um wieder zu erstarken.

Nach Joppe hinab an's Ufer des Meeres zum Athmen der stärkenden, seiner leidenden Brust so wohlthätigen Seeluft wurde er gewiesen; aber die Freunde, von welchen dies geschehen, ahnten nicht, welche Wirkungen die weite See, die kommenden und dahinsegelnden Schiffe auf sein Gemüth ausübten. Das Heimweh, die unstillbare Sehnsucht nach seiner geliebten Braut am Rheinesstrande ergriff ihn mit einer Macht, die unwiderstehlich war, und sollte Joppe's Strand nicht sein Grab werden, so mußte er heimwärts ziehen.

Sein Gelübde hatte er gelöst wie Wenige. Was konnte ihn zurückhalten? Und — ohne den Kampfplatz wieder gesehen zu haben, noch leidend bestieg er eine genuesische Galeere zur frohen Heimkehr.

Es war wunderbar, wie die Macht des Gedankens auf ihn wirkte, daß jeder Knoten, den das Schiff zurücklegte, ihn der Heimath und seiner Bertha näher bringe!

Noch ehe er nach glücklicher Fahrt in Genua die Küste Europa's betrat, war er genesen, kräftig wie früher. Ueber die mächtige Mauer der Alpen hinüber eilte er dem Rhein zu. Der war ja der silberglänzende Weg, welcher ihn dem Ziele seiner Wünsche zuführte. —

Wie pochte sein Herz, als die bekannten Gestade an seinem Auge vorüberzogen!

Jetzt umschiffte er die Felsen von Hammerstein. Dort oben stand das alte Rheineck! Jetzt mußten die Thürme von Arenfels hervortreten; — aber — ein Trümmerhaufen war es, den er statt der thurmbewehrten, stolzen Burg erblickte! —

Er sprang an's Ufer. Er stürmte die Höhe hinauf. Alles todt und stille, wohin er blickt! — Da preßt's sein Herz, daß der Athem stockt, auf ein Trümmerstück sinkt er nieder, und der Gedanke übermannt ihn, daß es ein Bruchstück der Mauern war, die früher sein Theuerstes umschlossen.

So saß er noch, als die Sonne hinter den Bergen hinabgesunken war und ein Hirte seine Ziegenheerde nach dem Dorfe Hönningen trieb. Der Hirte fand ihn, erquickte ihn und erzählte ihm, wie in einer Fehde die Feinde Arenfels viele Monde lang belagert und es dann erst erobert hätten, als der alte Ritter mit Vielen der Treuen, die bei ihm tapfer aushielten, den Qualen des Hungers zur Beute gefallen sei. Ihre Wuth machte Arenfels zu einem Trümmerhaufen, wie Ihr es vor Euch sehet, schloß der Hirte.

Und wo ist Bertha, des Ritters Tochter, hingekommen? fragte mit bebender Stimme Diether.

Ich weiß es nicht, versetzte der Hirte. Sie und ihre jüngere Schwester waren in der Burg. Es ist kaum denkbar, daß die zarten Jungfrauen die Qualen des Hungers ertragen konnten, ohne ihnen zu erliegen. — —

Die Wirkung dieser Erzählung war eine geistig und leiblich lähmende. Vergeblich bat der Hirte, Diether möge mit ihm gen Hönningen gehen; er blieb in stummem Schmerz unter den Trümmern von Arenfels, und erst als die Frische des kommenden Tages ihn mahnte, brach er auf, um den Weg zur heimischen Burg zu suchen.

Dort erkannte man den Jüngling kaum mehr, der in blühender Jugendfrische von dannen gezogen war und jetzt wie eine wandelnde Leiche zurückkehrte.

Eben jene Nacht, zugebracht in den Trümmern von Arenfels, hatte übel auf seine Gesundheit eingewirkt. Er fiel in eine schwere Krankheit, und nur seine Jugend und die treue, unermüdete Pflege der Seinen gewann ihn dem Leben wieder, das er gern hätte hingeben mögen, da jeder Schimmer einer Hoffnung, seine Bertha unter den Lebenden wiederzufinden, geschwunden war.

Ein Gedanke nur beseelte ihn in den Tagen der langsamen Wiedergenesung, — der, auf dem Stromberg, wie er gelobt, eine Capelle und eine Klause dabei zu bauen und selbst Klausner zu werden, bis der Herr ihn rufen werde zum Wiedersehn jenseits. Das hob seine Seele aus dem schmerzlichen Brüten, das gab seiner Thätigkeit ein Ziel.

Kaum war er soweit genesen, daß er hoffen durfte das Werk beginnen zu können, da verließ er, allem Bitten und Flehen der Seinen widerstehend, die väterliche Burg. Trauernd sahen sie den kaum erst Heimgekehrten scheiden, um ihn nun für diese Welt gänzlich zu verlieren.

Er schlug den Weg nach dem Stromberg ein. Mächtig zog es ihn dorthin, wo er das Kirchlein bauen, die Klause sich einrichten und betend sterben wollte.

Durch Thäler und Gründe, über Hügel und Berge, durch Hochwald und Haide, alle Schwierigkeiten des unwegsamen Landes muthig besiegend suchte er sich den Weg, und eine wehmüthige Freude zog in seine Brust ein, als er den Stromberg vor seinen Augen sich aufthürmen sah mit seiner geebneten Spitze; aber dennoch übermannte ihn der Schmerz über das verlorene Lebensglück in dem Maße, daß er, oben angelangt, sich in das Moos niedersetzen mußte, welches die Erde bedeckte.

Als er sich wieder gesammelt und ermannt und durch das Gestrüppe durchgewunden hatte, wie erstaunte er, als er auf des Berges dichtbewaldetem Scheitel eine schlicht und einfach erbaute Klausnerhütte fand und ein hohes Kreuz dabei errichtet, zu dessen Füßen, mitten in den Blumen, die ihre Hände gepflanzt, zwei Klausnerinnen im härenen Gewande knieten und beteten. —

Er wollte ihr inniges Gebet nicht stören und lehnte sich stille an den Stamm einer weitästigen Buche, bis sich Beide endlich erhoben.

Wie erschrak er, als die eine der beiden Klausnerinnen, ihn erblickend, einen Schrei ausstieß, und sein Name aus ihrem Munde an sein Ohr schlug! —

Wenige Augenblicke später lag seine Bertha, die von ihm als todt beweinte Bertha von Arenfels an seiner Brust, und eine Wonne, wie sie keine Worte schildern können, zog in das bis jetzt so gebeugte Herz ein. —

Was er nach dem ersten Sturme der Freude des Wiedersehens von Bertha über ihre Geschicke erfuhr, war nur in besondern Umständen abweichend von dem, was ihm der Ziegenhirte auf der Trümmerstätte von Arenfels erzählt, und das Abweichende bestand darin, daß ihr alter Vater von einem feindlichen Pfeilschusse getödtet worden war, und daß dann der alte Knappe ihres Vaters sie und ihre Schwester, als der letzte Sturm gegen die Burg ausgeführt wurde, auf einem unbekannten, vom Vater ihm gezeigten, verborgenen Gange in's Freie geleitet hatte, wo sie, ziemlich ferne von dem wilden Kampfe, in's Gebirge entfliehen konnten.

Klimsch gez.

Stahlstich v. Carl Mayers K-A in Nürnberg.

Schloss Argenfels.

Verlag von Julius Niedner in Wiesbaden.

Bei einer Köhlerfamilie fanden sie eine hinlänglich verborgene Zuflucht, bis die Fackel des Krieges erlosch. Dann, als Beide den Entschluß gefaßt, als Klausnerinnen auf dem Stromberg ihr Dasein zu fristen, baute ihnen der Köhler die Klause, zimmerte das Kreuz und richtete es auf, und so waren sie nun schon zwei Jahre in der Welt verschollen und vergessen und lebten, nur Uebungen der Andacht und der christlichen Liebe sich hingebend, hier oben im Frieden und im Gebet. Ein Gärtlein an sicherer Stelle, einige Ziegen, die sie weideten und pflegten, reichten hin, sie zu nähren.

Diethers Kommen und Wiederfinden gab nun der Lage der Dinge eine völlig veränderte Gestalt; denn Bertha hatte ja nirgends Profeß gethan; kein anderes Gelübde band sie als das, dem Geliebten, dem sie Liebe und Treue bewahrt hatte, zum Altar zu folgen.

Die Schwester aber wies auf's Festeste jede Bitte, mit dem glücklichen Paar in's Weltleben zurückzukehren, von sich ab. Sie blieb in der Klause, bis Diether das Kirchlein ihr erbaute und eine Klause, die sie vor der Unbill der Witterung auf dieser rauhen Höhe schützen konnte.

Ich bete für Euer Glück! sagte sie, als die Beiden in der Begleitung des Köhlers vom Stromberg schieden.

Der Köhler führte sie auf näherem Wege nach Diethers väterlicher Burg, die durch seine Rückkehr mit Bertha von Jubel erfüllt wurde. Hier feierten sie ihre Hochzeit, und Diether weilte mit seiner Bertha so lange im Kreise seiner Familie, bis er Bertha's Rechte gesichert, das Lehen der Burg und Herrschaft Arenfels empfangen und der Erzbischof von Trier den Aufbau der Burg Arenfels gestattet hatte. Diese erhob sich stattlich aus ihren Trümmern, und als sie wieder, stolz und herrlich neuerbaut, in's Rheinthal schaute, da zogen sie, ein glückliches Paar, in die schönen Räume ein und gedachten an ihre schweren Prüfungen und deren glückliches Ende mit Dank gegen Gott. Oft waren sie droben bei der Schwester in der Klause, deren Gebete sie schützend umrankten, bis sie den Entsagungen und Entbehrungen, denen sie sich willig unterzog, erliegend, ihr Grab in dem Kirchlein fand, bethaut von den Thränen dankbarer Liebe. Drunten aber in der Burg blühte ein rüstiges Geschlecht auf, die Kinder Diethers und Bertha's.

Sinzig.

Wo die Ahr aus ihrem schönen, mit Recht viel besuchten und bewunderten Thale herauskommt und die hohe Landskrone mit ihren Ruinen und ihrer Capelle als Thalwächter ihr Haupt kühn und trotzig erhebt und weit hinauf in's Ahrthal schaut und weithinaus in's Rheinthal, liegt das alte Sinzig, vom Rhein aus gesehen in kleiner Entfernung von seinem linken Ufer. Man hält seinen Ursprung für römisch und leitet seinen heutigen Namen von dem römisch klingenden Sentiacum ab. Wie viel davon auf die oft erwähnte Sucht, überall Römerspuren und Römerwerke zu finden, wie viel auf historische Wahrheit kommt, ist schwer zu bestimmen. Unmöglich und ganz unglaublich ist der römische Ursprung nicht, wenn auch kaum zweifellos erweisbar.

Die glückliche Lage des Ortes mußte ihm übrigens schon frühe eine Bedeutung geben, die über das Gewöhnliche hinausging; aber sie mußte ihm auch in den Zeiten, da das Schwert über Recht und Unrecht entschied und die wilde Leidenschaft in der Wagschaale schwerer zog, als Gerechtigkeit und Billigkeit, besonders aber in jenen Tagen, da von der Burg Landskrone aus, die Philipp, der Hohenstaufe, als „Zwingköln" 1206 erbaut, dessen verwüstende Züge in's Kölner Land gegen den ihm feindlichen Erzbischof gingen, viel Schweres bereiten und ihm den Kelch der Trübsal reichen, den es oft genug im Laufe der Zeiten zu leeren hatte.

Hohe Mauern, deren Ursprung nicht genau nachzuweisen sein dürfte, umgaben und umgeben heute noch das Städtchen. Es besaß einen fränkischen Königshof, ein Palatium bei der Kirche, dessen schon 762 urkundlich gedacht wird und das bis in's 14. Jahrhundert beim Reiche verblieb. In ihm ging eine „weiße Frau" um, jedoch kein Schreckbild, sondern ein lieblich anzuschauendes Frauenbild mit wundervoll schönen Augen und herzgewinnenden Zügen. Kein Sterben, kein Stammerlöschen knüpfte sich der Sage nach an ihr Erscheinen. Sie rasselte mit schwerem Schlüsselbund im Gürtel und winkte, liebreich bittend, Dem, welchem sie erschien. Wäre ihr Einer mit gutem Muth und festem Vertrauen gefolgt, so erzählt man in Sinzig, so würde sie ihn zu einem reichen Schatze geführt haben, der sie nicht ruhen ließ. Aber — wer mochte es wagen?

So ist sie unerlöst geblieben, und man zweifelt gar nicht, daß sie zu Zeiten auch noch in dem neu erbauten gothischen Schlößlein umgeht, welches ein Herr Bunge auf den Grundmauern des fränkischen Königshofes erbaut hat, wenn nicht etwa heimlich seine glückliche Hand beim Bau den Schatz hob und so die weiße Frau erlöste, ohne es zu wollen und zu wissen.

Aber auch aus früherer Zeit hat die Sage einen Strahlenkranz um Sinzig gewoben. Von hier aus soll Kaiser Constantin jenen Kriegszug begonnen haben, der so entscheidend für den Sieg des Christenthums wurde; hier soll ihm das wunderbare Gesicht geworden sein, jenes strahlende Kreuz am tiefblauen Himmel, begleitet von der Verheißung: „In diesem Zeichen wirst du siegen!"

Wie an der Mosel und namentlich in Trier die Kaiserin Helena eine merkwürdige Rolle spielt, so auch hier, wo in der Nähe eine Klosterstiftung ihren Namen trägt; sie soll die schön hergestellte Kirche erbaut haben, was indessen sagenhaft erscheint, da diese Kirche der Uebergangsperiode angehört vom Rundbogen- in den Spitzbogenstil und bei ihr der Rundbogen noch vorherrscht. Sie ist aus Tuffstein erbaut, und die Zeit ihrer Entstehung dürfte in die erste Hälfte des dreizehnten Jahrhunderts zu setzen sein. Jedenfalls ist sie ein schönes Bauwerk aus dieser Periode und hat durch die sorgfältige Erneuerung im Geiste ihrer Zeit, welche in unseren Tagen vollendet wurde, wesentlich gewonnen. Wäre etwas an der Ueberlieferung, so möchte es höchstens das sein, daß an der Stelle der späteren Kirche ein altes Baptisterium, eine „Taufcapelle", gestanden; doch ist urkundlich aus früherer Zeit nur die Rede von einer Kirche zu „Senzecke", welche Kaiser Lothar dem Marienstifte zu Aachen geschenkt hatte, und die 1198 von böhmischen Söldnern im Dienste Philipps von Schwaben sammt dem Orte zerstört ward.

Eine natürliche Mumie, gleich den Mönchen auf dem Kreuzberge bei Bonn, wurde hier in früheren Zeiten gefunden. Daß es ein Heiliger war, der nicht verwesen sollte, lag außer Zweifel. Wie man aber darauf kam, ihn den „heiligen Vogt" zu taufen, ist eine verwunderliche Geschichte. Die Mumie ruht in der östlichen Nebencapelle unter einer Glasüberdachung und liegt so schon, ohne eine Spur der Verwesung, nachweislich bei zweihundert Jahren. Dieser „Alte" wurde von den Franzosen bei der Besitznahme des linken Rheinufers als eine besondere Merkwürdigkeit zum nicht geringen Unwillen des Volkes nach Paris entführt. Als die geraubten Schätze zurückgegeben werden mußten, forderte auch Sinzig seinen „heiligen Vogt" zurück und erhielt ihn. Seitdem ruht er unangefochten in seinem sichern Glasschrein.

Als königliche Villa war Sinzig Gegenstand häufiger Verleihungen. So schenkte Heinrich IV 1065 den Ort seinem Freunde, dem Erzbischof Adalbert von Bremen, in dessen Händen er jedoch nicht lange blieb. Das Marien- und Adalbertsstift zu Aachen sowie St. Cunibert zu Köln besaßen durch Schenkung und Erwerb bedeutende Güter in der Ortsgemarkung.

Für seine Dienstleistungen bei der Königswahl räumte Adolph von Nassau dem Erzbischof Sifrid von Köln wesentliche Rechte an Sinzig ein, und Erzbischof Wichbold erhielt von König Albrecht den ganzen Ort auf Lebenszeit.

Aber auch die Stadt selbst hatte sich mancherlei Gnaden von Seiten der deutschen Könige und Kaiser zu erfreuen, namentlich von Adolph von Nassau und Heinrich dem Luxemburger. In dem Palatium hielt sich gar mancher der Herrscher bei seinem Zuge nach dem Niederrhein gern auf; so weilte Friedrich Barbarossa allein viermal in dessen Mauern.

In ihm saßen als Ministeriale des Reiches die adeligen Herrn der Umgegend. Schon gegen das Ende des zwölften Jahrhunderts erscheint hier ein Rittergeschlecht, das sich „von Sinzig" nannte und bei den Hohenstaufen in hohem Ansehen stand. Unter seinen Gliedern zeichnete sich besonders aus Gerhard, zwischen 1209 und 1246 Amtmann von Sinzig und Burggraf auf Landskron, welcher in den Kämpfen und Fehden Friedrichs II und Conrads IV treu zu deren Partei hielt.

Daß ein zahlreicher Adel hier seßhaft war, dafür zeugen die sieben festen Häuser, welche in der Stadt und deren Weichbild lagen. Unter ihnen waren die bedeutendsten das Gudenhaus, eine Niederburg auf dem linken Ufer der Ahr, mit welchem König Adolph den Ritter Heinrich, genannt der Gude, belieh als offenes Haus für ihn und seine Nachfolger, und das Schloß nordöstlich vor der Ringmauer der Stadt und durch eine Brücke mit ihr verbunden, welches Markgraf Wilhelm von Jülich zwischen 1337 und 1348 hier errichtete. Leider sind sie, zum Theil bis auf den letzten Stein, verschwunden.

Bis 1336 gehörte Sinzig zum Reiche. In diesem Jahre verpfändete es Ludwig der Baier für 15,000 Gulden an den Markgrafen Wilhelm von Jülich, ertheilte ihm die Lehensrechte und entließ für die Dauer der Pfandschaft dessen Einwohner aus dem Reichsverbande. Diese bestätigte Karl IV 1348 nochmals, sie wurde indessen niemals eingelöst. Sinzig gehörte seitdem zu Jülich und bildete ein Amt des Herzogthums. Im Jülich-Clevischen Erbfolgestreit kam die Stadt an Pfalz-Neuburg und verblieb in dessen Besitz bis zur Auflösung des deutschen Reichs.

Die ziemlich hohe Lage Sinzigs läßt es vom Rhein aus ganz überblicken, und besonders schön nimmt sich die Kirche aus.

Alle die kriegerischen Ereignisse seit den verheerenden Streifzügen der Normannen und Ungarn, von denen in den Schilderungen der umliegenden Orte bereits geredet worden ist, haben die Stadt in ihren verhängnißvollen Kreis gezogen, und die Franzosen in früheren Zeiten waren hier, wie das Volkslied sagt: „die besten Brüder auch nicht", wie sie es überhaupt nirgends am Rhein waren.

Stadt Linz

auf dem rechten Rheinufer mit den Burgruinen Dattenberg und Ockenfels.

Kaum haben auf dem linken Ufer des Stromes die Blicke auf der neu erbauten Burg Rheineck geweilt und das sonnig gelegene, neu aufgebaute Arenfels auf dem rechten Ufer begrüßt, so wendet sich der Rhein in einem Bogen nach rechts, und auf dem rechten Ufer treten eine alte Stadt, Linz, oberhalb derselben, etwas zurück im Thale, eine alte Ruine, der Thurm der Burg Dattenberg, und abwärts, unterhalb derselben, die Ruinen der Burg Ockenfels auf mäßiger Höhe dem Auge entgegen.

Es ist ein schönes Bild, auf welchem gern der Blick weilt, und ahnend, daß auch hier eine sturmbewegte und ereignißreiche Zeit ihre Eindrücke gelassen, fragt der Reisende nach Ursprung, Geschichte und Untergang des einst hier Gewesenen.

Berichten wir in gedrängter Kürze das, was uns die Vergangenheit unbezweifelt überliefert hat, und richten wir uns genau darnach, wie die drei Punkte uns vom Ufer aus entgegentreten.

Ein schmales, gegen den Rhein hin sich öffnendes Thal des rechten Ufers gestattet uns einen Blick in seinen ziemlich engen Raum. Da ragt oben auf der mäßigen Höhe ein alter Thurm hervor mit wenigem Mauerwerk, und daneben steht ein stattliches modernes Wohnhaus.

Der Thurm ist das „Frit", der Hauptthurm der alten Burg Dattenberg. Er allein ist übrig geblieben von der nicht unbedeutenden Burg, die einst hier stand und in ihren sonstigen Theilen dem Sturme der Zeit nicht trotzen konnte, vielmehr ihm erlag.

Die Anfänge dieser Burg müssen, obgleich keine sichere Kunde davon uns aufbewahrt ist, in das Ende des zwölften oder in den Beginn des dreizehnten Jahrhunderts hinabreichen; denn schon 1242 wird ihrer gedacht als eines Besitzthums der Gräfin Mechtild von Sayn.

Als wehrhafte Burg hatte sie ihre „Burgmänner", die, weil sie in einem „ordentlichen und gesetzlichen Lehen" auf der Burg saßen, den Namen derselben trugen. In dem nahen Sinzig begegnet uns in diesen Zeiten ein Rittergeschlecht, zahlreich an Gliedern, viel und mit Ehren genannt, das sich durch alle Geschlechtsfolgen, die wir urkundlich verfolgen können, nach dem Namen ihres Burgsitzes „von Sinzig" nannte. Von diesem Geschlechte aber zweigte sich wohl eine Linie ab, deren Mitglieder als Burgmänner in Dattenberg (auch als Dadenberg, Dadinberg, Daten- und Datinberg vorkommend) erscheinen und sich nach ihm „von Dattenberg" heißen. — Daß diese dem alten Ritterstamme zu Sinzig angehörten, beweist das gleiche Wappen, welches in einem goldenen Adler mit blauem Schnabel, schwarzen Krallen und goldener Krone im rothen Schilde bestand. Als Helmkleinod erscheint ein Eselskopf mit rothen Ohren und rother Zunge. Die Helmdecke, das Schild umwallend, ist ebenfalls roth. Es gab übrigens noch ein anderes, in der Eifel vorkommendes Geschlecht von Dattenberg, welches die Burgmannschaft in Mayen inne hatte, scheint jedoch mit diesem Geschlechte nicht zusammengehörig gewesen zu sein, weil es ein völlig verschiedenes Wappen führte, und nur die gleiche Helmzier gab Veranlassung, auf Verwandtschaft und gemeinsamen Geschlechtsursprung zu schließen.

Um 1242 saß nach einer Urkunde Werner von Dattenberg auf der Burg.

Auch die Isenburger, übrigens dem Geschlechte von Sayn versippt, waren berechtigt auf Dattenberg; denn im Jahre 1248 beurkundete Erzbischof Conrad von Köln, daß Heinrich von Isenburg auf alle Ansprüche an die Güter in mehreren unsern liegenden Orten und auch auf Dattenberg zu Gunsten der obengedachten Gräfin Mechtildis von Sayn Verzicht geleistet habe.

Die „Ganerbschaften" und Lehensberechtigungen verschiedener Geschlechter an solch' einer Burg sind oft sehr verzweigt und bereiten dem Forscher außerordentliche Schwierigkeiten. So auch hier.

In der Zeit dem gedachten Werner nachstehend, tritt ein Wilhelm von Dattenberg auf, der vielleicht sein Sohn war. Er ist dadurch merkwürdig, daß von ihm die Burg Dattenberg an den Erzbischof Heinrich II von Köln in der ersten Hälfte des vierzehnten Jahrhunderts überging sammt allen dazu gehörigen Gütern (Weinbergen, Ackerländereien und Waldungen) nebst allen Gerechtsamen. Geldmangel trieb vielfach die Ritter zu solchen Schritten, und sie empfingen dann ihr verkauftes Gut wieder als Lehen. Die geistlichen Herren hatten meist das Geld und machten sich gar gern die „weltlichen Arme sammt den Schwertern" pflichtig für „böse Tage"; dem herabgekommenen Adel war damit eine Rettungsthür geöffnet, die ihm das väterliche Erbe nicht entzog. Wie aber die Burg ritterliches und verkäufliches Eigenthum wurde, da doch urkundlich die Gräfin Mechtild von Sayn im ersten Besitz war und die Burg ohne Zweifel der Familie der „Herrn von Sinzig" zu Lehen gegeben, ist eins der schwer lösbaren Räthsel, die in jenen Tagen uns so häufig vorkommen.

Daß aber dieser Wilhelm von Dattenberg der edlen Sinziger Familie angehörte, geht daraus deutlich hervor, daß der Erzbischof, als er den gedachten Kauf abgeschlossen hatte, die Burg Dattenberg und ihr „Zubehör" mit der Burg Arenthal zu dem Ahrer (Altenahrer) Burglehen schlug und damit den Ritter Rollmann von Sinzig belehnte, weil wahrscheinlich der Ritter Wilhelm von Dattenberg mittlerweile das Zeitliche gesegnet hatte. Bedingung dieser Belehnung war, daß allemal der Aelteste der Söhne beide Burgen Dattenberg und Arenthal als ein „Burglehen von Ahr" besitzen solle. Diese Lehensvereinigung wurde indessen schon 1352 mit Bewilligung des Oberlehensherren, des Erzbischofs Wilhelm von Köln, getrennt, um zwei Söhne gleichmäßig zu bedenken. Die mit Dattenberg belehnten Herrn von Sinzig nahmen nun wieder den Namen der Burg an, und das Dattenberger Lehen blieb bei dem Stamme bis in die Mitte des sechzehnten Jahrhunderts.

Das Geschlecht blühte, an Sprößlingen reich, und daß es eine ehrenwerthe Bedeutung hatte, dafür zeugt der Umstand, daß unter den Urkunden jener Tage fast keine einzige vorkommt, an die sie nicht als Zeugen ihr Siegel hingen, und daß die weiblichen Glieder der Dattenberger Sippe in klösterlichen, oft sehr bedeutenden Würden auftreten.

Das Geschlecht starb durch die kinderlose Ehe Hermanns von Dattenberg und den ehelosen Stand des Deutschordens-Comthurs Dietrich von Dattenberg aus, und aus besonderer Gnade verwandelte der Erzbischof das Mannlehen in ein Frauen- oder „Kunkellehen", und nun trat die Vatersschwester in das Lehenserbe ein und trug es auf ihren Gatten, einen von Lülsdorf über; indessen blieb das Lehen nicht lange bei diesem Geschlechte. Dasselbe starb um die Mitte des siebenzehnten Jahrhunderts aus, und der Erzbischof und Kurfürst Max Heinrich von Köln belehnte nun mit Dattenberg Joh. Friedrich Raiz von Frentz, der den Lülsdorfs durch eheliche Verbindung angehörte; allein auch dieser starb ohne Erben, und die Hofkammer zog das Lehen wieder ein, verlieh es dann einem von Metternich, und die wechselnden Zeitverhältnisse brachten in der Folge das Burglehen zuerst an Nassau-Weilburg, später an Preußen.

Der preußische Domainenfiskus verkaufte 1822 das Gut sammt der Burg, die aber längst schon, wahrscheinlich im Orleans'schen Kriege durch die Franzosen, zur Ruine geworden war, an den kölnischen Appellationsgerichtsrath Dahm, und dieser veräußerte Burg und Gut wieder im Jahre 1837 an den Notar Stoppenbach in Köln. Leider ließ dieser Besitzer aus unbekannten Gründen das hohe Frit um vierzig Fuß erniedrigen. Er vergrößerte den Besitz durch Ankäufe zu einem landtagsfähigen Rittergute.

Das Dorf Dattenberg verdankte der Burg sein Entstehen und blieb als Zubehör stets bei derselben.

Eine halbe Stunde tiefer liegt, sanft an aufsteigender Höhe hingelehnt, das alte

Linz,

das zum Unterschiede von mehreren seines Namens in andern Gegenden Deutschlands „am Rheine" bezeichnet wird und unter dem Namen Lincheסce schon 874 vorkommt, dann aber, abweichend von dieser seltsamen Urform, 930 als Linsan, später nur als Linse, Lyns, dann für immer als Linz auftritt.

Linz war die Haupt- und Amtsstadt des kurkölnischen Amtes Linz und Altwied und hierdurch schon der Sitz der Beamten.

Es ist zu verschiedenen Malen der Kriegsstürme gedacht worden, welche diese rheinischen Gegenden überzogen. Linz mußte den Kelch dieser Leiden meist bis auf die Hefen leeren, obgleich seine Bürger einst den Ruhm der Tapferkeit wohlverdient sich erworben hatten. Die Bedeutung, welche es ehedem besaß, hat die Zeit zerstört, aber noch sind Denkzeichen aus jenen Tagen in Fülle erhalten, bei denen Der sinnend weilt, welcher aus der Vergangenheit gern die Gegenwart vor sich erstehen läßt. Dazu gehören die zahlreich einst vorhandenen, aber nur theilweise noch erhaltenen Gotteshäuser, Klöster, Mauern, Thürme, Denkmäler Verstorbener und Anderes.

Die Stadt verräth ihr Alter auch durch die winkeligen, engen Gassen, welche übrigens darauf hinweisen, daß in den Tagen, wo der Mann dem Manne sich anschließen mußte, um seine Freiheit, sein Recht, die Seinen, seine Habe und sein eignes Leben zu vertheidigen, das sich Nahewohnen seine große Bedeutung hatte. Vor einigen Uebeln waren zwar die Alten durch ihre winkeligen Gassen bewahrt, welche uns in den breiten, geraden, sich rechtwinkelig schneidenden Straßen heimsuchen, ich meine: Erkältung, Schnupfen, Zähnepein. Ohne aber grade ein Lobredner solcher krummen Gassen zu sein, möchte ich doch noch erinnern, daß die grade Linie nicht die der Schönheit ist. Daran haben freilich die Alten nicht gedacht. —

Der alte Marquardus Freher, der so gern überall den Ursprung (selbst der Namen) auf die Römer zurückführt, würde hier sich vor der „Barbarei" abwenden; denn von Römern und ihrem Treiben, ihren Kunststraßen, Wachtthürmen und Mauern findet sich bei Linz keine Spur. Es ist ein deutscher Ort. Ob es eine spottende Benennung ist, die man, Linz am Rheine mit dem Linz an der Donau vergleichend, dem die Stadt theilweise durchströmenden Bache beigelegt, der „die Donau" heißt, mag dahingestellt bleiben, da sich auch noch eine andere Deutung des Namens dieses Baches vollkommen rechtfertigen läßt, ohne an Oesterreichs gewaltigen Strom und die gleichnamige Stadt an ihm denken zu müssen.

Zudem stammt des Baches Name aus einer Zeit, welche jene Auslegungsweise kaum zulässig erscheinen läßt. —

Wenn nun Linz auf den römischen Ursprung verzichten und solchen Ruhm der jenseitigen Schwesterstadt Sinzig überlassen muß, so mag es sich stolz eines deutschen rühmen. Zum Engersgau gehörig erscheint es unter dem Namen „Linchesce", wie oben bemerkt, im Jahre 874 in einer Schenkungsurkunde der „Aebtissin Regenbierg", einer Tochter des edlen „Gericus", welche ihre Erbgüter in der Nähe von Linz mit allen Weinzehnten dem von ihrem Vater gegründeten adeligen Damenstift „Gerresheim" überließ. Dies brachte Linz in eine enge Beziehung zu dem genannten Kloster, welches, wie aus einer Lokalsage sich möchte schließen lassen, auch den Pfarrsatz in Linz besessen zu haben scheint. Die Sage ist diese: Einst weilte zur Herbstzeit die Abbatissin von Gerresheim in Linz. Sie war „edeln Stammes", stolz und hochfahrend. Bei einem Lustgange durch die reich gesegneten Weinberge von Linz gelüstete es die hohe Dame in härenem Gewande, einige Trauben zu pflücken und zu verspeisen.

Gedacht, gethan; aber der Weinbergsschütze von Linz, seinem Eide treu, verstand das übel und nöthigte trotz aller Widerstandsversuche die „hochwürdigste" — Feldfrevlerin, mit ihm nach dem Rathhause von Linz zu gehen, um ihre „Buße" zu vernehmen. Das Schauspiel war zu neu, zu eigenthümlich, als daß nicht manche schöne Linzerin hinter der stolzen Klosterherrscherin sich zu einem „Kichern" veranlaßt gefunden hätte, und die Gassenbuben, die keine „Standesunterschiede und Vorrechte" respectiren, begleiteten sie mit unzweideutigen Auslassungen ihrer Schadenfreude bis zum Thore, wo die Väter der Stadt zu Recht saßen. Wenn sie auch hier „aus gebührender Ehrerbietung und Gehorsam" nicht zur „Buße" kam, sondern, wie man sagt, „laufen gelassen" wurde, so empörte doch des „Wingertsschützen" rücksichtslose Strenge, der Frauen und Mädchen halblautes „Kichern" und der Gassenbuben Halloh das Gemüth der „Hochwürdigsten" in einem solchen Grade, daß sie ausrief: „Nie soll ein Knabe dieser Stadt, noch einer, den ein Linzer Schooß getragen, Pfarrherr in Linz werden!"

Daß, solange die Zornglühende lebte, dies Verdikt treulich gehalten wurde, läßt sich denken; ob aber später die ihr fehlende christliche Liebe nicht anders urtheilte und handelte, ist nicht bekannt. Es soll indeß kein „Linzer Jung" jemals Pfarrer in der Stadt gewesen sein! —

Trotz dieser aus gekränktem Stolze entsprungenen persönlichen Abneigung einer einflußreichen Domina, die, wie man sich am Rhein über gewisse weibliche Eigenthümlichkeiten ausdrückt: „ihres Kopfes war", wuchs Linz zu Wohlstand und Ansehen heran. Im Jahre 930 noch eine königliche Villa, errang es im Laufe der Zeit Stadtrechte und wurde den rheinischen Städten urkundlich zugezählt, aber — auch durch seine parteiliche Zu- und Abneigung während der Kämpfe der Gegenkaiser Philipp und Otto in einen Schutthaufen verwandelt.

Seine wackeren und tapferen Bürger ließen nun, gewarnt durch dies Mißgeschick, ihre Stadt „reisiger" erstehen. Thürme, Mauern und tiefe Gräben umgaben die Neuerbaute, und daß es damit nicht leichtfertig genommen worden war, bezeugt die hinfort öfters wiederkehrende Benennung „Castrum Linz".

Kaum war dies Werk vollendet, so hätte es auch schon Gelegenheit gehabt, die Probe zu bestehen; denn bei Andernach lagerte eine Rotte Lothringer, wildes, rohes Gesindel, das zu Kaiser Philipps Heer zu ziehen beabsichtigte. Sie waren wohl lüstern nach Linz, aber wagten es nicht, mit ihm anzubinden.

Im Jahre 1247 war Linz im Besitze der bei Dattenberg erwähnten Gräfin Mechtildis von Sayn, wird aber in der Urkunde noch „Villa Linse" genannt. Aus dem Erbe dieser Gräfin muß es herrühren, daß ihre Familie, die Isenburger, in Linz „Höfe" inne hatten. Erst 1250 erscheint Linz im Besitze des Erzstifts Köln und gewann als äußerster rechtsrheinischer Grenzpunkt des Kurstaats an äußerer und innerer Bedeutung, indem es nun zur „Stadt" rechtskräftig erhoben wurde. Die Gräfin hatte nämlich im erwähnten Jahre dem Erzbischof Conrad von Hochstaden ihre rechtsrheinischen Burgen und Güter, welche kölnisches Lehen waren, mit Vorbehalt der Leibzucht geschenkt. Darunter wird aber nicht angeführt eine Burg in Linz, von der indessen die nachfolgende Sage zu berichten weiß.

Caesarius von Heisterbach erzählt von einer jungen Jüdin, die in Linz elternlos in einer Fehde der Stadt übrig geblieben, und bei deren Taufe ein Ritter aus Linz die „geistliche Vaterschaft" übernommen habe.

Die Volkssage — es konnte kaum anders kommen — bemeisterte sich dieses Stoffes, und aus dem Munde einer schönen Linzerin schöpfend, erzählt sie: Das schöne Judenkind, zu dessen Taufpathen der Ritter sich durch warme Theilnahme bestimmen ließ, wuchs in der Linzer Burg auf und wurde zu einer Jungfrau von blendender Schönheit. In des Ritters Herzen wandelte sich aber das warme, christliche Erbarmen in eine heiße Liebe, und obwohl er beträchtlich älter war als sie, gewann der schöne Mann des Mädchens volle und innige Gegenliebe; aber die „geistliche Vaterschaft der Taufe“ stand als unüberwindliches geistliches Hinderniß zwischen zwei Herzen, die eins geworden waren. Das unglückliche Paar mußte sich trennen, und die wunderholde Jungfrau zog sich, wie es der Erzbischof von Köln geboten, in das Kloster St. Katharinen zurück, um das Noviziat unter heißen Thränen und noch heißerem Wehe im jugendlichen Herzen anzutreten.

Da eilte der Ritter gen Köln und erflehte des Erzbischofs Hülfe in Rom, wo allein ein solches Band gelöst, eine solche Schranke entfernt werden konnte. Dem Ritter kam es zu Statten, daß er in Kämpfen und Fehden treu zu dem Erzstift gestanden, daß er mit freigebiger Hand eben das Kloster, dessen Mauern jetzt das Kleinod seiner Seele einschlossen, begabt und beschenkt hatte, und der Erzbischof ließ sich erweichen. Er erbat die Dispensation in Rom.

Aber Tag auf Tag, Woche auf Woche, Monat auf Monat verging und — Rom schwieg! Qualen, wie sie nur eine solche Lage schaffen kann, waren das Loos zweier blutender Herzen; denn das Jahr des Noviziats floß dahin, dessen letzter Tag unwiderruflich der Jungfrau den Schleier, dem Ritter ein elendes Leben, — vielleicht selbst die Eremitenkutte bringen mußte.

Nur noch acht schreckliche Tage, und der gefürchtete Augenblick erschien. —

Da stürmte der verzweifelnde Ritter nach Köln; aber das Wort: Entsaget! war das einzige, welches der Erzbischof aussprach.

In der Verzweiflung sah der Ritter nicht das Lächeln, welches den Mund des Erzbischofs umschwebte, der seiner Liebe Beständigkeit nur prüfen wollte; denn er hatte die päpstliche Lösung schon in Händen, und nach Sanct Katharinen war bereits seine Botschaft abgegangen, das sich härmende Mädchen nicht einzukleiden, sondern sie in Begleitung der hochwürdigen Oberin heimlich gen Köln zu geleiten.

So kam der letzte Tag des Probejahrs. M o r g e n war jede Hoffnung begraben. —

Am Morgen dieses letzten Tages wankte noch einmal der bleiche, gramverzehrte Ritter zur erzbischöflichen Burg. —

Ernst, aber theilnahmvoll empfing ihn der Erzbischof im bischöflichen Ornate, faßte ihn bei der Hand und geleitete den Willenlosen zur Capelle.

Ein Lichtmeer von hundert Kerzen quoll den Eintretenden entgegen.

Was soll das? rief wunderbar ergriffen der Ritter.

Der Erzbischof antwortete nicht, sondern führte ihn an die Stufen des Hochaltars, und — dort trat ihm die bleiche Geliebte, mit dem Brautkranz auf den rabenschwarzen Locken, an der Hand der Oberin von St. Katharinen bei Linz entgegen, und — der Erzbischof vollzog nach Verkündigung der päpstlichen Dispensation die Trauung des schwergeprüften Paares.

Es war ein Ritter von Rennenberg, schloß die Erzählerin. —

Im Jahre 1330 erhob Erzbischof Heinrich von Virneburg Linz zu einer Municipalstadt mit dem Rechte, ihre Beamten selbst erwählen zu dürfen. Er umgab Linz mit stärkeren Mauern und Thürmen und verlieh ihr einen Wochenmarkt. Bei solchen väterlichen Zuwendungen der Erzbischöfe gegen Linz kann es nicht verwunderlich sein, daß, als 1368 der Erzbischof Engelbert III eine feste Burg am Rheinthor in der Stadt erbaute, die Bürgerschaft gelobte: „den Bau ind die Burgh van diesem Dage vort evelichen ind immerme ind truwelichen mit aller onse Macht, als ons selves Lyf ind Guit helpen, huelden, beschirmen ind weren ghen alre malliche u. zu allen Stuinden, wanne ind wilghe Tzyt des Noit gebuert etc.“

Da die Andernacher aufständig geworden waren, so mußten sie geduldig zusehen, daß ihr Zoll vom Bisthumsverweser Cuno von Falkenstein nach Linz verlegt wurde.

Die Summe, um welche Linz an den Herzog von Jülich 1347 verpfändet war, zeugt für seinen hohen Werth in den Augen des Erzstifts.

Eroberung durch nächtliche Ueberrumpelung im Jahre 1366 und ein herber Brand im Jahre 1391 brachten den Wohlstand der Stadt sehr herunter.

Die Wirren im Erzstift Köln, welche mit der Erwählung Erzbischof Ruprechts von der Pfalz anhoben, waren für Linz eine Quelle von mancherlei Leiden und Gefährlichkeiten.

Ruprecht fand bei seinem Regierungsantritt das Erzstift in einem heillosen Zustand. Zum großen Theile verpfändet, suchte er die Pfandschaften zu lösen und sich das Erzstift unterthan zu machen. Als er nun bei diesem Unternehmen nicht nur mit den Pfandinhabern, sondern sogar mit dem eignen Domcapitel in Hader gerieth, versicherte er sich vor Allem der Städte, denen er ihre Privilegien ungeschmälert verbriefte. Jetzt trat auch Linz auf seine Seite. Da er aber hier außer dem alten Zoll einen neuen anlegte und trotz aller Beschwerden die doppelten Gebühren erhob, rückte im Jahre 1470 Landgraf Heinrich von Hessen gegen Linz heran. Die Ankunft Kaiser Friedrichs III führte jedoch die friedliche Beilegung des Streites herbei und rettete die Stadt vor den Schrecken einer Belagerung. Aber damit war sie noch nicht außer Gefahr; denn als Ruprecht, weil er sich des Kaisers Schiedsspruche zwischen ihm und dem Domcapitel nicht fügen wollte,

1473 abgesetzt und an seine Stelle Landgraf Hermann von Hessen zum Administrator des Erzstifts erwählt worden war, verband er sich mit dem Herzog Karl dem Kühnen von Burgund, und dieser warf eine starke Besatzung in die Ruprecht treu ergebene Stadt Linz.

Nach langem Zögern legte sich endlich der Kaiser in's Mittel. Von Andernach aus zog er heran und umschloß Linz. Die Belagerung währte vom 14. Januar bis zum 7. März 1475; von Hunger und Noth besiegt ergab sich zuletzt die Stadt. Auf Grund einer Capitulation erhielt die burgundische Besatzung, vom Volke „Pikarden" genannt, freien Abzug; doch zuvor verübte sie noch einen Act der Rache, sie äscherte nämlich die Burg in Linz ein und zerstörte sie völlig.

Jetzt wandte sich Friedrich III gegen Carl den Kühnen, der schon fast ein Jahr die Stadt Neuß belagerte. Des Krieges müde, schloß er einen Friedensvertrag mit dem Kaiser und zog mit seinen Pikarden davon.

Als nun auch dieser das Reichsheer entließ, marschirte eine Schaar Andernacher fröhlich und arglos der heimischen Stadt zu und lagerte Linz gegenüber in friedlicher Ruhe. Linz und Andernach trugen sich indessen aus früheren Zeiten Haß und Feindschaft, und vielleicht waren die Andernacher, als sich Linz dem Kaiser ergeben mußte, unter den in die Stadt einziehenden Siegern nicht die Freundlichsten; kurz, als in der Nacht im Lager der Andernacher drüben am linken Ufer Alles im tiefen, ahnungslosen Schlafe lag, fielen die Linzer treulos über die Andernacher her, ermordeten viele und schleppten reiche Lagerbeute heim. Ein lauter Schrei des tiefsten Unwillens ließ sich im ganzen Kölner Lande hören, aber soviel bekannt, blieb diese Schandthat unbestraft, die um so empörender erscheinen mußte, als Linz und Andernach seit 1362 in einem Schutz- und Trutzbündnisse standen. Es war die Frucht des auflohenden Parteihaders, und der Nachbarhaß schlug in der Folge so tiefe Wurzeln, daß die beiden Städte ihren Eingesessenen verboten, unter einander in eheliche Verbindungen zu treten.

Doch erfuhr Linz, das sich in seinem Parteihasse gegen Kaiser und Domcapitel aufgelehnt, eine sehr empfindliche Einbuße, als der Zoll 1475 von hier wieder nach dem darüber jubelnden Andernach verlegt wurde, und auch nach dem Rücktritt Ruprechts von der Pfalz, als nun Hermann IV von Hessen den erzbischöflichen Stuhl bestieg, mochte die Stadt wegen ihrer treuen Anhänglichkeit an jenen sich keiner sonderlichen Gunstbezeugungen zu rühmen haben.

Die Reformation fand schon 1542 Haltpunkte in Linz. Die Prediger derselben wurden angestellt und mit Beifall gehört, aber als eine Art

Bildersturm in den Kirchen stattfand, mußte Linz auf einen Befehl des Kaisers, vom 25. Juni 1545 von Worms datirt, die Prediger des Evangeliums entfernen.

In dem blutigen Kriege, welcher in Folge des Religionswechsels und der Verheirathung des Erzbischofs Gebhard entbrannte, versuchten seine Genossen, sich der Stadt zweimal zu versichern, aber die Tapferkeit der Linzer Bürger schlug den Feind zurück, und die Stadt kam ungefährdet hindurch. Nicht ganz so glücklich war Linz im dreißigjährigen Kriege. 1632 gerieth es in die Gewalt der Schweden, die jedoch glimpflicher dort verfuhren als anderwärts. Tapfer schlug Linz die unter dem Befehle des Grafen von Nassau-Saarbrücken heranrückenden Westerwälder Bauern zurück, welche das Amt Altwied geplündert hatten und nichts Besseres in Linz thun wollten, ja selbst Winterquartiere daselbst verlangten. Im Kampfe fiel der Graf, und nun stäubten die Bauern auseinander.

Den gesegneten Gegenden des Rheines war im siebenzehnten Jahrhunderte nur zeitweise Ruhe gegönnt, sich von den Drangsalen kaum durchlebter Tage zu erholen und zu neuen zu stärken, die dann meist bitterer waren als die früheren.

So rückten die Franzosen 1688 in Linz ein, wahrscheinlich vertragsmäßig. Sie waren im Lammpelze gekommen, nur zu bald aber sah der Wolf daraus hervor, dessen Krallen und Zähne die Linzer zu fühlen bekamen.

Da Trierer in der Nähe standen, so ordnete der Rath heimlich Abgesandte dorthin ab, um den Führer des trierischen Heeres anzuflehen, die Franzosen zu verjagen; die Linzer hatten sich indessen in der Stärke der Trierer bitter getäuscht. Sie waren zu schwach, frischer That die Stadt anzugreifen.

Da ersann Einer eine Kriegslist, die auch zum Ziele führte.

Die Trierer erschienen auf dem Berge hinter Linz, und die Franzosen sahen sie unvermuthet anrücken und geriethen in nicht geringe Verlegenheit. Hätten sie ihre Zahl gekannt, sie würden dieselben mit Leichtigkeit überwunden haben; allein die war nicht von ihnen erkundet worden, weil sie sich keiner feindlichen Absichten zu den Trierern versahen, deren Kurfürst ihnen ja die Veste Ehrenbreitstein eingeräumt hatte.

Die Trierer marschirten vorüber und schienen durch den Hohlweg zur Stadt kommen zu wollen; aber außerhalb des Gesichtskreises der Linzer Besatzung machten sie schnell Kehrt, wandten ihre Röcke um und kamen denselben Weg im Bogen noch einmal; dadurch erschien ihre Zahl doppelt so groß, als sie war, weil die Franzosen aus der Ferne das Futter der Röcke für andere Uniformen ansahen.

Da fuhr ein heilloser Schrecken in die Glieder der Franzosen. Führer und Soldaten, Mann und Maus stürmten zum Rheinthor hinaus zu den vor Anker liegenden Schiffen und Kähnen, und als das Gedränge immer stärker wurde und die Meisten im blinden Schrecken meinten, die Feinde seien ihnen schon auf der Ferse, so stürzten sie sich, alle Waffen wegwerfend, in den Rhein, um sich durch Schwimmen zu retten. Viele, vielleicht die Mehrzahl derer, die diesen gefährlichen Rettungsweg erwählt, fanden in den Wellen ihren Tod, da das Rheinwasser (es war grade am 19. März 1688) noch eine eisige Kälte hatte.

Die Linzer erkannten um so dankbarer die rettende Hand Gottes, als die Absicht der Franzosen, die Stadt niederzubrennen, dadurch einleuchtend wurde, daß sie die jetzt noch den Namen „Stroh-Gasse" führende Straße hoch mit Stroh angefüllt hatten und es gradezu aussprachen, dies auch noch in andern Straßen ebenso zu thun.

Dieser teuflische Anschlag war vereitelt, und die zitternden Franzosen, die man noch hin und wieder in Linz aus ihren Verstecken halbverhungert hervorzog, mochten von Glück sagen, daß das Volk nicht seinen wilden Zorn an ihnen ausließ. —

Die Rettung war am Sanct Josephstage geschehen. Nicht nur daß derselbe auf's Feierlichste begangen wurde, er trug auch dem heiligen Joseph die Ehre ein, von den Linzern einstimmig zu ihrem Patron erwählt zu werden, was dem denkwürdigen Tage eine stets wiederkehrende Feier sicherte.

„Es ist eine vielkundige Mähr'
Von alten Zeiten her,
Daß der Rhein es nicht anders thut,
Bis er sich röthet von frischem Blut."

Das ist ein Spruch im Munde des Volks am Mittelrhein, den leider die Geschichte der Jahrhunderte zu einer runden Wahrheit gemacht hat; denn kaum war der spanische Erbfolgekrieg im Herannahen, als sich auch schon Kurfürst Joseph Clemens in die Angelegenheiten mischte und Frankreich sich zuwandte.

Im Jahre 1703 bemächtigten sich die Franzosen der Stadt Linz, und ihnen folgten Hessen, deren Gewaltthätigkeiten der Stadt tiefe Wunden schlugen.

Das Ende des Jahrhunderts brachte den Revolutionskrieg, dessen Folgen jedoch Linz weniger tief zu fühlen hatte.

Mit dem Jahrhundert, dessen erste Hälfte des Rheines Fluth nicht mehr mit frischem Blute färbte, kamen auch für Linz friedliche Tage, und sein durch die mannigfaltigen Produkte des gesegneten Rheinufers, besonders auch die reichen nahen Basaltbrüche gehobener Verkehr und Gewerbfleiß ließ die Stadt unter der preußischen Regierung frisch aufblühen.

Möge es geschehen, daß die vielkundige Mähr von Alters her zur Lüge wird und der Rhein seine Fluth lange, lange nicht mehr färbe mit frischem Blute! —

Die Burg Ockenfels

liegt, weithin sichtbar, in nur noch wenigen Resten unterhalb Linz auf einer freien, ganz mit Reben bepflanzten, kaum 200 Fuß sich über den Spiegel des Stromes erhebenden Höhe. Größer und breiter war des Hügels obere Fläche, wo einst der Bering der Burg sich ausdehnte, obwohl sie niemals an Umfang mit andern rheinischen Burgen sich messen konnte. Der Winzer Fleiß hat die Burgmauern in die Gräben geworfen, um diese auszufüllen, dann das urbare Land darüber gegraben und in dieser Weise Raum gewonnen, seine Rebenzeilen bis an die Burg heranzuziehen. Nun ist von Burggräben keine Spur mehr sichtbar, so wenig als von Ringmauern, die in der Tiefe der Gräben ruhen, umschlungen von den Wurzeln der tief hinabreichenden Reben.

Daß Ockenfels in nahen Beziehungen zu Linz stand und weit mehr zum Schutze der Stadt beitragen mußte als das im Gebirge zurücktretende Dattenberg, drängt sich alsbald dem Blicke auf.

Die Bauart der Burg, vielfach abweichend von den fast überall bei den Burgen wiederkehrenden, klar hervortretenden Grundformen, weist in eine entlegene Vorzeit hinab, und wir bedauern es doppelt, daß keine Kunde die Zeit ihrer Entstehung uns überliefert hat; nur das wissen wir aus sichern Quellen, daß ein Rittergeschlecht von Ockenfels die Burg erbaut und seinen Sitz daselbst genommen hat.

Jedenfalls waren entweder die Ansprüche oder die Mittel dieses Geschlechts sehr bescheiden, sonst würde doch wohl die Burg andere Raumverhältnisse angenommen haben.

Selten wird in früheren Zeiten der Burg gedacht, doch sie erscheint im dreizehnten Jahrhundert in einer Schenkung des Ritters Gerhard von Rennenberg an das Kloster „Sanct Kathrinen" unter der Bezeichnung „Ockinfeltz". Wann das Geschlecht der Ritter von Ockenfels ausstarb, ist unbekannt; aber es muß schon frühe geschehen sein, da im vierzehnten Jahrhundert andere Geschlechter im Besitze der Burg erscheinen. Als kurkölnisches Lehen gehörte es zu den wenigen „Kunkellehen", war also ein solches, welches auch in weibliche Erbfolge überging, wenn die männlichen Erben des Stammes ausstarben; denn die Burg, welche lange Zeit und bis zu dem Jahre 1576 im Besitze der Ritterfamilie von Monreal war, kam durch eine Erbtochter derer von Monreal, und zwar des Ritters Diedrich von Monreal, an Valentin von Ellerbach, ihren Gatten, welcher kurtrierischer Amtmann in Ehrenbreitstein gewesen.

Die Geschicke, welche wir von Dattenberg und namentlich von Linz erzählen konnten, mögen, namentlich aber in früheren Tagen, auch Ockenfels mit betroffen haben, wenn nicht der Umstand, daß seiner in den Urkunden nicht gedacht wird, zu der Annahme berechtigt, es sei sehr frühe schon zur Ruine geworden und darum werthlos für Angreifende und Vertheidigende gewesen. Freilich müßte es dann nachher wieder aufgebaut worden sein, da es im Jahre 1609 als Besitzthum eines Ritters Johann Adam von Hoheneck vorkommt.

Vor dem Uebergang an diesen Hoheneck, und zwar 1239, hatte Kurköln die Burg als „Lehen aufgetragen" erhalten und besaß sie als solches. Als aber das erbfähige Geschlecht der Hohenecker erlosch, empfingen die Herren von Gerold in Köln das Lehen „Ockenfels" aus den Händen des Erzbischofs und Kurfürsten, und es blieb bis zum Aufhören des Lehenswesens bei dieser Familie, die es heute noch als Eigenthum besitzt. —

Wenn auch das einst vom Burgfrieden umschlossene, also zur Burg gehörende nahe Dorf Ockenfels seinen alten Namen bewahren mochte, verlor sich gleichwohl derjenige der Burg in dem Maße, daß sie sehr häufig, seit sich die von Gerold'sche Familie im Lehensbesitze der Burg und des Zubehörs, nämlich des Dorfes Ockenfels und der zur Burg gehörenden Güter befindet, als „Geroldsburg" benannt wird. Seit im Jahre 1239 Burg und Dorf Ockenfels in den Lehensbesitz der Herren von der Leyen kamen, wurde die Burg auch „zur Ley" genannt, und eben in dem genannten Jahre werden urkundlich die Ritter Kuno, Heinrich und Arnold von der Leyen aufgeführt, welche ihr „Haus Leyen bei Linz" dem Erzbischofe von Cöln zu Lehen auftragen und ihm dies „Haus", was übrigens gleichbedeutend mit „Burg" ist, öffneten. Daß mit der Bezeichnung „Haus zur Leyen" oder „Haus Leyen bei Linz" nur die Burg gemeint ist, die den Namen Ockenfels trug, dürfte kaum in Zweifel zu ziehen sein. —

Apollinarisberg und Remagen.

Es ist ein Anblick, den nicht leicht der Reisende vergißt, wenn er die dunkeln Felsen von Andernach, die Ruinen von Hammerstein, die neue Burg Arenfels hinter sich hat und nun, abgeschlossen in sich, die Umgebung von Remagen mit seiner herrlichen neuen Kirche auf dem Apollinarisberge ihm entgegentritt und im Hintergrunde schon die Kuppen des Siebengebirgs hereinragen in die wunderschöne Landschaft, welche der wieder einen See darstellende mächtige Strom an seinen Ufern aufsteigen sieht. — Schon in der Ferne fesselt die Kirche da droben, so schlank und jungfräulich schön in ihren Verhältnissen, den Blick und läßt ihn nicht wieder los, bis das Boot in Remagen anlegt und der Reisende den Wunsch befriedigen kann, ihre heiligen, reich geschmückten Räume zu betreten. Wie Rheineck, Arenfels, Lahneck, Stolzenfels und weiter oben Rheinstein und Soneck, diese neuerbauten Burgen, unter ihren in Ruinen liegenden Schwestern einen eigenthümlichen Eindruck machen, so thut es hier die neue Apollinariskirche unter ihren, wenn auch erhaltenen, uralten Schwestern an den schönen Ufern des Rheines. Auch sie ist an die Stelle einer alten Kirche getreten, einer alten Propsteikirche, an deren Mauern der unermüdliche Zahn der Zeit sein erfolgreiches Werk betrieben und schier vollendet hatte.

Doch wir betreten zuerst die Gassen Remagens und steigen dann erst in die Höhe hinauf zur neuen Kirche. Darin sei dem Städtlein sein Vorrecht, welches seine Lage bedingt, gewahrt. Da oben könnte man's vergessen und thut's auch gern und gründlich.

Remagen ist ein uralter Ort. Rigomagus hat er geheißen, als noch die Römer hier am Rhein ihre Adler aufgepflanzt hatten, — so führt ihn wenigstens die bekannte Reisekarte aus der römischen Zeit auf, die uns Peutinger aufbewahrt hat, und es ist kein Zweifel über Namen und Ursprung; daß aber, wie man behaupten wollte, Julius Cäsar des Orts Gründer und erster Erbauer gewesen sei, das ist in das Reich jener unbegründeten Behauptungen zu verweisen, denen die Beweise gänzlich fehlen, und die nur der bekannte Lokalpatriotismus krampfhaft festzuhalten sucht.

Das ist wohl unbestreitbar, daß ein römisches Lager sich am Orte befand; denn als unter der Regierung Pfalzbaierns um das Jahr 1763 der Bau der Landstraße begonnen wurde, fand man zahlreiche römische Alterthümer, wie Steinsärge, Urnen und Münzen. Die Regierung ließ sie damals nach Mannheim bringen, statt sie in geeigneter Weise am Orte selbst aufstellen

Klimsch gez. Stahlstich v. Carl Mayer's K.-A. in Nürnberg.

St. Apollinariskirche
bei Remagen am Rhein.

Verlag von Julius Niedner in Wiesbaden.

zu lassen und so eine für diesen bedeutende Sammlung zu begründen, welche spätere Funde bereichert haben würden. Nun ist Alles zerstreut und fast nur die Nachricht übrig, daß es einmal dagewesen. Wann wird man zu der Einsicht kommen, daß solche historisch bedeutsame Ueberreste der Vergangenheit nur am Orte des Auffindens ihre rechte Stelle und Bedeutung haben? Das Zusammenhäufen der Alterthümer an andern Plätzen ist eigentlich ein Unrecht, das den Orten, wo man sie fand, zugefügt wird. —

Friedrich Wilhelm IV von Preußen dachte anders, als er den unvergleichlich schönen, in dem kleinen Nennig am Ufer der Saar entdeckten Mosaikboden, auf den das Museum seiner Königsstadt stolz gewesen wäre, am Fundorte ließ und ein schützendes Gebäude aufzuführen befahl, das ihn erhält und dem Beschauer gestattet, sich an dem Kunstwerke zu erfreuen.

Unter den gefundenen Alterthümern war ein Meilenstein von Bedeutung, welcher nachwies, daß schon unter dem Kaiser Marc. Aurelius und unter L. Verus an dieser Rheinstraße gebaut wurde. Derselbe gibt die Entfernung Remagens von Köln zu 30,000 Schritten an, was auch mit den Angaben der Peutinger'schen Tafel ziemlich genau stimmt.

Wahrscheinlich haben die Kämpfe des Civilis Remagen schwer getroffen, allein es scheint wieder hergestellt worden zu sein und seine Stelle behauptet zu haben bis zum Zusammenbrechen der Römerherrschaft am Rhein.

Das Christenthum ist wohl auch schon frühe von Köln aus eingeführt und gepflegt worden, obgleich bestimmte Nachrichten fehlen.

Die alte, im romanischen Stil erbaute Kirche des Ortes, deren schon 1005 Erwähnung geschieht, wurde erneuert und im Jahre 1246 eingeweiht.

Auf der Höhe, welche jetzt die St. Apollinariskirche trägt, stand schon vor 1110 eine Kirche, welche dem am Rhein vielverehrten, mildherzigen heiligen Martinus von Tours geweiht war. Im genannten Jahre übergaben Bürger von Remagen an den Erzbischof Friedrich I von Köln den Berg, auf welchem sich die Martinskirche erhob, einen Hof, Wald, Weinberge und andere Güter zum Geschenk für die Abtei Siegburg. Diese besetzte 1117 den Berg mit ihren Benedictinermönchen und gründete bei der Kirche eine Propstei, welche sowohl vom Siegburger Abt Cuno, als auch vom Erzbischof mit Zehnten und reichen Gütern begabt wurde. Zugleich aber legte man die Fundamente für ein zweites Gotteshaus, welches der Jungfrau Maria sammt den Heiligen Thomas, Stephan, Martin und Nicolaus gewidmet wurde. Unter ihm befand sich eine jener eigenthümlichen Krypten oder unterirdischen, verborgenen Kirchen, welche auf die Gottesdienste hinweisen sollen, die von den Christen in der Zeit der blutigen Verfolgungen im römischen Reiche an verborgenen Orten gefeiert werden mußten. Diese Krypte wurde im Jahr 1117 vom Erzbischof Erlung von Würzburg im Auftrag des Erzbischofs Friedrich von Köln geweiht. Die Vollendung der Kirche selbst fällt in eine spätere Zeit. Eine Nachricht besagt, daß ein Ritter von Landskron im Ahrthale die Gebäude erweitert, vielleicht auch wieder hergestellt habe, was im Laufe der Zeit brüchig oder von des Krieges Unbill zerstört worden. —

Wie die Veränderung des Patrons und des Namens der Kirche in Apollinarisberg geschehen sei, berichtet die Legende:

Der Erzbischof Reinald aus dem Geschlechte der Grafen von Dassel fühlte sich getrieben, nach der Stadt Rom zu wallfahrten und sich den Segen des heiligen Vaters zu holen. Nebenbei hegte er den Wunsch, Reliquien aus den Märtyrergräbern der Katakomben zur Verherrlichung seines erzbischöflichen Sitzes, der „hilligen" Stadt Köln, mitzubringen. Seine Wünsche erhörte bereitwillig der heilige Vater. Er verlieh ihm die Ueberreste der heiligen drei Könige, noch jetzt der Schatz des Domes zu Köln, die des heiligen Apollinaris, des heiligen Felix und Nabor. Glücklich durch solche unschätzbare Güter eilte der Erzbischof über die Alpen der rheinischen Heimath wieder zu. —

Von ganz besonderem Glück begünstigt, hatte er bereits die gefährlichsten Stellen überwunden und war gen Basel gekommen. Hier mit großen Ehren empfangen, ebenso wie auch in Straßburg, schiffte er frohen Herzens den Rhein hinab und erreichte mit dem sinkenden Abend die Stadt Coblenz. Dort sollte er bleiben, so wollte es sein geistlicher Bruder von Trier, der ihn feierlich empfing; aber zu groß war die Sehnsucht, die „hillige" Stadt zu erreichen, die seine Schätze noch „hilliger" machen sollte. Wie auch der Trierer bat, Erzbischof Reinald versprach den Schiffern dreifachen Lohn, wenn sie ihn schnell gen Köln brächten. Die Luft war mild und rein; kein Wölkchen schwamm droben im sternenbesäeten Raume, und der Vollmond machte die Nacht zum Tage. Der Rhein lag spiegelglatt und goldschimmernd da, und kein „Bingerloch", kein „wildes Gefähr", keine „kräuselnde Bank" drohte mehr dem Schifflein Gefahr. So willigten die Schiffer ein und drückten das Schifflein in die leuchtende Rheinfluth, die es, getrieben von dem taktmäßigen, rasch eingreifenden Ruderschlage, durchschnitt wie ein Pfeil die Luft, wenn ihn die Sehne geschnellt hat. Den Schiffern galt's, den reichen Lohn zu verdienen. Sie setzten ihre besten Kräfte ein, die nun neu erfrischt waren; denn in Coblenz hatte der Kellermeister des trierer Bischofs vom edelsten Moselgolde geschenkt und sein Küchenmeister die Elsässer Schiffer mit dem Köstlichsten genährt, was von der Herrn Tische kam.

Schon erglänzten von Ferne die im goldenen Mondlichte verklärten Kuppen des Siebengebirges; schon erblickten sie das uralte Remagen und droben die St. Martinskirche und Propstei; da trug sich etwas zu, was völlig jenseits des Kreises ihrer Erfahrungen lag und offenbar in den des Wunderbaren gehörte. —

Wie nämlich auch die Schiffer ihre Ruder eingreifen ließen in die erglänzende Fluth, wie sehr sie ihre vollen Kräfte anwendeten, das Schifflein wich nicht um eines Haares Breite von der Stelle, und doch saß es nicht fest auf einem Felsen oder einer Sandbank, sondern schaukelte auf freier Welle über der Tiefe des Stromes. Als alle Versuche mißglückt waren, erkannte der Erzbischof wie sein Gefolge, hier sei es der Finger Gottes, und ein Wunder geschähe vor ihren Augen. Der fromme Erzhirte warf sich auf seine Kniee und flehte, daß der Herr ihm seinen Willen kund thue, sintemalen seine Einsicht nicht ausreiche, des Wunders Absicht zu ergründen. Es entstanden Zweifel in seiner Seele, ob es der Wille des Himmels sei, daß er alle seine heiligen Schätze gen Köln führe, mit denen er mehr denn ein Gotteshaus zu einer doppelten Stätte des Heils machen könne. —

Auf diese betende Frage wendet sich das Schifflein von selbst und ohne alles Zuthun der Schiffer und richtet seinen Schnabel dem Berge zu, allwo Sanct Martinus Kirchlein stehet, und — in diesem Augenblicke beginnen die Glocken des Kirchleins auf dem Berge zu läuten, ohne daß sie eine Menschenhand zieht! —

Tief ergriffen von dem Wunderbaren, das er erlebt, greift, von einem innern Lichte geleitet, der Erzbischof nach dem kostbaren Schrein, darinnen die heiligen Reste des Märtyrers Apollinaris verwahret sind, und siehe im Augenblicke verstummen plötzlich und ohne allen Nachklang droben auf dem Berge die Glocken, — ihm ein unverkennbares Wahrzeichen, daß er das Rechte gethan.

Sie betreten nun das Ufer, die den Erzbischof begleitenden Priester tragen den kostbaren heiligen Schrein, und so ziehen sie unter preisenden Lobgesängen den Berg hinan.

Das Glockengeläute hatte alle Bewohner des Städtleins versammelt, die dem Zuge sich nun anschlossen und in den Gesang einstimmten. Droben kamen ihnen der Propst zu St. Martin und seine Capläne entgegen mit dem Allerheiligsten, und so zogen sie ein in die heiligen Hallen des Kirchleins und setzten den Schrein mit den heiligen Ueberresten des Märtyrers Apollinaris auf den Altar nieder; in demselben Augenblicke aber begannen wieder von selbst alle Glocken hier auf dem Berge und drunten in der Stadt zu läuten zu Dank und Preis des Herrn. Daran erkannte Erzbischof Reinald, daß der Wille des Herrn erfüllt sei, und nachdem er am Altare sich demselben im Gebete empfohlen, zog er, begleitet von allen Priestern und Laien, hinab zum Ufer des Stromes, bestieg das Schifflein, und dieses wendete sich wieder ohne menschliches Zuthun zurück in's Fahrwasser und schoß dann unaufhaltsam den Rhein hinab, auf daß es die Zeit nachhole, die in Remagen verflossen. Glücklich erreichte der Erzbischof Köln, und Wunder auf Wunder geschahen durch die Ueberreste der heiligen drei Könige und der andern Heiligen.

Es war kein Wunder, daß ein solches Wunder, wie es in Remagen sich ereignet, gleich einem Blitze dahinfuhr und allen Bewohnern des Rheinthals hinauf und hinab in der kürzesten Frist bekannt wurde; noch weniger aber war es zu verwundern, daß die Reste des Heiligen alle Herzen herbeizogen.

Als nun die Feste in Köln vorüber waren, eilte Erzbischof Reinald mit seinem Capitel und Hunderten von Priestern und Gläubigen hinauf gen Remagen, das Weihefest zu halten und dem neuen Patron die Kirche zu übergeben. Tausende strömten herzu und legten ihre Gaben auf den Altar, und reiche Weihegeschenke spendeten Adel und Fürsten, also daß man bald daran denken durfte, dem Heiligen eine würdigere Wohnstätte zu erbauen. Man konnte nun auch die Propstei, welche der nahen, reichen Abtei Siegburg untergeordnet wurde, reichlich botiren und Priesterstellen stiften, und immer neue Reichthümer flossen der Kirche zu; denn sie wurde der gesegnete Zielpunkt der Wallfahrten aller Preßhaften, an denen menschliche Kunst sich vergeblich versucht. Züge von Wallfahrern pilgerten singend die Höhe hinan und nahmen der Sünden Vergebung und reichen Herzenssegen mit in die nahe und ferne Heimath zurück. Und so blieb es lange, bis auch hier schwere Zeiten sich geltend machten und Bestehendes vernichteten.

Es kamen die Tage, wo Krieg und Kriegsgeschrei den stillen Frieden dieses schönen Thalkessels erschütterten. Das Schlimmste aber war, daß die heiligen Ueberreste des Patrons Apollinaris von dem Berge entführt wurden, wo der Heilige sich die Ruhe- und Wohnstätte selbst erwählt hatte. Herzog Wilhelm von Jülich brachte sie nach Düsseldorf. Von hier aus wurde jedoch ein Theil derselben der Kirche auf dem Apollinarisberge zurückgegeben, und ein anderer kehrte selbst wieder nach Rom zurück, von wo der heilige Leib ausgegangen. Der wesentlichste Rest aber, der Kopf, wurde in die Abtei Siegburg gebracht, und dorthin wendete sich nun der Zug der Gläubigen, und der Apollinarisberg verlor Glanz, Ruhm und Einkünfte. Fort und fort tobte des Krieges Sturm, wenn auch mit kurzen, zur Erholung jedoch nicht ausreichenden Unterbrechungen, durch das Rheinthal, und die rohe Kriegs=

gewalt, welche das Heilige nicht achtete, nahm der Probstei ihre Mittel und machte sie so arm wie irgend eine, die gleichem Mißgeschicke erlag. Raub und Plünderung von Innen und der fort und fort nagende Zahn der Zeit, — das waren Gewalten, denen die Propstei und die Kirche gänzlich zu erliegen drohten.

Um das Jahr 1826 stand es so, daß das Allerschlimmste für das Gotteshaus zu befürchten war.

Da befahl der Erzbischof Graf Spiegel, daß das Haupt des heiligen Apollinaris, das mittlerweile auch von Siegburg nach Düsseldorf zu den dort theilweise bewahrten Gliedmaßen des Heiligen gewandert war, wieder nach der Stätte, die der Heilige sich selbst erwählt, zurückgebracht werden sollte.

Dies geschah in feierlichster Weise, aber kein Wunder ereignete sich mehr. Die Zeit gewaltiger Glaubenserregung war längst zu Grabe getragen und mit ihr die Zeit, da die Hand der Gläubigen reichlich zu opfern bereit war. —

Dennoch sollte eine solche noch einmal wiederkehren durch den frommen Sinn eines Mannes, des Grafen von Fürstenberg-Stammheim, einem ruhmreichen Geschlechte angehörend, aus dem schon mancher geistliche Oberhirte hervorgegangen, und reich begabt wie mit frommem Sinne, so mit den irdischen Mitteln, diesem Sinne den rechten Ausdruck zu geben. Er entschloß sich, da die alte Kirche täglich mehr in Verfall gerieth, an ihrer Stelle eine neue, dem heiligen Apollinaris geweihte zu erbauen, bei der die Baukunst wie die Malerei alles ihnen zu Gebote Stehende anwenden sollten, ein würdiges Haus dem Heiligen aufzurichten. Dem Grafen stand zur Ausführung der richtige Mann zur Seite, der mit Recht hochberühmte Dombaumeister Zwirner in Köln, und Düsseldorfs Kunstschule bot ihm die Auswahl unter Künstlern, deren Pinsel das Innere würdig und schön mit Wandgemälden verzieren und ausschmücken konnte.

Zwirner entwarf seinen Plan und führte den eigenthümlichen Gedanken aus, die gothische Kirche nur durch sogenannte „Rosetten", das heißt runde Fenster, zu beleuchten, wodurch jedenfalls für die Malerei größere Flächen gewonnen wurden, als sie schlanke, hohe Spitzbogenfenster dargeboten haben würden. Das Material des Baues ist der im Brohlthal anstehende sogenannte Duckstein, der offenbar eine Art Schlammlava ist, die einst flüssig den Kratern des Laacherseegebietes entströmte und dann verhärtete.

Als das schöne Gebäude um das Jahr 1838 fertig war, begannen die Düsseldorfer Maler Deger, Ittenbach und die Brüder Karl und Andreas Müller ihre Kartons in Frischkalkmalerei auszuführen, welche Begebenheiten aus dem Leben des Heilandes, der Jungfrau Maria und des Heiligen, dem die Kirche geweiht ist, des Apollinaris, darstellen, aber freilich von sehr verschiedenem Werthe sind.

Voll von den Eindrücken der Kunst, die hier in zwei Richtungen harmonisch geeinigt desto mächtiger wirkt, tritt man aus dem schönen Gotteshause heraus in den großen, wunderbaren Tempel Gottes, wo sich das herrlichste Gewölbe über der grünen Erde erhebt und der Sonne Glanz da unten den Silberstrom verklärt und drüben die frischen, grünen Berge. Man läßt das Auge schweifen über das herrliche Land. Ueberall begegnet der Blick den schönen Bergformen, dem frischen Grün, dem Silberstrome, überall den Stätten menschlicher Betriebsamkeit und Thätigkeit. Die Ruinen einer längst untergegangenen Zeit reichen dem Kunstfleiße der Gegenwart die Hand, und Eisenbahn und Dampfschiffe eilen ihren Zielen hastig zu. Bei ihrem Anblick würde freilich aller Zauber des Höheren aufhören, wenn nicht dort das hehre Gebäude und hier die ewig junge, ewig herrliche Schöpfung Gottes auf das Gemüth in einer Weise wirkten, welche siegessicher ist.

Drachenfels, Rolandseck und Nonnenwerth.

Hinter dem Dorfe Rolandseck oben am Berge ist ein Plätzchen, wo Der, welcher von da hinausschaut, auch tief im Herzen fühlt, was in dem schönen Gedichte: „Mein Sohn, mein Sohn, geh' nicht an den Rhein" so wahr empfunden und ausgesprochen ist. Da liegt das herrliche Kleeblatt vor ihm: links oben, auf der steilen, bewaldeten Höhe steht der Fensterbogen von Rolandseck, durch den das Auge mit Entzücken hinausblickt in's reiche Land; grade nach vornen tritt auf schwindelnder Höhe die Ruine des Drachenfels ihm entgegen und dahinter das Siebengebirge, das formenreiche, wunderbar schöne, und drunten im silbernen Strome schwimmt das liebliche, waldgrüne Eiland Nonnenwerth mit seinen Gebäuden, und um die drei köstlichen Punkte, die sich zu einem Bilde gestalten, schlingt die Sage ihren Blüthenkranz duftig und zart. Der Rhein ist alt geworden, wenn er hierher kommt. Seine schöne Jugend liegt hinter ihm, hinter ihm auch die Zeit des kräftigen Mannesalters; das hinsiechende Alter naht dort hinter diesen Bergen mit Macht, wo er breit, seicht und matt durch die Ebene schleicht, bis er im Sande verschwindet oder lebensmüde in das Grab seiner Brüder, in das Weltmeer, hinabsinkt.

Aber hier an der Schwelle seines Greisenalters wird noch einmal der schöne Traum vergangener Tage lebendig, noch einmal die Jugendfrische, die Jugendlust, die volle Kraft, das aufschäumende Leben. Es ist ihm, dem Alten, wie es seinem Weine ergeht, wenn die Rebe blüht: das volle Herz strömt noch einmal über, — dann sinkt das müde, matte Auge. Lebe wohl, lebe wohl, du schönste Lebenszeit! Der Abend ist da, die Sonne sinkt. Gute Nacht! — So tritt's Dem vor die Seele, so klingt's im Herzen Dessen, der da oben steht und in dies wundervolle Bild hineinblickt und dies Kleeblatt herrlicher Punkte schaut. Aber hat man trunkenen Auges und Herzens sich an dem Bilde gelabt, und der dichterische Zauber ist verweht, dem sich hier wohl kein Herz entziehen kann, so tritt der Verstand, der kühle, bürgerliche Geselle, wieder in sein Recht und fragt: Was sagt uns die Geschichte vergangener Tage von der Burg Rolandseck, von der Burg Drachenfels, von dem klösterlichen Nonnenwerth, das dort in der Silberfluth schwimmt? — Alleingebieter bleibt er, der Verstand, indessen nicht. Hat doch auch das Gemüth seine heiligen Rechte, und es fragt dazwischen: Du hast von einem Blüthenkranze der Sage gesprochen; mich gelüstet nach seinem Dufte! Biete mir ihn!

Wohlan, Jedem sein Recht! Hören wir, was die Geschichte von dem Kleeblatt erzählt, und lauschen dann dem, was der Sage Mund uns verkündet!

Dem Drachenfels, dem mächtigen, kühnen, gebührt das Vorrecht. Er würde es sich auf seiner himmelhohen First auch nicht nehmen lassen. —

In schwindelnder Höhe krönt die Ruine der Burg Drachenfels den Vorhüter des Siebengebirges, der jäh abfällt zum Rhein, an dessen Fuß sich die Menschen das schöne Plätzchen zum Wohnort gewählt haben, ohne Furcht vor des Berges Höhe und des Rheines schäumenden Wogen.

Nur wenige Reste von den Thürmen und Mauern der Burg sind geblieben. Aber wie steil es auch hinaufgeht, Tausende wandern dorthin und schauen hinaus in das wilde Eifelland, wo die Basaltkuppen sich in den blauen Himmel heben. Weit hinab reichet der Blick über die Thürme der „hilligen Stadt Köln", unter denen der sich verjüngende Dom wie der ehrwürdige Vater unter seinen Kindern und Enkeln steht, in das sich allmählig verflachende Land, durch welches das breite Silberband des Rheines sich schlingt. Jenseits, von Köln herauf, folgt das Auge dem sich zurückziehenden Kranz der Berge, folgt dem weiten Bogen, in dem das schnaubende Dampfroß in eisernem Gleise dahineilt. Da liegen die weißen Gehöfte und Landsitze, die zahlreichen Dörfer, das Königsschloß Brühl. Da scheint der Godesberg herüber, und da unten ruht im Schooße einer reizenden Landschaft die Stadt, wo die Wissenschaften ihre Friedensstätte gefunden haben durch eines edeln Königs Gunst, das Palladium für des Rheinlands geistige

Kraft und Bildung. Dort zur Rechten, getrennt durch des Rheines silberne Fluth, ragt Siegburg hervor, wo die Kunst und die Liebe ringt, das edelste Werk Gottes, den Menschengeist, von unheimlichen, unseligen Banden zu befreien; dort mündet die Sieg, hervorfließend aus fernen Bergen, wo der Fleiß bei der Treue wohnt, und näher heran ruht im Schooße des Siebengebirgs der Ueberrest des alten Heisterbach, wo einst die hora*) in die stille Nacht der Wälder drang und mancher Schwergetroffene den Frieden suchte, den — es selbst nicht geben, zu dem es nur den Weg zeigen konnte. — Die Rosenburg grüßet herüber und weiter oben Rheineck und dann die blühenden Dörfer und Städtchen am Rhein und am Gebirge. — Wohin sich hier auch das Auge wendet, überall möchte es gern weilen, während wenn es rückwärts in's Siebengebirge blickt, sich eine Region vor ihm aufthut, wo die Seele schaudert, wenn sie bedenkt, wie einst tobende Gewalten der Tiefe und Mächte der Unterwelt hier gähren mußten im entsetzlichen Kampfe, um aus der Erde Schooß diese Massen hervorzutreiben, die nun emporstarren so fest und so dauerhaft. Und noch rüttelt manchmal im Zorne der Geist der Tiefe sein Werk, daß ein Beben vor seiner Macht durch der Berge Herz geht, und die kurzsichtigen Menschen nennen das Erdbeben!

Es war in der That ein kühner Gedanke, auf dieser Kuppe über der ungeheuern Tiefe, wo der Rhein braust, eine Burg zu bauen, und ist verwunderlich, daß nicht die Sage, wie sie es droben bei dem Rheingrafenstein that, dem „Gottseibeiuns" eine Rolle bei diesem Burgbau zutheilt, sondern den Mann, der den Hirtenstab der Kirche führte, ruhig seine Mauern und Thürme aufrichten läßt. Das war der Erzbischof Friedrich I von Köln, welcher den Chroniken zufolge zwischen den Jahren 1101 und 1131 den Burgbau vollendete. Er mußte sich schützen durch die Aufführung dieser Burg, Rolandsecks und der Wolkenburg gegen die feindliche Macht Heinrichs V, der des eigenen Vaters Krone geraubt. Der Erzbischof hatte sich von ihm losgesagt, und darum trug er rachgierig die Fackel des Krieges in's Erzstift. Es gibt Leute und gab sie, die überall den deutschen Burgen römischen Ursprung andichten. Hier ist's umsonst. Bedeutsamer aber ist eine andre urkundliche Nachricht, nach der erst Erzbischof Arnold I von Köln zwischen 1138 und 1151 die Burg erbaut habe. Der Widerspruch löst sich aber einfach durch die Annahme, daß Arnold die Burg umbaute oder erweiterte, — vielleicht auch, nachdem sie in einem uns unbekannten Kriegsfalle erlegen war, wieder neu aufbaute. Gar manches Ereigniß jener Zeit liegt ja im Dunkel. Daß der Name des

*) Die Glocke der Gebetsstunde.

Berges auf die Burg überging, ist dadurch klar, daß sie „Burg auf dem Berge des Drachen“ in lateinischen Urkunden jener Tage heißt. Die Erzbischöfe übergaben die Burg und ihre ritterliche Vertheidigung lehenszuständigen Rittern, die jedoch als Burgmannen sich bald der geistlichen Bande entledigten und der „nobeln Passion“ huldigten, Räuber und Wegelagerer zu sein, ja die selbst freventlich den eignen Lehensherrn, den Erzbischof und der Kirche Gut schädigten. Das mußten sie arg getrieben haben, die „freien Herren“, denn der Erzbischof schaffte sie sich auf glimpfliche Weise vom Halse und übergab die Burg den geistlichen Händen des Propstes des Cassiusstiftes zu Bonn unter der Bedingung, daß sie allezeit ein „offenes Haus“ des Erzbischofs sei, zu seinem Schutze bereit. Papst Victor IV bestätigte 1162 diesen Pakt, und die Burg wurde mit geistlichen Mitteln erweitert und wehrhafter gemacht. Aber wieder finden wir ein Rittergeschlecht in der Burg, das sich von Drachenfels nannte, und dessen Glieder auf dem Turniere zu Worms anno 1209 als Burggrafen auftraten und später die Burg als ihr Eigenthum besessen zu haben scheinen. Es war ein reiches Geschlecht, denn Goedert oder Gottfried von Drachenfels lieh dem Erzbischof Theodorich von Köln im Kriege mit den Isenburgern und zu einem Zuge gegen die Hussiten so bedeutende Geldmittel, daß das Erzstift, als es zum Rückzahlen kam, die Unbequemlichkeit fühlte und lieber 1425 die Wolkenburg mit der „Herrlichkeit“, zu der die zahlreichen Orte am Gebirge zählten, verpfändete, als neue Schulden machte, um alte zu decken. Woher der Reichthum floß, ist folgender Thatsache zu entnehmen. Einst saßen beim frohen Mahle die Ritter des Landes zusammen und zeigten ihre Siegelringe, darinnen kostbare Edelsteine gefaßt waren. Der Drachenfelser wies lächelnd seinen Ring, und siehe da, — es war statt eines Kleinods ein Stein darinnen, von dem Felsen genommen, darauf die Burg stand. Als nun die Andern darüber ihren Spott ergossen, rief er aus: er ist kostbarer als Eure Edelsteine; denn es bringt mir dies Gestein jährlich viele Hunderte von Gulden ein, die mir das Erzstift zahlt für die Steine, welche zum Bau des gewaltigen Domes in meinen Steinbrüchen geholt werden! —

Vergeblich belagerte der tapfere Friedrich von der Pfalz den Drachenfels, als er seinem Bruder, dem Erzbischof Ruprecht, gegen die Stände des Erzstifts zu Hilfe zog, und ebenso muthig vertheidigte sich die Burg gegen das Heer Karls des Kühnen, den Ruprecht auch zu Hilfe rief. Grauenvolle Thaten wurden später verübt. Verwandtenmord entriß 1493 dem Grafen Heinrich die Burg, welche das Erzstift an sich zog, indessen führte schwere Buße zur Versöhnung. Der Fluch des Himmels traf aber das wilde, entartete Geschlecht und es erlosch 1530 im Mannesstamme. Die Burg und ihre „Herrlichkeit" fiel an die Verwandten von Waldpott-Bassenheim und Milendonk. Die Erzbischöfe des sechzehnten Jahrhunderts wußten sich aber das Lehensrecht wieder zu erwerben. Ob sie die alte Schuld getilgt, — wer weiß es?

Gar wechselnde Geschicke kamen über die Burg. Im Truchsessischen Kriege 1583 vertheidigte der kölnische Hauptmann Funk die Burg gegen den Pfalzgrafen Kasimir, aber das Erzstift stellte sie nicht her, als sie viel gelitten hatte in diesem Kriege. Der Grund mochte am fehlenden Gelde liegen. Lehensübergabe nach Willkür machte Burg und Gebiet lange hin zum Zankapfel, bis Geld die Sache zum Abschluß brachte. Ueber die endlichen Schicksale aller dieser Burgen war indessen durch die Erfindung des freiburgischen Mönchs entschieden. Der Gewalt der Kugeln konnte sie nicht widerstehen, um so weniger, als die spätere Zeit nicht mehr baute wie die frühere und häufig Lehm an die Stelle des Kalkes trat, wodurch natürlich der Mauern Festigkeit und Dauerhaftigkeit nicht gewann.

Als die Stürme des dreißigjährigen Krieges auch die Ufer des schönen Stromes verheerten und die Schweden 1632 vor die Burg rückten, mochten die „Feldschlangen" und zerschmetternden Kugeln oder der Schrecken vor ihnen oder auch beides zusammen gewirkt haben, die Burg ziemlich unversehrt und rasch in die Hände der Schweden zu liefern. Ihre Besatzung in der Burg hielt eine kurze Belagerung der Spanier aus, welche indeß bald wieder aufgehoben wurde. Um das Jahr 1642 kam für die Burg die Stunde ihres Untergangs, aber nicht im Kampfe; der Erzbischof Ferdinand ließ sie schleifen, und dazu mochte er viele gewichtige Beweggründe gehabt haben, die in der veränderten Kriegsweise, in den späteren schlechten Bauwerken und in den schweren Opfern lagen, welche ihre völlige Herstellung in kriegstüchtigen Zustand erheischt haben würden. Dennoch müssen noch Reste gestanden haben, welche 1689 den Franzosen Bedenken erregten; denn Graf Montal entschied sich für ihre Sprengung. Nun verschwanden ihre Mauern bis zu den Resten, die heute noch dem nagenden Zahn der Zeit Trotz bieten. Um die Burg handelte es sich jetzt nicht mehr, wohl aber um ihr Gebiet, ihre „Herrlichkeit", wie es genannt wurde. Es war durch Erbschaft Eigenthum der Freiherrn von Vorst-Gudenau geworden. Nassau-Weilburg, welches 1803 in den Besitz des Landes kam, erkannte die Rechte der Gudenau an, wie auch die Franzosen bei der Occupation des Landes gethan hatten; aber als dasselbe von Joachim Murat als Großherzog von Berg weggenommen ward, da verloren die Gudenau ihre Gerechtsame bis auf den großen Steinbruch und einige kleine Besitzungen. Sie verkauften nun Alles und zogen nach Oesterreich. — Eine größere Gefahr als die Zeit und ihre allmählige Zerstörung drohte der Burgruine in den unaufhaltsam näher rückenden — Steinbrüchen. Die preußische Regierung hat das sehr dankenswerthe Verdienst, durch das Verbieten des Steinbrechens nach dieser Seite hin der schönsten Rheinlandschaft diesen mittelalterlichen Schmuck erhalten zu haben.

Das ist in kurzen, andeutenden Zügen, was die Geschichte zu erzählen hat. Es ist trocken und wenig anziehend; lauschen wir jetzt der Sage! In dem, was sie gibt, pulsirt ein wärmeres Leben. Sie berichtet folgende Mähr:

An dem Abhang des Drachenfelsens liegt eine tiefe, dunkle Höhle. In grauester Vorzeit, als noch des Landes Bewohner im blinden Heidenthume wandelten, wohnte in dieser Höhle ein gräulicher Drache. Das Ungeheuer war der Schrecken des Landes. Um es zu besänftigen, gab ihm das Volk seine Gefangenen zur Beute, — oder, wenn solche nicht vorhanden waren, bestimmten Priester die Opfer aus dem eigenen Volke, die man ihm darbot. — Es war ein kampf- und beutelustig Volk, das hier herum saß. Fehden mit Nachbarstämmen gingen nicht aus. Seine Raubzüge führten es bis gen Trier, wo damals schon das Christenthum seinen Segen verbreitet hatte. Einst zog in Frühlingstagen eine Schaar muthiger Jünglinge, geführt von des Häuptlings beiden Söhnen, hinaus in's Land jenseits des Rheines, den Ufern der fernen Mosel zu. Der Drache hatte wilde Verheerungen angerichtet. Die Priester riethen den Kriegszug an, um durch Gefangene des Thieres Zorn zu besänftigen. So zogen sie von dannen und kehrten heim mit einer großen Schaar Gefangener, die ihr schreckliches Loos noch nicht ahnten. Unter den Gefangenen befand sich eine Jungfrau von wunderbarem Liebreiz. Dem überwältigenden Zauber ihrer Schönheit konnten die Söhne des Stammesfürsten nicht widerstehen. Weß' sie sein sollte, das erregte schon auf dem Heimwege Zorn und Hader zwischen den Brüdern.

Immer wilder entbrannte er, und nur dem Dazwischentreten aller Kämpfer des Zuges mochte es gelingen, den Zweikampf abzuhalten, der Brudermord in seinem Gefolge gehabt haben würde, und die Entscheidung über den Besitz der holden Gefangenen dem Ermessen des Vaters und der Priester anheimzustellen.

Schrecken und Kummer erfüllten des Vaters Herz, als die beiden Söhne vor ihn traten, ihr Anrecht auf die Jungfrau zu beweisen; denn Gluth und Leidenschaft sprach aus jedem ihrer Worte, leuchtete und flammte aus ihren Augen. Wie sollte er, wie sollten die Priester entscheiden, ohne daß der Bruderhaß in lichten Flammen aufloderte? Wo war Rath?

Da löste ein alter Priester das bange Schweigen, trat vor den bekümmerten Vater hin und sprach: Höre mich! Keinem werde sie, sondern des

Drachen Beute! Es wird Deine Söhne beugen, aber des Bruderhasses Ursache ist nicht mehr, und es wird Friede werden! — Der Rath gefiel Allen, und ohne daß es die beiden Brüder ahnten, führten die Priester zur Mitternachtsstunde das liebliche Wesen hinauf, wo der Drache sein Opfer zu finden gewohnt war, banden sie dort an einer Eiche gewaltigen Stamm und eilten hinweg, in sicherer Ferne des gräßlichen Schauspiels Zeugen zu sein. — Allein ihr Auszug mit der Gefangenen war nicht unbeachtet geblieben, und als im Osten sich der Himmel röthete, da sammelte sich um die Priester des Volkes Menge; denn das war die Zeit, wo das grimme Ungeheuer den unförmlichen Leib aus der Höhle schleppte zur Stätte, da unter der Eiche ein leckeres Mahl seiner harrte.

Kaum blitzten der Sonne erste Lichter in das feuchte Waldesdunkel, als ihren Blicken sich ein rührendes Schauspiel darbot. — Dort rang die Jungfrau im heißen Gebet; sie preßte das kleine Kreuz, das sie am reinen Busen geborgen, an ihre unentweihten Lippen, an ihre vertrauensvolle Brust, und das Auge schaute hoffend nach oben.

Da — es überlief Alle ein Grausen — krachten die Zweige; Steine rollten hinab in die Tiefe, wo der Rhein strömte; ein Stöhnen wurde vernommen, das des Sturmes Brausen glich. Das waren die Vorboten des Unthiers. — Es nahte zum Frühmahl!

Eine namenlose Angst erfüllte die Seele der wehr- und schutzlosen Jungfrau, als sie der glühende Pesthauch des Athems traf, der dem Rachen des Unthiers entströmte, und bald darauf die scheußliche Mißgestalt dem entsetzten Auge entgegen trat. —

O Herr, verlaß mich nicht! flehte sie zum Himmel und reckte mit ihrer schneeweißen Hand das kleine Kruzifix, das Zeichen der erlösenden Liebe, dem Drachen entgegen.

Da zischte furchtbar das gierige Ungeheuer. Es bäumte sich scheu empor, also daß es rückwärts überschlug, von Fels zu Fels sich selbst durch Wucht und Schwere zerschmetternd hinabstürzte in die jähe Tiefe und unten von den wildaufschäumenden Wellen des Rheines verschlungen wurde, der es in seinem tiefsten Schooße begrub.

Todesstille herrschte, wo die Jungfrau den himmlischen Retter in unaussprechlichem Seufzen pries; Todesstille auch dort, wo dichtgeschaart das Volk bei den Priestern stand und staunend Zeuge des Wunders gewesen war. —

Doch — der Peiniger war überwunden und todt, sein Opfer wunderbar gerettet; da konnte Jubel und Preis nicht fehlen. Zur Jungfrau eilten sie nun und lösten ihre Bande; sie aber hielt das Kreuz hoch und redete Worte voll wunderbarer Macht, die ihnen durch's Herz gingen. Sie führten sie hinab zum Stammeshaupte und verkündeten die wunderbare Mähr. Tiefen Eindruck machte sie dort. Als aber die Jungfrau anlangte, erhob sie begeistert ihre Stimme und rief: Erkennet, daß der Herr der lebendige Gott ist, der vom Tode errettet und Euren Götzen getödtet hat! Gebt Gott allein die Ehre!

Das Ereigniß und dies Wort wirkten gewaltig, Tausende wendeten sich zu dem Herrn, und die Jungfrau weilte unter ihnen, verkündigend das Wort des Lebens. Die Liebe in der beiden Brüder Herzen wurde verklärt im Lichte des Evangeliums, daß alle Schlacken der Erde zerfielen und sie fortan die Jungfrau verehrten wie ein höheres Wesen. Diese ließ Priester kommen von Trier, die das Werk der Bekehrung zu Christo am wilden Volke vollendeten und später den Grund legten zu der Abtei Helsterbach. In ihren geweihten Räumen fand die Jungfrau ihre Ruhestätte, als sie nicht lange darauf zu des Herrn Freude einging, viel beweint und viel beklagt.

Auch in einer andern Form hat die Sage vom Drachen sich ausgebildet und tritt in dieser Form ein in den Heldenkreis des Nibelungenliedes.

Als Siegfried, der edle Held, kaum an der Schwelle des Jünglingsalters stand, verließ er die elterliche Burg und zog am Rhein herauf voll Thatendurst und Verlangen nach Abenteuern. So ist er mutterseelenallein in den gewaltigen Wald gekommen, der die Kuppen des Siebengebirges bedeckte. Von dem gräulichen Drachen, der dort haufte, wußte er nichts. Sein Speer erlegte ihm Wild zur Nahrung, die Quelle löschte seinen Durst, der Baum war sein Obdach, das Moos sein Lager, und sein Herz war fröhlich und frisch sein Muth. — Wohnstätten der Menschen fand er nicht in dem Gebirge, denn die Furcht vor dem Drachen hatte diese fortgescheucht. Als er nun eines Tages in dem Dickicht und Geklüfte nach einem Wilde umherstrich, hörte er unvermuthet aus der Ferne die Hammerschläge eines Schmiedes herübertönen. Es war ein Waffenschmied, der für die Ritter die Schwerter und Speere machte zum Waffenspiel und Waidwerk. Dem Schalle folgend fand Siegfried die Stätte, wo der Ambos klang, trat in kecker Weise zum Waffenschmied und sprach: Nimm mich zu Deinem Gesellen! Ich habe Wohlgefallen am Schmieden guter Wehr! —

Da lachten Meister und Gesellen des jungen Fants, um dessen Kinn kaum der Flaum glänzte, und jener rief höhnend: Wie willst Du, Knabe, den Hammer führen? Deinem Arme fehlt das Mark dazu!

Jungsiegfried lief kirschroth an vom Kinn bis zur goldumlockten Stirne; er trat zornglühend heran und rief: Gib mir Deinen schwersten Hammer, daß ich Deine giftige Zunge Lügen strafe!

Da reichte ihm der Schmied seinen Hammer, den er nur mit beiden Armen heben mochte, und legte eine glühende Eisenstange auf den Ambos, die er mit gewaltiger Zange hielt. Nun schlag' zu, mein Büblein! höhnte der Meister.

Zornmuthig ergriff Jungsiegfried den Hammer, schwang ihn mit einer Hand empor und traf die Eisenstange mit solcher Wucht, daß sie in zwei Theilen zur Erde fiel, der Eichenklotz, darauf der Ambos stand, in zwei Stücke aus einander ging, und der Ambos tief in die Erde drang.

Da fuhren Meister und Gesellen mit Entsetzen zurück. — Solch' riesige Kraft hatten sie nimmer geschaut.

Nun wagte es der Meister nicht, ihn abzuweisen, denn Alle fürchteten seine Kraft und seinen Zorn; aber heimlich beriethen sie, wie sie sich seiner entledigen möchten. Die Arglist ist niemals lange ohne Rath. Spricht einmal der alte Meister freundlichen Angesichts zu ihm: Unsre Kohlen sind auf der Neige. Zieh' hin, Siegfried, wo auf der Höhe, die jäh abfällt zum Rhein, die uralten Stämme stehen, da fälle und brenne uns Kohlen!

Damit meinte er die Stelle, wo der Drache hauste, von diesem aber sagte er Jungsiegfried nichts.

Gehorsam der Weisung des Meisters nahm Siegfried die Axt, die er selber geschmiedet, und die nur er allein schwingen konnte, und als Schürbaum eine mächtige Eisenstange, ging wohlgemuth der Stelle zu und begann die Bäume zu fällen, setzte den gewaltigen Meiler, gab ihm den Mantel von Rasen und zündete ihn an. Dann legte er sich nieder zu wohlverdienter Rast. Kaum aber wollte sich sein Auge schließen, da hörte er, wie die Steine den Berg herabstürzten, wie das Gezweige krachte, und vernahm das gräuliche Schnauben des Lindwurms. Voller Gier nahte dieser sich Siegfrieds Ruhestätte. Nicht sobald aber hatte Siegfried das Ungeheuer erblickt, so sprang er auf, ergriff die schwere Eisenstange, schwang sie, als wär's eine Haselgerte, und traf das Unthier auf den Kopf, daß es sich taumelnd und blutend an der Erde wand. Und als es sich in furchtbarem Grimme wieder erheben wollte, da fielen Siegfrieds Streiche so wuchtig und hageldicht, daß das Unthier sich im Tode alsbald streckte und ein Bach schwarzen Blutes aus seinem Rachen rann.

Plötzlich flog ein goldschimmernd Vöglein über Jungsiegfrieds Haupt hin und sang:

„Junger Recke fein,
„Willst du hörnern sein,
„Tauch' deinen Leib in das Blut hinein!"

Das wiederholte das wundersame Vögelein oft und flatterte dabei um Siegfrieds Kopf herum, als wollt' es ihn inständig bitten, nach seinem Liedlein zu thun. Siegfried erkannte, daß das etwas zu bedeuten habe. Er badete sich, wie das Vögelein gesungen, in des Drachen Blut und bestrich sich vollends an seinem ganzen Leibe mit dem Fette des Lindwurms, das hervorquoll, weil er wider dem glühenden Meiler lag. Nur an eine Stelle kam weder Blut noch Fett; denn dort hatte sich ein Blättlein festgeklebt, das er nicht sehen konnte. Als er sich darauf am Meiler getrocknet, hieb er mit seiner Axt dem Lindwurm den Kopf vom Rumpfe und eilte damit zur Schmiede, wo er an seinen arglistigen Feinden Rache nehmen wollte. — Die in der Schmiede jubelten, daß sie nun den Gewaltigen los seien; aber solche teuflische Freude wurde völlig zunichte, als sie ihn kommen sahen und er ihnen den Kopf des erschlagenen Ungeheuers vor die Füße warf.

Da wollte der Schmied ihn damit kirre machen, daß er ihn hochpries, aber Siegfried schwang seine Eisenstange und schlug den falschen Meister nieder und die ruchlosen Gesellen dazu. Darauf zündete er das Feuer in der Esse an, schmiedete sich köstliche Waffen und zog dann fröhlich den Rhein hinauf, daß er ruhmreiche Thaten verrichte. Und von da an war seine Haut hörnern und er unverwundbar am ganzen Leibe bis auf das Plätzlein, da das Blatt gehangen, und wo ihn hernachmals im Odinwalde Hagens Todeswaffe traf.

Noch eine Sage lebt in des Volkes Munde, welche die Burg Drachenfels und das „Hochkreuz" verknüpft. Dies Hochkreuz ist ein schönes, in neuerer Zeit würdig hergestelltes Denkmal des 14. Jahrhunderts, rechts, wenn man den herrlichen Weg von Godesberg nach Bonn wandert, und höchst wahrscheinlich durch Erzbischof Walram von Köln errichtet. Die Sage kümmert sich bei ihrer Dichtung nicht um historische Daten, sie legt dem Ursprung des Hochkreuzes Folgendes zu Grunde: Auf dem Drachenfels lebte vor vielen, vielen Jahren ein Ritter mit seiner Hausfrau ruhig und zufrieden. Zwei Kinder, ein Sohn und eine Tochter, erfreuten die glücklichen Eltern. Im Leben des Ritters aber gab es Zeiten, an die er ungern sich erinnert sah, an die er selbst nur ungern dachte, — es waren die seiner zügellosen Ausschweifungen. Aus jenen Zeiten war ein Sohn übrig, in zuchtloser Buhlschaft erzeugt, dessen Geburt der Mutter das Leben gekostet hatte. Er hatte ihn dem Abte auf dem Apollinarisberge zur Erziehung übergeben und wünschte, daß er ein Geistlicher würde. Dagegen bäumte sich aber der wilde Sinn des Jünglings, der seinen Ursprung nicht kannte. Der Vater hatte es ihm an Mitteln nie fehlen lassen, und so wurde es ihm möglich, sich vom Apollinarisberge heimlich zu entfernen. Er eilte zum kaiserlichen Heere, das sich zum Feldzuge nach Italien rüstete. Dort gab es heiße Kämpfe, und unter einem angenommenen Namen that Bruno ausgezeichnete Thaten. Der Kaiser schlug ihn zum Ritter, beschenkte und belehnte ihn, und nach siegreichem Feldzug kehrte er heim. Mächtig zog es Bruno zu seinem Pflegevater auf dem Apollinarisberge, noch mächtiger in die schöne Heimath am Rhein, wo er freilich ein Fremdling geworden war. Auch auf den Drachenfels führten ihn ritterliche Freunde. Dort aber war der alte Ritter in's Grab gestiegen und nach ihm seine Gemahlin. Der Sohn des Ritters war Burggraf geworden, und seine Schwester zu einer Jungfrau erblüht, deren Schönheit man überall mit Recht pries. Auch Bruno war ein schöner Mann, und — bald entstand zwischen dem Fräulein und ihm ein inniges Liebesverhältniß. In dem Maße aber, wie sich der Schwester Herz in Liebe zu Bruno neigte, entstand in ihres Bruders Herzen Haß gegen denselben. Er sah, wie Bruno um der Schwester Liebe warb, deren Hand er bereits einem seiner Freunde zugesagt. Das gohr in seinem Herzen, und einst, als er die Schwester und Bruno in traulichem Gespräch überraschte, brach der langverhaltene Haß hervor. Er beschuldigte Bruno, das Gastrecht freventlich verletzt zu haben; er nannte ihn einen Namenlosen, der leicht ein Bastard sein könne, und verbot ihm, jemals die Burg Drachenfels wieder zu betreten. Das forderte Rache, und ihre Stunde sollte kommen! —

Indessen war die Kunde von dem Verhältniß Bruno's zu dem Fräulein von Drachenfels dem Abte vom Apollinarisberge hinterbracht worden. Der Greis allein kannte die Lage der Dinge genau, deswegen begab er sich eiligst nach dem Drachenfelsen, um das Unheil zu verhüten, das so schrecklich auf zwei Seiten drohte.

Aber an demselben Morgen begegneten sich da, wo jetzt das Hochkreuz steht, Bruno und der Ritter von Drachenfels. In den Herzen lodert der Racheburst, die Augen blitzen glühenden Haß; im Augenblick sind die Schwerter bloß, und ein wüthender Kampf beginnt. Lange schwankt der Sieg, bis endlich der Ritter von Drachenfels Bruno tödtlich trifft, der bald als Leiche von seinem treuen Rosse sinkt. Er läßt den Todten seinem Knappen und eilt zur Fähre, um das jenseitige Ufer zu erreichen; denn er blutet selbst aus mancher Wunde. So erreicht er seine Burg, wo ihn der Abt mit der Schwester erwartet. Seine frischen Wunden lassen einen Zweikampf

Klimsch gez.

Stahlstich v. Carl Mayer's K. A. in Nürnberg

Rolandseck, Nonnenwerth und Drachenfels

Verlag von Julius Niedner in Wiesbaden

ahnen. Der Abt und die Schwester forschen, und er bekennt endlich, was geschehen war.

Da ringt die Jungfrau jammernd über des Heißgeliebten Tod ihre schneeweißen Hände; aber Grausen und Entsetzen durchrieselt des Abtes Adern.

Nach einer Weile der Sammlung wendet sich der Abt zum Fräulein und spricht: Danke dem Herrn, meine Tochter, daß er Deine Seele wahrte vor entsetzlicher Schuld! Und zu dem Ritter gewendet sagte er: Du aber, mein Sohn, thue Buße! Du bist, ohne es zu wissen, ein Kain, ein Brudermörder geworden! Und er enthüllte ihnen das schreckliche Geheimniß. Durchwühlt von unaussprechlicher Qual wurde der Burggraf ein Büßer in dem Kloster Heisterbach, das Fräulein aber nahm den Schleier im Kloster Nonnenwerth.

Ehe jedoch der unglückliche Brudermörder sich in den dunkeln Mauern Heisterbachs begrub, ließ er das Hochkreuz aufrichten an der Heerstraße, auf daß fromme Herzen dort beteten für seine Seele und die des Gefallenen. — Seine Habe schenkte er den Klöstern Heisterbach, Apollinarisberg und Nonnenwerth, wo nach nicht langer Frist das Todtenglöcklein anzeigte, daß ein armes, leidvolles Herz gebrochen sei. —

Wenden wir uns nun zu Rolandseck und Nonnenwerth! Eingedenk der lieblichen Sage, die auf Rolandseck ihre Stätte hat, und die vielfach an Schillers Ballade „Ritter Toggenburg" gemahnt, blickt der Wanderer mit besonderer Theilnahme hinauf zu dem einfachen Fensterbogen, der fast allein noch Zeugniß gibt, daß hier einst eine freilich kleine Burg gestanden, da nur äußerst wenig von andern Mauern übrig ist.

Vor dem gar schönen, am Ufer gelegenen Dorfe gleichen Namens führen anmuthige Wege, die meist im Waldschatten sich hinaufwinden, zur Burg. Ruhebänke sind überall angebracht, wo sich nur eine schöne Aussicht bietet. So kommt man stets neu angeregt, ohne es zu merken, oben an. Bleibt man zehn bis zwölf Schritte von dem Fensterbogen zurück stehen, dann erscheint die herrliche Landschaft wie in einen Rahmen gefaßt und macht einen bezaubernden Eindruck. Obgleich es meist dieselbe Ansicht ist, die man vom Drachenfelsen aus hat, so leiht doch der veränderte Standpunkt ihr wieder neue Reize; besonders ist es das Siebengebirge, das hier durch veränderte Gruppirung seiner Kuppen neue Schönheiten gewinnt.

Vor einer Reihe von Jahren drohte dem Bogen von Rolandseck der Einsturz. Da nahm sich Ferdinand Freiligrath in einem schönen Gedichte des sinkenden Bogens an und rief in die Herzen hinein: Reicht Euch die Hände, ihn zu erhalten! Das schlug ein. Aber eine erhabene Fürstin des preußischen Königshauses ließ nun den Bogen herstellen, und jetzt erfuhr man, daß die Burg ihr gehört. Nun, der von der Sage verklärte Fensterbogen war es werth, daß ihm der Dichter sein Lied, die Fürstin ihre Hülfe weihte und so das andre Dichterwort einmal wieder wahr wurde, der Dichter solle mit dem König gehen! —

Hast Du aber Auge und Herz gelabt an der herrlichen Fernsicht und hast aus dem Fensterbogen auf das schöne Eiland im Rheine geblickt, dann lauschest Du auch gerne der Sage. Sie erzählt: Auf dieser Burg wohnte in der Vorzeit Tagen ein Ritter mit Namen Roland. Er war jung und schön. Zum Drachenfelsen hinüber zog ihn das Herz, und ein anderes dort sehnte sich nach ihm. Innige Jugendliebe verband ihn mit des Burggrafen Töchterlein. Die Eltern hatten den Bund gesegnet; des Priesters Segen sollte sie für immer vereinigen, da — wer zählt die Thränen? — ruft des Kaisers Heerbann den jungen Ritter zum Kriegszug über die Alpen, wo nie dem Deutschen Segen blühte. Das war wohl ein schweres Scheiden, aber die Hoffnung winkte doch, und ein Jahr war ja bald herum!

Er zog dahin, wo Ruhm und Ehre seiner harrten, die er dennoch für das Bleiben in der Heimath williglich hingegeben hätte.

Nach einem Jahre entließ ihn reichbelohnt der Kaiser.

Mit einer Hast, die sich keine Ruhe gönnte, eilte Roland dem Rhein zu, wo seiner Hoffnung schönes Ziel lag. Es zieht ihn fort mit einer Macht, ja mehr noch mit einer geheimen Angst, die oft seine Brust sprengen will. Es ist dunkle Nacht, als er endlich naht. Drüben läßt er seine Burg liegen und eilt den Berg hinan zum Drachenfelsen, aber — was ist das? — Kriegsgetümmel, Schwerterklirren schallt ihm entgegen! Das ist feindlicher Ueberfall! ruft er aus, spornt sein Roß, und bald ist er dem Feind im Nacken.

Ein Ritter des Landes, ein Wegelagerer und Landfriedensstörer, allgemein gefürchtet, aber auch allgemein gehaßt und verabscheut, hatte sein Auge auf Rolands reizende Braut geworfen und um sie geworben. Der alte Ritter war ihm allerdings zum Danke verpflichtet, da er ihm einst in einer Fehde geholfen, aber er konnte seinem Verlangen nicht willfahren, ob dasselbe gleich immer dringender wurde. Sie ist Rolands Braut, sprach er, der auf der Heimkehr ist!

Da drohte der wilde Unhold, er werde sich nun die Braut mit Gewalt holen müssen, und eilte zornig von dannen. Roland sei nicht mehr ferne, so hatte der Drachenfelser gesagt, und so war es.

Das mochte auch der Feind geahnt haben und hatte darum seine

Genossen, seine Reisige und Mannen, im Walde verborgen. Er aber wußte alle Schliche in der Burg. Als nun die dunkle Nacht hereinbrach, führte er seinen Troß unbeachtet gegen die Burg, erstieg an einer schwachen Stelle die Mauer, drang ungehindert ein, öffnete den Seinen die Thore, und der alte tapfere Burggraf vom Drachenfels erkannte zu spät, daß er sich selbst in Ruhe und Sicherheit gewiegt, wo Vorsicht und Wachsamkeit geboten gewesen wären. Der alte Herr sammelte die Seinen und eilte den vom Thore her Eindringenden entgegen. Ein wilder Kampf entspann sich. In dem undurchdringlichen Dunkel sah Keiner den Andern, Freund und Feind waren nicht zu unterscheiden. Grade in diesem verhängnißvollen Augenblick erschien Roland, und sein Schwert mähte in dem Rücken der Feinde, über welche Furcht und Entsetzen kam bei dieser Wahrnehmung; aber auch der alte Ritter vom Drachenfels war im Gedränge unter den Thorbogen gerathen und kämpfte dort, und da geschieht es, daß Roland mit dem Vater seiner Braut in Kampf geräth und ihm den Todesstreich gibt. In diesem Augenblick fällt ein Licht aus dem Schloßhof, wo man Fackeln anfacht, auf des Greises Züge, und verzweifelnd erkennt er, was er gethan! — Wohl wird der Feind geschlagen, aber Roland ist der Mörder ihres Vaters. Wehe! Wehe! Da wird des Priesters Segen zum Fluche!

Die Braut nimmt den Schleier in Nonnenwerth, und Tag für Tag sitzt mit namenlosem Schmerz in der Brust Roland dort oben auf seiner Burg im Fensterbogen und schaut hinab, wo sie in stillem Harme hinwelkt, bis endlich die trauernden Nonnen die geknickte Rose unter den Veilchen des Friedhofs betten. Und als das Sterbeglöcklein herauftönt, als trüg's deren letzten Gruß ihm zu, da durchschauert es ihn mächtig, und todt sinkt er im Fenster zusammen.

Das flüstert uns die Sage zu. Es ist schwer, dort oben dem Gefühle zu wehren, daß es nicht die ganze Seele umdüstere an der Stelle, wo ein treues Herz brach.

Von der Burg wissen wir, daß sie an Umfang klein war, aber fest und wehrhaft. Was man hier von Römerkastell und dem Recken Roland, dem Neffen des Kaisers Karl des Großen, als dem Erbauer fabulirt, ist grundloses Gerede und Phantasterei. Es stand in der Römerzeit kein Kastell, in der Frankenzeit keine Burg hier oben, vielmehr hat, wie schon beim Drachenfels erwähnt wurde, Erzbischof Friedrich I die Burg erbaut, als Kaiser Heinrich V ihn bedrohte. Wie aber die Burg, welche in den ältesten Urkunden Ruolecheseck oder Rulcheseck heißt, zu dem Namen Rolandseck gekommen, das ist eins der vielen Räthsel, die für immer ungelöst bleiben.

Erzbischof Friedrich setzte auch in diese Burg treue Dienstmannen. Sie litt aber im Kampfe mit Kaiser Heinrich, ob er sie gleich nicht eroberte, und Erzbischof Arnold I stellte sie 1149 her und erweiterte sie, wodurch er fälschlich für den ersten Erbauer gehalten wird, wie man ihn auch aus demselben irrigen Grunde als Erbauer vom Drachenfelsen ansah.

Die Vögte des Erzstifts saßen auf der Burg, als Kaiser Albrecht I, den kölnischen Kaufherren gewogen, die erzbischöflichen Zölle aufhob; aber ihr Herr und sie selber hatten nicht Lust, die Zölle zu missen, und wenn auch nicht unmittelbar an der Burg die Zollstätte war, sondern auf Nonnenwerth, so ist doch nicht daran zu zweifeln, daß Albrecht seinem Gebote Nachdruck gegeben und 1302 die Burg belagert, vielleicht sie gebrochen oder doch wenigstens ihre Zerstörung verlangt hat. Wie es indeß geworden, ob sie der Kaiser selbst brach oder sonst eine befreundete Macht, das bleibt dunkel. Doch war sie nicht völlig zerstört worden, und der Dechant Johannes von Bonn stellte sie um das Jahr 1328 her, erweiterte sie und machte sie wehrhafter. Dem Erzbischof Dietrich II war die Burg durch ihre prachtvolle Lage unaussprechlich werth, und die Tage, welche er in ihren Mauern verlebte, gehörten ohne Zweifel zu den glänzendsten, welche die Burg jemals gesehen. Als Karl der Kühne gegen den Drachenfels stritt, hatte er Rolandseck erobert und mit seinen Söldnern besetzt, die herrlich und in Freuden lebten. Größere Sorgfalt wäre ihnen besser gewesen; denn unvermuthet überrumpelten sie die verbündeten Freunde des Erzbischofs und verjagten 1474 die Burgunder. Leichtlich geschah das nicht, denn sie setzten sich gewaltig zur Wehr; ja es scheint, als hätten die weichenden Burgunder Feuer in die Burg gelegt; denn sie verschwindet von da an aus den Urkunden, der Burg wird nicht mehr gedacht, wohl aber ihres Gebiets, das nicht unbedeutend war. Nur der Brand konnte solches Verschwinden der Burg möglich machen, wie wir es wahrnehmen. Allein der Fensterbogen steht und wird bleiben, weil der Epheu der Poesie sich an ihm hinauf windet, ihn umrankt, und der hält ihn fest!

Rolandswerth hieß gegen Ende des elften Jahrhunderts die schöne Insel am Rhein, die jetzt Nonnenwerth genannt wird, Nonneninsel; denn Werth ist der altdeutsche Name für Insel. Um diese Zeit gehörte sie der Abtei Siegburg; der Abt Kuno aber schenkte sie auf inständiges Bitten dem Erzbischof Friedrich, der denn auch eine Frauenklause auf der Insel stiftete und sie im Jahre 1126 dem genannten Kuno von Siegburg unterstellte. Später kam sie unter die Aufsicht des Abtes von Gladbach. Die Regel des heiligen Benedict von Nursia galt in ihren Mauern.

Ob es dem Erzbischof, als er sich die Insel von dem Siegburger Abte erbat, mit dem Stiften eines Klösterleins oder einer Klause Ernst gewesen, ist vielfach bezweifelt worden; vielmehr soll es seine Absicht gewesen sein, eine Zollburg darauf zu erbauen. Daran hinderten ihn aber die Bürger von Köln. Solche einträgliche Pläne werden indessen wohl einmal bei Seite gelegt, dann aber doch wieder aufgenommen, und so ging's auch hier. Was Friedrich den Muth nicht hatte zu thun, das that 1144 unter bessern Umständen Erzbischof Arnold I, und es drückte sein Gewissen gar nicht, den Zoll in die geweihten Mauern des Klosters zu verlegen, während er die Nönnlein in einem Kölner Kloster unterbrachte. Die Kölner Bürger gehörten nicht zu jenen, die sich etwas von ihren Erzbischöfen gefallen ließen, zumal wenn es in Handelssachen ihren eigenen Geldbeutel mitbetraf. Ihre Beschwerden bei dem Kaiser Albrecht hatten die Folge, daß dieser mit Heeresmacht heranzog und die Zollstätten brach. Jetzt kehrten denn auch die Nonnen nach Rolandswerth zurück, und reiche Spenden der Gläubigen heilten den Schaden aus, den ihnen die Habsucht eines Erzbischofs gebracht — und des Kaisers Heer; denn die sogenannten „Buben" und „Brandbuben" in Albrechts Heer waren gleich wilden Thieren unbändig. Zu dem Klösterlein kam nun auch durch milde Gaben ein Hospital und eine Capelle, die erst in neuester Zeit abgebrochen werden mußte, weil sie nicht mehr zu retten war.

Noch einmal, und zwar im Jahre 1359, versuchte es der Erzbischof Wilhelm von Köln, eine Burg auf der Insel zu bauen, um sich des Zolles von den Schiffen zu vergewissern; aber der Städtebund war zu mächtig geworden und sein Einspruch so nachdrücklich und ernst, daß der Lieblingsgedanke der erzbischöflichen Herren aus Furcht vor den Repressalien, welche der Städtebund ergreifen zu wollen geschworen hatte, endlich aufgegeben wurde. — Die Stürme des dreißigjährigen Krieges erschütterten das Kloster gewaltig und nöthigten die Nonnen zur Flucht; allein sie kehrten zurück, und die Zeit, die manche Zelle — mit und ohne Zustimmung der Bewohner — sprengte, ging glimpflich vorüber.

Die alten ehrwürdigen Mauern, die so schwere Geschicke überdauert hatten, würden vielleicht noch mehr Tage erlebt haben, hätte nicht ein verheerender Brand 1773 sie völlig vernichtet. Unter der Sorgfalt des Erzbischofs von Köln erstand das Kloster wieder schöner und geräumiger im Geschmack jener Tage.

Bis zum Jahre 1802 bestand Nonnenwerth. Damals war es die edle Kaiserin Josephine, Napoleons I guter Engel, deren Fürsorge den Nonnen das schöne Zufluchts-Plätzchen erhielt. Indessen gedieh das Kloster nicht;

1822 wurde das Gebäude veräußert und erlebte noch einmal den seltsamsten Wechsel der Bestimmung, — es wurde ein Gasthof, der besuchter war als irgend ein anderer; besonders in den schönen Sommertagen war das liebliche Eiland sehr belebt. Im Jahre 1841 sah man hierher wahre Prozessionen ziehen. Es war ein schöner Sommertag. Franz Liszt hatte den Gedanken aufgefaßt, hier ein Concert für den Dombau in Köln zu geben. Das Eiland wimmelte damals von Menschen; aber die Musik, welche in den Räumen des Klosters widerhallte, war keine geistliche. Die Zeit spielt wunderbar mit den Werken der Menschenhand. Und doch ist eben die Menschenhand, welche damals die Umsetzung von Franz Schuberts: „Lob der Thränen" so bezaubernd vortrug, die Franz Liszts, nun eine Priesterhand geworden, und wir wiederholen: wie wunderbar die Zeit mit den Werken der Menschenhand spielt, so auch mit dem Menschenherzen, das sie ändert, wie jene.

Seit dem Jahre 1845 ist Nonnenwerth wieder in dem Besitz einer geistlichen Corporation und wieder ein Kloster geworden, — der Gasthof zum Kloster wie früher das Kloster zum Gasthaus. — Man sieht, hier sind seltsame Wandelungen vorgegangen. Sind sie zu Ende? —

Die Abtei Heisterbach

im Siebengebirge, unweit Königswinter.

Ueberaus reich an Schönheiten der Landschaft, wie anziehend durch die wundersamen vulkanischen Bildungen und den romantisch-poetischen Charakter ist das Siebengebirge, der mächtigste Vorwächter der vulkanischen Eifel und deren letzter, aber ungeheurer Ausläufer jenseits des Rheines.

Wenn auch jeder dieser stolzen, eigenthümlich geformten Berge, die so eng zusammen gruppirt sind, seine eigenthümliche Anziehungskraft auf Den ausübt, der sich gern in der Gebirgswelt bewegt; wenn auch von jeder dieser Kuppen und Kegel die Aussicht lohnend, verschieden und meist überraschend ist, so verdient doch der hohe Stenzelberg ganz besondere Beachtung.

Zu seinen Eingeweiden hat der Mensch sich hineingewühlt, um die vorzüglichen Trachyte zu gewinnen, welche hier dunkler gefärbt als in den übrigen Bergen in senkrechten Säulen anstehen, in einer Dicke von sechs, ja zehn bis fünfzehn Fuß, und die, weil weit geklüftet, leichter zu sprengen sind, als sonst wo.

Der Steinbruch ist nahezu hundert Fuß breit und achtzig bis neunzig Fuß tief. Die Betreibung desselben reicht bis in das dreizehnte Jahrhundert hinab, blieb aber, weil der Weg zum Rhein allzugroße Schwierigkeiten hatte, zeitweise liegen und gewann erst wieder eine wachsende Bedeutung, als die Wiederherstellungsarbeiten an dem Riesendom in Köln begannen, da das Gestein hierzu als vortrefflich erkannt wurde. Jetzt bietet es, wie es einst zur Erbauung von Heisterbach im grauen Alterthum gedient, seine Massen diesem großartigen Dombau im alten Köln dar; doch der Steinmetze weiß auch Anderes daraus zu meißeln, und es wetteifert der Steinbruch mit dem zu Niedermendig droben am Laacher See, um Thür- und Fenstergestelle, Treppen und Anderes dem bürgerlichen Hause zu liefern.

Steht man da oben, am Rande der schwindelnden Tiefe, in der an hundert Arbeiter pickeln und meißeln, wo die Sprengschüsse im Gebirge den fernklingenden Wiederhall wecken, wo die Karren und Wagen kommen und wieder in den Windungen der Berge gegen den Rhein hin verschwinden, so meint man in das gespenstige Treiben der Kobolde zu blicken, an das die Sagen des Gebirgsstockes so oft erinnern. Es ist da unten eine eigenthümliche Welt voll Bewegung und Leben; aber sie hat in der That etwas Geheimnißvolles und gibt der Phantasie Stoff zu mancherlei Bildungen. Schon von Ferne donnert's wie Kanonenschläge, und das Echo trägt den Hall weiter und weiter, bis er in der Ferne verklingt. Dann stürzen die mächtigen Säulen zusammen, die eine furchtbare Naturkraft aufgerichtet; dann hüllt eine Rauch- und Staubwolke eine Weile Alles ein, und wenn sie sich verzogen, klingt hell der taktmäßige Schlag der Werkzeuge zum Ohre, die da unten in der Menschenhand dem Gestein die Formen geben, welche verlangt werden zum Aufbau der Häuser zu Gottes Ehre und zu menschlichem Bedürfniß. Doch -- der Blick wendet sich der Landschaft zu. — Da reihen sie sich an einander, die Riesen, die so frischgrün bewaldet emporsteigen, und dazwischen liegen die engen Schluchten, die felsstarrenden Tiefen, die kühlen, dunkeln Waldthäler, die schmalen Wiesenstreifen, durch welche klare Gebirgsbächlein dahin hüpfen oder sanft rieseln, belebt durch die schmetternden Klänge der Drosseln und des sangreichen Pirols; die schmelzenden Töne der zahlreichen Nachtigallen flöten in dem kühlen Grunde, nur unterbrochen von dem Rufe des Kuckucks oder dem Gekrächze der Raubvögel, die vielartig das Gebirge bewohnen, welches ihren Horsten volle Sicherheit gewährt.

Am längsten aber weilt das Auge auf dem mit wunderherrlichen Reizen geschmückten Thale von Heisterbach, wo im sichern Schooße des Gebirges die alte Klosterruine ruht, deren herrliches Chor dem Wanderer noch heute verkündet, welch' ein Prachtbau einst hier gestanden, umgeben vom mächtigen Petersberg, dem Nonnen-Stromberg und Stenzelberg, welche durch niedrigere Höhen verbunden sind.

Es ist ein mühsamer Weg da hinab, wo das Thal den bezeichnenden Namen des „Heisterbacher Mantels“ trägt; aber die Mühe wird reichlich belohnt; denn das Tiefthal ist wunderbar heimlich und still, frisch und duftig. Alte, prachtvolle Baumgruppen beschatten die klaren Fischweiher, deren stumme Bewohner einst die frommen Mönche an den Entsagungs- oder Fasttagen labten und das Fastengebot bei Tafeln, die mit edeln, schmackhaften Fischen reichlich besetzt waren, erträglich machten, ja selbst preisen lehrten. Und wenn man es verstand, wie in Eberbach im Rheingau, Schinken, Schöpsen- und Kälberschlägel als besondere Arten von Fischen aus den Weihern zu angeln, dann verloren vollends die Fasttage ihr Bitteres und wurden zu Festtagen. Bewaldete Höhen rahmen das schöne Thal ein und umhüllen es wie mit einem Mantel; daher stammt auch die Bezeichnung „Heisterbacher Mantel.“

Den einstigen Umfang des Klosters kann man noch wahrnehmen, und als heilige Thorhüter stehen die Bildsäulen der beiden berühmten Ordensstifter: Benedicts, des heiligen Abtes von Nursia, und Bernhards, der das öde Bergthal zu einem clara vallis oder Clairvaux machte; — allein nicht die Nutzgebäude des ehemaligen Klosters können die Blicke fesseln, sie haben einen andern Anziehungspunkt, nämlich die Chornische der Kirche, die noch von diesem herrlichen Gebäude übrig ist. Sie ist aber auch ein Juwel romanischer Baukunst und scheint von der Barbarei unserer Tage bewahrt zu sein, blos um desto schmerzlicher beklagen zu lassen, daß das herrliche Gebäude mit seinen schönen Formen zertrümmert wurde, um dem stagniren-den Wasser eines Canals zu Neuß die Fassung zu geben und die doch kaum nutzbaren Festungsbauten Kölns zu fördern. Wenn ich das Jahr 1806 als den Zeitpunkt dieses Vandalismus bezeichne, so habe ich zugleich auf die ruchlosen Hände hingedeutet, die um 1689 und seit dem Anfang unsres Jahrhunderts so manches schöne mittelalterliche Bauwerk in Trümmer legten oder ganz vernichteten.

Ueber die Wahl der Klosterstätte müssen wir die Legende vernehmen, wenn wir auch ohne dieselbe den Geschmack und Sinn der Mönche bewundernd anerkennen.

Das Kloster, dessen Stätte später der „Heisterbacher Mantel“ wurde, stand ursprünglich auf dem hohen „Sanct Petersberge“ und wurde deswegen auch, nachdem es in dieses schöne Thal verpflanzt worden, „Petersthal“ genannt, bis dieser Name sich mehr und mehr verlor und dem von Heisterbach

Raum gab. Den Mönchen, die der Kölner Erzbischof dorthin gesetzt, wurde es auf der rauhen Höhe zu kalt. Nicht einmal im Sommer war es dort wohnlich, und im Winter vollends, von Eis und Schnee umstarrt, von den Stürmen umtobt, war es für Menschen da oben unerträglich. Da flehten sie denn ihren Oberhirten und Schutzherrn unaufhörlich an, er möge ihnen gestatten, sich eine andre Stätte für ihr Büßerleben zu suchen, bis er es endlich ihnen anheimstellte, zu wohnen wo sie wollten, zumal sie gelobt hatten, so lange in dürftigen Hütten zu leben, bis ein festes Obdach sich über ihnen wölbe. Aber wo sollten sie die Stelle wählen? In dem schönen Gebirge war die Wahl die Qual!

Da schlug der Abt vor, sie wollten den Esel, der ihnen je und dann unentbehrliche Vorräthe vom Rheine zugetragen, mit den Reliquien ihres Altares beladen, ihm andächtig und williglich folgen und da ihre Wohnstätte wählen, wo er sich niederlegen würde.

Das geschah.

Der Esel wanderte dem Thale zu, welches der Heisterbach bewässerte, der wohl auch Kallenbach hieß. Ueber das Steingerölle und die Felstrümmer kletterte der Graue unermüdlich, obgleich seine Last ihn drückte; als er aber an dem „Heisterbacher Mantel" angelangt war, wo üppiges Gras am Bachessaume grünte, kam Hunger und Durst über ihn mit Macht. Er sog das klare, kühle Wasser begierig ein, labte sich dann weidlich an dem fetten Grase und war guter Dinge.

Die Mönche, welche ihm gefolgt in betender Andacht, standen nun harrend, was er nach seinem leckern Mahle unternehmen würde, und Grauchen war diesmal kein Esel! Nachdem er sich rund satt gefressen, ließ er lustig seine Stimme hören, streckte sich fröhlich im Grase nieder und blieb behaglich rastend liegen.

Da war die Stelle angewiesen, und die Mönche bauten sich allda ihre Hütten. Als aber die Mähr in's Land ging, da flossen aus gläubigen Herzen den Mönchen reichliche Gaben zu, und nicht viele Jahre hatten sie nöthig, Sturm und Wetter unter dürftigen Laubhütten zu ertragen. Die Klosterhallen wölbten sich bald über ihnen, und „Heisterbach" stand da in seiner Pracht und in einem seltenen Reichthum der Begabung.

Das Kloster hätte, der seltsamen Legende gedenkend, den Esel müssen in sein Wappen nehmen; das hatte aber damals schon eine bedenkliche Seite. Darum wählte es in sein Siegel eine grünende, blätterreiche Buche an einem Bache. Ob die Buche, wie man annimmt, in der Gegend „Heister" genannt wird, weiß ich nicht, sonst wäre der Name des Klosters im Wappen bezeichnend;

gleichwohl fehlt selten in solchen Wappen und Siegeln ein Heiligenbild. Aber so soll das Heisterbacher Wappen noch an einem Hause in Königswinter zu sehen sein, das früher dem Kloster als Weinzehnthof angehörte.

Die Geschichte weiß von Wundern nichts. Sie berichtet, daß im Jahre 1202 der Bau des Klosters vom zweiten Abte des Convents, Gewardus, begonnen worden sei. Es wurde der heiligen Jungfrau Maria geweiht und fand große Theilnahme und milde Hände und Herzen unter dem hohen und niedern Adel des Landes, dem denn auch das Kloster bereitwillig die letzte Ruhestätte in seiner prachtvollen Kirche dafür gewährte.

Erst im Jahre 1233 war der Bau äußerlich vollendet mit allen seinen Neben-, Wohn- und Nutzgebäuden. Die Kirche wurde in diesem Jahre sammt dem Hauptaltare durch den Bischof Conrad von Osnabrück eingeweiht; allein es ist eine seltsame Thatsache, daß schon im Jahre 1227 sechzehn Altäre geweiht worden waren, zu denen sammt dem Hauptaltar 1233 noch ein siebenzehnter Nebenaltar hinzukam.

Das waren meist von hohen Familien gestiftete und begabte Altäre in jenen Tagen, und es steht der unbezweifelte Schluß fest, daß die Kirche nicht nur groß und prachtvoll, sondern auch von Gönnern reichlich bedacht war.

Unter diesen zeichneten sich durch große und häufige Schenkungen die Grafen von Isenburg und Sayn aus, doch blieben andere Geschlechter nicht hinter ihnen zurück, zumal da die Wegelagerer viele ihrer handgreiflichen Sünden an fremdem Eigenthum dadurch meinten sühnen zu können, daß sie einen Bruchtheil des übel erworbenen Gutes in ein besonders berühmtes Kloster fließen ließen. In der Hand der Kirche erlosch der Makel des Unrechts und der Sünde, der daran haftete, und die Gewissen hielten sich der Schuld entbunden.

Mit dem Ansehen und dem Geruch der Heiligkeit des Lebens in den geweiheten Mauern wuchs das Grundvermögen des Klosters. Ackergüter, Höfe und Weinberge wurden sein Eigenthum nah und ferne.

Die Benedictinermönche dienten ebenso wie dem Berufe der Gottesverehrung, auch den Wissenschaften in jener wilden Zeit, und wir müssen ihnen Dank zollen für die Schätze, welche sie unter wirren Stürmen und im vollen Dunkel jener Tage uns erhalten haben.

In diesem doppelt heiligen Dienste standen auch Heisterbachs Mönche mit ausharrender Treue. Die Aebte haben im Laufe der Zeit eine reiche und kostbare Büchersammlung zusammengebracht, sie abgeschrieben und sie treulich bewahrt, aber auch fleißig studirt.

In ihrem Convente lebten hochberühmte Männer, unter denen jener

Klimsch gez.

Stahlstich v. Carl Mayer's K-A. in Nürnberg.

Abtei Heisterbach.

Verlag von Julius Niedner in Wiesbaden.

Chronist besonders hervorzuheben ist, dessen Nachrichten trotzdem, daß sich manche wunderbare Mähr in sie eingeschlichen, wie sie der Charakter der Zeit erheischte, für die Geschichte eine wichtige Fundgrube bleiben; es ist der berühmte Cäsarius von Heisterbach, welcher eigentlich Cäsar von Milendonk geheißen; sodann gehört hierher der heilige Conrad aus Thüringen und jener fromme, heilige Mönch Christianus, von dem die Legende berichtet, daß, wenn er die „Mette" gesungen, allemal Christus, der Herr, und die heilige Jungfrau mit ihm gesungen hätten. Aber auch außer diesen Dreien lebte in den stillen Mauern der dem Weltleben sehr entrückten Abtei mancher kunstreiche Schreiber, dessen Feder die Handschriften mit jenen prachtvollen, kostbaren Anfangsbuchstaben und Bildern zierte in glühenden, kaum abblassenden Farben und reicher goldener und silberner Ausschmückung.

Wenn die Nonnen mehr in niedlichen Spielereien sich ergingen, so bewundern wir heute noch die Kunst, die Ausdauer der Mönche und die Schönheit dieser Handschriften, wie sie in den Benedictiner-Abteien gefertigt wurden, welche damals die Hauptträger der gelehrten Bildung waren, leuchtend und glänzend in tiefdunkler Zeiten Nacht.

Unter wechselnden, oft trüben Geschicken gingen die Jahrhunderte über der uralten Abtei weg, und sie freute sich ihres Bestandes. Daß dazu die einsame Lage beitrug, ist außer Zweifel. Während an den Ufern des Rheines der wilde Schwertkampf in's Flußthal hallte, brach er seine Sturmwellen an den mächtigen Bergen, die ihren schützenden „Mantel" um die Abtei breiteten und lange Zeit zerstörende Wirkungen zurückhielten, bis die Zeit der Reformation auch ihr nach innen und außen verhängnißvoll wurde, wie ihren Schwestern in anderen Gauen.

Besonders waren die „Truchsessischen Händel" für sie nachtheilig; denn im Jahre 1588 drang ein Haufe truchsessischer Landsknechte in dieses stille Thal und ließ seine zügellose Wildheit an der Zufluchtsstätte des Friedens aus, raubend, plündernd und schwelgend.

Nachdem die Landsknechte die Abtei ausgeplündert und in ihren Kellern sich heillos berauscht hatten, legten sie Feuer in die Gebäude. Die ohnehin schwer mißhandelten Mönche waren in's Gebirg entflohen, und als sie endlich zurückzukehren wagten, standen schwarze Trümmer um das erhabene Gotteshaus, welches allein dem entfesselten Elemente getrotzt hatte, wenn auch sein Dachwerk schwer beschädigt war. Mit Hülfe der Wohlthäter wurde dies bald wiederhergestellt.

Jene Tage waren aber nicht dazu angethan, die heiligen Mauern des Klosters und seiner Nutzgebäude wieder aufzurichten. Erst nahezu zehn

Jahre später sah man sie wieder emporwachsen unter den geschäftigen Händen der Maurer und Steinmetzen.

Die Seele des Wiederaufbau's war der eifrige Abt Johannes Buschmann, aus der Stadt Düren stammend. Woher Buschmann das Geld — und es war wahrlich keine unbedeutende Summe — zu dem Werke genommen, habe ich nicht ausfindig machen können, aber es war da, und die Bauten wurden tüchtig und umfangreich ausgeführt und widerstanden, wie auch der Convent, den kriegerischen Stürmen der späteren Zeit, namentlich des dreißigjährigen Krieges. Er ging ziemlich schonend an den Hallen des stillen Klosters vorüber, obgleich es an sogenannten Brandschatzungen nicht fehlte und die Mönche mehr denn einmal in's Gebirge fliehen mußten.

Im Kloster selbst scheint ein gut geordneter Haushalt geherrscht zu haben; denn jene Erfahrungen, wie man sie anderwärts machte, daß nämlich die Klöster durch die Ausschweifungen der Mönche bis auf die Neige ihres Vermögens erschöpft wurden, kamen so recht hier nicht vor. Auch jener Brand, sowie der spätere Aufbau durch den Abt Buschmann und die Erpressungen, welche die Abtei im dreißigjährigen Kriege erlitten, vermochten nicht sie an den Rand des Abgrundes zu bringen, ja selbst als ihr 1802 das Todesurtheil gesprochen worden war und der Menschen frevelnde Hand die Mauern niederriß, besaß die Klosterkirche noch Schätze der Kunst, die heute noch das Auge des Besuchers erfreuen.

Bist Du, mein Leser, einmal durch die reichen Säle der alten Pinakothek in München gewandert, und Dein Auge hat auf manchem schönen und farbengluthigen Heiligenbilde geruht, und Dein Geist ist an der Hand der Kunstgeschichte hinabgestiegen zu den Tagen jener lebensfrischen Maler, die sie auf die Leinwand zauberten, dann ist es unausweichlich, daß Du Deine Wanderung im Geiste bis in den schützenden „Heisterbacher Mantel" erstreckst; denn dort haben dieser köstlichen Bilder viele die Altäre der Kirche geziert, und es waren die beiden Brüder Boisserée und ihr Freund Bertram, welche sie bekanntlich vor dem Untergang bewahrten, und von denen sie König Ludwig I von Baiern erstand.

Die, welche die heiligen Mauern zu Material für einen Canalbau niederrissen, oder um kaum zu beachtende Festungswerke zu erbauen, kümmerten sich blutwenig um Bilder, aber der unermüdliche Sulpice Boisserée stand auf der Wache und führte — nicht die Braut, sondern die Bräute heim. —

Es war ein Glück, daß die Franzosen und Spanier so wenig wie die deutschen Truppen, welche nach dem dreißigjährigen Kriege hier im Lande ihr Wesen hatten, Gemälde raubten. Ihre Kennerschaft und Leidenschaft erstreckte sich auf „gemünzte edle Metalle", und wenn sie auch Münzkenner waren und Sammler dazu, so galt ihnen doch weder die Kunst, noch die historische Bedeutung der „Präge" etwas, sondern lediglich der — Metallwerth, und hätten jene Dreie nicht die herrlichen Bilder gerettet, sie wären mit anderm Trödelkram zu Grunde gegangen. Zu verwundern ist es, daß die Kunstwerke so lange verschont blieben, da die Herren Aebte der spätern Zeit, — gleich den englischen Rectoren, die auf dem Festlande reisen und ihre Amtsverrichtungen den Vicaren überlassen — unbesorgt um des Klosters Sitte, Ordnung und Wissenschaft, in Königswinter oder in Bonn sich bene thaten, wie man zu sagen pflegt. Wie es um den Kunstsinn dieser Herren stand, bezeichnet eine Anecdote, welche der Gasthofbesitzer in Königswinter mir erzählte. Ein Reisender kam in dem Anfang der neunziger Jahre des vorigen Jahrhunderts in die Abtei, wurde dem Abte vorgestellt und unterhielt sich angenehm mit dem welterfahrenen Manne. Als er aber nach Alterthümern fragte, erstaunte er nicht wenig, von dem Abte an den — Pater Kellermeister gewiesen zu werden. — Diese unterirdischen Alterthümer hatten eine wichtigere Bedeutung selbst für den Abt des gelehrtesten Ordens, der aber doch auch sich überlebt hatte, wie es das unerbittliche Loos alles Irdischen zu sein scheint, selbst wenn es einst eine höchst gesegnete und folgenreiche Wirksamkeit hatte.

Wie man in den Tagen der geistigen Bewegung des beginnenden reformatorischen Zeitalters über tiefeingehendes Denken und Forschen urtheilte, tritt aus einer Mönchssage an's Licht, mit welcher diese Darstellung abschließen mag.

Es war in einer Zeit, als in den Klöstern Viele nach dem Worte Gottes fragten, verlangten und über seinen Sinn und Verständniß brüteten, da lebte im Kloster Heisterbach ein junger wohlunterrichteter Mönch, der Tag und Nacht über der Vulgata saß und ihren Sinn zu erfassen trachtete. Er grübelte und knöchelte. Dem jungen Mönche machte denn besonders die Stelle, darin es heißt, „daß tausend Jahre vor dem Herrn seien wie eine Nachtwache," viele Gedanken, und er konnte das nicht recht begreifen und fing an zu zweifeln. —

Er war eine grundehrliche Seele, der es recht angelegentlich um die Wahrheit zu thun war. Nachdem er wieder einmal lange gegrübelt, wurde es ihm zu eng in seiner kleinen Zelle. Er trat in den schönen Klostergarten, und auch da, unter frischem Grün und heller Blumenpracht, beschäftigte sich sein Geist mit jenem ihm dunkeln Schriftwort in dem Maße, daß er, ohne es zu merken, den Garten verließ, in dem Walde hinter dem Kloster fort wanderte und immer weiter sich durch die Felsen hindurchwand, — wie lange, — das wußte er ebenso wenig, als ihn Jemand im Kloster hatte hinausgehen sehen. Plötzlich aber klingt silberhell das Klosterglöcklein an sein Ohr, welches die Brüder zur Vesper ruft. Da macht er sich auf, und eilenden Schrittes erreicht er des Klosters Pforte, wo er die Glocke eifrig zieht, damit er zu der Abendgebetstunde nicht zu spät kommen möge.

Der Pater Pförtner öffnet, aber sie sehen sich einander staunend an; denn Beide kennen sich nicht, obgleich der heimkehrende Bruder erklärt, erst vor kaum einer Viertelstunde den Klostergarten verlassen zu haben.

Kopfschüttelnd treten Beide in das erleuchtete Haus des Herrn; aber neue Verwunderung ergreift den heimkehrenden Bruder; — denn — es ist wohl noch die alte, schöne Kirche, aber diese Brüder im Convente — kennt er nicht. Ein wildfremder sitzt an der Stelle, welche er nach der Altersstufe eingenommen am — vorigen Tage, ja noch an diesem Morgen!

Als die Vesper zu Ende, berichtet der Pater Pförtner dem Abte von dem seltsamen Mönche. Dieser läßt ihn zu sich kommen und erforscht von ihm Alles, was der Mönch von dem Abte und den Brüdern desjenigen Conventes weiß, dem er noch an diesem Tag angehört haben wollte.

Anfänglich betrachtet ihn der Abt mit mitleidigen Blicken; denn es will ihm vorkommen, als sei der fremde Mönch ein Irrsinniger; aber bald findet er, daß er sich darinnen täuscht, und es wandelt ihn in der That ein Grauen an. —

Da kommt endlich der Abt auf den sichersten Weg, zu einem Verständniß in dieser verwunderlichen Geschichte zu gelangen; er holt das Necrologium der Abtei, das heißt das Register der im Kloster Verstorbenen; aber auch hier kann er nichts finden, was die Sachlage kläre, bis er Blatt um Blatt zurückschlägt — dreihundert volle Jahre! Da steht denn wirklich des Fremden Name, allein mit der Bemerkung: es sei der Bruder Xaverius, jenseits des Klosterberinges lustwandelnd, verschwunden, und wenn er nicht so eine treufromme Seele gewesen, so habe man meinen müssen, er sei durch sein Grübeln zum Zweifeln gekommen und — der Welt in die offenen Arme geeilt; jedennoch habe alles Forschen nach ihm keine Spur finden lassen.

Da überfällt ein heiliger Schauer den Abt und den Pater Xaverius; denn dreihundert Jahre sind vorübergerauscht, und er meinte, es sei ein Viertelstündchen gewesen.

Beide bekreuzten sich, sinken auf ihre Kniee, und Bruder Xaverius beichtet dem Abte sein sündhaftes Grübeln über dem heiligen Schriftwort, voll Reue über sein Zweifeln, und wie ihn nun der Herr belehrt darüber, daß tausend Jahre vor ihm seien wie eine Nachtwache. Und in heiliger

Buße lebt er fortan im Kloster, allverehrt, bis endlich in seinem hohen Alter der Herr ihn dahin abruft, wo sich jedes Dunkel aufhellt.

Soviel aus dem Gebiete der Sage. Kehren wir nun zur Gegenwart zurück!

Die Ruine Heisterbach, gewaltsam gebrochen in einer Zeit, die hätte Sinn haben sollen und können für die geschichtliche Bedeutung einer Stätte, von welcher sicher ein Strom von Bildung in dunkeln Tagen ausging, war als ein Staatsgut veräußert worden, der Willkür in die offenen Arme geschleudert.

Zum Glück, darf man wohl sagen, kamen die schönen Reste in die Hand des Grafen von der Lippe und fanden in demselben einen Erhalter. Er kaufte sie im Jahre 1820, verwandelte die Umgebung der Abtei, alles Alte mit hochzuachtender Pietät schonend, ehrend und bewahrend, in eine parkähnliche schöne Anlage um, und flocht so einen Blüthenkranz um die Ruine. Wenn Pater Xaverius heute von seinem dreihundertjährigen Spaziergang zurückkehrte, er würde zwar trauern über die zerstörte Herrlichkeit des Gotteshauses und seines Klosters, aber wenn er in dem Chor an der Stelle niederkniete, wo einst der Hochaltar gestanden, und für die Seelen Derer betete, die heimgegangen, seit er „spazierte", er würde gewiß mit einem frommen Segenswunsche des Mannes gedenken, der die Blumen aus den ehrwürdigen Ruinen entsprießen ließ.

Burg Godesberg bei Bonn.

Im Angesicht des schönen Siebengebirges, als dessen Vorwacht der sagenreiche Drachenfels mit seinen Burgtrümmern steht; im Angesicht des Rheines, der mit Stolz seine Fluth vorüberwälzt, die zögernd weilen möchte da, wo es so schön ist; im Angesicht der Burg Rolandseck und ihrer Ruinen — von Bergen rings in weitem Umkreis umgeben, erhebt sich, vortretend aus der Berge Kranz, eine vereinzelte Höhe, auf deren Stirne die schönen Ruinen der Burg Godesberg sich ausbreiten. Eine entzückende Aussicht läßt dort weithin das Auge dringen, und wer sich des vollen Genusses von Bonns reizender Umgebung rühmen will, der muß von Godesberg aus das Rundgemälde geschaut haben, wenn die Abendsonne ihr Gold und ihren Purpur darüber ausgegossen hat; dann schwimmt diese herrliche Landschaft mit ihrem romantischen Schmuck in einem Glanze der Verklärung, den der Beschauer schwerlich je wieder vergißt.

Die Höhe, auf welcher Godesberg thront, liegt etwa 270 Fuß über der mittleren Höhe des Rheines, und Trachyt und Grauwacke sind die Bestandtheile derselben. Zur Seite der Burg und theilweise im Vordergrund liegt, an das Gebirge gelehnt und von ihm liebevoll gegen scharfe Winde geschützt, das in neuerer Zeit herrlich sich erweiternde Dorf gleichen Namens mit dem nahen Mineral- und Heilbrunnen, der „Draischer Quelle".

Ein warmer, ich möchte sagen südlicher Hauch ruht über der Landschaft, vor der gegen den Rhein hin sich die Ebene ausbreitet, und eine liebliche, reine Luft athmet die Brust mit Behagen! Ein schöneres Fleckchen Erde zum abendlichen Ausruhen für einen Greis kenne ich kaum. Wohl dem, dem es beschieden! —

Ob der Name der Burg vom Berge hergenommen, und ob er aus heidnisch-deutscher Zeit stamme und Wodansberg oder Godinsberg oder je nach der unendlich abweichenden mittelalterlichen Urkundenschreibart noch anders geklungen, darüber haben sich die gelehrten und oft verkehrten Erklärer viel gestritten, ohne, wie das jedesmal der Fall ist, sich einigen zu können, und der, welcher diese Darstellung schreibt, möchte seine lieben Leser durchaus nicht in dies Gewirre gelehrter Streitigkeiten hineinziehen, so wenig er selbst Lust trägt, zu dem großen Schutthaufen gelehrten Trödels einen neuen Beitrag zu liefern oder auch nur den alten umzurütteln. Gewonnen wird für den Leser nichts, aber es steht viel zu verlieren, nämlich die kostbare Stunde, welche uns kein Urkundenjäger zurückgeben kann, die aber dem Genusse des schönen Bildes verloren geht. So viel genügt, daß in den ersten Zeiten, da christliche Gesittung hier ihren Wohnsitz aufschlug, eine kleine Capelle auf des Berges Gipfel stand, ohne Zweifel eines jener uralten Baptisterien oder Taufkirchlein, wie wir ihnen häufig am Rhein begegnen, wo sie einst die demüthigen Anfänge gewaltiger Dome und reicher Klöster geworden sind. Anführen muß ich indessen, um der Vollständigkeit zu genügen, daß in den Urkunden früherer Jahrhunderte, als an die Seite oder an die Stelle der Taufcapelle eine Burg getreten war, Berg, Burg und Dorf Godinsberg, Wudensberg, Gudesberg, Gudensberg und endlich, abschließend in neuerer Zeit, Godesberg geheißen haben.

Zu der ansehnlichen Höhe, welche gegen Südosten Reben bekleiden, führen — von Godesberg, dem Orte nämlich, aus mehrere Pfade. Am bequemsten ist der ehemalige, in früheren Zeiten breitere Burgweg. Zur Seite stehen in kleinen Nischen Heiligenbilder. Sie tragen das Gepräge des Alters und der Verwitterung, und wenn sie auch dem bessern Geschmack unsrer Tage in ihrer Form nicht genügen, so ist doch der fromme Sinn der Godesberger bescheidener in seinen Ansprüchen als er in der Nähe der „hilligen Stadt Coellen“, wo die bildende Kunst ihre Stätte hat, seit der Dom neu erstanden, eigentlich sein dürfte.

Mauertrümmer deuten den weiteren Burgbering an, den einst die Thürme schützten, welche der Epheu, der treue Freund der Ruinen, mit seinen Armen liebend umschlingt, als ob er sie halten wollte vor den Stürmen oder dem geheimen Nagen des Zahnes der Zeit, der schon so lange seine sicher zerstörende Kraft eifrig daran übt.

Weiter durch Reben hinaufschreitend, tritt man endlich in den Bereich der ehemaligen Vorburg. Hier unter den Trümmern eines alten Bauwerks ruhen die Reste des vergänglichen Menschen, der im Dorfe sein Auge für die schöne Welt schließt. Es ist der Gottesacker der Gemeinde mit seinen umgesunkenen, umsinkenden und neuen Kreuzen auf den Hügeln, mit seinen im Abendwind raschelnden und schon verblichenen Flittergoldkronen auf den Gräbern der hinweggerafften, einst blühenden Jugend, diesen sinnigen letzten Liebesgaben trauernder Gespielen, deren manchem und mancher vielleicht auch bald derselbe leicht vergängliche Liebesschmuck auf's frühe Grab gestellt wird. Hier steht aber auch mitten im Gebiet der Vergänglichkeit das Wahrzeichen der reinsten Gottesliebe, welches hinausragt über die Gräber der Kinder der Zeit und hinaufweist in die Welt eines unvergänglichen Friedens, die Kirche, das stille, heilige Haus, wo der Friede von droben schon hienieden in die gläubige, liebende, hoffende Seele kommt. Es ist nur ein Kirchlein, und die Zeit hat ihm ihr unverkennbares Gepräge aufgedrückt; ja, sein Anblick dürfte die vielfach getheilte, vielfach bestrittene Ansicht rechtfertigen, daß es in sehr frühen Tagen, wie es die christliche Sitte forderte, auf den Grundlagen des uralten Baptisteriums oder Taufkirchleins errichtet worden sei.

Kurfürst Joseph Clemens aus dem bayerischen Herzogsgeschlecht, hat dies Kirchlein erbaut, vielleicht auch nur erneuert und es zu einem Oratorium oder Gebetskirchlein des Ordens des heiligen Michael bestimmt. Dafür zeugen die sämmtlichen Verzierungen und auch die beiden Fahnen, die den Altar schmücken, und denen der Reichthum der gläubigen Einbildungskraft des Volkes ein hohes, sehr hohes Alter verleiht, gegen das jedenfalls sowohl der, welcher sie gemacht, als der, welcher sie geschenkt hat und hier aufsteckte, einen entschiedenen Protest erheben würden, wenn — sie es noch könnten. Die Fahnen sollen aus den Kreuzzügen stammen! —

Bei dem Kirchlein stand eine Eremitenklause, die in früheren Tagen stets bewohnt war, die aber, seit das nicht mehr der Fall ist, — und das ist schon lange her — in Trümmer sank. Die Menschen lieben jetzt mehr die Gesellschaft als damals. —

Es dürfte ein bedeutsames Zeichen des Geistes jener Tage sein, da die Mauern und Thürme der kriegerischen Burg entstanden, daß das, was dem Tiefinnersten des Menschen zu seiner Erhebung über das Irdische dient, tief am Berge steht und oben drüber die Burg sich stolz erhebt. — Ein steiler Weg führt von der Stätte des Todes, von der Klause des dem Weltdienst sich entziehenden Eremiten und dem stillen Gotteshause hinauf zur Burg durch das heute noch dauerhafte Burgthor.

Ist man bei dem prächtigen Hauptthurm — dem sogenannten „Fritz" — der Burg angelangt, der dem Besucher derselben von dieser Seite am nächsten steht, so ist man im Stande, den Umfang der Burg mit dem prüfenden Blicke zu ermessen, aber nicht so leicht ist es, sich eine klare Vorstellung von ihrer inneren baulichen Einrichtung zu machen; denn Mauern durchkreuzen sich überall in wahrhaftem Gewirr und zeigen es an, wie man jeden Fußbreit Raumes benutzte, um das Nothwendige zu beschaffen. Hauptsächlich zieht den Besucher der stolze Hauptthurm an. Aber, hat man in mühevollem Steigen seine Zinne erreicht, so vermögen alle diese Mauerreste, alle diese Räume da unten den Geist nicht mehr zu fesseln. Die ganze Seele tritt in das Auge; denn ein köstlicheres Rundbild mag es selten in dem Grade überschauen. Grade vor dem Blick erheben sich die dunkelgrünen, mächtigen Kegel und Kuppen des Siebengebirges, bald spitz, bald abgestumpft, bald nackte Felsenwände von schwindelnder Höhe zeigend, bald dichte, waldbewachsene Höhen. Man wird in der That nicht müde, das malerische Gebirge von diesem Standpunkt anzuschauen. Und doch, in dies bewundernde Betrachten der wundervollen Gebirgslandschaft mischt sich der Gedanke an die furchtbaren unterirdischen Gewalten und Kräfte, die einst hier thätig gewesen sein müssen, als sich diese Höhen aufthürmten, als diese Krater noch Feuer und Aschensäulen ausstießen, und die feurigen Laven da heraus- und herabquollen in die Vertiefungen, als die Erde in steter zitternder Bewegung bebte. Der Gedanke an die Gährungen und Zerstörungen dieser Zeit, die weitab im Schooße einer Vergangenheit liegt, von welcher der Mensch nichts weiß, aus der keine Ueberlieferung zu uns gekommen ist als die, welche aus dem Gesteine redet, — ist wirklich schrecklich. Wie mag es ausgesehen haben in dieser paradiesisch schönen Landschaft, als noch die Vulkane arbeiteten jenseits des Rheines und die zahlreicheren des nahen Eifellandes diesseits? Man schaudert, wenn man sich das lebhaft vorstellt.

Grade am Vorwächter dieses wundersamen Gebirges, das, von welcher Seite man es auch betrachtet, immer neue Schönheiten entfaltet, und in welcher Beleuchtung man es auch sieht, immer zu neuer Ver- und Bewunderung hinreißt, grade an dem Vorwächter, sage ich, grüßt von der Zackenspitze die Ruine Drachenfels, die wir durch Bild und Wort dem Leser vorgeführt haben, „und unten fließet der Rhein", so ruhig und friedlich, als sei er ein silbernes Band, das sich an die wundersame Berggruppe schlingen wollte, und so bescheiden, als sei er nicht die gewaltige Pulsader des Weltverkehrs, nicht der Preis, um den die Völker gerungen und blutige Kriege geführt. Da liegen die blühenden Städtchen und Dörfer am Ufer hin, und stattliche Landhäuser schauen daraus hervor, rühmend von stillen Stunden reinen Naturgenusses und von geselligen Freuden im Kreise Befreundeter, und an den Bergen rankt die Rebe in saftigem Grün, und die üppigsten Fruchtfelder wogen in der Ebene diesseits. Dort, mehr zur Linken, ragen dunkele Berge in der Ferne hervor. Es sind die Berge des Siegener Landes, die den Höhen des Westerwaldes sich nähern. Weiter zurück schauet Schloß Bensberg von seiner Höhe herüber, und im Nebel der Ferne verbirgt sich Köln, dessen Dom dennoch das Auge erkennt. Und nach Bonn kehrt sich der Blick, nach der freundlichen Stätte der Wissenschaft, welche ein weiter Garten Gottes umgibt, in den von oben ein reiches Füllhorn des Segens ausgeschüttet ist.

Wendet man sich mehr rechts, so schwimmt dort im silbernen Strome das schöne Nonnenwerth, oben schauet der Bogen von Rolandseck hervor, und die schöne, sinnige Sage dämmert in der Seele, und der Blick flieht über die fruchtbare Ebene zu der stattlichen Häuserreihe Godesbergs, die ihre Vorderseiten dem Siebengebirge zuwendet. Dort hinten aber im Westen thürmen die Kuppen des Ahrthales und der Eifel sich auf und unter ihnen am höchsten Landskrone und Hochacht.

Ist es ein Wunder, wenn der, welcher dort oben steht und seine Blicke schweifen läßt, sich nur schwer dazu versteht, hinabzuschauen in das öde, zerfallene Mauergewirre der Burg? Der Thurm, auf dessen hoher Zinne der Beschauer steht, ist ein stolzer, schöner Bau, welcher sich nach oben verjüngt und aus zwei Absätzen besteht, eine Form, die uns selten im Rheinland wieder begegnet. Der Eingang ist, wie überall bei diesen Thürmen, welche der letzte Zufluchtsort bei Ueberfällen und Belagerungen waren, in bedeutender Höhe, während da unten, wo hinein kein Lichtstrahl drang, sich jene grauenvollen Verließe befanden, darin, wie der Dichter sagt: „Molch und Unke hausten", und an deren dicken Wänden der Seufzer der Unglücklichen erstarb. Vermittelst einer Zug- und Auflagebrücke stellte man die Verbindung mit der Burg her, und das Aufziehen gegen den Thurm isolirte ihn völlig und schloß zugleich die Oeffnung des Eingangs.

Rechts am Thore scheint ein sehr bedeutendes Gebäude gelegen zu haben, das der Führer, der überall schnell aus dem Born seiner Weisheit die Wahrheit schöpft, kurzweg das „Bräuhaus“ nennt. Wirthschaftsgebäude mögen es gewesen sein, vielleicht auch ein Wohnhaus; denn eine Küche läßt sich erkennen und eine Cisterne oder Regenwasserbehälter, da — der Berg sonst keinen Brunnen gehabt zu haben scheint, wie viele andere auf Bergen und Felsen erbaute Ritterburgen auch. Die Vermuthung wird noch glaubwürdiger, weil sich an dieses geräumige Gebäude die eigentliche Burgcapelle anschloß, die dem heiligen Servatius, einem der bei allen Gartenliebhabern sehr übel berüchtigten drei „Frostheiligen“, geweiht war.

Ein sehr zerfallener Stiegen- oder Treppenthurm leitete zu dem sogenannten „Palas“, dem eigentlichen Hauptbau der Burg, dem großen Wohngebäude der „Herrschaft“, während das erstgedachte vielleicht Beamten zur Wohnstätte diente oder der Besatzung. In diesem Palas hielten Kölns Erzbischöfe Hof, und könnten die Mauern reden von ihren üppigen, lustigen Gelagen, es würden Erzählungen sein, die nicht selten nachwiesen, wohin des Erzstifts reiche Einnahmen gekommen. Der Ritter- und Prunksaal von sehr ansehnlichem Umfang schloß sich unmittelbar an dieses Gebäude an; er maß neunzig Fuß in der Länge und etliche und dreißig in der Breite.

Auch die Lage der sonstigen Wirthschaftsgebäude, Ställe 2c. ist von hier aus noch genau zu erkennen. Auffallend, aber erklärlich ist es, daß gegen die Rheinseite hin alles Mauerwerk zertrümmert und zerstört ist. Wer die Geschichte irgend eines Bauwerks erzählen und dies in recht geordneter Weise thun will, der müßte eigentlich immer mit dem Grundstein beginnen, was begreiflich in hundert Fällen unmöglich wäre; in Godesberg ist es möglich. Aber wie geht das zu, und wo ist denn dieser Grundstein? fragen meine lieben Leser, und ich antworte: in Godesberg ist er nicht und auch nicht im Museum von Bonn, wo Vieles nicht ist, sondern in der fernen Hauptstadt des Bayerlandes, in München ist er zu finden. Er ist von schwarzem Marmor und trägt die Inschrift, daß Erzbischof Theodorich von Köln im Jahre 1210 zu dieser Burg den Grund gelegt habe. So wäre denn hier der gar seltene Fall, daß wir den Erbauer, die Gründungszeit kennen, in Summa den Geburtsschein der Burg vor uns haben.

Das schöne Frit soll aber älter sein, behaupten Manche, und wie könnte es fehlen, daß es den Römern zugeschrieben wird? Allein mit dem römischen Ursprung des Godesberger Thurmes ist es nichts; denn das ist durchaus nicht zu widerlegen, daß im Anfang des zwölften Jahrhunderts auf dem Berge sich nur die Capelle des heiligen Erzengels Michael befand, und daß diese eine — wenigstens innerliche Beziehung zu dem Drachenfels hatte, liegt so nahe, daß es eben nur dieses Hinweises bedarf, um sich ihren Ursprung zu deuten. Man hat gleichwohl römische Münzen und dergleichen hier oben gefunden. Was die Münzen betrifft, so kursirten sie auch in den Händen der Deutschen, und sie sind nicht so sichere Führer als die Leitmuscheln der Geologen. Gesetzt aber, die Römer hätten hier oben eine Befestigung gehabt, was am Ende möglich gewesen sein könnte, so würde diese doch der Erde gleich gemacht worden sein von den Batavern des Civilis, wie es anderwärts auch geschehen ist.

Unter den Franken, ja noch zur Zeit der ersten sächsischen Kaiser wird wohl Godesberg eine „Pfalz" genannt, allein es fehlen alle Beweise, daß die „Pfalz", das Palatium, mit andern Worten „der Königshof", auf dem Berge gestanden, wogegen selbst der Brauch der Frankenkaiser war, — und somit wird wohl kaum Jemand es anders vermögen, als Dem des Baues Ehren zuzuerkennen, der in schwarzmarmorner Urkunde des Grundsteins sich selber nennt, nämlich Erzbischof Theodorich von Köln. Er war ein Anhänger des vom Papste mit dem Bann belegten Kaisers Otto IV von Braunschweig, und so hörte man in Köln gern dem mahnenden Worte, auf dieser Stelle zu des Landes Schutz eine Burg zu erbauen, die stark genug wäre, zu leisten, was ihre Aufgabe sei.

Als aber Theodorich durch harte Auflagen und schwere Zölle am Rhein die Kosten des Burgbaues nicht aufzubringen vermochte, so mußte ein anderes Streichlein helfen. Was that's, wenn er einen reichen Juden in aller Freundschaft gefangen nahm und seinem Geldsacke eine so ansehnliche Erleichterung zu Theil werden ließ, daß damit die Burg lustig wuchs und bald fertig war? Das Gewissen konnte er selbst entlasten, und der Kaiser, der Gott dankte, daß der Erzbischof seine Fahne hochhielt, machte keinen Rumor um einen „Kammerknecht", der um so und so viel ärmer geworden. Daß aber ein Kölner Erzbischof das alte Heiligthum der Capelle des heiligen Erzengels Michael niederriß um einer Kriegsburg willen und sie an einer andern Stelle wieder aufbaute, das war ein Frevel, über den die Chronikschreiber jener Tage sich furchtbar ereifern. Natürlich, berichten sie, blieb das Zeichen himmlischen Zornes nicht aus. Das Bild des heiligen Erzengels entfloh zürnend „und mit lautem Weheruf" über den Rhein hinüber nach dem Petersberge im Siebengebirge, und aus diesem Gebirgsstock kam ein Heer von Raben, die krächzend Tag und Nacht um die „entweihte Stätte" flogen.

Der Erzbischof ließ dem flüchtenden Bilde des Erzengels freien Willen und Freizügigkeit; er ließ den Raben auch ihr Pläsir, den im Geheimen schreibenden Chronisten ihren Geifer und — baute mit dem Raube Israels fort, als hätte er dazu Fug und Recht gehabt. Sein Gewissen scheint sich über diesen Punkt hinweggesetzt zu haben, wie überhaupt auch darüber, ob Fluch oder Segen auf seiner Veste ruhe. Der rächenden Hand Gottes sollte er aber nicht entgehen. Die Vollendung seines stolzen Baues sah er nicht mehr; der Papst entsetzte ihn seiner erzbischöflichen Würde und verbannte ihn aus Köln.

Nun fühlte auch er, wie sein Freund Otto IV, des Bannes Last und Druck. Item, Rom war jederzeit gegen Geistliche milder als gegen Laien, die sich gegen den heiligen Stuhl vergangen, selbst wenn letztere des Reiches Krone getragen, — oder vielmehr, weil sie sie getragen. Nach einigen Jahren wurde Theodorich begnadigt; er würde auch wieder nach Köln gekommen sein, wenn er nicht in Rom, wohin er demüthig und reuig gezogen, im Jahre 1224 gestorben wäre, ohne daß seine Veste Godesberg zu Ende gebaut worden. Die Burg war in der fehdelustigen Zeit zu wichtig für die Erzbischöfe, die ja zum Theil auch lieber mit dem Schwerte dreinschlugen, als mit dem Crucifix segneten, als daß Engelbert I, Theodorichs Nachfolger, nicht hätte ungestört trotz jener Flucht und der „sich heiser schreienden Raben" fortbauen und sie vollenden sollen.

Godesberg wurde den Kölner Erzbischöfen unendlich schätzbar; denn mit den Kölner Bürgern war nicht zu spaßen, und wenn diese sie einmal wegen etwaiger ihnen unangenehmer Zumuthungen zur Stadt hinausjagten, dann bot Godesberg eine überaus feste und sichere Zuflucht. Von hier aus konnten sie die Stadt schon im Zaume halten, und in dem Verließe des Hauptthurms war ein Plätzlein, wo selbst der härteste Kölner Bürgerkopf sanft und mürbe zu machen war, zumal wenn man fortdauernde Fasten zu der Seele Heil in Anwendung brachte, was ja in der Ordnung war. — Dazu wurde das Verließ von den Erzbischöfen Konrad von Hochstaden und Engelbert von Falkenburg benutzt, indem sie hier die gefangenen Kölner eine Schule der Demüthigung durchlaufen ließen, deren Erinnerung so leicht nicht aus dem Gedächtnisse zu verwischen war.

Die Burg diente auch mehr denn einmal dazu, den Erzbischöfen eine sichere Zuflucht zu bereiten, wenn ihre allzugroßen Ansprüche an den Geldbeutel die Kölner so kopfscheu machten, daß sie die geistlichen Machthaber hinaustrieben aus der „hilligen" Stadt, wo diese dann freilich nicht Alaaf Köln! zu rufen Lust trugen.

Aber nicht blos die Seufzer Gefangener und der Kriegslärm der Belagerer wurde in Godesberg gehört. Man hatte damals auch Sinn für die Schönheit der Lage der Burg. Darum verlegten, wenn Friede im Lande herrschte, die Erzbischöfe ihren herbstlichen Aufenthalt hierher, um auszuruhen von den schweren Mühen des Daseins und recht froh zu werden im Kreise der Edeln des Landes, die sich dann zu lustigen Gelagen in Godesberg sammelten und untersuchten, was Edles vom Rhein und der Ahr in des Erzbischofs Keller sich vorfände.

Wie es mit allen Burgen geistlicher Herren ging, die sich nicht selbst bewachen und vertheidigen konnten, so auch hier. Treuen, erprobten Vasallen wurde Godesberg anvertraut. Die Burg hatte im Mittelalter den seltsamen Beinamen „Frei-Peterling"; das kam daher, daß die Burgmannen als reichsunmittelbare Leute „Frei-Peterlinge" hießen.

Die Burg galt in jener Zeit für eine der festesten, ja für uneinnehmbar. Diesen Ruf begründete namentlich folgendes Ereigniß: Als Erzbischof Sifrid von Westerburg, welcher mit den Kölnern in Fehde lag, sich nach Godesberg geflüchtet hatte, führte Graf Wilhelm von Cleve das städtische Heer vor die Burg und „drangselirte sie mächtiglich" fünf ganze Wochen lang. Umsonst wurde die „unnahbare Veste" berannt; umsonst bot der Clever Alles auf, sie zu bezwingen. Er mußte abziehen, ohne der Veste auch nur irgend erheblichen Schaden zugefügt zu haben, und die Kölner nahmen eben keine lustige Erinnerung mit.

Hier hielt Erzbischof Wichbold von Holte die Söhne des Grafen Revenger von Wied gefangen, als sie die Pflichten des Lehensverbandes freventlich und übermüthig verworfen und das Unglück gehabt hatten, ihrem strengen Lehensherrn in die Hände zu fallen. Ihre Freunde rückten rasch vor die Burg und — erstiegen sie glücklich. „Doch jubelt nur nicht allzu früh!" konnte man warnend den Wiedischen zurufen; denn während sie sich gütlich thaten, rückte der Erzbischof vor die Burg, überrumpelte die Wiedischen, und nicht Viele von denen, die über ihren leichten Sieg frohlockt, konnten das Geschehene daheim erzählen, denn nur wenige entrannen der Schärfe des Schwertes. Damals hatte die Burg gelitten; aber Erzbischof Wichbold beeilte sich, sie wieder herzustellen, ja sie noch fester zu machen, als sie gewesen war vor dem wiedischen Ueberfall.

Erzbischof Heinrich II von Virneburg lernte den Werth Godesbergs vollkommen erkennen, als die aufrührerischen Kölner mehrere seiner Landburgen gebrochen hatten und Godesbergs sich nicht bemächtigen konnten. Darum erweiterte und verstärkte er noch die Mauern der Burg. Aber er starb, ehe er sein Werk zu Stande gebracht, und Erzbischof Walram von Jülich vollendete es zwischen 1332 und 1349. Besonders hielt er es für eine Hauptsache, den hohen Thurm wieder aufzubauen, den die Wiedischen gebrochen hatten.

In seinen Gewölben verwahrte er das Archiv des Erzbisthums. Hierdurch gewann der Thurm in dem Maß und Grade an Bedeutung, daß jeder folgende Erzbischof dem Domcapitel in der Wahlkapitulation sich verpflichten mußte, Alles aufzubieten, ihn zu erhalten.

Vielfach war, wie schon erwähnt, die Burg zur Zeit der Weinlese und der Jagden der Lieblingsaufenthalt der Erzbischöfe. Feste auf Feste drängten sich alsdann, und die Ritterschaft des Landes und die fremden Herren füllten die ungeheuren Räume des Bankett= und Rittersaales.

Wild und unbändig war aber der Geist jener Tage, und selbst des Kirchenfürsten geheiligte Nähe konnte ihn nicht in Schranken halten. So traf es sich einst, daß Erzbischof Friedrich III, es war im Jahre 1374 am heiligen Christfest, im Rittersaal der Edeln viele um sich versammelt hatte. Unter den Gästen befand sich der wilde Burggraf Johann von Rheineck und der Ritter Rollmann von Sinzig, den der Burggraf tödtlich haßte. Als nun der edle Wein in die Köpfe stieg, fehlte es dem wilden Rheinecker nicht an Veranlassung, mit Ritter Rollmann anzuknüpfen, der auch nicht zu denen gehörte, welche den Uebermuth geduldig ertragen können. Der Wortwechsel wurde immer heftiger, und da Beide einander gegenüber saßen, so riß Johann von Rheineck blitzschnell und plötzlich seinen langen Dolch aus der Scheide, und ehe auch nur eine befreundete Hand wehren konnte, saß er bis an's Heft in Rollmanns Herzen, der ohne einen Laut zusammensank, wie bereits früher erzählt wurde.

Solcher Frevel, der dem heiligen Feste der Weihnacht, dem Frei=Peterling, wo man versammelt war, und dem Erzbischof als Priester in eben dem Maße als dem Gastrecht Hohn sprach, konnte nicht ungeahndet bleiben. Der Erzbischof ließ trotz des heiligen Festes und anderer Rücksichten den Uebelthäter gefangen nehmen und ihn in das Verließ werfen. Viele dachten: der wird schon wieder freigelassen werden! —

Aber Ehre dem Rechtssinne des Erzbischofs! Bald nach dem Feste fiel von Henkershand Johanns Haupt im Burghofe nach einstimmigem Spruche des Gerichtes, das jener hegte.

Eben dieser Erzbischof befestigte und erweiterte noch mehr die Burg, weil er gar häufig mit den Kölnern in Fehde lag, die in dieser Zeit in ihrem Uebermuth gar nicht jochbändig waren.

Der sehr prachtliebende und verschwenderische Erzbischof Dietrich II, Graf von Mörs, erkor Godesberg zu seinem Lieblingsaufenthalt. Ob er den Kölnern nicht traute, die laut murrten über die in Festen und Gelagen vergeudeten Summen? — In Godesberg war er der lästigen Zeugen los, und wohl wissend, was er that, bestimmte er den Thurm von Godesberg, welcher bereits das Archiv des Erzstiftes barg, auch zum Aufbewahrungsorte der heiligen Schätze und Kleinodien desselben. Was er that, war eine List; denn er sah bei seinem verschwenderischen Haushalt die Zeit herannahen, da er durch Verpfändung dieser Kleinodien sich in den Stand setzen mußte, seinem leeren Säckel wieder aufzuhelfen. Und diese Zeit kam schnell. Der Schatz war erschöpft, nicht aber die Lust am Bankettiren. Der Kanzler konnte kein Geld schaffen, ohne daß in Köln wieder der wildeste Aufruhr ausgebrochen wäre. Da war Erzbischof Dietrich II rasch entschlossen: die Schätze der kölnischen Kirche und des Erzstifts wurden um eine ungeheure Summe an die Juden verpfändet; ja, als auch diese Summe heillos vergeudet war, da machte er Schloß und Amt Godesberg zu einem Pfand, das er 1450 seinem Kanzler Ludwig von Diespach um siebzehntausend Gulden Darlehen überließ. Godesberg war aber fast das Letzte, was er verpfänden konnte; denn die meisten Burgen und Städte des Erzstifts hatte er bereits verpraßt. Es war für den Schlemmer, der das Nothleiden wohl verdient hätte, ein unverdientes Glück, daß er starb, ehe er darben mußte.

Allgemein freute man sich, als die Kunde seines Todes von Godesberg gen Köln kam; aber nun erst zeigte sich die unendliche Schuldenlast, die er über das Erzstift gebracht, und ein dumpfer Schrecken legte sich auf die Gemüther. Am empörendsten aber war Allen das Verpfänden der Reliquienschreine und der kostbaren heiligen Gefäße an die Juden. Laut murrte das Volk über so unwürdiges, unchristliches Gebahren eines Oberhirten, und der Zorn drohte sich gegen die hochwürdigen Häupter des Capitels zu wenden. Nur durch das baldige Anordnen einer neuen Wahl, nur durch die Bestimmung, welche in die Wahlkapitulation aufgenommen wurde, daß kein Erzbischof mehr Güter des Stiftes und Landes verpfänden oder verkaufe könne ohne einstimmige Billigung der Stände des Erzstiftes, insonderheit aber, daß Godesberg für alle Zeiten unveräußerlich und unverpfändbar sein sollte, konnte ein Sturm beschworen werden, dessen Folgen kaum abzusehen waren. So beschwichtigte man die zürnende, grollende Bürgerschaft mit großer Mühe; denn sie dachte an die Auslösung der Pfänder, an die Leere des Schatzes und — an den eigenen Säckel, an den jedesmal appellirt werden mußte, wenn Unglücksfälle oder Verschwendung das Land und Stift in Noth gebracht. Damit waren aber auch dem Erzbischof die Flügel weidlich beschnitten.

Wie man in jenen Tagen Pfandschaften einlöste und Schulden bezahlte, das beweist das Verfahren des Nachfolgers Dietrich II, Ruprechts von der

Pfalz. Er rückte mit Heeresmacht vor Burgen und Klöster, welche Inhaber von Pfandschaften des Erzstifts waren, und zwang sie, dieselben auszuliefern oder — —. Dies Oder wirkte Wunder. Pfandbriefe flogen in Ruprechts Hände und ohne Zweifel Manches hinterdrein, was nicht grade wie ein Segenswunsch klang, aber der Zweck wurde erreicht, und das genügte, das Verfahren zu rechtfertigen. Das war auch eine „Logik der Thatsachen", wie sie in unsern Tagen mitunter geltend gemacht wird; ja, es erinnert an die Art und Weise, wie man in den Besitz dessen zu kommen sucht, was man wünscht. — Doch Vergleiche gehören nicht in den Bereich dieser Darstellung, ob es Einem gleich schwer wird, sie — links liegen zu lassen.

Viele heftige Stürme brausten über das Erzstift und über seinen letzten Halt, Godesberg, bis das sechzehnte Jahrhundert ereignißschwer sich nahte. Bisher war Godesberg stets die Stätte herbstlichen Lustaufenthaltes geblieben; aber ein Treiben wie zu Zeiten des Erzbischofs Dietrich II hatte die Burg nicht mehr erlebt. Die Erzbischöfe hatten ein warnendes Beispiel, wie solch' sardanapalisches Leben zu Ende geht, stets vor Augen, und ihre Wahlkapitulationen waren Kappzäume, die sie in den Schranken hielten.

Wenn auch die Burg eine Einbuße ihrer Bedeutung dadurch erlitt, daß man genöthigt war, das Archiv, die Urkundensammlung, aus den feuchten Gewölben des Hauptthurmes zu entfernen und es in Bonn zu verwahren, so gewann sie später eine — man kann sagen — weltgeschichtliche Bedeutung dadurch, daß sich die Geschicke des Erzbischofs Gebhard, Grafen von Truchseß-Waldburg, an ihre Mauern knüpften. Aber wie war Alles anders geworden! Welch' ein neuer Lebensathem ging durch das deutsche Volk und Land! Wittenberg im Sachsenlande war die Wiege dieses neuen Geistes, ein Mönch, Martin Luther, der Urheber wunderbarer Regungen und Wandlungen, und er rüttelte mächtig am alten Baue der römischen Kirche.

Gebhard, dieses Namens der zweite Erzbischof von Köln, blickte mit klarem Auge, mit lebhaftem Geiste, mit einem warmen Herzen in die brausenden Wogen der Zeit. Ihm ging die Sonne eines neuen Lebens auf, und er öffnete seine Brust dem Lebenshauche, der ihn berührte. Aber es war noch nicht die rechte Zeit und Stunde. Durchdrungen von der Wahrheit des Evangeliums, förderte er ihr Werk, und Godesbergs Capelle wurde der Ort, wo die Predigt des Wortes Gottes erklang und das Sacrament nach Christi Einsetzung gespendet wurde. Gebhards Vermählung mit Agnes von Mansfeld kündigte der Welt vollends seinen Bruch mit der römischen Kirche an.

Klimsch gez.

Stahlstich v. Carl Mayer's K.-A. in Nürnberg

Godesberg.

Verlag von Julius Niedner in Wiesbaden.

In Godesberg hielt er sich auf. Da brach der Sturm über ihn herein. — Seiner erzbischöflichen Würde 1583 entsetzt, glaubte er die des Kurfürsten des deutschen Reiches retten zu können; aber wenn auch edle, treue Freunde mit ihm waren, seine Fahnen floh der Sieg. Er mußte weichen aus dem schönen Godesberg, und in Straßburg fand er ein Asyl. — Agnes, die treue Gattin, floh mit ihm; aber seine Bitten vermochten sie, bei ihren Verwandten, den Rheingrafen von Grumbach, Schutz zu suchen, und dort fand sie eine Zufluchtsstätte. Das Schicksal des geliebten Gatten brach ihr das Herz. Sie starb auf dem rheingräflichen Schloß zu Grumbach, und ihr Leichnam wurde in dem rheingräflichen Erbbegräbniß dieser Linie des uralten Stammes, in der Kirche von Sulzbach bei Grumbach im jetzigen Kreise St. Wendel des preußischen Regierungsbezirks Trier beigesetzt, ganz in der Stille, so daß es Niemand erfuhr. Nur der Name auf ihrem zinnernen Sarge verrieth, welch' eine vielgeprüfte Dulderin hier ruhe. Man hat die Behauptung ausgesprochen, sie sei an Gift gestorben. Bedurfte es dessen, um ihr armes Herz zu brechen? War nicht ihr Leben und Dasein vergiftet auch ohne das?

Die Burg Godesberg hatten treue Anhänger des unglücklichen Gebhard inne, als Ernst von Bayern auf den erledigten Stuhl von Köln stieg. Mit der Hülfe seines Bruders Ferdinand wußte er sich in den Besitz der erzbischöflichen Lande zu setzen. Im Jahre 1583 rückte er mit großer Macht vor die Burg Godesberg, wo der Freunde Gebhards letzte Kraft gesammelt war.

Bereits hatte aber die völlig veränderte Kriegsführung über den Werth solcher Burgen entschieden. Es konnte keiner Täuschung unterliegen, daß sie sich gegen die Kanonen nicht zu halten vermochte, wenn diese auch noch lange nicht die Tragweite und Kraft der Neuzeit hatten.

Auf allen umliegenden Höhen waren Batterieen errichtet, die ihre drohenden Mündungen der dem Untergang geweihten Burg zukehrten. Die Aufforderung zur Uebergabe wurde männlich zurückgewiesen. Jetzt regnete es Kugeln in die Burg, die Tod und Verderben verbreiteten; aber was am Tage die Kugeln zerstörten, das stellten mit kühnem Muthe die Belagerten in der Nacht wieder her, und das Beschießen mußte von Neuem beginnen. Wieder bot man ihnen freien Abzug; allein mit Todesverachtung wiesen die Helden von Godesberg den Antrag zurück. Ungeduldig und wüthend über das Abweisen der Uebergabeanträge beschlossen nun die Belagerer, durch Minen die Burg in die Luft zu sprengen. Und was sie vorhatten, das setzten sie so schlau in's Werk, daß die Belagerten es nicht ahnten. Gegen Friesdorf hin gruben sie sich ein. Zuerst nur bei Nacht, bis die Erde sie deckte, dann auch am Tage, und Fuß um Fuß kamen sie den Mauern näher.

Als es die Belagerten merkten, daß der Feind sich unterirdisch nahe, da war es zu spät, das Werk zu verhindern. Die Mine wurde gelegt. Sie flog auf, und prasselnd sprengte sie die schützende Mauer in die Luft; der entsetzliche Schlag zerstörte noch andere Gebäude und Mauern, und der Greuel der Verwüstung lag vor Augen.

Nur der Thurm blieb unverletzt. — Namenloses Entsetzen ob des bis jetzt Unerhörten ergriff die Herzen der tapfern Helden in der Burg. Im ersten Augenblicke waren sie betäubt, völlig rathlos, und das hatten die Feinde schlau berechnet.

Dampf, Qualm und Staub hüllten noch die Burg und den Berg ein, da stürmten die Feinde in wilder Wuth. Nicht achtend die Gefahr, die ihnen drohte, drangen sie in die Mauern ein, und nun entspann sich ein entsetzlicher Kampf. Mann gegen Mann standen die Kämpfer, und wenn die Belagerten auch mit dem Muthe der Verzweiflung stritten, die Macht war zu groß, die ihnen gegenüberstand. Diese alle waren in ungebrochener Kraft; sie hatte der einreißende Mangel, die Arbeit Tag und Nacht, um den angerichteten Schaden auszubessern, geschwächt. Sie mußten es geschehen lassen, daß der Theil der Burg, an dem die Mine ihre Zerstörungskraft erprobt, in des Feindes Händen blieb. Die Nacht endete wohl den Kampf, aber mit des Tages Grauen begann er auf's Neue. Jeden Schritt vorwärts mußten die Belagerer mit ihrem Blute erkaufen. — Dennoch aber konnte der Ausgang des Kampfes, der mit fürchterlicher Erbitterung geführt wurde, nicht mehr zweifelhaft bleiben. Der Tod wüthete entsetzlich hüben und drüben. Bis auf Zweiundsiebenzig waren die Helden Godesbergs zusammengeschmolzen. Die Leichen ihrer Brüder bildeten einen schauerlichen Wall vor ihnen, deren Kraft auf die Neige ging.

Einem nochmaligen Sturm am 17. December des Jahres 1583 erlagen endlich auch diese zweiundsiebenzig Helden; aber wie sehr der Glaubenshaß das Herz aller menschlichen Gefühle zu berauben vermag, geht daraus hervor, daß die Sieger die Ermatteten, Todtmüden mit namenloser Wuth niedermetzelten und gleich rasenden, wilden Thieren ihren Haß selbst noch an den Leichnamen sättigten.

Nur der kampfunfähige Befehlshaber wurde gerettet, und die Fürbitte des Abtes des Klosters von Heisterbach bewirkte ein menschlicheres Verfahren gegen ihn. Es war eine Regung der Dankbarkeit in des Abtes Herzen; denn er war Gefangener in Godesberg gewesen, und der nun begnadigte, der Einzige von allen diesen tapfern Männern, hatte ihn freundlich behandelt und ihm seine Freiheit geschenkt.

Klimsch gez.

Stahlstich v. Carl Mayer's Kunstanstalt, Nürnberg.

Bonn.

Verlag von Julius Niedner in Wiesbaden

Bei der Minensprengung wurde auch der bereits erwähnte Grundstein von schwarzem Marmor herausgeschleudert, und Herzog Ferdinand von Bayern ließ ihn, nachdem er auf der Rückseite des Steines eine triumphirende Inschrift, die des grausamen Sieges Errungenschaft meldete, hatte eingraben lassen, als Siegeszeichen nach München bringen. Die Mauern waren gebrochen. Viele zerrissene stürzten hintennach ein. Nur der schöne Hauptthurm, wo zuletzt die Tapferen gestritten, war unerschüttert geblieben, ein Zeichen seiner trefflichen Bauart. Er steht heute noch und hat in seinem Mauerwerk die Bürgschaft, daß er noch manchem Jahrhundert von der Tapferkeit erzählen kann, deren Zeuge er war im letzten Kampf, den Godesberg erlebt.

Im dreißigjährigen Kriege wurden die Ruinen besetzt, und 1673 wählten sie die Kaiserlichen bei der Einschließung von Bonn zu ihrem Stützpunkt. Als 1689 die Franzosen Bonn belagerten, wollten sie die Ruinen von Godesberg wieder befestigen, gaben aber den Plan wieder auf. Damit sie aber doch ihrem Grundsatz durch das Rheinland hindurch treu blieben, zerstörten sie die Reste sämmtlich, nur an dem Thurm zerschellte ihre Macht.

Als Friedrich Wilhelm IV im Jahr 1817 als Kronprinz die neu gewonnene Provinz besichtigte, wurde die hölzerne Stiege im Thurm erbaut, um dem Prinzen das herrliche Rundgemälde zu zeigen. Seitdem haben Tausende sich des Anblicks erfreut, aber — Niemand hat daran gedacht, hier denen, die ihr Blut für das Evangelium vergossen, ein Denkmal zu setzen, welches, abgesehen von Allem, was in ihrem Innersten heiliger Beweggrund war, allein schon ihre Tapferkeit verdient hätte; Niemand hat daran gedacht, die Stätte, wo so mancher Tapfere fiel, auch nur der rasch fortschreitenden Zerstörung der Elemente zu entziehen. Was ließe sich aus diesen Ruinen machen, wenn Einer der Reichen, die in Godesberg drüben die Sommertage verleben, die Ruinen in eine schöne Anlage umwandelte und jenes Dichterwort auch hier wahr machte: „Und neues Leben sproßt aus den Ruinen!"

Das aber sollte Keiner vergessen, der hierher tritt, daß ein Stück Weltgeschichte, und nicht das erfreulichste, sich an den engen Umkreis dieser Ruinen knüpft.

Bonn.

Das Siebengebirge, Rolandseck, Nonnenwerth, selbst das hohe Godesberg liegt hinter uns, und das erweiterte Rheinthal nimmt uns auf. Während rechts hinab der Blick noch auf dem nähern Gebirgskranz mit seinen Ortschaften und dem hell herüberschauenden Siegburg ruht, tritt links Bonn uns entgegen. Die schönen Landhäuser, vor demselben die stattliche Coblenzer=Straße, das Schloß, die Thürme des Münsters, dann dort auf dem alten Zoll „des tapfern Arndts" Standbild, — das ist Alles, was uns die Stadt vom Rhein aus Bedeutendes darbietet, sonsthin — nichts, was absonderlich anzöge. —

Man ahnt nicht die Reihe der Jahrhunderte, welche die Stadt gesehen; — denn ihr Anblick bietet eben vom Rhein her nichts Alterthümliches. — Und doch ist Bonn eine Römerstadt, sein Name Bonna, Castra Bonnensia der Sprache Roms entsprossen, von Tacitus erwähnt, Standort von fünf Legionen, ausgezeichnet durch seinen Tempel des Kriegsgottes, durch zwei Brücken römischen Baues mit dem jenseitigen Ufer verbunden, durch eine blutige Schlacht im Aufstandskrieg des Civilis berühmt. Was wollen wir mehr, um Bonn dem römischen Ursprung zuzuerkennen? Wer die Castra angelegt, mag eine offene Frage bleiben, da sich die Erbauung durch den „Rheinbefestiger" Drusus doch nicht erweisen läßt, so wenig als die Behauptung, daß die berühmte Ara Ubiorum grade hier gestanden habe.

Was sollte auch aus den Verhandlungen und Federkämpfen der Alterthumsforscher werden, wenn das Alles und noch mehr erwiesen wäre?

Julian soll im Jahre 357 die Befestigungswerke erneuert, vergrößert, verstärkt haben, nachdem die unbändigen Allemannen sie zerstört hatten.

Jedenfalls blühte Bonn schon unter Constantin dem Großen, wenn auch die Sage grundlos sein sollte, daß seine Mutter Helena das Münster gestiftet oder doch da, wo es nun steht, eine Kirche habe errichten lassen, deren spätere Ruinen dann den Platz gewiesen, auf dem, als schon geheiligtem Boden, im zwölften Jahrhundert etwa die große Münsterkirche hätte erbaut werden müssen. Die Stadt konnte sich nur langsam von der Zerstörung durch die Allemannen erholen, da diese keine Schonung übten, wenn es galt, der Römer Spuren zu vertilgen. Es waren aber sicherlich diese Schäden bereits wieder ausgeheilt, als die Streifzüge der Normannen die Spuren einer höhern Bildung am Rhein herauf unerbittlich niedertraten. Wohin sie kamen, erlag ihrer „Berserkerwuth" Alles, was Macht und Wohlstand zeigte, und obenhin verwüsteten sie nicht, sie thaten es mit schauderhafter Gründlichkeit. Sogar zweimal soll Bonn ihre zermalmenden Streiche erlitten haben, da sie dann wohl auf der Rückkehr aus dem oberen Rheingebiet die letzte Hand an das Werk mochten gelegt haben, das ihrer Zerstörungslust noch nicht völlig genügte.

Dennoch scheinen die folgenden Zeiten der Stadt und ihrem Aufblühen günstig gewesen zu sein. War sie doch im Jahr 1243 zu einer solchen Be=

deutung erwachsen, daß ihr Erzbischof Conrad von Köln Stadtrechte verlieh und sie mit Mauern und Thürmen umgab, ohne freilich zu ahnen, daß 25 Jahre später sein Nachfolger hinter diesen Mauern Schutz suchen müßte vor den Bürgern Kölns, die nicht glauben wollten, „daß es unter dem Krummstabe gut leben sei", und weil sie reiche Erfahrungen vom Gegentheile dieses alten Spruches gemacht hatten, nicht der Meinung waren, sich gemüthlich scheeren zu lassen.

Jene Fatalität für die Erzbischöfe war für Bonn eine Quelle des Wohlstandes, und diese lernten wegen ihrer fortwährenden Zwistigkeiten mit den Bürgern ihres erzbischöflichen Sitzes säuberlich verfahren mit Bonn, wandten ihm große Privilegien zu und hätschelten es in jeder Weise, um nicht auch hier Aehnliches zu erfahren wie in Köln; denn Bonn war ein rüstiges Glied des Städtebundes geworden, seine Bürger fühlten sich, wie man sagt, und das böse Beispiel konnte ansteckend werden.

Der erzbischöfliche Hof brachte mehr Geld unter die Bewohner, als es der Handel der Stadt vermochte, und nicht blos durch den Hof geschah dies, auch die verschiedenen Zweige der Regierung, die hier um die Person des Landesherrn sich versammelten, trugen das Ihrige bei, und der reiche Adel des Landes diesseits und jenseits des Rheines brachte mit seinem Glanze auch sein Geld, um es am Hoflager zu verzehren. Es war trotz der geistlichen Würde des Herrn doch in der Regel ein gar lustiges und heiteres Leben in der geistlichen Residenz.

Es ist eine eigenthümliche Thatsache, daß auf dem Grabmale des 1268 von den Kölnern hierher vertriebenen Erzbischofs Engelbert II der Name der Stadt nicht Bonn, sondern Verona heißt, und daß das älteste Siegel der Stadt ihr denselben Namen beilegt. Man will es eben so deuten, daß die eigentliche Stadt im Gegensatz gegen die römische Festung Bonna Verona geheißen und auch noch später diesen Namen geführt habe, bis dieselbe mit dem befestigten Bonna in Eins zusammengewachsen und nun der Name Verona verschwunden und Bonna geltend geworden sei.

Für die altdeutsche Sage liegt in diesen Umständen eine große Bedeutung denn Verona ist Bern, und die Sage von Dietrich von Bern, dem Helden des, wie Simrock sagt, in diesen Gegenden spielenden Heldenliedes „Ecken Ausfahrt", scheint hier eine lokale Umbildung erfahren zu haben und auf den Frankenkönig Theodorich hinzudeuten.

Der Name Verona für Bonn kommt auch in der Kölner Reimchronik des Meisters Godefried Hagen vor, sowie in einer Urkunde vom Jahre 1145 und andern. Merkwürdig ist dabei noch, daß Bonn gleich dem Helden Dietrich von Bern den rothen gekrönten Löwen im weißen Felde seines Stadt-wappens führte.

Die Begebenheiten des Erzbischofs Gebhard, Grafen von Truchseß-Waldburg, waren auch für die Schicksale Bonns von hochwichtigem Einfluß.

Der Erzbischof war zur evangelischen Lehre übergetreten und hatte sich mit der schönen Agnes von Mansfeld vermählt. Dieser bedeutungsvolle Schritt Gebhards blieb nicht ohne Wirkung in Bonn. Eine große Zahl der Bürger nahm den evangelischen Glauben an. Als nun über den Erzbischof das herbe Geschick hereinbrach, daß er in den kirchlichen Bann gethan, in die Reichsacht erklärt, seines Erzbisthums entsetzt wurde, als eine kriegerische Macht gegen ihn in's Feld rückte und diese Kämpfe vielfach verwüstend wirkten, konnte Bonn, das zu dem Erzbischof hielt, von diesen Stürmen nicht unberührt bleiben. Die Spanier zogen vor die Stadt und belagerten sie, und durch einen schmählichen Verrath kam sie in ihre Gewalt. Jetzt brach das Gericht herein mit blutiger Strenge.

Ernst von Baiern, der neue Erzbischof, beurkundete seine kirchliche Treue und seinen Eifer dadurch, daß er sogleich zwei Bürgermeister enthaupten ließ. Der evangelische Pfarrer von Bonn, Johannes von Nordhausen, sollte eines andern, vielleicht schimpflicheren Todes sterben. Man band ihm Hände und Füße zusammen und warf ihn in die brausende Rheinfluth. Als ein Wunder wurde es von seinen Glaubensgenossen gepriesen, daß er nicht unterging. Waren die Stricke, die ihn fesselten, locker, — oder gelang es ihm, sie zu lösen, — kurz er erreichte das Ufer und kam glücklich mit heiler Haut davon.

Mit der Eroberung von Bonn war wohl viel gewonnen, aber noch nicht Alles. Zwar stand es um Gebhards Sache sehr übel; allein sein Feldmarschall Martin Schenk von Niedeck war in der Schule der Niederlande gereift. Listig und verschlagen, gewandt und tapfer, gelang es ihm, im December 1588 Bonn durch Ueberrumpelung der Feinde in seine Gewalt zu bringen. Hier fand er einen Halt. Mit großem Eifer stellte er die Befestigung von Bonn wieder her und erweiterte und verstärkte sie, sorgte für Kriegsmaterial und hinlängliche Lebensmittel und hielt nun die Stadt sechs Monate lang gegen die Macht der spanisch-niederländischen Feldherrn, des Herzogs Karl von Croy und Verdugo's. Die heftige Beschießung brachte eine furchtbare Wirkung, ein maßloses Elend in der Stadt hervor. Zur Hälfte lag sie in rauchenden Trümmern, so daß endlich die Noth den eisernen Schenk zwang, im September 1589 sie durch eine Capitulation zu übergeben.

So kam die Stadt wieder in die Gewalt des Erzbischofs, dessen schwere Hand sie nun zu fühlen hatte; denn er brachte ihr keine Liebe entgegen.

Kaum hatte sie sich aus ihrer Zerstörung erhoben, als schon wieder der dreißigjährige Krieg sie heimsuchte; wenn indessen seine Zuchtruthe sie auch weniger schwer traf als andere ihres Gleichen, so war es doch ein gelindes Vorspiel dessen, was sie in folgenden kriegerischen Zeiten zu erdulden hatte.

Unter dem Kurfürsten Maximilian Heinrich machten sich die Franzosen in ihr breit.

Wie überall, so brachten sie auch hier den Bürgern kein Heil, und es war am Ende die Wahl leicht zwischen ihnen, die als Freunde galten, weil sie vom Erzbischof auf- und angenommen waren, und denen, die als Feinde ihnen bald gegenüberstanden; denn Montecuculi und der Prinz von Oranien rückten heran, und die „Kaiserlichen" und Holländer belagerten die Stadt 1673 und eroberten sie endlich. Sie war hart mitgenommen worden.

Vom Jahre 1673 bis 1689 hatte sich Bonn ziemlich wieder erholt, als auf's Neue die Franzosen sich ihrer bemeisterten und eine neue Belagerung veranlaßten. Diesmal war es das Reichsheer, welches unter dem Befehle des Kurfürsten Friedrich III von Brandenburg die Stadt einschloß.

Mit großer Tapferkeit und zäher Ausdauer vertheidigten die Franzosen die Stadt. Es ist bemerkenswerth, daß hier Franzosen gegen Franzosen kämpften; denn die sogenannten „großen Musketiere" im preußischen Heere waren hugenottische Adelige, die, aus ihrem Vaterlande vertrieben, in Preußen ein zweites Vaterland gefunden hatten; sie zeichneten sich durch todesmuthige Tapferkeit aus. Durch ein furchtbares Bombardement wurde die Stadt völlig in Brand geschossen, und fast konnte man sagen, daß Bonns letzte Stunde geschlagen habe; denn Flammen und blutiger Kampf wetteiferten, sie zu vernichten. Aber erst am 12. October, nachdem alle Hülfsmittel erschöpft waren, übergab sie der tapfere Commandant, Baron von Asfeld, auf Grund einer höchst ehrenvollen Capitulation.

Der Kurfürst hatte nun zwar die Stadt gewonnen, allein sie lag zum großen Theil in Trümmern, und die Reihen ihrer Einwohner waren schauderhaft gelichtet, dazu die, welche mit dem Leben davon gekommen, von aller Habe entblößt; denn die langandauernde Belagerung hatte sie schwer getroffen.

Die Vertheidigungswerke wurden hergestellt, aber das Innere der Stadt bot einen traurigen Anblick dar. Nur langsam erstand sie aus den Trümmern.

Hätte der Friede seine Palme schützend über sie gehalten, die Wunden würden nach und nach geheilt sein; aber noch einmal sollte des Krieges breiter Fuß die Stadt zertreten, ehe bessere Zeiten kamen.

Treu der unglückseligen Neigung seines Hauses zu Bündnissen mit den Franzosen, hatte auch im spanischen Erbfolgekriege der Kurfürst Joseph Clemens aus Baierns Stamm die Stadt Bonn französischer Besatzung eingeräumt, und bald sah sie vor sich ein Belagerungsheer seine Stellungen einnehmen. Es war der berühmte Herzog von Marlborough mit zwei holländischen Generalen, welche die Stadt umzingelten. Die furchtbare Artillerie der Belagerer stand unter dem ebenso berühmten Coehorn, dessen Name eine besondere Geschützart trug. Dieser kannte die Wirkung und Bedeutung seiner Waffe wohl und wußte auch mit der zerstörenden Macht, die ihr eigenthümlich ist, nur zu gut umzugehen.

Grade in so vielen Tagen, als der Kurfürst von Brandenburg Monate nothwendig gehabt hatte, die Stadt zu erobern, das heißt durch seine furchtbare Beschießung zur Uebergabe zu zwingen, errang er diesen Siegespreis im Jahre 1703. Die Kanonen hatten ringsum die Mauern zerstört, die Thürme niedergeschmettert; aber auch gar manches Bürgerhaus war dabei zu Grunde gegangen, und was mühsam seit dem letzten Bombardement aufgerichtet worden, lag jetzt wieder in Trümmern.

Alle Welt war voll von Coehorns (sprich Kuhhorn) Ruhm, und die Bewunderung des holländischen Städteverwüsters machte sich gleichzeitig in den Worten Luft:

„Die Mauern Jericho's stürzten ein durch die Posaunen der Priester
„Israels, Bonns Mauern und Thürme fielen noch schneller um durch
„ein — Kuhhorn."

Der wohlfeile Witz half Bonns Verwüstung nicht wegräumen, aber Coehorns Ruhm trug er in die Welt hinaus.

Die beste Lehre, die aber Bonns Unglück den Regenten gab, war die, daß selbst die stärksten Mauern und Thürme, denen man so nahe, wie bei Bonn, auf den Leib rücken könne, gegen solche Kanonenmacht nicht Stand hielten, und daß sie neu aufzurichten eitel Verschwendung sei.

Aber diese Lehre ging schwer ein, und erst das Verlangen Hollands im badnischen oder Rastadter Frieden anno 1714 mußte es bewirken, daß die Mauern Bonns nicht wieder aufgerichtet wurden. Was noch davon stand, mußte eben in Folge dieses Artikels des Friedensschlusses geschleift werden. Die Stadt verlor für kriegerische Zeiten begreiflicher Weise nicht das Mindeste dadurch, gewann aber für ihre Gesundheit außerordentlich viel, und zugleich war die Schranke gefallen, welche ihr ein Wachsen nach außen hin unmöglich machte. Der die Pracht liebende Kurfürst Joseph Clemens benutzte den Raum, den die niedergelegten Mauern und Bastionen und die ausgefüllten

Thürme darboten, zur Herstellung eines neuen stattlichen Residenzschlosses, doch wurde erst unter seinem Nachfolger Clemens August dieser Prachtbau vollendet.

Wer hätte es voraussehen können, daß auf den Mauern, welche ein brandenburger Kurfürst niederschmetterte, ein kölner Kurfürst ein üppigem Hofleben gewidmetes Schloß erbauen würde, um in späteren Zeiten, etwa nach einem Jahrhundert, wieder einem Preußenkönig den Raum zu bereiten, darinnen er, väterlich sorgend für des Rheinlands geistiges Leben, eine Universität gründen konnte, die da wetteifern sollte mit den altehrwürdigen Anstalten zur Pflege deutschen wissenschaftlichen Lebens?

Wer hätte es ahnen können, daß in seiner Schloßcapelle das evangelische Bekenntniß Fuß fassen und das Evangelium gepredigt werden würde? Wunderbar tritt dem Denkenden auch hier wieder der Wechsel der Zeit und manches Andere entgegen, was sich im Gange der Betrachtung an die Ereignisse nach der Eroberung von 1689 anreiht. —

Ehe aber Preußens edler König Friedrich Wilhelm III die Universität in Bonn errichtete, hatte die Stadt längst schon eine, wenn auch anders gestaltete und theilweise andern Zwecken dienende Universität erhalten.

Die prachtliebenden Kurfürsten von Köln, hohen Regentenfamilien entstammend, behandelten das schön liegende Bonn mit Liebe. Im Lichte dieser Fürsorge erwuchs die Stadt wieder fröhlich, und ihr Wohlstand mußte sich mehren. Was die schweren Kriegszeiten verschuldet, wurde getilgt, was sie zerstört, neu aufgebaut. Maximilian Friedrich stiftete im Jahre 1777 eine Akademie, aus welcher dann unter des folgenden Kurfürsten Maximilian Franz Regiment 1786 eine Universität, ausgerüstet mit hochachtbaren Lehrkräften, sich entwickelte, die wohl eine blühende Zukunft verhieß, deren frische Lebenskraft aber völlig gebrochen wurde, als vom Westen her die wilden Horden heranstürmten, die lockende Worte im Munde führten, aber sie nicht im Mindesten zur That werden ließen.

Wenn eine Stadt am Rhein die herbste Täuschung erfuhr, so war es Bonn. Die Stätte der Wissenschaft zerfiel, und die einst blühende Residenz lebenslustiger Erzbischöfe hörte auf, aus ihrer Anwesenheit frische Lebenskräfte zu entnehmen. Es wurde öd und still in Bonns Straßen wie in seinem Hafen und — Schlosse. Die Stadt sank von Stufe zu Stufe bis zur Unbedeutendheit einer verarmenden Landstadt. Es war auch kein Auferstehen in Aussicht. Die Ungunst der Verhältnisse grollte der einst blühenden Stadt, und ihre Lage zwischen Köln und Coblenz war vollends für sie ein Unglück.

Da ging Napoleons Stern bei Leipzig unter und endlich, nach kurzem, drohendem Aufleuchten, bei Waterloo für immer. Aber welche Loose lagen im Schooße der Zukunft?

Ein weltlich regierendes Erzbisthum konnte nicht wieder erstehen, darüber hatte die Zeit gerichtet, und was war für die katholische Stadt von einem protestantischen König zu hoffen, der sie, so klang's von Wien zum Rhein, empfangen sollte?

Da sprach Friedrich Wilhelm III, der Gerechte, Wahrhaftige und Milde, väterliche Worte zu seinen neuen Unterthanen am Rhein, Worte der Verheißung, aus denen besonders das Eine: „Universität" hervorklang und in Bonn alte Hoffnungen neu belebte, alte Erinnerungen weckte und wieder in ein frisches zukunftreiches Leben blicken ließ nach Jahren tiefer Erniedrigung, die lähmend auf den Bewohnern der Rheinstadt gelegen, und das um so drückender, als die Zeiten des Glanzes rasch und gewaltig gefolgt waren.

Die Hoffnung täuschte diesmal nicht.

Das Jahr 1818 brachte die Erfüllung in echt königlicher Weise. Das Schloß bot seine Räume zu Hörsälen dar, deren Herstellung nicht auf sich warten ließ; die prachtvolle Aula erstand im Schmuck der Kunst; die glänzendsten Namen deutscher Wissenschaft prangten bald im Kranze der Männer, die hier deutscher Jugend die Schätze des Wissens und Erkennens darbieten sollten.

Bonns schönste Zukunft hatte sich erschlossen. Seine heißesten Wünsche erhielten vollste Befriedigung.

In den Schloßräumen, wo eine Runkelrübenzuckerfabrik für den Ersatz des Colonialzuckers, den das heillose Continental-System Napoleons verboten, zu sorgen sich vergeblich abmühte, weil noch nicht die Zeit gekommen war, die solchen Unternehmungen die Hülfe der Wissenschaft lieh, wurden nun die Wissenschaften von bewährten Männern gelehrt, auf die Deutschland mit Stolz blickte.

Hurra, Bonna soll leben! klang's im Munde der frisch erregten deutschen Jugend auf den alten Universitäten.

Die „Burschenschaft" sah hoffnungsvoll eine neue Ernte reifen. Züge fröhlicher Jünglinge sah man zu Bonns Thoren einziehen, voll glänzender Pläne, hier das deutsche Studentenleben neu und edel zu erwecken, welches sonstwo schon die Beschränkungen drückend fühlte, die leider auch nur zu bald in der neuen Hochschule ihre störende Macht zu üben beginnen sollten.

Viel studirt, das wissen Alle, die jene Tage mit durchlebten, wurde grade im ersten Jahre des Bestehens der Universität nicht. Dazu war der „junge Most" nicht angethan, daß er das Brausen lasse und im „frischen Gähren" sich schnell abkläre; dafür war die Umgegend der neuen Universitätsstadt zu

Klimsch gez. Stahlstich v. Carl Mayer's K-A. in Nürnberg

Bonn.

Verlag von Julius Niedner in Wiesbaden.

schön, zu mächtig anziehend; dem gab auch das keinen sonderlichen Vorschub, was sich in den Worten eines damals sehr beliebten Studentenliedes ausdrückt: „Was machen die Burschen am Rhein? — Sie kommersiren in Wein!“ —

Das waren eben Zeiten eines frischen Wonnerauschs, der aber nicht anhalten konnte und durfte, und allmählig lenkte auch Alles in das ruhige Geleis ein, welches die Bestimmung der Anstalt und die Vorbereitung zum Berufe für jeden Einzelnen vorzeichnete.

Mit liebender Sorgfalt pflegte der König sein schönes Kind am Rhein. Die wissenschaftlichen Anstalten entwickelten sich. Die Bibliothek erstand mit überraschender Schnelligkeit; die reiche Münzsammlung, die der Gypsabgüsse, das physikalische Kabinet, das Museum vaterländischer Alterthümer mit seinen stets wachsenden Schätzen reihte sich an, und die naturwissenschaftlichen Sammlungen fanden in dem nahen Poppelsdorfer Schlosse, „Clemensruhe“ einst genannt und vom freigebigen König der Universität geschenkt, ihren würdigen Aufenthalt, wie auch der dortige Schloßgarten zum „botanischen Garten“ hergerichtet wurde.

Der ehrwürdige Nestor Noeggerath war von Anfang an Glied des Lehrkörpers der jungen Universität, und seiner Sorgfalt und pflegenden Liebe dankt die mineralogische und paläontologische Sammlung Entstehen und glänzendes Wachsthum, wie das zoologische Kabinet die Thätigkeit und Sorgfalt von Goldfuß verkündet.

Poppelsdorf umfaßt eine segensreich in der Rheinprovinz wirkende landwirthschaftliche Akademie, die später gestiftet wurde.

Auch noch andere, der Universität dienende Anstalten befinden sich im Poppelsdorfer Schlosse, zwischen denen und der Stadt die vorzüglich construirte und ausgestattete Sternwarte liegt, die schon als Bauwerk wohlverdiente Aufmerksamkeit erregt.

Wenn wir zurückblicken auf die Kriegsdrangsale, welche die Stadt erlitten, auf die Beschießungen, die sie in der heftigsten Weise zu empfinden hatte, so muß es beim Blick auf die schöne Münsterkirche unsere Verwunderung erregen, daß dieselbe solchen Anfechtungen widerstand; aber es scheint, als hätten Coehorn und Frühere ihren Feuerschlünden, das Heiligthum zu schonen, andre Richtung gegeben, und auch der Brand, der in Bonn zu solchen Zeiten wüthete, scheint an der geheiligten Stätte frommer Andacht scheu vorübergegangen zu sein. Freilich hat auch wohl die letzte gründliche Wiederherstellung des schönen Bauwerks, das aus der Zeit des Uebergangs vom Rundbogen- in den Spitzbogenstil stammt, die gewiß unverkennbaren Spuren jener Schreckenstage völlig getilgt.

Man leitet ihren Ursprung von der heiligen Helena her, deren Name und Wirksamkeit uns im Rhein- und Mosellande wiederholt begegnet in Kirchen und Klöstern; auch im Ahrthal ist ein solches, das ihren Namen trägt. An diese mythische Angabe reiht sich die Sage, sie habe in Ermangelung landesüblicher Münze die Bauleute mit „Ledermünzen" abgelohnt und somit eine altphönizische Geldart am Rhein wieder in's Dasein gerufen. Uns darf das nicht Wunder nehmen, die wir mit Papiergeld überfluthet sind. Ledermünzen waren denn doch dauerhafter, und warum sollte Helena nicht sie prägen lassen, wenn sie die Bauleute annahmen und sie überhaupt „Curs" hatten? Ob es, falls die Sache irgend Grund hätte, auch damals schon Falschmünzer gegeben? — Das Material für dieselben wäre in abgelaufenen Schuhsohlen nicht eben schwer zu haben gewesen! —

Neben dem sogenannten „Cassiusstifte" stand eine uralte Taufkirche, eine Rotunde, jedenfalls, wie alle diese alten Baptisterien, von geringem Umfang. Gegen den altherkömmlichen Brauch, der als heilige Rücksicht forderte, daß solche Taufcapellen irgendwie in den Bau der neuen Kirche eingefügt würden, wurde das Bauwerk abgebrochen und entfernt, und zwar — 1811! — Eine andere alte Kirche in der Nähe des Münsters, Sanct Gangolph, ist längst verschwunden, ohne daß wohl genaue Nachrichten vorhanden sind, wann und warum dies geschehen.

Simrock erzählt, daß die Glocken des Münsters den seltsamen Namen „Sanct-Cassius-Hunde" trugen, was später zu einem Schimpfworte geworden wäre. Er nennt als den wahren und sichern Gründer des Münsters den Propst Gerhard von Ahre, der ein halbes Jahrhundert dem Stifte vorgestanden, in Demuth den erzbischöflichen Stuhl von Köln ausgeschlagen und die Grafschaft Bonn an das Cassiusstift gebracht habe. Ueber Bonn stand der Propstei die weltliche Gerichtsbarkeit zu, wie auch über die Umgegend. Die wachsende Bürgermacht der Stadt scheint dem ein Ende gemacht zu haben, wozu denn auch ohne Zweifel die Anwesenheit der aus Köln vertriebenen Erzbischöfe das Ihrige beigetragen haben mag. Ein Rest ist indessen bis in spätern Tagen dem Propste von diesen Rechten an den drei Markttagen geblieben.

Die neueste Zeit hat Bonn zwei Merkwürdigkeiten gebracht.

Bekanntlich ist Bonn die Vaterstadt unseres großen, herrlichen Tondichters Ludwig van Beethoven. Sie hat ihrem ruhmwürdigen Sohn eine Bildsäule gesetzt. Diese steht auf dem Münsterplatze, jedoch seitwärts, in der Nähe der Post, massig und unschön anzusehen. Kein Wunder, daß sie dem Witze Friedrich Wilhelms IV, der bei ihrer Enthüllung anwesend war, nicht entging! Da grade sucht sie Niemand, und so sie zu finden, — erstaunt Jedermann. —

An eine andre prächtige Stelle drunten am Rhein auf dem alten Zolle, wo das Siebengebirge seine volle Herrlichkeit dem Blicke darbietet, wo stolz der Rhein vorüberbraust, wohin Jeder gerne seine Schritte lenkt, um das Siebengebirge von der untergehenden Sonne verklärt zu sehen, haben sie das schöne Standbild des echt deutschen Mannes und Dichters E. M. Arndt hingestellt, als ob er wache über seinen lieben Rhein, der „ewig Deutschlands Strom, nie seine Grenze sein und bleiben soll.“ Dessen freut sich deutscher Sinn und — denkt mit tiefer Wehmuth, wie schwer das lautere, biedere Herz dieses großen Mannes gekränkt wurde in einer unseligen Zeit der Verblendung, die der Sonne gerne noch einmal ein „Stehe still!“ hätte zurufen mögen. —

Wir können von Bonn nicht scheiden, ohne eines schönen, alten Denkmals, das würdig erneuert ist, des „Hochkreuzes“, auf dem Wege gen Godesberg zu gedenken.

Auf einem Unterbau von vier Stufen erhebt sich eine schlanke Kreuzpyramide, sechsunddreißig Fuß hoch. Sie ist vierseitig, und in drei Gliederungen strebt ihr Bau empor. Zierlich ist die Ausführung in gothischem oder deutschem Stil.

Gern weilt der Wanderer bei dem frommen Denkmal einer längstbegrabenen Zeit und läßt seinen Blick in die wundervolle Umgegend schweifen.

Die kölnische Chronik erzählt, daß Erzbischof Walram das Hochkreuz gegen die Mitte des vierzehnten Jahrhunderts erbaut habe; sie setzt aber hinzu: „doch schryven eyn deyl dat Bischof Wilhelm von Gennep syn naevolger dat selve have boin machen.“ Daraus mag es sich ergeben, daß man etwa über die Zeit des Ursprungs im Klaren, über den eigentlichen Erbauer aber im Dunkeln war. Es unterliegt wohl kaum einem Zweifel, daß es als „Station bei feierlichen Prozessionen“ errichtet wurde.

Die Sage hat an diesem schönen und ehrwürdigen Denkmal voreltericher Frömmigkeit sich dicht hinaufgerankt. Sie erzählt außerdem, was wir ihr schon früher beim Drachenfelsen abgelauscht, auch noch Folgendes: Früher reichte der dichte Forst bis an die Ufer des Rheines und schier bis an die Mauerpforten von Bonn und barg des jagdbaren Wildes viel in dem dichten Laubgewirre, das sich von den Bergen herabzog, und lockte die Ritter des Landes zur Waidmannslust, wenn die blutigen Fehden ruheten.

Auf dem Klochter-Hof bei Friesdorf wohnten damals die Ritter von Hochkirchen, und ihrer waren Zweie, Brüder, die sich zärtlich liebten. Huy, der Aelteste, wollte an einem nebeligen Herbstmorgen die Jagd auf einen ungeheuern Eber fortsetzen, den er am Tage vorher vergeblich sich abgemüht zu erlegen. Der Eber hatte ermüdet von der Hetze sich in der Nähe der Stelle verborgen, wo jetzt das Hochkreuz steht, so glaubte wenigstens Huy und hatte es so seinem theuern Bruder erzählt.

Diesen rief ein wichtiges Geschäft nach Bonn, und er ritt vor Tage dorthin, kehrte indessen nach Vollendung desselben zurück und verbarg sich an der von dem Bruder bezeichneten Stelle, um dem Unthier aufzulauern.

Der andre Bruder naht sich heranschleichend der Stelle, bemerkt in dem dichten Gebüsch eine Bewegung und — den Eber im Lager vermuthend entsendet er den Pfeil, welcher — sein Ziel in der Brust des Bruders findet. — Er erblickt ihn entseelt! — Vergeblich ist all' sein Bemühen, ihn in's Leben zu rufen. Verzweifelnd wirft er sich auf ihn, und sein Jammern hallt durch den Forst. — Seine Diener kommen und finden ihn bei dem erschossenen Bruder. —

Im Kloster von Heisterbach sucht er Trost, nachdem er seine Güter zwischen dem Kölner Erzstift und der Abtei im Siebengebirge schenkend getheilt. Mit ihm erlosch sein Stamm. Der Erzbischof aber errichtete auf der Stelle, wo sich das Unglück ereignet, das Hochkreuz, damit jeder fromme Wanderer ein Ave Maria für die beiden Unglücklichen bete.

Gedenken wir noch einiger hervorragender Punkte der nächsten Umgebung Bonns, so dürfen wir, schon wegen der schönen Fernsicht, des Kreuzbergs nicht vergessen. Etwa 100 Fuß über der Ebene und eine Viertelstunde von Poppelsdorf stand ein Bethaus, dessen Ursprung in einer nicht sehr gelichteten Vergangenheit ruht. Es wurde von dem Kurfürsten Ferdinand weggebrochen und an seiner Stelle ein Kloster erbaut, wohin zahlreiche Wallfahrten stattfanden. Das Kloster war reich, und seine gesunde und schöne, auch dem besonderen Zwecke dienende Lage bewirkte es, daß während der Belagerung Bonns im Jahr 1689 Kurfürst Friedrich III von Brandenburg sein Hauptquartier hier aufschlug, was der Mönche Reichthum nicht eben möchte gemehrt haben. Das Kloster ist verschwunden, die Kirche aber geblieben, die noch einige Mönche in der Gruft unter ihr herbergt, Mumien, vertrocknete Leichname, deren eine einen wirklich grauenvollen Anblick darbot, vielleicht noch darbietet, weil die Todesart des Armen der Starrkrampf gewesen zu sein scheint. Der holzartig trockene Leichnam sperrt nämlich weit den Mund auf, und ein ihm geraubter Zahn hat vor etwa 40 Jahren einem englischen Schriftsteller den Stoff zu einer schauerlichen Gespenstergeschichte geliefert, die damals vielfach übersetzt und gelesen wurde.

Hat man in dieser Mumiengruft ernsten Todesgedanken Raum gegeben, so wird man sie auf dem Bonner Kirchhofe auf dem Rückwege zur Stadt fortsetzen können, doch weniger von Schauern durchweht als dort oben bei den Mumien der „hilligen Männer", wie das Volk sagt. Tiefer ergriffen wird man bei den Grabmälern berühmter Männer weilen, die einst in Bonn zu denen gehörten, welche die Saat der Wissenschaft in die jugendlich offenen Gemüther gestreut haben.

Die Abtei Siegburg.

Wo sich auf dem rechten Rheinufer die Sieg aus ihren wilden Bergen windet, um sich in die Arme des alten Rheines zu werfen, erhebt sich eine stolze Höhe, auf welcher sich die alte Abtei Siegburg stattlich ausnimmt, durch ihre Lage erinnernd an die reichste Stiftung Oesterreichs, die Abtei Moelk an der Donau.

Weit hinaus in's Land schauen die umfangreichen Gebäude, und wo man auch stehen mag im weiten Thalkessel von Bonn, überall erblickt man die Stätte, wo einst ein Wütherich auf Verderben sann, wo dann fromme Andacht ihren Wohnsitz nahm, und wo jetzt die Unglücklichsten der Menschen, die Geisteskranken und Irren, durch königliche Vatersorgfalt eine Zuflucht gefunden haben, Heilung erlangen oder in unheilbarer Geistesnacht hinüber nach Sanct Thomas bei Andernach wandern, um die rechte Heilung, die im Tode, zu finden.

Eine seltsame Wandlung haben die Bauwerke hier oben im Laufe der Zeit erfahren, aber es ist wohlthuend, daß es der Weg zum Segen ist, den sie gingen, zum Segen einer großen, blühenden Provinz und der Aermsten in ihrem Schooße.

Dem Gebiete der Sigambern, „der Siegreichen, Siegstarken", wie der Name aussagt, angehörend, die so manchen blutigen Strauß mit den Römern bestanden, und grade den Austritt des Flusses aus dem erzreichen Berglande in die fruchtbare Thalebene beherrschend, finden wir frühe schon an der Stelle der Abtei eine Burg, die Vorhut des Berglandes; aber die Nebelschleier einer Vorzeit breiten sich darüber, aus der nur geringe Kunde zu uns dringt.

Erst mit dem elften Jahrhundert wird es lichter; aber zugleich tritt uns eine Schauergestalt entgegen. Es ist Pfalzgraf Heinrich der Wüthende, der neben der Pfalzgrafenwürde zu Aachen den Mayfelder- und Avelgau besaß und so auch Siegburgs Beherrscher war.

Sigiberg hieß die Burg auf dem Felsen, auf die er trotzte.

Er litt, wie es scheint, an Anfällen plötzlicher Wuth, die kürzer oder länger dauerten, aber seinem Wesen, bei der allgemeinen Rohheit der Zeit, eine Wildheit, Gewaltthätigkeit, Rücksichts- und Schonungslosigkeit verliehen, welche in Kämpfen und wirklich schauerlichen Thaten sich auf eine furchtbare, schreckliche Weise ausprägten. Wegen der Schirmvogtei über das vom Pfalzgrafen Ezzo 1024 gestiftete Kloster Brauweiler wurde Heinrich mit dem Erzbischof Hanno II von Köln in eine Fehde verwickelt. Ezzo's Tochter Richezza, Königin von Polen, hatte nämlich 1056 ihrem Vetter, dem Pfalzgrafen Heinrich, mit der Burg Kochem an der Mosel zugleich den Schutz der Güter des genannten Klosters übertragen. Als nun aber Erzbischof Hanno eigenmächtig den Besitzstand von Brauweiler antastete und seine Güter dem Kloster St. Mariä ad gradus zu Köln zuwandte, griff Heinrich zu den Waffen. Von seiner Siegburg aus fiel er in die Lande des Erzbisthums Köln ein, mordete, raubte und brannte alle Orte nieder, die auf seinem Wege lagen, und erfüllte das Land mit solchem Schrecken, daß, wer fliehen konnte, in die Stadt Köln floh, um vom Erzbischofe Hülfe zu erflehen.

Erzbischof Hanno II mußte zum Schwerte greifen, um sein Land vor dem Feinde zu retten; aber vorerst gebrauchte er die geistliche Waffe, die in seinen Händen ihre Wirkung nicht verfehlte. Er that Heinrich in den Bann.

Der Pfalzgraf, welcher die Folgen dieser Strafe gar übel empfinden mochte, legte sich auf's Flehen, Versprechen, Verheißen, ja um sich des Erzbischofs Gnade zu erwirken, schenkte er ihm Siegburg und begab sich, um Buße zu thun, in das Kloster Görz. Bei einem Manne so wechselnder Laune, wie bei dem Pfalzgrafen, war indessen auf eine rechte, dauernde Umwandelung kaum zu rechnen, und das zeigte sich nur zu bald bestätigt.

Müde der Klosterzucht und durch neue gewaltsame Eingriffe Hanno's gereizt, riß er aus, sammelte ein Heer, und ärger denn zuvor fiel er in das Erzstift ein. Raub, Mord und Brand bezeichneten die Bahn des Wiedergekehrten.

In Kochem an der Mosel stand sein Heer, sich vorbereitend auf die Schlacht, da Hanno gerüstet nahte.

Hier war es, wo er seine Gemahlin, weil sie sich das abgelegte Klostergelübde zu brechen geweigert, in einem Wuthanfall ermordete; dann lief er heraus in's Lager und verkündete mit Händeklatschen und Gelächter seine That.

Entsetzen erfüllte Alle, und wenige Tage reichten hin, sein Heer völlig aufzulösen. Man nahm ihn gefangen und sperrte ihn in dem Kloster Epternach ein, wo er jene Greuelthat bis zu seinem Tode büßte.

Die Siegburg war nun des Erzstifts Besitzthum; aber in Hanno's Seele wurde der Gedanke lebendig, die Stelle, wo der „Wüthende“ so manchen Frevel verübt, durch eine Umwandlung zu einem Heimwesen des Friedens und der Andacht zu heiligen. Die Legende berichtet darüber, daß, als einst Hanno am Morgen in einer der Kirchen Kölns betete, ein Greis zu ihm trat und die ergreifenden Worte sprach: „Hanno, zögere nicht, Dir alsbald auf jenem Berge, auf welchem die Siegburg steht, Deine Grabstätte herzustellen; denn Deiner Tage Ziel ist nahe!“ Noch andere, himmlische Zeichen empfing Hanno in jener Zeit. Als eines Tages die Bewohner des Dorfes Pielsdorf zur Kirche gingen, erblickten sie über der Siegburg ein mächtiges Kreuz am Himmel, das wunderbarer leuchtete als die Sonne.

Zu derselben Zeit übernachteten Pilger aus Griechenland in Bonn. Sie sahen im Traume eine goldglänzende Leiter auf der Siegburg stehen und bis zum Himmel reichen und Lämmer, von weißer Wolle bedeckt, hinaufsteigen in den Himmel. Da war es entschieden: die Kirche wurde im Jahre 1064 mit Eifer zu bauen begonnen und die Abtei errichtet, so daß schon 1066 beide eingeweihet werden konnten.

Wie das überall sich wiederholte, so wurde auch die neue Stiftung auf's Reichste von allen Seiten her beschenkt, nicht nur von Hanno selbst, sondern auch von dem Kaiser Heinrich IV und vielen edeln Fürsten und Herren.

Hanno ließ 12 Mönche vom Benediktinerorden aus dem Kloster Fructuaria über die Alpen kommen; denn dieses Kloster lag bei Turin, und es scheint, da er die Insassen in größerer Nähe hätte finden können, als ob Hanno eine besondre Liebe für dieses Kloster und eine besondere Achtung vor seiner Zucht gehegt habe. Er selbst hielt sich an dem gesunden, schönen Orte gern in stiller Zurückgezogenheit auf und vergaß nicht, was der wunderbare Greis ihm warnend gesagt; er richtete sich seine Grabstätte zu, und nicht lange darnach, nämlich 1075, legten sie ihn auf seinen letzten Wunsch in der Kutte des Benediktinerordens in diese schmucklose Gruft zur ewigen Ruhe nieder. Die Urtheile über ihn waren verschieden. Kölns Bürger haßten ihn und nannten ihn „den Augenausstecher“, weil er diese gräßliche Strafe wohl verhängt und Bürgerblut vergossen hatte; der Adel haßte ihn nicht minder, weil er seine Macht gebrochen. So viel scheint sicher, daß Hanno sehr herrschsüchtig war, hart und grausam, wenn es an's Bestrafen, und „handfix“, wenn es an's Nehmen ging. Was konnten die Urtheile verschlagen gegen den Klerus, welcher ihn zu der höchsten Herrlichkeit im Himmel erhob? Allein auch das hätte nichts vermocht, wenn nicht der Siegburger Propst Zöllner 108 Jahre nach seinem Tode nachgewiesen hätte, daß er sowohl im Leben als nach seinem Tode netto vierhundert- und dreißig Wunder exorbitantester Art gethan. —

Zur Zeit unsres Herrn wäre dieser Propst schon um seines Namens willen übel gefahren; jetzt aber kam der Beweis willkommen, wenn auch der Advocatus diaboli unschwer denselben hätte entkräften können, und Siegburg, resp. Köln hatte 1143 einen Heiligen mehr, obschon das weibliche Geschlecht unbedingt für alle Zeiten das Uebergewicht behalten mußte; denn 10,000, deren Köln sich rühmt, ist eine hübsche Summe!

Hanno's Nachfolger auf dem erzbischöflichen Stuhle wendeten der schönen Stiftung des heiligen Mannes nicht nur ihr Wohlwollen, sondern auch reiche daraus hervorgehende Gaben zu, und so sehen wir Siegburg wachsen wie an Ansehen und Macht, so an Reichthum, besonders an Land und Leuten, Pfründen und Renten; wir sehen seiner Hut und Herrschaft untergeben die Propsteien Apollinarisberg, Zülpich, Hirzenach, Millen und Oberpleis, die Klöster Nonnenwerth, Fürstenberg bei Xanten und andere; ja es hatte durch kaiserliche Verleihung in seinem Gebiete den Gerichts- und Blutbann, das Bergregale, das Münz-, Markt- und Zollrecht, Besitzthümer von unberechenbarem Werthe.

Wie von der Burg, unter deren Schutze sie sich ansiedelten, wenn auch in dem von dem unsrigen himmelweit verschiedenen Sinne, die Bewohner solcher Stätten sich „Bürger" nannten, so siedelten sich „Bürger" unter der Siegburg an, wahrscheinlich lange vorher, ehe die Burg des „wüthenden Pfalzgrafen" — die Siege der Kirche über weltliche Macht verkündigend — in ein Benediktinerkloster verwandelt wurde.

Schier soweit, als der Abt aus seinen Fenstern ausschauen konnte, war das Land sein. Solcher Reichthum kam auch den Bürgern des Ortes zu gut, mehr noch die Gerechtsame, welche das Kloster besaß; endlich aber mehr als das Alles die Wallfahrer, die angelockt von den „vierhundert und dreißig Wundern" zu der Gruft des heiligen Hanno wanderten.

Wenn aber ein Kloster so sehr „annectirte" wie Siegburg, so begann es den umwohnenden Dynasten bange vor den Polypenarmen zu werden, und sie dachten daran, sie zeitig zu beschneiden und die „Annexionsgedanken" zu vertreiben, damit nicht etwa heute oder morgen die Reihe an sie selber käme. Bedenklich war die Lage der Dinge an und für sich, und wenn der kriegerische Geist des im Kloster ruhenden „heiligen Hanno oder Anno" in einem der Aebte wieder auflebte, so konnte selbst das schwertführende Ritterthum etwas erfahren, was ihm nicht lieb war.

Die zu allen Zeiten wichtigen Marksteine des „Mein und Dein" liehen dazu Handhaben dar, und die Grafen von Sayn waren nicht geneigt, sich 1182 den „Blankenberg" ohne Weiteres wegdisputiren zu lassen. Da gab es denn Händel, in welchen selbst der Papst Lucius III eine Rolle spielte. Allein die „weltlichen Herren" jener Tage, die gegen die „annectirenden Kuttenträger" nicht eben viel warme Liebe im Herzen trugen, waren zu schonender Milde um so weniger geneigt, als sie so ziemlich im Voraus wußten, daß der „unsichtbare Arm geistlicher Macht" oft besser bewaffnet war als der geharnischte und schwertführende der weltlichen. Und so verzichtete denn nothgedrungen auf einem Schlichtungstage zu Neuß die Abtei auf das Burgterrain von Blankenberg, behielt sich aber unter Anderm das Stadtrecht zu Siegburg vor, sowie die Unabhängigkeit von der Gerichtsbarkeit der Sayner Grafen.

Noch mehr als den Saynern lag den Grafen von Berg die Abtei auf dem Herzen, mitten in ihrem Lande und ihnen ein „Dorn im Auge".

Da war es die Vortheile abwerfende „Vogtei" über Siegburg, welche in Rede stand. Schon im Jahre 1229 loderte deshalb eine Fehde auf zwischen dem Erzstifte und dem Herzog von Limburg als Grafen von Berg. Der Herzog suchte sich im erblichen Besitze der Vogtei zu erhalten, während die Abtei freie Hand in der Wahl des Vogtes haben wollte. Nach mancherlei Verhandlungen ernster und friedlicher Natur kam es 1243 zu einer Einigung zwischen beiden Parteien. Herzog Heinrich, Graf zu Berg, wurde gegen das Versprechen, die freie Vogtwahl beim Erzbischofe zu erwirken, von der Abtei als Vogt angenommen, die Gerichtsbarkeit in Siegburg und seinem Banne zwischen Abt und Herzog getheilt und auf Kosten der Abtei ein Haus gebaut zur Abhaltung der Vogtsgedinge. Aber dieses Uebereinkommen, welches den Grund legte für die später hervortretende Unmittelbarkeit des Abtes bezüglich der Stadt Siegburg und dessen Burgbann, war nur eine Saat neuen Unfriedens, und die An- und Widersprüche für und gegen das Vogteirecht blieben lange, selbst Jahrhunderte hindurch ein fortwährender Zankapfel.

Auch den Erzbischöfen von Köln war der Abt als voll- und wohlberechtigter Reichsstand und freier Herr mit seiner Macht und seinem Reichthum bisweilen ein „Pfahl im Fleische"; aber Niemand vermerkte das anmaßende und selbstherrliche Wesen empfindlicher als die Grafen von Berg, und es fehlte selten an Streitigkeiten und Händeln zwischen ihnen und dem Abte, da des Letztern Hochmuth sehr häufig sich der Art aufblähete, daß die gräfliche Galle in gewaltige Gährung gerieth. Der dreißigjährige Krieg fand den Abt schon kampfmatter, und man sollte denken, der Aderlaß am klösterlichen Reichthum, den dieser Krieg in starkem Maße brachte, hätte ihm die Flügel gelähmt; aber das war doch nicht in dem Grade der Fall, wie man es hätte erwarten können.

Die Reichs-Unmittelbarkeit war zu tief in das abtliche Fleisch eingedrungen und saß zu fest, und es ging dem „Letzten der reichsunmittelbaren Aebte", einem Herrn von Bock, wie dem edeln Wappenthier der wohllöblichen Schneiderzunft, dessen Namen er trug, er überschätzte die Kraft seiner Hörner und machte sogenannte „Bocksprünge", welche in dem fatalen Gebiet der Diplomatie von besonderer Gefährlichkeit sind.

Diesmal blieb — freilich der Abt hatte sich in der Reihe der Jahrhunderte verrechnet, ein Rechnungsfehler, der mitunter auch heute noch vorkommt — der weltliche Herr der Sieger. Im Jahre 1676 ging durch den Siegburger Erbvergleich des Abtes Reichsunmittelbarkeit zu Grabe, und die Abtei kam unter Jülich-Bergische Landeshoheit.

Als der weltkluge, heilige Hanno oder Anno die „Siegburg" in eine Benediktinerabtei umschuf, mochte er einen Seherblick in die Zukunft thun; denn er ließ der jungen Stiftung die vollen Befestigungen der früheren „Siegburg", und die Aebte hatten aus dem Lehrgelde, welches sie bisweilen zahlen mußten, den naheliegenden Schluß gezogen, daß es sich hinter denselben ganz gemüthlich wohnen ließe, wenn geharnischte Vasallen kämpften und der Convent betete. Sie unterhielten diese Befestigungen sorgfältig und fanden in ihnen den Stützpunkt für den Trotz, welchen sie den weltlichen Herren gegenüber bewiesen. Bis zum Jahre 1673 bestanden dieselben, wiewohl unfähig, den Schußwaffen der Neuzeit nachdrücklichen Widerstand zu leisten.

Die Zeit der Schwert führenden Priester im mittelalterlichen Sinn war vorüber, und der dreißigjährige Krieg hatte ohnehin den letzten Rest „weltlicher Gebarung mit fleischlichen Waffen" so nachdrücklich zerbrochen, daß jede Wiederbelebungshoffnung für immer erlosch.

Die Zeit ging in gemessenem Gang voran, aber ihr eherner Fuß zertrat einen Rest der alten Zeit nach dem andern; der neue Geist siegte über die rohen Zustände; die Revolution, von Westen her brausend wie ein niederreißender Orkan, fegte vollends die alten Formen, die wurmstichig und gichtbrüchig geworden, von der Erde weg, und auch Siegburg erlag den Stößen dieses Orkans, der auf Welt und Menschenleben einen nachhaltigen Einfluß übte im Guten wie im Bösen.

Im Jahre 1803 schlug die Stunde, welche die Abtei zuletzt im geistlichen Besitze und Stande zeigte, und darin sie ihren Ursprungscharakter verlor.

Was man mit den umfangreichen, noch wohlerhaltenen Gebäuden machen sollte, diese Frage blieb so lange unbeantwortet, bis die preußische Regierung einen Gedanken verwirklichte, für dessen Ausführung die Provinz des schönen und reichen Rheinlandes sie segnen muß.

Hatte doch die frühere geistliche und die spätere, freilich nur auf das „Ausbeuten" gerichtete französische Verwaltung nie den Unglücklichen unseres Geschlechtes, den Geisteskranken und Irren, einige Rücksicht gewidmet, wie sie, ganz abgesehen von christlicher Pflicht, die sogenannte „Humanität" dringendst gebietet. — Preußens edler König, Friedrich Wilhelm der Dritte, der gerechte, aber auch der christlich milde und väterlich sorgende König, der in Bonn der Wissenschaft eine blühende Stätte gründete, der Anstalten des höhern Unterrichts in reichem Maße errichtete, gedachte jener Unglücklichen, und sein Auge wurde auf Siegburg gelenkt. Dort erstand jene Irrenheilanstalt, an der Jacoby in gesegneter Wirksamkeit zum Heile der leidenden Menschheit thätig war, bis er vielbetrauert sein Auge für diese Welt schloß.

Anfeindungen fehlten nicht, auch wohl nicht Versuche, die Abtei der früheren Bestimmung zurückzugeben, allein ihr Wellenschlag war kraftlos. Er brach sich an den Felsen von Siegburg und floß trübe in sein trübes Bett zurück. Die Anstalt besteht im Segen.

Die innere Geschichte der Abtei bietet viel Merkwürdiges dar; doch würde es hier zu weit führen, davon zu reden, zumal da Manches sich darunter findet, was sich so ziemlich in allen Klöstern wiederholt. Nur das sei erwähnt, daß anfänglich der Convent auf zwölf Köpfe festgestellt war; aber der sich mehrende Reichthum der Stiftung, der ein behagliches Leben in Aussicht stellte, ließ bald dieses Maß weit hinter sich zurück, ja nicht selten zählte die geistliche Gemeinschaft zweihundert Glieder, die sich alle wohl befanden.

Denkt man sich solch ein kleines Heer, so tritt Einem unwillkürlich eine — Caserne entgegen; hält man diesen unabweisbaren Gedanken fest und nimmt hinzu, daß da Einer die Zucht kaum üben konnte, so gelangt man nothwendig zu der Ansicht, daß es um diese Zucht nicht immer zum Besten gestanden haben mag, daß wenigstens die edle Bestimmung des gelehrten Benediktinerordens und seine Bestrebungen, geistige Bildung zu erhalten und zu pflegen, auch auf das Volk geistig und leiblich fördernd und wohlthätig einzuwirken, nicht immer in dem Maße im Auge behalten wurden und werden konnten, wie es die Regel des Ordens vorschrieb, zumal großer Reichthum der Wissenschaft selten erfolgreich unter die Arme greift. Wundern darf es daher den Beobachter nicht, daß schon 1317 der Erzbischof Heinrich II von Virneburg die Mönchszahl von 120, auf welche Höhe sie angewachsen war, auf 90 herab- und festsetzte, wobei es indeß keineswegs sein Bewenden hatte. Uebrigens war der geistliche Sprengel der Abtei, der oben nur angedeutet wurde, so weit ausgedehnt, daß in der That eine kleine Zahl von Klosterinsassen zur Bedienung nicht ausreichen mochte. Erwägt man, daß noch in einer nicht außerordentlich fernen Vergangenheit ihre Einkünfte sich auf 50,000 Thaler beliefen, so hat man einen ungefähren Anhaltspunkt für die Einkünfte früherer Tage, in denen die Besitzthümer noch ungeschmälert der Abtei zuflossen.

Erwägt man ferner, daß dieselbe herrliche Weingüter besaß und bebaute, welche die schönen und geräumigen Keller füllten und den Durst „mit edlem Naß" stillen konnten, und daß dennoch unter der baierischen Verwaltung zur Zeit der Aufhebung der Abtei die Wein-Schulden derselben eine Höhe erreicht hatten, welche zu dem Schritte zwang, die Abtei Altenburg mit dem, was dazu gehörte, den Gläubigern abzutreten, — so muß die Ueberzeugung bei Jedermänniglich Raum gewinnen, daß man in den Mauern der Abtei keinen Durst litt, auch wenn er ansehnlich war und viele Kehlen trocknete.

Die Stadt Siegburg, deren vermuthlichen Ursprungs schon gedacht ist, war enge mit der Burg und blieb ebenso mit der Abtei verbunden; sie mag mehr Unbilden der Zeit zu erdulden gehabt haben als ihre Patronin auf der gesicherten Höhe. Ihrer wird 1125 als einer Villa gedacht, aber als einer in mancher Beziehung bevorrechteten.

So waren die Kaufleute von Siegburg von allen Land- und Wasserzöllen in Köln befreit; später erhielt der Ort das Stadtrecht mit den daran haftenden Rechten und Freiheiten.

Die Stadt muß sich im Laufe der Zeiten erweitert, in Macht, Wohlstand und Ansehen befestigt, in gleichem Maße aber auch das frühere Abhängigkeitsverhältniß gelockert haben, welches sie an die Abtei knüpfte, woraus es denn zu erklären ist, daß eine Urkunde aus dem vierzehnten Jahrhundert dieses Verhältniß mehr als ein solches der gegenseitigen Freund- und Nachbarschaft und nur noch als ein Bundesverhältniß erscheinen läßt.

In der Limburger Fehde hatte Siegburg wegen seiner Anhänglichkeit an den Grafen von Berg viel zu erdulden, noch mehr in den reformatorischen Truchsessischen Kämpfen.

Der dreißigjährige Krieg brachte wie der Abtei, so der Stadt reichliche Leiden und Verluste, deren Folgen noch nicht verschmerzt waren, als Franz Egon von Fürstenberg einen Theil seiner französischen Truppen in die Stadt und Abtei warf, welche sie völlig aussaugten, in der Stadt aber Schandthaten verübten, deren Schilderung übergangen werden muß. Streifbanden legten später Feuer an, und daß die Stadt nicht ganz niederbrannte, war schwerlich ihre Absicht.

Auf's Neue drohte das vollste Maß des Jammers, als der Erzbischof Joseph Clemens sich den Franzosen in die Arme warf, und es war ein großes Glück, daß der Brandenburgische Obrist Janus Siegburg behauptete und schützte. Die Stadt erfuhr indessen, ehe Preußen seine Adlerschwingen darüber ausbreitete, sowohl vor als in der Revolutionszeit noch herbe Geschicke, und der Name „Jourdan" hat einen schlimmen Klang hier, weil sich die Erinnerung schwerer Erpressungen an ihn knüpft.

Daß sich an eine so alte, berühmte Abtei Sagen und Legenden heften, ist fast mit unumstößlicher Gewißheit anzunehmen.

So findet sich bei dem ersten Abte, dem heiligen Erpho, die Sage von dem Grübeln über die Stelle des 89 Psalms: „Tausend Jahre sind vor dem Herrn ꝛc." ganz so wieder, wie sie droben bei Heisterbach erzählt worden ist.

An den Wolsberg bei Siegburg knüpft sich die Sage, daß in diesem Berge in einer tiefverborgenen Felsenhöhle auf einem Steinblocke hinter einem gewaltigen Steintisch ein alter, mächtiger König sitze und schlafend den Griff seines großen Schwertes mit beiden Händen umfaßt habe. Die Höhle verzweigt sich nach allen Seiten hin weit in den Berg, und in diesen Ausläufern stehen seltsam gesattelte und geschirrte Rosse, die ungeduldig den Felsenboden stampfen, während ihre gewappneten Reiter am Boden liegen und schlummern.

In der Walpurgisnacht ist zwischen Zwölf und Eins die Höhle Dem geöffnet, der den Muth hat, hineinzutreten.

Ein Jäger, der von der Jagd ermattet eingeschlafen war und beim Erwachen in der Dunkelheit ganz irre wurde, sah in dieser Nacht zur genannten Geisterstunde ein Licht und ging darauf zu. So kam er in die Höhle. Als er vor dem Steintische stand, erhob sich der König und fragte schlaftrunken: „Fliegt die Elster noch um den Berg? —" Der Jäger, den der Schrecken schier gelähmt hatte, mußte die Frage bejahen; denn er hatte, als er zur Jagd ausging, eine Elster um den Berg fliegen sehen und vergeblich sein Geschoß auf sie gerichtet, aber dabei an nichts Arges gedacht.

Darauf faßte der König fester seines Schwertes Griff, senkte das schneeweiße Haupt und schlief wieder ein. Ringsum herrschte schauerliche Stille, nur die Rosse stampften und schnaubten ungeduldig. Von der Angst getrieben floh der Jäger hinaus, und als er eben die Oeffnung der Höhle hinter sich hatte, schloß sich diese mit einem donnerähnlichen Krachen —; denn — es war Ein Uhr. Die Siegburger Hähne kräheten, und in kalten Schweiß gebadet kehrte der Jäger heim. — So erzählt man in Siegburg und setzt hinzu: wenn die Elster nicht mehr umherkreise, dann sei Zeit und Stunde da zum Erwachen der unterirdischen Schläfer; sie brächen hervor, und unter des mächtigen Königs Regierung beginne eine neue, goldene Zeit.

An diese Sage schmiegt sich eine andere, ihr verwandte. — Einst, so erzählt sie, gingen spät am Abend einige Schmiede aus Siegburg vom Müllerhofe heim. In der Nähe des Wolsberges begegneten ihnen zwei seltsame kleine Männlein mit langen weißen Bärten, welche sie aufforderten, ihnen zu folgen, um für guten Lohn eine nothwendige Arbeit zu verrichten. Anfangs nahmen die Männer gerechten Anstoß, als aber die „Wichtelmännlein" nicht aufhörten, freundlich zu bitten und Großes zu verheißen, da entschlossen sie sich zum Wagniß und folgten den Männlein. Durch den Niederwald führte ihr Weg, und bald traten sie in eine weit in den Berg führende, erleuchtete Höhle, wo sie viele schlafende, seltsam aussehende Männer erblickten und viele gesattelte und aufgeschirrte Rosse, wie man sie jetzt nicht mehr im Siegenerlande findet. Rings an den Wänden hingen glänzende, fremdartige Schilde und Waffen. Die „Wichtelmännlein" sagten ihnen nun, sie sollten die Hufe der Rosse untersuchen und sie, wo es noth thue, neu beschlagen, indem sie auf eine glühende, mächtige Schmiede-Esse und einen großen Ambos hinwiesen.

Frisch drauf! riefen die Wichtelmännchen. Die Pferde müssen beschlagen sein, denn bald geht der große Kampf los!

Da kamen den Meistern eine große Zahl solcher Männlein entgegen, leisteten am Blasebalg, an der Esse und dem Ambos Hülfe, und es gab ein Hämmern und Schmieden, wie es die Siegburger Meister nie erlebt; aber weder der König an seinem Steintische noch die reisigen Männer erwachten; geduldig ließen sich die gewaltigen Rosse die alten Eisen abnehmen, die neuen auflegen, und die Arbeit flog von der Hand, wie es den Schmieden niemals sonst gelungen.

Endlich war das Werk vollendet, jedes mangelhafte Hufeisen ersetzt, und die Meister dachten an's Heimgehen. Da öffneten die Wichtelmännchen eine Thüre, und den erstaunten Blicken der Schmiede leuchteten große Haufen von glänzenden Goldmünzen in die Augen.

Nehmet Euch, so viel Ihr bergen könnt! Aber sputet Euch; denn die Zeit ist bald vorüber! riefen ihnen diese zu.

Das ließen sich die handfesten Schmiede nicht zweimal sagen. Sie griffen zu, steckten alle Säcke voll, füllten ihre Hüte und zuletzt den Schooß der ledernen Schurzfelle, und also beladen verließen sie, vielfach gedrängt von den Wichtelmännchen, die Höhle, und hinter der Ferse des letzten der von dannen eilenden Schmiede schloß sich mit einem Donnerschlage der Berg. — Alles war stichdunkel um sie, und wo sie sich befanden, wußten sie nicht, bis der Hahnenschrei von Siegburg ihnen die Richtung wies; vom Abteithurme tönte die Glocke Eins, und die Gesänge der Hora bestätigten das Ende der Geisterstunde.

Der reiche Lohn für das Beschlagen der Pferde überhob die Schmiedemeister fortab jeglicher Arbeit. Wohl ging später noch mancher Schmied voll Hoffnung auf ein gleiches Glück im Nachtdunkel den Weg vom Hofe gen Siegburg, aber keinem widerfuhr, was jene erlebt. Sie bedachten nicht, daß ja doch die Pferde alle beschlagen waren! —

Auch eine wunderthätige Lederhose spielt eine Rolle bei Siegburg.

Ein Bauer aus der Nähe, ich weiß nicht von welchem Dorfe, ging einmal gen Siegburg. Das Herz war ihm schwer, denn er trug sein letztes Geld in die Stadt, um Brot für seine Kinder zu kaufen, und es herrschte Hungersnoth im Lande und große Armuth. Er war äußerst dürftig bekleidet, besonders pfiff der scharfe Nordwind durch gar manche im Laufe der Zeit entstandene Oeffnung seiner vom Urgroßvater ererbten Lederhose.

Als er so dahinschritt mit Seufzen und Kummer, da trat ein Wichtelmännlein zu ihm, das ein dickes Bündel trug.

Warum wehklagst Du so? fragte das Männlein, wie es schien, mit vieler Theilnahme.

Da wehklage Einer nicht! sagte betrübt der arme Schelm. Sieben Kinder hungern daheim, und mit den letzten Kreuzern eile ich zur Stadt, um Brot zu holen, und wenn das gegessen ist, so ist es Matthäus am Letzten.

Das Männlein schwieg. Nach einer Pause hob es wieder an: Warum klapperst Du so mit den Zähnen?

Ei, da klappere Einer nicht mit den Zähnen, wenn der Magen leer ist und der scharfe Nordwind durch die Löcher meiner hirschledernen Hose die Haut faßt! entgegnete der Arme.

Warum flickt sie Deine Frau nicht? fragte das Männlein. Du hast gut reden, Kleiner, sagte betrübt der arme Bauer. Die liegt vor Hunger und Elend schon lange auf dem Strohlager, und die Gicht hat ihr die Finger krumm gezogen wie die Klauen des Uhu im Siebengebirge.

Freilich, da fehlt's bei Dir überall! versetzte der Kleine: aber Deine Noth geht mir zu Herzen. Ich will Dir mit einem Schlage helfen! Setz' Dich auf den Stamm da und ziehe Deine zerrissene Hose aus, hier geb' ich Dir eine andere! Damit entrollte er sein Bündel, und es kam eine Lederhose zum Vorschein, zwar auch alt, aber eichelganz.

Paßt sie mir aber auch? fragte zweifelhaft der Arme. Die paßt Jedem, erwiderte das Männlein, er mag so groß sein wie Du, oder so klein wie ich. Sie dehnt sich und schrumpft zusammen, wie es nothwendig ist.

Darauf setzte sich fröhlich der arme Schelm nieder, streifte seine durchlöcherte Hose ab und die geschenkte an, und sie paßte so vortrefflich, daß sie der geschickteste Schneider nicht besser hätte anmessen können. Er dankte innig dem Wichtelmännlein und schritt mit ihm fürbaß.

Höre, fragte der Kleine, wieviel Geld hast Du?

Drei Albus, Siegburger Münze! antwortete der Arme, der seine Albus in die Hosentasche gesteckt hatte.

Thue sie heraus und zähle sie! gebot das Männlein. Der Arme gehorchte; aber wie erstaunte er, als er sechs Albus herauszog!

Nun, sprach das Männlein, stecke drei in die linke und drei in die rechte Hosentasche! Der Arme that's. Wenige Schritte hatten sie gemacht, so stand das Wichtelmännchen stille und sagte: Zähle noch einmal. Dem Armen schwindelte es schier; denn nun hatte er in jedem Sack sechs Albus.

Höre, sprach nun das Männlein, so geht's fort. Immer wird sich in fünf Minuten das Geld verdoppeln, welches Du in die Tasche steckst. Läßt Du es drinnen, so ist in kurzer Zeit das Paar der Säckel voll; aber hüte Dich, daß Du es zu lange sich mehren lässest; denn bersten die Nähte auf, so ist es alle, und nie verdoppelt sich's mehr.

Der Arme wollte nun dem Männlein die Hände küssen und ihm danken; aber — hast du nicht gesehen! — das Männlein war weg und keine Spur von ihm mehr zu entdecken.

Da stand halb betäubt von freudigem Schrecken der Arme still, und es gingen allerlei Gedanken durch seine Seele. Als er aber in die Taschen fuhr, waren sie zum Platzen voll echter, guter Siegburger Albus, und er leerte sie eilig aus in seine Wammssäckel und schritt rasch der Stadt zu. Er hatte in der Eile und Freude nichts in den Taschen gelassen; aber er besaß ja nun Geld in Hülle und Fülle. In der Stadt kaufte er sich einen Schubkarren, lud ihn voll Brot und andre Lebensmittel und bestellte den Doktor für seine liebe Frau. Dann machte er sich auf den Weg und steckte ein Paar Albus in die Taschen, die bald wieder zum Bersten voll waren. Vorsorglich hatte er sich einen kleinen Sack gekauft. Da hinein leerte er die Taschen, bis er voll war, und da dies bald eintrat, ließ er jene leer.

Wie fröhlich waren die Seinen, als sie sich sättigen konnten, und wie glücklich seine Frau, als sie das viele Geld sah und hörte, wie es gekommen. Sie dankten dem lieben Gott, die Frau genas, die Kinder blühten, und der Mangel war weg, ja bald hatte der Arme seine ganze Oberstube voll Geld. Er kaufte sich den schönsten Hof im Siegenerlande und war bald der reichste Mann.

Mit dem Gelde ist's aber eine schlimme Sache. Wer es hat, kriegt nie genug, wird üppig und übermüthig, und so ging es auch dem Manne. Die wunderthätige Hose war ihm zum täglichen Tragen zu schlecht, denn sie war altersgrau geworden. Da sagte er eines Tages zu seiner Frau: Hörst Du, Frau, die Buchs ist schäbig und unsauber. Es ist Hirschleder. Das kann man waschen und mit Brodkruste säubern. Thue es!

Die Frau that's und hing die Hose zum Trocknen in die Sonne. Da kam ein Sturmwind, und — hast du nicht gesehen! — er wehte die Hose in die Luft, trillte sie wacker herum, und bald war sie nicht mehr zu sehen.

Da kam die Reue, aber die kommt immer hintennach, und zwar oft, wie hier, zu spät!

Item, es ist kein Zweifel, daß das Wichtelmännchen im Sturme gesessen und seine Hose wiedergeholt hatte. —

Die Geschichte mit dem armen Teufel, der durch die alte Lederhose so reich geworden war, blieb nicht unbekannt.

Da lebte denn in Siegburg ein steinreicher Kautz, ein Rathsherr und Junggesell dazu, der war die lebendige Habsucht und der lebendige Geiz, gab nie einem Armen, hütete seine Geldsäcke und wucherte schlimmer wie ein Jude.

Ei, dachte der, so ein Wichtelmännlein weiß doch nicht Alles! Du könntest ihm einen Streich spielen und Dir die Buchs verschaffen. Das wär' ein Schmaus! — Gedacht, gethan!

Es war einmal im November, wann Regen und Schnee um die Herrschaft streiten und der scharfe Westwind sie beide peitscht, da schlockerte am Stabe ein altes, dürres Männlein, in Lumpen gekleidet, frierend, daß ihm die Zähne klapperten, gen Siegburg just desselbigen Weges, welchen dazumal der arme Mann gegangen war, als er Brot für seine hungernden Kindlein holen wollte.

Er ächzte so laut, daß man's weithin hörte, ruhte alle drei Schritte, und — war Niemand anders, als der reiche Rathsherr von Siegburg, der das Wichtelmännlein betrügen wollte.

Nicht lange, so steht das Männlein mit dem Packe unterm Arme neben ihm und fragt theilnehmend, warum er so wehklage.

Da erzählt ihm denn der Lügner eine grausige Geschichte von seiner Armuth und seiner Noth. Der Betrüger hatte aber keine Albus in der Tasche, sondern doppelte Schildlouisd'or und viele, damit er recht viel bekäme.

Ganz so, wie selbiges Mal anno Vordem, geht's mit Frage und Antwort, und das Männlein sagt: Setz' Dich und ziehe Deine durchlöcherte Hose aus!

Mit freudig pochendem Herzen that's der Lügner; aber kaum ist es geschehen, so ergreift sie das Wichtelmännlein und — ist fort in alle Winde!

Da schreit und fleht der Betrogene oder vielmehr Bestrafte, aber Alles ist umsonst! Halbnackt und erstarrend von Kälte und Nässe eilt er heim, und es ist sein Glück, daß es stichdunkel ist.

Daheim aber legt er sich in's Bett und wird todtkrank, und als seine lachenden Erben kommen, um voll Liebe zu sehen, ob es nicht bald an's Sterben gehe, da redet er irre, so viel jedoch entnehmen sie daraus, daß sie sich die Geschichte zusammenreimen können. Er aber, der sein Geld, das in der zerrissenen Hose steckte, noch dazu verloren hatte, konnte es nicht verwinden, streckte sich und starb, und — lachend theilten die Andern das reiche Erbe. — Seitdem hat nichts mehr von der geldmehrenden Lederbuchse des Wichtelmännleins verlautet.

Brühl,

Schloß und Stadt

In der an Fruchtfeldern und Dörfern reichen Ebene, welche die Stadt Köln bis zum Rhein hin umgibt, liegt das königliche Schloß und die Stadt Brühl. Zur Linken erblickt man das alte Köln, überragt von seinem der Vollendung nahen herrlichen Dome und zahlreichen Kirchthürmen, vor sich den breiten, sanft dahinfließenden Rhein, der hier sich schon altersmüde fühlt, zur Rechten das unvergleichlich schöne Siebengebirge und drüben die Berge, welche die Sieg begleiten, dunkel bewaldet, und von ihren Vorhöhen herüberschauend das alte Siegburg mit seinen unglücklichen Bewohnern.

Man hat versucht, den Namen Brühl vom Walddistricte „zum Broill oder zu dem Bruole“ abzuleiten, allein schon die Benennung „zum Broill,“ was ja nichts Anderes bedeutet als: „zum Brühl gehörig“, drückt aus, daß der Brühl, zu dem der Wald gehörte, hier vorzugsweise gemeint ist. Die Bezeichnung „Brühl“ begegnet uns im mittelrheinischen Lande und anderwärts fast bei jeder Stadt, jedem Dorfe und bedeutet „einen Wiesengarten mit Obstbäumen bepflanzt und mit einem Hage eingefriedigt“.

Daß schon zu Römerzeiten hier Villen standen, zumal die Via militaris Praetoria, consularis, die Hauptmilitärstraße von Köln nach Trier, nahe vorüberführte, wäre kaum zu bezweifeln, wenn auch nicht Mauerwerk und Inschrift es bewährten. Da blühten Gärten um diese Villen, und der deutsche Name „Brühl“ war für den Ort vollkommen berechtigt. War ja doch auch das Volk der Ubier ein deutsches, wie sein Name schon klar macht.

Ob in Brühl ein Römercastell war, ist zweifelhaft, man hat wenigstens keine Mauerwerke entdeckt. Aber ein fester Bau muß hier gestanden haben; denn der Erzbischof Engelbert II von Falkenburg verlegte 1263 seine Residenz nach Brühl, weil die patzigen Kölner es ihm zu arg machten. Möglicherweise war es ehedem ein fränkischer Saal und wie alle diese für den zeitweiligen Aufenthalt der Kaiser eingerichteten „Säle“ ein stattliches Gebäude.

Erzbischof Sifrid von Westerburg fand es den unruhigen Kölnern gegenüber nöthig, das von seinem Vorgänger bewohnte, aber wohl nicht hinlänglich wehrhafte Gebäude zu einer Burg um- und auszubauen und es mit Wassergräben zu umgeben. Da mittlerweile der Ort angewachsen war und der Erzbischof ihn gern noch weiter hätte wachsen sehen mögen, so erhob er ihn 1285 zur Stadt, verlieh ihm städtische Freiheit und Verfassung, schloß demselben einen bedeutenden Umkreis als Bivanc oder Weichbild an und setzte in die neuerbaute Burg einen Burggrafen.

Es ist aus dem Folgenden zu vermuthen, daß er auch seine „Stadt Brühl“ mit Mauern und Thürmen umgab, sie würde sonst nicht 1302 in dem zwischen König Albrecht und Erzbischof Wichbold eingegangenen Frieden als fester Ort bezeichnet worden sein, sowie ferner nicht 1319 vier Monate eine Belagerung der Kölner und ihrer zahlreichen und mächtigen Verbündeten ausgehalten und diese genöthigt haben, die Belagerung doch endlich ergebnißlos aufzuheben.

Der Erzbischof Heinrich II von Virneburg war ein unruhiger Geist, der die „Kölner Krämer“ haßte und diesen Kampf hervorgerufen hatte; aber tapfer war er, und seine Burg Brühl, die keine Bergkuppe beherrschte, muß gut befestigt und mit wackern Streitern besetzt gewesen sein, sonst hätte er einer vereinten kriegskundigen Macht erliegen müssen.

Nach dem Frieden im Jahre 1320 bildete Burg und Stadt Brühl auf Grund einer besondern Stipulation eine Weile das Unterpfand des Landfriedens und befand sich in den Händen der Stadt Köln. Sie wurde dem Ritter Kone von Vischenich als Burggrafen und zwanzig gewappneten Mannen übergeben, welche der Erzbischof aus der Gülte der Stadt zu erhalten hatte. Der Burggraf, zugleich der Amtmann von Brühl, mußte schwören, im Falle der Erzbischof seinen Verbindlichkeiten nicht nachkomme, die Burg nur der Stadt Köln zu öffnen. Dieses Verhältniß währte wegen mittlerweile entstandener neuer Reibungen zwischen dem Erzbischof und der Stadt Köln bis zum Jahr 1330, wo die endliche Einigung und die Beilegung des Haders erfolgte.

Burg und Festungswerke mußten jedoch in der gedachten Fehde nicht unbedeutend gelitten haben, da nicht lange nachher Erzbischof Walram sie auf's Neue und fester noch herstellte, weil seine Kämpfe mit dem Grafen von Jülich und andern Herren dies dringend erheischten; im Laufe derselben gerieth er aber in große Geldverlegenheit, welche ihn 1345 zwang, den Ort zu verpfänden.

Im Jahr 1352 sah Brühl zum ersten Mal ein kaiserliches Hoflager mit all' seinem Glanz. Die Kölner liebten bekanntlich Kaiser Karl IV nicht und hatten ihm das thatsächlich kund gethan, und seine Gegenliebe schlug deswegen auch nicht in Blatt und Blüthe aus. Dies war denn der ausreichende Grund für ihn, sich Brühl zum Aufenthalt mit seinem sehr zahlreichen Gefolge zu wählen, woraus sich ferner ergibt, daß Sifrids Burgbau und die Erneuerung desselben durch Walram räumlich sehr stattlich gewesen sein muß.

Die „mißliche" Lage und das hohe Alter Engelberts III brachten den Coadjutor Cuno von Falkenstein, dessen kräftigen Arm wir schon am Oberrhein vielfach kennen gelernt haben, an die Regierung in Köln, und Engelbert zog sich, um Frieden zu haben, nach Brühl zurück, bis er im Jahre 1368 daselbst starb.

Später hatte das „Schloß zu Brühl" einen nichtgeistlichen Bewohner, den Grafen Gottfried von Arnsberg, der 1369 seine Grafschaft in Westphalen dem Erzstift Köln abtrat und dafür Burg, Stadt und Amt Brühl nebst einer Rente von 6400 Gulden auf Lebensfrist erhielt. Allein nur kurze Zeit war er im Genusse dieses Besitzes; denn schon 1371 ereilte ihn hier der Tod.

Eine kräftige Vertheidigung schützte Brühl vor dem Niederbrennen durch den wilden Engelbert von der Mark, der viele Orte am Gebirge in Asche legte, als er mit dem Erzbischof Friedrich III von Saarwerden im Kampfe lag.

Der Erzbischof Dietrich II von Köln, kriegerischen Schlages und in häufige Fehden mit seinen eigenen Unterthanen verwickelt, war gar oft in jener unerquicklichen Lage, welche „der Mangel an landesüblicher Münze" verursacht, und mußte sich zu Verpfändungen entschließen, was er, wie bekannt, sofort ohne großes Herzeleid that. So erscheint denn unter seinen vielen verpfändeten Orten auch Brühl 1445 in der Hand des reichen Ritters Johann von Paland. Erzbischof Ruprecht mußte Brühl während dreier Monate belagern, um wieder in den Besitz von Stadt und Burg zu kommen. Ob damit „der Schuldbrief durchstrichen" war, ist nicht bekannt. Ritter Paland wird wohl vorher sich gesichert haben, wie gewisse „alttestamentliche Barone" unsrer Tage, die auch auf hochfürstliche Pfänder — vorstrecken — in Fällen, wo die landesübliche Münze mangelt.

Der Erzbischof mußte wenigstens Grund dazu haben, daß er den edlen Ritter von Paland, der ihm zu hocheigenem Leidwesen in die Hände fiel, — einkerkern ließ.

Als Erzbischof Ruprecht darauf mit seinem Domcapitel und den Landständen zerfiel und diese ihn absetzten und die Verwaltung des Erzstiftes an Hermann, den Landgrafen von Hessen, übertrugen, gewann er Karl den Kühnen als Bundesgenossen und vertheidigte sein Recht. Stadt und Schloß Brühl hielt er in Besitz, verwarf die Friedensvorschläge des Kaisers Friedrich III und blieb bis 1477 darin, wo er sich denn im Bergheimer Vertrag abfand und Brühl dem Erzstift zurückgab.

In Brühl hatte sich eine zahlreiche Judenschaft niedergelassen und sich eine Synagoge erbaut. Sie mußte mit ihrem Gelde Ruprecht helfen und hatte sich dadurch wohl den Haß seines Nachfolgers, des Landgrafen Hermann von Hessen, zugezogen. An Schonung der armen Verfolgten war jetzt nicht mehr zu denken; aber auch die Brühler Bürger trugen des neuen Herrschers Zorn aus fast gleichem Grunde und boten ihm durch Beleidigung erzbischöflicher Söldner den willkommnen Anlaß zu strenger Bestrafung. Hermann, der ein Kloster für die Mönche vom Orden des heiligen Franz bauen wollte und einen geeigneten Platz nicht finden konnte, — vielleicht auch nicht finden wollte, ließ kurzab die Synagoge wegreißen und setzte sein Kloster an die Stelle. Entschädigung der hartbetroffenen Juden war nicht zu erwarten, und die Klugheit gebot, zu der Vergewaltigung — zu schweigen.

Schon 1493 konnte der Erzbischof die Klosterkirche einweihen, ohne irgend Gewissensbisse wegen des den Juden angethanen Unrechts zu fühlen. —

Erzbischof Salentin von Isenburg verwendete große Summen auf die Herstellung des altgewordenen Burgbaues und versammelte 1577 die Landstände daselbst, als er die Regierung niederlegte.

Der Truchsessische Krieg war für Brühls Schloß verderblich; denn Kurfürst Gebhard Truchseß gab Alles, was von Werth in den Räumen des Schlosses sich vorfand, hin zur Soldzahlung seines Heeres. Eine ansehnliche Besatzung, die darin lag, trug nicht wenig dazu bei, es in einem guten Stande zu erhalten, und trotzdem eroberte 1583 es der Graf von Sachsen. Im Jahre 1642 drohte ihm die Gefahr des Niederbrennens durch Guebriants Schaaren, denen jedoch der wackere Johann von der Burgh eine starke Niederlage beibrachte. Darauf sandte Guebriant 1000 Mann Hessen und Weimarer, Brühl zu belagern; aber die Bewohner des nahen Ortes Walberberg fielen ihnen in den Rücken, und die Belagerung endete schmählich mit völliger Niederlage. Dennoch mußte sie eine Unklugheit des Erzbischofs Ferdinand in den Besitz Brühls setzen! Er entfernte nämlich einen großen Theil der Besatzung; die Hessen, die darum wußten, überrumpelten Stadt und Schloß, plünderten beide rein aus und verübten die rohesten Grausamkeiten.

Eine Handlung der Gastfreundschaft des Erzbischofs Max Heinrich gegen den aus Paris entflohenen Cardinal Mazarin trug leider späterhin schlimme Früchte. Nach dem Tode Max Heinrichs erkannte nämlich ein Theil des Erzstifts und der Stände die Nachfolgerechte des Coadjutors, des Cardinals und Domdechanten Wilhelm Egon von Fürstenberg, nicht an, und derselbe lud die Schmach auf sich, daß er die Franzosen zu Hülfe rief! Schnell erschien ein französisches Hülfsheer, das Brühl und noch andere Orte des Erzbisthums besetzte. Die Gegner nahmen das nicht ruhig hin, belagerten Brühl und beschossen es.

Glühende Bomben zündeten das Pulvermagazin, und es war natürlich das Schloß, welches unter der Macht der Explosion und der Flammen zusammenbrach. Der Feind konnte sich nun nicht mehr halten, kapitulirte und wurde kriegsgefangen.

Der Kurfürst Joseph Clemens hatte kein Geld, das Schloß wieder aufzubauen, und begnügte sich, weil er Brühl sehr liebte, ein einfaches, bürgerliches Haus im Parke sich zur Wohnung herzurichten.

Ein halbes Jahrhundert schritt über die Ruinen des Schlosses hin, ohne ihm ein „Werde!" zuzurufen. Die Zeit war auch nicht grade dazu angethan;

aber Clemens August von Baiern, der im Lande vielbeliebte Erzbischof, faßte den Gedanken, das Schloß, wie es noch jetzt dasteht, neu aufzubauen, und führte ihn energisch aus.

Er war ein Freund der Kunst, und ihre Hülfe nahm er nach allen Richtungen in Anspruch, sein Schloß, welches er „Augustenburg" nannte, auszuschmücken.

Es wurde sein Lieblingsaufenthalt und der Ausgangspunkt seiner „Falkenbeizen". Diese mittelalterliche Jagd mit abgerichteten Falken liebte der lebenslustige geistliche Herr außerordentlich und verwendete viel Geld darauf, sie wieder in Aufschwung zu bringen; ja im Jahre 1727 ließ er, eine Viertelstunde vom Schlosse entfernt, ein Gebäude aufführen, das er „Falkenlust" benannte, bei dem auch eine Capelle erbaut wurde, um über der Lust am Irdischen den Himmel nicht zu vergessen. Dennoch ereilte ihn der Tod, ehe Alles fertig war. Sein Nachfolger Max Friedrich, Graf Königseck-Rottenfels, vollendete es nach seinem Plane.

Der Letzte in der Reihe der Kurfürsten von Köln, Maximilian Franz, in dessen Adern das Blut Maria Theresia's rann, that viel für die Gartenanlagen Brühls. Es war ein heiteres Leben unter seiner Regierung. Lustige Tage des Volkslebens liebte er, aber auch glänzende Feste. Brühl sah sie nie glänzender.

Vergessen darf es nicht werden, daß unter seiner Regierung der durch seine Travestie der Aeneide bekannte Dichter Blumauer nach Brühl gezogen wurde und längere Zeit hier der Dichtung sorglos sich widmen konnte.

Bezeichnend ist jedenfalls dieser Umstand für den Geist, der am Hofe des Kurfürsten herrschte. —

Er schloß die Reihe der Kurfürsten; denn nun begannen die Stürme, welche endlich das deutsche Reich verweheten, aber auch die schönen Ufer des Rheines, diese Perle des deutschen Landes, in französische Hände brachten. Es war am 17. September 1804, als „der Erbe der Revolution", Napoleon, den wir jetzt den Ersten zu nennen pflegen, nach Brühl kam.

In seinem Wesen war eine „auffallende Hast". Er bewunderte zwar die berühmte Treppe, aber er eilte hinauf, rannte durch die Gemächer, wieder die Treppe hinab und sprang in den Wagen, um durch den herrlichen Park nach Bonn zu eilen.

Uebrigens hatte er selbst trotz seines „Durchrennens" dem Schlosse eine Bestimmung gegeben, welche er jedoch Niemanden merken ließ, und die erst nach einiger Zeit kund wurde, als er Brühl zum Sitz der vierten Cohorte seiner Ehrenlegion machte.

Vieles war zu Brühl nicht mehr im Stande, namentlich war für den Schloßgarten nichts mehr geschehen und die im echt französischen Geschmack errichteten Wasserkünste unbrauchbar geworden.

Der Graf von Salm-Dyk, Kanzler dieser Cohorte der Ehrenlegion, fand sich in seiner Würde berufen, Pläne zur Wiederherstellung und Verschönerung Brühls zu senden; allein jener mächtige Hebel verschönernder Thätigkeit, dessen Mangel den vielfachen Verfall herbeigeführt, wurde auch jetzt — nicht gefunden, und als Brühl im Jahre 1809 seinen Cohorten-Sitz verlor, ruhten vollends jene Pläne im Frieden.

Napoleon hatte indessen das schöne Brühl nicht vergessen. Wie er gewohnt war, seine militärischen Größen reichlich zu bedenken, so erhielt 1809 der Fürst von Eckmühl das Schloß und seine Gärten zum Geschenk.

Anfänglich schien es, als wolle der neue Inhaber Brühl herstellen, schmücken und wohnlich einrichten; er ließ sich die Pläne darüber vorlegen; als aber eine Million Franken dazu gefordert wurde, da fuhr doch auch der reiche Marschall von Frankreich zurück, und Brühl blieb, wie es war, oder vielmehr nahm — da das auf dem Wege der Vernachlässigung nicht anders möglich ist — sein Verfall immer mehr zu, und Davoust endlich kümmerte sich gar nicht mehr darum. Ohnehin ging dies Besitzthum ihm verloren, als auch im Jahre 1813 seines Herrn Herrschaft am Rheine abschloß.

Unter den Krondomänen Preußens nimmt jetzt Brühl seine Stelle ein.

In neuerer Zeit ist Manches für Schloß, Gärten und Park geschehen, doch nicht so viel, als zu wünschen wäre.

Das aufgehobene Franziskanerkloster, welches in eine französische Lehranstalt verwandelt worden war, ist unter preußischer Regierung zu einem tüchtigen katholischen Schullehrer-Seminar geworden, dessen Wirksamkeit eine segensreiche für das katholische Volk ist.

Köln.

„Coellen ein' Kroin boven allen Steden schoin." So klingt aus früheren Jahrhunderten der Preis der alten, lebensfrischen, lebensfrohen Rheinstadt uns entgegen, und wenn wir die „große Pfaffengasse" hinter uns haben, wie man den Rhein zwischen Speier und Köln (nach Andern zwischen Basel und Köln) nannte, so ruht am Schlusse derselben unser Blick mit Wohlgefallen auf ihrem großen, preiswürdigen Abschlusse, der „hilligen Stadt“. So hieß nämlich im Mittelalter Köln im Gegensatz gegen das um denselben Preis ringende Mainz, welches den Namen der „güldenen Stadt“ trug.

„Hillige (heilige) Stadt“ aber nannte man Köln wegen seiner hochheiligen Reliquienschätze, wegen seines durch Märtyrerblut geheiligten Bodens, wegen seines großen Reichthums an herrlichen Gotteshäusern, wenn auch nicht grade wegen des Sinnes und Lebens seiner Bewohner; denn diese beiden lagen meist weit ab von den Gebieten, die auf jene bedeutungsvolle Bezeichnung Anspruch machen dürfen.

Der Name „Köln“ kommt öfter vor, so droben im Norden an der trüben Spree; im Rheingebiet trägt ihn ein armes Dörflein an der Alsenz, einem Zuflusse der Nahe, welcher bei der Ebernburg mündet. Aber wo der Name auch erscheint, Colonia ist seine Grundlage, und wir wissen, das deutet auf eine Niederlassung meist von fremden Stämmen und in jene Zeiten, da das Römernetz über einen bedeutenden Theil Deutschlands gezogen war, wenn auch grade nicht überall diese Welteroberer den Namen gaben. So leitet uns Name und Ursprung wieder hin zu diesem den Deutschen einst so gründlich verhaßten Volke der Vorzeit, dem wir übrigens außer vielem, sehr vielem Andern auch die erste gründliche Kenntniß unsres eignen und besonders des rheinischen Volkes und Landes verdanken.

Als die Ubier, von den Sueven gedrängt, vom rechten auf das linke Rheinufer hingezogen waren, wählten sie die Stelle, wo Köln steht, zur Ansiedelung. Ihre Niederlassung muß bedeutend gewesen sein; denn die Römer fanden es gerathen, sich ebenfalls hier anzusiedeln. Das geschah aber, wie überall, wo sie Fuß faßten, in kriegerischer Weise und zu kriegerischen Zwecken, und so entstand allmählig Stadt und Castell, und als die geborne Kölnerin Agrippina, eines edeln Vaters Kind und eines Wütherichs Mutter, hier die Veteranencolonie gründete, — es geschah im Jahre 50 nach Christi Geburt — da war ihr Name gegeben: Colonia Agrippina und dann auch wieder: Colonia Claudia Agrippina Augusta.

Vielfach sich erweiternd, wurde sie Hauptstadt des linksrheinischen Römergebiets, ein Standquartier von fünf Legionen und nahm schon in jenen Tagen einen bedeutenden Rang unter den Wohnsitzen am Rhein ein. Die städtische Regierung und Verwaltung behielt noch römischen Anstrich, als selbst die Römer nicht mehr an diesen Ufern wandelten. Gar manche Thatsache der rheinischen Römerzeit macht Köln bedeutend in der Geschichte. Die Stadt schlug sich, als Civilis die Fahne des Aufruhrs erhob, zu ihm und seiner Partei. Vitellius ließ sich hier zum Kaiser ausrufen. Mauertrümmer zeigen noch heute, wo die Steinbrücke stand, die Constantin der Große baute und Erzbischof Bruno zerstörte. Wie Vitellius, so empfing hier Trajan den Purpur der Kaiserwürde.

Reich an Ereignissen ist Kölns alte Geschichte. Kämpfe folgen auf Kämpfe. Die Mauern werden zerstört und wieder aufgebaut. Childerich und Chlodwig erscheinen, und Letzterer setzt sich in Köln die Königskrone auf. Das sind Dinge, welche selten eine andre Stadt erzählen kann; was aber Alles für die Bewohner dazwischen liegt, mag zum großen Theil in das Gebiet schauderhafter Erfahrungen gehören.

Und dennoch erhebt sich immer wieder die Stadt in jugendlicher Kraft und erscheint in ihrer hohen Bedeutung als Handelsstadt; besonders zur Zeit des mächtigen Hansabundes sehen wir sie ihre kräftigen Arme weit ausrecken bis hinab in die Niederlande. Zur freien Reichsstadt erhoben, mit dem Stapelrechte ausgerüstet, mußte Köln an innerer Kraft wachsen und in die Lage kommen, Bestrebungen seiner Erzbischöfe, welche diese bedenkliche Kraft gern brechen und die Stadt unter ihre Zuchtruthe beugen wollten, mit Macht entgegenzutreten.

Da gab's denn schwere Uneinigkeiten und harte Kämpfe, in denen viel Blut Kölns Straßen röthete. Heftig waren die Streitigkeiten mit Erzbischof Hanno; allein die Bürger einigten sich, und Hanno mußte die Stadt verlassen. Damit waren indessen die Händel lange nicht zu Ende. Hanno sammelte ein Heer und erschien vor Kölns Mauern. Trotz tapferer Gegenwehr blieb er Sieger, und das stolze Köln mußte sich beugen unter seine Faust und ihm die verweigerte Huldigung leisten. Daß die Bürgerschaft das mit großem Unmuth, ja nur mit verbissenem Grimme that, bedarf kaum der Erwähnung, ebensowenig daß mancher Funke fortglimmte. Der freie Sinn der Kölner erhielt sich glänzend und trat sehr häufig in Gegensatz gegen die Priestermacht und Anmaßung.

Trotz aller Gefahren, welche von kirchlicher Seite droheten, hielt es die Stadt mit Heinrich IV und erwies sich tapfer und mannhaft, als Heinrich V sie bezwingen wollte. Er vermochte lange nichts gegen sie, und sie ergab sich erst, als weiter zu trotzen Thorheit gewesen wäre.

Wie kräftig aber auch die Bürger dastanden, die Macht der Erzbischöfe wuchs dennoch immer mehr. Glückliche Kriege vergrößerten ihre Macht nach außen und rückwirkend nach innen. Unter ihnen zeichnete sich der kriegerische Philipp von Heinsberg aus, der auch Köln wirksam befestigte. Er erweiterte das Landgebiet des Erzstifts. Einer der edelsten Erzbischöfe, der sein Land wohl regierte, Engelbert I, hochgeehrt von dem Kaiser, geliebt und gesegnet von seinen Unterthanen, soll schon den Plan zu einem Dom, wie ihn die Welt nicht hatte, in seiner Seele getragen haben, als er von Mörderhand fiel. Der Erzbischof Conrad von Hochstedten oder Hochstaden ergriff diesen großen Gedanken mit voller Macht und Kraft; denn die Chronik von 1248 sagt, er sei „aus der Maßen reich an Gold, Silber und Edelgestein gewesen, „also daß er seinen Schatz für unverzehrlich und unerschöpflich gehalten, „darum er denn auch den großen, ewigen und kostbaren Bau des Domes „begonnen." Ewig ja, denn 1499 wurde noch, wie dieselbe Chronik sagt, „alle Tag daran gebauet", und Gleiches kann auch noch die Chronik von 1880 davon berichten, obwohl der riesige, wunderbare Bau wirklich mit Riesenschritten seiner Vollendung entgegengeht. Und dennoch, welcher Wechsel der Zeit! Damals fromme Gaben, — heute Gewinnlotterien, weil jene Gaben nicht mehr hinlänglich fließen, wenn sie auch immer noch nicht aufgehört haben.

Der Riesenbau konnte nur langsam vorwärts schreiten, weil innere Fehden und äußere Hemmnisse ihm oft genug Stillstand brachten, und so wurde derselbe, an dem der Zahn der Zeit schon lange genagt, unserem Jahrhundert als unvollendetes Wunderwerk überliefert. Wer den wunderherrlichen Plan gemacht, der sich wiedergefunden hat, weiß Niemand. Schade drum! Die Geschichte hätte wenigstens den Namen eines der größten Baukünstler aller Zeiten erfahren. So ist die Kunde von ihm in den Wirrsalen der Zeit verschollen, weil sein Name nicht einmal dem Pergamente seines bewundernswürdigen Bauplans einverleibt ist und jede Spur von ihm fehlt; aber sein Werk besteht und hat Jahrhunderten getrotzt.

Einige Namen derer, welche den Bau leiteten, sind uns aufbewahrt, darunter um 1252 Gerhard, um 1299 Arnold und um 1308 Johannes; aber wer waren diese Meister, und wo stand ihre Wiege? — Nur die Namen werden genannt, nichts weiter. Was am meisten dem Vorschreiten des herrlichen Baues im Wege stand, das waren jene Streitigkeiten und Kämpfe zwischen den Bürgern und den Erzbischöfen, welche zweihundert Jahre fort und fort dauerten, das erbitterte Ringen der Bürgerfreiheit mit den Versuchen, sie unter das erzbischöfliche Joch zu beugen, ein riesenhafter Kampf, in dem aber die Erzbischöfe doch zuletzt den Kürzeren zogen.

Erst im Jahr 1322 wurde von Erzbischof Heinrich von Virneburg der Chor eingeweiht, der für sich eine großartige Kirche darstellen könnte, und dessen gewaltige und doch so wunderbar leicht geschwungene Schwibbogen erst dann recht unsre Bewunderung in Anspruch nehmen, wenn wir ihnen nahe stehen und sie in ihrer Großartigkeit anschauen. Fortgebaut wurde zwar, wie die oben gedachte Stelle der Chronik von 1499 berichtet, aber es scheint doch eben nicht die volle Kraft ernsten Wollens darauf gerichtet gewesen zu sein: im Beginn des 16. Jahrhunderts ruhte das kühne Werk, und das große Fragezeigen des Krahns auf dem unvollendeten Thurm war hineingestellt in die unruhige Zeit und harrte eines Ja, das Keiner auszusprechen vermochte. Es erging dem Dom wie seinen Brüdern, die ebenso unvollendet anderwärts dastehen und erst unsrer Zeit harreten und noch harren, daß sie, zwar glaubensärmer, aber an Kunstbegeisterung reicher, Hand anlege an Werke, die Niemand ihr zutrauen möchte. Der Freiburger Dom allein stand stolz da und schaute hinüber zu seinem Bruder zu Straßburg, dessen Grund und Boden von dem Lande, wo allein noch Lebensquellen vorhanden waren, abgerissen war, und zu dem von Köln und konnte fragen: Wann werdet ihr sein, was ich bin? Während der Straßburger die Antwort schuldig blieb, konnte der Kölner sagen: Bald! —

Freilich, dies „Bald" lag auch noch dunkel im Schooße der Zukunft, als das deutsche Rheinland abgetrennt wurde vom deutschen Stamme und die Laute der französischen Sprache „am Rhein girrten". Das Bauwerk litt immer mehr; denn es wurde, gewiß recht bezeichnend für die Zustände jener Tage, ein französisches Heumagazin. Das Blei, welches die Dachfugen deckte, wurde wahrscheinlich zu Kugeln verwendet, die in mancher deutschen Jünglingsbrust sich zum Sitze des Lebens hineinwühlten, und so mochten Wind und Wetter ungehindert rütteln und schütteln, daß die Fugen locker wurden und der hohe Chor seinem endlichen Einsturz rasch entgegenging oder doch entgegenzugehen drohte.

Da waren es Friedrich Wilhelm III, der Gerechte und Geliebte, und sein geistreicher, kunstliebender Sohn Friedrich Wilhelm IV, welche mit aller Entschiedenheit Hand anlegten. Große Summen wurden dargereicht; aber was hätten sie fruchten können, wenn der rechte Mann nicht dagewesen wäre, der erkannte, wo geholfen werden müsse, und tiefeingehend in den ganzen Bauplan wie in den „Geist des Baues" die rechte Weise anwendete? Zwirner hieß der Mann, der sich in dies große Kunstwerk hineinstudirt und hineingelebt wie kein Anderer, der sich den Dom zur Strebens- und Lebensaufgabe erwählt hatte und bis zum letzten Hauche seines Lebens seiner Liebe treu blieb.

Unter Zwirners Leitung wuchs das Werk empor und nahe zu seiner Vollendung. Sein Tod kam zu frühe. Man hätte ihm wünschen mögen, daß er jene noch erlebte, aber es war ihm nicht vergönnt. Das

Werk ruht indessen in bewährten Händen, und es ist nun sicher gestellt, daß es mit Ausgabe dieses Werkes vollendet sein wird.

Wir sind durch den Dom und seine Geschichte von der Geschichte Kölns abgeschweift und müssen dahin zurückkehren. Das Bild, welches uns seit Engelbert I entgegentritt, ist kein erfreuliches; es ist ein blutiges, kampferfülltes, ränkevolles Gewebe der Leidenschaften.

Die Herrschsucht hier, die Freiheitsliebe und das trotzige Halten an empfangenen Rechten und Privilegien dort, — wie konnte da das Aufeinanderplatzen dieser Gegensätze anders als blutig werden in einer Zeit, wo die rohe Gewaltthat ohnehin zu entscheiden pflegte?

So begegnen wir einem Streite zwischen dem Erzbischof und dem Volk, der zweihundert Jahre mit nicht einmal sehr langen Unterbrechungen wüthete und das Straßenpflaster (sofern ein solches sich vorfand) mit dem Blute röthete, dem man nicht ansehen konnte, ob es in aristokratischen oder demokratischen Adern gewallt; indessen würde man den Kölnern jener Tage sehr Unrecht anthun, wenn man dem Ausdruck „demokratisch" etwa die Deutung geben wollte, als ob die Partei republikanische Zielpunkte gehabt. So stand es eben nicht. Man hatte die geistliche Macht kennen gelernt, um sie als Herrscherin gründlich zu verabscheuen; man wollte keine andere Obrigkeit als den Bürgermeister und Rath und dann den Kaiser. „Platten und Kuttenträger" nannte man in Summa Die, welche man nicht über sich wollte herrschen lassen. Sie bildeten eine enggeschlossene Gemeinschaft und arbeiteten einander in die Hände. Das hatten die Bürger erkannt und widerstrebten bis auf's Blut.

Eben der Conrad von Hochstaden, welcher den Dombau begann und förderte, lag mit der Stadt in blutigem Raufen. Sein Nachfolger Engelbert II setzte diesen Kampf fort. Sein Haß gegen den Bürgermeister Hermann Grein, der ihm mit ebenso viel Klugheit und Gewandtheit als Festigkeit und Ernst überall da entgegentrat, wo er die Grenze seines Gebietes, des geistlichen nämlich, zu überschreiten im Begriff stand, war bodenlos und ihn wegzuschaffen, so erzählt die Sage, seiner Seele höchster Wunsch.

Engelbert hatte einen gezähmten Löwen, ein königliches Thier, das nicht blos zum Vergnügen dienen, sondern auch gelegentlich einen andern vortheilhaften Dienst verrichten sollte. Er ließ ihn in die Wohnung zweier Domherren führen, dort recht hungrig werden und in den Empfangssaal bringen. Die Domherren luden den Bürgermeister sofort zu Gast, und dieser nahm die Einladung arglos an, da er mit den beiden Domherren auf einem freundschaftlichen Fuße zu stehen glaubte, um so mehr, als sie „Kölsche Jonge", das heißt Eingeborne der Stadt, Jugendgenossen des Bürgermeisters, ja Jugendfreunde waren. Wer sollte da an Arges denken?

Herzlich, wie zu andern Zeiten, so schien es, empfingen sie ihn und geleiteten ihn in den Saal, wo sich der hungrige Löwe befand, schlossen aber hinter dem Bürgermeister rasch die Thüre, sich selbst salvirend, und ließen ihn treulos in der schauerlichen Gesellschaft.

Kaum erblickte der Löwe den Bürgermeister, als er sich, mit dem Schweife greulich wedelnd, niederduckte zum überwältigenden Sprunge. Darin lag für den Bürgermeister ein Zeitgewinn und seine Rettung.

Schnell wickelte er seinen Mantel um den linken Arm und zog seinen langen Dolch, den Feind ruhigen Auges erwartend.

Der Löwe kann des Menschen ruhigen Blick nicht ertragen.

Auch hier machte sich das Uebergewicht des Geistes bemerklich; denn das gewaltige Thier kroch schier rund um seinen Feind herum, der ihm mit dem Ausdruck seiner ganzen Seele im Auge folgte und endlich ihm entgegentrat.

Jetzt sprang ihm mit offenem Rachen der Löwe entgegen.

Grein benutzte den glücklichen Augenblick, fuhr mit dem umwickelten linken Arm tief in des Löwen Schlund und stieß ihm mit der Rechten den Dolch so tief in die Brust, daß das Thier zusammenbrach und starb.

Wüthend riß jetzt Grein die Thüre auf, an der horchend die Domherren standen, — eines solchen Ausgangs nicht gewärtig.

Kein Wunder wär's, rief er ihnen flammenden Auges zu, ich stieße Euch Beiden den Dolch so tief in die Brust, wie dem, der dort liegt; aber Schade, ja Unrecht wär's, wollte ich das Blut eines edeln Thieres mit Schurkenblut mischen!

Grüßet Euern Herrn und saget ihm, wir würden uns da begegnen, wo solche Hinterlisten keine Stätte finden!

Damit schritt er stolz und fest an den Beiden vorüber, die vernichtet da standen und zu ihm das Auge zu erheben den Muth nicht fanden. Gleich darauf erschienen die Stadtwaibel mit dem Scharfrichter, welche die beiden Domherren faßten und sie vor dem Domkloster kurzweg aufhingen. —

Das löschte das Feuer nicht. —

Uebrigens kam es doch dazu, daß der listige Prälat im Vortheil blieb und, was die Hauptsache war, Geld erhielt.

Der Friede mit Dem, der keinen wollte, bis die Stadt zu seinen Füßen liege, war faul und von Seiten des herrschsüchtigen Erzbischofs nicht ehrlich gemeint. Er suchte die Stadt zu überlisten; indessen Grein, der Bürgermeister, war wachsam. Der Löwe lag ihm noch in den Gliedern, und — er merkte Unrath. Es kam wieder zum „hellen Hader"; aber diesmal wandte sich das Blättlein, und der Erzbischof und sein Bruder Dietrich von Falkenburg, der heimlich in die Stadt eingelassen war, wurden Greins Gefangene. Benachbarte Fürsten legten sich nun als Vermittler in den Streit, und die „ewige Sühne" kam zu Stande. —

„Ewige Sühne!" Es war eine hübsche Redensart; denn Engelbert, der sich entlarvt, besiegt, verhaßt wußte, trug der Stadt kein Wohlwollen. Nicht seine Pläne, wohl aber den Weg zum Ziel änderte er. Sicherer schien es ihm, auf dem Wege der Entzweiung seiner Gegner zu demselben zu gelangen.

Die Altbürger, der Adel der Städte, hießen in Köln von dem Geschlechte, welches diesen Namen führte und ein überwiegendes Maß des Einflusses besaß, die Overstolzen, und die Zünfte nannte man nach einem ihrer Hauptvertreter die Weisen oder auch die Weißen. Sie gegen einander zu hetzen und nach dem alten Spruche: wenn Zwei streiten, zieht der Dritte den Vortheil oder lacht in's Fäustchen, über Beide zu siegen, war seine Absicht.

Sicherer indessen erschien ein Mord- und Brandplan, den ein Mönch ausgeheckt haben soll. In der Nacht, in welcher er zur Ausführung kommen sollte, erschienen die Schaaren der erzbischöflichen Bundesgenossen, der Erzbischof von Mainz und die Reisigen des Grafen von Cleve, vor der Stadt und harreten der Feuersbrunst. Sie blieb aus, ja noch mehr: man sah in derselben Nacht die heilige Ursula mit den 10,000 Jungfrauen, jede in der Hand eine wunderbar leuchtende Kerze, um die Mauern ziehen und sie segnen, nach dem Umzug aber durch eine Pforte wieder in die Stadt zurückkehren. Da war's mit den Helfern aus. Gegen solche Bundesgenossen der „hilligen Stadt" war nicht zu streiten. Sie zogen ab, — und mit der Belagerung und Befehdung der Stadt hatte es ein Ende. Versuche, Stadt und Erzbischof zu versöhnen, schlugen fehl.

Dieser Anschlag des Erzbischofs war, wie der Rheinländer sagt: „flöten" gegangen, nicht so der andre, die Entzweiung zu schüren; die „Overstolzen" selbst trugen dazu bei, daß es zu Tumult und Aufruhr kam.

Der Erzbischof war in Bonn, wohin er hatte fliehen müssen. Er sollte bald dort zahlreiche Gesellschaft erhalten, und zwar von einer Partei, die wahrlich nicht zu seinen Freunden gezählt worden wäre, wenn nicht das alte Sprüchwort gälte: das gemeinsame Unglück einigt selbst Feinde.

In Köln war's zum Bruche gekommen, und die sogenannten „Overstolzen" hatten selbst über ihre an Zahl überlegenen Feinde gesiegt. Die Zünftler mußten fliehen, und nach Bonn führte sie ihr Weg.

Der Erzbischof war diesmal klug. Er barg den alten Haß und nahm die Unglücksgenossen mit ungewöhnlicher Freundlichkeit auf. Diese ließen sich Sand in die Augen streuen, und die priesterliche Schlauheit siegte über die rohe Masse. Diese einigte ihre Kräfte mit denen des Erzbischofs gegen die siegesstolzen Gegner, deren Beugung das Ziel Beider war.

Ein armer Schelm, die Chronik nennt ihn „Herr Habenichts, der Scholepper," wurde gewonnen, ein Loch in die Mauer zu brechen, da sein Häuslein sich daran lehnte. Das wenige Geld bestach den armen Bürger, urplötzlich stand der Erzbischof mit seinen Verbündeten und den vertriebenen Zünftlern in der Stadt, und es war nahe daran, daß sie Herren derselben geworden wären. Rechtzeitig aber gewarnt und geweckt, erschien die Gegenpartei auf dem Kampfplatz, und viel Volks aus der Stadt schlug sich zu ihnen.

Der Kampf war schwer, das Blutbad gewaltig; aber die Overstolzen blieben wieder Sieger, und die Eindringlinge flohen wieder dahin, von wo sie gekommen waren.

Alle mochten erkennen, daß es so nicht weiter gehen könne, denn der Erzbischof hatte über Köln das Interdikt verhängt; aber die Versuche der Ausgleichung scheiterten an des Erzbischofs Unversöhnlichkeit, und da er gegen die Stadt nichts vermochte, fiel er ihren Verbündeten in's Land, wurde jedoch von einem derselben, dem Grafen von Jülich, 1267 gefangen, auf das Schloß Niedecken gebracht und hier in einem Käfig dem Hohn und Spott des Volks so oft ausgesetzt, als es dem Grafen beliebte. Erst 1271 entließ ihn der Graf seiner Haft, nachdem er die Freiheit der Stadt Köln anzuerkennen, das Interdikt aufzuheben und aller Rache zu entsagen feierlich gelobt hatte. Aber Eid und Gelübde kümmerten ihn wenig; denn noch im gleichen Jahre schloß er ein Schutzbündniß mit dem Bischof von Osnabrück, ja er wußte es sogar fertig zu bringen, daß ihn Papst Gregor X seiner Verpflichtungen gegen die Jülicher entband. Die Kölner waren indessen auf ihrer Hut; sie gewannen neue Bundesgenossen, darunter König Richard von England. Schon drohte der Hader wieder in voller Flamme auszubrechen, als sich König Rudolph in's Mittel legte und den Landfrieden aufrichtete. Bald darauf starb Engelbert, ohne jedoch das Interdikt von Köln gelöst zu haben. Die Aufhebung desselben erfolgte erst 1275.

Ein Verwandter Engelberts, verwandt nicht blos durch Familienbande, sondern auch durch gleiche Gesinnung und Handlungsweise, wurde sein Nachfolger. Wie er Engelberts politisches Erbe antrat, so auch das der Abneigung der Kölner, die einmal den geistlichen Herren nicht mehr trauten.

In Sifrids Bestrebungen war kein Segen. Die Kölner, die sich mit dem Herzog von Brabant, den Grafen von Jülich, von der Mark, Berg und Windeck, dem Bischof von Lüttich und Andern verbunden hatten, lieferten mit diesen 1288 dem Erzbischof die Schlacht von Worringen. Er wurde mit seinen Bundesgenossen, den Grafen Reinhart von Geldern, Adolf von Nassau und Heinrich I von Westerburg, gefangen und nach mehr als einem Jahre erst wieder frei; aber sein Wort hielt er nicht sonderlich, Bann und Interdikt ließ er auf's Neue vom Papste über die Kölner verhängen und bedrängte sie überhaupt in jeglicher Art; ja hätte Sifrid an ihnen Rache nehmen können, wie er sie auf eine wahrhaft teuflische Weise an seinem arglosen Feinde, dem Grafen von Berg, nahm, er würde nicht gezaudert haben. Es ging aber nicht; denn trotz der Kämpfe hob sich in Köln Macht und Reichthum, und da nach der Worringer Schlacht die Zeiten für gewerbliche und Handelsthätigkeit günstiger wurden, stieg der Wohlstand sehr, und die Bevölkerung wuchs außerordentlich an. Die Künste blühten und das Wohlleben, mit ihm Stolz und Uebermuth. Da gab es mancherlei Reibereien und Unruhen im Innern, bis endlich Zünfte oder „Gaffeln" und die Geschlechter sich in die Haare fielen und die Weberzunft ihre Anmaßungen so steigerte, daß des Volkes Zorn sich nun gegen diese wandte und nicht eher ruhte, bis sie mit Hülfe der Altbürger besiegt und mit ihrem Anhang — man sagt 18000 — aus der Stadt vertrieben wurden. Aber die Sturmglocke war die Todtenglocke vieler Bürger und die des Wohlstandes auf lange Zeit. Die Stadtverfassung wurde nun geändert, — ohne daß die Ruhe gekommen wäre.

Wie hätten die stolzen Altbürger ihre Niederlage im Kampf um Verfassung so leichtlich hinnehmen können? Rache glühte in ihren Herzen. Sie complottirten; aber verrathen fielen sie in die Hände der Gegner. Dieser Niederlage folgten Schritt vor Schritt andere. Die meisten Gefangenen wurden verbannt und die Uebrigen ihrer Aemter entsetzt. Das Recht völliger Gleichheit trat an die Stelle der Privilegien der Altbürger, und das Vorrecht, welches Geburt und Stand verliehen, war vernichtet. Versuche, das Alte herzustellen, wurden unterdrückt, und der Boden des Heumarktes trank das Blut Derer, die jene Versuche tollkühn gewagt.

Kriege, blutig und wild, folgten nun um den erzbischöflichen Stuhl unter Denen, welche ihn beanspruchten; — in diese wurde natürlich auch die Stadt verwickelt.

Daraus entsprangen wieder Streitigkeiten zwischen dem Erzbischof und den Bürgern und dem erzstiftischen Gebiete draußen, namentlich der Stadt Soest. 1449 mußte ein päpstlicher Legat Friede stiften, nachdem das Erzstift verheert worden. — Dann kam wieder Krieg und Noth durch bischöfliche Doppelwahl, und die Folge davon war, daß das burgundische Heer mit Karl dem Kühnen in's Land fiel und es abermals verheerte. Neuß hielt die berühmte elfmonatliche Belagerung aus, bis das Reichsheer kam.

Erzbischof Hermann von Hessen hieß der Friedensstifter. Er lebte auch mit den unruhigen Kölnern in Frieden, obschon dieselben patzig genug waren. Gegen das Ende des 15. Jahrhunderts war Köln wieder „oben auf".

Der Kaiser Friedrich III und sein Sohn Max liebten den Aufenthalt im „fröhlichen Köln", und Feste und Lustbarkeiten ergötzten die Bürger. Man lebte herrlich und in Freuden, und das „Tanzhaus Gürzenich" sah den Blüthenkranz der schönen Kölnerinnen glänzen und sich lustig „drehen" mit den Junkern und Herren der kaiserlichen Begleitung.

Das waren Erholungstage nach den blutigen Tagen der Vergangenheit; die Ruhe schien auf immer gesichert, und der Wohlstand, mit ihm aber auch die Ueppigkeit entwickelten sich lustig. Zur Kopfhängerei hatten Kölns Bewohner niemals sonderliche Anlage. Das Blut rollt leicht in ihren Adern.

Und doch zogen neue Stürme heran, aber Stürme andrer Art, wie sie Zeit und Stunde gebar. In dem Gebiete des Geistigen war ihre Stätte. Es war die Reformation, welche in Köln ebenso fruchtbaren Boden fand in den Ständen, die höhere Bildung gewonnen, als sich von Seiten der Geistlichkeit ein zäher Widerstand dagegen rüstete, dem es an Helfern nicht gebrach.

Hermann von Wied war anfänglich der entschiedene Gegner der geistigen Regung, welche von Wittenberg aus urkräftig das deutsche Volk und namentlich die Bessern und Urtheilsfähigen in ihm ergriff. Es ist eine merkwürdige Thatsache, daß der Scharfrichter sich weigerte, den Befehl, 16 Protestanten hinzurichten, zu vollziehen, *weil er unschuldig Blut nicht vergießen wolle und dürfe.*

Wunderbar war es, daß Hermanns *Eifer gegen die Reformation* völlig umschlug *in Eifer für sie*; aber die ersten bestimmten und klaren Zeichen seiner Beistimmung waren auch das Signal für die wüthenden Gegner, und an Kampf und Unfrieden fehlte es dem umgewandelten Manne nicht.

Es war seitdem nicht geheuer um den alten Bischofsstuhl; denn Salentin von Isenburg gab lieber seine goldene Inful hin, als daß er der lieblichen Rose vom Arenberge entsagt hätte, und Gebhard, der Truchseß-Waldburger,

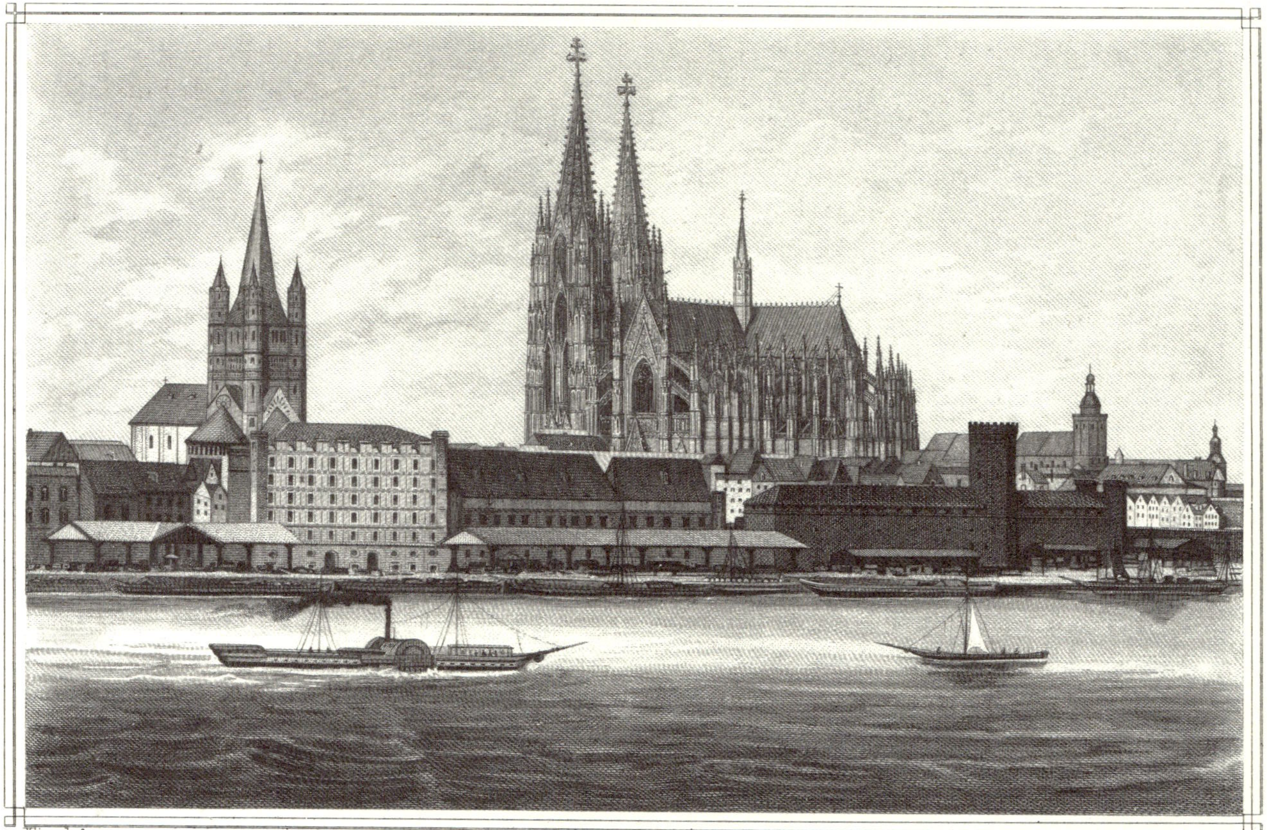

Klimsch gez.

Stahlstich v. Carl Mayer's K-A. in Nürnberg.

Cöln.

Verlag von Julius Niedner in Wiesbaden.

vermählte sich mit der Schönsten der Schönen ihrer Zeit, mit Agnes von Mansfeld, und glaubte Erzbischof, Landesherr und Kurfürst bleiben zu können nach dem heiligen Worte des Apostels und einer gesunden christlichen Einsicht; aber er hatte Gregor den Siebenten vergessen und dessen Schöpfung. Bitter sah er sich getäuscht.

Jenes Unwetter, das sich über den Häuptern seiner Vorgänger entladen, hatte auch noch Blitze und Donnerschläge für sein Haupt und das der treu liebenden Agnes, darunter sie Beide erlagen. — Agnes suchte, als der blutige Krieg im Erzstift entbrannte und die Wetterwolken sich über ihr und dem geliebten Gatten immer mehr ballten, eine Zuflucht im Schooße der rheingräflichen Familie zu Grumbach, oberhalb Kirn, und als ihr dort das arme Herz gebrochen war, fand sie, wie bereits oben erwähnt wurde, in der Erbgruft dieses Hauses, in der Kirche des Dorfes Sulzbach, in der obern Rheingrafschaft eine Ruhestätte, bis erst in den zwanziger Jahren unsres Jahrhunderts eine ruchlose Hand unter den übrigen Fürstensärgen nur und lediglich den ihrigen schauderhaft zerstörte und ihre Asche im erbrochenen Gewölbe zerstreute. Welche Beweggründe mögen die Hand des Todtenschänders geleitet haben? —

Raubsucht war es nicht; denn diese hätte alle Särge gleichmäßig erbrochen. Die andern standen unverletzt; nur dieser, der ihren Namen auf einem Schilde trug, war zertrümmert! Und Latein mußte der Frevler auch verstanden haben, denn die Schildinschrift war lateinisch. —

Wer löst ein solches Räthsel? Und es geschah die Frevelthat in unsern Tagen, die sich ihrer Errungenschaften auf geistigem Gebiete so gerne rühmt!

Ueber die Bekenner des Evangeliums brach jetzt eine unersättliche Verfolgung herein. Es ist hier nicht der Ort, tiefer in die mitunter schauderhaften Ereignisse einzugehen. Das aber sei gesagt, daß die meisten Protestanten die Stadt verließen und sich in Mühlheim ansiedelten, daß die, welche noch zu bleiben genöthigt waren, dort ihres Glaubens freie Uebung suchten, bis auch dahin der Arm der Verfolger sich erstreckte und ein kaiserlicher Befehl das Städtchen besetzen hieß; daß dessen Mauern und Wälle zerstört und niedergerissen wurden, weil es den Anhängern des Evangeliums gedient und ihrem Glauben!

Ohnmächtige Gewaltthat! Man blicke in die folgenden Tage, man erwäge, wie sich die blühenden, reichen Protestantengemeinden gebildet haben, und lasse unsern Tagen denn doch in diesem Punkte das verdiente Lob widerfahren.

Köln empfand die Abnahme seiner Bevölkerung um so mehr, als die Wegziehenden reiche, betriebsame Leute waren, die den Wohlstand der Stadt mächtig gehoben hatten. Der dreißigjährige Krieg und die Kriege der späteren Zeit haben der Stadt nicht in demselben Maße geschadet als jene Unduldsamkeit.

Es ist gewiß eine bedeutende Thatsache, daß die Vertreibung der Evangelischen im Jahre 1618 allein — 1400 Wohnungen leer stellte. Blickt man aber auf das bergische Land und seinen blühenden Zustand, seine Fabriken und Manufacturen, so lernt man begreifen, was aus den 1400 Wohnungen hinauszog, und was die unglücklichen Vertriebenen dorthin brachten, wo man sie mit offenen Armen aufnahm; aber die „hillige Stadt" glaubte man gerettet zu haben von ihrem Verderben.

Die Franzosenzeit ist hinlänglich dadurch gekennzeichnet, daß der hehre Dom ein Heumagazin wurde! —

Erst mit der preußischen Regierungsperiode begann für Köln die goldene Zeit des Aufblühens, des wachsenden Handels und Wohlstandes, der erneuerten Pflanzstätten des Erkennens und der höhern Bildung für seine Jugend.

Was die Stadt an Kunstschätzen besitzt, ist in den verschiedenen Kirchen reich vertheilt. Hier ist nicht der Ort, darauf näher einzugehen, da jedes Reisehandbuch, besonders das meines seligen Freundes Karl Bädeker in Coblenz, die trefflichsten Nachweise liefert.

Deren aber muß gedacht werden, welche mit unermüdlichem Eifer jene herrlichen Kunstschätze während der französischen Periode retteten und sammelten. Da treten uns die Namen Wallraf, Boisserée und Brentano entgegen, Anderer in engerem Wirkungskreise nicht zu erwähnen.

Leider ist diese große, herrliche Sammlung von Gemälden für Köln verloren. Die Pinakothek in München hat ihnen ihre Säle geöffnet, und eines Königs Kunstsinn hat sie dort zu einer Zeit geborgen, als in Köln keine Aussicht dafür vorhanden war.

Erst in der jüngsten Zeit hat ein kunstsinniger und freigebiger Kölner dem neuen Museum das Dasein gegeben, und in seinen Räumen haben die Kunstschätze, welche Wallraf gerettet, eine würdige Stelle gefunden. Es ist ein schönes Zeichen für die in Köln herrschende Gesinnung, daß seine Mauern solche Männer umschließen, welche den Ruhm, den Glanz und die Ehre der Vaterstadt als Ziel ihres Strebens und — Gebens erkoren haben.

Aus der einst in Köln blühenden Malerschule besitzt der Dom die edelste Perle, das weltberühmte „Dombild", welches dem Meister Stephan von Köln, einem Schüler des Meisters Wilhelm, zugeschrieben wird. Das sind leider nur Namen, die uns die Vergangenheit überlieferte, ohne daß sie uns Weiteres über diese großen Künstler mitgetheilt hätte.

Gar mancher herrliche Bau kirchlichen und weltlichen Gepräges lehnt sich würdig an den großartigen Dom an. Die Reihe der prachtvollen Kirchen ist groß, und in ihrem Baustil sind sie für die Geschichte der Baukunst wichtig; aber neben ihnen darf auch der alte „Gürzenich“ nicht vergessen werden.

Die Neuzeit ist eifrig daran, da, wo die Zeit ihre Zerstörungen bewirkt hat, mit allen reichen Mitteln auszuheilen und Entstellendes zu entfernen. So sehen wir denn die herrlichen Bauwerke in ihrer ursprünglichen Stilreinheit wieder hergestellt.

Die Universität ist eingegangen, die einst eine Rolle spielte, wenn auch nicht grade lichtfördernd.

Die Stadt, welche im Besitz aller Verkehrswege immer mehr aufblüht, geht einer bedeutenden Zukunft entgegen und macht schon jetzt den Eindruck des Großartigen.

Das Volksleben hat dort ein fröhliches, heiteres Gepräge. Man muß es im zoologischen Garten, in der prächtigen neuen Schöpfung, der „Flora“, man muß es zur Zeit des weltberühmten Carnevals und der großen Musikfeste oder der „Heiligthumsfahrten“ beobachten und die fortwährenden „Kirmessen“ ansehen, um davon ein Gesammtbild zu erhalten, das aber dann auch seiner seltenen Frische, Fröhlichkeit und Eigenthümlichkeit wegen einen Eindruck zurückläßt, wie er selten mehr in deutschen Landen gewonnen werden kann. Darum pilgern Tausende und oft von weit her in die alten Mauern Kölns, wenn jene Feste kommen, namentlich der Carneval.

Zu den ausgezeichneten Bauwerken gehört auch die neue Synagoge, erst in jüngster Zeit erbaut, und aus der älteren das Rathhaus mit der Rathhaus-Capelle und das Tempelhaus. Zwei angebrachte Gedenktafeln an den entsprechenden Seiten eines Gebäudes rufen, die erste ein „Kölner Kind“, in's Andenken, daß es wohl werth ist, daß man die Stätte seiner Geburt bezeichnete, nämlich den „Malerkönig“ Rubens, und die andere eine Königin, welche hier ihre Thränen weinte und in Dürftigkeit als Verbannte starb, nämlich Maria von Medici, die Wittwe Heinrichs IV von Frankreich. Welche Gedankenreihe knüpft sich an diese Tafeln! Welche Vergleiche geben sie Dem, der die Geschichte kennt, an die Hand! —

Sagen- und legendenreich ist Köln, wie kaum eine andre alte Stadt am Rhein. Lauschen wir der Sage!

Am Neumarkt zu Köln in der „hilligen Stadt, nicht fern von Sanct Aposteln“ stand das Burghaus eines uralten Geschlechts, das der Herren und Ritter von der Aducht, und seiner Zeit lebte darinnen einfach und bieder, friedlich und durch Wohlthaten Segen den Armen spendend Herr Mengis von der Aducht und sein holdselig Gemahl Richmodis. Ihre Ehe war ein Muster von Liebe und Treue und ihr Haus ein rechtes Gotteshaus, voll Andacht und Frömmigkeit. Wo aber ist der Erde Glück vollkommen? — Hier wohnt Reichthum und alter Ehren Zier und Ruhm; hier ist Alles vollauf, was das eitle Menschenherz erheischt, und doch fehlt dem Glücke der Beiden das, was oft der Armuth Kummer macht, — der Kindersegen. Ueber Mengis' Grabe wird einst der Schild derer von der Aducht zerbrochen! — Wer zählt Herrn Mengis' Seufzer? Wer die Thränen in Richmodis' schönen Augen? Wer Beider geheimes, heißes Beten um das, was ihnen zu des Glückes Fülle mangelt? — Was die Seele im Wachen bewegt, das gaukelt ihr liebreicher und die heißen Wünsche gewährend der Traum vor.

Richmodis träumte: die heilige Jungfrau, zu der sie alltäglich gebetet, erschien ihr, lieblich, wie kein andres Frauenbild, lächelnd, daß die gedrückte Seele frisch sich erhebt, und reicht ihr einen kleinen Todtenkopf, aus dem drei Röselein aufsprießen in duftiger Schönheit, und aus ihnen erheben sich drei liebliche kleine Engelein, die lächelnd empor zum Himmel schweben. —

Herr Mengis von der Aducht saß im Rathe der Stadt, wohin er schon gegangen, als Richmodis im hellen Morgenlichte den süßen Traum träumt. Sie erwachte, aber beim Erwachen liegt schwer das Weh der Krankheit auf ihrem schönen Leibe. Sie sehnt sich nach dem Gatten, daß sie ihm den Traum sage und das Weh klage, das sie drückt; aber er kommt nicht, denn Schweres ist heute zu bedenken im Rathe der Stadt, und als er endlich heimkehrt und sie sucht, da findet er sie schon sprachlos, und nach dreien Tagen ist die schönste der Frauen Kölns eine Leiche. —

Wer ermißt des liebenden Gatten bodenlosen Schmerz? Wer kann den trösten, dessen Glück zertrümmert ist? — Er läßt Niemand sie zur Gruft bereiten. Er schmückt selber die bleiche Leiche mit kostbarstem Gewande, mit allem Schmuck, mit dem er die blühende Lebende geziert; er läßt den goldnen Reif, den er ihr am Altare gegeben, an ihrer erkalteten Hand; er legt sie selbst in den Sarg, bethaut sie mit seinen Thränen und bringt sie dann in's Grabgewölbe, nur noch eine Hoffnung im Herzen, die, daß er bald ihr folge.

Aber — sie lebt! Sie erwacht. Rings um sie ist tiefe Todesnacht, und Alles ist still und todesstumm! Da fällt auf sie das furchtbare Loos — lebend unter den Todten! Doch — sie horcht! Es ist ein lautes Klopfen und Pochen, das sie hört.

Das Geschmeide, mit dem der Gatte sie in den Sarg gelegt, hat zum Todtenraub den ruchlosen Todtengräber verlockt.

Jetzt lüftet er den Deckel, und die Todtgeglaubte, die er berauben will, erhebt sich. Der Schrecken betäubt ihn. Er stürzt zur Erde.

Die vom Tod Erwachte verläßt den Sarg, entflieht aus der Familiengruft, und vom Schrecken getrieben ergreift sie des Frevlers brennende Laterne und eilt in raschestem Laufe heim. —

Ach, sie erreicht athemlos das Haus, wo der Gatte sich härmt. — Sie klopft leise. — Endlich wird ein Fenster oben geöffnet. —

Es ist der trostlose Gatte, der fragt, wer seine Ruhe störe zur Mitternachtsstunde. — Ohne die Antwort abzuwarten, schließt er das Fenster wieder. — Da pocht's stärker und stärker. —

Er naht wieder, zürnend den Frevlern; aber er hört mit Entsetzen die Worte: Ich bin's, Deine Richmodis! Ich bin erwacht vom Todesschlafe. O laß mich ein, ich bitte; es ist so schauerlich kalt!

Er erbebt; aber er sagt: Mein Lieb' ist im Grabe; da ist kein Erwachen, und wirft das Fenster zu, doch bleibt er daran zitternd stehen. —

Richmodis fleht und weinet; doch er, meinend, es treibe Arglist mit seinem Schmerze Spott, ruft hinab: Eher mögen meine zwei Schimmel die Stiege hinauf auf den Speicher steigen, als ich solches glaube und öffne!

Da blickt die Unglückliche mit unsäglichem Schmerz zum Himmel, und die zitternde Lippe fleht: Herr, hilf Du mir Armen!

Jetzt entsteht ein ungeheuerlich Poltern und Rumoren im Hause. Es dröhnt, als solle die steinerne Wendelstiege brechen. —

Voll Entsetzen leuchtet Herr Mengis zur Thür hinaus, — und — siehe, seine Schimmel sind es, die heraufsteigen die Treppe und wiehernd an ihm vorübereilen hinauf zum hohen Speicher! —

Da geht ihm ein Licht auf, — er eilt hinab. Er findet seine Richmodis, dem Sinken nahe. Er umarmt sie in seligem Glücke. Die er kalt in den Sarg gelegt, umfassen lebenswarm seine Arme. Er trägt sie hinauf zum wärmenden Bett und pflegt sie in reichster Liebe. Der Tag kommt. Die Wundermähr geht über die Schwelle des Hauses in raschem Laufe. Das Volk sammelt sich und sieht staunend Herrn Mengis' Schimmel lustig zum Dachfenster hinausschauen.

Es ist Wahrheit! ruft das Volk und kreuzt sich vor der Brust. Und es war eine Wahrheit; denn die fromme, schöne Richmodis von der Aducht lebte und erblühte in neuer Schönheit, und was die drei Röselein angedeutet, wurde auch wahr. Drei Kindelein, holdselig wie Engel, umblüheten das glückliche Paar, das des Herrn Gnade nicht vergaß, und als sie spät hinabgesenkt wurden in die Gruft des Geschlechtes, da flossen dreier Kinder Zähren mit denen der Armen, welche die Heimgegangenen als ihre Wohlthäter segneten, und auf Herrn Mengis von der Abucht Sarge lag — kein zerbrochner Schild.

Noch heute erblickt man an dem Hause derer von der Abucht auf dem Neumarkte die Bilder der Schimmel aus der Dachluke heraus, aus der einst, wunderbar, die lebenden Rosse geschaut — als ein ewiges Wahrzeichen!

Im weiten Saale, von Dienern leer, saßen eines Tages der Kaiser Otto der Dritte und ihm gegenüber der Pfalzgraf Ezzo, und zwischen ihnen lag auf einem Marbeltische, so weiß wie Schnee, das Schachbrett. Die Figuren des Spieles waren aufgestellt. Beide waren Meister im kunstreichen Spiel, Beide noch junge, frische Männer.

Draußen war Novemberwetter. Der Sturm, eisig, scharf und kalt, trillte die feinen Schneeflocken in den Lüften und raste durch die Rauchfänge, daß es schier grauenhaft anzuhören war, und selbst bei dem wärmenden Kaminfeuer konnte es Einen frösteln.

Der Kaiser war heiteren Sinnes und schaute mit liebevollen Blicken auf den schönen Ezzo, seinen Jugendfreund, der des Aufrufs zum Beginne des Spieles harrend hinaussah durch die bunten Scheiben in das Treiben des Windes und auf die getrillten, willenlos umhergetriebenen Schneeflöcklein.

Als der Kaiser schwieg, flogen des Pfalzgrafen Gedanken zu einem fernen Mädchenbilde voll Engelsschönheit und Engelshuld, die dem Kaiser so ähnlich sah, daß jeder Blick in seine Züge jenes Bild in's Andenken rief.

Der Kaiser schaute seinen Schachpartner so durchdringend an, als wollte er auf seiner Seele Grund der Gedanken Inhalt und Richtung lesen. Und als eben der bangende Gedanke, daß das Engelsbild seinen Wünschen unerreichbar hochstehe, — denn sie war ja des Kaisers leibliche Schwester, die im Kloster zu Essen erzogen wurde und noch dort weilte, — eine Wolke der Trauer über Ezzo's Züge ziehen ließ, da lächelte in sich hinein der Kaiser und hob dann, ernst zu Ezzo gewendet, also zu reden an: Du hast mit mir gar manches Spiel gespielt, und nie war's ein andrer Preis als des Sieges Ruhm, der dem, der es gewann, zu Theil wurde. Das soll heute einmal anders sein, Ezzo! Drei Spiele setz' ich an. Gewinnst Du sie, so soll jeder Wunsch Deiner Seele, er enthalte, was er immer wolle, Dir gewährt sein. Darauf mein nie gebrochenes Kaiserwort! —

Mathildens Bild stand vor seiner Seele, als er diese Worte vernahm. Es war, als ergösse das purpurne Abendroth seine Gluthen über Ezzo's Züge, als blitze der Sonne erster Morgenstrahl aus seinen Augen; — aber bald erlosch diese Gluth, und desto blässer wurden seine Wangen; denn wie durfte er, der arme Pfalzgraf, der Lehens- und Dienstmann des Kaisers, sich das Wagniß beigehen lassen, zu des Kaisers erlauchter Schwester, der Kronen zu Füßen gelegt wurden, so bald sie das Kloster verließ und in die Welt des Kaiserhofes trat, sein Auge und sein Hoffen zu erheben? —

Wieder hatte der Kaiser in seiner Seele Grund geschaut und richtig gedeutet, was dort waltete und im Antlitz seinen Widerschein glänzen und erbleichen ließ. Was bewegt Dich, Ezzo? fragt er. Fehlt Dir der Muth, Deinem Kaiser Schach zu bieten, wenn es Dir gelänge? Pah! Du kannst ruhig sein! So leicht wird das Dir nicht werden! Also anheben!

Und der Kaiser zog.

Ezzo sah sogleich mit scharfem Blicke, daß der Zug ein kecker war, der leicht zum Verderben ausschlagen konnte, und in seiner Seele wirbelten die Gedanken, wie draußen die Schneeflocken; aber der Sturm, der sie trieb, war ein anderer. —

Er zog rasch nach.

Der Kaiser sah seinen Fehler, wurde eifrig, und wie in der Regel folgten dann Züge auf Züge, die nur dazu dienten, den Verlust des Spieles näher zu rücken.

Beide waren erregt, und bald rief Ezzo dem Kaiser Schach! zu; dieser fuhr ärgerlich, wie es schien, mit der Hand in die Figuren und sagte eifrig: Das war gleich Anfangs ein toller Zug; aber — Ezzo, jubilire nicht zu früh! Es war erst Eins!

Wieder standen die Figuren.

Beginne Du! sprach der Kaiser.

Ezzo hatte seinen Schlachtplan entworfen und zog. Der Kaiser blickte auf Ezzo's Zug und schien seinen Plan ergründen zu wollen; aber es sah aus, als habe die Kunst ihn heute verlassen, die ihn sonst fast regelmäßig zum Sieger machte; der Zug war nicht klug.

Durch Ezzo's Seele ging ein wunderbar Gefühl. War es einer kühnen Hoffnung Frucht? Aber seine geistigen Kräfte waren in dem Grade angespannt, als die des Kaisers zu erschlaffen schienen. —

Die Züge folgten langsamer, besonnener, erwogener als im ersten Spiele; aber Ezzo sah, daß er im entschiedenen Vortheile war, und wagte einen kühnen Zug. —

Schach dem König und der Königin! rief er bebend.

Was? stieß ärgerlich der Kaiser heraus und stampfte mit kräftigem Tritte den Estrich. Nie hast Du besser, ich nie schlechter gespielt! Ich merk's wohl, meine Rechnung war falsch. Ich dachte, das Sinnen über das, was Du Dir erbitten möchtest, würde Dich verwirren, mich leicht siegen lassen, aber die Habsucht regt Deine Kräfte auf, Ezzo!

O Herr, sprach der Pfalzgraf, und wieder übergoß eine tiefe Gluth sein Antlitz, und er senkte tiefer das Haupt, hast Du sie angeregt, und geht der Flug meiner Wünsche zu hoch, so wird ja die Demüthigung desto schwereres Leid zur Folge haben!

Ein Kaiserwort steht felsenfest! Wenn Alles wankt, darf es nicht wanken; sprach, wundersam betonend, der Kaiser.

Doch — ich rathe Dir, rechne nicht zu fest auf den Gewinn! —

Das zweite Spiel hast Du offenbar gewonnen. Ich spiel' es nicht bis zu meinem Untergang. Laß uns das dritte anheben; aber sieh' Dich vor! Es gilt ein tüchtiges Ringen! —

Der Kaiser zog. Der Zug war besonnen, ruhig, durchdacht.

Des Pfalzgrafen Hand zitterte. Seine Brust hob und senkte sich rascher. Der Kaiser sah wohl, wie er bewegt war.

Sieh' Dich vor, Ezzo! rief er lachend. Eine zitternde Hand hat schon halb das Spiel verloren! —

Ezzo sammelte sich. Es erfolgte ein Zug.

Ein Meisterstück! rief der Kaiser. Ich hätte Dich nicht übermüthig warnen sollen! Der Leu hat geschlummert, und ich sehe, daß ich ihn geweckt. —

Langsamer folgten sich die Züge. Jetzt möchte ein Dritter zwei ringende Meister erkannt haben. —

Eine Stunde nach der andern verstrich. Noch war Keiner im Vorzug; aber Beide spielten mit der vollen Anstrengung ihrer geistigen Berechnung.

Da gab der Kaiser eine Blöße, und mit raschem Zuge sie benutzend, rief Ezzo: Schach dem König!

Otto erschrak scheinbar. Ich bin heute mit Blindheit geschlagen! rief er aus.

Das Spiel war zu Ezzo's Gunsten rasch entschieden. —

Ezzo schaute zur Erde.

Nun, dem Sieger gebührt die stolze Lust, nicht die Kopfhängerei, sprach, nicht im Geringsten unmuthig, der Kaiser. Frisch, Ezzo, was forderst Du? Der aber blickte in des Kaisers freundliches Auge und sprach erglühend: Einst sah ich im Essener Kloster das schönste Frauenbild, und seitdem trag ich's im Herzen. —

Der Kaiser lächelte mild. —

Vergiß nicht, Ezzo, daß selbst eines Kaisers Macht den heiligen Schwur nicht lösen kann! setzte er hinzu.

O, sie hat ihn nie abgelegt! rief Ezzo und beugte seine Kniee vor dem Herrn und Freunde. Verdammt mich nicht, o Herr, es ist Eure Schwester Mathilde, und daß sie mir gut, das sagte mir ihr Blick und — — ihr rosiger Mund!

So geh' und hol' Dir sie zum Weibe, sprach nicht ohne Bewegung der Kaiser. Du hast sie gewonnen, nicht in den drei Spielen, nein, durch Deine Treue, durch Deinen Muth, Deine Tapferkeit!

Aber, mein treuer Ezzo, noch bist Du nicht am Ziele. Die Aebtissin, meine Verwandte, ist harten Sinnes. Sie will sie zur Nonne machen, und Du wirst einen schweren Kampf bestehen müssen; — doch dem Muthigen gehört die Welt! —

Der Pfalzgraf flog nach Essen mit seines Kaisers Wort und klopfte bald gar stürmisch am Klosterpförtlein an.

Aber die Alte wollte nicht, wie das junge Herz an ihrer Seite hinter dem Sprachgitter; indessen des Herrschers Wort, der Vaterrecht über das Schwesterlein ererbt, fiel schwer in's Gewicht. Sie wendet sich an die bleichgewordene Jungfrau.

Willst Du den Frieden tauschen mit dem Geräusch der Welt? so fragt sie ernst, und ein leise hingehauchtes Ja entschlüpft der Lippe. Bald darauf saß die Braut auf Ezzo's Roß, und gen Köln flog das stolze Thier, das nie süßere Last getragen.

Eins aber hatte die heilige Aebtissin im Zorne ausgestoßen: Eher wird mein Stab aus dürrem Maulbeerholze erblühen, als daß ich solches zugebe!

In der Abtei Brauweiler war die Trauung bestimmt, und Kaiser Otto hatte die Aebtissin geladen. Sie kam und wiederholte unwirsch, was sie in Essens Kloster gesagt.

Da bitten Mathilde und Ezzo um den Stab, und in des Klosters Garten geht der Zug. Die Glücklichen nehmen den Stab und pflanzen ihn in die Erde. — Stumm — erwartungsvoll stehen Kaiser und Hofleute, Alle wagen kaum zu athmen; doch in des schönen Brautpaars Zügen lacht des Glaubens Zuversicht. Und siehe, da hebt sich am Stabe der Boden. Er springt in Risse, — und ein frisches Maulbeerreis schießt wunderbar hervor und treibt Blätter, Blüthe, und eine Frucht reift schnell vor ihren staunenden Blicken. — Da sinkt die Aebtissin nieder und beugt zur Erde ihr Haupt und Alle, Alle mit ihr. —

Und als sie sich erhoben, da legt die heilige Frau die Hände der Glücklichen in einander und spricht: Es ist Gottes Wille! Er segne Euch!

Das glücklichste Paar wurde getraut.

Aber das Maulbeerreis wurde ein gewaltiger Baum, früchtereich wie keiner, und längst, längst ruhten schon Alle, die Zeugen des Wunders gewesen waren, in kühler Gruft, da pflückten noch Enkel und Urenkel des glücklichen Paares die Früchte von dem Maulbeerbaume zu Brauweiler und betrachteten mit heiliger Ehrfurcht den Wunderbaum, der Jahrhunderte grünte und Früchte trug.

In dem herrlichen Thale, wo der Hahnenbach seine klaren Wellen der Nahe zuwälzt, unweit Kirn an der Nahe erhebt sich zu schwindelnder Höhe ein zackiger Felskamm, der von des Berges Gipfel sich bis zum schäumenden Bache herabzieht.

Auf diesem Felskamm stehen, Adlerhorsten gleich, drei Burgruinen über einander, Bauwerke, staunenswerth durch die Kühnheit ihrer Anlage und die Jahrhunderte überdauernde Festigkeit ihres Mauerwerkes.

Es sind die drei Burgen Callenfels, Stein und Loch, alle dreie einst Wohnsitze des mächtigen Rittergeschlechtes von Steincallenfels, nie erobert, nie besiegt.

Aber dieses altberühmte Geschlecht war berüchtigt durch seine Fehdelust, seine Wildheit und Wegelagerei, wie durch seinen untilgbaren Mönchshaß.

Da waren denn die Abteien Sponheim und Disibodenberg die Ziele ihrer Raubzüge, und wenn eine Pilgerfahrt zu den heiligen Gebeinen Disibods vom Rhein her geschah, dann hatten die wilden Gesellen eine reiche Ernte. Sie überfielen die Pilger, beraubten sie und schleppten die Reichen, von denen ein stattliches Lösegeld zu erwarten war, auf ihre Burgen, in deren Verließen manches Herz brach, wenn das Lösegeld auch nur eine Minute über die von den Grausamen festgesetzte Frist ausblieb.

Sie waren die Zuchtruthe des Landes, der Schrecken seiner Bewohner, der Jammer der Klöster, und selbst der Trierer Erzbischöfe Heeresmacht spotteten sie, wie des Bannfluches, der seit Jahren ungelöst auf ihnen lastete.

Zu der Zeit, als der heilige Bonifacius, der in Mainz auf dem Erzbischofsstuhle saß, die Gebeine des heiligen Disibod aus der unscheinbaren Capelle, wo sie ruhten, in den Hochaltar des neuerbauten Domes auf des Berges Scheitel, weihend die heilige Stätte, übertragen wollte, hatte der Ruf dieses Festes und der eröffneten Gnadenschätze weit und breit das Land erfüllt bis hinauf gen Straßburg, bis hinab gen Köln, bis hinab zum Main im Osten und zu der Mosel Fluthen im Westen. Ueberall regte es sich in den gläubigen Herzen, der Gnadenhülfe theilhaftig zu werden, und die Bittfahrer sammelten sich aller Orten zum gläubigen Zuge zu Disibods Gebeinen auf dem Klosterberge im Nahethal, der seinen heiligen Namen trug; denn zwei Heilige segneten dort die Gläubigen: Disibod in seinen Reliquien und Bonifacius als Lebender. Wer konnte da fern bleiben, der ein Gepreste auf seinem Herzen trug, wo der Hoffnung so reiche Gewährung blüht?

Damals führte in der „hilligen Stadt" Köln am Rhein ein mächtiger Mann das Regiment. Er war ein Glied des Geschlechts der „Overstolzen", reich, angesehen, mächtig, beim Volke beliebt, weil er dem Erzbischof wehrte, seine Macht zu vergrößern und die Stadt unter sein Joch zu beugen. Dem Erzbischof war der Bürgermeister Overstolz ein Dorn im Auge; darum sah er es gern, daß den Mann, der Alles sein nannte, was die Welt zum Glück bieten mag, Eins drückte, weil ihm Eines fehlte, nämlich der Kindersegen, und so sein und seiner geliebten Gattin reiches Vermögen an lachende Erben fiel, wenn er starb.

Sein liebreizendes junges Weib sah mit tiefem Leid die Sorgen- und Kummerfalten auf des geliebten Eheherrn Stirne sich mehren; sie hörte schweren Herzens sein Seufzen, wenn er wachte und sie schlafend glaubte in stiller Nacht; aber die Hoffnung erblich täglich mehr, und der Kummer wuchs, und nur ein Wundersegen konnte noch helfen. Da drang von Disibods heiliger Feier die Kunde gen Köln, und es fiel ein Hoffnungsstrahl in ihr Herz.

Zwar sie konnte nicht pilgern zum heiligen Berge; denn ein Siechthum fesselte die schönen jungen Glieder an's Lager der Schmerzen. Aber was hielt den rüstigen Gatten ab, hinaufzupilgern dorthin, wo der Glan und die Nahe sich einigen zum gemeinsamen Weiterfließen, und ihre Wellen sich vorüberwälzen an der Frauenklause drunten am Ufer und an dem Berge, auf dessen Stirne Disibods geheiligte Klosterzelle und sein Sarg steht in der kleinen Capelle, die er selbst aufgemauert mit heiliger Hand? —

Die Hoffnung in ihrem Herzen hebt die Schwingen; sie wird mächtiger mit jeder Stunde; sie wird zur festen Zuversicht, und nun trägt's ihr Herz nicht länger in seiner Tiefe. Sie muß es aussprechen und thut's mit einer Gluth und Innigkeit des Glaubens und der Begeisterung, daß der Gatte nicht zu widerstehen vermag.

Er greift, begleitet von ihren Segenswünschen und Gebeten, zu Pilgerstab, Muschelhut und Pilgergewand und schließt sich, reich versehen mit Opferspenden, dem Zuge der Pilger an, die vom Niederrhein und von der rothen Erde Westphalens kommen, zu dem sich die Kölner gesellen, und der rheinaufwärts wächst wie eine Lawine, welche von des Hochgebirges Kamme herabrollt und des Thales Tiefe füllt.

Die Kunde von der Niederrheiner Bittfahrt, der Ruf ihrer reichen Pilgerschaar war in das Nahethal gedrungen, und die in Callenfels jubilirten über einen so fetten, reichlichen Fang, der ihnen nicht entgehen konnte.

Schon seit Wochen nahen die Prozessionen, und schon seit Wochen werden sie von den Unholden ausgeplündert; denn es gibt keinen andren Weg, zu des Thales Boden zu gelangen, aus dessen Kessel sich der Disibodenberg erhebt, als über die kleine Capelle von Oberstreit, wo zu beten eine heilige Pilgerpflicht ist, da sie eine Vorstation des Disibodenberges und selbst eine fromme Stiftung des heiligen Mannes ist, dessen Gebeinen die nahe Festfeier gilt. Aber um das alte Heiligthum reihen sich nur wenige Häuser des Dörfleins Oberstreit, und dahinter dehnt sich der Wald nach allen Seiten. In diesem Walde ist der Schlupfwinkel der Callenfelser, von dorther brechen sie hervor wie gierige Raubthiere auf die harm- und schutzlose Pilgenschaar, und die Gefangenen wie die Beute beginnen ihre Burg zu füllen.

Da naht die niederrheinische Prozession, darunter der reiche Bürgermeister Overstolz von Köln.

Betend umknieen die Pilger die kleine Capelle, aus deren Innerem die Gesänge der Priester erschallen.

Die Messe ist geendet, der Segen gespendet, und die Pilger schicken sich an, den Berg hinab zu steigen. Drüben von der Höhe, die aus dem Thale sich hebt, glänzen ihnen die Thürme der Abtei entgegen, wohin ihre Herzen sie drängen.

Da erhebt sich ein wüstes Geschrei, und voll Schrecken erblicken die Pilger eine große Zahl Reiter mit gezückten Schwertern aus dem Walde hervorbrechen.

Voll Entsetzen will Jeder sich retten. Es entsteht eine maßlose Verwirrung; aber wohin sie sich wenden, da ist ihnen der Weg verlegt. Sie sind wörtlich umzingelt.

Mißhandlung und Beraubung ist jetzt Aller Loos. Die Reichen und Vornehmen werden gebunden und fortgeschleppt, darunter auch Overstolz, und seinem Diener herrscht der Callenfelser zu:

Mache Dich auf gen Köln und bringe tausend Goldgulden gen Callenfels; aber bist Du in vier Wochen nicht da, und bringt nicht des Overstolz Weib das Geld, so findest Du Deinen Herrn an der Linde vor dem Burgthor aufgehängt. Merke Dir's, in vier Wochen von heute an gerechnet. Ist bis Mittags zwölf Uhr des Overstolz Weib nicht mit dem Gelde da, so hängt er!

Nun mache, daß Du fortkommst; denn wir halten Wort. —

Da war kein Zaudern noch Säumen.

Der alte, treue Diener kehrt auf der Stelle um gen Köln; aber Kummer und Angst im Herzen ist eine schwere Last für seine alten, müden Glieder.

Eine Woche ist schon nahe vorüber, als er todtmüde in das Gemach der unglücklichen Herrin tritt. Kaum vom Siechbette erstanden, ruht die Bleiche im weichen Sessel. Die Kunde ist schrecklich, die er bringt. Nicht das Geld bekümmert das arme Herz, wohl aber die schauderhafte Drohung der Unholde, deren Ruf bis Köln gedrungen war. Sie läßt den Erzbischof fragen, und seine Antwort ist: Eilet, daß Ihr nicht zu spät kommt! —

Eingehüllt in wärmende Pelze tritt sie die schreckliche Reise an. Doch sie vermag nur langsam vorwärts zu kommen, da das Reiten sie zu sehr angreift, und um das Maß der Qual zum Ueberfließen zu bringen, erkrankt sie auf's Neue unterwegs. —

Die Tage kommen und sinken; die Wochen zerrinnen. Ihre Thränen, ihr Kummer lassen die Heilung nicht vorwärts schreiten. —

Endlich — nur noch acht Tage sind übrig — endlich läßt sie sich in einer Sänfte fortbringen; aber das geht langsam, sehr langsam, und ihre Angst wird größer. Sie verspricht doppelten, dreifachen Lohn; aber der Weg ist so weit, die Reise so beschwerlich. Berg und Thal hemmen die Schritte der ermatteten Sänfteträger, und sie selbst vermag es kaum mehr zu ertragen, da kein Schlaf in ihr stets thränenvolles Auge, keine Ruhe in ihr gequältes Herz kommt.

Endlich ist das Städtlein Kirn erreicht, aber hier sind ihre Kräfte erschöpft. Ohnmächtig hebt man sie aus der Sänfte, — und morgen, o des Jammers! — morgen um zwölf Uhr ist die Frist der Unholde abgelaufen. —

Sie erwacht am Morgen todesmatt aus den schrecklichsten Träumen. Sie hat den geliebten Gatten an dem Aste der Linde hängen sehen! —

Ach, sie vermag kein Glied zu rühren. Ihre Gedanken sind wirre und irre. — Der Tod scheint auf ihrer Lippe zu wohnen. Vielleicht noch wenige Stunden, und sie ist der schweren Bürde los! —

Der Morgen ist rauh und kalt. Der Regen strömt vom Himmel. Kann man die Todtkranke nach Callenfels tragen? – Es ist ja so nahe. Vielleicht klärt sich der Himmel!

Man wartet.

Plötzlich aber, und Mittag ist nicht mehr ferne, — plötzlich erhebt sich die Kranke.

Fort! ruft sie, um Gotteswillen fort! Sie harren schon unter der Linde!

Da bettet man sie in die Sänfte. Die Träger eilen, doch über das verwitterte Gestein führt der Weg am Ufer des wildschäumenden Hahnebachs hin. Die Träger haben keinen festen Fleck, darauf sie den Fuß setzen könnten. —

Endlich, endlich erscheint die Felsenreihe und auf ihr die Zinnen und Thürme der drei Burgen! —

Jetzt sieht man die hochgipfelige, weitästige Linde vor dem Thore der untersten der drei Burgen. Ein Menschenhaufe umgibt den Stamm. —

Die Todtkranke richtet sich auf. — Ihr geschärfter Blick sieht eine Leiche am Aste hängen, — und mit dem schrecklichen Ausrufe: Zu spät! — sinkt sie entseelt in die Kissen. —

Inhaltsverzeichniß.